Certified Customs Attorney 관·세·사

관세사 2차
최신 개정판

관세사 2차
ALL NEW
이명호 관세법
(관세환급특례법 포함)

이명호 관세사 편저

관세사 전문학원
WellPace
The Better Pacemaker For You

✓ 기본서와 법령집을 한 권으로 총정리
✓ 최신 출제경향 및 개정법령 반영
✓ 관세법령을 쉽게 풀어주는 친절한 해설 수록
✓ 최신 기출 문제 수록

▦ 동영상 강의
wellpace.kr

📖 NAVER 카페 관세사의 꿈
cafe.naver.com/tobeaccb

📖 NAVER 카페 명호샘닷컴
cafe.naver.com/mhsam

도서출판 웰페이스

CONTENTS | 목차

• PART 01 관세법 기본이론

CHAPTER 01 통관의 기초   6

CHAPTER 02 관세와 관세법   9
    제1절 관세   9
    제2절 관세법   14

• PART 02 관세법 본문

CHAPTER 01 총칙   32
    제1절 통칙   32
    제2절 법 적용의 원칙 등   39
    제3절 기간과 기한   42
    제4절 서류의 송달 등   48

CHAPTER 02 과세가격과 관세의 부과·징수 등   51
    제1절 통칙   51
    제2절 납세의무의 소멸 등   60
    제3절 납세담보   66
    제4절 과세가격의 신고 및 결정   73
    제5절 부과와 징수   74

CHAPTER 03 세율 및 품목분류   108
    제1절 통칙   108
    제2절 세율의 조정   111
    제3절 세율의 적용 등   171
    제4절 품목분류   176

CHAPTER 04 감면·환급 및 분할납부 등   184
    제1절 감면   184
    제2절 환급 및 분할납부 등   223

CHAPTER 05 납세자의 권리 및 불복절차   234
    제1절 납세자의 권리   234
    제2절 심사와 심판   270

CHAPTER 06 운송수단   284
    제1절 국제항   284
    제2절 선박과 항공기   287
    제3절 차량   303

CHAPTER 07 보세구역   308
    제1절 통칙   308
    제2절 지정보세구역   325
    제3절 특허보세구역   330
    제4절 종합보세구역   364
    제5절 유치 및 처분   373

CHAPTER 08 운송   383
    제1절 보세운송   383
    제2절 내국운송   389
    제3절 보세운송업자등   390

CHAPTER 09 통관   395
    제1절 통칙   395
    제2절 수출·수입 및 반송   426
    제3절 우편물   456

CHAPTER 10 세관공무원의 자료 제출 요청 등   460
    제1절 세관장 등의 과세자료 요청 등   460
    제2절 세관공무원의 물품검사 등   472

CHAPTER 11 벌칙   477

CHAPTER 12 조사와 처분   497
    제1절 통칙   497
    제2절 조사   502
    제3절 처분   510

CHAPTER 13 보칙   515

PART 03 환급특례법

CHAPTER 01 수출용 원재료에 대한 관세 등 환급에 관한 특례법(약칭 : 관세환급특례법)   544

APPENDIX 부록

관세사 2차 관세법 기출문제(2001~2024)   584

관세사 2차
**올뉴 이명호
관 세 법**

PART

01

관세법 기본이론

CHAPTER 01 통관의 기초

1. 일반적인 통관절차

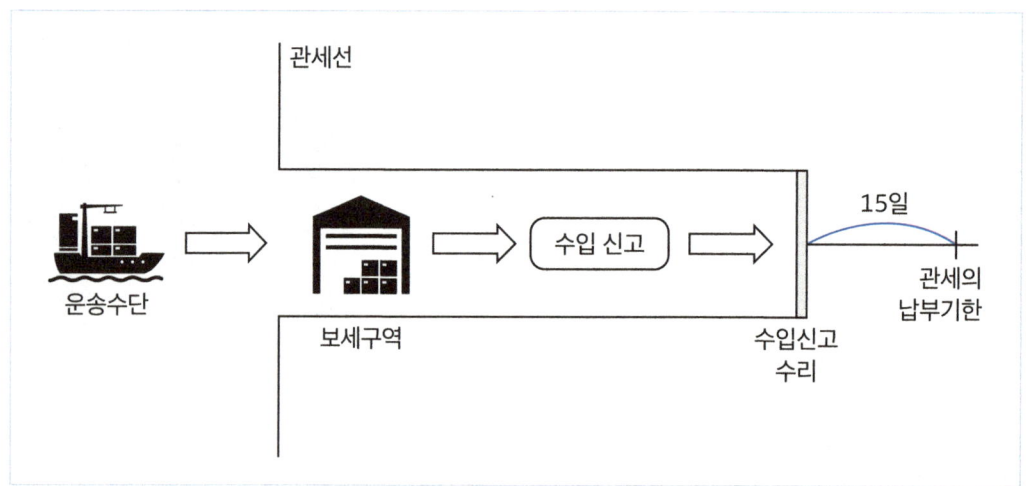

(1) 통관과 관세

구분	보세구역 경유	관세 부과
수입 통관	○	○
수출 통관	×	×
반송 통관	○	×

(2) 보세구역

구분	보세구역의 종류	세부 보세구역
보세구역	지정 보세구역	지정장치장, 세관검사장
	특허 보세구역	보세창고, 보세공장, 보세건설장, 보세전시장, 보세판매장
	종합 보세구역	-

2. 즉시반출과 수입신고수리전 반출

(1) 즉시반출(수입신고전의 물품반출, 법 제253조)

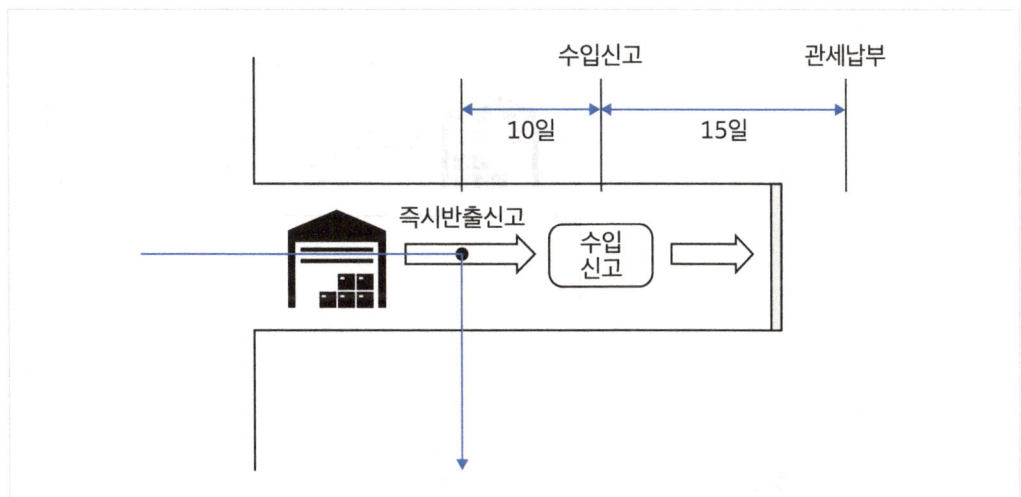

(2) 수입신고수리전 반출(법 제252조)

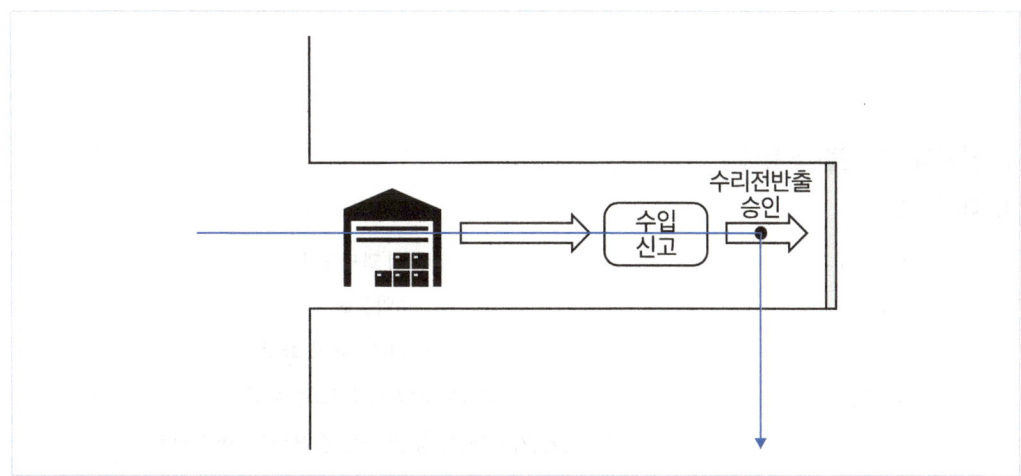

3. 보세운송

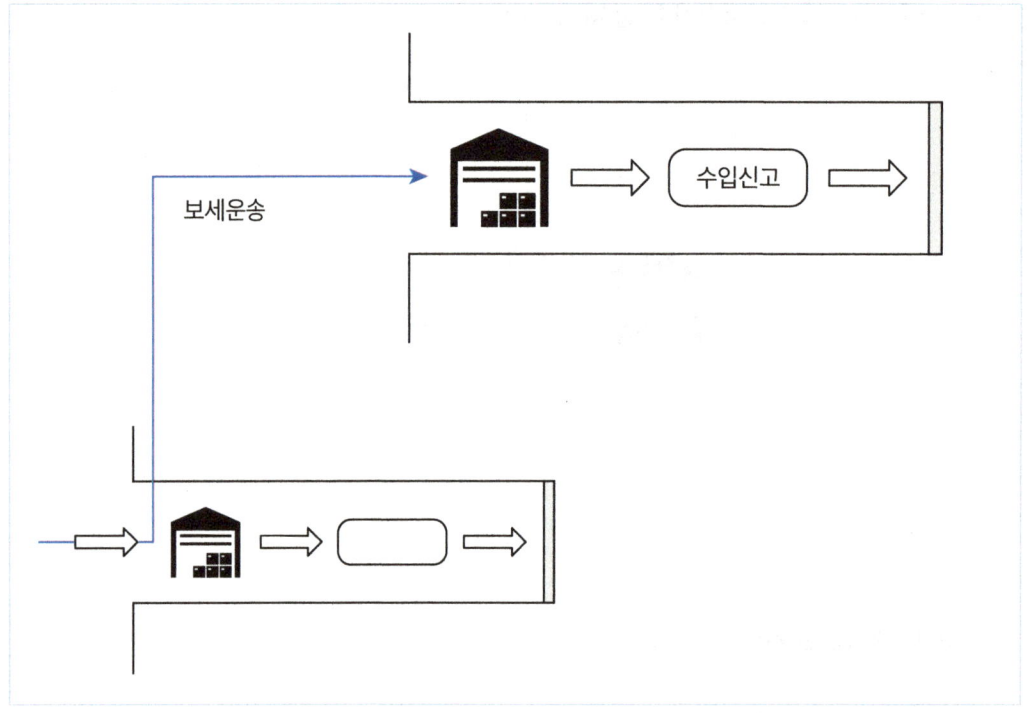

4. 납세의무의 성립과 확정
(1) 과세요건

과세요건	관세의 과세요건
과세물건	수입물품
납세의무자	수입신고하는 때의 화주
과세표준	수입물품의 가격 또는 수량
세율	관세율(기본세율, 잠정세율, 탄력세율, 협정세율)

(2) 납세의무 확정방식

구분	확정방식	구체적 행위	주체
원칙	신고납부	납세신고	납세의무자
예외	부과고지	납부고지	세관장

CHAPTER 02 관세와 관세법

제1절 관세

1. 관세의 개념

(1) 관세의 의의

관세(關稅, customs, tariff)란 한 나라의 관세영역(customs territory)을 통과하는 물품에 대하여 국가가 재정수입이나 국내산업 보호 등을 목적으로 법률이나 조약에 따라 부과·징수하는 조세를 말한다. 관세는 국세의 일종으로서 관세선을 통과하는 상품에 대하여 부과하는 조세로 정의되기도 한다.

(2) 관세선의 의의

관세선이란 관세가 부과되는 영역과 부과되지 않는 영역의 경계선을 말한다. 관세선과 국경선은 반드시 일치하지는 않는다. 보세구역·자유무역지역 등은 국경선 안에 있으나 관세선 밖에 있으며, 관세동맹을 맺은 국가 간에는 국경선은 존재하여도 관세선은 존재하지 않는다. 관세는 수입물품이 보세구역에 장치되어 있다가 관세선을 넘어 국내로 반입되는 시점에 관세가 부과된다.

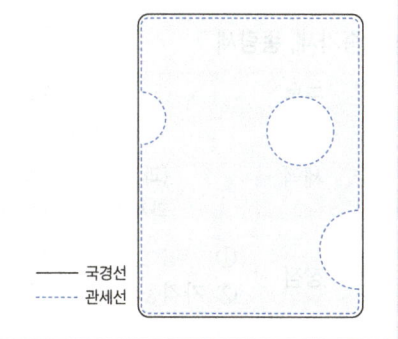

(3) 관세의 조세적 분류

분류기준	관세의 갈래	내용
국세·지방세	국세	부과·징수의 주체가 국가이며 관세수입이 곧 국고수익이 된다. 관세는 법률·조약에 따라 강제적으로 징수하며, 반대급부의 성질을 가지지 않는다.
직접세·간접세	간접세	관세의 법률적인 납세의무자와 실질적인 담세자가 일치하지 않는다. 즉, 관세는 최종소비자에게 전가되는 간접세이다.
소비세·유통세	소비세	재화의 이전이나 유통이 아닌 소비를 과세대상으로 한다. 관세의 궁극적인 과세대상이 소비이므로, 생활필수품에 경과하고 사치품에 중과하며, 원료에 경과하고 완제품에 중과한다.
보통세·목적세	보통세	조세수익의 용도가 특정된 것이 아니며, 일반경비에 충당된다. 교육세, 농어촌특별세 등이 목적세인 것과 비교된다.
인세·물세·행위세	물세	납세자의 개인적인 사정 등을 고려하지 않고 물품만을 대상으로 과세한다. 특히 관세는 유체물인 수입물품에 부과되는 특징이 있다.

2. 관세의 종류

(1) 수입세, 수출세, 통과세

① 수입세

수입세(Import Duties)는 외국물품이 국내로 수입될 때 부과하는 관세이다. 수입세의 부과는 수입물품의 가격을 상승시켜 상대적으로 국내생산품의 가격경쟁력을 높이는 효과가 있다. 우리나라를 포함한 대부분의 국가가 수입물품 과세주의를 취하고 있다.

② 수출세

수출세(Export Duties)는 국내물품이 외국으로 수출될 때 부과하는 관세이다. 수출세를 부과하면 수출품의 가격이 상승하여 국제적인 가격경쟁력이 저하되므로, 우리나라를 포함한 대부분의 국가는 수출세를 부과하지 않고 있다. 그러나 브라질의 커피, 스웨덴의 코르크, 말레이시아의 고무 등에는 수출세가 부과된다.

③ 통과세

통과세(Transit Duties)란 화물이 특정국가를 통과할 때 부과하는 관세이다. 통과세의 부과는 자유로운 국제교역에 방해가 되고, 소비지국과세(消費之國課稅)의 원칙에도 위배되어 1921년 바르셀로나 협정에 의하여 폐지되었으며 이로 인하여 국제거래에 있어 통과자유(通過自由)의 원칙이 확립되었다.

(2) 종가세, 종량세

구분	종가세	종량세
세액	과세가격 × 관세율 (과세가격이 외화로 표시된 경우: 과세가격 × 과세환율 × 관세율)	단위수량당 가격 × 수량 예 ~원/m, ~원/Kg
장점	① 공평성있는 세부담 ② 가격등락 관계없이 과세균형 유지 가능	① 과세방법 간단, 행정상 편리 ② 저가품에 대한 보호효과가 큼
단점	① 과세가격 산출의 어려움 ② 저가품에 대한 보호효과가 적음	① 불공평한 세부담 (가격무관, 일률적인 관세 부과) ② 물가상승 시 재정수입 확보의 어려움

① 종가세

종가세(Ad Valorem Duties)란 물품의 가격을 과세표준으로 하는 관세이다. 고가의 물품에는 관세가 많이 부과되고, 저가의 물품에는 관세가 적게 부과된다. 우리나라의 관세율표에는 대부분의 품목이 종가세로 되어 있다.

㉠ 세액의 계산방식

$$세액 = 과세가격 \times 관세율$$

㉡ 종가세의 장점

관세의 부담이 상품가격에 균등비례하여 공평성이 있는 세부담을 지게 할 수 있다. 또한 시장가격의 등락에 관계없이 과세부담의 균형을 유지할 수 있으므로 인플레이션이 있을 때에도 세율의 변경 없이 세수입을 올릴 수 있다.

ⓒ 종가세의 단점

과세가격을 산출하는 데 있어 평가가 어렵고 복잡할 뿐만 아니라 그에 따른 비용이 지출된다. 또한 저가품에 대한 상대적인 세부담이 적어 동종 국내산업에 대한 보호효과가 적다.

② 종량세

종량세(Specific Duties)는 물품의 수량을 과세표준으로 하는 관세이다. 수입물품의 개수, 부피, 중량, 치수 등을 확인하면 쉽게 관세액을 산출할 수 있다.

㉠ 세액의 계산방식

ⓐ
$$\text{세액} = \text{단위수량당 가격} \times \text{수량}$$

ⓑ 관세법 제49조 제3호에 따른 세율(탄력관세, 국제협력관세, 일반특혜관세)을 적용할 때 별표 관세율표 중 종량세인 경우에는 해당 세율에 상당하는 금액을 적용한다(법 제50조 제5항).

㉡ 종량세의 장점

과세방법이 간단하여 행정상 편리하며, 저가품에 대하여 상대적인 세부담이 크므로 국내산업의 보호효과가 크다.

㉢ 종량세의 단점

ⓐ 가격이 낮은 물품이든 높은 물품이든 일률적으로 관세를 부과하므로 불공평한 세부담을 초래할 수 있다. 또한 물가가 상승할 때에는 관세부담이 가볍고 물가가 하락할 때에는 그 부담이 무거워 재정수입의 확보가 어렵다.

ⓑ 종량세가 적용되는 물품은 관세법 제96조의 간이세율을 적용하지 아니한다(영 제96조 제2항).

③ 혼합세(Mixed Duties, Combined Duties)

㉠ 선택세

선택세(Alternative Duties)는 한 품목에 대하여 종가세율과 종량세액을 동시에 정하여 놓고 그중 높게 산출되는 세액 또는 낮게 산출되는 세액 중 하나를 선택하여 과세하는 제도이다.

● 선택세 예시

품목번호	품명	기본세율	WTO 협정세율
0904.21-0000	후추, 건조한 것 (부수지도 잘게 부수지도 않은 것)	50%	(미추천) 270% 또는 6,210원/Kg

㉡ 복합세

복합세(Compound Duties)란 한 품목에 대하여 종가세율과 종량세액을 동시에 정하여 놓고 두 가지 방법으로 산출된 세액을 합하여 부과하는 관세이다. 현행 관세법상 채택하고 있지 않다.

3. 관세의 경제적 효과

경제적 효과	내용
생산효과 (production effect)	관세의 부과로 수입물품의 수입이 억제되고, 이에 따라 국내생산물의 생산량이 증가하는 효과(국내생산자 입장)
소비효과 (consumption effect)	관세의 부과로 수입물품의 가격이 상승하여 국내소비가 감소하는 효과(국내소비자 입장)
재정수입효과 (revenue effect, 세입효과)	관세의 부과로 재정수입이 증가하는 효과
재분배효과 (redistribution effect, 소득재분배효과)	관세의 부과로 국내소비자의 실질소득이 감소되고 국내생산자의 소득이 증가되어 소득이 재분배되는 효과
소득효과 (income effect)	관세의 부과로 국내상품의 소비가 증가되어, 이에 따라 국내고용의 실질소득이 증가하는 효과
고용효과 (employment effect)	관세의 부과로 국내상품의 소비가 증가되어, 이에 따라 국내고용이 증가하는 효과
국제수지효과 (balance of payments effect)	관세의 부과로 수입이 억제되어 국제수지가 개선되는 효과
경쟁효과 (competition effect)	관세의 부과로 국내산업이 외국산업과의 격심한 경쟁을 피할 수 있는 효과
교역조건효과 (terms of trade effect)	관세의 부과로 관세부과국의 교역조건은 개선되고 교역상대국의 교역조건은 악화되는 효과

> **참고** 관세 수입은 어떻게 창출되는가?

무역 전에는 국내공급과 국내수요가 만나는 A점에서 균형을 이루게 된다. 그러나 자유무역을 하게 되면 가격이 P′까지 인하되어, 국내 수요는 Q_3로 늘어나지만, 국내공급은 Q_0로 줄어들게 된다. 이때 수요량과 공급량의 차이, 즉 Q_0Q_3만큼의 부족분은 수입으로 채우게 된다.

만약 관세가 부과되면, 관세율이 t%라고 할 때 물품의 가격은 P′의 t%만큼 상승한 P″가 된다. 이때 수요량은 (자유무역을 할 때와 비교하여 볼 때) Q_2로 줄어들고, 공급량은 Q_1까지 늘어나게 된다. 이 경우 수요량과 공급량의 차이,

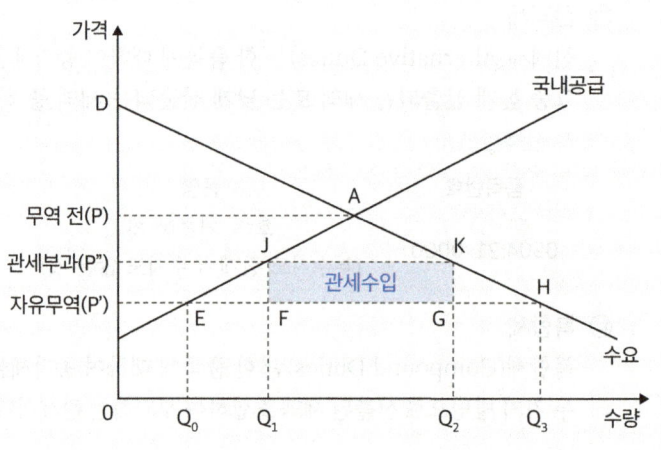

즉 Q_1Q_2만큼의 부족분은 수입으로 채우게 된다. 이때 수입량과 관세를 곱한 JFGK가 관세 부과로 인한 재정수입이 된다.

4. 실효보호 이론

(1) 의의

수입물품에 대하여 관세를 부과하면 국내산업 보호의 효과가 생긴다. 그러나 완제품에 대한 명목관세율의 크기만으로는 관세의 산업보호효과를 제대로 알 수 없으며, 그 효과를 정확히 파악하기 위해서는 **투입재(수입원료)에 부과되는 관세율도 함께 고려**해야 한다는 문제제기에서 생겨난 것이 '관세의 실효보호율(Effective rate of Protection)'이다. 관세의 실효보호율이란 '완제품과 투입재에 관세를 부과하기 전과 부과한 후에 부가가치가 변화하는 비율'을 말한다.

(2) 실효보호율에 의한 보호적 관세구조

원료에 대해서는 무세 또는 저세율로, 중간재에 대해서는 저세율로, 완제품에 대해서는 고세율로 부과하는 것이 가장 보호적인 관세구조이다. 이것을 경사관세구조라 한다.

(3) 관세의 실효보호율의 문제점

① 환율변동, 내국세, 시장구조 차이 등 종합적인 산업정책을 무시하고 있다.
② 생산요소 간의 대체현상을 고려하지 않는 등 간접효과를 무시하고 있다.
③ 투입 - 산출계수가 계속적으로 변화한다.
④ 실효보호율의 적정수준의 기준이 모호하다.

(4) 실효보호율의 산출식

$$= \frac{\text{관세부과 후의 부가가치} - \text{관세부과 전의 부가가치}}{\text{관세부과 전의 부가가치}}$$

$$= \frac{\text{수입완제품에 부과되는 관세율} \times \text{완제품가격} - \text{투입재에 부과되는 관세율} \times \text{투입재가격}}{\text{완제품가격} - \text{투입재가격}}$$

$$= \frac{\text{완제품 관세율} - \text{투입계수} \times \text{투입재관세율}}{1 - \text{투입계수}}$$

$$\text{※ 투입계수} = \frac{\text{투입재가격}}{\text{완제품가격}}$$

> **참고** 실효보호율 계산 예시
>
> 수입 완제품의 관세율 30%, 수입 완제품의 가격 200$, 수입 원재료의 관세율 20%, 수입 원재료의 가격 100$일 때 관세의 실효보호율은?
>
> $$\frac{\text{수입완제품에 부과되는 관세율} \times \text{완제품가격} - \text{투입재에 부과되는 관세율} \times \text{투입재가격}}{\text{완제품가격} - \text{투입재가격}}$$
>
> $$= \frac{30\% \times 200\$ - 20\% \times 100\$}{200\$ - 100\$} = 40\%$$
>
> 이것을 부가가치 개념으로 산정하여 보자. 원재료를 수입하여 완제품으로 가공하면, 200$ - 100$ = 100$의 부가가치가 창출된다. 이것이 관세부과 전의 부가가치이다.
> 그러나 완제품과 원재료에 각각 30%, 20%의 관세가 부과되면, 완제품의 원가(200$ + 200$ × 30%)에서 원재료의 원가(100$ + 100$ × 20%)를 뺀 140$가 부가가치가 된다. 이때 실효보호율은 '(관세부과 후의 부가가치 - 관세부과 전의 부가가치)/관세부과 전의 부가가치'이므로 역시 (140$ - 100$)/100$ = 40%가 된다.

제2절 관세법

1. 관세법의 의의

(1) 의의

관세법(關稅法)이란 수출·수입·반송을 할 때 요구되는 통관 및 과세 절차를 규정하고, 이에 수반되는 납세자의 권리 보호 규정 및 벌칙 규정을 둔 법률을 말한다. 관세법은 법 제1조에서 밝힌 것처럼 관세의 부과·징수 및 수출입물품의 통관을 적정하게 하고 관세수입을 확보함으로써 국민경제의 발전에 이바지함을 목적으로 한다.

(2) 관세법령의 구조

관세법은 다음과 같이 법률, 시행령, 시행규칙 및 고시로 구성되어 있다.

구분	법률	시행령	시행규칙	고시
명칭	관세법	관세법 시행령 (대통령령)	관세법 시행규칙 (기획재정부령)	관세청 고시
약칭	법	영	규칙	-

2. 관세법의 성격

(1) 조세법적 성격

관세법은 납세의무의 성립을 위한 과세요건을 규정하고 있으며, 이와 함께 그 구체적인 부과·징수의 절차도 함께 규정하고 있다.

(2) 통관법적 성격

관세법은 운송수단, 보세구역, 보세운송, 원산지확인, 지식재산권보호 등 수출입물품의 통관을 위하여 필요한 절차를 상세하게 규정하고 있다.

(3) 준사법적·형사법적 성격

관세법은 「형법」, 「형사소송법」, 「조세범 처벌법」 등과는 별도로 관세범의 조사·처분 및 이에 대한 처벌 규정을 두고 있다.

(4) 소송법적 성격

관세법은 관세행정 처분에 의하여 권익을 침해당한 자가 그 구제를 받을 수 있도록 이의신청, 심사청구, 심판청구 등의 행정심판제도를 규정하고 있다.

(5) 국제법적 성격

관세법은 국제무역과 밀접히 관련되어 있으므로 세계시장의 변화에 능동적으로 대처하는 한편, 양자간 협정 또는 다자간 협정을 존중하여 국제관세협력에 이바지하고 있다.

3. 관세법의 체계

(1) 장·절·관·조

관세법은 총 13개의 '장'으로 구성되어 있다. 각 장의 아래에는 '절'과 (일부의 경우) '관'이 있고, 그 아래에 '조'가 있다.

구성(장)	구성(절)	법규 성격
제1장 총칙 (법 제1조 ~ 제12조)	제1절 통칙 제2절 법 적용의 원칙 등 제3절 기간과 기한 제4절 서류의 송달 등	조세법
제2장 과세가격과 관세의 부과·징수 등 (법 제14조 ~ 제48조)	제1절 통칙 제2절 납세의무의 소멸 등 제3절 납세담보 제4절 과세가격의 신고 및 결정 제5절 부과와 징수	조세법
제3장 세율 및 품목분류 (법 제49조 ~ 제87조)	제1절 통칙 제2절 세율의 조정 제3절 세율의 적용 등 제4절 품목분류	조세법
제4장 감면·환급 및 분할납부 등 (법 제88조 ~ 제109조)	제1절 감면 제2절 환급 및 분할납부 등	조세법
제5장 납세자의 권리 및 불복절차 (법 제110조 ~ 제132조)	제1절 납세자의 권리 제2절 심사와 심판	조세법 소송법
제6장 운송수단 (법 제133조 ~ 제152조)	제1절 국제항 제2절 선박과 항공기 제3절 차량	통관법
제7장 보세구역 (법 제154조 ~ 제212조)	제1절 통칙 제2절 지정보세구역 제3절 특허보세구역 제4절 종합보세구역 제5절 유치 및 처분	통관법
제8장 운송 (법 제213조 ~ 제225조)	제1절 보세운송 제2절 내국운송 제3절 보세운송업자 등	통관법
제9장 통관 (법 제226조 ~ 제261조)	제1절 통칙 제2절 수출·수입 및 반송 제3절 우편물	통관법
제10장 세관공무원의 자료 제출 요청 등 (법 제262조 ~ 제268조)	제1절 세관장 등의 과세자료 요청 등 제2절 세관공무원의 물품검사 등	조세법
제11장 벌칙 (법 제268조의2 ~ 제282조)	-	형사법

제12장 조사와 처분 (법 제283조 ~ 제319조)	제1절 통칙 제2절 조사 제3절 처분	형사법
제13장 보칙 (법 제320조 ~ 제330조)	-	조세법
[별표] 관세율표	-	조세법

(2) **관세법 13개 장의 구조**
  ① 제1장 총칙

제1절 통칙	제1조(목적) 제2조(정의) 제3조(관세징수의 우선) 제4조(내국세등의 부과·징수)
제2절 법 적용의 원칙 등	제5조(법 해석의 기준과 소급과세의 금지) 제6조(신의성실) 제7조(세관공무원 재량의 한계)
제3절 기간과 기한	제8조(기간 및 기한의 계산) 제9조(관세의 납부기한 등) 제10조(천재지변 등으로 인한 기한의 연장)
제4절 서류의 송달 등	제11조(납부고지서의 송달) 제12조(장부 등의 보관)

  ② 제2장 과세가격과 관세의 부과·징수 등

제1절 통칙	제14조(과세물건) 제15조(과세표준) 제16조(과세물건 확정의 시기) 제17조(적용 법령) 제18조(과세환율) 제19조(납세의무자)
제2절 납세의무의 소멸 등	제20조(납부의무의 소멸) 제21조(관세부과의 제척기간) 제22조(관세징수권 등의 소멸시효) 제23조(시효의 중단 및 정지)
제3절 납세담보	제24조(담보의 종류 등) 제25조(담보의 관세충당) 제26조(담보 등이 없는 경우의 관세징수) 제26조의2(담보의 해제)

제4절 과세가격의 신고 및 결정	**제1관 가격신고 등** 제27조(가격신고) 제28조(잠정가격의 신고 등) 제29조(가격조사 보고 등) **제2관 과세가격의 결정** 제30조(과세가격 결정의 원칙) 제31조(동종·동질물품의 거래가격을 기초로 한 과세가격의 결정) 제32조(유사물품의 거래가격을 기초로 한 과세가격의 결정) 제33조(국내판매가격을 기초로 한 과세가격의 결정) 제34조(산정가격을 기초로 한 과세가격의 결정) 제35조(합리적 기준에 따른 과세가격의 결정) 제36조(과세가격 결정방법 등의 통보) 제37조(과세가격 결정방법의 사전심사) 제37조의2(관세의 과세가격 결정방법과 국세의 정상가격 산출방법의 사전조정) 제37조의3(관세의 부과 등을 위한 정보제공) 제37조의4(특수관계자의 수입물품 과세가격결정자료 등 제출)
제5절 부과와 징수	**제1관 세액의 확정** 제38조(신고납부) 제38조의2(보정) 제38조의3(수정 및 경정) 제38조의4(수입물품의 과세가격 조정에 따른 경정) 제38조의5(경정청구서 등 우편제출에 따른 특례) 제39조(부과고지) 제40조(징수금액의 최저한) 제42조(가산세) 제42조의2(가산세의 감면) 제43조(관세의 현장 수납) **제2관 강제징수 등** 제43조의2(압류·매각의 유예) 제44조(체납자료의 제공) 제45조(관세체납정리위원회) **제3관 관세환급금의 환급 등** 제46조(관세환급금의 환급) 제47조(과다환급관세의 징수) 제48조(관세환급가산금)

③ 제3장 세율 및 품목분류

제1절 통칙	제49조(세율의 종류) 제50조(세율 적용의 우선순위)
제2절 세율의 조정	**제1관 덤핑방지관세** 제51조(덤핑방지관세의 부과대상) 제52조(덤핑 및 실질적 피해등의 조사) 제53조(덤핑방지관세를 부과하기 전의 잠정조치) 제54조(덤핑방지관세와 관련된 약속의 제의) 제55조(덤핑방지관세의 부과 시기) 제56조(덤핑방지관세에 대한 재심사 등) 제56조의2(우회덤핑 물품에 대한 덤핑방지관세의 부과) **제2관 상계관세** 제57조(상계관세의 부과대상) 제58조(보조금등의 지급과 실질적 피해등의 조사) 제59조(상계관세를 부과하기 전의 잠정조치) 제60조(상계관세와 관련된 약속의 제의) 제61조(상계관세의 부과 시기) 제62조(상계관세에 대한 재심사 등) **제3관 보복관세** 제63조(보복관세의 부과대상) 제64조(보복관세의 부과에 관한 협의) **제4관 긴급관세** 제65조(긴급관세의 부과대상 등) 제66조(잠정긴급관세의 부과 등) 제67조(긴급관세에 대한 재심사 등) 제67조의2(특정국물품 긴급관세의 부과) **제5관 농림축산물에 대한 특별긴급관세** 제68조(농림축산물에 대한 특별긴급관세) **제6관 조정관세** 제69조(조정관세의 부과대상) 제70조(조정관세의 적용 세율 등) **제7관 할당관세** 제71조(할당관세) **제8관 계절관세** 제72조(계절관세) **제9관 국제협력관세** 제73조(국제협력관세) **제10관 편익관세** 제74조(편익관세의 적용기준 등) 제75조(편익관세의 적용 정지 등)

	제11관 일반특혜관세 제76조(일반특혜관세의 적용기준) 제77조(일반특혜관세의 적용 정지 등)
	제12관 관세양허에 대한 조치 등 제78조(양허의 철회 및 수정) 제79조(대항조치) 제80조(양허 및 철회의 효력)
제3절 세율의 적용 등	제81조(간이세율의 적용) 제82조(합의에 따른 세율 적용) 제83조(용도세율의 적용)
제4절 품목분류	제84조(품목분류체계의 수정) 제85조(품목분류의 적용기준 등) 제86조(특정물품에 적용될 품목분류의 사전심사) 제87조(특정물품에 적용되는 품목분류의 변경 및 적용)

④ 제4장 감면·환급 및 분할납부 등

제1절 감면	제88조(외교관용 물품 등의 면세) 제89조(세율불균형물품의 면세) 제90조(학술연구용품의 감면) 제91조(종교용품, 자선용품, 장애인용품 등의 면세) 제92조(정부용품 등의 면세) 제93조(특정물품의 면세 등) 제94조(소액물품 등의 면세) 제95조(환경오염방지물품 등에 대한 감면) 제96조(여행자 휴대품 및 이사물품 등의 감면) 제97조(재수출면세) 제98조(재수출 감면) 제99조(재수입면세) 제100조(손상물품에 대한 감면) 제101조(해외임가공물품 등의 감면) 제102조(관세감면물품의 사후관리) 제103조(관세감면물품의 용도 외 사용) 제105조(시설대여업자에 대한 감면 등)
제2절 환급 및 분할납부 등	제106조(계약 내용과 다른 물품 등에 대한 관세 환급) 제106조의2(수입한 상태 그대로 수출되는 자가사용물품에 대한 관세 환급) 제107조(관세의 분할납부) 제108조(담보 제공 및 사후관리) 제109조(다른 법령 등에 따른 감면물품의 관세징수)

⑤ 제5장 납세자의 권리 및 불복절차

제1절 납세자의 권리	제110조(납세자권리헌장의 제정 및 교부) 제110조의2(통합조사의 원칙) 제110조의3(관세조사 대상자 선정) 제111조(관세조사권 남용 금지) 제112조(관세조사의 경우 조력을 받을 권리) 제113조(납세자의 성실성 추정 등) 제114조(관세조사의 사전통지와 연기신청) 제114조의2(장부·서류 등의 보관 금지) 제115조(관세조사의 결과 통지) 제116조(비밀유지) 제116조의2(고액·상습체납자 등의 명단 공개) 제116조의3(납세증명서의 제출 및 발급) 제116조의4(고액·상습체납자의 감치) 제116조의5(출국금지 요청 등) 제116조의6(납세자 본인에 관한 과세정보의 전송 요구) 제117조(정보의 제공) 제118조(과세전적부심사) 제118조의2(관세청장의 납세자 권리보호) 제118조의3(납세자의 협력의무) 제118조의4(납세자보호위원회) 제118조의5(납세자보호위원회에 대한 납세자의 심의 요청 및 결과 통지 등)
제2절 심사와 심판	제119조(불복의 신청) 제120조(「행정소송법」 등과의 관계) 제121조(심사청구기간) 제122조(심사청구절차) 제123조(심사청구서의 보정) 제125조(심사청구 등이 집행에 미치는 효력) 제126조(대리인) 제127조(결정절차) 제128조(결정) 제128조의2(불고불리·불이익변경 금지) 제129조(불복방법의 통지) 제129조의2(정보통신망을 이용한 불복청구) 제130조(서류의 열람 및 의견 진술) 제131조(심판청구) 제132조(이의신청)

⑥ 제6장 운송수단

제1절 국제항	제133조(국제항의 지정 등) 제134조(국제항 등에의 출입)
제2절 선박과 항공기	**제1관 입출항절차** 제135조(입항절차) 제136조(출항절차) 제137조(간이 입출항절차) 제137조의2(승객예약자료의 요청) **제2관 재해나 그 밖의 부득이한 사유로 인한 면책 등** 제138조(재해나 그 밖의 부득이한 사유로 인한 면책) 제139조(임시 외국 정박 또는 착륙의 보고) **제3관 물품의 하역** 제140조(물품의 하역) 제141조(외국물품의 일시양륙 등) 제142조(항외 하역) 제143조(선박용품 및 항공기용품 등의 하역 등) **제4관 국제무역선의 국내운항선으로의 전환 등** 제144조(국제무역선의 국내운항선으로의 전환 등) 제145조(선장 등의 직무대행자) 제146조(그 밖의 선박 또는 항공기) 제147조(국경하천을 운항하는 선박)
제3절 차량	제148조(관세통로) 제149조(국경출입차량의 도착절차) 제150조(국경출입차량의 출발절차) 제151조(물품의 하역 등) 제151조의2(국경출입차량의 국내운행차량으로의 전환 등) 제151조의3(통관역장 등의 직무대행자) 제152조(도로차량의 국경출입)

⑦ **제7장 보세구역**

제1절 통칙	제154조(보세구역의 종류) 제155조(물품의 장치) 제156조(보세구역 외 장치의 허가) 제157조(물품의 반입·반출) 제157조의2(수입신고수리물품의 반출) 제158조(보수작업) 제159조(해체·절단 등의 작업) 제160조(장치물품의 폐기) 제161조(견본품 반출) 제162조(물품취급자에 대한 단속) 제163조(세관공무원의 파견) 제164조(보세구역의 자율관리) 제165조(보세사의 자격 등) 제165조의2(보세사의 명의대여 등의 금지) 제165조의3(보세사의 의무) 제165조의4(금품 제공 등의 금지) 제165조의5(보세사징계위원회)
제2절 지정보세구역	**제1관 통칙** 제166조(지정보세구역의 지정) 제167조(지정보세구역 지정의 취소) 제168조(지정보세구역의 처분) **제2관 지정장치장** 제169조(지정장치장) 제170조(장치기간) 제172조(물품에 대한 보관책임) **제3관 세관검사장** 제173조(세관검사장)
제3절 특허보세구역	**제1관 통칙** 제174조(특허보세구역의 설치·운영에 관한 특허) 제175조(운영인의 결격사유) 제176조(특허기간) 제176조의2(특허보세구역의 특례) 제176조의3(보세판매장 특허심사위원회) 제176조의4(보세판매장 제도운영위원회) 제177조(장치기간) 제177조의2(특허보세구역 운영인의 명의대여 금지) 제178조(반입정지 등과 특허의 취소) 제179조(특허의 효력상실 및 승계) 제180조(특허보세구역의 설치·운영에 관한 감독 등) 제182조(특허의 효력상실 시 조치 등)

	제2관 보세창고 제183조(보세창고) 제184조(장치기간이 지난 내국물품)	
	제3관 보세공장 제185조(보세공장) 제186조(사용신고 등) 제187조(보세공장 외 작업 허가) 제188조(제품과세) 제189조(원료과세)	
	제4관 보세전시장 제190조(보세전시장)	
	제5관 보세건설장 제191조(보세건설장) 제192조(사용 전 수입신고) 제193조(반입물품의 장치 제한) 제194조(보세건설물품의 가동 제한) 제195조(보세건설장 외 작업 허가)	
	제6관 보세판매장 제196조(보세판매장) 제196조의2(시내보세판매장의 현장 인도 특례)	
제4절 종합보세구역	제197조(종합보세구역의 지정 등) 제198조(종합보세사업장의 설치·운영에 관한 신고 등) 제199조(종합보세구역에의 물품의 반입·반출 등) 제199조의2(종합보세구역의 판매물품에 대한 관세 등의 환급) 제200조(반출입물품의 범위 등) 제201조(운영인의 물품관리) 제202조(설비의 유지의무 등) 제203조(종합보세구역에 대한 세관의 관리 등) 제204조(종합보세구역 지정의 취소 등) 제205조(준용규정)	
제5절 유치 및 처분	**제1관 유치 및 예치** 제206조(유치 및 예치) 제207조(유치 및 예치 물품의 보관)	
	제2관 장치기간경과물품의 매각 제208조(매각대상 및 매각절차) 제209조(통고) 제210조(매각방법) 제211조(잔금처리) 제212조(국고귀속)	

⑧ 제8장 운송

제1절 보세운송	제213조(보세운송의 신고) 제214조(보세운송의 신고인) 제215조(보세운송 보고) 제216조(보세운송통로) 제217조(보세운송기간 경과 시의 징수) 제218조(보세운송의 담보) 제219조(조난물품의 운송) 제220조(간이 보세운송) 제220조의2(국제항 안에서 국제무역선을 이용한 보세운송의 특례)
제2절 내국운송	제221조(내국운송의 신고)
제3절 보세운송업자등	제222조(보세운송업자등의 등록 및 보고) 제223조(보세운송업자등의 등록요건) 제223조의2(보세운송업자등의 명의대여 등의 금지) 제224조(보세운송업자등의 행정제재) 제224조의2(보세운송업자등의 등록의 효력상실) 제225조(보세화물 취급 선박회사 등의 신고 및 보고)

⑨ 제9장 통관

제1절 통칙	**제1관 통관요건** 제226조(허가·승인 등의 증명 및 확인) 제227조(의무 이행의 요구 및 조사) 제228조(통관표지) **제2관 원산지의 확인 등** 제229조(원산지 확인기준) 제230조(원산지 허위표시물품 등의 통관 제한) 제230조의2(품질등 허위·오인 표시물품의 통관 제한) 제231조(환적물품 등에 대한 유치 등) 제232조(원산지증명서 등) 제232조의2(원산지증명서의 발급 등) 제233조(원산지증명서 등의 확인요청 및 조사) 제233조의2(한국원산지정보원의 설립) 제233조의3(원산지표시위반단속기관협의회) **제3관 통관의 제한** 제234조(수출입의 금지) 제235조(지식재산권 등의 보호) 제236조(통관물품 및 통관절차의 제한) 제237조(통관의 보류) 제238조(보세구역 반입명령) **제4관 통관의 예외 적용** 제239조(수입으로 보지 아니하는 소비 또는 사용) 제240조(수출입의 의제)

	제5관 통관 후 유통이력 관리 제240조의2(통관 후 유통이력 신고) 제240조의3(유통이력 조사) **제6관 통관절차 등의 국제협력** 제240조의4(무역원활화 기본계획의 수립 및 시행) 제240조의5(상호주의에 따른 통관절차 간소화) 제240조의6(국가 간 세관정보의 상호 교환 등)
제2절 수출·수입 및 반송	**제1관 신고** 제241조(수출·수입 또는 반송의 신고) 제241조의2(해외 수리 운송수단 수입신고의 특례) 제242조(수출·수입·반송 등의 신고인) 제243조(신고의 요건) 제244조(입항전수입신고) 제245조(신고 시의 제출서류) **제2관 물품의 검사** 제246조(물품의 검사) 제246조의2(물품의 검사에 따른 손실보상) 제246조의3(물품에 대한 안전성 검사) 제247조(검사 장소) **제3관 신고의 처리** 제248조(신고의 수리) 제249조(신고사항의 보완) 제250조(신고의 취하 및 각하) 제251조(수출신고수리물품의 적재 등) **제4관 통관절차의 특례** 제252조(수입신고수리전 반출) 제253조(수입신고전의 물품 반출) 제254조(전자상거래물품의 특별통관 등) 제254조의2(탁송품의 특별통관) 제255조의2(수출입 안전관리 우수업체의 공인) 제255조의3(수출입 안전관리 우수업체에 대한 혜택 등) 제255조의4(수출입안전관리우수업체에 대한 사후관리) 제255조의5(수출입안전관리우수업체의 공인 취소) 제255조의6(수출입안전관리우수업체의 공인 관련 지원사업) 제255조의7(수출입 안전관리 기준 준수도의 측정·평가)
제3절 우편물	제256조(통관우체국) 제256조의2(우편물의 사전전자정보 제출) 제257조(우편물의 검사) 제258조(우편물통관에 대한 결정) 제259조(세관장의 통지) 제260조(우편물의 납세절차) 제261조(우편물의 반송)

⑩ 제10장 세관공무원의 자료 제출 요청 등

제1절 세관장 등의 과세자료 요청 등	제262조(운송수단의 출발 중지 등) 제263조(서류의 제출 또는 보고 등의 명령) 제264조(과세자료의 요청) 제264조의2(과세자료제출기관의 범위) 제264조의3(과세자료의 범위) 제264조의4(과세자료의 제출방법) 제264조의5(과세자료의 수집에 관한 협조) 제264조의6(과세자료의 관리 및 활용 등) 제264조의7(과세자료제출기관의 책임 등) 제264조의8(비밀유지의무) 제264조의9(과세자료 비밀유지의무 위반에 대한 처벌) 제264조의10(불법·불량·유해물품에 대한 정보 등의 제공 요청과 협조) 제264조의11(마약류 관련 정보의 제출 요구)
제2절 세관공무원의 물품검사 등	제265조(물품 또는 운송수단 등에 대한 검사 등) 제265조의2(물품분석) 제266조(장부 또는 자료의 제출 등) 제266조의2(위치정보의 수집) 제267조(무기등의 휴대 및 사용) 제267조의2(운송수단에 대한 검문·검색 등의 협조 요청) 제268조(명예세관원)

⑪ 제11장 벌칙

-	제268조의2(전자문서 위조·변조죄 등) 제269조(밀수출입죄) 제270조(관세포탈죄 등) 제270조의2(가격조작죄) 제271조(미수범 등) 제272조(밀수 전용 운반기구의 몰수) 제273조(범죄에 사용된 물품의 몰수 등) 제274조(밀수품의 취득죄 등) 제275조(징역과 벌금의 병과) 제275조의2(강제징수면탈죄 등) 제275조의3(명의대여행위죄 등) 제275조의4(보세사의 명의대여죄 등) 제276조(허위신고죄 등) 제277조(과태료) 제277조의2(금품 수수 및 공여) 제277조의3(비밀유지 의무 위반에 대한 과태료) 제278조(「형법」 적용의 일부 배제) 제279조(양벌 규정) 제282조(몰수·추징)

⑫ 제12장 조사와 처분

제1절 통칙	제283조(관세범) 제284조(공소의 요건) 제284조의2(관세범칙조사심의위원회) 제285조(관세범에 관한 서류) 제286조(조사처분에 관한 서류) 제287조(조서의 서명) 제288조(서류의 송달) 제289조(서류송달 시의 수령증)
제2절 조사	제290조(관세범의 조사) 제291조(조사) 제292조(조서 작성) 제293조(조서의 대용) 제294조(출석 요구) 제295조(사법경찰권) 제296조(수색·압수영장) 제297조(현행범의 체포) 제298조(현행범의 인도) 제299조(압수물품의 국고귀속) 제300조(검증수색) 제301조(신변 수색 등) 제302조(참여) 제303조(압수와 보관) 제304조(압수물품의 폐기) 제305조(압수조서 등의 작성) 제306조(야간집행의 제한) 제307조(조사 중 출입금지) 제308조(신분 증명) 제309조(경찰관의 원조) 제310조(조사 결과의 보고)
제3절 처분	제311조(통고처분) 제312조(즉시 고발) 제313조(압수물품의 반환) 제314조(통고서의 작성) 제315조(통고서의 송달) 제316조(통고의 불이행과 고발) 제317조(일사부재리) 제318조(무자력 고발) 제319조(준용)

⑬ 제13장 보칙

-	제320조(가산세의 세목) 제321조(세관의 업무시간·물품취급시간) 제322조(통계 및 증명서의 작성 및 교부 등) 제322조의2(연구개발사업의 추진) 제323조(세관설비의 사용) 제324조(포상) 제325조(편의 제공) 제326조(몰수품 등의 처분) 제326조의2(사업에 관한 허가 등의 제한) 제327조(국가관세종합정보시스템의 구축 및 운영) 제327조의2(한국관세정보원의 설립) 제327조의3(전자문서중계사업자의 지정 등) 제327조의4(전자문서 등 관련 정보에 관한 보안) 제327조의5(전자문서의 표준) 제328조(청문) 제329조(권한 또는 업무의 위임·위탁) 제330조(벌칙 적용에서 공무원 의제)

관세사 2차
올뉴 이명호
관 세 법

관세사 2차
올뉴 이명호
관 세 법

PART

02

관세법 본문

CHAPTER 01 총칙

제1절 통칙

제1조(목적)

이 법은 관세의 부과·징수 및 수출입물품의 통관을 적정하게 하고 관세수입을 확보함으로써 국민경제의 발전에 이바지함을 목적으로 한다.

제2조(정의)

이 법에서 사용하는 용어의 뜻은 다음과 같다.

외국물품을 **우리나라에 반입**(보세구역을 경유하는 것은 **보세구역으로부터 반입**하는 것을 말한다)하거나 **우리나라에서 소비 또는 사용**하는 것(우리나라의 운송수단 안에서의 소비 또는 사용을 포함하며, 제239조 각 호의 어느 하나에 해당하는 소비 또는 사용은 제외한다)을 말한다.

참고 관세법상 '수입'의 정의

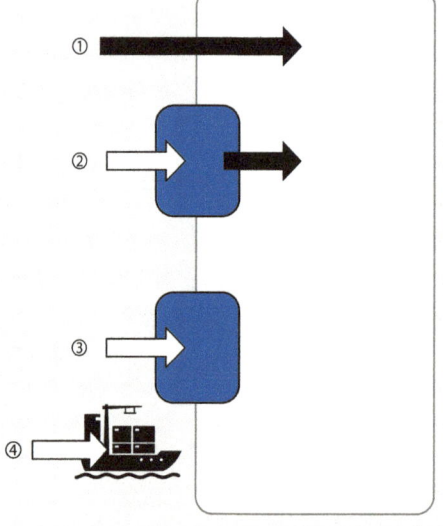

① 외국물품을 우리나라에 반입하는 것
② 외국물품을 보세구역으로부터 반입하는 것
③ 외국물품을 우리나라에서 소비 또는 사용하는 것
④ 외국물품을 우리나라의 운송수단 안에서 소비 또는 사용하는 것

> **참고** 통관의 예외 적용

법 제239조(수입으로 보지 아니하는 소비 또는 사용) 외국물품의 소비나 사용이 다음 각 호의 어느 하나에 해당하는 경우에는 이를 수입으로 보지 아니한다.
1. 선박용품·항공기용품 또는 차량용품을 운송수단 안에서 그 용도에 따라 소비하거나 사용하는 경우
2. 선박용품·항공기용품 또는 차량용품을 세관장이 정하는 지정보세구역에서 「출입국관리법」에 따라 출국심사를 마치거나 우리나라에 입국하지 아니하고 우리나라를 경유하여 제3국으로 출발하려는 자에게 제공하여 그 용도에 따라 소비하거나 사용하는 경우
3. 여행자가 휴대품을 운송수단 또는 관세통로에서 소비하거나 사용하는 경우
4. 이 법에서 인정하는 바에 따라 소비하거나 사용하는 경우

법 제240조(수출입의 의제) ① 다음 각 호의 어느 하나에 해당하는 외국물품은 이 법에 따라 적법하게 수입된 것으로 보고 관세 등을 따로 징수하지 아니한다.
1. 체신관서가 수취인에게 내준 우편물
2. 이 법에 따라 매각된 물품
3. 이 법에 따라 몰수된 물품
4. 제269조, 제272조, 제273조 또는 제274조 제1항 제1호에 해당하여 이 법에 따른 통고처분으로 납부된 물품
5. 법령에 따라 국고에 귀속된 물품
6. 제282조 제3항에 따라 몰수를 갈음하여 추징된 물품

② 체신관서가 외국으로 발송한 우편물은 이 법에 따라 적법하게 수출되거나 반송된 것으로 본다.

> **참고** 관세법상 '소비 또는 사용'

1. 소비 또는 사용을 수입으로 보는 경우(법 제2조)
2. 수입신고가 수리되기 전에 소비하거나 사용하는 물품의 과세(법 제16조, 법 제19조)
3. 수입으로 보지 아니하는 소비 또는 사용(법 제239조)
4. 견본품의 소비 또는 사용(법 제161조 제5항)

2. 수출	내국물품을 외국으로 반출하는 것을 말한다.
3. 반송	국내에 도착한 외국물품이 수입통관절차를 거치지 아니하고 다시 외국으로 반출되는 것을 말한다.
4. 외국물품	다음 각 목의 어느 하나에 해당하는 물품을 말한다. 가. 외국으로부터 우리나라에 도착한 물품[외국의 선박 등이 공해(公海, 외국의 영해가 아닌 경제수역을 포함한다. 이하 같다)에서 채집하거나 포획한 수산물 등을 포함한다]으로서 제241조 제1항에 따른 수입의 신고(이하 "수입신고"라 한다)가 수리(受理)되기 전의 것 나. 제241조 제1항에 따른 수출의 신고(이하 "수출신고"라 한다)가 수리된 물품
5. 내국물품	다음 각 목의 어느 하나에 해당하는 물품을 말한다. 가. 우리나라에 있는 물품으로서 외국물품이 아닌 것 나. 우리나라의 선박 등이 공해에서 채집하거나 포획한 수산물 등 다. 제244조 제1항에 따른 입항전수입신고(이하 "입항전수입신고"라 한다)가 수리된 물품 라. 제252조에 따른 수입신고수리전 반출승인을 받아 반출된 물품 마. 제253조 제1항에 따른 수입신고전 즉시반출신고를 하고 반출된 물품

	참고	관세법상 '내국물품'

1. 내국물품의 정의(법 제2조)
2. 국제무역선(기) 적재 불가(법 제140조 제6항)
3. 내국운송(법 제155조, 제221조)
4. 보수작업에 사용된 내국물품(법 제158조 제5항)
5. 내국물품의 보세창고 장치(법 제183조), 장치기간이 지난 내국물품(법 제184조)
6. 보세공장 혼용(법 제185조), 제품과세 혼용 승인(법 제188조)

6.	국제무역선	무역을 위하여 우리나라와 외국 간을 운항하는 선박을 말한다.
7.	국제무역기	무역을 위하여 우리나라와 외국 간을 운항하는 항공기를 말한다.
8.	국내운항선	국내에서만 운항하는 선박을 말한다.
9.	국내운항기	국내에서만 운항하는 항공기를 말한다.
10.	선박용품	음료, 식품, 연료, 소모품, 밧줄, 수리용 예비부분품 및 부속품, 집기, 그 밖에 이와 유사한 물품으로서 해당 선박에서만 사용되는 것을 말한다. 참고 선박용품과 유사한 물품(관세법 기본통칙 2-0-3조) 닻, 구명용구, 단네이지(Dunnage), 계기류 및 사소한 전기기구류 등 선박의 항해에 직·간접적으로 필요한 물품을 말한다.
11.	항공기용품	선박용품에 준하는 물품으로서 해당 항공기에서만 사용되는 것을 말한다.
12.	차량용품	선박용품에 준하는 물품으로서 해당 차량에서만 사용되는 것을 말한다.
13.	통관(通關)	이 법에 따른 절차를 이행하여 물품을 수출·수입 또는 반송하는 것을 말한다.
14.	환적(換積)	동일한 세관의 관할구역에서 입국 또는 입항하는 운송수단에서 출국 또는 출항하는 운송수단으로 물품을 옮겨 싣는 것을 말한다.
15.	복합환적(複合換積)	입국 또는 입항하는 운송수단의 물품을 다른 세관의 관할구역으로 운송하여 출국 또는 출항하는 운송수단으로 옮겨 싣는 것을 말한다.

| 참고 | 환적과 복합환적 |

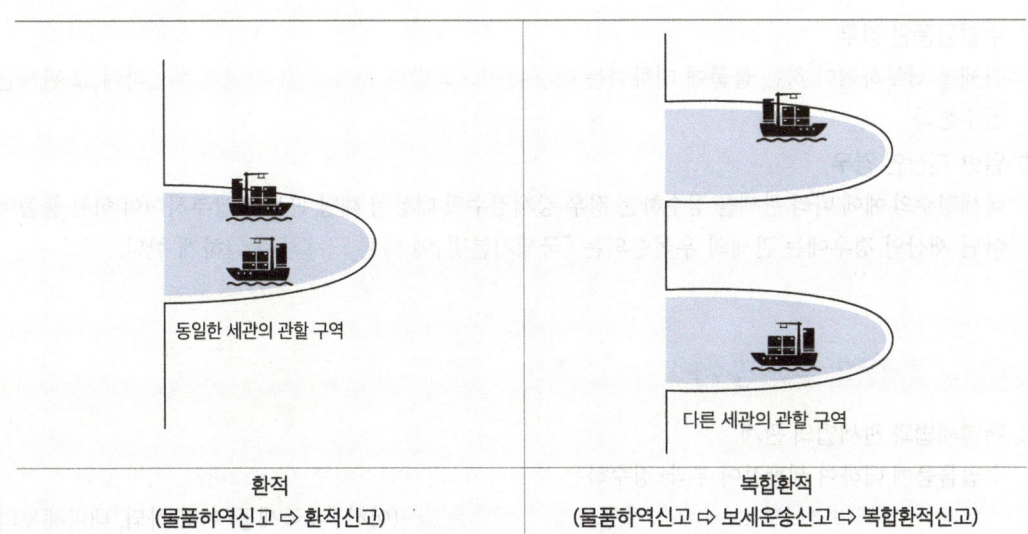

환적	복합환적
(물품하역신고 ⇨ 환적신고)	(물품하역신고 ⇨ 보세운송신고 ⇨ 복합환적신고)

16. 운영인	다음 각 목의 어느 하나에 해당하는 자를 말한다. 가. 제174조 제1항에 따라 특허보세구역의 설치·운영에 관한 특허를 받은 자 나. 제198조 제1항에 따라 종합보세사업장의 설치·운영에 관한 신고를 한 자
17. 세관공무원	다음 각 목의 사람을 말한다. 가. 관세청장, 세관장 및 그 소속 공무원 나. 그 밖에 관세청 소속기관의 장 및 그 소속 공무원
18. 탁송품(託送品)	상업서류, 견본품, 자가사용물품, 그 밖에 이와 유사한 물품으로서 국제무역선·국제무역기 또는 국경출입차량을 이용한 물품의 송달을 업으로 하는 자(물품을 휴대하여 반출입하는 것을 업으로 하는 자는 제외한다)에게 위탁하여 우리나라에 반입하거나 외국으로 반출하는 물품을 말한다.
19. 전자상거래물품	사이버몰(컴퓨터 등과 정보통신설비를 이용하여 재화를 거래할 수 있도록 설정된 가상의 영업장을 말한다. 이하 같다) 등을 통하여 전자적 방식으로 거래가 이루어지는 수출입물품을 말한다.
20. 관세조사	관세의 과세표준과 세액을 결정 또는 경정하기 위하여 방문 또는 서면으로 납세자의 장부·서류 또는 그 밖의 물건을 조사(제110조의2에 따라 통합하여 조사하는 것을 포함한다)하는 것을 말한다.

제3조(관세징수의 우선)

① 수입물품인 경우

관세를 납부하여야 하는 물품에 대하여는 다른 조세, 그 밖의 공과금 및 채권에 우선하여 그 관세를 징수한다.

② 일반 재산인 경우

국세징수의 예에 따라 관세를 징수하는 경우 강제징수의 대상이 해당 관세를 납부하여야 하는 물품이 아닌 재산인 경우에는 관세의 우선순위는 「국세기본법」에 따른 국세와 동일하게 한다.

제4조(내국세등의 부과·징수)

① 개별세법과 관세법의 관계

수입물품에 대하여 세관장이 부과·징수하는 부가가치세, 지방소비세, 담배소비세, 지방교육세, 개별소비세, 주세, 교육세, 교통·에너지·환경세 및 농어촌특별세(이하 "내국세등"이라 하되, 내국세등의 가산세 및 강제징수비를 포함한다)의 부과·징수·환급 등에 관하여 「국세기본법」, 「국세징수법」, 「부가가치세법」, 「지방세법」, 「개별소비세법」, 「주세법」, 「교육세법」, 「교통·에너지·환경세법」 및 「농어촌특별세법」의 규정과 이 법의 규정이 상충되는 경우에는 이 법의 규정을 우선하여 적용한다.

참고 관세와 함께 징수되는 내국세

관세와 함께 징수되는 내국세	부가가치세, 지방소비세, 담배소비세, 지방교육세, 개별소비세, 주세, 교육세, 교통·에너지·환경세 및 농어촌특별세
관세와 함께 징수되는 내국세가 아닌 것	법인세, 자동차세, 증여세, 유류세 등

② 체납된 내국세등의 세무서장 징수

수입물품에 대하여 세관장이 부과·징수하는 내국세등의 체납이 발생하였을 때에는 징수의 효율성 등을 고려하여 필요하다고 인정되는 경우 대통령령으로 정하는 바에 따라 납세의무자의 주소지(법인의 경우 그 법인의 등기부에 따른 본점이나 주사무소의 소재지)를 관할하는 세무서장이 체납세액을 징수할 수 있다.

관세법 시행령

영 제1조의2(체납된 내국세등의 세무서장 징수) ① 「관세법」(이하 "법"이라 한다) 제4조 제2항에 따라 납세의무자의 주소지(법인의 경우 그 법인의 등기부에 따른 본점이나 주사무소의 소재지)를 관할하는 세무서장이 체납된 부가가치세, 지방소비세, 개별소비세, 주세, 교육세, 교통·에너지·환경세 및 농어촌특별세(이하 "내국세등"이라 하며, 내국세등의 가산세 및 강제징수비를 포함한다)를 징수하기 위하여는 체납자가 다음 각 호의 모든 요건에 해당해야 한다. 다만, 법에 따른 이의신청·심사청구·심판청구 또는 행정소송이 계류 중인 경우, 「채무자 회생 및 파산에 관한 법률」 제243조에 따라 회생계획인가 결정을 받은 경우 및 압류 등 강제징수가 진행 중이거나 압류 또는 매각을 유예받은 경우에는 세무서장이 징수하게 할 수 없다.
   1. 체납자의 체납액 중 관세의 체납은 없고 내국세등만이 체납되었을 것
   2. 삭제
   3. 체납된 내국세등의 합계가 1천만원을 초과했을 것

② 세관장은 제1항의 요건에 해당되는 체납자의 내국세등을 세무서장이 징수하게 하는 경우 법 제45조에 따른 관세체납정리위원회의 의결을 거쳐 관세청장이 정하는 바에 따라 체납자의 내국세등의 징수에 관한 사항을 기재하여 해당 세무서장에게 서면으로 요청하여야 하며, 그 사실을 해당 체납자에게도 통지하여야 한다.

③ 제2항에 따라 징수를 요청받은 세무서장이 체납된 내국세등을 징수한 경우에는 징수를 요청한 세관장에게 징수 내역을 통보해야 하며, 체납된 내국세등에 대한 불복절차 또는 회생절차의 개시, 체납자의 행방불명 등의 사유로 더 이상의 강제징수절차의 진행이 불가능하게 된 경우에는 그 사실을 징수를 요청한 세관장 및 체납자에게 통보 및 통지해야 한다.

> **참고** 체납된 내국세등의 세무서장 징수
>
> 1. 체납된 내국세등의 세무서장 징수(법 제4조 제2항, 영 제1조의2 제1항 본문)
> 2. 체납된 내국세등을 세무서장이 징수하는 요건
>   (1) 세무서장이 징수하기 위한 요건(영 제1조의2 제1항 각 호)
>   (2) 세무서장이 징수할 수 없는 경우(영 제1조의2 제1항 단서)
> 3. 징수절차(세관장의 통지 등)
>   (1) 세관장의 통지 등(영 제1조의2 제2항)
>   (2) 세무서장의 통지 등(영 제1조의2 제3항)

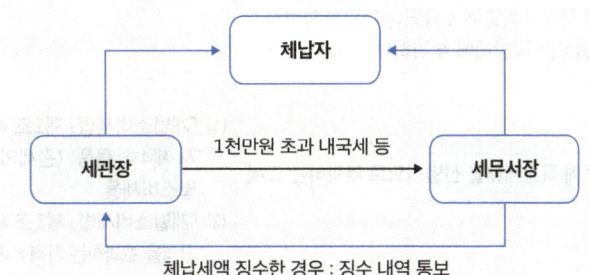

체납세액 징수한 경우 : 징수 내역 통보
강제징수 절차 진행이 불가능한 경우 : 그 사실 통보

③ 관세와 가산세·강제징수비의 관계

이 법에 따른 가산세 및 강제징수비의 부과·징수·환급 등에 관하여는 이 법 중 관세의 부과·징수·환급 등에 관한 규정을 적용한다.

④ 관세와 내국세등의 담보의 관계

수입물품에 대하여 세관장이 부과·징수하는 내국세등에 대한 담보제공 요구, 국세충당, 담보해제, 담보금액 등에 관하여는 이 법 중 관세에 대한 담보 관련 규정을 적용한다.

> **참고** 관세법과 개별세법의 관계
>
> | 구분 | 적용방법 |
> |---|---|
> | (제3항) 관세의 가산세·강제징수비의 부과·징수·환급 등 | 관세의 부과·징수·환급 등 규정 적용 |
> | (제1항) 내국세의 부과·징수·환급 등 | 관세법 규정 우선 적용 |
> | (제1항) 내국세의 가산세·강제징수비의 부과·징수·환급 등 | |
> | (제4항) 내국세의 담보 | 관세법상 관세의 담보 규정 적용 |

| 참고 | 관세와 함께 징수되는 내국세 |

1. 내국세(법 제4조) 관련 기타 규정
   (1) 법 제81조(간이세율)
   (2) 법 제119조 제8항(내국세 등에 대한 불복청구)
2. 내국세의 감면 및 분할납부
   (1) 관세가 감면된다고 하여 반드시 내국세도 감면되는 것은 아니다. 내국세의 감면은 개별 내국세법에 의하여야 한다.
   (2) 내국세의 분할납부에 관하여는 관세법에 그 준용규정이 없으므로, 개별 내국세법에서 분할납부를 규정하고 있지 않는 한 관세의 분할납부 규정에 준하여 분할납부를 할 수는 없다.
3. 관세와 함께 징수되는 내국세

내국세 명칭	내용	세액 산출
부가가치세	생산 및 유통과정의 각 단계에서 창출되는 부가가치에 대하여 부과되는 조세(소비세)	(관세의 과세가격 + 관세) + 개별소비세 + 주세 + 교육세 + 교통·에너지·환경세 + 농어촌특별세) × 부가가치세율(지방소비세율)
지방소비세	지방자치단체의 재정자립도를 높이려는 목적으로 부과하는 지방세	-
담배소비세	담배를 소비할 때 과세하는 조세(소비세)	-
지방교육세	지방교육 재정의 확충에 소요되는 재원을 확보하기 위하여 일정한 지방세에 부가하여 과세하는 조세(목적세)	-
개별소비세	특정상품에 특정세율을 선별적으로 부과하는 조세(소비세)	(1) 「개별소비세법」 제1조 제2항 제1호, 제3호 내지 제4호 물품: (관세의 과세가격 + 관세) × 개별소비세율 (2) 「개별소비세법」 제1조 제2항 제2호 물품: 기준가격을 초과하는 가격 × 개별소비세율
주세	주류에 대하여 부과되는 조세(소비세)	(1) 주정: 수입물량 × 주세율 (2) 주정을 제외한 주류: (관세의 과세가격 + 관세) × 주세율
교육세	교육재정의 확충에 필요한 재원을 확보하기 위한 조세(목적세)	(1) 개별소비세에 부가되는 교육세: 개별소비세액 × 교육세율 (2) 교통·에너지·환경세에 부가되는 교육세: 교통에너지·환경세액 × 교육세율 (3) 주세에 부가되는 교육세: 주세액 × 교육세율
교통·에너지·환경세	도로·도시철도 등 교통시설의 확충 및 대중교통 육성을 위한 사업, 에너지 및 자원 관련 사업, 환경의 보전과 개선을 위한 사업에 필요한 재원을 확보하기 위한 조세(목적세)	(1) 휘발유 이와 유사한 대체유류: 휘발유 및 유사 대체유류의 수입물량 × 교통·에너지·환경세율 (2) 경유: 경유의 수입물량 × 교통·에너지·환경세율
농어촌특별세	농어업의 경쟁력 강화와 농어촌산업기반시설의 확충 및 농어촌지역개발사업을 위해 필요한 재원을 확보하기 위한 조세(목적세)	(1) 「조세특례제한법」 및 관세법에 따른 관세감면 물품: 관세의 감면세액 × 농어촌특별세율 (2) 개별소비세를 납부하는 물품: 개별소비세액 × 농어촌특별세율

제2절 법 적용의 원칙 등

법 제5조	제1항	법 해석의 기준
	제2항	소급과세의 금지
	제3항	국세예규심사위원회 심의사항
	제4항	관세법 해석에 관한 질의회신의 절차와 방법
법 제6조		신의성실
법 제7조		세관공무원 재량의 한계

제5조(법 해석의 기준과 소급과세의 금지)

① 법 해석의 기준

이 법을 해석하고 적용할 때에는 과세의 형평과 해당 조항의 합목적성에 비추어 납세자의 재산권을 부당하게 침해하지 아니하도록 하여야 한다.

> **참고** 과세의 형평과 해당 조항의 합목적성(법 제5조 제1항 관련)
>
> 1. 과세의 형평
>   관세법을 해석하는 데 있어 첫번째 기준은 과세의 형평원칙에 따라 납세자의 재산권이 부당하게 침해되지 않아야 한다는 것이다. 과세의 형평이란 과세권자와 납세자 간의 형평과 서로 다른 납세자 간의 형평으로 구분할 수 있다. 과세자와 납세자의 형평이란 종래 과세자의 일방적인 세수 증대 일변도의 처리방법을 지양하여 납세자에게 억울함이 없어야 한다는 것이며, 납세자 간의 형평이란 납세자들 간에 차별이 있어서는 안 된다는 것으로서 조세의 공평성 또는 평등원칙을 의미한다.
> 2. 해당 조항의 합목적성
>   관세법을 해석하는 데 있어 두번째 기준은 합목적성원칙인데, 여기에서 합목적성원칙이란 조세법의 개별 조항을 해석하는 데 있어서는 개별 조항의 형식이나 그 표현에 너무 구애받지 말고 조세법의 기본이념을 기초로 하여 그 조항의 목적에 맞도록 해석하여야 한다는 것이다. 이와 같이 규정하고 있는 것은 조세법이 복잡·다양하고 그때마다 변천하는 경제현상을 그 규제의 대상으로 하고 있기 때문에, 그러한 조세법의 목적을 정확히 파악하여 조세법의 문장에 너무 구애받지 말고 합목적적으로 해석하라는 의미이다.

② 소급과세의 금지

이 법의 해석이나 관세행정의 관행이 일반적으로 납세자에게 받아들여진 후에는 그 해석이나 관행에 따른 행위 또는 계산은 정당한 것으로 보며, 새로운 해석이나 관행에 따라 소급하여 과세되지 아니한다.

> **참고** 소급과세금지원칙의 적용기준(법 제5조 제2항 관련)
>
> 1. 관세행정의 관행 등 존재
>   소급과세금지원칙이 적용되기 위해서는 일반적으로 받아들여진 관세법의 해석이나 관세행정의 관행이 존재하여야 한다. 즉, 불특정다수에게 널리 인식되고 있는 관세법의 해석이나 관세행정의 관행이 납세자의 행위나 계산 이전에 존재하고 있어야 한다.

2. 관행 등에 기인한 행위 등 존재
   소급과세금지원칙이 적용되기 위해서는 납세자의 행위나 계산이 과세관청의 관행 등에 기인한 것이어야 한다. 일반적으로 받아들여진 관세법의 해석이나 관세행정의 관행이 아닌 개별적인 해석이나 소수사례를 본보기로 한 행위 또는 계산이어서는 안 된다.
3. 비과세관행의 성립요건(관세법 기본통칙 제5-0-1조)
   장기간에 걸쳐 과세를 하지 아니한 객관적 사실이 존재하여야 하고, 과세관청의 비과세에 관한 명시적인 또는 묵시적인 의사표시가 있었다고 볼 수 있는 특별한 사정이 있어야 한다.

③ 국세예규심사위원회 심의사항
제1항 및 제2항의 기준에 맞는 이 법의 해석에 관한 사항은 「국세기본법」 제18조의2에 따른 국세예규심사위원회에서 심의할 수 있다.

| 참고 | 「국세기본법」 제18조의2에 따른 국세예규심사위원회 심의사항

「국세기본법」 제18조의2(국세예규심사위원회) ① 다음 각 호의 사항을 심의하기 위하여 기획재정부에 국세예규심사위원회를 둔다.
  1. 제18조 제1항부터 제3항까지의 기준에 맞는 세법의 해석 및 이와 관련되는 이 법의 해석에 관한 사항
  2. 「관세법」 제5조 제1항 및 제2항의 기준에 맞는 「관세법」의 해석 및 이와 관련되는 「자유무역협정의 이행을 위한 관세법의 특례에 관한 법률」 및 「수출용 원재료에 대한 관세 등 환급에 관한 특례법」의 해석에 관한 사항

④ 관세법 해석에 관한 질의회신의 절차와 방법
이 법의 해석에 관한 질의회신의 처리절차 및 방법 등에 관하여 필요한 사항은 대통령령으로 정한다.

| 관세법 시행령

영 제1조의3(관세법 해석에 관한 질의회신의 절차와 방법) ① 기획재정부장관 및 관세청장은 법의 해석과 관련된 질의에 대하여 법 제5조에 따른 해석의 기준에 따라 해석하여 회신하여야 한다.
② 관세청장은 제1항에 따라 회신한 문서의 사본을 해당 문서의 시행일이 속하는 달의 다음 달 말일까지 기획재정부장관에게 송부하여야 한다.
③ 관세청장은 제1항의 질의가 「국세기본법 시행령」 제9조의3 제1항 각 호의 어느 하나에 해당한다고 인정하는 경우에는 기획재정부장관에게 의견을 첨부하여 해석을 요청하여야 한다.
④ 관세청장은 제3항에 따른 기획재정부장관의 해석에 이견이 있는 경우에는 그 이유를 붙여 재해석을 요청할 수 있다.
⑤ 기획재정부장관에게 제출된 법 해석과 관련된 질의는 관세청장에게 이송하고 그 사실을 민원인에게 알려야 한다. 다만, 다음 각 호의 어느 하나에 해당하는 경우에는 기획재정부장관이 직접 회신할 수 있으며, 이 경우 회신한 문서의 사본을 관세청장에게 송부하여야 한다.
  1. 「국세기본법 시행령」 제9조의3 제1항 각 호의 어느 하나에 해당하여 「국세기본법」 제18조의2에 따른 국세예규심사위원회의 심의를 거쳐야 하는 질의
  2. 관세청장의 법 해석에 대하여 다시 질의한 사항으로서 관세청장의 회신문이 첨부된 경우의 질의(사실판단과 관련된 사항은 제외한다)
  3. 법이 새로 제정되거나 개정되어 이에 대한 기획재정부장관의 해석이 필요한 경우
  4. 그 밖에 법의 입법 취지에 따른 해석이 필요한 경우로서 납세자의 권리보호를 위해 필요하다고 기획재정부장관이 인정하는 경우
⑥ 관세청장은 법을 적용할 때 우리나라가 가입한 관세에 관한 조약에 대한 해석에 의문이 있는 경우에는 기획재정부장관에게 의견을 첨부하여 해석을 요청하여야 한다. 이 경우 기획재정부장관은 필요하다고 인정될 때에는 관련 국제기구에 질의할 수 있다.
⑦ 제1항부터 제6항까지에서 규정한 사항 외에 법 해석에 관한 질의회신 등에 필요한 사항은 기획재정부령으로 정한다.

> **참고** 관세법 해석에 관한 질의회신의 절차와 방법

1. 질의회신 주체(영 제1조의3 제1항)
2. 회신문서 사본 송부(영 제1조의3 제2항)
3. 해석 요청
   (1) 국세예규심사위원회 심의사항(영 제1조의3 제3항)
   (2) 재해석 요청(영 제1조의3 제4항)
   (3) 조약 관련 해석 요청(영 제1조의3 제6항)
4. 기획재정부장관이 직접 회신하는 경우(영 제1조의3 제5항)

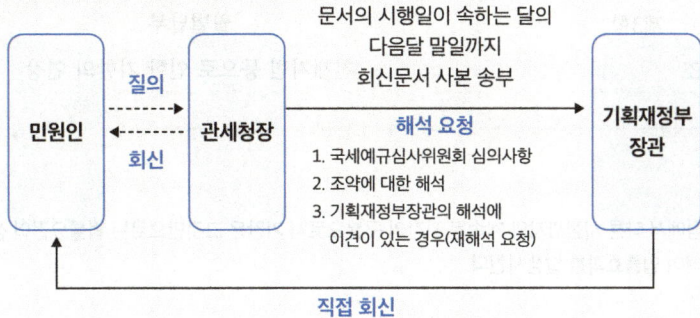

제6조(신의성실)

납세자가 그 의무를 이행할 때에는 신의에 따라 성실하게 하여야 한다. 세관공무원이 그 직무를 수행할 때에도 또한 같다.

> **참고** 신의성실원칙과 소급과세금지원칙의 비교

구분	신의성실원칙	소급과세금지원칙
적용	개별성	일반성
	과세관청 및 납세자 모두에게 적용	과세관청에게만 적용
세법의 적용	명백한 위법에는 적용할 수 없음	명백한 위법에도 적용이 가능함
적용순위	양 원칙을 모두 적용할 수 있는 경우 어느 원칙을 적용하여도 무방함	

제7조(세관공무원 재량의 한계)

세관공무원은 그 재량으로 직무를 수행할 때에는 과세의 형평과 이 법의 목적에 비추어 일반적으로 타당하다고 인정되는 한계를 엄수하여야 한다.

제3절 기간과 기한

제8조	제1항·제2항	기간의 계산
	제3항·제4항	기한의 연장
제9조	제1항	원칙적인 납부기한
	제2항	사전납부
	제3항	월별납부
제10조		천재지변 등으로 인한 기한의 연장

> **참고** 기간과 기한
>
> 1. 기간
>   기간이란 어느 시점에서 다른 시점까지의 계속된 시간의 구분으로서 기간은 그것만으로는 법률요건이 성립되지 않으나, 기간의 만료에 의하여 법률효과를 발생시킨다.
> 2. 기한
>   기한이란 법률행위의 효력의 발생·소멸 또는 채무의 이행을 장래의 확실한 사실에 의존하게 하는 부관(附款)이다.

제8조(기간 및 기한의 계산)

① 기간의 계산 (1)

이 법에 따른 기간을 계산할 때 제252조에 따른 수입신고수리전 반출승인을 받은 경우에는 그 **승인일**을 **수입신고의 수리일**로 본다.

② 기간의 계산 (2)

이 법에 따른 기간의 계산은 이 법에 특별한 규정이 있는 것을 제외하고는 「**민법**」에 따른다.

> **참고** 「민법」의 '기간' 규정(「민법」 제6장)
>
> **법 제156조(기간의 기산점)** 기간을 시, 분, 초로 정한 때에는 즉시로부터 기산한다.
>
> **법 제157조(기간의 기산점)** 기간을 일, 주, 월 또는 연으로 정한 때에는 기간의 초일은 산입하지 아니한다. 그러나 그 기간이 오전 영시로부터 시작하는 때에는 그러하지 아니하다.
>
> **법 제159조(기간의 만료점)** 기간을 일, 주, 월 또는 연으로 정한 때에는 기간 말일의 종료로 기간이 만료한다.
>
> **법 제160조(역에 의한 계산)** ① 기간을 주, 월 또는 연으로 정한 때에는 역에 의하여 계산한다.
>   ② 주, 월 또는 연의 처음으로부터 기간을 기산하지 아니하는 때에는 최후의 주, 월 또는 연에서 그 기산일에 해당한 날의 전일로 기간이 만료한다.
>   ③ 월 또는 연으로 정한 경우에 최종의 월에 해당일이 없는 때에는 그 월의 말일로 기간이 만료한다.
>
> **법 제161조(공휴일과 기간의 만료점)** 기간의 말일이 토요일 또는 공휴일에 해당한 때에는 기간은 그 익일로 만료한다.

③ 기한의 연장 (1)

이 법에 따른 기한이 다음 각 호의 어느 하나에 해당하는 경우에는 **그 다음 날**을 기한으로 한다.

1. 토요일 및 일요일
2. 「공휴일에 관한 법률」에 따른 공휴일 및 대체공휴일
3. 「근로자의 날 제정에 관한 법률」에 따른 근로자의 날
4. 그 밖에 대통령령으로 정하는 날

||관세법 시행령|

영 제1조의4(기한의 계산) ① 법 제8조 제3항에서 "대통령령으로 정하는 날"이란 금융기관(한국은행 국고대리점 및 국고수납대리점인 금융기관에 한한다. 이하 같다) 또는 체신관서의 휴무, 그 밖에 부득이한 사유로 인하여 정상적인 관세의 납부가 곤란하다고 관세청장이 정하는 날을 말한다.

④ 기한의 연장 (2)

제327조에 따른 국가관세종합정보시스템, 연계정보통신망 또는 전산처리설비가 대통령령으로 정하는 장애로 가동이 정지되어 이 법에 따른 기한까지 이 법에 따른 신고, 신청, 승인, 허가, 수리, 교부, 통지, 통고, 납부 등을 할 수 없게 되는 경우에는 그 장애가 복구된 날의 다음 날을 기한으로 한다.

||관세법 시행령|

영 제1조의4(기한의 계산) ② 정전, 프로그램의 오류, 한국은행(그 대리점을 포함한다) 또는 체신관서의 정보처리장치의 비정상적인 가동이나 그 밖에 관세청장이 정하는 사유로 법 제327조에 따른 국가관세종합정보시스템, 연계정보통신망 또는 전산처리설비의 가동이 정지되어 법에 따른 신고·신청·승인·허가·수리·교부·통지·통고·납부 등을 기한까지 할 수 없게 된 때에는 법 제8조 제4항에 따라 해당 국가관세종합정보시스템, 연계정보통신망 또는 전산처리설비의 장애가 복구된 날의 다음 날을 기한으로 한다.

제9조(관세의 납부기한 등)

① 원칙적인 납부기한

관세의 납부기한은 이 법에서 달리 규정하는 경우를 제외하고는 다음 각 호의 구분에 따른다.

1. 제38조(신고납부) 제1항에 따른 납세신고를 한 경우	납세신고 수리일부터 15일 이내
2. 제39조(부과고지) 제3항에 따른 납부고지를 한 경우	납부고지를 받은 날부터 15일 이내
3. 제253조(수입신고전의 물품 반출) 제1항에 따른 수입신고전 즉시반출신고를 한 경우	수입신고일부터 15일 이내

② 사전납부

납세의무자는 제1항에도 불구하고 수입신고가 수리되기 전에 해당 세액을 납부할 수 있다.

③ 월별납부

세관장은 납세실적 등을 고려하여 관세청장이 정하는 요건을 갖춘 성실납세자가 대통령령으로 정하는 바에 따라 신청을 할 때에는 제1항 제1호 및 제3호에도 불구하고 납부기한이 동일한 달에 속하는 세액에 대하여는 그 기한이 속하는 달의 말일까지 한꺼번에 납부하게 할 수 있다. 이 경우 세관장은 필요하다고 인정하는 경우에는 납부할 관세에 상당하는 담보를 제공하게 할 수 있다.

관세법 시행령

영 제1조의5(월별납부) ① 법 제9조 제3항의 규정에 의하여 납부기한이 동일한 달에 속하는 세액을 월별로 일괄하여 납부(이하 "월별납부"라 한다)하고자 하는 자는 납세실적 및 수출입실적에 관한 서류 등 관세청장이 정하는 서류를 갖추어 세관장에게 월별납부의 승인을 신청하여야 한다.

② 세관장은 제1항의 규정에 의하여 월별납부의 승인을 신청한 자가 법 제9조 제3항의 규정에 의하여 관세청장이 정하는 요건을 갖춘 경우에는 세액의 월별납부를 승인하여야 한다. 이 경우 승인의 유효기간은 승인일부터 그 후 2년이 되는 날이 속하는 달의 마지막 날까지로 한다.

④ 세관장은 납세의무자가 다음 각 호의 어느 하나에 해당하게 된 때에는 제2항에 따른 월별납부의 승인을 취소할 수 있다. 이 경우 세관장은 월별납부의 대상으로 납세신고된 세액에 대해서는 15일 이내의 납부기한을 정하여 납부고지해야 한다.

  1. 관세를 납부기한이 경과한 날부터 15일 이내에 납부하지 아니하는 경우
  2. 월별납부를 승인받은 납세의무자가 법 제9조 제3항의 규정에 의한 관세청장이 정한 요건을 갖추지 못하게 되는 경우
  3. 사업의 폐업, 경영상의 중대한 위기, 파산선고 및 법인의 해산 등의 사유로 월별납부를 유지하기 어렵다고 세관장이 인정하는 경우

⑤ 제2항에 따른 승인을 갱신하려는 자는 제1항에 따른 서류를 갖추어 그 유효기간 만료일 1개월 전까지 승인갱신 신청을 하여야 한다.

⑥ 세관장은 제2항에 따라 승인을 받은 자에게 승인을 갱신하려면 승인의 유효기간이 끝나는 날의 1개월 전까지 승인갱신을 신청하여야 한다는 사실과 갱신절차를 승인의 유효기간이 끝나는 날의 2개월 전까지 휴대폰에 의한 문자전송, 전자메일, 팩스, 전화, 문서 등으로 미리 알려야 한다.

참고 | 월별납부

1. 월별납부의 개념(법 제9조 제3항 전단)
2. 담보의 제공(법 제9조 제3항 후단)
3. 월별납부의 승인
   (1) 승인 신청(영 제1조의5 제1항)
   (2) 승인 및 승인의 유효기간(영 제1조의5 제2항)
   (3) 승인의 취소 및 납부고지(영 제1조의5 제4항)
   (4) 승인의 갱신(영 제1조의5 제5항·제6항)

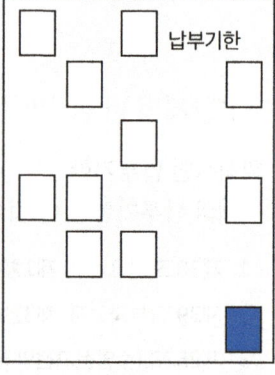

제10조(천재지변 등으로 인한 기한의 연장)

세관장은 천재지변이나 그 밖에 대통령령으로 정하는 사유로 이 법에 따른 신고, 신청, 청구, 그 밖의 서류의 제출, 통지, 납부 또는 징수를 정하여진 기한까지 할 수 없다고 인정되는 경우에는 1년을 넘지 아니하는 기간을 정하여 대통령령으로 정하는 바에 따라 그 기한을 연장할 수 있다. 이 경우 세관장은 필요하다고 인정하는 경우에는 납부할 관세에 상당하는 담보를 제공하게 할 수 있다.

관세법 시행령

영 제2조(천재지변 등으로 인한 기한의 연장) ① 법 제10조에서 "대통령령으로 정하는 사유"란 다음 각 호의 어느 하나에 해당하는 경우를 말한다.
1. 전쟁·화재 등 재해나 도난으로 인하여 재산에 심한 손실을 입은 경우
2. 사업에 현저한 손실을 입은 경우
3. 사업이 중대한 위기에 처한 경우
4. 그 밖에 세관장이 제1호부터 제3호까지의 규정에 준하는 사유가 있다고 인정하는 경우

② 세관장은 법 제10조의 규정에 의하여 납부기한을 연장하는 때에는 관세청장이 정하는 기준에 의하여야 한다.
③ 법 제10조의 규정에 의하여 납부기한을 연장받고자 하는 자는 다음 각 호의 사항을 기재한 신청서를 당해 납부기한이 종료되기 전에 세관장에게 제출하여야 한다.
1. 납세의무자의 성명·주소 및 상호
2. 납부기한을 연장받고자 하는 세액 및 당해 물품의 신고일자·신고번호·품명·규격·수량 및 가격
3. 납부기한을 연장받고자 하는 사유 및 기간

④ 세관장은 법 제10조에 따라 납부기한을 연장한 때에는 법 제39조에 따른 납부고지를 해야 한다.
⑥ 세관장은 법 제10조의 규정에 의하여 납부기한연장을 받은 납세의무자가 다음 각 호의 1에 해당하게 된 때에는 납부기한연장을 취소할 수 있다.
1. 관세를 지정한 납부기한 내에 납부하지 아니하는 때
2. 재산상황의 호전 기타 상황의 변화로 인하여 납부기한연장을 할 필요가 없게 되었다고 인정되는 때
3. 파산선고, 법인의 해산 기타의 사유로 당해 관세의 전액을 징수하기 곤란하다고 인정되는 때

⑦ 세관장은 제6항에 따라 납부기한연장을 취소한 때에는 15일 이내의 납부기한을 정하여 법 제39조에 따른 납부고지를 해야 한다.

참고 천재지변 등으로 인한 기한의 연장

1. 천재지변 등의 사유(법 제10조 전단, 영 제2조 제1항)
2. 담보의 제공(법 제10조 후단)
3. 납부기한의 연장
   (1) 연장기준(영 제2조 제2항)
   (2) 연장 신청(영 제2조 제3항)
   (3) 납부고지(영 제2조 제4항)
4. 납부기한 연장의 취소
   (1) 취소 사유(영 제2조 제6항)
   (2) 납부고지(영 제2조 제7항)

참고 | 관세의 납부기한

구분	납부기한
토요일 등에 해당하는 경우 (법 제8조 제3항)	관세법에 따른 기한이 토요일 및 일요일, 공휴일 및 대체공휴일, 근로자의 날, 그 밖에 대통령령으로 정하는 날에 해당하는 경우에는 그 다음 날을 기한으로 한다.
장애가 있는 경우 (법 제8조 제4항)	국가관세종합정보시스템, 연계정보통신망 또는 전산처리설비가 대통령령으로 정하는 장애로 가동이 정지되어 관세법에 따른 기한까지 관세법에 따른 신고, 신청, 승인, 허가, 수리, 교부, 통지, 통고, 납부 등을 할 수 없게 되는 경우에는 그 장애가 복구된 날의 다음 날을 기한으로 한다.
납세의무자가 납세신고를 한 경우 (법 제9조 제1항 제1호)	납세신고수리일부터 15일 이내 관세를 납부하여야 한다.
세관장이 납부고지를 한 경우 (법 제9조 제1항 제2호)	납부고지를 받은 날부터 15일 이내 관세를 납부하여야 한다.
즉시반출신고를 한 경우 (법 제9조 제1항 제3호)	수입신고일부터 15일 이내 관세를 납부하여야 한다.
사전납부 (법 제9조 제2항)	납세의무자는 일반적인 납부기한 규정에도 불구하고, 수입신고가 수리되기 전에 해당 세액을 납부할 수 있다.
월별납부 및 월별납부 승인 취소 (법 제9조 제3항, 영 제1조의5 제4항)	• 세관장은 납세실적 등을 고려하여 일정요건을 갖춘 성실납세자가 신청을 할 때에는 일반적인 납부기한 규정에도 불구하고, 납부기한이 동일한 달에 속하는 세액에 대해서는 그 기한이 속하는 달의 말일까지 한꺼번에 납부하게 할 수 있다. • 세관장은 월별납부의 승인을 취소한 경우 월별납부의 대상으로 납세신고된 세액에 대해서는 15일 이내의 납부기한을 정하여 납부고지해야 한다.
천재지변 등으로 인한 기한의 연장 및 기한 연장의 취소 (법 제10조, 영 제2조 제7항)	• 세관장은 천재지변이나 그 밖에 대통령령으로 정하는 사유로 관세법에 따른 신고, 신청, 청구, 그 밖의 서류의 제출, 통지, 납부 또는 징수를 정하여진 기한까지 할 수 없다고 인정되는 경우에는 1년을 넘지 아니하는 기간을 정하여 대통령령으로 정하는 바에 따라 그 기한을 연장할 수 있다. • 세관장은 납부기한 연장을 취소한 때에는 15일 이내의 납부기한을 정하여 관세법 제39조에 따른 납부고지를 해야 한다.
세액을 변경하는 경우 (법 제38조 제4항, 법 제38조의2 제4항, 법 제38조의3 제1항)	세액정정을 한 경우	당초의 납부기한
	보정신청을 한 경우	보정신청한 날의 다음 날까지
	수정신고를 한 경우	수정신고한 날의 다음 날까지
분할납부 및 즉시 징수 사유 (영 제127조 제1항·제2항)	• 세관장은 관세의 분할납부를 승인한 때에는 납부기한 별로 관세법 제39조에 따른 납부고지를 해야 한다. • 세관장은 관세법 제107조 제9항(즉시 징수)에 따라 관세를 징수하는 때에는 15일 이내의 납부기한을 정하여 동법 제39조에 따른 납부고지를 해야 한다.

참고 | 휴대폰 문자전송 등으로 미리 알려야 하는 경우

영 제1조의5(월별납부) ⑥ 세관장은 제2항에 따라 승인을 받은 자에게 승인을 갱신하려면 승인의 유효기간이 끝나는 날의 1개월 전까지 승인갱신을 신청하여야 한다는 사실과 갱신절차를 승인의 유효기간이 끝나는 날의 2개월 전까지 휴대폰에 의한 문자전송, 전자메일, 팩스, 전화, 문서 등으로 미리 알려야 한다.

영 제187조(화물관리인의 지정) ⑥ 세관장은 제2항에 따라 지정을 받은 자에게 재지정을 받으려면 지정의 유효기간이 끝나는 날의 1개월 전까지 재지정을 신청하여야 한다는 사실과 재지정절차를 지정의 유효기간이 끝나는 날의 2개월 전까지 휴대폰에 의한 문자전송, 전자메일, 팩스, 전화, 문서 등으로 미리 알려야 한다.

영 제188조(특허보세구역의 설치·운영에 관한 특허의 신청) ④ 세관장은 제1항에 따라 특허를 받은 자에게 특허를 갱신받으려면 특허기간이 끝나는 날의 1개월 전까지 특허 갱신을 신청하여야 한다는 사실과 갱신절차를 특허기간이 끝나는 날의 2개월 전까지 휴대폰에 의한 문자전송, 전자메일, 팩스, 전화, 문서 등으로 미리 알려야 한다.

영 제192조의6(보세판매장 특허의 갱신) ① 세관장은 보세판매장의 특허를 받은 자에게 법 제176조의2 제6항에 따라 특허를 갱신받으려면 특허기간이 끝나는 날의 6개월 전까지 특허 갱신을 신청해야 한다는 사실과 갱신절차를 특허기간이 끝나는 날의 7개월 전까지 휴대폰에 의한 문자전송, 전자메일, 팩스, 전화, 문서 등으로 미리 알려야 한다.

영 제231조(보세운송업자등의 등록) ④ 세관장은 제1항에 따라 등록을 한 자에게 등록의 유효기간을 갱신하려면 등록의 유효기간이 끝나는 날의 1개월 전까지 등록 갱신을 신청하여야 한다는 사실과 갱신절차를 등록의 유효기간이 끝나는 날의 2개월 전까지 휴대폰에 의한 문자전송, 전자메일, 팩스, 전화, 문서 등으로 미리 알려야 한다.

영 제259조의3(수출입 안전관리 우수업체의 공인절차 등) ③ 관세청장은 공인을 받은 자에게 공인을 갱신하려면 공인의 유효기간이 끝나는 날의 6개월 전까지 갱신을 신청하여야 한다는 사실을 해당 공인의 유효기간이 끝나는 날의 7개월 전까지 휴대폰에 의한 문자전송, 전자메일, 팩스, 전화, 문서 등으로 미리 알려야 한다.

제4절 서류의 송달 등

제11조(납부고지서의 송달)

① 납부고지서의 송달방법

관세 납부고지서의 송달은 납세의무자에게 직접 발급하는 경우를 제외하고는 인편(人便), 우편 또는 제327조에 따른 전자송달의 방법으로 한다.

> **참고** 법 제327조에 따른 전자송달의 방법
>
> **법 제327조(국가관세종합정보시스템의 구축 및 운영)** ③ 세관장은 관세청장이 정하는 바에 따라 관세정보시스템 또는 「정보통신망 이용촉진 및 정보보호 등에 관한 법률」제2조 제1항 제1호에 따른 정보통신망으로서 이 법에 따른 송달을 위하여 관세정보시스템과 연계된 정보통신망(이하 "연계정보통신망"이라 한다)을 이용하여 전자신고등의 승인·허가·수리 등에 대한 교부·통지·통고 등(이하 "전자송달"이라 한다)을 할 수 있다.
> ⑤ 제2항에 따라 이행된 전자신고등은 관세청장이 정하는 관세정보시스템의 전산처리설비에 저장된 때에 세관에 접수된 것으로 보고, 전자송달은 송달받을 자가 지정한 전자우편주소나 관세정보시스템의 전자사서함 또는 연계정보통신망의 전자고지함(연계정보통신망의 이용자가 접속하여 본인에게 송달된 고지내용을 확인할 수 있는 곳을 말한다)에 고지내용이 저장된 때에 그 송달을 받아야 할 자에게 도달된 것으로 본다.
>
> **영 제285조의2(전자송달)** ③ 법 제327조 제8항에 따라 전자송달할 수 있는 서류는 납부서·납부고지서·환급통지서 및 그 밖에 관세청장이 정하는 서류로 한다.

② 공시송달

납부고지서를 송달받아야 할 자가 다음 각 호의 어느 하나에 해당하는 경우에는 납부고지사항을 공고한 날부터 14일이 지나면 제1항의 납부고지서의 송달이 된 것으로 본다.

1. 주소, 거소(居所), 영업소 또는 사무소가 국외에 있고 송달하기 곤란한 경우
2. 주소, 거소, 영업소 또는 사무소가 분명하지 아니한 경우
3. 납세의무자가 송달할 장소에 없는 경우로서 등기우편으로 송달하였으나 수취인 부재로 반송되는 경우 등 대통령령으로 정하는 경우

> **관세법 시행령**
>
> **영 제2조의2(공시송달)** 법 제11조 제2항 제3호에서 "등기우편으로 송달하였으나 수취인 부재로 반송되는 경우 등 대통령령으로 정하는 경우"란 다음 각 호의 어느 하나에 해당하는 경우를 말한다.
> 1. 서류를 등기우편으로 송달하였으나 수취인이 부재중(不在中)인 것으로 확인되어 반송됨으로써 납부기한까지 송달이 곤란하다고 인정되는 경우
> 2. 세관공무원이 2회 이상 납세자를 방문[처음 방문한 날과 마지막 방문한 날 사이의 기간이 3일(기간을 계산할 때 공휴일, 대체공휴일, 토요일 및 일요일은 산입하지 않는다) 이상이어야 한다]해 서류를 교부하려고 하였으나 수취인이 부재중인 것으로 확인되어 납부기한까지 송달이 곤란하다고 인정되는 경우

③ 공시방법

제2항에 따른 공고는 다음 각 호의 어느 하나에 해당하는 방법으로 게시하거나 게재하여야 한다. 이 경우 제1호에 따라 공시송달을 하는 경우에는 다른 공시송달 방법과 함께 하여야 한다.

1. 제327조의 국가관세종합정보시스템에 게시하는 방법
2. 관세청 또는 세관의 홈페이지, 게시판이나 그 밖의 적절한 장소에 게시하는 방법
3. 해당 서류의 송달 장소를 관할하는 특별자치시·특별자치도·시·군·구(자치구를 말한다)의 홈페이지, 게시판이나 그 밖의 적절한 장소에 게시하는 방법
4. 관보 또는 일간신문에 게재하는 방법

제12조(장부 등의 보관)

① 장부 등의 보관

이 법에 따라 가격신고, 납세신고, 수출입신고, 반송신고, 보세화물반출입신고, 보세운송신고를 한 자 또는 제출된 적재화물목록을 작성한 자는 신고 또는 작성한 자료의 내용을 증빙할 수 있는 장부 및 증거서류(신고필증을 포함한다. 이하 이 조에서 같다)를 성실하게 작성하여 신고일 또는 자료 제출일부터 5년의 범위에서 대통령령으로 정하는 기간 동안 갖추어 두어야 한다. 이 경우 장부 및 증거서류 중 제37조의4 제1항 및 제2항에 따라 세관장이 제30조 제3항 제4호에 따른 특수관계에 있는 자에게 제출하도록 요구할 수 있는 자료의 경우에는 「소득세법」 제6조 또는 「법인세법」 제9조에 따른 납세지(「소득세법」 제9조 또는 「법인세법」 제10조에 따라 국세청장이나 관할지방국세청장이 지정하는 납세지를 포함한다)에 갖추어 두어야 한다.

> **관세법 시행령**
>
> **영 제3조(장부 등의 보관)** ① 법 제12조 제1항 전단에서 "대통령령으로 정하는 기간"이란 다음 각 호의 구분에 따른 기간을 말한다.
> 1. 다음 각 목의 어느 하나에 해당하는 서류: 해당 신고에 대한 수리일부터 5년
>   가. 수입신고필증
>   나. 수입거래관련 계약서 또는 이에 갈음하는 서류
>   다. 법 제235조 제1항 각 호의 어느 하나에 해당하는 지식재산권 등(이하 "지식재산권등"이라 한다)의 거래에 관련된 계약서 또는 이에 갈음하는 서류
>   라. 수입물품 가격결정에 관한 자료
> 2. 다음 각 목의 어느 하나에 해당하는 서류: 해당 신고에 대한 수리일부터 3년
>   가. 수출신고필증
>   나. 반송신고필증
>   다. 수출물품·반송물품 가격결정에 관한 자료
>   라. 수출거래·반송거래 관련 계약서 또는 이에 갈음하는 서류
> 3. 다음 각 목의 어느 하나에 해당하는 서류: 해당 신고에 대한 수리일부터 2년
>   가. 보세화물반출입에 관한 자료
>   나. 적재화물목록에 관한 자료
>   다. 보세운송에 관한 자료

② 정보처리시스템의 이용

제1항에 따라 장부 및 증거서류를 작성·보관하여야 하는 자는 그 장부와 증거서류의 전부 또는 일부를 「전자문서 및 전자거래 기본법」에 따른 정보처리시스템을 이용하여 작성할 수 있다. 이 경우 그 처리과정 등을 대통령령으로 정하는 기준에 따라 디스켓 또는 그 밖의 정보보존 장치에 보존하여야 한다.

관세법 시행령

② 법 제12조 제2항 후단에서 "대통령령으로 정하는 기준"이란 다음 각 호의 요건을 말한다.
1. 자료를 저장하거나 저장된 자료를 수정·추가 또는 삭제하는 절차·방법 등 정보보존 장치의 생산과 이용에 관련된 전산시스템의 개발과 운영에 관한 기록을 보관할 것
2. 정보보존 장치에 저장된 자료의 내용을 쉽게 확인할 수 있도록 하거나 이를 문서화할 수 있는 장치와 절차가 마련되어 있어야 하며, 필요시 다른 정보보존 장치에 복제가 가능하도록 되어 있을 것
3. 정보보존 장치가 거래 내용 및 변동사항을 포괄하고 있어야 하며, 과세표준과 세액을 결정할 수 있도록 검색과 이용이 가능한 형태로 보존되어 있을 것

③ 공인전자문서센터 보관
제1항을 적용하는 경우 「전자문서 및 전자거래 기본법」에 따른 전자문서로 작성하거나 같은 법 제5조 제2항에 따른 전자화문서로 변환하여 같은 법 제31조의2에 따른 **공인전자문서센터에 보관한 경우에는 제1항에 따라 장부 및 증거서류를 갖춘 것으로 본다**. 다만, 계약서 등 위조·변조하기 쉬운 장부 및 증거서류로서 대통령령으로 정하는 것은 그러하지 아니하다.

관세법 시행령

③ 법 제12조 제3항 단서에서 "대통령령으로 정하는 것"이란 다음 각 호의 어느 하나에 해당하는 문서를 말한다.
1. 「상법 시행령」 등 다른 법령에 따라 원본을 보존해야 하는 문서
2. 등기·등록 또는 명의개서가 필요한 자산의 취득 및 양도와 관련하여 기명날인 또는 서명한 계약서
3. 소송과 관련하여 제출·접수한 서류 및 판결문 사본. 다만, 재발급이 가능한 서류는 제외한다.
4. 인가·허가와 관련하여 제출·접수한 서류 및 인가증·허가증. 다만, 재발급이 가능한 서류는 제외한다.

> **참고** 신고 서류 보관의무 위반 시의 제재
>
> 신고 서류 보관기간 규정을 위반한 경우, 2천만원 이하의 벌금에 처한다(법 제276조 제3항 제2호). 다만, 신고필증을 보관하지 아니한 자는 100만원 이하의 과태료를 부과한다(법 제277조 제7항 제2호).

> **참고** 그 밖의 관세법상 서류 보관 규정
>
> **법 제114조의2(장부·서류 등의 보관 금지)** ① 세관공무원은 관세조사의 목적으로 납세자의 장부·서류 또는 그 밖의 물건(이하 "장부등"이라 한다)을 세관관서에 임의로 보관할 수 없다.
>
> **법 제240조의2(통관 후 유통이력 신고)** ② 제1항에 따라 유통이력 신고의 의무가 있는 자(이하 "유통이력 신고의무자"라 한다)는 유통이력을 장부에 기록(전자적 기록방식을 포함한다)하고, 그 자료를 거래일부터 1년간 보관하여야 한다.
>
> **영 제216조의5(판매인에 대한 관세등의 환급 등)** ③ 제1항 및 제2항의 규정에 의하여 환급금을 지급받은 판매인은 외국인관광객등에 대하여 환급 또는 송금한 사실과 관련된 증거서류를 5년간 보관하여야 한다.

제13조

삭제

CHAPTER 02 과세가격과 관세의 부과·징수 등

제1절 통칙

제14조(과세물건)

수입물품에는 관세를 부과한다.

> **참고** 과세물건
>
> 1. 의의
>   과세물건이란 조세법규가 과세의 대상으로 정하고 있는 물건·행위 또는 사실을 말한다. 관세법 제14조에서는 "**수입물품에는 관세를 부과한다.**"고 하여 관세의 과세물건을 수입물품으로 규정하고 있다.
> 2. 현행 관세법의 과세주의
>   (1) 수입물품 과세주의
>   현행 관세법은 수출세나 통과세는 부과하지 않고 수입세만을 부과하는 수입물품 과세주의를 취하고 있다.
>   (2) 관세포괄주의
>   관세율표상에 무세품과 유세품을 모두 게기하는 것을 관세포괄주의(또는 관세의무주의)라 하며, 유세품만을 게기하고 무세품은 게기하지 않는 것을 관세면제주의라 한다. 현행 관세법은 관세포괄주의를 취하고 있다.
> 3. 수입물품의 범위
>   원칙적으로 수입물품의 개념에는 유체물(有體物)만 해당된다. 무체물은 원칙적으로 과세대상이 되지 않지만, 특허권이나 상표권 등과 같이 해당 권리가 구체화되어 수입물품의 가격에 포함되어 수입되었을 때에는 과세대상이 되는 것으로 본다.

제15조(과세표준)

관세의 과세표준은 **수입물품의 가격 또는 수량**으로 한다.

제16조(과세물건 확정의 시기)

관세는 수입신고(입항전수입신고를 포함한다. 이하 이 조에서 같다)를 하는 때의 **물품의 성질과 그 수량**에 따라 부과한다. 다만, 다음 각 호의 어느 하나에 해당하는 물품에 대하여는 각 해당 호에 규정된 때의 물품의 성질과 그 수량에 따라 부과한다.

1. 제143조 제6항(제151조 제2항에 따라 준용되는 경우를 포함한다)에 따라 관세를 징수하는 물품	하역을 허가받은 때
2. 제158조 제7항에 따라 관세를 징수하는 물품	보세구역 밖에서 하는 보수작업을 승인받은 때
3. 제160조 제2항에 따라 관세를 징수하는 물품	해당 물품이 멸실되거나 폐기된 때
4. 제187조 제7항(제195조 제2항과 제202조 제3항에 따라 준용되는 경우를 포함한다)에 따라 관세를 징수하는 물품	보세공장 외 작업, 보세건설장 외 작업 또는 종합보세구역 외 작업을 허가받거나 신고한 때
5. 제217조에 따라 관세를 징수하는 물품	보세운송을 신고하거나 승인받은 때
6. 수입신고가 수리되기 전에 소비하거나 사용하는 물품(제239조에 따라 소비 또는 사용을 수입으로 보지 아니하는 물품은 제외한다)	해당 물품을 소비하거나 사용한 때
7. 제253조 제1항에 따른 수입신고전 즉시반출신고를 하고 반출한 물품	수입신고전 즉시반출신고를 한 때
8. 우편으로 수입되는 물품(제258조 제2항에 해당하는 우편물은 제외한다)	제256조에 따른 통관우체국(이하 "통관우체국"이라 한다)에 도착한 때
9. 도난물품 또는 분실물품	해당 물품이 도난되거나 분실된 때
10. 이 법에 따라 매각되는 물품	해당 물품이 매각된 때
11. 수입신고를 하지 아니하고 수입된 물품(제1호부터 제10호까지에 규정된 것은 제외한다)	수입된 때

참고 과세물건 확정시기와 특별납세의무자

구분	과세물건 확정시기	납세의무자
원칙	수입신고를 하는 때	수입신고를 하는 때의 화주
1. 외국물품인 선박용품·항공기용품·차량용품이나, 국제무역선·국제무역기·국경출입차량 안에서 판매하는 물품을 허가받은 대로 적재하지 아니하여 관세를 징수하는 물품	하역을 허가받은 때	하역허가를 받은 자
2. 보세구역 외 보수작업의 승인기간이 경과하여 관세를 징수하는 물품	승인받은 때	승인받은 자
3. 보세구역 장치물품의 멸실·폐기로 관세를 징수하는 물품	멸실되거나 폐기된 때	운영인 또는 보관인
4. 보세공장 외 작업, 보세건설장 외 작업의 허가기간이 경과하거나 종합보세구역 외 작업의 기간이 경과하여 관세를 징수하는 물품	작업을 허가받거나 신고한 때	작업을 허가받거나 신고한 자
5. 보세운송기간이 경과하여 관세를 징수하는 물품	보세운송을 신고하거나 승인받은 때	보세운송을 신고하였거나 승인을 받은 자
6. 수입신고가 수리되기 전에 소비하거나 사용하는 물품(법 제239조에 따라 소비 또는 사용을 수입으로 보지 아니하는 물품은 제외한다)	소비하거나 사용한 때	소비자 또는 사용자
7. 수입신고전 즉시반출신고를 하고 반출한 물품	수입신고전 즉시반출신고를 한 때	즉시반출한 자

8. 우편으로 수입되는 물품(법 제258조 제2항에 해당하는 수입신고를 하여야 하는 우편물은 제외한다)	통관우체국에 도착한 때	수취인
9. 도난물품 또는 분실물품	도난되거나 분실된 때	**보세구역 장치물품**: 운영인, 화물관리인 **보세운송물품**: 보세운송을 신고하거나 승인받은 자 **그 밖의 물품**: 보관인 또는 취급인
10. 관세법에 따라 매각되는 물품	매각된 때	규정 없음
11. 수입신고를 하지 아니하고 수입된 물품 (1.~10.에 규정된 것은 제외한다)	수입된 때	소유자 또는 점유자
기타	-	관세법 또는 다른 법률에 따라 따로 납세의무자로 규정된 자

|| 참고 || **보세공장 제조물품의 과세물건 확정시기(법 제189조)**

보세공장에서 제조된 물품을 수입하는 경우 사용신고 전에 미리 세관장에게 해당 물품의 원료인 외국물품에 대한 과세의 적용을 신청한 때에는 법 제16조(과세물건의 확정시기)에도 불구하고 사용신고를 하는 때의 그 원료의 성질 및 수량에 의하여 관세를 부과한다.

|| 참고 || **과세물건 확정시기를 규정하는 취지**

구분	과세물건 확정시기	확정시기의 취지
일반수입 물품	수입신고를 하는 때	• 특별한 사유가 발생하지 않는 한 대부분의 수입물품에 대해서는 수입신고를 한다. 이 시기에 현품확인을 통해 물품의 성질과 수량을 확인할 수 있으므로, 관세행정의 현실적인 여건을 고려하였을 때 수입신고 시점을 과세물건 확정시기로 정하는 것이 합리적이다. • 매매계약 시점, 국내 도착 시점, 보세구역 반입 시점이 아닌 수입신고 시점을 과세물건 확정시기로 규정하게 되면, 수입신고 이전에 변질되거나 손상된 부분에 대해서는 과세를 하지 않게 된다. 즉, 국내에 도착하기는 하였으나 최종적으로 소비 또는 사용될 수 없는 변질, 손상분에 대해 비과세하기 위해 수입신고 시점을 과세물건 확정시기로 정할 필요성이 있는 것이다.
원료과세 물품	사용신고 전에 원료과세신청을 한 경우에는 사용신고를 할 때	• 원료과세는 보세공장 가공 후 관세율이 상승하는 물품에 대해 그 조세부담을 낮추기 위해, 원료상태를 기준으로 과세하려는 제도이다. 원료과세를 하는 경우, 원료의 현품 확인이 가능한 시점에 과세물건을 확정하는 것이 합리적이므로, 원료상태에 해당하는 사용신고 시점을 과세물건 확정시기로 규정한 것이다. • 원료상태였을 때의 신고에는 보세공장 반입신고와 사용신고, 두 가지가 있으나 관세행정 실무상 현품확인이 용이한 시점은 사용신고 시점이므로, 이 시점을 과세물건 확정시기로 하였다.
즉시 반출신고 물품	반출신고를 하는 때	수입신고 전 물품반출신고(즉시반출신고)를 하고 물품을 반출한 경우, 즉시 반출신고 후 10일 내에 수입신고를 하게 된다. 즉, 수입신고를 하게 되지만, 수입신고시점에는 물품이 이미 반출된 이후이므로 현품확인을 할 수가 없게 된다. 그러므로 수입신고 시점이 존재함에도 불구하고, 즉시반출신고 시점을 별도의 과세물건 확정시기로 규정할 필요가 있는 것이다.

제17조(적용 법령)

관세는 수입신고 당시의 법령에 따라 부과한다. 다만, 다음 각 호의 어느 하나에 해당하는 물품에 대하여는 각 해당 호에 규정된 날에 시행되는 법령에 따라 부과한다.

1. 제16조 각 호의 어느 하나에 해당되는 물품: 그 사실이 발생한 날
2. 제192조에 따라 보세건설장에 반입된 외국물품: 사용 전 수입신고가 수리된 날

> **참고** 과세물건 확정시기와 적용 법령의 관계
>
> **법 제17조(적용 법령)** 제1호에 따라 법 제16조(과세물건 확정의 시기) 각 호의 어느 하나에 해당되는 물품은 그 사실이 발생한 날에 시행되는 법령에 따라 관세를 부과한다. '과세물건 확정시기'의 '때'를 '날'로 바꾸고 뒤에 '시행되는 법령'을 붙이면, 그것이 각각의 상황에 적용되는 법령이 된다.
>
> **예1** 보세구역 외 보수작업의 승인기간이 경과하여 관세를 징수하는 물품(법 제158조 제5항)에 적용되는 법령: 보세구역 밖에서 하는 보수작업을 승인받은 날에 시행되는 법령
>
> **예2** 수입신고 전 즉시반출신고를 하고 반출한 물품(법 제253조 제1항)에 적용되는 법령: 수입신고 전 즉시반출 신고를 한 날에 시행되는 법령

제18조(과세환율)

과세가격을 결정하는 경우 외국통화로 표시된 가격을 내국통화로 환산할 때에는 제17조에 따른 날(보세건설장에 반입된 물품의 경우에는 수입신고를 한 날을 말한다)이 속하는 주의 전주(前週)의 기준환율 또는 재정환율을 평균하여 관세청장이 그 율을 정한다.

> **관세법 시행규칙**
>
> **규칙 제1조의2(과세환율)** ① 관세청장은 「외국환거래법」 제9조 제2항에 따른 외국환중개회사가 「관세법」(이하 "법"이라 한다) 제17조에 따른 날(보세건설장에 반입된 물품의 경우에는 수입신고를 한 날을 말한다)이 속하는 주의 전주(前週) 월요일부터 금요일까지 매일 최초 고시하는 기준환율 또는 재정환율을 평균하여 법 제18조에 따른 과세환율을 결정한다.
> ② 관세청장은 법 제18조에 따른 과세환율의 세부 결정방법 등 필요한 사항을 따로 정할 수 있다.

> **참고** 수출환율(영 제246조 제6항)
>
> 법 제241조의 규정에 의하여 수출신고를 함에 있어 수출신고가격을 산정하기 위하여 외국통화로 표시된 가격을 내국통화로 환산하는 때에는 수출신고일이 속하는 주의 전주의 기준환율 또는 재정환율을 평균하여 관세청장이 정한 율로 하여야 한다.

제19조(납세의무자)

제1항	원칙적인 납세의무자, 연대납세의무자 (1), 특별납세의무자
제2항	납세의무의 경합
제3항	납부보증자
제4항	납세의무의 승계
제5항·제6항·제7항	연대납세의무자 (2), (3)
제8항·제9항	제2차 납세의무자
제10항	양도담보권자의 물적납세의무

① 원칙적인 납세의무자, 연대납세의무자 (1) 및 특별납세의무자

다음 각 호의 어느 하나에 해당하는 자는 관세의 납세의무자가 된다.

1. 수입신고를 한 물품인 경우에는 그 물품을 수입신고하는 때의 화주(화주가 불분명할 때에는 다음 각 목의 어느 하나에 해당하는 자를 말한다. 이하 이 조에서 같다). 다만, 수입신고가 수리된 물품 또는 제252조에 따른 수입신고수리전 반출승인을 받아 반출된 물품에 대하여 납부하였거나 납부하여야 할 관세액이 부족한 경우 해당 물품을 수입신고하는 때의 화주의 주소 및 거소가 분명하지 아니하거나 수입신고인이 화주를 명백히 하지 못하는 경우에는 그 신고인이 해당 물품을 수입신고하는 때의 화주와 연대하여 해당 관세를 납부하여야 한다.

가. 수입을 위탁받아 수입업체가 대행수입한 물품인 경우	그 물품의 수입을 위탁한 자
나. 수입을 위탁받아 수입업체가 대행수입한 물품이 아닌 경우	대통령령으로 정하는 상업서류에 적힌 물품수신인 **관세법 시행령** 영 제5조(납세의무자) 법 제19조 제1항 제1호 나목에서 "대통령령으로 정하는 상업서류"란 다음 각 호의 어느 하나에 해당하는 것을 말한다. 1. 송품장 2. 선하증권 또는 항공화물운송장
다. 수입물품을 수입신고 전에 양도한 경우	그 양수인

2. 제143조 제6항(제151조 제2항에 따라 준용되는 경우를 포함한다)에 따라 관세를 징수하는 물품인 경우에는 하역허가를 받은 자
3. 제158조 제7항에 따라 관세를 징수하는 물품인 경우에는 보세구역 밖에서 하는 보수작업을 승인받은 자
4. 제160조 제2항에 따라 관세를 징수하는 물품인 경우에는 운영인 또는 보관인
5. 제187조 제7항(제195조 제2항 또는 제202조 제3항에 따라 준용되는 경우를 포함한다)에 따라 관세를 징수하는 물품인 경우에는 보세공장 외 작업, 보세건설장 외 작업 또는 종합보세구역 외 작업을 허가받거나 신고한 자
6. 제217조에 따라 관세를 징수하는 물품인 경우에는 보세운송을 신고하였거나 승인을 받은 자
7. 수입신고가 수리되기 전에 소비하거나 사용하는 물품(제239조에 따라 소비 또는 사용을 수입으로 보지 아니하는 물품은 제외한다)인 경우에는 그 소비자 또는 사용자
8. 제253조 제4항에 따라 관세를 징수하는 물품인 경우에는 해당 물품을 즉시 반출한 자
9. 우편으로 수입되는 물품인 경우에는 그 수취인
10. 도난물품이나 분실물품인 경우에는 다음 각 목에 규정된 자

가. 보세구역의 장치물품(藏置物品)	그 운영인 또는 제172조 제2항에 따른 화물관리인(이하 "화물관리인"이라 한다)
나. 보세운송물품	보세운송을 신고하거나 승인을 받은 자
다. 그 밖의 물품	그 보관인 또는 취급인

11. 이 법 또는 다른 법률에 따라 따로 납세의무자로 규정된 자
12. 제1호부터 제11호까지 외의 물품인 경우에는 그 소유자 또는 점유자

② 납세의무의 경합

제1항 제1호에 따른 화주 또는 신고인과 제1항 제2호부터 제11호까지에 규정된 자가 경합되는 경우에는 제1항 제2호부터 제11호까지에 규정된 자를 납세의무자로 한다.

> **참고** **납세의무자의 경합 사례**
>
> 인천상사는 실화주로 동해물산에게 수입을 위탁하였다. 송품장 등 무역서류에는 동해물산이 화주로 표시되어 있다. 동해물산이 반입한 외국물품이 인천세관의 지정장치장에 장치 도중 도난되었다면 이 물품에 대한 납세의무자는 누구인가?
>
> 무역서류에 동해물산이 화주로 표시되어 있다고 하더라도, 이 거래는 수입을 위탁받아 수입업체가 대행수입한 경우이므로 '그 물품의 수입을 위탁한 자(법 제19조 제1항 제1호 가목)', 즉 실화주인 인천상사가 납세의무자가 된다.
> 그런데 이 물품이 보세구역 장치 중 도난되었으므로, 이때에는 관세법 제19조 제2항에 따라 화주(인천상사), 신고인(통관대행을 하는 관세사이겠지만, 이 문제에서는 알 수 없음), '특별납세의무자'인 지정장치장의 화물관리인이 경합되었을 때, 특별납세의무자인 '(인천세관) 지정장치장의 화물관리인'이 납세의무자가 된다.

③ 납부보증자

이 법 또는 다른 법령, 조약, 협약 등에 따라 관세의 납부를 보증한 자는 보증액의 범위에서 납세의무를 진다.

④ 납세의무의 승계

법인이 합병하거나 상속이 개시된 경우에는 「국세기본법」 제23조 및 제24조를 준용하여 관세·가산세 및 강제징수비의 납세의무를 승계한다. 이 경우 같은 법 제24조 제2항 및 제4항의 "세무서장"은 "세관장"으로 본다.

⑤ 연대납세의무자 (2)

제1항 각 호에 따른 물품에 관계되는 관세·가산세 및 강제징수비에 대해서는 다음 각 호에 규정된 자가 연대하여 납부할 의무를 진다.

1. 제1항 제1호에 따른 수입신고물품의 경우 다음 각 목에 규정된 자

가. 수입신고물품이 공유물이거나 공동사업에 속하는 물품인 경우	그 공유자 또는 공동사업자인 납세의무자
나. 수입신고인이 수입신고를 하면서 수입신고하는 때의 화주가 아닌 자를 납세의무자로 신고한 경우[수입신고인 또는 납세의무자로 신고된 자가 제270조 제1항 또는 제4항에 따른 관세포탈 또는 부정감면의 범죄를 저지르거나 제271조 제1항(제270조 제1항 또는 제4항에 따른 행위를 교사하거나 방조한 경우에 한정한다)에 따른 범죄를 저질러 유죄의 확정판결을 받은 경우]	그 수입신고인 및 납세의무자로 신고된 자와 해당 물품을 수입신고하는 때의 화주. 다만, 관세포탈 또는 부정감면으로 얻은 이득이 없는 수입신고인 또는 납세의무자로 신고된 자는 제외한다.

다. 다음 중 어느 하나를 업으로 하는 자(이하 "구매대행업자"라 한다)가 화주로부터 수입물품에 대하여 납부할 관세 등에 상당하는 금액을 수령하고, 수입신고인 등에게 과세가격 등의 정보를 거짓으로 제공한 경우 | 구매대행업자와 수입신고하는 때의 화주
1) 자가사용물품을 수입하려는 화주의 위임에 따라 해외 판매자로부터 해당 수입물품의 구매를 대행하는 것
2) 사이버몰 등을 통하여 해외로부터 구매 가능한 물품의 정보를 제공하고 해당 물품을 자가사용물품으로 수입하려는 화주의 요청에 따라 그 물품을 구매해서 판매하는 것

2. 제1항 제2호부터 제12호까지의 규정에 따른 물품에 대한 납세의무자가 2인 이상인 경우 그 2인 이상의 납세의무자

⑥ 연대납세의무자 (3)

다음 각 호의 어느 하나에 해당되는 경우 「국세기본법」 제25조 제2항부터 제4항까지의 규정을 준용하여 분할되는 법인이나 분할 또는 분할합병으로 설립되는 법인, 존속하는 분할합병의 상대방 법인 및 신회사가 관세·가산세 및 강제징수비를 연대하여 납부할 의무를 진다.

1. 법인이 분할되거나 분할합병되는 경우
2. 법인이 분할 또는 분할합병으로 해산하는 경우
3. 법인이 「채무자 회생 및 파산에 관한 법률」 제215조에 따라 신회사를 설립하는 경우

⑦ 연대납세의무 준용 규정

이 법에 따라 관세·가산세 및 강제징수비를 연대하여 납부할 의무에 관하여는 「민법」 제413조부터 제416조까지, 제419조, 제421조, 제423조 및 제425조부터 제427조까지의 규정을 준용한다.

|| 참고 || **관세법상 연대납세의무자**

1. 연대납세의무의 개념
여러 사람이 동일한 납세의무에 대하여 각각 독립하여 전액의 납부의무를 부담하고, 그중 1인이 전액을 납부하면 모든 납세의무자의 납부의무가 소멸하는 납세의무를 말한다.
2. 관세법상의 연대납세의무
   (1) 신고인의 연대납세의무(법 제19조 제1항 제1호 단서)
   (2) 공유물 등의 연대납세의무(법 제19조 제5항)
   (3) 신회사 설립 등의 연대납세의무(법 제19조 제6항)
   (4) 분할납부 물품의 연대납세의무(법 제107조 제6항)
3. 「민법」 규정 준용(법 제19조 제7항)

⑧ 제2차 납세의무자 준용 규정

관세의 징수에 관하여는 「국세기본법」 제38조부터 제41조까지의 규정을 준용한다.

> **참고** 「국세기본법」상의 제2차 납세의무자

법 제38조(청산인 등의 제2차 납세의무)

법 제39조(출자자의 제2차 납세의무)
1. 무한책임사원
2. 주주 또는 유한책임사원 1명과 그의 특수관계인 중 대통령령으로 정하는 자로서 그들의 소유주식 합계 또는 출자액 합계가 해당 법인의 발행주식 총수 또는 출자총액의 100분의 50을 초과하면서 그에 관한 권리를 실질적으로 행사하는 자들(과점주주)

법 제40조(법인의 제2차 납세의무)

법 제41조(사업양수인의 제2차 납세의무)

⑨ 제2차 납세의무자가 납세의무를 지는 경우
  제8항에 따라 준용되는 「국세기본법」 제38조부터 제41조까지의 규정에 따른 제2차 납세의무자는 관세의 담보로 제공된 것이 없고 납세의무자와 관세의 납부를 보증한 자가 납세의무를 이행하지 아니하는 경우에 납세의무를 진다.

⑩ 양도담보권자의 물적납세의무
  납세의무자(관세의 납부를 보증한 자와 제2차 납세의무자를 포함한다. 이하 이 조에서 같다)가 관세·가산세 및 강제징수비를 체납한 경우 그 납세의무자에게 「국세기본법」 제42조 제3항에 따른 양도담보재산이 있을 때에는 그 납세의무자의 다른 재산에 대하여 강제징수를 하여도 징수하여야 하는 금액에 미치지 못한 경우에만 「국세징수법」 제7조를 준용하여 그 양도담보재산으로써 납세의무자의 관세·가산세 및 강제징수비를 징수할 수 있다. 다만, 그 관세의 납세신고일(제39조에 따라 부과고지하는 경우에는 그 납부고지서의 발송일을 말한다) 전에 담보의 목적이 된 양도담보재산에 대해서는 그러하지 아니하다.

> **참고** 양도담보재산
>
> 양도담보재산이란 당사자 간의 계약에 의하여 납세자가 그 재산을 양도하였을 때에 실질적으로 양도인에 대한 채권담보의 목적이 된 재산을 말한다(「국세기본법」 제42조 제2항). 양도담보권자는 채권자이며, 양도담보설정자는 채무자이다. 동산, 부동산, 물권, 채권, 무체재산권 등 재산권으로서 양도될 수 있는 것은 모두 양도담보의 목적물로 할 수 있다.

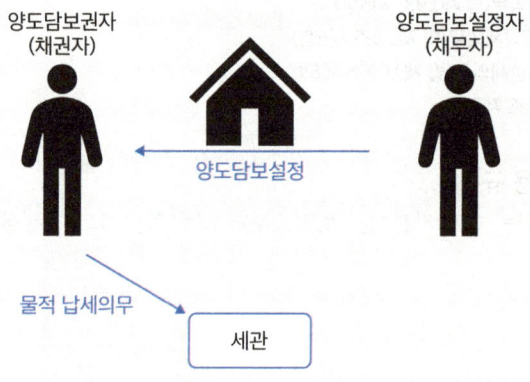

참고 | 납세의무의 확장

1. 일반적인 경우
   원칙적인 납세의무자인 화주 또는 특별납세의무자가 납세의무를 이행하지 않은 경우, 납부보증자가 납부의무를 지며, 납부보증자도 납세의무를 이행하지 않은 경우 제2차 납세의무자, 양도담보권자의 순으로 납세의무가 확장된다.

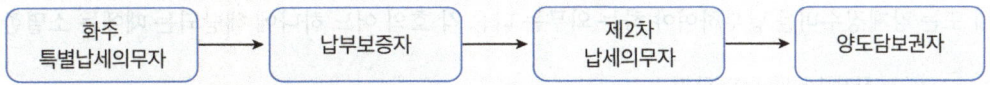

2. 조건부감면·용도세율 적용 시(법 제83조, 제102조)
   조건부 감면물품·용도세율 적용물품을 사후관리기간 내에 용도 외 사용할 자에게 양도한 경우 양도인으로부터 관세를 징수하고 양도인으로부터 징수할 수 없는 경우에는 양수인으로부터 징수한다.
3. 분할납부 승인물품의 양수인, 파산관재인, 청산인(법 제107조)
   (1) 분할납부 승인물품을 용도 외 사용할 자에게 양도한 경우 양도인에게 관세를 징수한다. 그러나 양도인에게 관세를 징수할 수 없는 경우 양수인에게 관세를 징수한다.
   (2) 파산선고를 받은 경우 파산관재인에게 관세를 징수한다.
   (3) 법인이 해산한 경우 청산인에게 관세를 징수한다.
4. 시설대여업자(법 제105조)
   (1) 「여신전문금융업법」에 따른 시설대여업을 하는 자(시설대여업자)가 관세법에 따라 관세가 감면되거나 분할납부되는 물품을 수입할 때에는 법 제19조(납세의무자)에도 불구하고 대여시설 이용자를 납세의무자로 하여 수입신고를 할 수 있다. 이 경우 납세의무자는 대여시설 이용자가 된다.
   (2) 위 규정에 따라 관세를 감면받거나 분할납부를 승인받은 물품에 대하여 관세를 징수하는 경우 납세의무자인 대여시설 이용자로부터 관세를 징수할 수 없을 때에는 시설대여업자로부터 징수한다.

참고 | 실질과세원칙

1. 의의
   실질과세원칙은 과세를 하면서 명의·외관 등 법률적 형식(form)과 그 진실·실태·경제적 실질(substance)이 다른 때에 경제적 실질에 따라 과세한다는 원칙이다. 이 원칙에 관한 실정법상 규정은 「국세기본법」, 「법인세법」, 「개별소비세법」, 「인지세법」 등에 있으나 관세법에는 해당 규정이 없다.
2. 조세법률주의와 실질과세원칙과의 관계
   조세법률주의는 조세법의 최고원리로서 국민의 재산권 보장을 위하여 법적 안정성 및 예측가능성의 확보를 그 기능으로 하고 있으므로 조세법 해석의 협의성과 엄격성을 요구한다. 그런데 조세법은 조세법의 기술상 법령상의 용어는 추상성을 띠고 있는데 반하여 현실의 경제실태는 복잡·다양하고 유동적이어서 문구의 해석만으로 법규의 규범적 의미를 밝힐 수 없는 경우에는 보충적으로 경제적 실질주의에 의한 목적론적 해석이 뒤따라야 한다.
3. 관세행정에 있어서의 실질과세원칙 적용의 필요성
   수입신고서, 환급신청서 등의 납세의무자가 실질적인 경제적 귀속자가 아닌 단순한 명의자인 경우 형식적인 명의자에게 관세납부의 부담을 주거나 관세환급금을 지급한다면 실질과 형식의 괴리로 인하여 부당한 납세 또는 환급이 발생할 가능성이 있고, 이것은 공평성의 문제와 조세징수의 실효성 확보 문제를 동시에 발생시킨다. 그러므로 관세행정에 있어서도 실질과세원칙의 적용은 필요하다.

제2절 납세의무의 소멸 등

제20조(납부의무의 소멸)

관세 또는 강제징수비를 납부하여야 하는 의무는 다음 각 호의 어느 하나에 해당되는 때에는 소멸한다.

1. 관세를 납부하거나 관세에 충당한 때
2. 관세부과가 취소된 때
3. 제21조에 따라 관세를 부과할 수 있는 기간에 관세가 부과되지 아니하고 그 기간이 만료된 때
4. 제22조에 따라 관세징수권의 소멸시효가 완성된 때

> **참고** **우편물의 반송과 납부의무의 소멸**
>
> **법 제261조(우편물의 반송)** 우편물에 대한 관세의 납세의무는 해당 우편물이 반송되면 소멸한다.

제21조(관세부과의 제척기간)

① 관세부과의 제척기간 및 제척기간의 연장

관세는 해당 관세를 부과할 수 있는 날부터 **5년이 지나면 부과할 수 없다**. 다만, 다음 각 호의 경우에는 관세를 부과할 수 있는 날부터 해당 호에서 정하는 기간이 지나면 부과할 수 없다.

1. 수입신고를 하지 아니하고 수입한 경우(제16조 제1호부터 제10호까지에 따른 물품은 제외한다): **7년**
2. 부정한 방법으로 관세를 포탈하였거나 환급 또는 감면받은 경우: **10년**

② 관세부과 제척기간 만료의 특례 (1)

다음 각 호의 어느 하나에 해당하는 경우에는 제1항에도 불구하고 해당 호에 규정된 기간까지는 해당 결정·판결·회신결과 또는 경정청구에 따라 경정이나 그 밖에 필요한 처분을 할 수 있다.

1. 다음 각 목의 어느 하나에 해당하는 경우
   가. 제5장 제2절(제119조부터 제132조까지)에 따른 이의신청, 심사청구 또는 심판청구에 대한 결정이 있은 경우
   나. 「감사원법」에 따른 심사청구에 대한 결정이 있은 경우
   다. 「행정소송법」에 따른 소송에 대한 판결이 있은 경우
   라. 제313조에 따른 압수물품의 반환결정이 있은 경우
 	
    참고 **압수물품의 반환결정**
    반환할 압수물품에 대하여 관세가 미납된 경우에는 반환받을 자로부터 해당 관세를 징수한 후 그 물품이나 그 환가대금을 반환하여야 한다(법 제313조 제4항).
	그 결정·판결이 확정된 날부터 1년

2. 이 법과 「자유무역협정의 이행을 위한 관세법의 특례에 관한 법률」 및 조약·협정 등에서 정하는 바에 따라 양허세율의 적용 여부 및 세액 등을 확정하기 위하여 원산지증명서를 발급한 국가의 세관이나 그 밖에 발급권한이 있는 기관에게 원산지증명서 및 원산지증명서확인자료의 진위 여부, 정확성 등의 확인을 요청한 경우	다음 각 목의 날 중 먼저 도래하는 날 부터 1년 가. 해당 요청에 따라 회신을 받은 날 나. 이 법과 「자유무역협정의 이행을 위한 관세법의 특례에 관한 법률」 및 조약·협정 등에서 정한 회신기 간이 종료된 날
3. 다음 각 목의 어느 하나에 해당하는 경우 가. 제38조의3 제2항·제3항 또는 제38조의4 제1항에 따른 경정청 구가 있는 경우 나. 제38조의4 제4항에 따른 조정 신청에 대한 결정통지가 있는 경우	경정청구일 또는 결정통지일부터 2개월

③ 관세부과 제척기간 만료의 특례 (2)

제1항에도 불구하고 제2항 제1호 가목부터 다목까지의 결정 또는 판결에 따라 명의대여 사실이 확인된 경우에는 당초의 부과처분을 취소하고 그 결정 또는 판결이 확정된 날부터 1년 이내에 실제로 사업을 경영한 자에게 경정이나 그 밖에 필요한 처분을 할 수 있다.

④ 관세부과 제척기간의 기산일

제1항에 따른 관세를 부과할 수 있는 날은 대통령령으로 정한다.

관세법 시행령

영 제6조(관세부과 제척기간의 기산일) 법 제21조 제1항에 따른 관세부과의 제척기간을 산정할 때 수입신고한 날의 다음 날을 관세를 부과할 수 있는 날로 한다. 다만, 다음 각 호의 경우에는 해당 호에 규정된 날을 관세를 부과할 수 있는 날로 한다.

1. 법 제16조 제1호 내지 제11호에 해당되는 경우에는 그 사실이 발생한 날의 다음 날
2. 의무불이행 등의 사유로 감면된 관세를 징수하는 경우에는 그 사유가 발생한 날의 다음 날
3. 보세건설장에 반입된 외국물품의 경우에는 다음 각 목의 날 중 먼저 도래한 날의 다음 날
   가. 제211조의 규정에 의하여 건설공사완료보고를 한 날
   나. 법 제176조의 규정에 의한 특허기간(특허기간을 연장한 경우에는 연장기간을 말한다)이 만료되는 날
4. 과다환급 또는 부정환급 등의 사유로 관세를 징수하는 경우에는 환급한 날의 다음 날
5. 법 제28조에 따라 잠정가격을 신고한 후 확정된 가격을 신고한 경우에는 확정된 가격을 신고한 날의 다음 날(다만, 법 제28조 제2항에 따른 기간 내에 확정된 가격을 신고하지 아니하는 경우에는 해당 기간의 만료일의 다음 날)

> 참고　관세부과의 제척기간

1. 관세부과권
   관세부과권이란 이미 성립된 관세채권을 확인하는 과세권자의 권리이며, 과세표준과 세액을 확인하는 것을 내용으로 하는 일종의 형성권(形成權)이다. 관세의 과세권자가 관세부과를 할 수 있는 법정기간 내에 관세부과권을 행사하지 않으면 납세의무는 소멸한다.
2. 관세부과 제척기간의 만료
   관세부과의 제척기간이란 관세부과권의 법정존속기간을 말한다. 제척기간이 만료되면 장래를 향해 관세의 부과권이 소멸하며, 결정·경정결정·재경정결정·부과취소를 할 수 없다. 법 제21조 제1항에서 "제척기간이 지난 후에는 부과할 수 없다."란 해당 납부고지서가 제척기간이 지나기 전에 납세의무자에게 유효하게 도달하여야 하는 것을 말한다.

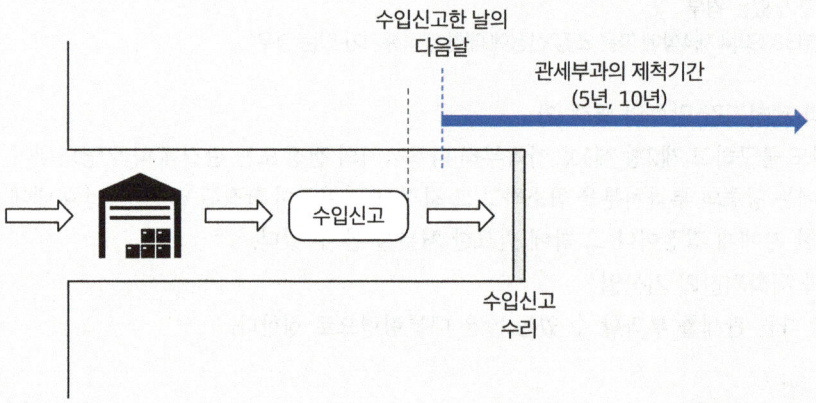

3. 관세부과의 제척기간을 규정하고 있는 이유
   기한의 제약 없이 관세부과권을 언제나 행사할 수 있다면 조세법률관계가 불안정해지므로, 조세채권·채무관계의 조속한 확정을 위하여 관세법에서는 일정기간 동안 관세부과권을 행사하지 않으면 납세의무가 소멸하도록 권리의 존속기간을 규정하고 있다.
4. 관세부과권에 시효의 중단과 정지가 없는 이유
   (1) 관세부과권은 형성권이므로 소멸시효의 대상이 되지 않는다. 형성권의 경우에는 권리자가 그 권리를 행사함에 있어서 의무자의 협력을 필요로 하지 않기 때문에 의무자의 협력이 없어서 목적을 달성하지 못한다는 주장을 할 수 없기 때문이다.
   (2) 관세부과의 제척기간은 권리관계를 조속히 확정시키기 위하여 정한 부과권의 존속기간을 말하는 것이므로 징수권의 소멸시효와는 달리 기간의 중단이나 정지가 인정되지 않는다. 따라서 법 제21조 제1항의 기간이 경과하면 국가의 부과권이 소멸되는 것이므로 어떠한 이유로도 관세 등을 경정하거나 추가로 징수할 수 없으며, 만약 이러한 경정이나 처분을 하였다면 이는 법률상 원인 없는 행위이므로 당연무효인 처분이 된다.

제22조(관세징수권 등의 소멸시효)

① 관세징수권의 소멸시효
관세의 징수권은 이를 행사할 수 있는 날부터 다음 각 호의 구분에 따른 기간 동안 행사하지 아니하면 소멸시효가 완성된다.

> 1. 5억원 이상의 관세(내국세를 포함한다. 이하 이 항에서 같다): 10년
> 2. 제1호 외의 관세: 5년

② 환급청구권의 소멸시효
납세자가 납부한 금액 중 잘못 납부하거나 초과하여 납부한 금액 또는 그 밖의 관세의 환급청구권은 그 권리를 행사할 수 있는 날부터 5년간 행사하지 아니하면 소멸시효가 완성된다.

③ 관세징수권 소멸시효의 기산일과 환급청구권 소멸시효의 기산일
제1항에 따른 관세의 징수권과 제2항에 따른 잘못 납부하거나 초과하여 납부한 금액 또는 그 밖의 관세의 환급청구권을 행사할 수 있는 날은 대통령령으로 정한다.

관세법 시행령

영 제7조(관세징수권 소멸시효의 기산일) ① 법 제22조 제1항에 따른 관세징수권을 행사할 수 있는 날은 다음 각 호의 날로 한다.

1. 법 제38조에 따라 신고납부하는 관세에 있어서는 수입신고가 수리된 날부터 15일이 경과한 날의 다음 날. 다만, 제1조의5에 따른 월별납부의 경우에는 그 납부기한이 경과한 날의 다음 날로 한다.
1의2. 법 제38조의2 제4항의 규정에 의하여 납부하는 관세에 있어서는 부족세액에 대한 보정신청일의 다음 날의 다음 날
2. 법 제38조의3 제1항의 규정에 의하여 납부하는 관세에 있어서는 수정신고일의 다음 날의 다음 날
3. 법 제39조에 따라 부과고지하는 관세의 경우 납부고지를 받은 날부터 15일이 경과한 날의 다음 날
4. 법 제253조 제3항의 규정에 의하여 납부하는 관세에 있어서는 수입신고한 날부터 15일이 경과한 날의 다음 날
5. 그 밖의 법령에 따라 납부고지하여 부과하는 관세의 경우 납부기한을 정한 때에는 그 납부기한이 만료된 날의 다음 날

② 법 제22조 제2항에 따른 관세환급청구권을 행사할 수 있는 날은 다음 각 호의 날로 한다.

1. 법 제38조의3 제6항에 따른 경정으로 인한 환급의 경우에는 경정결정일
2. 착오납부 또는 이중납부로 인한 환급의 경우에는 그 납부일
3. 법 제106조 제1항에 따른 계약과 상이한 물품 등에 대한 환급의 경우에는 당해 물품의 수출신고수리일 또는 보세공장반입신고일
3의2. 법 제106조 제3항 및 제4항에 따른 폐기, 멸실, 변질, 또는 손상된 물품에 대한 환급의 경우에는 해당 물품이 폐기, 멸실, 변질 또는 손상된 날
3의3. 법 제106조의2 제1항에 따른 수입한 상태 그대로 수출되는 자가사용물품에 대한 환급의 경우에는 수출신고가 수리된 날. 다만, 수출신고가 생략되는 물품의 경우에는 운송수단에 적재된 날로 한다.
3의4. 법 제106조의2 제2항에 따라 국제무역선, 국제무역기 또는 보세판매장에서 구입한 후 환불한 물품에 대한 환급의 경우에는 해당 물품이 환불된 날
3의5. 종합보세구역에서 물품을 판매하는 자가 법 제199조의2 및 이 영 제216조의5 제2항의 규정에 의하여 환급받고자 하는 경우에는 동규정에 의한 환급에 필요한 서류의 제출일
4. 수입신고 또는 입항전수입신고를 하고 관세를 납부한 후 법 제250조의 규정에 의하여 신고가 취하 또는 각하된 경우에는 신고의 취하일 또는 각하일
5. 적법하게 납부한 후 법률의 개정으로 인하여 환급하는 경우에는 그 법률의 시행일

제23조(시효의 중단 및 정지)

① 관세징수권 소멸시효의 중단
관세징수권의 소멸시효는 다음 각 호의 어느 하나에 해당하는 사유로 중단된다.

> 1. 납부고지
> 2. 경정처분
> 3. 납부독촉
> 4. 통고처분
> 5. 고발
> 6. 「특정범죄 가중처벌 등에 관한 법률」 제16조에 따른 공소제기
> 7. 교부청구
> 8. 압류

② 환급청구권 소멸시효의 중단
환급청구권의 소멸시효는 환급청구권의 행사로 중단된다.

③ 관세징수권 소멸시효의 정지
관세징수권의 소멸시효는 관세의 분할납부기간, 징수유예기간, 압류·매각의 유예기간 또는 사해행위(詐害行爲) 취소소송기간 중에는 진행하지 아니한다.

④ 시효정지의 효력과 소송의 관계
제3항에 따른 사해행위 취소소송으로 인한 시효정지의 효력은 소송이 각하, 기각 또는 취하된 경우에는 효력이 없다.

⑤ 소멸시효에 관한 일반법
관세징수권과 환급청구권의 소멸시효에 관하여 이 법에서 규정한 것을 제외하고는 「민법」을 준용한다.

> **참고** 관세징수권의 소멸시효
>
> 관세징수권이란 부과권에 의해 확인된 관세채권에 대해 납세고지·독촉·체납처분 등에 의해 그 이행을 청구·강제할 수 있는 권리이며, 청구권의 일종이다. 일정기간 동안 관세징수권을 행사하지 않은 경우 시효가 완성되어 납세의무가 소멸한다. 관세법 제22조 제1항에서 "소멸시효가 완성된다."는 것은 관세징수권이 소멸하는 것을 말한다.
>
>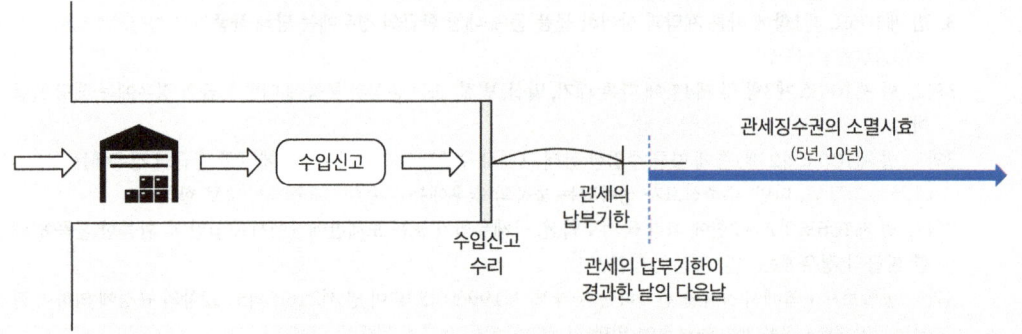

> **참고** 시효의 중단과 정지

1. 시효의 중단
   시효의 중단이란 납세고지 등 중단사유로 인하여 이미 경과한 시효기간의 효력이 상실되는 것을 말하며, 관세징수권의 소멸시효는 중단사유가 종료된 때부터 새로이 진행된다. 관세징수권의 소멸시효는 납세고지, 경정처분, 납세독촉(납부최고 포함), 통고처분, 고발, 공소제기, 교부청구, 압류에 의하여 중단된다.
2. 시효의 정지
   시효의 정지란 시효기간이 만료될 즈음에 권리자가 시효의 중단 행위를 하는 것이 불가능할 때, 일정기간 동안 시효의 완성을 유예하는 것을 말한다. 관세징수권의 소멸시효는 관세의 분할납부기간, 징수유예기간, 체납처분유예기간 또는 사해행위 취소소송기간 중에는 진행하지 아니한다. 다만, 사해행위 취소소송으로 인한 시효정지의 효력은 소송이 각하, 기각 또는 취하된 경우에는 효력이 없다.

제3절 납세담보

> **참고** 관세법상 납세담보
>
> 1. 담보의 종류
> 2. 담보의 요건
> 3. 포괄담보
> 4. 담보물의 평가
> 5. 담보의 제공절차
> 6. 담보의 금액
> 7. 담보 관련 납부고지
> 8. 담보의 변경
> 9. 담보물의 매각
> 10. 담보의 관세충당
> 11. 담보 등이 없는 경우의 관세징수
> 12. 담보의 해제

제24조(담보의 종류 등)

① 관세법상 제공할 수 있는 담보의 종류

이 법에 따라 제공하는 담보의 종류는 다음 각 호와 같다.

> 1. 금전
> 2. 국채 또는 지방채
> 3. 세관장이 인정하는 유가증권
> 4. 납세보증보험증권
> 5. 토지
> 6. 보험에 가입된 등기 또는 등록된 건물·공장재단·광업재단·선박·항공기 또는 건설기계
> 7. 세관장이 인정하는 보증인의 납세보증서

> **참고** 담보의 종류 및 요건 실제
>
> 1. 금전(현금, 돈)은 관세법상 담보가 될 수 있다. 심지어 '사채업자로부터 빌린 돈'이라도 담보가 될 수 있다.
> 2. 국채 또는 지방채(국가 또는 지방자치단체가 발행한 채권)는 관세법상 담보가 될 수 있다. 그러므로 '서울특별시가 발행한 채권'은 담보가 될 수 있으며, 심지어 '재정자립도가 극히 취약한 지방자치단체가 발행한 채권'도 담보가 될 수 있다. 그러나 '○○기업이 발행한 채권'은 회사채이므로 관세법상 담보가 될 수 없다.
> 3. 토지(땅, 부지)는 관세법상 담보가 될 수 있다. 그러므로 '중소제조업체의 공장 부지'도 담보가 될 수 있고, 심지어 '투기의 대상이 되고 있는 땅'도 담보가 될 수 있다.
> 4. 건물, 공장재단, 광업재단, 선박, 항공기, 건설기계는 ① 보험에 가입되어야 한다, ② 등기 또는 등록되어야 한다는 두 가지 요건을 모두 만족할 때에만 관세법상 담보가 될 수 있다. 단순히 '등기 또는 등록된 선박, 항공기, 건설기계'라고 하면, 이것은 담보가 될 수 없다. 또한 '보험에 든, 등기 또는 등록된' 선박과 항공기는 담보가 될 수 있지만, '자동차'는 담보가 될 수 없다는 점도 유의해야 한다.

| 참고 | 상황별로 제공할 수 있는 담보의 종류 |

담보의 종류 \ 담보 제공 상황	덤핑방지관세 및 상계관세의 잠정조치 (영 제66조, 제80조)	지식재산권 등 침해물품의 통관보류·유치 요청, 통관허용·유치해제 요청 (영 제241조)
① 금전	○	○
② 국채 또는 지방채	○	○
③ 세관장이 인정하는 유가증권	○	○
④ 납세보증보험증권	○	×
⑦ 세관장이 인정하는 보증인의 납세보증서	○	○

② 납세보증보험증권과 납세보증서의 요건

제1항 제4호에 따른 납세보증보험증권 및 제7호에 따른 납세보증서는 세관장이 요청하면 특정인이 납부하여야 하는 금액을 일정 기일 이후에는 언제든지 세관장에게 지급한다는 내용의 것이어야 한다.

③ 담보물의 평가, 담보물의 절차 등, 담보의 변경, 담보물의 매각

제1항에 따른 담보의 제공에 필요한 사항은 대통령령으로 정한다.

관세법 시행령

영 제9조(담보물의 평가) ① 법 제24조 제1항 제2호 및 제3호에 따른 담보물의 평가는 다음 각 호에 따른다.
1. 「자본시장과 금융투자업에 관한 법률」에 따라 거래소가 개설한 증권시장에 상장된 유가증권 중 매매사실이 있는 것: 담보로 제공하는 날의 전날에 공표된 최종시세가액
2. 제1호 외의 유가증권: 담보로 제공하는 날의 전날에 「상속세 및 증여세법 시행령」 제58조 제1항 제2호를 준용하여 계산한 가액

② 법 제24조 제1항 제5호 및 제6호에 따른 담보물에 대한 평가는 다음 각 호에 따른다.
1. 토지 또는 건물의 평가: 「상속세 및 증여세법」 제61조를 준용하여 평가한 가액
2. 공장재단·광업재단·선박·항공기 또는 건설기계: 「감정평가 및 감정평가사에 관한 법률」에 따른 감정평가법인등의 평가액 또는 「지방세법」에 따른 시가표준액

영 제10조(담보의 제공절차 등) ① 관세의 담보를 제공하고자 하는 자는 담보의 종류·수량·금액 및 담보사유를 기재한 담보제공서를 세관장에게 제출하여야 한다.

② 금전을 담보로 제공하려는 자는 「국고금 관리법 시행령」 제11조 제1항 각 호의 금융기관 중 관세청장이 지정한 금융기관에 이를 납입하고 그 확인서를 담보제공서에 첨부해야 한다.

③ 국채 또는 지방채를 담보로 제공하려는 자는 해당 채권에 관하여 모든 권리를 행사할 수 있는 자의 위임장을 담보제공서에 첨부하여야 한다.

④ 법 제24조 제1항 제3호에 따른 유가증권을 담보로 제공하려는 자는 해당 증권발행자의 증권확인서와 해당 증권에 관한 모든 권리를 행사할 수 있는 자의 위임장을 담보제공서에 첨부하여야 한다.

⑤ 법 제24조 제1항 제4호에 따른 납세보증보험증권이나 같은 항 제7호에 따라 세관장이 인정하는 보증인의 납세보증서를 담보로 제공하려는 자는 그 납세보증보험증권 또는 납세보증서를 담보제공서에 첨부하여야 한다. 이 경우 담보가 되는 보증 또는 보험의 기간은 해당 담보를 필요로 하는 기간으로 하되, 납부기한이 확정되지 아니한 경우에는 관세청장이 정하는 기간으로 한다.

⑥ 법 제24조 제1항 제5호에 따른 토지, 같은 항 제6호에 따른 건물·공장재단·광업재단·선박·항공기나 건설기계를 담보로 제공하려는 자는 저당권을 설정하는 데에 필요한 서류를 담보제공서에 첨부하여야 한다. 이 경우 세관장은 저당권의 설정을 위한 등기 또는 등록의 절차를 밟아야 한다.

⑦ 제6항에 따라 보험에 든 건물·공장재단·광업재단·선박·항공기나 건설기계를 담보로 제공하려는 자는 그 보험증권을 제출하여야 한다. 이 경우에 그 보험기간은 담보를 필요로 하는 기간에 30일 이상을 더한 것이어야 한다.

참고 담보의 권리 증명

담보의 종류	담보제공서 첨부서류
② 금전	납입확인서
③ 국채 또는 지방채	위임장
④ 세관장이 인정하는 유가증권	증권발행자의 증권확인서, 위임장
⑤ 납세보증보험증권, 세관장이 인정하는 보증인의 납세보증서	납세보증보험증권 또는 납세보증서
⑥ 토지, 건물·공장재단·광업재단·선박·항공기나 건설기계	저당권을 설정하는 데에 필요한 서류
⑦ 보험에 든 건물·공장재단·광업재단·선박·항공기나 건설기계	보험증권

⑧ 제공하고자 하는 담보의 금액은 납부하여야 하는 관세에 상당하는 금액이어야 한다. 다만, 그 관세가 확정되지 아니한 경우에는 관세청장이 정하는 금액으로 한다.

⑨ 세관장은 다음 각 호의 어느 하나에 해당하는 경우에는 법 제39조에 따른 납부고지를 할 수 있다.
  1. 관세의 담보를 제공하고자 하는 자가 담보액의 확정일부터 10일 이내에 담보를 제공하지 아니하는 경우
  2. 납세의무자가 수입신고 후 10일 이내에 법 제248조 제2항의 규정에 의한 담보를 제공하지 아니하는 경우

영 제12조(담보의 변경) ① 관세의 담보를 제공한 자는 당해 담보물의 가격감소에 따라 세관장이 담보물의 증가 또는 변경을 통지한 때에는 지체 없이 이를 이행하여야 한다.
② 관세의 담보를 제공한 자는 담보물, 보증은행, 보증보험회사, 은행지급보증에 의한 지급기일 또는 납세보증보험기간을 변경하고자 하는 때에는 세관장의 승인을 얻어야 한다.

영 제14조(담보물의 매각) ① 세관장은 제공된 담보물을 매각하고자 하는 때에는 담보제공자의 주소·성명·담보물의 종류·수량, 매각사유, 매각장소, 매각일시 기타 필요한 사항을 공고하여야 한다.
② 세관장은 납세의무자가 매각예정일 1일 전까지 관세와 비용을 납부하는 때에는 담보물의 매각을 중지하여야 한다.

④ 포괄담보

납세의무자(관세의 납부를 보증한 자를 포함한다)는 이 법에 따라 계속하여 담보를 제공하여야 하는 사유가 있는 경우에는 관세청장이 정하는 바에 따라 일정 기간에 제공하여야 하는 담보를 포괄하여 미리 세관장에게 제공할 수 있다.

|| 관세법 시행령

영 제11조(포괄담보) ① 법 제24조 제4항의 규정에 의하여 담보를 포괄하여 제공하고자 하는 자는 그 기간 및 담보의 최고액과 담보제공자의 전년도 수출입실적 및 예상수출입물량을 기재한 신청서를 세관장에게 제출하여야 한다.
② 담보를 포괄하여 제공할 수 있는 요건, 그 담보의 종류 기타 필요한 사항은 관세청장이 정한다.

제25조(담보의 관세충당)

① 관세충당 사유

세관장은 담보를 제공한 납세의무자가 그 납부기한까지 해당 관세를 납부하지 아니하면 기획재정부령으로 정하는 바에 따라 그 담보를 해당 관세에 충당할 수 있다. 이 경우 담보로 제공된 금전을 해당 관세에 충당할 때에는 납부기한이 지난 후에 충당하더라도 제42조를 적용하지 아니한다.

> **관세법 시행규칙**
>
> **규칙 제1조의3(담보의 관세충당)** 법 제25조 제1항에 따른 담보의 관세충당은 다음 각 호의 구분에 의한 방법에 따른다.
> 1. 담보물이 법 제24조 제1항 제2호·제3호·제5호 및 제6호에 해당하는 경우: 이를 매각하는 방법
> 2. 담보물이 법 제24조 제1항 제4호 및 제7호에 해당하는 경우: 그 보증인에게 담보한 관세에 상당하는 금액을 납부할 것을 즉시 통보하는 방법
>
> | 담보의 종류 | 관세충당방법 |
> | --- | --- |
> | ② 국채 또는 지방채
③ 세관장이 인정하는 유가증권
⑤ 토지
⑥ 건물·공장재단·광업재단 등 | 이를 매각하는 방법 |
> | ④ 납세보증보험증권
⑦ 세관장이 인정하는 보증인의 납세보증서 | 그 보증인에게 담보한 관세에 상당하는 금액을 납부할 것을 즉시 통보하는 방법 |

② 담보제공자에 대한 잔금 교부

세관장은 제1항에 따라 담보를 관세에 충당하고 남은 금액이 있을 때에는 담보를 제공한 자에게 이를 돌려주어야 하며, 돌려줄 수 없는 경우에는 이를 공탁할 수 있다.

③ 납부보증자에 대한 잔금 교부

세관장은 관세의 납세의무자가 아닌 자가 관세의 납부를 보증한 경우 그 담보로 관세에 충당하고 남은 금액이 있을 때에는 그 보증인에게 이를 직접 돌려주어야 한다.

제26조(담보 등이 없는 경우의 관세징수)

① 담보 등이 없는 경우의 강제징수

담보 제공이 없거나 징수한 금액이 부족한 관세의 징수에 관하여는 이 법에 규정된 것을 제외하고는 「국세기본법」과 「국세징수법」의 예에 따른다.

② 강제징수비 징수

세관장은 관세의 강제징수를 할 때에는 재산의 압류, 보관, 운반 및 공매에 드는 비용에 상당하는 강제징수비를 징수할 수 있다.

제26조의2(담보의 해제)

세관장은 납세담보의 제공을 받은 관세 및 강제징수비가 납부되었을 때에는 지체 없이 담보해제의 절차를 밟아야 한다.

> **관세법 시행령**
>
> **영 제13조(담보의 해제신청)** 제공된 담보를 해제받고자 하는 자는 담보의 종류·수량 및 금액, 담보제공연월일과 해제사유를 기재한 신청서에 해제사유를 증명하는 서류를 첨부하여 세관장에게 제출하여야 한다. 다만, 법 제327조에 따른 국가관세종합정보시스템의 전산처리설비를 이용하여 세관장이 관세의 사후납부사실 등 담보의 해제사유를 확인할 수 있는 경우에는 해당 사유를 증명하는 서류로서 관세청장이 정하여 고시하는 서류 등을 제출하지 아니할 수 있다.

> **참고 관세법상 담보 제공을 요구하는 규정**
>
> **법 제9조(관세의 납부기한 등)** ③ 세관장은 납세실적 등을 고려하여 관세청장이 정하는 요건을 갖춘 성실납세자가 대통령령으로 정하는 바에 따라 신청을 할 때에는 제1항제1호 및 제3호에도 불구하고 납부기한이 동일한 달에 속하는 세액에 대하여는 그 기한이 속하는 달의 말일까지 한꺼번에 납부하게 할 수 있다. 이 경우 세관장은 필요하다고 인정하는 경우에는 납부할 관세에 상당하는 담보를 제공하게 할 수 있다.
>
> **법 제10조(천재지변 등으로 인한 기한의 연장)** 세관장은 천재지변이나 그 밖에 대통령령으로 정하는 사유로 이 법에 따른 신고, 신청, 청구, 그 밖의 서류의 제출, 통지, 납부 또는 징수를 정하여진 기한까지 할 수 없다고 인정되는 경우에는 1년을 넘지 아니하는 기간을 정하여 대통령령으로 정하는 바에 따라 그 기한을 연장할 수 있다. 이 경우 세관장은 필요하다고 인정하는 경우에는 납부할 관세에 상당하는 담보를 제공하게 할 수 있다.
>
> **법 제43조의2(압류·매각의 유예)** ③ 세관장은 제1항 및 제2항에 따라 재산의 압류를 유예하거나 압류한 재산의 압류를 해제하는 경우에는 그에 상당하는 납세담보의 제공을 요구할 수 있다.
>
> **영 제65조(덤핑방지관세의 부과)** ④ 제3항제2호 전단에 따라 신규공급자에 대한 조사가 개시된 경우 세관장은 그 신규공급자가 공급하는 물품에 대하여 이를 수입하는 자로부터 담보를 제공받고 조사 완료일까지 덤핑방지관세의 부과를 유예할 수 있다.
>
> **법 제53조(덤핑방지관세를 부과하기 전의 잠정조치)** ① 기획재정부장관은 덤핑방지관세의 부과 여부를 결정하기 위하여 조사가 시작된 경우로서 다음 각 호의 어느 하나에 해당하는 경우에는 조사기간 중에 발생하는 피해를 방지하기 위하여 해당 조사가 종결되기 전이라도 대통령령으로 정하는 바에 따라 그 물품과 공급자 또는 공급국 및 기간을 정하여 잠정적으로 추계(推計)된 덤핑차액에 상당하는 금액 이하의 잠정덤핑방지관세를 추가하여 부과하도록 명하거나 담보를 제공하도록 명하는 조치(이하 이 관에서 "잠정조치"라 한다)를 할 수 있다.
>   1. 해당 물품에 대한 덤핑 사실 및 그로 인한 실질적 피해등의 사실이 있다고 추정되는 충분한 증거가 있는 경우
>   2. 제54조에 따른 약속을 위반하거나 약속의 이행에 관한 자료제출 요구 및 제출자료의 검증 허용 요구에 응하지 아니한 경우로서 이용할 수 있는 최선의 정보가 있는 경우
>
> **법 제59조(상계관세를 부과하기 전의 잠정조치)** ① 기획재정부장관은 상계관세의 부과 여부를 결정하기 위하여 조사가 시작된 물품이 보조금등을 받아 수입되어 다음 각 호의 어느 하나에 해당한다고 인정되는 경우에는 대통령령으로 정하는 바에 따라 국내산업의 보호를 위하여 조사가 종결되기 전이라도 그 물품의 수출자 또는 수출국 및 기간을 정하여 보조금등의 추정액에 상당하는 금액 이하의 잠정상계관세를 부과하도록 명하거나 담보를 제공하도록 명하는 조치(이하 이 관에서 "잠정조치"라 한다)를 할 수 있다.
>   1. 국내산업에 실질적 피해등이 발생한 사실이 있다고 추정되는 충분한 증거가 있음이 확인되는 경우
>   2. 제60조에 따른 약속을 철회하거나 위반한 경우와 그 약속의 이행에 관한 자료를 제출하지 아니한 경우로서 이용할 수 있는 최선의 정보가 있는 경우

법 제108조(담보 제공 및 사후관리) ① 세관장은 필요하다고 인정될 때에는 대통령령으로 정하는 범위에서 관세청장이 정하는 바에 따라 이 법이나 그 밖의 법령·조약·협정 등에 따라 관세를 감면받거나 분할납부를 승인받은 물품에 대하여 그 물품을 수입할 때에 감면받거나 분할납부하는 관세액(제97조 제4항 및 제98조 제2항에 따른 가산세는 제외한다)에 상당하는 담보를 제공하게 할 수 있다.

법 제156조(보세구역 외 장치의 허가) ① 제155조 제1항 제2호에 해당하는 물품을 보세구역이 아닌 장소에 장치하려는 자는 세관장의 허가를 받아야 한다.
② 세관장은 외국물품에 대하여 제1항의 허가를 하려는 때에는 그 물품의 관세에 상당하는 담보의 제공, 필요한 시설의 설치 등을 명할 수 있다.

법 제218조(보세운송의 담보) 세관장은 제213조에 따른 보세운송의 신고를 하거나 승인을 받으려는 물품에 대하여 관세의 담보를 제공하게 할 수 있다.

법 제219조(조난물품의 운송) ④ 제1항에 따른 운송에 관하여는 제215조부터 제218조까지의 규정을 준용한다.

법 제235조(지식재산권 등의 보호) ④ 제1항 각 호에 따른 지식재산권 등을 보호받으려는 자는 세관장에게 담보를 제공하고 해당 물품의 통관 보류나 유치를 요청할 수 있다.

법 제248조(신고의 수리) ② 세관장은 관세를 납부하여야 하는 물품에 대하여는 제241조 또는 제244조에 따른 신고를 수리할 때에 다음 각 호의 어느 하나에 해당하는 자에게 관세에 상당하는 담보의 제공을 요구할 수 있다.
  1. 이 법 또는 「수출용원재료에 대한 관세 등 환급에 관한 특례법」 제23조를 위반하여 징역형의 실형을 선고받고 그 집행이 끝나거나(집행이 끝난 것으로 보는 경우를 포함한다) 면제된 후 2년이 지나지 아니한 자
  2. 이 법 또는 「수출용원재료에 대한 관세 등 환급에 관한 특례법」 제23조를 위반하여 징역형의 집행유예를 선고받고 그 유예기간 중에 있는 자
  3. 제269조부터 제271조까지, 제274조, 제275조의2, 제275조의3 또는 「수출용원재료에 대한 관세 등 환급에 관한 특례법」 제23조에 따라 벌금형 또는 통고처분을 받은 자로서 그 벌금형을 선고받거나 통고처분을 이행한 후 2년이 지나지 아니한 자
  4. 제241조 또는 제244조에 따른 수입신고일을 기준으로 최근 2년간 관세 등 조세를 체납한 사실이 있는 자
  5. 수입실적, 수입물품의 관세율 등을 고려하여 대통령령으로 정하는 관세채권의 확보가 곤란한 경우에 해당하는 자

법 제252조(수입신고수리전 반출) 수입신고를 한 물품을 제248조에 따른 세관장의 수리 전에 해당 물품이 장치된 장소로부터 반출하려는 자는 납부하여야 할 관세에 상당하는 담보를 제공하고 세관장의 승인을 받아야 한다. 다만, 정부 또는 지방자치단체가 수입하거나 담보를 제공하지 아니하여도 관세의 납부에 지장이 없다고 인정하여 대통령령으로 정하는 물품에 대하여는 담보의 제공을 생략할 수 있다.

법 제253조(수입신고전의 물품 반출) ① 수입하려는 물품을 수입신고 전에 운송수단, 관세통로, 하역통로 또는 이 법에 따른 장치 장소로부터 즉시 반출하려는 자는 대통령령으로 정하는 바에 따라 세관장에게 즉시반출신고를 하여야 한다. 이 경우 세관장은 납부하여야 하는 관세에 상당하는 담보를 제공하게 할 수 있다.

> **참고** 관세법상 담보 제공 사유(요약)

1. 수입신고 수리(징벌통/실체/집파개/곤란)
2. 수입신고 수리전 반출, 수입신고전 물품반출
3. 지식재산권 등 침해물품 통관보류 요청, 유치 요청, 통관허용 요청, 유치해제 요청
4. 덤핑방지관세·상계관세 잠정조치, 신규공급자에 대한 덤핑방지관세 부과 유예
5. 감면, 분할납부, 월별납부, 기한의 연장
6. 보세구역 외 장치 허가
7. 보세운송, 조난물품 운송
8. 압류·매각의 유예

|| 참고 | **관세법상 담보 제공 사유가 아닌 것**

1. 덤핑방지관세·상계관세의 최종 조치
2. 긴급관세·특정국물품긴급관세 잠정조치
3. 용도세율
4. (압류·매각의 유예) 3년 이내 처벌 받지 않은 사람 + 납부계획서 제출·계획 타당
5. 집행유예가 종료된 후 2년이 지나지 아니한 자에 대한 수입신고 수리
6. 보세공장 외 작업 허가, 보세건설장 외 작업 허가, 종합보세구역 외 작업 신고
7. 내국운송

제4절 과세가격의 신고 및 결정

❖ 관세평가 과목에서 다루는 범위입니다.

제5절 부과와 징수

제1관 세액의 확정

구분	확정방식	확정행위
세액의 확정	신고납부방식(법 제38조)	납세신고
	부과고지방식(법 제39조)	납부고지

조문 제목	각 조문의 세부 구조
법 제38조(신고납부)	① 납세신고 ② 세액심사 ③ 보완요구 ④ 기업자율심사 ⑤ 세액 정정 ⑥ 기타 ⑦ 신용카드 등에 의한 관세 납부
법 제38조의2(보정)	① 보정신청 ② 통지에 의한 보정 ④ 보정신청 납부기한 ⑤ 보정이자
법 제38조의3(수정 및 경정)	① 수정신고 ② (5년) 경정청구 ③ (2개월) 경정청구 ④ 경정 기한 ⑤ 불복청구 ⑥ 경정
법 제38조의4(수입물품의 과세가격 조정에 따른 경정)	① (3개월, 5년) 경정청구 ② 경정 ③ 경정 기한 ④ 정상가격과 과세가격 간 조정신청 ⑤ 불복청구 ⑥ 세관장의 협의

제38조(신고납부)

① 납세신고

물품(제39조에 따라 세관장이 부과고지하는 물품은 제외한다)을 수입하려는 자는 **수입신고를 할 때**에 세관장에게 관세의 납부에 관한 신고(이하 "**납세신고**"라 한다)를 하여야 한다.

관세법 시행령

영 제32조(납세신고) ① 법 제38조 제1항의 규정에 의하여 납세신고를 하고자 하는 자는 제246조의 규정에 의한 수입신고서에 동조 각 호의 사항 외에 다음 각 호의 사항을 기재하여 세관장에게 제출하여야 한다.
　　1. 당해 물품의 관세율표상의 품목분류·세율과 품목분류마다 납부하여야 할 세액 및 그 합계액
　　2. 법 기타 관세에 관한 법률 또는 조약에 의하여 관세의 감면을 받는 경우에는 그 감면액과 법적 근거
　　3. 제23조 제1항의 규정에 의한 특수관계에 해당하는지 여부와 그 내용
　　4. 기타 과세가격결정에 참고가 되는 사항

② 세액심사

세관장은 납세신고를 받으면 수입신고서에 기재된 사항과 이 법에 따른 확인사항 등을 심사하되, **신고한 세액 등 납세신고 내용에 대한 심사(이하 "세액심사"라 한다)는 수입신고를 수리한 후에** 한다. 다만, 신고한 세액에 대하여 관세채권을 확보하기가 곤란하거나, 수입신고를 수리한 후 세액심사를 하는 것이 적당하지 아니하다고 인정하여 기획재정부령으로 정하는 물품의 경우에는 수입신고를 수리하기 전에 이를 심사한다.

관세법 시행령

영 제32조(납세신고) ② 관세청장은 법 제38조 제2항의 규정에 의한 세액심사의 원활을 기하기 위하여 필요한 때에는 심사방법 등에 관한 기준을 정할 수 있다.

관세법 시행규칙

규칙 제8조(수입신고수리전 세액심사 대상물품) ① 법 제38조 제2항 단서의 규정에 의하여 수입신고수리전에 세액심사를 하는 물품은 다음 각 호와 같다.
　　1. 법률 또는 조약에 의하여 관세 또는 내국세를 감면받고자 하는 물품
　　2. 법 제107조의 규정에 의하여 관세를 분할납부하고자 하는 물품
　　3. 관세를 체납하고 있는 자가 신고하는 물품(체납액이 10만원 미만이거나 체납기간 7일 이내에 수입신고하는 경우를 제외한다)
　　4. 납세자의 성실성 등을 참작하여 관세청장이 정하는 기준에 해당하는 불성실신고인이 신고하는 물품
　　5. 물품의 가격변동이 큰 물품 기타 수입신고수리후에 세액을 심사하는 것이 적합하지 아니하다고 인정하여 관세청장이 정하는 물품

② 제1항의 규정에 의하여 수입신고수리전에 세액심사를 하는 물품 중 제1항 제1호 및 제2호에 규정된 물품의 감면 또는 분할납부의 적정 여부에 대한 심사는 수입신고수리전에 하고, 과세가격 및 세율 등에 대한 심사는 수입신고수리 후에 한다.

참고　세액심사

1. 수입신고수리후 세액심사(법 제38조 제2항 본문)
2. 수입신고수리전 세액심사(법 제38조 제2항 단서, 규칙 제8조)
3. 세액심사기준(영 제32조 제2항)

③ 보완 요구

세관장은 세액심사를 할 때 제1항에 따라 제출된 신고서나 그 밖의 서류에 미비한 점이 있거나 오류가 있는 경우에는 보완할 것을 요구할 수 있다.

④ 기업자율심사

세관장은 제2항 본문에도 불구하고 납세실적과 수입규모 등을 고려하여 관세청장이 정하는 요건을 갖춘 자가 신청할 때에는 납세신고한 세액을 자체적으로 심사(이하 "자율심사"라 한다)하게 할 수 있다. 이 경우 해당 납세의무자는 자율심사한 결과를 세관장에게 제출하여야 한다.

관세법 시행령

영 제32조의2(자율심사) ① 세관장은 납세의무자가 법 제38조 제4항의 규정에 따라 납세신고세액을 자체적으로 심사하고자 신청하는 경우에는 관세청장이 정하는 절차에 의하여 자율심사를 하는 납세의무자(이하 "자율심사업체"라 한다)로 승인할 수 있다. 이 경우 세관장은 자율심사의 방법 및 일정 등에 대하여 자율심사업체와 사전협의할 수 있다.
② 세관장은 자율심사업체에게 수출입업무의 처리방법 및 체계 등에 관한 관세청장이 정한 자료를 제공하여야 한다.
③ 자율심사업체는 제2항의 규정에 의하여 세관장이 제공한 자료에 따라 다음 각 호의 사항을 기재한 자율심사결과 및 조치내용을 세관장에게 제출하여야 한다. 이 경우 자율심사업체는 당해 결과를 제출하기 전에 납부세액의 과부족분에 대하여는 보정신청하거나 수정신고 또는 경정청구하여야 하며, 과다환급금이 있는 경우에는 세관장에게 통지하여야 한다.
　1. 제2항의 규정에 의하여 세관장이 제공한 자료에 따라 작성한 심사결과
　2. 자율심사를 통하여 업무처리방법·체계 및 세액 등에 대한 보완이 필요한 것으로 확인된 사항에 대하여 조치한 내용
④ 세관장은 제3항의 규정에 의하여 제출된 결과를 평가하여 자율심사업체에 통지하여야 한다. 다만, 자율심사가 부적절하게 이루어진 것으로 판단되는 경우에는 추가적으로 필요한 자료의 제출을 요청하거나 방문하여 심사한 후에 통지할 수 있다.
⑤ 세관장은 제4항 단서의 규정에 의한 자료의 요청 또는 방문심사한 결과에 따라 당해 자율심사업체로 하여금 자율심사를 적정하게 할 수 있도록 보완사항을 고지하고, 개선방법 및 일정 등에 대한 의견을 제출하게 하는 등 자율심사의 유지에 필요한 조치를 할 수 있다.
⑥ 세관장은 자율심사업체가 다음 각 호의 어느 하나에 해당하는 경우에는 자율심사의 승인을 취소할 수 있다.
　1. 법 제38조 제4항의 규정에 의한 관세청장이 정한 요건을 갖추지 못하게 되는 경우
　2. 자율심사를 하지 아니할 의사를 표시하는 경우
　3. 자율심사 결과의 제출 등 자율심사의 유지를 위하여 필요한 의무 등을 이행하지 아니하는 경우

참고 | 기업자율심사제도의 효용

1. 성실납세풍토 조성
　(1) 기업자율심사제도를 도입하기 이전의 관세심사제도는 종합심사, 기획심사 등을 통한 세관 주도의 심사제도뿐이었으나, 성실기업이 스스로를 심사할 수 있는 심사제도가 도입되면서 관세심사제도는 세관 주도의 심사와 기업 자율의 심사로 이원화되었다.
　(2) 기업이 신고납부의 오류를 점검하고 이를 스스로 드러내게 함으로써 사후추징 일변도의 기존 행정에도 큰 변화가 생겼다. 기업에게 자율성을 부여한다는 것은 곧 해당 기업에게 성실한 신고납부의 '책임'을 부여하는 것이다.
2. 세관심사 인력의 효율적 배치
　세관 주도의 관세심사제도하에서는 기존의 세관 심사인력으로 전국의 많은 기업을 모두 심사할 수 없었다. 그런데 기업자율심사제도가 도입되면서, 기존의 세관심사 인력은 불성실한 업체의 심사에 집중하고, 성실한 기업은 스스로 심사할 수 있게 함으로써 인력 운용의 효율성을 가지게 되었다.

> **참고** 자율심사
>
> 1. 기업자율심사의 개념(법 제38조 제4항)
> 2. 기업자율심사업체 승인
>   (1) 승인(영 제32조의2 제1항)
>   (2) 승인 취소(영 제32조의2 제6항)
> 3. 자율심사의 절차
>   (1) 세관장의 자료 제공(영 제32조의2 제2항)
>   (2) 자율심사업체의 심사 결과 제출(영 제32조의2 제3항)
>   (3) 세관장의 결과 평가 및 통지(영 제32조의2 제4항)
>   (4) 세관장의 보완사항 고지 등(영 제32조의2 제5항)

⑤ 세액 정정

납세의무자는 납세신고한 세액을 납부하기 전에 그 세액이 과부족(過不足)하다는 것을 알게 되었을 때에는 납세신고한 세액을 정정할 수 있다. 이 경우 납부기한은 당초의 납부기한(제9조에 따른 납부기한을 말한다)으로 한다.

관세법 시행령

영 제32조의3(세액의 정정) 법 제38조 제5항의 규정에 의하여 세액을 정정하고자 하는 자는 당해 납세신고와 관련된 서류를 세관장으로부터 교부받아 과세표준 및 세액 등을 정정하고, 그 정정한 부분에 서명 또는 날인하여 세관장에게 제출하여야 한다.

⑥ 기타

납세신고, 자율심사 및 제4항에 따른 세액의 정정과 관련하여 그 방법 및 절차 등 필요한 사항은 대통령령으로 정한다.

⑦ 신용카드 등에 의한 관세 등의 납부

관세의 납부에 관하여는 「국세징수법」 제12조 제1항 제3호, 같은 조 제2항 및 제3항을 준용한다.

관세법 시행령

영 제32조의5(신용카드 등에 의한 관세 등의 납부) ① 법 제38조 제7항에 따라 납세의무자가 신고하거나 세관장이 부과 또는 경정하여 고지한 세액(세관장이 관세와 함께 징수하는 내국세등의 세액을 포함한다)은 신용카드, 직불카드 등(이하 이 조에서 "신용카드 등"이라 한다)으로 납부할 수 있다.
② 법 제38조 제7항에 따라 준용되는 「국세징수법」 제12조 제1항 제3호 각 목 외의 부분에 따른 국세납부대행기관이란 정보통신망을 이용하여 신용카드 등에 의한 결제를 수행하는 기관으로서 기획재정부령으로 정하는 바에 따라 관세납부를 대행하는 기관(이하 이 조에서 "관세납부대행기관"이라 한다)을 말한다.

> **관세법 시행규칙**
>
> **규칙 제8조의2(신용카드 등에 의한 관세납부)** ① 영 제32조의5 제2항에서 "기획재정부령으로 정하는 바에 따라 관세납부를 대행하는 기관"(이하 "관세납부대행기관"이라 한다)이란 다음 각 호의 어느 하나에 해당하는 자를 말한다.
>   1. 「민법」 제32조 및 「금융위원회 소관 비영리법인의 설립 및 감독에 관한 규칙」에 따라 설립된 금융결제원
>   2. 시설, 업무수행능력, 자본금 규모 등을 고려하여 관세청장이 관세납부대행기관으로 지정하는 자

③ 관세납부대행기관은 납세자로부터 신용카드 등에 의한 관세납부대행용역의 대가로 <u>기획재정부령으로 정하는 바에 따라 납부대행수수료</u>를 받을 수 있다.

> **관세법 시행규칙**
> **규칙 제8조의2(신용카드 등에 의한 관세납부)** ② 영 제32조의5 제3항에 따른 납부대행수수료는 관세청장이 관세납부대행기관의 운영경비 등을 종합적으로 고려하여 승인하되, 해당 <u>납부세액의 1천분의 10을 초과할 수 없다</u>.

④ 관세청장은 납부에 사용되는 신용카드 등의 종류, 그 밖에 관세납부에 필요한 사항을 정할 수 있다.

참고 　**신용카드 등에 의한 관세 등의 납부**

1. 신용카드 등에 의한 관세 등의 납부 개념(법 제38조 제6항, 영 제32조의5 제1항)
2. 관세납부대행기관(영 제32조의5 제2항, 규칙 제8조의2 제1항)
3. 납부대행수수료(영 제32조의5 제3항, 규칙 제8조의2 제2항)
4. 관세납부에 필요한 그 밖의 사항 지정(영 제32조의5 제4항)

참고 　**「국세징수법」 제12조(납부의 방법)**

① 국세 또는 강제징수비는 다음 각 호의 방법으로 납부한다.
　1. 현금(대통령령으로 정하는 바에 따라 계좌이체하는 경우를 포함한다)
　2. 「증권에 의한 세입납부에 관한 법률」에 따른 증권
　3. 대통령령으로 정하는 바에 따라 지정된 국세납부대행기관(이하 "국세납부대행기관"이라 한다)을 통해 처리되는 다음 각 목의 어느 하나에 해당하는 결제수단
　　가. 「여신전문금융업법」 제2조 제3호에 따른 신용카드 또는 같은 조 제6호에 따른 직불카드
　　나. 「정보통신망 이용촉진 및 정보보호 등에 관한 법률」 제2조 제10호에 따른 통신과금서비스
　　다. 그 밖에 가목 또는 나목과 유사한 것으로서 대통령령으로 정하는 것
② 제1항 제3호에 따라 신용카드, 직불카드 및 통신과금서비스 등으로 국세를 납부하는 경우에는 국세납부대행기관의 승인일을 납부일로 본다.
③ 국세납부대행기관의 지정·운영, 납부 대행 수수료 및 납부수단별 납부절차 등에 관한 구체적인 사항은 대통령령으로 정한다.

참고 　**관세법상 신용카드 등으로 납부할 수 있는 것**

1. 관세와 내국세(법 제38조 제6항, 영 제32조의5, 규칙 제8조의2)
2. 통고처분에 따른 금액(법 제311조 제5항부터 제7항까지, 영 제270조의2 제6항)

제38조의2(보정)

구분	세액을 납부하기 전	보정기간 (신고납부한 날부터 6개월 이내)	보정기간 경과 후
납세의무자	정정 (법 제38조 제5항)	보정신청 (법 제38조의2)	수정신고 (법 제38조의3 제1항)
		경정청구(법 제38조의3 제2항)	
세관장		경정(법 제38조의3 제4항)	

① 보정신청

납세의무자는 신고납부한 세액이 부족하다는 것을 알게 되거나 세액산출의 기초가 되는 과세가격 또는 품목분류 등에 오류가 있는 것을 알게 되었을 때에는 신고납부한 날부터 6개월 이내(이하 "보정기간"이라 한다)에 대통령령으로 정하는 바에 따라 해당 세액을 보정(補正)하여 줄 것을 세관장에게 신청할 수 있다.

② 통지에 의한 보정

세관장은 신고납부한 세액이 부족하다는 것을 알게 되거나 세액산출의 기초가 되는 과세가격 또는 품목분류 등에 오류가 있다는 것을 알게 되었을 때에는 대통령령으로 정하는 바에 따라 납세의무자에게 해당 보정기간에 보정신청을 하도록 통지할 수 있다. 이 경우 세액보정을 신청하려는 납세의무자는 대통령령으로 정하는 바에 따라 세관장에게 신청하여야 한다.

> **관세법 시행령**
>
> **영 제32조의4(세액의 보정)** ① 세관장은 법 제38조의2 제2항 전단의 규정에 의하여 세액의 보정을 통지하는 경우에는 다음 각 호의 사항을 기재한 보정통지서를 교부하여야 한다.
>   1. 당해 물품의 수입신고번호와 품명·규격 및 수량
>   2. 보정전 당해 물품의 품목분류·과세표준·세율 및 세액
>   3. 보정후 당해 물품의 품목분류·과세표준·세율 및 세액
>   4. 보정사유 및 보정기한
>   5. 그 밖의 참고사항
> ② 법 제38조의2 제1항 및 제2항 후단의 규정에 따라 신고납부한 세액을 보정하고자 하는 자는 세관장에게 세액보정을 신청한 다음에 이미 제출한 수입신고서를 교부받아 수입신고서상의 품목분류·과세표준·세율 및 세액 그 밖의 관련사항을 보정하고, 그 보정한 부분에 서명 또는 날인하여 세관장에게 제출하여야 한다.

③ 삭제

④ 보정신청 납부기한

납세의무자가 제1항과 제2항 후단에 따라 부족한 세액에 대한 세액의 보정을 신청한 경우에는 해당 보정신청을 한 날의 다음 날까지 해당 관세를 납부하여야 한다.

⑤ 보정 이자

세관장은 제1항과 제2항 후단에 따른 신청에 따라 세액을 보정한 결과 부족한 세액이 있을 때에는 제42조에도 불구하고 납부기한(제9조에 따른 납부기한을 말한다) 다음 날부터 보정신청을 한 날까지의 기간과 금융회사의 정기예금에 대하여 적용하는 이자율을 고려하여 대통령령으로 정하는 이율에 따라 계산한 금액을 더하여 해당 부족세액을 징수하여야 한다. 다만, 다음 각 호의 어느 하나에 해당하는 경우에는 그러하지 아니하다.

1. 국가 또는 지방자치단체가 직접 수입하는 물품 등 대통령령으로 정하는 물품의 경우
2. 신고납부한 세액의 부족 등에 대하여 납세의무자에게 대통령령으로 정하는 정당한 사유가 있는 경우

관세법 시행령

영 제32조의4(세액의 보정) ④ 법 제38조의2 제5항 본문에 따라 부족세액에 가산하여야 할 이율의 계산에 관하여는 제56조 제2항의 규정을 준용한다.

> 참고 **보정 이자(관세환급가산금 규정 준용)**
>
> **영 제56조(관세환급가산금 등의 결정)** ② 제1항에 따른 가산금의 이율은 「은행법」에 따른 은행업의 인가를 받은 은행으로서 서울특별시에 본점을 둔 은행의 1년 만기 정기예금 이자율의 평균을 고려하여 기획재정부령으로 정하는 이자율로 한다.
>
> **규칙 제9조의3(관세 등 환급가산금의 이율)** 영 제56조 제2항에서 "기획재정부령으로 정하는 이자율"이란 연 1천분의 31을 말한다.

⑤ 법 제38조의2 제5항 제1호에서 "국가 또는 지방자치단체가 직접 수입하는 물품 등 대통령령으로 정하는 물품"이란 다음 각 호의 어느 하나에 해당하는 물품을 말한다.
 1. 국가 또는 지방자치단체(「지방자치법」에 따른 지방자치단체조합을 포함한다. 이하 같다)가 직접 수입하는 물품과 국가 또는 지방자치단체에 기증되는 물품
 2. 우편물. 다만, 법 제241조에 따라 수입신고를 해야 하는 것은 제외한다.
⑥ 법 제38조의2 제5항 제2호에서 "대통령령으로 정하는 정당한 사유가 있는 경우"란 다음 각 호의 어느 하나에 해당하는 경우를 말한다.
 1. 법 제10조에 따른 기한 연장 사유에 해당하는 경우
 2. 제1조의3에 따른 법 해석에 관한 질의·회신 등에 따라 신고·납부했으나 이후 동일한 사안에 대해 다른 과세처분을 하는 경우
 3. 그 밖에 납세자가 의무를 이행하지 않은 정당한 사유가 있는 경우
⑦ 법 제38조의2 제5항 제2호에 따라 부족세액에 가산하여야 할 금액을 면제받으려는 자는 다음 각 호의 사항을 적은 신청서를 세관장에게 제출하여야 한다. 이 경우 제2호 및 제3호와 관련한 증명자료가 있으면 이를 첨부할 수 있다.
 1. 납세의무자의 성명 또는 상호 및 주소
 2. 면제받으려는 금액
 3. 정당한 사유
⑧ 세관장은 제7항에 따른 신청서를 제출받은 경우에는 신청일부터 20일 이내에 면제 여부를 서면으로 통지하여야 한다.

⑥ 가산세 부과

제5항에도 불구하고 납세의무자가 제42조 제2항에 따른 부정한 행위로 과소신고한 후 제1항과 제2항 후단에 따른 신청을 한 경우에는 세관장은 제42조 제2항에 따른 가산세를 징수하여야 한다.

제38조의3(수정 및 경정)

① 수정신고

납세의무자는 신고납부한 세액이 부족한 경우에는 대통령령으로 정하는 바에 따라 수정신고(보정기간이 지난 날부터 제21조 제1항에 따른 기간이 끝나기 전까지로 한정한다)를 할 수 있다. 이 경우 납세의무자는 수정신고한 날의 다음 날까지 해당 관세를 납부하여야 한다.

> **∥ 관세법 시행령**
>
> **영 제33조(수정신고)** 법 제38조의3 제1항의 규정에 의하여 수정신고를 하고자 하는 자는 다음 각 호의 사항을 기재한 수정신고서를 세관장에게 제출하여야 한다.
> 1. 당해 물품의 수입신고번호와 품명·규격 및 수량
> 2. 수정신고전의 당해 물품의 품목분류·과세표준·세율 및 세액
> 3. 수정신고후의 당해 물품의 품목분류·과세표준·세율 및 세액
> 4. 가산세액
> 5. 기타 참고사항

② (5년) 경정청구

납세의무자는 신고납부한 세액, 제38조의2 제1항에 따라 보정신청한 세액 및 이 조 제1항에 따라 수정신고한 세액이 과다한 것을 알게 되었을 때에는 최초로 납세신고를 한 날부터 5년 이내에 대통령령으로 정하는 바에 따라 신고한 세액의 경정을 세관장에게 청구할 수 있다.

> **∥ 관세법 시행령**
>
> **영 제34조(세액의 경정)** ① 법 제38조의3 제2항의 규정에 의하여 경정의 청구를 하고자 하는 자는 다음 각 호의 사항을 기재한 경정청구서를 세관장에게 제출하여야 한다.
> 1. 당해 물품의 수입신고번호와 품명·규격 및 수량
> 2. 경정전의 당해 물품의 품목분류·과세표준·세율 및 세액
> 3. 경정후의 당해 물품의 품목분류·과세표준·세율 및 세액
> 4. 경정사유
> 5. 기타 참고사항

③ (2개월) 경정청구

납세의무자는 최초의 신고 또는 경정에서 과세표준 및 세액의 계산근거가 된 거래 또는 행위 등이 그에 관한 소송에 대한 판결(판결과 같은 효력을 가지는 화해나 그 밖의 행위를 포함한다)에 의하여 다른 것으로 확정되는 등 대통령령으로 정하는 사유가 발생하여 납부한 세액이 과다한 것을 알게 되었을 때에는 제2항에 따른 기간에도 불구하고 그 사유가 발생한 것을 안 날부터 2개월 이내에 대통령령으로 정하는 바에 따라 납부한 세액의 경정을 세관장에게 청구할 수 있다.

관세법 시행령

영 제34조(세액의 경정) ② 법 제38조의3 제3항에서 "최초의 신고 또는 경정에서 과세표준 및 세액의 계산근거가 된 거래 또는 행위 등이 그에 관한 소송에 대한 판결(판결과 같은 효력을 가지는 화해나 그 밖의 행위를 포함한다)에 의하여 다른 것으로 확정되는 등 대통령령으로 정하는 사유"란 다음 각 호의 어느 하나에 해당하는 경우를 말한다.
1. 최초의 신고 또는 경정에서 과세표준 및 세액의 계산근거가 된 거래 또는 행위 등이 그에 관한 소송에 대한 판결(판결과 같은 효력을 가지는 화해나 그 밖의 행위를 포함한다)에 의하여 다른 것으로 확정된 경우
2. 최초의 신고 또는 경정을 할 때 장부 및 증거서류의 압수, 그 밖의 부득이한 사유로 과세표준 및 세액을 계산할 수 없었으나 그 후 해당 사유가 소멸한 경우
3. 법 제233조 제1항 후단에 따라 원산지증명서 등의 진위 여부 등을 회신받은 세관장으로부터 그 회신 내용을 통보받은 경우

참고 경정청구의 절차

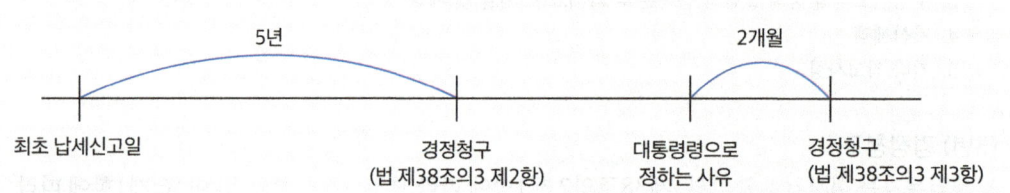

④ 경정기한
세관장은 제2항 또는 제3항에 따른 경정의 청구를 받은 날부터 2개월 이내에 세액을 경정하거나 경정하여야 할 이유가 없다는 뜻을 그 청구를 한 자에게 통지하여야 한다.

⑤ 불복청구
제2항 또는 제3항에 따라 경정을 청구한 자가 제4항에 따라 2개월 이내에 통지를 받지 못한 경우에는 그 2개월이 되는 날의 다음 날부터 제5장에 따른 이의신청, 심사청구, 심판청구 또는 「감사원법」에 따른 심사청구를 할 수 있다.

⑥ 경정
세관장은 납세의무자가 신고납부한 세액, 납세신고한 세액 또는 제2항 및 제3항에 따라 경정청구한 세액을 심사한 결과 과부족하다는 것을 알게 되었을 때에는 대통령령으로 정하는 바에 따라 그 세액을 경정하여야 한다.

관세법 시행령

영 제34조(세액의 경정) ③ 세관장은 법 제38조의3 제6항에 따라 세액을 경정하려는 때에는 다음 각 호의 사항을 적은 경정통지서를 납세의무자에게 교부하여야 한다.
1. 당해 물품의 수입신고번호와 품명·규격 및 수량
2. 경정 전의 당해 물품의 품목분류·과세표준·세율 및 세액
3. 경정 후의 당해 물품의 품목분류·과세표준·세율 및 세액
4. 가산세액
5. 경정사유
6. 기타 참고사항

④ 제3항에 따라 경정을 하는 경우 이미 납부한 세액에 부족이 있거나 납부할 세액에 부족이 있는 경우에는 그 부족세액에 대하여 제36조에 따른 납부고지를 해야 한다. 이 경우 동일한 납세의무자에게 경정에 따른 납부고지를 여러 건 해야 할 경우 통합하여 하나의 납부고지를 할 수 있다.

⑤ 세관장은 제3항의 규정에 의하여 경정을 한 후 그 세액에 과부족이 있는 것을 발견한 때에는 그 경정한 세액을 다시 경정한다.

> **참고** 세액 정정 관련 서류 비교
>
> | 구분 | 보정통지서 | 수정신고서 | 경정청구서 | 경정통지서 |
> |---|---|---|---|---|
> | 작성자 | 세관장 | 수정신고자 | 경정청구자 | 세관장 |
> | 공통내용 | ① 수입신고번호 등 ② 전·후 변동사항 ||||
> | 사유 기재 여부 | O | X | O | O |
> | 가산세 항목 | X | O | X | O |

제38조의4(수입물품의 과세가격 조정에 따른 경정)

① (3개월, 5년) 경정청구

납세의무자는 「국제조세조정에 관한 법률」 제7조 제1항에 따라 관할 지방국세청장 또는 세무서장이 해당 수입물품의 거래가격을 조정하여 과세표준 및 세액을 결정·경정 처분하거나 같은 법 제14조 제3항(일방적 사전승인의 대상인 경우에 한정한다)에 따라 국세청장이 해당 수입물품의 거래가격과 관련하여 소급하여 적용하도록 사전승인을 함에 따라 그 거래가격과 이 법에 따라 신고납부·경정한 세액의 산정기준이 된 과세가격 간 차이가 발생한 경우에는 그 결정·경정 처분 또는 사전승인이 있음을 안 날(처분 또는 사전승인의 통지를 받은 경우에는 그 받은 날)부터 3개월 또는 최초로 납세신고를 한 날부터 5년 내에 대통령령으로 정하는 바에 따라 세관장에게 세액의 경정을 청구할 수 있다.

> **관세법 시행령**
>
> **영 제35조(수입물품의 과세가격 조정에 따른 경정)** ① 법 제38조의4 제1항에 따라 경정청구를 하려는 자는 다음 각 호의 사항을 적은 경정청구서를 세관장에게 제출하여야 한다.
> 1. 해당 물품의 수입신고번호와 품명·규격 및 수량
> 2. 경정전의 해당 물품의 품목분류·과세표준·세율 및 세액
> 3. 경정후의 해당 물품의 품목분류·과세표준·세율 및 세액
> 4. 수입물품 가격의 조정내역, 가격결정방법 및 계산근거 자료
> 5. 경정사유
> 6. 그 밖의 필요한 사항
>
> ② 제1항에 따른 경정청구서를 제출받은 세관장은 경정청구의 대상이 되는 납세신고의 사실과 경정청구에 대한 의견을 첨부하여 관세청장에게 보고하여야 한다. 이 경우 관세청장은 세관장을 달리하는 동일한 내용의 경정청구가 있으면 경정처분의 기준을 정하거나, 경정청구를 통합 심사할 세관장을 지정할 수 있다.

참고 (3개월, 5년) 경정청구

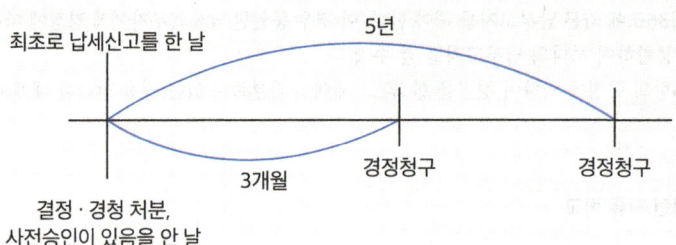

② 경정

제1항에 따른 경정청구를 받은 세관장은 대통령령으로 정하는 바에 따라 해당 수입물품의 거래가격 조정방법과 계산근거 등이 제30조부터 제35조까지의 규정에 적합하다고 인정하는 경우에는 세액을 경정할 수 있다.

관세법 시행령

영 제35조(수입물품의 과세가격 조정에 따른 경정) ③ 세관장은 법 제38조의4 제2항에 따라 다음 각 호의 어느 하나에 해당하는 경우에는 세액을 경정할 수 있다.
  1. 지방국세청장 또는 세무서장의 결정·경정 처분에 따라 조정된 사항이 수입물품의 지급가격, 권리사용료 등 법 제30조 제1항의 과세가격으로 인정되는 경우
  2. 지방국세청장 또는 세무서장이 「국제조세조정에 관한 법률」 제8조에 따른 정상가격의 산출방법에 따라 조정하는 경우로서 그 비교대상거래, 통상이윤의 적용 등 조정방법과 계산근거가 법 제31조부터 제35조까지의 규정에 적합하다고 인정되는 경우
④ 제3항에 따른 세액경정을 하는 경우 경정통지서의 교부, 납부고지, 경정에 대한 재경정 등의 절차에 관하여는 제34조 제3항부터 제5항까지의 규정을 준용한다.

③ 경정기한

세관장은 제1항에 따른 경정청구를 받은 날부터 2개월 내에 세액을 경정하거나 경정하여야 할 이유가 없다는 뜻을 청구인에게 통지하여야 한다.

④ 정상가격과 과세가격 간 조정신청

제3항에 따른 세관장의 통지에 이의가 있는 청구인은 그 통지를 받은 날(2개월 내에 통지를 받지 못한 경우에는 2개월이 지난 날)부터 30일 내에 기획재정부장관에게 국세의 정상가격과 관세의 과세가격 간의 조정을 신청할 수 있다. 이 경우 「국제조세조정에 관한 법률」 제20조를 준용한다.

참고 정상가격과 과세가격 간 조정신청

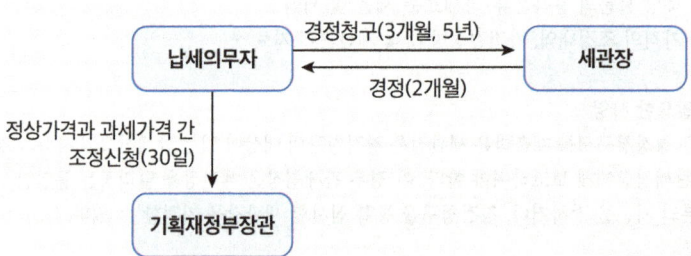

⑤ 불복청구

청구인은 제3항에 따라 2개월 이내에 통지를 받지 못한 경우에는 그 2개월이 되는 날의 다음 날부터 제5장에 따른 이의신청, 심사청구, 심판청구 또는 「감사원법」에 따른 심사청구를 할 수 있다.

⑥ 세관장의 협의

세관장은 제2항에 따라 세액을 경정하기 위하여 필요한 경우에는 관할 지방국세청장 또는 세무서장과 협의할 수 있다.

> **참고** **수입물품의 과세가격 조정에 따른 경정**
>
> 1. 경정청구
>   (1) 거래가격과 과세가격 간 차이로 인한 경정청구(법 제38조의4 제1항)
>   (2) 경정청구서 제출(영 제35조 제1항)
> 2. 세관장의 보고(영 제35조 제2항)
> 3. 경정(법 제38조의4 제2항, 영 제35조 제3항)
> 4. 경정기한(법 제38조의4 제3항)
> 5. 정상가격과 과세가격 간 조정신청(법 제38조의4 제4항)
> 6. 불복청구(법 제38조의4 제5항)
> 7. 세관장의 협의(법 제38조의4 제6항)

제38조의5(경정청구서 등 우편제출에 따른 특례)

제38조의2 제1항, 제38조의3 제1항부터 제3항까지, 제38조의4 제1항 및 제4항에 따른 각각의 기한까지 우편으로 발송(「국세기본법」 제5조의2에서 정한 날을 기준으로 한다)한 청구서 등이 세관장 또는 기획재정부장관에게 기간을 지나서 도달한 경우 그 기간의 만료일에 신청·신고 또는 청구된 것으로 본다.

> **참고** **법 제38조의5 지연도달 규정의 대상이 되는 신청·신고·청구**
>
> 1. 법 제38조의2 제1항: (세관장에게) 보정신청
> 2. 법 제38조의3 제1항: (세관장에게) 수정신고
> 3. 법 제38조의3 제2항·제3항: (세관장에게) 경정청구
> 4. 법 제38조의4 제1항: (세관장에게) 경정청구
> 5. 법 제38조의4 제4항: (기획재정부장관에게) 국세의 정상가격과 관세의 과세가격 간 조정신청

|| 참고 | 심사청구서 지연도달과 비교

법 제121조(심사청구기간) ③ 제1항과 제2항 본문의 기한 내에 우편으로 제출(「국세기본법」 제5조의2에서 정한 날을 기준으로 한다)한 심사청구서가 청구기간이 지나 세관장 또는 관세청장에게 도달한 경우에는 그 기간의 만료일에 청구된 것으로 본다.

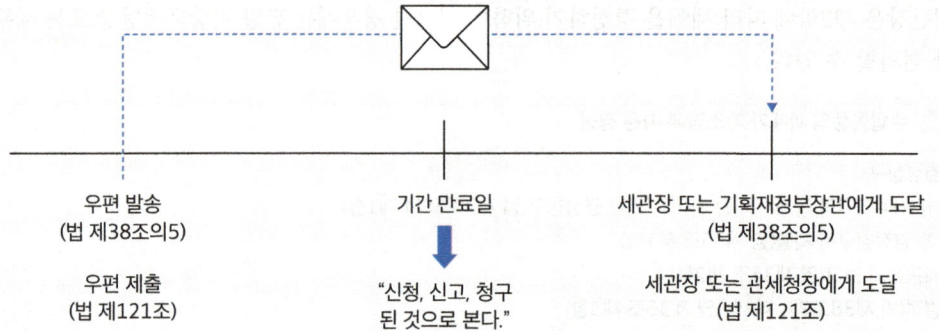

| 참고 |

「국세기본법」 제5조의2(우편신고 및 전자신고) ① 우편으로 과세표준신고서, 과세표준수정신고서, 경정청구서 또는 과세표준신고·과세표준수정신고·경정청구와 관련된 서류를 제출한 경우 「우편법」에 따른 우편날짜도장이 찍힌 날(우편날짜도장이 찍히지 아니하였거나 분명하지 아니한 경우에는 통상 걸리는 배송일수를 기준으로 발송한 날로 인정되는 날)에 신고되거나 청구된 것으로 본다.

제39조(부과고지)

① 부과고지대상

다음 각 호의 어느 하나에 해당하는 경우에는 제38조에도 불구하고 세관장이 관세를 부과·징수한다.

1. 제16조 제1호부터 제6호까지 및 제8호부터 제11호까지에 해당되어 관세를 징수하는 경우
2. 보세건설장에서 건설된 시설로서 제248조에 따라 수입신고가 수리되기 전에 가동된 경우
3. 보세구역(제156조 제1항에 따라 보세구역 외 장치를 허가받은 장소를 포함한다)에 반입된 물품이 제248조 제3항을 위반하여 수입신고가 수리되기 전에 반출된 경우
4. 납세의무자가 관세청장이 정하는 사유로 과세가격이나 관세율 등을 결정하기 곤란하여 부과고지를 요청하는 경우
5. 제253조에 따라 즉시 반출한 물품을 같은 조 제3항의 기간 내에 수입신고를 하지 아니하여 관세를 징수하는 경우
6. 그 밖에 제38조에 따른 납세신고가 부적당한 것으로서 기획재정부령으로 정하는 경우

|| 관세법 시행규칙

규칙 제9조(부과고지대상 물품) 법 제39조 제1항 제6호의 규정에 의하여 세관장이 관세를 부과고지하는 물품은 다음 각 호와 같다.

1. 여행자 또는 승무원의 휴대품 및 별송품
2. 우편물(법 제258조 제2항에 해당하는 것을 제외한다)
3. 법령의 규정에 의하여 세관장이 관세를 부과·징수하는 물품
4. 제1호 내지 제3호 외에 납세신고가 부적당하다고 인정하여 관세청장이 지정하는 물품

| 참고 | 즉시반출과 보세건설장의 납세의무 확정방식 |

대상	상황	확정방식
즉시반출한 물품	원칙	신고납부
	즉시반출신고일부터 10일 내 수입신고하지 않은 경우	부과고지
보세건설장에서 건설된 시설	원칙	신고납부
	수입신고가 수리되기 전에 가동된 경우	부과고지

| 참고 | 수리 전 무단반출에 대한 관세법상 조치 |

법 제248조(신고의 수리) ③ 제1항에 따른 신고수리 전에는 운송수단, 관세통로, 하역통로 또는 이 법에 따른 장치 장소로부터 신고된 물품을 반출하여서는 아니 된다.

1. 법 제248조 제3항을 위반하여 수입신고가 수리되기 전에 반출된 경우: 부과고지(법 제39조 제1항 제3호)
2. 법 제248조 제3항을 위반한 자: 물품원가 또는 2천만원 중 높은 금액 이하의 벌금(법 제276조 제2항 제5호)

② 관세 추징

세관장은 과세표준, 세율, 관세의 감면 등에 관한 규정의 적용 착오 또는 그 밖의 사유로 이미 징수한 금액이 부족한 것을 알게 되었을 때에는 그 부족액을 징수한다.

③ 납부고지

제1항과 제2항에 따라 세관장이 관세를 징수하려는 경우에는 <u>대통령령</u>으로 정하는 바에 따라 납세의무자에게 납부고지를 하여야 한다.

| 관세법 시행령 |

영 제36조(납부고지) 세관장은 법 제39조 제3항, 제47조 제1항 또는 제270조 제5항 후단에 따라 관세를 징수하려는 경우에는 세목·세액·납부장소 등을 기재한 납부고지서를 납세의무자에게 교부해야 한다. 다만, 법 제43조에 따라 물품을 검사한 공무원이 관세를 수납하는 경우에는 그 공무원으로 하여금 말로써 고지하게 할 수 있다.

| 참고 | 관세법상 납부고지 관련 규정 |

법 제9조(관세의 납부기한 등) ① 관세의 납부기한은 이 법에서 달리 규정하는 경우를 제외하고는 다음 각 호의 구분에 따른다.
  2. 제39조 제3항에 따른 납부고지를 한 경우: 납부고지를 받은 날부터 15일 이내

영 제1조의5(월별납부) ④ 세관장은 납세의무자가 다음 각 호의 어느 하나에 해당하게 된 때에는 제2항에 따른 월별납부의 승인을 취소할 수 있다. 이 경우 세관장은 월별납부의 대상으로 납세신고된 세액에 대해서는 15일 이내의 납부기한을 정하여 납부고지해야 한다.
  1. 관세를 납부기한이 경과한 날부터 15일 이내에 납부하지 아니하는 경우
  2. 월별납부를 승인받은 납세의무자가 법 제9조 제3항의 규정에 의한 관세청장이 정한 요건을 갖추지 못하게 되는 경우
  3. 사업의 폐업, 경영상의 중대한 위기, 파산선고 및 법인의 해산 등의 사유로 월별납부를 유지하기 어렵다고 세관장이 인정하는 경우

영 제2조(천재지변 등으로 인한 기한의 연장) ④ 세관장은 법 제10조에 따라 납부기한을 연장한 때에는 법 제39조에 따른 납부고지를 해야 한다.
  ⑦ 세관장은 제6항에 따라 납부기한연장을 취소한 때에는 15일 이내의 납부기한을 정하여 법 제39조에 따른 납부고지를 해야 한다.

법 제11조(납부고지서의 송달) ① 관세 납부고지서의 송달은 납세의무자에게 직접 발급하는 경우를 제외하고는 인편(人便), 우편 또는 제327조에 따른 전자송달의 방법으로 한다.
② 납부고지서를 송달받아야 할 자가 다음 각 호의 어느 하나에 해당하는 경우에는 납부고지사항을 공고한 날부터 14일이 지나면 제1항의 납부고지서의 송달이 된 것으로 본다.
   1. 주소, 거소(居所), 영업소 또는 사무소가 국외에 있고 송달하기 곤란한 경우
   2. 주소, 거소, 영업소 또는 사무소가 분명하지 아니한 경우
   3. 납세의무자가 송달할 장소에 없는 경우로서 등기우편으로 송달하였으나 수취인 부재로 반송되는 경우 등 대통령령으로 정하는 경우

법 제23조(시효의 중단 및 정지) ① 관세징수권의 소멸시효는 다음 각 호의 어느 하나에 해당하는 사유로 중단된다.
   1. 납부고지
   3. 납부독촉

영 제10조(담보의 제공절차 등) ⑨ 세관장은 다음 각 호의 어느 하나에 해당하는 경우에는 법 제39조에 따른 납부고지를 할 수 있다.
   1. 관세의 담보를 제공하고자 하는 자가 담보액의 확정일부터 10일 이내에 담보를 제공하지 아니하는 경우
   2. 납세의무자가 수입신고 후 10일 이내에 법 제248조 제2항의 규정에 의한 담보를 제공하지 아니하는 경우

영 제34조(세액의 경정) ④ 제3항에 따라 경정을 하는 경우 이미 납부한 세액에 부족이 있거나 납부할 세액에 부족이 있는 경우에는 그 부족세액에 대하여 제36조에 따른 납부고지를 해야 한다. 이 경우 동일한 납세의무자에게 경정에 따른 납부고지를 여러 건 해야 할 경우 통합하여 하나의 납부고지를 할 수 있다.

영 제36조(납부고지) 세관장은 법 제39조 제3항, 제47조 제1항 또는 제270조 제5항 후단에 따라 관세를 징수하려는 경우에는 세목·세액·납부장소 등을 기재한 납부고지서를 납세의무자에게 교부해야 한다. 다만, 법 제43조에 따라 물품을 검사한 공무원이 관세를 수납하는 경우에는 그 공무원으로 하여금 말로써 고지하게 할 수 있다.

법 제39조(부과고지) ③ 제1항과 제2항에 따라 세관장이 관세를 징수하려는 경우에는 대통령령으로 정하는 바에 따라 납세의무자에게 납부고지를 하여야 한다.

법 제42조(가산세) ④ 제1항부터 제3항까지의 규정을 적용할 때 납부고지서에 따른 납부기한의 다음 날부터 납부일까지의 기간이 5년을 초과하는 경우에는 그 기간은 5년으로 한다.
⑥ 제1항 제2호 및 제3항 제2호에 따른 가산세(이하 "납부지연가산세"라 한다) 중 납부고지서에 따른 납부기한 후의 납부지연가산세를 징수하는 경우에는 납부고지서를 발급하지 아니할 수 있다.

영 제127조(관세의 분할납부고지) ① 세관장은 제126조에 따라 관세의 분할납부를 승인한 때에는 납부기한 별로 법 제39조에 따른 납부고지를 해야 한다.
② 세관장은 법 제107조 제9항에 따라 관세를 징수하는 때에는 15일 이내의 납부기한을 정하여 법 제39조에 따른 납부고지를 해야 한다.
③ 제1항에 따라 고지한 관세로서 그 납부기한이 제2항에 따른 납부기한 이후인 경우 그 납부고지는 취소해야 한다.

영 제285조의2(전자송달) ④ 관세청장은 제3항에 따른 서류 중 납부서·납부고지서·환급통지서 및 관세청장이 따로 정하는 서류를 전자송달하는 경우에는 법 제327조 제1항에 따른 국가관세종합정보시스템의 전자사서함 또는 같은 조 제3항에 따른 연계정보통신망의 전자고지함에 저장하는 방식으로 이를 송달해야 한다.

제40조(징수금액의 최저한)

세관장은 납세의무자가 납부하여야 하는 세액이 대통령령으로 정하는 금액 미만인 경우에는 이를 징수하지 아니한다.

> **관세법 시행령**
>
> **영 제37조(징수금액의 최저한)** ① 법 제40조의 규정에 의하여 세관장이 징수하지 아니하는 금액은 1만원으로 한다.
> ② 제1항의 규정에 따라 관세를 징수하지 아니하게 된 경우에는 당해 물품의 수입신고수리일을 그 납부일로 본다.

제41조

삭제

제42조(가산세)

① 미납부세액 징수 또는 부족세액 징수에 따른 가산세

세관장은 납세의무자가 제9조에 따른 납부기한(이하 이 조에서 "법정납부기한"이라 한다)까지 납부하지 아니한 관세액(이하 이 조에서 "미납부세액"이라 한다)을 징수하거나 제38조의3 제1항 또는 제6항에 따라 부족한 관세액(이하 이 조에서 "부족세액"이라 한다)을 징수할 때에는 다음 각 호의 금액을 합한 금액을 가산세로 징수한다.

> 1. 부족세액의 100분의 10
> 2. 다음 각 목의 금액을 합한 금액
>   가. 미납부세액 또는 부족세액 × 법정납부기한의 다음 날부터 납부일까지의 기간(납부고지일부터 납부고지서에 따른 납부기한까지의 기간은 제외한다) × 금융회사 등이 연체대출금에 대하여 적용하는 이자율 등을 고려하여 대통령령으로 정하는 이자율
>   나. 법정납부기한까지 납부하여야 할 세액 중 납부고지서에 따른 납부기한까지 납부하지 아니한 세액 × 100분의 3 (관세를 납부고지서에 따른 납부기한까지 완납하지 아니한 경우에 한정한다)

> **관세법 시행령**
>
> **영 제39조(가산세)** ① 법 제42조 제1항 제2호 가목 및 같은 조 제3항 제2호 가목의 계산식에서 "대통령령으로 정하는 이자율"이란 각각 1일 10만분의 22의 율을 말한다.

참고 | 가산세 계산방법

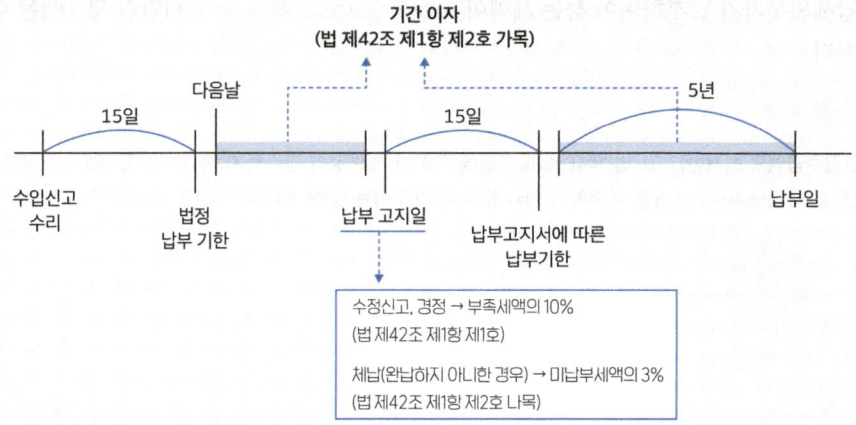

1. 부족세액 징수 시: 제1호 + 제2호 가목
2. 미납부세액 징수 시: 제2호 가목 + 제2호 나목(납부고지서에 따른 납부기한까지 완납하지 않은 경우)

② 부정한 행위로 과소신고한 경우의 가산세

제1항에도 불구하고 납세자가 **부정한 행위**(납세자가 관세의 과세표준 또는 세액계산의 기초가 되는 사실의 전부 또는 일부를 은폐하거나 가장하는 것에 기초하여 관세의 과세표준 또는 세액의 신고의무를 위반하는 것으로서 대통령령으로 정하는 행위를 말한다)**로 과소신고한 경우**에는 세관장은 **부족세액 100분의 60**에 상당하는 금액과 제1항 제2호의 금액을 합한 금액을 가산세로 징수한다.

관세법 시행령

영 제39조(가산세) ④ 법 제42조 제2항에서 "대통령령으로 정하는 행위"란 다음 각 호의 어느 하나에 해당하는 행위를 말한다.
1. **이중송품장·이중계약서** 등 허위증명 또는 허위문서의 작성이나 수취
2. 세액심사에 필요한 **자료의 파기**
3. 관세부과의 근거가 되는 행위나 **거래의 조작·은폐**
4. 그 밖에 관세를 포탈하거나 환급 또는 감면을 받기 위한 **부정한 행위**

③ 수입신고를 하지 아니한 물품에 대한 관세징수 시 가산세

세관장은 **제16조 제11호에 따른 물품에 대하여 관세를 부과·징수할 때**에는 다음 각 호의 금액을 합한 금액을 가산세로 징수한다. 다만, 제241조 제5항에 따라 가산세를 징수하는 경우와 천재지변 등 수입신고를 하지 아니하고 수입한 데에 정당한 사유가 있는 것으로 세관장이 인정하는 경우는 제외한다.

1. 해당 관세액의 100분의 20(제269조의 죄에 해당하여 처벌받거나 통고처분을 받은 경우에는 100분의 60)
2. 다음 각 목의 금액을 합한 금액
    가. 해당 관세액 × 수입된 날부터 납부일까지의 기간(납부고지일부터 납부고지서에 따른 납부기한까지의 기간은 제외한다) × 금융회사 등이 연체대출금에 대하여 적용하는 이자율 등을 고려하여 대통령령으로 정하는 이자율
    나. 해당 관세액 중 납부고지서에 따른 납부기한까지 납부하지 아니한 세액 × 100분의 3(관세를 납부고지서에 따른 납부기한까지 완납하지 아니한 경우에 한정한다)

참고 | 가산세 계산방법(수입신고를 하지 아니한 물품)

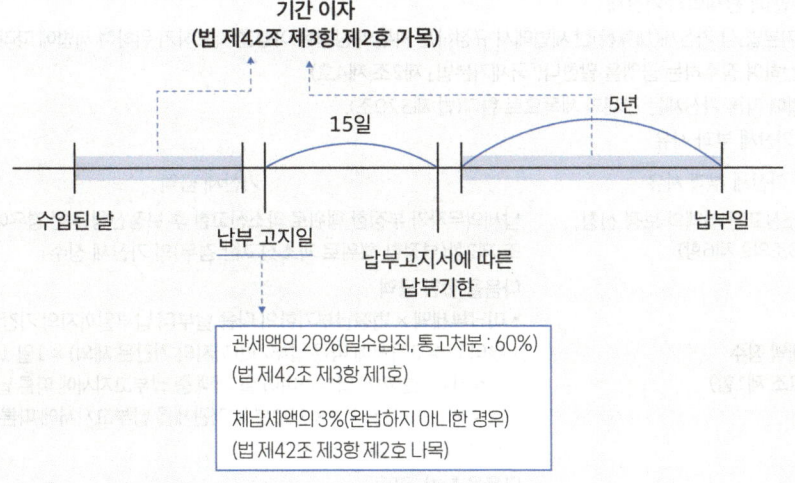

참고 | 수입신고를 하지 않은 물품에 적용되는 관세법상 규정

1. 과세물건 확정시기: 수입된 때(법 제16조)
2. 납세의무자: 소유자 또는 점유자(법 제19조)
3. 가산세 부과(법 제42조 제3항)
4. 휴대품·이사물품 신고불이행 가산세 부과(법 제241조 제5항)
5. 밀수입죄: 5년 이하의 징역 또는 관세액의 10배와 물품원가 중 높은 금액 이하에 상당하는 벌금(법 제269조)

④ 가산세 적용기간

제1항부터 제3항까지의 규정을 적용할 때 납부고지서에 따른 납부기한의 다음 날부터 납부일까지의 기간이 5년을 초과하는 경우에는 그 기간은 5년으로 한다.

⑤ 소액 체납 시 가산세 경감

체납된 관세(세관장이 징수하는 내국세가 있을 때에는 그 금액을 포함한다)가 150만원 미만인 경우에는 제1항 제2호 가목 및 제3항 제2호 가목의 가산세를 적용하지 아니한다.

⑥ 납부지연가산세

제1항 제2호 및 제3항 제2호에 따른 가산세(이하 "납부지연가산세"라 한다) 중 납부고지서에 따른 납부기한 후의 납부지연가산세를 징수하는 경우에는 납부고지서를 발급하지 아니할 수 있다.

⑦ 「국세기본법」 규정 준용

납부지연가산세(납부고지서에 따른 납부기한 후의 납부지연가산세에 한정한다)의 납세의무의 성립 및 확정에 관하여는 「국세기본법」 제21조 제2항 제11호 나목·다목 및 제22조 제4항 제5호를 준용한다. 이 경우 「국세기본법」 제21조 제2항 제11호 나목의 "제47조의4 제1항 제1호·제2호에 따른 납부지연가산세" 및 "법정납부기한"은 각각 "제1항 제2호 가목 및 제3항 제2호 가목에 따른 가산세" 및 "납부고지서에 따른 납부기한"으로, 같은 호 다목의 "제47조의4 제1항 제3호에 따른 납부지연가산세"는 "제1항 제2호 나목 및 제3항 제2호 나목에 따른 가산세"로 본다.

> **참고** 관세법상 가산세 부과 사유

1. 「국세기본법」과 관세법의 가산세
   (1) 「국세기본법」상 가산세(加算稅)란 세법에서 규정하는 의무의 성실한 이행을 확보하기 위하여 세법에 따라 산출한 세액에 가산하여 징수하는 금액을 말한다(「국세기본법」 제2조 제4호).
   (2) 관세법에 따른 가산세는 관세의 세목으로 한다(법 제320조).
2. 관세법상 가산세 부과 사유

가산세 부과 사유	가산세 금액
(1) 부정 과소신고된 세액의 보정 신청 (법 제38조의2 제6항)	납세의무자가 부정한 행위로 과소신고한 후 보정신청을 한 경우에는 법 제42조 제2항(부정한 행위로 과소신고한 경우)의 가산세 징수
(2) 미납부세액 징수 (법 제42조 제1항)	다음을 합한 금액 • 미납부세액 × 법정납부기한의 다음 날부터 납부일까지의 기간(납부고지일부터 납부고지서에 따른 납부기한까지의 기간은 제외) × 1일 10만분의 22 • 법정납부기한까지 납부하여야 할 세액 중 납부고지서에 따른 납부기한까지 납부하지 아니한 세액 × 100분의 3(관세를 납부고지서에 따른 납부기한까지 완납하지 아니한 경우)
(3) 부족세액 징수 (법 제42조 제1항)	다음을 합한 금액 • 부족세액의 10% • 부족세액 × 법정납부기한의 다음 날부터 납부일까지의 기간(납부고지일부터 납부고지서에 따른 납부기한까지의 기간은 제외) × 1일 10만분의 22
(4) 부정한 행위로 과소신고한 경우 (법 제42조 제2항)	다음을 합한 금액 • 부족세액의 60% • 부족세액 × 법정납부기한의 다음 날부터 납부일까지의 기간(납부고지일부터 납부고지서에 따른 납부기한까지의 기간은 제외) × 1일 10만분의 22
(5) 수입신고를 하지 아니한 물품에 대한 관세징수(법 제42조 제3항)	다음을 합한 금액 • 해당 관세액의 100분의 20(밀수입죄에 해당하여 처벌받거나 통고처분을 받은 경우에는 100분의 60) • 해당 관세액 × 수입된 날부터 납부일까지의 기간(납부고지일부터 납부고지서에 따른 납부기한까지의 기간은 제외) × 1일 10만분의 22 • 해당 관세액 중 납부고지서에 따른 납부기한까지 납부하지 아니한 세액 × 100분의 3(관세를 납부고지서에 따른 납부기한까지 완납하지 아니한 경우)
(6) 재수출 면세 재수출 불이행 (법 제97조 제4항)	관세의 20% (500만원 초과 금지)
(7) 재수출 감면 재수출 불이행 (법 제98조 제2항)	
(8) 수입신고 또는 반송신고기한 경과 (법 제241조 제4항)	과세가격의 100분의 2에 상당하는 금액의 범위에서 다음의 금액(500만원 초과 금지) • 신고기한이 경과한 날부터 20일 내 신고: 과세가격의 0.5% • 신고기한이 경과한 날부터 50일 내 신고: 과세가격의 1% • 신고기한이 경과한 날부터 80일 내 신고: 과세가격의 1.5% • 이외의 경우: 과세가격의 2%
(9) 연속통관 물품 수입·수출·반송신고 기한 경과(법 제241조 제6항)	
(10) 과세대상 휴대품 신고 불이행 (법 제241조 제5항)	납부할 세액(관세 및 내국세 포함)의 40% (반복적으로 자진 신고를 하지 아니한 경우 60%)
(11) 과세대상 이사물품 신고 불이행 (법 제241조 제5항)	납부할 세액(관세 및 내국세 포함)의 20%
(12) 즉시반출물품 수입신고기한 경과 (법 제253조 제4항)	관세의 20%

제42조의2(가산세의 감면)

① 가산세 감면 사유

세관장은 다음 각 호의 어느 하나에 해당하는 경우에는 제42조 제1항에 따른 가산세액에서 다음 각 호에서 정하는 금액을 감면한다.

1. 제9조 제2항에 따라 수입신고가 수리되기 전에 관세를 납부한 결과 부족세액이 발생한 경우로서 수입신고가 수리되기 전에 납세의무자가 해당 세액에 대하여 수정신고를 하거나 세관장이 경정하는 경우: 제42조 제1항 제1호 및 제2호의 금액을 합한 금액

   > **참고** '제42조 제1항 제1호 및 제2호의 금액을 합한 금액'의 의미
   >
   > 다음의 가산세 규정에서 볼 수 있듯이, '제42조 제1항 제1호 및 제2호의 금액을 합한 금액'을 감면한다는 것은 관세법 제42조의 가산세를 완전히 면제한다는 말이다.
   >
   > **법 제42조(가산세)** ① 세관장은 납세의무자가 제9조에 따른 납부기한(이하 이 조에서 "법정납부기한"이라 한다)까지 납부하지 아니한 관세액(이하 이 조에서 "미납부세액"이라 한다)을 징수하거나 제38조의3 제1항 또는 제6항에 따라 부족한 관세액(이하 이 조에서 "부족세액"이라 한다)을 징수할 때에는 다음 각 호의 금액을 합한 금액을 가산세로 징수한다.
   >   1. 부족세액의 100분의 10
   >   2. 다음 각 목의 금액을 합한 금액
   >   가. 미납부세액 또는 부족세액 × 법정납부기한의 다음 날부터 납부일까지의 기간(납부고지일부터 납부고지서에 따른 납부기한까지의 기간은 제외한다) × 금융회사 등이 연체대출금에 대하여 적용하는 이자율 등을 고려하여 대통령령으로 정하는 이자율
   >   나. 법정납부기한까지 납부하여야 할 세액 중 납부고지서에 따른 납부기한까지 납부하지 아니한 세액 × 100분의 3(관세를 납부고지서에 따른 납부기한까지 완납하지 아니한 경우에 한정한다)

2. 제28조 제1항에 따른 잠정가격신고를 기초로 납세신고를 하고 이에 해당하는 세액을 납부한 경우(납세의무자가 제출한 자료가 사실과 다름이 판명되어 추징의 사유가 발생한 경우는 제외한다): 제42조 제1항 제1호 및 제2호의 금액을 합한 금액

3. 제37조 제1항 제3호에 관한 사전심사의 결과를 통보받은 경우 그 통보일부터 2개월 이내에 통보된 과세가격의 결정방법에 따라 해당 사전심사의 결과를 통보받은 날 전에 신고납부한 세액을 수정신고하는 경우: 제42조 제1항 제1호의 금액

   > **참고** 과세가격 결정방법 사전심사 통보일부터 2개월 이내에 수정신고한 경우의 가산세 감면

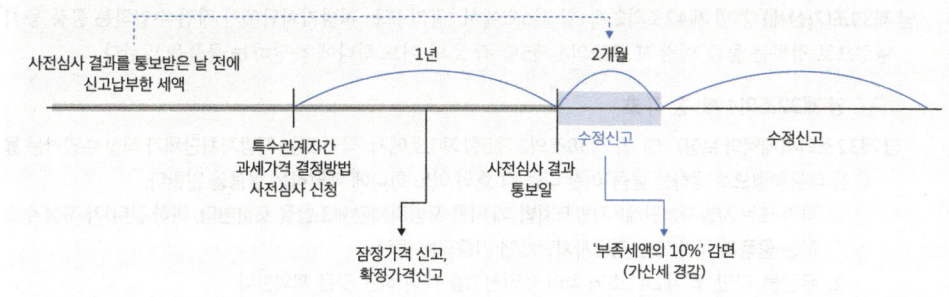

4. 제38조 제2항 단서에 따라 기획재정부령으로 정하는 물품 중 감면대상 및 감면율을 잘못 적용하여 부족세액이 발생한 경우: 제42조 제1항 제1호의 금액
5. 제38조의3 제1항에 따라 수정신고(제38조의2 제1항에 따른 보정기간이 지난 날부터 1년 6개월이 지나기 전에 한 수정신고로 한정한다)를 한 경우에는 다음 각 목의 구분에 따른 금액. 다만, 해당 관세에 대하여 과세표준과 세액을 경정할 것을 미리 알고 수정신고를 한 경우로서 기획재정부령으로 정하는 경우는 제외한다.
   가. 제38조의2 제1항에 따른 보정기간이 지난 날부터 6개월 이내에 수정신고한 경우: 제42조 제1항 제1호의 금액의 100분의 30
   나. 제38조의2 제1항에 따른 보정기간이 지난 날부터 6개월 초과 1년 이내에 수정신고한 경우: 제42조 제1항 제1호의 금액의 100분의 20
   다. 제38조의2 제1항에 따른 보정기간이 지난 날부터 1년 초과 1년 6개월 이내에 수정신고한 경우: 제42조 제1항 제1호의 금액의 100분의 10

> **관세법 시행규칙**
>
> **규칙 제9조의2(가산세)** 법 제42조의2 제1항 제5호 단서에서 "기획재정부령으로 정하는 경우"란 다음 각 호의 어느 하나에 해당하는 경우를 말한다.
> 1. 납세자가 법 제114조 제1항 본문에 따른 관세조사의 사전통지를 받은 후 수정신고서를 제출한 경우
> 2. 납세자가 법 제114조 제1항 단서에 따라 사전통지 없이 법 제110조 제2항 각 호의 조사가 개시된 사실을 알고 수정신고서를 제출한 경우
> 3. 납세자가 법 제118조 제1항에 따른 서면통지를 받은 후 수정신고서를 제출한 경우

참고 수정신고를 1년 6개월 이내에 한 경우의 가산세 감면

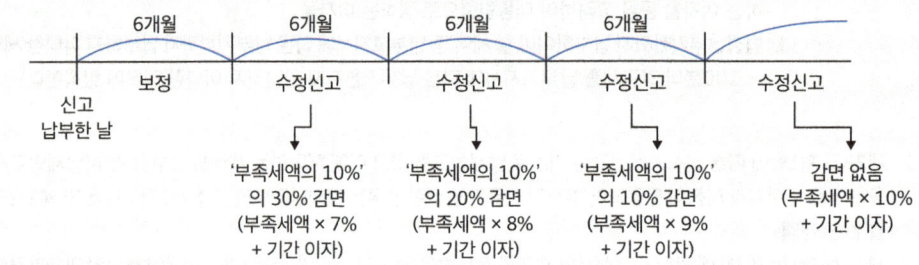

6. 국가 또는 지방자치단체가 직접 수입하는 물품 등 대통령령으로 정하는 물품의 경우: 제42조 제1항 제1호 및 제2호의 금액을 합한 금액

> **관세법 시행령**
>
> **영 제39조(가산세)** ② 법 제42조의2 제1항 제6호에서 "국가 또는 지방자치단체가 직접 수입하는 물품 등 대통령령으로 정하는 물품"이란 제32조의4 제5항 각 호의 어느 하나에 해당하는 물품을 말한다.

참고 영 제32조의4 제5항 각 호

영 제32조의4(세액의 보정) ⑤ 법 제38조의2 제5항 제1호에서 "국가 또는 지방자치단체가 직접 수입하는 물품 등 대통령령으로 정하는 물품"이란 다음 각 호의 어느 하나에 해당하는 물품을 말한다.
1. 국가 또는 지방자치단체(「지방자치법」에 따른 지방자치단체조합을 포함한다. 이하 같다)가 직접 수입하는 물품과 국가 또는 지방자치단체에 기증되는 물품
2. 우편물. 다만, 법 제241조에 따라 수입신고를 해야 하는 것은 제외한다.

7. 제118조의4 제9항 전단에 따른 관세심사위원회가 제118조 제3항 본문에 따른 기간 내에 과세전적부심사의 결정·통지(이하 이 호에서 "결정·통지"라 한다)를 하지 아니한 경우: 결정·통지가 지연된 기간에 대하여 부과되는 가산세(제42조 제1항 제2호 가목에 따른 계산식에 결정·통지가 지연된 기간을 적용하여 계산한 금액에 해당하는 가산세를 말한다) 금액의 100분의 50
8. 신고납부한 세액의 부족 등에 대하여 납세의무자에게 대통령령으로 정하는 정당한 사유가 있는 경우: 제42조 제1항 제1호 및 제2호의 금액을 합한 금액

> **관세법 시행령**
>
> **영 제39조(가산세)** ③ 법 제42조의2 제1항 제8호에서 "대통령령으로 정하는 정당한 사유가 있는 경우"란 제32조의4 제6항 각 호의 어느 하나에 해당하는 경우를 말한다.
>
> > **참고** 영 제32조의4 제6항 각 호
> > 1. 법 제10조에 따른 기한 연장 사유에 해당하는 경우
> > 2. 제1조의3에 따른 법 해석에 관한 질의·회신 등에 따라 신고·납부했으나 이후 동일한 사안에 대해 다른 과세처분을 하는 경우
> > 3. 그 밖에 납세자가 의무를 이행하지 않은 정당한 사유가 있는 경우

② 가산세 감면 신청

제1항에 따른 가산세 감면을 받으려는 자는 대통령령으로 정하는 바에 따라 감면을 신청할 수 있다.

> **관세법 시행령**
>
> **영 제39조(가산세)** ⑤ 법 제42조의2 제2항에 따른 가산세 감면절차에 관하여는 제32조의4 제7항 및 제8항을 준용한다.

> **참고** 가산세 감면 사유 및 감면액
>
> ❶ 법 제42조 제1항 제1호: 부족세액의 100분의 10
> ❷ 법 제42조 제1항 제2호: 납부지연가산세

호	감면 사유		감면액
1	수리전 납부, 수리전 수정신고·경정		❶+❷(가산세 완전 면제)
2	잠정가격 신고		❶+❷(가산세 완전 면제)
3	특수관계자 간 과세가격 결정방법 사전심사 통보일부터 2개월 이내 수정신고		❶
4	감면대상·감면율 잘못 적용		❶
5	보정기간 지난 날부터 1년 6개월 전 수정신고	~ 6개월	❶의 30%
5		6개월 ~ 1년	❶의 20%
5		1년 ~ 1년 6개월	❶의 10%
6	국가·지자체 등 수입물품		❶+❷(가산세 완전 면제)
7	과세전적부심 결정·통지 불이행		지연된 기간에 부과되는 가산세의 50%
8	납세의무자에게 정당한 사유		❶+❷(가산세 완전 면제)

제43조(관세의 현장 수납)

① 관세의 현장 수납대상
다음 각 호의 어느 하나에 해당하는 물품에 대한 관세는 그 물품을 검사한 공무원이 검사 장소에서 수납할 수 있다.

> 1. 여행자의 휴대품
> 2. 조난 선박에 적재된 물품으로서 보세구역이 아닌 장소에 장치된 물품

② 다른 공무원 참여
제1항에 따라 물품을 검사한 공무원이 관세를 수납할 때에는 부득이한 사유가 있는 경우를 제외하고는 다른 공무원을 참여시켜야 한다.

③ 출납공무원에게 인계
출납공무원이 아닌 공무원이 제1항에 따라 관세를 수납하였을 때에는 지체 없이 출납공무원에게 인계하여야 한다.

④ 잃어버린 경우의 변상
출납공무원이 아닌 공무원이 선량한 관리자로서의 주의를 게을리하여 제1항에 따라 수납한 현금을 잃어버린 경우에는 변상하여야 한다.

|| 관세법 시행령

영 제36조(납부고지) 세관장은 법 제39조 제3항, 제47조 제1항 또는 제270조 제5항 후단에 따라 관세를 징수하려는 경우에는 세목·세액·납부장소 등을 기재한 납부고지서를 납세의무자에게 교부해야 한다. 다만, 법 제43조에 따라 물품을 검사한 공무원이 관세를 수납하는 경우에는 그 공무원으로 하여금 말로써 고지하게 할 수 있다.

제2관 강제징수 등

제43조의2(압류·매각의 유예)

① 압류·매각의 유예의 개념

세관장은 재산의 압류나 압류재산의 매각을 유예함으로써 사업을 정상적으로 운영할 수 있게 되어 체납액의 징수가 가능하다고 인정되는 경우에는 그 체납액에 대하여 강제징수에 의한 재산의 압류나 압류재산의 매각을 대통령령으로 정하는 바에 따라 유예할 수 있다.

> **관세법 시행령**
>
> **영 제40조(압류·매각의 유예)** ① 체납자는 법 제43조의2 제1항에 따라 압류 또는 매각의 유예를 받으려는 경우에는 다음 각 호의 사항을 적은 신청서를 세관장에게 제출해야 한다.
> 1. 체납자의 주소 또는 거소와 성명
> 2. 납부할 체납액의 세목, 세액과 납부기한
> 3. 압류 또는 매각의 유예를 받으려는 이유와 기간
> 4. 체납자가 체납액을 분할하여 납부하려는 경우에는 그 분납액 및 분납횟수
>
> ② 세관장이 제1항의 신청에 따라 압류 또는 매각을 유예하는 경우 그 유예기간은 유예한 날부터 2년 이내로 한다. 이 경우 세관장은 그 유예기간 이내에 분할하여 납부하게 할 수 있다.

> **관세법 시행규칙**
>
> **규칙 제9조의4(압류·매각의 유예 신청 등)** ① 영 제40조 제1항에 따른 압류 또는 매각의 유예 신청은 별지 제59호서식의 압류·매각 유예 신청서에 따른다.

② 압류의 해제

세관장은 제1항에 따라 유예하는 경우에 필요하다고 인정하면 이미 압류한 재산의 압류를 해제할 수 있다.

③ 담보 제공을 요구하는 경우

세관장은 제1항 및 제2항에 따라 재산의 압류를 유예하거나 압류한 재산의 압류를 해제하는 경우에는 그에 상당하는 납세담보의 제공을 요구할 수 있다.

④ 담보 제공을 요구하지 않는 경우

제3항에도 불구하고 세관장은 압류 또는 매각의 유예 결정일 기준으로 최근 3년 이내에 이 법, 「자유무역협정의 이행을 위한 관세법의 특례에 관한 법률」, 「수출용 원재료에 대한 관세 등 환급에 관한 특례법」 또는 「조세범 처벌법」 위반으로 처벌받은 사실이 없는 체납자로부터 체납액 납부계획서를 제출받고 그 납부계획의 타당성을 인정하는 경우에는 납세담보의 제공을 요구하지 아니할 수 있다.

> **관세법 시행령**
>
> **영 제40조(압류·매각의 유예)** ③ 법 제43조의2 제4항에 따라 제출받는 체납액 납부계획서에는 다음 각 호의 사항이 포함되어야 한다.
> 1. 체납액 납부에 제공될 재산 또는 소득에 관한 사항
> 2. 체납액의 납부일정에 관한 사항(제2항 후단에 따라 분할하여 납부하게 된 경우에는 분납일정을 포함해야 한다)
> 3. 그 밖에 체납액 납부계획과 관련된 사항으로서 관세청장이 정하여 고시하는 사항

⑤ 압류·매각의 유예 취소

세관장은 압류 또는 매각의 유예를 받은 체납자가 다음 각 호의 어느 하나에 해당하는 경우에는 그 **압류 또는 매각의 유예를 취소**하고, 유예에 관계되는 체납액을 한꺼번에 징수할 수 있다. 다만, 제1호에 **정당한 사유**가 있는 것으로 세관장이 인정하는 경우에는 압류 또는 매각의 유예를 취소하지 아니할 수 있다.

1. 체납액을 분납계획에 따라 납부하지 아니한 경우
2. 담보의 변경이나 그 밖에 담보 보전에 필요한 세관장의 명령에 따르지 아니한 경우
3. 재산상황이나 그 밖의 사정의 변화로 유예할 필요가 없다고 인정될 경우
4. 다음 각 목 중 어느 하나의 경우에 해당되어 그 유예한 기한까지 유예에 관계되는 체납액의 전액을 징수할 수 없다고 인정될 경우
   가. 국세·지방세 또는 공과금의 체납으로 강제징수 또는 체납처분이 시작된 경우
   나. 「민사집행법」에 따른 강제집행·담보권 실행 등을 위한 경매가 시작된 경우
   다. 「어음법」 및 「수표법」에 따른 어음교환소에서 거래정지처분을 받은 경우
   라. 「채무자 회생 및 파산에 관한 법률」에 따른 파산선고를 받은 경우
   마. 법인이 해산된 경우
   바. 관세의 체납이 발생되거나 관세를 포탈하려는 행위가 있다고 인정되는 경우

⑥ 세관장의 통지

세관장은 제1항에 따라 압류 또는 매각을 유예하였거나 제5항에 따라 압류 또는 매각의 유예를 취소하였을 때에는 체납자에게 그 사실을 통지하여야 한다.

> **관세법 시행령**
>
> **영 제40조(압류·매각의 유예)** ④ 세관장이 제1항의 신청에 따라 압류 또는 매각을 유예하여 그 사실을 통지하는 경우에는 다음 각 호의 사항을 적은 문서로 해야 한다.
>   1. 압류 또는 매각을 유예한 체납액의 세목, 세액과 납부기한
>   2. 체납액을 분할하여 납부하게 하는 경우에는 그 분납액 및 분납횟수
>   3. 압류 또는 매각의 유예기간
> ⑤ 세관장이 제1항에 따른 신청을 거부하거나 법 제43조의2 제5항에 따라 압류 또는 매각의 유예를 취소하는 경우에는 그 사유를 적은 문서로 통지해야 한다.

> **관세법 시행규칙**
>
> **규칙 제9조의4(압류·매각의 유예 신청 등)** ② 영 제40조 제4항 따른 압류 또는 매각의 유예 통지 및 같은 조 제5항에 따른 압류 또는 매각의 유예 신청에 대한 거부의 통지는 별지 제60호서식의 압류·매각의 유예(거부) 통지서에 따른다.
> ③ 영 제40조 제5항에 따른 압류 또는 매각 유예의 취소 통지는 별지 제61호서식의 압류·매각의 유예 취소 통지서에 따른다.

⑦ 다시 압류·매각의 유예를 할 수 있는 경우

세관장은 다음 각 호의 어느 하나에 해당하는 경우에는 제1항에 따라 압류 또는 매각의 유예를 받은 체납액에 대하여 유예기간이 지난 후 다시 압류 또는 매각의 유예를 할 수 있다.

1. 제5항 각 호 외의 부분 단서에 따라 압류 또는 매각의 유예를 취소하지 아니한 경우
2. 제5항 제3호에 따라 압류 또는 매각의 유예를 취소한 경우

⑧ 범죄경력자료 조회 요청

관세청장은 제4항에 따른 법 위반 사실을 확인하기 위하여 관계 기관의 장에게 범죄경력자료(이 법, 「자유무역협정의 이행을 위한 관세법의 특례에 관한 법률」, 「수출용 원재료에 대한 관세 등 환급에 관한 특례법」 또는 「조세범 처벌법」 위반에 한정한다)의 조회를 요청할 수 있으며, 그 요청을 받은 관계 기관의 장은 정당한 사유가 없으면 이에 따라야 한다.

⑨ 세부사항 규정

제1항부터 제8항까지에서 규정한 사항 외에 압류 또는 매각의 유예 신청, 통지 및 유예기간 등 압류 또는 매각의 유예에 필요한 세부사항은 대통령령으로 정한다.

> **참고** 압류·매각의 유예
>
> 1. 압류·매각의 유예
>   (1) 압류·매각의 유예의 개념(법 제43조의2 제1항)
>   (2) 압류·매각의 유예 신청(영 제40조 제1항)
>   (3) 압류·매각의 유예기간(영 제40조 제2항)
> 2. 압류의 해제(법 제43조의2 제2항)
> 3. 담보 제공
>   (1) 담보 제공을 요구하는 경우(법 제43조의2 제3항)
>   (2) 담보 제공을 요구하지 않는 경우(법 제43조의2 제4항, 영 제40조 제3항)
> 4. 압류·매각의 유예 취소(법 제43조의2 제5항)
> 5. 세관장의 통지(법 제43조의2 제6항, 영 제40조 제4항·제5항)
> 6. 다시 압류·매각의 유예를 할 수 있는 경우(법 제43조의2 제7항)
> 7. 범죄경력자료 요청(법 제43조의2 제8항)

제44조(체납자료의 제공)

① 체납자료의 제공 및 체납자료의 제공 생략

세관장은 관세징수 또는 공익목적을 위하여 필요한 경우로서 「신용정보의 이용 및 보호에 관한 법률」 제2조 제6호에 따른 신용정보집중기관, 그 밖에 대통령령으로 정하는 자가 다음 각 호의 어느 하나에 해당하는 체납자의 인적사항 및 체납액에 관한 자료(이하 "체납자료"라 한다)를 요구한 경우에는 이를 제공할 수 있다. 다만, 체납된 관세 및 내국세등과 관련하여 이 법에 따른 이의신청·심사청구 또는 심판청구 및 행정소송이 계류 중인 경우나 그 밖에 대통령령으로 정하는 경우에는 체납자료를 제공하지 아니한다.

> 1. 체납 발생일부터 1년이 지나고 체납액이 대통령령으로 정하는 금액 이상인 자
> 2. 1년에 3회 이상 체납하고 체납액이 대통령령으로 정하는 금액 이상인 자

관세법 시행령

영 제41조(체납자료의 제공 등) ① 법 제44조 제1항 각 호 외의 부분 단서에서 "대통령령으로 정하는 경우"란 다음 각 호의 어느 하나에 해당하는 경우를 말한다.
   1. 제2조 제1항 제1호부터 제3호까지의 사유에 해당되는 경우

> **참고** 영 제2조 제1항 제1호부터 제3호까지의 사유
> 1. 전쟁·화재 등 재해나 도난으로 인하여 재산에 심한 손실을 입은 경우
> 2. 사업에 현저한 손실을 입은 경우
> 3. 사업이 중대한 위기에 처한 경우

   2. 압류 또는 매각이 유예된 경우
② 법 제44조 제1항 각 호에서 "대통령령으로 정하는 금액"이란 각각 500만원을 말한다.

② 체납자료의 제공절차 등
제1항에 따른 체납자료의 제공절차 등에 필요한 사항은 대통령령으로 정한다.

관세법 시행령

영 제41조(체납자료의 제공 등) ③ 세관장은 법 제44조 제1항 각 호 외의 부분 본문에 따른 체납자료(이하 이 조에서 "체납자료"라 한다)를 전산정보처리조직에 의하여 처리하는 경우에는 체납자료 파일(자기테이프, 자기디스크, 그 밖에 이와 유사한 매체에 체납자료가 기록·보관된 것을 말한다. 이하 같다)을 작성할 수 있다.
④ 법 제44조 제1항 각 호 외의 부분 본문에 따라 체납자료를 요구하려는 자(이하 이 조에서 "요구자"라 한다)는 다음 각 호의 사항을 적은 문서를 세관장에게 제출하여야 한다.
   1. 요구자의 이름 및 주소
   2. 요구하는 자료의 내용 및 이용 목적
⑤ 제4항에 따라 체납자료를 요구받은 세관장은 제3항에 따른 체납자료 파일이나 문서로 제공할 수 있다.
⑥ 제5항에 따라 제공한 체납자료가 체납액의 납부 등으로 체납자료에 해당되지 아니하게 되는 경우에는 그 사실을 사유 발생일부터 15일 이내에 요구자에게 통지하여야 한다.
⑦ 제3항에 따른 체납자료 파일의 정리, 관리, 보관 등에 필요한 사항 또는 이 조에서 규정한 사항 외에 체납자료의 요구 및 제공 등에 필요한 사항은 관세청장이 정한다.

③ 비밀 유지
제1항에 따라 체납자료를 제공받은 자는 이를 업무 목적 외의 목적으로 누설하거나 이용하여서는 아니 된다.

> **참고** 체납자료의 제공(법 제44조)과 고액·상습체납자 등의 명단 공개(법 제116조의2 비교)
>
>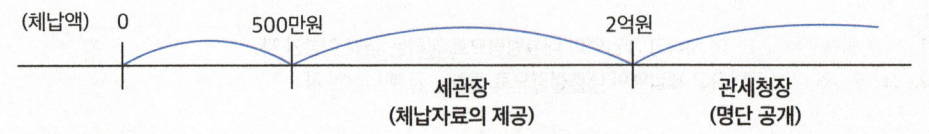
>
> 1. 목적
>   (1) 체납자료 제공: 관세징수 또는 공익목적을 위함
>   (2) 명단 공개: 고액·상습 체납과 고액 포탈을 방지하기 위함

2. 주체
    (1) 체납자료 제공: 세관장
    (2) 명단 공개: 관세청장
3. 요건
    (1) 체납자료 제공: 체납발생일부터 1년 경과(1년 이내 3회 이상 체납), 500만원 이상 체납
    (2) 명단 공개:
        ① 체납발생일부터 1년이 지난 관세 및 내국세 등이 2억원 이상인 체납자
        ② 포탈 관세액이 연간 2억원 이상인 자
4. 제공(공개)대상
    (1) 체납자료 제공: 체납자의 인적사항 및 체납액에 관한 자료
    (2) 명단 공개: 체납자의 성명, 상호, 연령 등(법인의 경우 대표자도 함께 공개)
5. 제공(공개)하지 않는 경우
    (1) 체납자료 제공: 불복청구 계류 중, 재산 손실, 사업 손실, 사업 위기, 체납처분 유예
    (2) 명단 공개:
        ① 불복청구 진행 중, 최근 2년간 납부비율 50% 이상, 회생계획인가 결정, 관세정보위원회가 인정하는 경우
        ② 관세정보위원회가 인정하는 경우

제45조(관세체납정리위원회)

① 관세체납정리위원회
관세(세관장이 징수하는 내국세등을 포함한다)의 체납정리에 관한 사항을 심의하기 위하여 세관에 관세체납정리위원회를 둘 수 있다.

> **관세법 시행령**
>
> **영 제42조(관세체납정리위원회의 구성)** ① 법 제45조의 규정에 의하여 세관에 관세체납정리위원회(이하 "관세체납정리위원회"라 한다)를 둔다.

② 관세체납정리위원회의 구성 등
제1항에 따른 관세체납정리위원회의 조직과 운영에 필요한 사항은 대통령령으로 정한다.

> **관세법 시행령**
>
> **영 제42조(관세체납정리위원회의 구성)** ② 관세체납정리위원회는 위원장 1인을 포함한 5인 이상 7인 이내의 위원으로 구성한다.
> ③ 관세체납정리위원회의 위원장은 세관장이 되며, 위원은 다음 각 호의 자 중에서 세관장이 임명 또는 위촉한다.
>   1. 세관공무원
>   2. 변호사·관세사·공인회계사·세무사
>   3. 상공계의 대표
>   4. 기획재정에 관한 학식과 경험이 풍부한 자
> ④ 제3항 제2호부터 제4호까지의 규정에 해당하는 위원의 임기는 2년으로 하되, 한번만 연임할 수 있다. 다만, 보궐위원의 임기는 전임위원 임기의 남은 기간으로 한다.

영 제43조(관세체납정리위원회 위원의 해임 등) 세관장은 관세체납정리위원회의 위원이 다음 각 호의 어느 하나에 해당하는 경우에는 해당 위원을 해임 또는 해촉(解囑)할 수 있다.
1. 심신장애로 인하여 직무를 수행할 수 없게 된 경우
2. 직무와 관련된 비위사실이 있는 경우
3. 직무태만, 품위손상이나 그 밖의 사유로 인하여 위원으로 적합하지 아니하다고 인정되는 경우
4. 위원 스스로 직무를 수행하는 것이 곤란하다고 의사를 밝히는 경우
5. 제42조 제3항 제1호 및 제2호에 따른 신분을 상실한 경우
6. 제45조의2 제1항 각 호의 어느 하나에 해당함에도 불구하고 회피하지 아니한 경우
7. 관할 구역 내에 거주하지 아니하게 된 경우
8. 관세 및 국세를 체납한 경우

영 제44조(관세체납정리위원회의 위원장의 직무) ① 관세체납정리위원회의 위원장은 해당 위원회의 사무를 총괄하고 해당 위원회를 대표한다.
② 관세체납정리위원회의 위원장이 직무를 수행하지 못하는 부득이한 사정이 있는 때에는 위원장이 지명하는 위원이 그 직무를 대행한다.

영 제45조(관세체납정리위원회의 회의) ① 관세체납정리위원회의 위원장은 체납세액이 관세청장이 정하는 금액 이상인 경우로서 다음 각 호의 어느 하나에 해당하는 경우 회의를 소집하고 그 의장이 된다.
1. 법 제26조 제1항에 따라 「국세징수법」 제57조 제1항 제4호 본문에 따른 사유로 압류를 해제하려는 경우
2. 삭제
3. 법 제4조 제2항에 따라 체납된 내국세등에 대해 세무서장이 징수하게 하는 경우
② 관세체납정리위원회의 회의의 의사는 위원장을 포함한 재적위원 과반수의 출석으로 개의하고 출석위원 과반수의 찬성으로 의결한다.

영 제45조의2(관세체납정리위원회 위원의 제척·회피) ① 관세체납정리위원회의 위원이 다음 각 호의 어느 하나에 해당하는 경우에는 심의·의결에서 제척된다.
1. 위원이 해당 안건의 당사자(당사자가 법인·단체 등인 경우에는 그 임원을 포함한다. 이하 이 항에서 같다)이거나 해당 안건에 관하여 직접적인 이해관계가 있는 경우
2. 위원의 배우자, 4촌 이내의 혈족 및 2촌 이내의 인척의 관계에 있는 사람이 해당 안건의 당사자이거나 해당 안건에 관하여 직접적인 이해관계가 있는 경우
3. 위원이 해당 안건 당사자의 대리인이거나 최근 5년 이내에 대리인이었던 경우
4. 위원이 해당 안건 당사자의 대리인이거나 최근 5년 이내에 대리인이었던 법인·단체 등에 현재 속하고 있거나 속하였던 경우
5. 위원이 최근 5년 이내에 해당 안건 당사자의 자문·고문에 응하였거나 해당 안건 당사자와 연구·용역 등의 업무 수행에 동업 또는 그 밖의 형태로 직접 해당 안건 당사자의 업무에 관여를 하였던 경우
6. 위원이 최근 5년 이내에 해당 안건 당사자의 자문·고문에 응하였거나 해당 안건 당사자와 연구·용역 등의 업무 수행에 동업 또는 그 밖의 형태로 직접 해당 안건 당사자의 업무에 관여를 하였던 법인·단체 등에 현재 속하고 있거나 속하였던 경우
② 관세체납정리위원회의 위원은 제1항 각 호의 어느 하나에 해당하는 경우에는 스스로 해당 안건의 심의·의결에서 회피하여야 한다.

영 제46조(의견청취) 관세체납정리위원회는 의안에 관하여 필요하다고 인정되는 때에는 체납자 또는 이해관계인 등의 의견을 들을 수 있다.

영 제47조(관세체납정리위원회의 회의록) 관세체납정리위원회의 위원장은 회의를 개최한 때에는 회의록을 작성하여 이를 비치하여야 한다.

영 제48조(의결사항의 통보) 관세체납정리위원회의 위원장은 당해 위원회에서 의결된 사항을 관세청장에게 통보하여야 한다.

영 제49조(수당) 관세체납정리위원회의 회의에 출석한 공무원이 아닌 위원에 대하여는 예산의 범위 안에서 수당을 지급할 수 있다.

제3관 관세환급금의 환급 등

관세법상 관세환급의 유형	
법 제28조 제4항	잠정가격신고 물품의 관세환급
법 제46조, 제47조, 제48조	관세환급금의 환급
법 제106조 제1항	계약 내용과 다른 물품에 대한 관세환급
법 제106조 제4항	지정보세구역 장치물품의 멸실·손상으로 인한 관세환급
법 제106조의2	수입한 상태 그대로 수출되는 자가사용물품에 대한 관세환급
법 제199조의2	종합보세구역 내 판매물품에 대한 관세환급

조문 제목	각 조문의 세부 구조
법 제46조(관세환급금의 환급)	① 관세환급과 환급청구 ② 충당 ③ 양도 ④ 예산총계주의의 예외 등
법 제47조(과다환급관세의 징수)	① 과다환급관세의 징수 ② 과다지급금액에 더하여야 할 금액(이자)
법 제48조(관세환급가산금)	관세환급금 환급·충당 시 더하여야 할 금액(이자)

제46조(관세환급금의 환급)

① 관세환급과 환급청구

세관장은 납세의무자가 관세·가산세 또는 강제징수비로 납부한 금액 중 잘못 납부하거나 초과하여 납부한 금액 또는 이 법에 따라 환급하여야 할 환급세액의 환급을 청구할 때에는 대통령령으로 정하는 바에 따라 지체 없이 이를 관세환급금으로 결정하고 30일 이내에 환급하여야 하며, 세관장이 확인한 관세환급금은 납세의무자가 환급을 청구하지 아니하더라도 환급하여야 한다.

| 관세법 시행령 |

영 제50조(관세환급금의 환급신청) 법 제46조 제1항에 따른 관세환급금(이하 이 조부터 제56조까지에서 "관세환급금"이라 한다)의 환급을 받고자 하는 자는 당해 물품의 품명·규격·수량·수입신고수리연월일·신고번호 및 환급사유와 환급받고자 하는 금액을 기재한 신청서를 세관장에게 제출하여야 한다.

영 제51조(관세환급의 통지) ① 세관장은 관세환급 사유를 확인한 때에는 권리자에게 그 금액과 이유 등을 통지하여야 한다.
② 세관장은 관세환급금결정부와 그 보조부를 비치하고, 이에 필요한 사항을 기록하여야 한다.
③ 세관장은 매월 관세환급금결정액보고서를 작성하여 기획재정부장관에게 제출하여야 한다.
④ 세관장은 관세환급금결정액계산서와 그 증빙서류를 감사원장이 정하는 바에 따라 감사원에 제출하여야 한다.

② 충당
세관장은 제1항에 따라 관세환급금을 환급하는 경우에 환급받을 자가 세관에 납부하여야 하는 관세와 그 밖의 세금, 가산세 또는 강제징수비가 있을 때에는 환급하여야 하는 금액에서 이를 **충당할 수 있다**.

| 관세법 시행령 |

영 제52조(관세환급금의 충당통지) 세관장은 법 제46조 제2항의 규정에 의하여 관세환급금을 충당한 때에는 그 사실을 권리자에게 통보하여야 한다. 다만, 권리자의 신청에 의하여 충당한 경우에는 그 통지를 생략한다.

③ 양도
납세의무자의 관세환급금에 관한 권리는 <u>대통령령으로 정하는</u> 바에 따라 **제3자에게 양도할 수 있다**.

| 관세법 시행령 |

영 제53조(관세환급금의 양도) 법 제46조 제3항에 따라 관세환급금에 관한 권리를 제3자에게 양도하고자 하는 자는 다음 각 호의 사항을 적은 문서를 세관장에게 제출해야 한다.
　1. 양도인의 주소와 성명
　2. 양수인의 주소와 성명
　3. 환급사유
　4. 환급금액

④ 예산총계주의의 예외 등
제1항에 따른 관세환급금의 환급은 「국가재정법」 제17조에도 불구하고 대통령령으로 정하는 바에 따라 「한국은행법」에 따른 **한국은행의 해당 세관장의 소관 세입금에서 지급**한다.

| 관세법 시행령 |

영 제54조(환급의 절차) ① 세관장은 관세환급금을 결정한 때에는 즉시 환급금 해당액을 환급받을 자에게 지급할 것을 내용으로 하는 **지급지시서**를 한국은행(국고대리점을 포함한다. 이하 같다)에 송부하고, 그 환급받을 자에게 환급내용 및 방법 등을 기재한 **환급통지서**를 송부하여야 한다.
② 한국은행은 세관장으로부터 제1항의 규정에 의한 지급지시서를 송부받은 때에는 즉시 세관장의 당해 연도 소관 세입금 중에서 환급에 필요한 금액을 세관장의 환급금지급계정에 이체하고 그 내용을 세관장에게 통지하여야 한다.
③ 한국은행은 제1항의 규정에 의한 환급통지서를 제시받은 때에는 이를 세관장으로부터 송부받은 지급지시서와 대조·확인한 후 환급금을 지급하고 지급내용을 세관장에게 통지하여야 한다.

④ 한국은행은 제3항의 규정에 의하여 환급금을 지급하는 때에는 환급받을 자로 하여금 주민등록증(모바일 주민등록증을 포함한다) 기타 신분증을 제시하도록 하여 그가 정당한 권리자인지를 확인하여야 한다.
⑤ 관세환급금을 환급받으려는 자는 제50조의 규정에 의한 신청을 하는 때에 다른 지역의 한국은행으로 지급받을 환급금을 송금할 것을 신청하거나, 금융기관에 계좌를 개설하고 세관장에게 계좌개설신고를 한 후 그 계좌에 이체입금하여 줄 것을 신청할 수 있다.
⑥ 제5항의 규정에 의한 신청을 받은 세관장은 제1항의 규정에 의하여 그 내용을 기재한 지급지시서를 한국은행에 송부하여야 한다. 이 경우 국고금송금요구서 또는 국고금입금의뢰서를 첨부하여야 한다.
⑦ 한국은행은 세관장으로부터 제6항의 규정에 의한 지급지시서를 송부받은 때에는 즉시 그 금액을 당해 은행에 송금하거나 지정 금융기관의 계좌에 이체입금하고 그 내용을 세관장에게 통지하여야 한다.
⑧ 제7항의 규정에 의하여 환급금을 송금받은 다른 지역의 한국은행은 제3항 및 제4항의 규정에 의하여 당해 환급금을 지급한다.

영 제55조(미지급자금의 정리) ① 한국은행은 세관장이 환급금지급계정에 이체된 금액으로부터 당해 회계연도의 환급통지서 발행금액 중 다음 회계연도 1월 15일까지 지급하지 못한 환급금을 세관환급금지급미필이월계정에 이월하여 정리하여야 한다.
② 제1항의 규정에 의하여 세관환급금지급미필이월계정에 이월한 금액 중 환급통지서발행일부터 1년 내에 지급하지 못한 금액은 그 기간이 만료한 날이 속하는 회계연도의 세입에 편입하여야 한다.
③ 관세환급금을 환급받을 자가 환급통지서발행일부터 1년 내에 환급금을 지급받지 못한 때에는 세관장에게 다시 환급절차를 밟을 것을 요구할 수 있으며, 세관장은 이를 조사·확인하여 그 지급에 필요한 조치를 하여야 한다.

제47조(과다환급관세의 징수)

① 과다환급관세의 징수
세관장은 제46조에 따른 관세환급금의 환급에 있어서 그 환급액이 과다한 것을 알게 되었을 때에는 해당 관세환급금을 지급받은 자로부터 과다지급된 금액을 징수하여야 한다.
② 과다지급금액에 더하여야 할 금액
세관장은 제1항에 따라 관세환급금의 과다환급액을 징수할 때에는 과다환급을 한 날의 다음 날부터 징수결정을 하는 날까지의 기간에 대하여 대통령령으로 정하는 이율에 따라 계산한 금액을 과다환급액에 더하여야 한다.

제48조(관세환급가산금)

세관장은 제46조에 따라 관세환급금을 환급하거나 충당할 때에는 대통령령으로 정하는 관세환급가산금 기산일부터 환급결정 또는 충당결정을 하는 날까지의 기간과 대통령령으로 정하는 이율에 따라 계산한 금액을 관세환급금에 더하여야 한다. 다만, 국가 또는 지방자치단체가 직접 수입하는 물품 등 대통령령으로 정하는 물품에 대하여는 그러하지 아니하다.

관세법 시행령

영 제56조(관세환급가산금 등의 결정) ① 세관장은 법 제46조에 따라 충당 또는 환급(법 제28조 제4항에 따라 잠정가격을 기초로 신고납부한 세액과 확정된 가격에 따른 세액을 충당 또는 환급하는 경우는 제외한다)하거나 법 제47조 제1항에 따라 과다환급금을 징수하는 때에는 법 제47조 제2항 또는 법 제48조에 따른 가산금을 결정하여야 한다.
② 제1항에 따른 가산금의 이율은 「은행법」에 따른 은행업의 인가를 받은 은행으로서 서울특별시에 본점을 둔 은행의 1년 만기 정기예금 이자율의 평균을 고려하여 기획재정부령으로 정하는 이자율로 한다.

> **관세법 시행규칙**
>
> **규칙 제9조의3(관세 등 환급가산금의 이율)** 영 제56조 제2항에서 "기획재정부령으로 정하는 이자율"이란 연 1천분의 31을 말한다.

③ 법 제48조에서 "대통령령으로 정하는 관세환급가산금 기산일"이란 다음 각 호의 구분에 따른 날의 다음 날로 한다.
  1. 착오납부, 이중납부 또는 납부 후 그 납부의 기초가 된 신고 또는 부과를 경정하거나 취소함에 따라 발생한 관세환급금: 납부일. 다만, 2회 이상 분할납부된 것인 경우에는 그 최종 납부일로 하되, 관세환급금액이 최종 납부된 금액을 초과하는 경우에는 관세환급금액이 될 때까지 납부일의 순서로 소급하여 계산한 관세환급금의 각 납부일로 한다.
  2. 적법하게 납부된 관세의 감면으로 발생한 관세환급금: 감면 결정일
  3. 적법하게 납부된 후 법률이 개정되어 발생한 관세환급금: 개정된 법률의 시행일
  4. 이 법에 따라 신청한 환급세액(잘못 신청한 경우 이를 경정한 금액을 말한다)을 환급하는 경우: 신청을 한 날부터 30일이 지난 날. 다만, 환급세액을 신청하지 아니하였으나 세관장이 직권으로 결정한 환급세액을 환급하는 경우에는 해당 결정일로부터 30일이 지난 날로 한다.
  5. 「자유무역협정의 이행을 위한 관세법의 특례에 관한 법률」 제9조 제6항에 따른 관세환급금: 같은 조 제5항 후단에 따른 협정관세 적용 등의 통지일

④ 법 제48조 단서에서 "국가 또는 지방자치단체가 직접 수입하는 물품 등 대통령령으로 정하는 물품"이란 제32조의4 제5항 각 호의 어느 하나에 해당하는 물품을 말한다.

참고 관세법상 이자 성격의 금액 비교

근거	명칭	이자 적용 기간	이자율
법 제42조	신고납부불성실 가산세	법정납부기한의 다음 날 ~ 납부일	대통령령으로 정하는 이율 → 1일 10만분의 22의 율
법 제38조의2	보정 이자	납부기한 다음 날 ~ 보정신청한 날	대통령령으로 정하는 이율 → 서울시 1년 만기 정기예금 이자율 평균하여 기획재정부령으로 정하는 이자율 → 연 1천분의 31
법 제48조	관세환급가산금	기산일 ~ 환급(충당) 결정하는 날	
법 제47조	과다환급관세 징수 시의 이자	과다환급한 날의 다음 날 ~ 징수 결정하는 날	

참고 | 환급청구권 소멸시효 기산일과 환급가산금 기산일 비교

환급 사유	환급청구권 소멸시효 기산일	환급가산금 기산일
착오납부, 이중납부	납부일	납부일의 다음 날
신고·부과의 경정, 취소	경정결정일	
위약환급	수출신고수리일, 보세공장 반입신고일	-
(제106조) 폐기, 멸실, 변질, 손상	폐기, 멸실, 변질, 손상된 날	-
수입한 상태 그대로 수출	수출신고가 수리된 날 (운송수단에 적재된 날)	-
종합보세구역 판매물품	환급에 필요한 서류의 제출일	-
관세납부 후 신고 취하, 각하	신고의 취하일, 각하일	-
신청한 환급세액 환급	-	신청을 한 날부터 30일이 지난 날의 다음 날
관세납부 후 법률 개정	법률의 시행일	법률의 시행일의 다음 날
관세납부 후 감면	-	감면 결정일의 다음 날
FTA특례법상 협정관세 사후적용	-	협정관세 적용 등 통지일의 다음 날

참고 | 예산총계주의와 관세법의 관계

1. 의의
    예산총계주의(豫算總計主義)란 한 회계연도의 일체의 수입을 세입으로 하고, 일체의 경비를 세출로 하여 각각 예산에 계상하여야 한다는 원칙을 말한다. 예산총계주의는 예산순계주의와는 달리 수입과 지출의 상계를 허용하지 않는다. 세입과 세출을 모두 예산에 편입하여 계상함으로써 정부 재정의 감독을 쉽게 하고, 재정의 팽창과 문란을 막는 데에 그 목적이 있다.
2. 「국가재정법」 제17조
    「국가재정법」 제17조(예산총계주의)는 "한 회계연도의 모든 수입을 세입으로 하고, 모든 지출을 세출로 한다. 예외규정을 제외하고는 세입과 세출은 모두 예산에 계상하여야 한다."고 규정하고 있다.
3. 예산총계주의와 관세법과의 관계
    (1) 관세환급
        관세법 제46조 제4항에는 "관세환급금의 환급은 「국가재정법」 제17조에도 불구하고 대통령령으로 정하는 바에 따라 「한국은행법」에 따른 한국은행의 해당 세관장의 소관 세입금에서 지급한다."고 규정되어 있다. 즉, 관세법 제46조(관세환급금의 환급) 및 이 규정을 준용하는 관세법상의 그 밖의 환급에 있어, 관세환급은 예산총계주의의 예외에 해당한다.
    (2) 관세감면
        관세법 제92조(정부용품 등의 면세)에는 "국가기관이나 지방자치단체에 기증되는 물품으로서 공용으로 사용하는 물품, 정부가 외국으로부터 수입하는 군수품 등이 수입되는 경우 이에 대한 관세를 면제한다."고 규정되어 있다. 국가와 지방자치단체는 조세징수의 주체인 동시에 원칙적으로 관세의 납세의무를 가진다. 그러나 국가나 지방자치단체가 수입하는 물품에 대해 관세를 면제하도록 한 것은 예산총계주의의 예외에 해당한다. 관세감면액도 실질적으로 해당 기관의 집행금액의 일부가 되는 성격을 가지므로 관세법 제92조에 따라 이미 그 금액이 세출에서 공제된 형태로 집행이 되면, 이 또한 세입과 세출을 모두 예산에 올려야 한다는 예산총계주의의 예외에 해당하게 된다.

CHAPTER 03 세율 및 품목분류

제1절 통칙

제49조(세율의 종류)

제14조에 따라 수입물품에 부과되는 관세의 세율은 다음 각 호와 같다.

1. 기본세율
2. 잠정세율
3. 제51조부터 제67조까지, 제67조의2 및 제68조부터 제77조까지의 규정에 따라 **대통령령 또는 기획재정부령으로 정하는 세율**

│관세법 시행령│

영 제57조(잠정세율의 적용정지 등) ① 법 별표 관세율표 중 잠정세율(이하 "잠정세율"이라 한다)의 적용을 받는 물품과 관련이 있는 관계부처의 장 또는 이해관계인은 법 제50조 제4항의 규정에 의하여 잠정세율의 적용정지나 잠정세율의 인상 또는 인하의 필요가 있다고 인정되는 때에는 이를 기획재정부장관에게 요청할 수 있다.
② 관계부처의 장 또는 이해관계인은 제1항에 따른 요청을 하려는 경우에는 해당 물품과 관련된 다음 각 호의 사항에 관한 자료를 기획재정부장관에게 제출하여야 한다.
    1. 해당 물품의 관세율표 번호·품명·규격·용도 및 대체물품
    2. 해당 물품의 제조용 투입원료 및 해당 물품을 원료로 하는 관련제품의 제조공정설명서 및 용도
    3. 적용을 정지하여야 하는 이유 및 기간
    4. 변경하여야 하는 세율·이유 및 그 적용기간
    5. 최근 1년간의 월별 주요 수입국별 수입가격 및 수입실적
    6. 최근 1년간의 월별 주요 국내제조업체별 공장도가격 및 출고실적
    7. 기타 참고사항
③ 기획재정부장관은 잠정세율의 적용정지 등에 관한 사항을 조사하기 위하여 필요하다고 인정되는 때에는 관계기관·수출자·수입자 기타 이해관계인에게 관련자료의 제출 기타 필요한 협조를 요청할 수 있다.

│참고│ 관세율

1. 관세율의 의의
세율이란 세액 산출의 기초가 되는 과세표준에 대한 세액의 비율을 말한다. **관세율이란 관세의 과세표준인 수입물품의 가격 또는 수량에 대한 관세액의 비율**이다. 관세율은 과세표준과 함께 세액 결정의 가장 중요한 요소 중 하나이며, 조세법률주의에 따라 국회에서 법률로 정하는 것이 원칙이다.
2. 관세율의 종류
   (1) 국정관세 : 기본관세, 잠정관세, 탄력관세, 일반특혜관세
   (2) 협정관세(국제협력관세)

제50조(세율 적용의 우선순위)

① 기본세율과 잠정세율

　기본세율과 잠정세율은 별표 관세율표에 따르되, 잠정세율을 기본세율에 우선하여 적용한다.

② 대통령령 또는 기획재정부령으로 정하는 세율

　제49조 제3호의 세율은 다음 각 호의 순서에 따라 별표 관세율표의 세율에 우선하여 적용한다.

> 1. 제51조, 제57조, 제63조, 제65조, 제67조의2, 제68조 및 제69조 제2호에 따른 세율
> 2. 제73조 및 제74조에 따른 세율
> 3. 제69조 제1호·제3호·제4호, 제71조 및 제72조에 따른 세율
> 4. 제76조에 따른 세율

③ 적용 요건

　제2항에도 불구하고 제2항 제2호의 세율은 기본세율, 잠정세율, 제2항 제3호 및 제4호의 세율보다 낮은 경우에만 우선하여 적용하고, 제2항 제3호의 세율 중 제71조에 따른 세율은 제2항 제4호의 세율보다 낮은 경우에만 우선하여 적용한다. 다만, 제73조에 따라 국제기구와의 관세에 관한 협상에서 국내외의 가격차에 상당하는 율로 양허(讓許)하거나 국내시장 개방과 함께 기본세율보다 높은 세율로 양허한 농림축산물 중 대통령령으로 정하는 물품에 대하여 양허한 세율(시장접근물량에 대한 양허세율을 포함한다)은 기본세율 및 잠정세율에 우선하여 적용한다.

④ 잠정세율의 적용 정지 등

　별표 관세율표 중 잠정세율을 적용받는 물품에 대하여는 대통령령으로 정하는 바에 따라 그 물품의 전부 또는 일부에 대하여 잠정세율의 적용을 정지하거나 기본세율과의 세율차를 좁히도록 잠정세율을 올리거나 내릴 수 있다.

⑤ 종량세 품목의 세율 적용

　제49조 제3호에 따른 세율을 적용할 때 별표 관세율표 중 종량세인 경우에는 해당 세율에 상당하는 금액을 적용한다.

참고 관세율 적용 순위

순위	관세의 종류	요건
1순위	• 덤핑방지관세(법 제51조) • 상계관세(법 제57조) • 보복관세(법 제63조) • 긴급관세(법 제65조) • 특정국물품긴급관세(법 제67조의2) • 농림축산물에 대한 특별긴급관세(법 제68조) • 조정관세(법 제69조 제2호)	조정관세는 법 제69조 제2호의 경우에만 1순위로 적용
2순위	• 편익관세(법 제74조) • 국제협력관세(법 제73조)	이하의 세율보다 낮은 경우에만 우선하여 적용
3순위	• 조정관세(법 제69조 제1호·제3호·제4호) • 할당관세(법 제71조) • 계절관세(법 제72조)	할당관세는 4순위 세율보다 낮은 경우에만 우선하여 적용
4순위	일반특혜관세(GSP)(법 제76조)	-
5순위	잠정관세	-
6순위	기본관세	-

제2절 세율의 조정

> **참고** 탄력관세제도
>
> 1. 의의
>   탄력관세제도(Flexible Tariff System)란 법률에 의거, 일정한 범위에서 관세율의 변경권을 행정부에 위임하여 관세율을 탄력적으로 변경함으로써 급격하게 변동하는 국내외적 경제여건 변화에 신축성 있게 대응하기 위한 제도이다.
> 2. 탄력관세의 기능
>   (1) 국내산업의 보호
>   탄력관세는 외국상품의 수입량 증가 또는 저가수입 등에 탄력적으로 대응하여 국내산업을 보호하는 기능을 가진다.
>   (2) 물가 안정
>   국제원재료가격이 급등하여 이를 원료로 한 국내 생필품 가격의 등귀요인이 있으면 탄력관세제도에 의한 조기대응으로 일부 수입관세율을 인하함으로써 수입을 촉진시킨다. 이에 따라 물자수급이 원활하게 되면 물가상승요인이 완화된다.
>   (3) 주요자원의 안정적 확보
>   탄력관세제도를 통하여 원자재가격이 상승한 경우 관세율을 인하하여 수입을 촉진시키고, 원자재가격이 하락한 경우 관세율을 인상하여 수입을 억제하면, 해외자원을 일정적인 수준으로 안정적으로 확보하는 것은 물론 국내자원의 활용도도 높일 수 있다.
>   (4) 세율의 불균형 시정
>   산업구조의 변동으로 물품 간의 세율이 불균형하여 이를 시정할 필요가 있거나 유사물품 간의 세율이 현저히 불균형한 경우, 입법과정에 의하여 관세율이 전체적으로 조정되기 이전에 탄력관세제도에 의하여 임시적으로 물품 간의 세율을 균형 있게 조정할 수 있다.
>   (5) 법률의 경직성 탈피
>   관세율의 운영은 급변하는 대내외적 경제여건에 대응하여 신축적이고 탄력적으로 행해져야 한다. 입법과정에 의한 법률의 경직성을 탈피하기 위해서는 관세율의 변경권을 행정부의 권한으로 하여야 할 필요가 있다. 다만, 그 세율의 변경 범위는 조세법률주의에 의거하여 법률에서 정하여진 한도 내에 그쳐야 한다.
>   (6) 대외관계 개선
>   대외적인 환경변화에 능동적으로 대처하는 방식에는 상대국의 부당한 조치에 대항하는 방식도 있지만, 대외관계를 우호적으로 유지하고자 해당국에 대하여 관세상의 편익을 주는 것도 하나의 방식이 된다. 탄력관세제도를 통하여 대외적인 관계를 우호적으로 유지할 수 있다.

> **참고** 탄력관세의 종류와 부과 범위

명칭	적용세율, 대상, 기간 등	부과 범위	방식
덤핑방지관세 (법 제51조~제56조)	기획재정부령	정상가격과 덤핑가격 간의 차액에 상당하는 금액 이하의 관세(추가)	인상
상계관세 (법 제57조~법62조)	기획재정부령	보조금 등의 금액 이하의 관세(추가)	
보복관세 (법 제63조~법64조)	대통령령	피해상당액의 범위	
긴급관세 (법 제65조~법67조)	기획재정부령	심각한 피해 등을 방지하거나 치유하고 조정을 촉진하기 위하여 필요한 범위(추가)	
특정국물품긴급관세 (법 제67의2)	기획재정부령	피해를 구제하거나 방지하기 위하여 필요한 범위(추가)	
농림축산물에 대한 특별긴급관세 (법 제68조)	기획재정부령	[물량기준] 양허세율 + (양허세율의 1/3) [가격기준] 양허세율 관세 + 기준가격과 대비한 수입가격 하락률로 구분되어진 금액	인상
조정관세 (법 제69조~제70조)	대통령령	100분의 100에서 해당 물품의 기본세율을 뺀 율을 기본세율에 더한 율의 범위(농림축산물: 국내외가격차)	
할당관세 (법 제71조)	대통령령	[인하] 40% 범위의 율을 기본세율에서 빼고 부과 [인상] 40% 범위의 율을 기본세율에 더하여 부과(농림축산물: 국내외가격차)	인상, 인하
계절관세 (법 제72조)	기획재정부령	[인하] 40% 범위의 율을 기본세율에서 빼고 부과 [인상] 국내외가격차	
편익관세 (법 제74조~제75조)	대통령령	이미 체결된 외국과의 조약에 따른 편익의 한도에서 편익 부여	인하

제1관 덤핑방지관세

제51조(덤핑방지관세의 부과대상)

국내산업과 이해관계가 있는 자로서 대통령령으로 정하는 자 또는 주무부장관이 부과요청을 한 경우로서 외국의 물품이 대통령령으로 정하는 정상가격 이하로 수입(이하 "덤핑"이라 한다)되어 다음 각 호의 어느 하나에 해당하는 것(이하 이 관에서 "실질적 피해등"이라 한다)으로 조사를 통하여 확인되고 해당 국내산업을 보호할 필요가 있다고 인정되는 경우에는 기획재정부령으로 그 물품과 공급자 또는 공급국을 지정하여 해당 물품에 대하여 정상가격과 덤핑가격 간의 차액(이하 "덤핑차액"이라 한다)에 상당하는 금액 이하의 관세(이하 "덤핑방지관세"라 한다)를 추가하여 부과할 수 있다.

1. 국내산업이 실질적인 피해를 받거나 받을 우려가 있는 경우
2. 국내산업의 발전이 실질적으로 지연된 경우

> **참고** 덤핑(dumping)의 정의
>
> 1. 일반적인 덤핑의 정의
>   덤핑이란 경제이론의 입장에서 보면 동일 재화를 상이한 시장에 상이한 가격으로 판매하는 것이다. 그러나 국제무역에서 문제가 되는 덤핑은 수출국이 국내구매자에게 받는 가격보다 낮은 가격으로 외국으로 수출하는 것을 말한다.
> 2. 관세법상 덤핑의 정의
>   외국의 물품이 대통령령으로 정하는 정상가격 이하로 수입되는 것을 말한다(법 제51조).
> 3. 관세법상 덤핑방지관세의 정의
>   덤핑차액에 상당하는 금액 이하의 관세를 말한다(법 제51조).

> **관세법 시행령**
>
> **영 제58조(정상가격 및 덤핑가격의 비교)** ① 법 제51조에서 "정상가격"이라 함은 당해 물품의 공급국에서 소비되는 동종물품의 통상거래가격을 말한다. 다만, 동종물품이 거래되지 아니하거나 특수한 시장상황 등으로 인하여 통상거래가격을 적용할 수 없는 때에는 당해 국가에서 제3국으로 수출되는 수출가격 중 대표적인 가격으로서 비교가능한 가격 또는 원산지국에서의 제조원가에 합리적인 수준의 관리비 및 판매비와 이윤을 합한 가격(이하 "구성가격"이라 한다)을 정상가격으로 본다.
>
> > **관세법 시행규칙**
> >
> > **규칙 제10조(정상가격 및 덤핑가격의 비교)** ① 영 제58조 제1항 본문의 규정에 의한 통상거래가격과 동항 단서의 규정에 의한 제3국으로 수출되는 수출가격을 결정함에 있어서 동종물품의 판매가 다음 각 호의 1에 해당하는 경우에는 그 판매가격을 근거로 하지 아니할 수 있다.
> > 1. 조사대상기간 동안 정상가격을 결정하기 위하여 고려되고 있는 거래 중 당해 물품의 제조원가에 합리적인 수준의 판매비 및 일반관리비를 가산한 가격(이하 이 조에서 "원가"라 한다) 이하로 판매한 양이 100분의 20 이상이거나 정상가격을 결정하기 위하여 고려되고 있는 거래의 가중평균 판매가격이 당해 거래의 가중평균 원가 이하이고, 당해 원가 이하의 판매에 의하여 적절한 기간 내에 그 물품의 원가수준에 상당하는 비용을 회수할 수 없는 경우(판매시 원가 이하인 가격이 조사대상기간 동안의 가중평균 원가보다 높은 때에는 그 물품의 원가수준에 상당하는 비용을 회수할 수 있는 것으로 본다)
> > 2. 영 제23조 제1항의 규정에 의한 특수관계가 있는 당사자 간의 판매가격으로서 당해 가격이 당사자 간의 관계에 의하여 영향을 받은 경우

② 영 제58조 제1항 단서의 규정에 의한 특수한 시장상황 등에는 공급국 안에서의 판매량이 그 공급국으로부터의 수입량의 100분의 5 미만으로서 정상가격결정의 기초로 사용하기에 부적당한 경우를 포함한다. 다만, 공급국 안에서의 판매량이 100분의 5 미만인 경우에도 덤핑가격과 비교할 수 있음이 입증되는 때에는 그러하지 아니하다.
③ 영 제58조 제1항 단서의 규정에 의한 구성가격을 산정함에 있어서 판매비·일반관리비 및 이윤의 금액은 조사대상 공급자에 의하여 동종물품의 통상적인 거래에서 발생한 생산 및 판매와 관련된 실제자료에 기초하여야 한다. 이 경우 현재 또는 미래의 생산에 기여할 수 있는 일회성 비용이나 조사대상기간 중의 생산개시비용 등으로 인하여 원가가 적절히 반영되지 아니한 때에는 이를 조정하여야 한다.
④ 제3항의 규정에 의하여 구성가격을 산정함에 있어서 실제자료에 기초할 수 없는 때에는 다음 각 호의 자료에 기초할 수 있다.
  1. 조사대상 공급자에 의하여 원산지국가의 국내시장에서 동일부류의 물품의 생산·판매와 관련하여 발생되고 실현된 실제금액
  2. 원산지국가의 국내시장에서 동종물품의 생산·판매와 관련하여 다른 조사대상 공급자에 의하여 발생되고 실현된 실제금액의 가중평균
  3. 기타 합리적이라고 인정되는 방법. 다만, 이러한 방법으로 산정된 이윤은 원산지국가 안에서 동일부류의 물품을 다른 공급자가 판매하여 통상적으로 실현시킨 이윤을 초과하여서는 아니 된다.

② 당해 물품의 원산지국으로부터 직접 수입되지 아니하고 제3국을 거쳐 수입되는 경우에는 그 제3국의 통상거래가격을 정상가격으로 본다. 다만, 그 제3국 안에서 당해 물품을 단순히 옮겨 싣거나 동종물품의 생산실적이 없는 때 또는 그 제3국 내에 통상거래가격으로 인정될 가격이 없는 때에는 원산지국의 통상거래가격을 정상가격으로 본다.
③ 당해 물품이 통제경제를 실시하는 시장경제체제가 확립되지 아니한 국가로부터 수입되는 때에는 제1항 및 제2항의 규정에 불구하고 다음 각 호의 1에 해당하는 가격을 정상가격으로 본다. 다만, 시장경제체제가 확립되지 아니한 국가가 시장경제로의 전환체제에 있는 등 기획재정부령이 정하는 경우에는 제1항 및 제2항의 규정에 따른 통상거래가격 등을 정상가격으로 볼 수 있다.
  1. 우리나라를 제외한 시장경제국가에서 소비되는 동종물품의 통상거래가격
  2. 우리나라를 제외한 시장경제국가에서 우리나라를 포함한 제3국으로의 수출가격 또는 구성가격

> **관세법 시행규칙**
>
> **규칙 제10조(정상가격 및 덤핑가격의 비교)** ⑤ 영 제58조 제3항 각 호 외의 부분 본문의 규정을 적용함에 있어서의 시장경제국가는 원칙적으로 당해 물품을 공급한 국가와 경제발전정도, 당해 물품의 생산기술수준 등이 비슷한 국가로 한다.
> ⑥ 영 제58조 제3항 각 호 외의 부분 단서에서 "기획재정부령이 정하는 경우"란 해당 국가 안에서 해당 물품의 생산 또는 판매가 시장경제원리에 따르고 있는 경우를 말한다.

참고

(ㄱ) 일반적인 경우	• 공급국에서 소비되는 동종물품의 통상거래가격 • 제3국 수출가격 또는 구성가격(제, 관, 판, 이)
(ㄴ) 제3국경유수입	• 제3국의 통상거래가격 • 원산지국의 통상거래가격
(ㄷ) 시장경제체제가 확립되지 않은 국가로부터의 수입	• 우리나라를 제외한 시장경제국가에서 소비되는 동종물품의 통상거래가격 • 우리나라를 제외한 시장경제국가에서 우리나라를 포함한 제3국으로의 수출가격 또는 구성가격 • 시장경제로 전환체제에 있는 경우, (ㄱ) ~ (ㄴ)의 가격

④ 법 제51조에서 "덤핑가격"이라 함은 제60조의 규정에 의하여 조사가 개시된 조사대상물품에 대하여 실제로 지급하였거나 지급하여야 하는 가격을 말한다. 다만, 공급자와 수입자 또는 제3자 사이에 제23조 제1항의 규정에 의한 특수관계 또는 보상약정이 있어 실제로 지급하였거나 지급하여야 하는 가격에 의할 수 없는 때에는 다음 각 호의 1의 가격으로 할 수 있다.
  1. 수입물품이 그 특수관계 또는 보상약정이 없는 구매자에게 최초로 재판매된 경우에는 기획재정부령이 정하는 바에 따라 그 재판매 가격을 기초로 산정한 가격
  2. 수입물품이 그 특수관계 또는 보상약정이 없는 구매자에게 재판매된 실적이 없거나 수입된 상태로 물품이 재판매되지 아니하는 때에는 기획재정부령이 정하는 합리적인 기준에 의한 가격

> **관세법 시행규칙**
>
> **규칙 제10조(정상가격 및 덤핑가격의 비교)** ⑦ 영 제58조 제4항 제1호의 규정에 의한 재판매가격을 기초로 산정한 가격은 수입과 재판매 사이에 발생하는 제세를 포함한 비용과 그로 인한 이윤을 공제한 가격으로 하며, 영 제58조 제4항 제2호의 규정에 의한 합리적인 기준에 의한 가격은 당해 물품의 수입가격에 당해 수입과 관련하여 발생하거나 당해 수입과 재판매 사이에서 발생하는 비용과 적정한 이윤 등을 참작하여 산출한 가격으로 한다.

⑤ 정상가격과 덤핑가격의 비교는 가능한 한 동일한 시기 및 동일한 거래단계(통상적으로 공장도 거래단계를 말한다)에서 비교하여야 한다. 이 경우 당해 물품의 물리적 특성, 판매수량, 판매조건, 과세상의 차이, 거래단계의 차이, 환율변동 등이 가격비교에 영향을 미치는 경우에는 기획재정부령이 정하는 바에 따라 정상가격 및 덤핑가격을 조정하여야 하며, 덤핑률 조사대상기간은 6월 이상의 기간으로 한다.

> **관세법 시행규칙**
>
> **규칙 제10조(정상가격 및 덤핑가격의 비교)** ⑧ 영 제58조 제5항 전단의 규정에 의하여 정상가격과 덤핑가격을 비교하는 때에는 원칙적으로 거래량을 가중치로 하여 가중산술평균한 가격으로 비교하여야 한다. 이 경우 개별 덤핑가격이 정상가격보다 높은 경우를 포함하여 모든 개별 덤핑가격을 가중산술평균한 가격을 덤핑가격으로 한다.
> ⑨ 영 제58조 제5항 전단에 따라 정상가격과 덤핑가격을 비교할 때 적용하는 환율은 원칙적으로 해당 물품 거래일의 환율로 한다. 다만, 해당 물품 거래가 선물환거래와 직접적으로 연계되어 있는 경우에는 그 약정환율을 적용할 수 있다.
> ⑩ 영 제58조 제5항 후단의 규정에 의하여 물리적 특성의 차이로 가격조정을 하는 때에는 그 물리적 특성이 공급국의 시장가격에 미치는 영향을 기준으로 계산하여야 한다. 다만, 공급국의 시장가격에 관한 자료를 구할 수 없거나 그 자료가 가격비교에 사용하기에 부적합한 때에는 물리적 특성의 차이에 따른 제조원가의 차이를 기준으로 조정할 수 있다.
> ⑪ 영 제58조 제5항 후단의 규정에 의하여 판매수량의 차이로 가격조정을 하는 경우는 대량생산에 따른 생산비의 절감에 의한 것이거나 통상적인 거래에서 모든 구매자에게 제공되는 대량판매에 의한 할인이 있는 경우로 한다.
> ⑫ 영 제58조 제5항 후단의 규정에 의하여 판매조건의 차이로 가격조정을 하는 경우는 그 판매조건이 당해 판매가격에 영향을 미칠 정도의 직접적인 관계가 있는 경우에 한한다.
> ⑬ 영 제58조 제5항 후단의 규정에 의하여 환율변동으로 가격을 조정하는 경우는 덤핑률 조사대상 기간 중 환율이 일정한 방향으로 변동하여 지속된 경우로 하며, 그 조정된 가격을 조사대상 공급자에게 환율변동 후 60일 동안 적용할 수 있게 하여야 한다.

⑥ 이해관계인은 물리적 특성, 판매수량 및 판매조건의 차이로 인하여 제5항의 규정에 의한 가격조정을 요구하는 때에는 그러한 차이가 시장가격 또는 제조원가에 직접적으로 영향을 미친다는 사실을 입증하여야 한다.

영 제59조(덤핑방지관세의 부과요청) ① 법 제51조의 규정에 의한 실질적 피해등(이하 "실질적 피해등"이라 한다)을 받은 국내산업에 이해관계가 있는 자 또는 당해 산업을 관장하는 주무부장관은 기획재정부령이 정하는 바에 따라 기획재정부장관에게 덤핑방지관세의 부과를 요청할 수 있으며, 이 요청은 「불공정무역행위 조사 및 산업피해구제에 관한 법률」 제27조에 따른 무역위원회(이하 "무역위원회"라 한다)에 대한 덤핑방지관세의 부과에 필요한 조사신청으로 갈음한다.

② 주무부장관은 제1항에 따라 기획재정부장관에게 덤핑방지관세 부과를 요청하기 전에 관세청장에게 해당 수입물품의 덤핑거래에 관한 검토를 요청할 수 있다.

③ 관세청장은 제2항에 따른 덤핑거래에 관한 검토 요청이 없는 경우에도 덤핑거래 우려가 있다고 판단되는 경우에는 해당 수입물품의 덤핑거래 여부에 대하여 검토하고 그 결과를 주무부장관에게 통지할 수 있다.

④ 법 제51조를 적용함에 있어서의 국내산업은 정상가격 이하로 수입되는 물품과 동종물품의 국내생산사업(당해 수입물품의 공급자 또는 수입자와 제23조 제1항의 규정에 의한 특수관계에 있는 생산자에 의한 생산사업과 당해 수입물품의 수입자인 생산자로서 기획재정부령이 정하는 자에 의한 생산사업을 제외할 수 있다. 이하 이 항에서 같다)의 전부 또는 국내총생산량의 상당부분을 점하는 국내생산사업으로 한다.

> **관세법 시행규칙**
>
> **규칙 제11조(덤핑방지관세의 부과요청)** ① 영 제59조 제4항에서 "동종물품"이라 함은 당해 수입물품과 물리적 특성, 품질 및 소비자의 평가 등 모든 면에서 동일한 물품(겉모양에 경미한 차이가 있는 물품을 포함한다)을 말하며, 그러한 물품이 없는 때에는 당해 수입물품과 매우 유사한 기능·특성 및 구성요소를 가지고 있는 물품을 말한다.
>
> ② 영 제59조 제4항에서 "당해 수입물품의 수입자인 생산자로서 기획재정부령이 정하는 자"란 해당 수입물품을 수입한 생산자 중 다음 각 호의 자를 제외한 자를 말한다.
>   1. 영 제59조 제6항에 따른 신청서 접수일부터 6개월 이전에 덤핑물품을 수입한 생산자
>   2. 덤핑물품의 수입량이 근소한 생산자
>
> ③ 영 제59조 제4항에 따라 특수관계에 있는 생산자의 범위를 판정함에 있어서 당해 수입물품과 동종물품의 생산자가 영 제23조 제1항에 따른 특수관계에 속하지 아니하는 자와 동일 또는 유사한 가격 및 조건 등으로 이를 판매하는 때에는 당해 생산자를 특수관계에 있는 생산자의 범위에서 제외할 수 있다.

⑤ 제1항에서 "국내산업에 이해관계가 있는 자"라 함은 실질적 피해등을 받은 국내산업에 속하는 국내생산자와 이들을 구성원으로 하거나 이익을 대변하는 법인·단체 및 개인으로서 기획재정부령이 정하는 자를 말한다.

> **관세법 시행규칙**
>
> **규칙 제11조(덤핑방지관세의 부과요청)** ④ 영 제59조 제5항에서 "기획재정부령이 정하는 자"란 국내생산자로 구성된 협회·조합 등을 말한다.

⑥ 제1항에 따라 조사를 신청하려는 자는 다음 각 호의 자료를 무역위원회에 제출해야 한다.
  1. 다음 각 목의 사항을 기재한 신청서 3부
      가. 당해 물품의 품명·규격·특성·용도·생산자 및 생산량
      나. 당해 물품의 공급국·공급자·수출실적 및 수출가능성과 우리나라의 수입자·수입실적 및 수입가능성
      다. 당해 물품의 공급국에서의 공장도가격 및 시장가격과 우리나라에의 수출가격 및 제3국에의 수출가격
      라. 국내의 동종물품의 품명·규격·특성·용도·생산자·생산량·공장도가격·시장가격 및 원가계산
      마. 당해 물품의 수입으로 인한 국내산업의 실질적 피해등
      바. 국내의 동종물품생산자들의 당해 조사신청에 대한 지지 정도
      사. 신청서의 기재사항 및 첨부자료를 비밀로 취급할 필요가 있는 경우에는 그 사유
      아. 기타 기획재정부장관이 필요하다고 인정하는 사항
  2. 덤핑물품의 수입사실과 당해 물품의 수입으로 인한 실질적 피해등의 사실에 관한 충분한 증빙자료 3부

⑦ 무역위원회는 제6항에 따라 조사신청을 받은 사실을 기획재정부장관 및 관계 행정기관의 장과 해당 물품의 공급국 정부에 통보해야 한다. 이 경우 제6항 각 호의 자료는 제60조 제1항에 따른 조사개시결정을 한 후에 통보해야 한다.

영 제60조(덤핑 및 실질적 피해등의 조사개시) ① 무역위원회는 제59조 제1항에 따른 조사신청을 받은 경우 덤핑사실과 실질적인 피해 등의 사실에 관한 조사의 개시 여부를 결정하여 조사신청을 받은 날부터 2개월 이내에 그 결과와 다음 각 호의 사항을 기획재정부장관에게 통보하여야 한다.
  1. 조사대상 물품(조사대상물품이 많은 경우에는 기획재정부령이 정하는 바에 따라 선정된 조사대상물품)
  2. 조사대상 기간
  3. 조사대상 공급자(조사대상공급자가 많은 경우에는 기획재정부령이 정하는 바에 따라 선정된 조사대상 공급자)

> **관세법 시행규칙**
>
> **규칙 제12조(덤핑 및 실질적 피해등의 조사개시)** ① 영 제60조 제1항 제1호 및 제3호의 규정에 의하여 조사대상 물품 또는 공급자를 선정함에 있어서는 이용가능한 자료를 기초로 통계적으로 유효한 표본추출방법(공급자의 수 또는 물품의 수를 수입량의 비율이 큰 순서대로 선정하는 방법 등을 포함한다)을 사용함을 원칙으로 한다.

② 무역위원회는 제1항에 따라 조사의 개시 여부를 결정할 때에 조사신청이 다음 각 호의 어느 하나에 해당하면 그 조사신청을 기각하여야 한다.
  1. 신청서를 제출한 자가 제59조 제1항의 규정에 의하여 부과요청을 할 수 있는 자가 아닌 경우
  2. 덤핑사실과 실질적인 피해 등의 사실에 관한 충분한 증빙자료를 제출하지 아니한 경우
  3. 덤핑차액 또는 덤핑물품의 수입량이 기획재정부령이 정하는 기준에 미달되거나 실질적 피해등이 경미하다고 인정되는 경우

> **관세법 시행규칙**
>
> **규칙 제12조(덤핑 및 실질적 피해등의 조사개시)** ② 영 제60조 제2항 제3호에서 "기획재정부령이 정하는 기준"이란 다음 각 호의 요건을 모두 갖추는 것을 말한다.
>   1. 덤핑차액: 덤핑가격의 100분의 2 이상인 경우
>   2. 덤핑물품 수입량: 다음 각 목의 어느 하나에 해당하는 경우
>   가. 특정 공급국으로부터의 수입량이 동종물품의 국내수입량의 100분의 3 이상인 경우
>   나. 동종물품의 국내수입량의 100분의 3 미만의 점유율을 보이는 공급국들로부터의 수입량의 합계가 국내수입량의 100분의 7을 초과하는 경우

  4. 당해 조사신청에 찬성의사를 표시한 국내생산자들의 생산량합계가 기획재정부령이 정하는 기준에 미달된다고 인정되는 경우

> **관세법 시행규칙**
>
> **규칙 제12조(덤핑 및 실질적 피해등의 조사개시)** ③ 영 제60조 제2항 제4호에서 "기획재정부령이 정하는 기준"이란 다음 각 호의 어느 하나에 해당하는 경우를 말한다.
>   1. 영 제59조 제1항에 의한 부과요청에 대하여 찬성 또는 반대의사를 표시한 국내생산자들의 동종물품 국내생산량합계 중 찬성의사를 표시한 국내생산자들의 생산량합계가 100분의 50을 초과하는 경우
>   2. 영 제59조 제1항에 의한 부과요청에 대하여 찬성의사를 표시한 국내생산자들의 생산량합계가 동종물품 국내총생산량의 100분의 25 이상인 경우

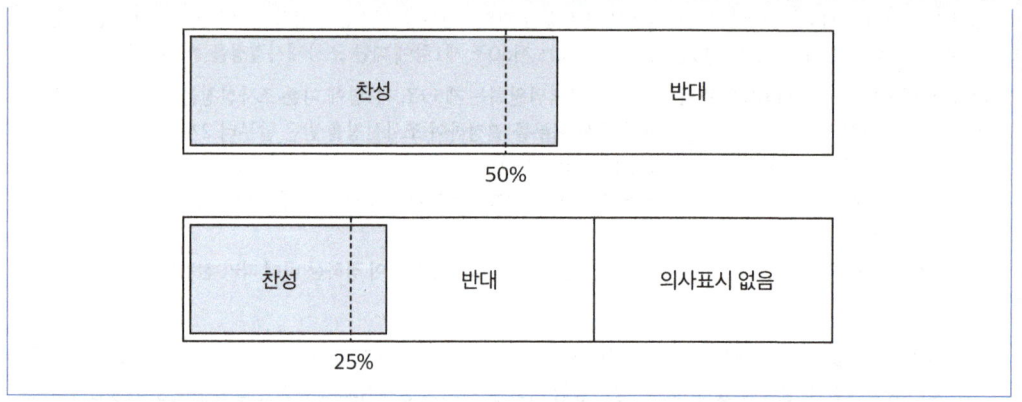

5. 조사개시 전에 국내산업에 미치는 나쁜 영향을 제거하기 위한 조치가 취하여지는 등 조사개시가 필요 없게 된 경우

③ 무역위원회는 제1항에 따른 조사개시결정을 한 때에는 그 **결정일부터 10일 이내**에 조사개시의 결정에 관한 사항을 조사신청자, 해당 물품의 공급국 정부 및 공급자, 그 밖의 이해관계인에게 **통지하고, 관보에 게재**해야 한다. 이 경우 해당 물품의 공급국 정부 및 공급자에게는 제59조 제6항 각 호의 자료를 함께 제공해야 한다.

참고 조사개시 결정사항 통지 절차

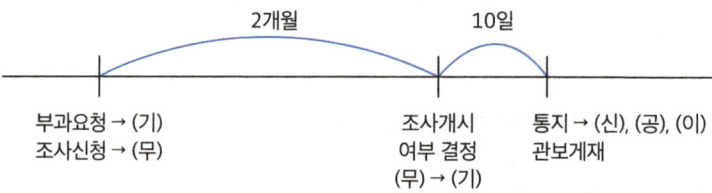

④ 무역위원회는 제1항 제1호에 따른 조사대상물품의 품목분류 등에 대해서는 관세청장과 협의하여 선정할 수 있다.

제52조(덤핑 및 실질적 피해등의 조사)

① 덤핑 사실과 실질적 피해등의 사실에 관한 조사

제51조에 따른 덤핑 사실과 실질적 피해등의 사실에 관한 조사는 <u>대통령령</u>으로 정하는 바에 따른다.

② 덤핑방지관세 부과 시 고려할 사항

기획재정부장관은 덤핑방지관세를 부과할 때 관련 산업의 경쟁력 향상, 국내 시장구조, 물가안정, 통상협력 등을 고려할 필요가 있는 경우에는 이를 조사하여 반영할 수 있다.

관세법 시행령

영 제61조(덤핑 및 실질적 피해등의 조사) ① 법 제52조의 규정에 의한 덤핑사실 및 실질적 피해등의 사실에 관한 조사는 무역위원회가 담당한다. 이 경우 무역위원회는 필요하다고 인정하는 때에는 관계행정기관의 공무원 또는 관계전문가로 하여금 조사활동에 참여하도록 할 수 있다.

② 무역위원회는 제60조 제3항 전단에 따라 조사개시의 결정에 관한 사항이 관보에 게재된 날부터 3월 이내에 덤핑사실 및 그로 인한 실질적 피해등의 사실이 있다고 추정되는 충분한 증거가 있는지에 관한 예비조사를 하여 그 결과를 기획재정부장관에게 제출해야 한다.

③ 기획재정부장관은 제2항의 규정에 의한 예비조사결과가 제출된 날부터 1월 이내에 법 제53조 제1항의 규정에 의한 조치의 필요 여부 및 내용에 관한 사항을 결정하여야 한다. 다만, 필요하다고 인정되는 경우에는 20일의 범위 내에서 그 결정기간을 연장할 수 있다.

④ 무역위원회는 제2항의 규정에 의한 예비조사에 따른 덤핑차액 또는 덤핑물품의 수입량이 기획재정부령이 정하는 기준에 미달하거나 실질적 피해등이 경미한 것으로 인정되는 때에는 제5항의 규정에 의한 본조사를 종결하여야 한다. 이 경우 무역위원회는 기획재정부장관에게 본조사 종결에 관한 사항을 통보해야 하며, 기획재정부장관은 이를 관보에 게재해야 한다.

관세법 시행규칙

규칙 제13조(덤핑방지관세부과를 위한 본조사의 종결 및 피해의 통산) 영 제61조 제4항 및 영 제63조 제3항 제1호에서 "기획재정부령이 정하는 기준"이란 제12조 제2항 각 호의 요건을 모두 갖추는 것을 말한다.

⑤ 무역위원회는 기획재정부령이 정하는 특별한 사유가 없는 한 제2항의 규정에 의한 예비조사결과를 제출한 날의 다음 날부터 본조사를 개시하여야 하며, 본조사개시일부터 3월 이내에 본조사결과를 기획재정부장관에게 제출하여야 한다.

⑥ 무역위원회는 제2항 및 제5항의 규정에 의한 조사와 관련하여 조사기간을 연장할 필요가 있거나 이해관계인이 정당한 사유를 제시하여 조사기간의 연장을 요청하는 때에는 2월의 범위에서 추가로 그 조사기간을 연장할 수 있다.

⑦ 기획재정부장관은 제5항에 따른 본조사 결과가 접수되면 제60조 제3항 전단에 따른 관보게재일부터 12개월 이내에 덤핑방지관세의 부과 여부 및 내용을 결정하여 법 제51조에 따른 덤핑방지관세의 부과조치를 해야 한다. 다만, 특별한 사유가 있다고 인정되는 경우에는 관보게재일부터 18개월 이내에 덤핑방지관세의 부과조치를 할 수 있다.

⑧ 제6항에도 불구하고 기획재정부장관은 제7항 단서에 따라 18개월 이내에 덤핑방지관세의 부과조치를 할 특별한 사유가 있다고 인정하는 경우 무역위원회와 협의하여 제6항에 따른 본조사기간을 2개월의 범위에서 연장하게 할 수 있다.

⑨ 무역위원회는 제2항 및 제5항에 따라 조사결과를 제출하는 경우 필요하다고 인정되는 때에는 기획재정부장관에게 다음 각 호의 사항을 건의할 수 있다.
  1. 법 제51조의 규정에 의한 덤핑방지관세부과
  2. 법 제53조 제1항의 규정에 의한 잠정조치
  3. 법 제54조 제1항에 따른 약속의 제의 또는 수락

⑩ 제1항부터 제9항까지에서 규정한 사항 외에 덤핑방지관세부과 신청·조사·판정 절차에 관하여 필요한 사항은 무역위원회가 기획재정부장관과 협의하여 고시한다.

> **참고** 덤핑 및 실질적 피해등의 조사(영 제61조)

1. 조사주체(영 제61조 제1항)
2. 예비조사
   (1) 예비조사 결과 제출(영 제61조 제2항)
   (2) 잠정조치 필요 여부 등 결정(영 제61조 제3항)
   (3) 본조사 종결(영 제61조 제4항)
3. 본조사(영 제61조 제5항)
4. 조사기간의 연장(영 제61조 제6항)
5. 덤핑방지관세 부과 조치(영 제61조 제7항)
6. 본조사기간 추가 연장(영 제61조 제8항)
7. 덤핑방지조치 건의(영 제61조 제9항)
8. 절차 고시(영 제61조 제10항)

> **관세법 시행령**

영 제62조(덤핑방지관세 부과요청의 철회) ① 제59조 제1항의 규정에 의하여 조사를 신청한 자는 당해 신청을 철회하고자 하는 때에는 서면으로 그 뜻을 무역위원회에 제출하여야 한다. 이 경우 무역위원회는 제61조 제2항의 규정에 의한 예비조사결과를 제출하기 전에 당해 철회서를 접수한 때에는 기획재정부장관 및 관계행정기관의 장과 협의하여 제60조 제1항의 규정에 의한 조사개시 여부의 결정을 중지하거나 제61조 제2항의 규정에 의한 예비조사를 종결할 수 있으며, 제61조 제2항의 예비조사결과를 제출한 후에 당해 철회서를 접수한 때에는 기획재정부장관에게 이를 통보하여야 한다.
② 기획재정부장관은 제1항의 규정에 의한 통보를 받은 때에는 무역위원회 및 관계행정기관의 장과 협의하여 제61조의 규정에 의한 조사를 종결하도록 할 수 있으며, 법 제53조 제1항의 규정에 의한 잠정조치가 취하여진 경우에는 이를 철회할 수 있다.
③ 기획재정부장관은 제2항 후단의 규정에 의하여 잠정조치를 철회하는 때에는 당해 잠정조치에 의하여 납부된 잠정덤핑방지관세를 환급하거나 제공된 담보를 해제하여야 한다.

> **관세법 시행규칙**
>
> **규칙 제14조(덤핑방지관세부과에 필요한 조사신청의 철회)** ① 영 제62조 제1항의 규정에 의하여 조사신청을 철회하고자 하는 자는 철회사유를 기재한 철회서 및 관련자료를 무역위원회에 제출하여야 한다.
> ② 기획재정부장관 또는 무역위원회는 영 제61조 제2항 또는 제5항의 규정에 의한 예비조사 또는 본조사의 기간 중에 철회서가 접수된 경우로서 해당 철회의 사유가 부당하다고 인정되는 경우에는 해당 예비조사 또는 본조사가 종료될 때까지 철회에 따른 조사종결 여부에 대한 결정을 유보할 수 있다.

영 제63조(실질적 피해등의 판정) ① 무역위원회는 제61조에 따라 실질적 피해등의 사실을 조사·판정하는 때에는 다음 각 호의 사항을 포함한 실질적 증거에 근거해야 한다.
  1. 덤핑물품의 수입물량(당해 물품의 수입이 절대적으로 또는 국내생산이나 국내소비에 대하여 상대적으로 뚜렷하게 증가되었는지 여부를 포함한다)
  2. 덤핑물품의 가격(국내 동종물품의 가격과 비교하여 뚜렷하게 하락되었는지 여부를 포함한다)
  3. 덤핑차액의 정도(덤핑물품의 수입가격이 수출국내 정상가격과 비교하여 뚜렷하게 하락되었는지 여부를 포함한다)
  4. 국내산업의 생산량·가동률·재고·판매량·시장점유율·가격(가격하락 또는 인상억제의 효과를 포함한다)·이윤·생산성·투자수익·현금수지·고용·임금·성장·자본조달·투자능력
  5. 제1호 및 제2호의 내용이 국내산업에 미치는 실재적 또는 잠재적 영향

② 제1항에 따라 실질적인 피해등을 조사·판정하는 경우 실질적 피해등을 받을 우려가 있는지에 대한 판정은 제1항 각 호의 사항뿐만 아니라 다음 각 호의 사항을 포함한 사실에 근거를 두어야 하며, 덤핑물품으로 인한 피해는 명백히 예견되고 급박한 것이어야 한다.
1. 실질적인 수입증가의 가능성을 나타내는 덤핑물품의 현저한 증가율
2. 우리나라에 덤핑수출을 증가시킬 수 있는 생산능력의 실질적 증가(다른 나라에의 수출가능성을 고려한 것이어야 한다)
3. 덤핑물품의 가격이 동종물품의 가격을 하락 또는 억제시킬 수 있는지 여부 및 추가적인 수입수요의 증대 가능성
4. 덤핑물품의 재고 및 동종물품의 재고상태

③ 무역위원회는 제1항의 규정에 의하여 실질적 피해등의 사실을 조사·판정함에 있어 2 이상의 국가로부터 수입된 물품이 동시에 조사대상물품이 되고 다음 각 호에 모두 해당하는 경우에는 그 수입으로부터의 피해를 누적적으로 평가할 수 있다.
1. 덤핑차액 및 덤핑물품의 수입량이 기획재정부령이 정하는 기준에 해당하는 경우
2. 덤핑물품이 상호 경쟁적이고 국내 동종물품과 경쟁적인 경우

④ 무역위원회는 덤핑물품 외의 다른 요인으로서 국내산업에 피해를 미치는 요인들을 조사해야 하며, 이러한 요인들에 의한 산업피해 등을 덤핑물품으로 인한 것으로 간주해서는 안 된다.

영 제64조(이해관계인에 대한 자료협조요청) ① 기획재정부장관 또는 무역위원회는 법 제52조의 규정에 의한 조사 및 덤핑방지관세의 부과 여부 등을 결정하기 위하여 필요하다고 인정하는 때에는 관계행정기관·국내생산자·공급자·수입자 및 이해관계인에게 관계자료의 제출 등 필요한 협조를 요청할 수 있다. 다만, 공급자에게 덤핑사실 여부를 조사하기 위한 질의를 하는 때에는 회신을 위하여 질의서발송일부터 40일 이상의 회신기간을 주어야 하며 공급자가 사유를 제시하여 동 기한의 연장을 요청할 경우 이에 대하여 적절히 고려하여야 한다.

② 기획재정부장관 또는 무역위원회는 제1항, 제8항 후단 및 제59조 제6항에 따라 제출된 자료 중 성질상 비밀로 취급하는 것이 타당하다고 인정되거나 조사신청자나 이해관계인이 정당한 사유를 제시하여 비밀로 취급해 줄 것을 요청한 자료에 대해서는 해당 자료를 제출한 자의 명시적인 동의 없이 이를 공개해서는 안 된다.

> **관세법 시행규칙**
>
> **규칙 제15조(덤핑방지조치 관련 비밀취급자료)** 영 제64조 제2항에 따라 비밀로 취급하는 자료는 다음 각 호의 사항에 관한 자료로서 이들이 공개되는 경우 그 제출자나 이해관계인의 이익이 침해되거나 그 경쟁자에게 중대한 경쟁상 이익이 될 우려가 있는 것으로 한다.
> 1. 제조원가
> 2. 공표되지 않은 회계자료
> 3. 거래처의 성명·주소 및 거래량
> 4. 비밀정보의 제공자에 관한 사항
> 5. 그 밖에 비밀로 취급하는 것이 타당하다고 인정되는 자료

③ 기획재정부장관 또는 무역위원회는 제2항의 규정에 의하여 비밀로 취급하여 줄 것을 요청한 자료를 제출한 자에게 당해 자료의 비밀이 아닌 요약서의 제출을 요구할 수 있다. 이 경우 당해 자료를 제출한 자가 그 요약서를 제출할 수 없는 때에는 그 사유를 기재한 서류를 제출하여야 한다.

④ 기획재정부장관 또는 무역위원회는 제2항의 규정에 의한 비밀취급요청이 정당하지 아니하다고 인정됨에도 불구하고 자료의 제출자가 정당한 사유 없이 자료의 공개를 거부하는 때 또는 제3항의 규정에 의한 비밀이 아닌 요약서의 제출을 거부한 때에는 당해 자료의 정확성이 충분히 입증되지 아니하는 한 당해 자료를 참고하지 아니할 수 있다.

⑤ 기획재정부장관 또는 무역위원회는 법 제52조의 조사 및 덤핑방지관세의 부과 여부 등을 결정함에 있어서 이해관계인이 관계자료를 제출하지 아니하거나 무역위원회의 조사를 거부·방해하는 경우 등의 사유로 조사 또는 자료의 검증이 곤란한 경우에는 이용가능한 자료 등을 사용하여 덤핑방지를 위한 조치를 할 것인지 여부를 결정할 수 있다.

> 관세법 시행규칙

규칙 제15조의2(덤핑방지조치 관련 이용가능한 자료) ① 무역위원회는 이해관계인이 관계자료를 제출하지 않거나 제출한 자료가 불충분하여 영 제64조 제5항에 따라 조사 또는 자료의 검증이 곤란하다고 판단한 경우에는 그 사실을 즉시 해당 이해관계인에게 통보하고, 특별한 사정이 없는 한 7일 이내에 추가 자료제출 또는 설명을 할 수 있는 기회를 제공해야 한다.
② 무역위원회는 영 제64조 제5항에 따라 이용가능한 자료를 사용할 경우 조사절차가 지나치게 지연되지 않는 한 공식 수입통계 등 다른 자료로부터 취득하거나 조사 과정에서 다른 이해관계인으로부터 얻은 정보를 확인해야 한다.
③ 무역위원회는 영 제64조 제5항에 따라 이용가능한 자료를 사용하여 조사·판정한 경우에는 해당 자료를 사용한 사유를 영 제71조 제2항 제3호 및 제9호에 따른 통지(영 제71조의9 제1항에 따라 준용되는 경우에는 영 제71조의11 제2항 제2호 나목에 따른 통지를 말한다) 시에 이해관계인에게 함께 통지해야 한다.

⑥ 기획재정부장관 및 무역위원회는 덤핑방지관세의 부과절차와 관련하여 이해관계인으로부터 취득한 정보·자료 및 인지한 사실을 다른 목적으로 사용할 수 없다.
⑦ 기획재정부장관 및 무역위원회는 이해관계인이 제59조 제6항에 따라 제출한 관계증빙자료와 제1항, 제8항 후단 및 제68조에 따라 제출 또는 통보된 자료 중 비밀로 취급되는 것 외의 자료 제공을 요청하는 경우에는 특별한 사유가 없는 이에 따라야 한다. 이 경우 이해관계인의 자료제공요청은 그 사유 및 자료목록을 기재한 서면으로 해야 한다.
⑧ **기획재정부장관 또는 무역위원회**는 필요하다고 인정하거나 이해관계인의 요청이 있는 때에는 이해관계인에게 공청회 등을 통해 의견을 진술할 기회를 주거나 상반된 이해관계인과 협의할 수 있는 기회를 줄 수 있다. 이 경우 이해관계인이 구두로 진술하거나 협의한 내용은 공청회 등이 있은 후 7일 이내에 서면으로 제출된 경우에만 해당 자료를 참고할 수 있다.

> 관세법 시행규칙

규칙 제16조(덤핑방지관세부과를 위한 공청회) ① 무역위원회는 영 제64조 제8항 전단에 따라 공청회를 개최하는 때에는 그 계획 및 결과를 기획재정부장관에게 통보해야 한다.
② 기획재정부장관 및 무역위원회는 공청회를 개최하고자 하는 때에는 신청인 및 이해관계인에게 공청회의 일시 및 장소를 개별통지하고, 관보 등 적절한 방법으로 **공청회개최일 30일 이전에 공고**하여야 한다. 다만, 사안이 시급하거나 조사일정상 불가피한 때에는 7일 이전에 알려줄 수 있다.
③ 공청회에 참가하고자 하는 자는 **공청회개최예정일 7일 전까지** 신청인 또는 이해관계인이라는 소명자료와 진술할 발언의 요지, 관련근거자료, 자신을 위하여 진술할 자의 인적사항 등을 첨부하여 기획재정부장관 및 무역위원회에 신청하여야 한다.
④ 신청인 또는 이해관계인은 공청회에 대리인과 공동으로 참가하여 진술하거나 필요한 때에는 대리인으로 하여금 진술하게 할 수 있다.
⑤ 공청회에 참가하는 자는 공청회에서 진술한 내용과 관련되는 보완자료를 **공청회 종료 후 7일 이내**에 기획재정부장관 및 무역위원회에 서면으로 제출할 수 있다.
⑥ 신청인 또는 이해관계인은 공청회에서 진술하는 때에는 한국어를 사용하여야 한다.
⑦ 외국인이 공청회에 직접 참가하는 때에는 **통역사를 대동**할 수 있다. 이 경우 통역사가 통역한 내용을 당해 외국인이 진술한 것으로 본다.

영 제65조(덤핑방지관세의 부과) ① 법 제51조에 따른 덤핑방지관세는 실질적 피해등을 구제하기 위해 필요한 범위에서 부과한다.

> **관세법 시행규칙**
>
> **규칙 제17조(덤핑방지관세의 부과 등)** ① 법 제51조의 규정에 의하여 덤핑방지관세를 부과하는 때에는 다음 각 호의 방법에 의한다.
> 1. 덤핑방지관세를 정률세의 방법으로 부과하는 경우: 다음의 산식에 의하여 산정된 덤핑률의 범위 안에서 결정한 율을 과세가격에 곱하여 산출한 금액
>
> $$덤핑률 = \frac{조정된\ 정상가격 - 조정된\ 덤핑가격}{과세가격} \times 100$$
>
> 2. 덤핑방지관세를 기준수입가격의 방법으로 부과하는 경우: 영 제65조 제7항에 따른 기준수입가격에서 과세가격을 차감하여 산출한 금액

② 제60조 제1항 제2호에 따른 조사대상기간(이하 이 조에서 "조사대상기간"이라 한다)에 수출을 한 공급자 중 다음 각 호의 자에 대해서는 공급자 또는 공급국별로 덤핑방지관세율 또는 기준수입가격을 정하여 부과한다. 다만, 정당한 사유 없이 제64조 제1항에 따른 자료제출 요청에 응하지 않거나 같은 조 제4항에 따라 자료의 공개를 거부하는 경우 및 그 밖의 사유로 조사 또는 자료의 검증이 곤란한 공급자에 대해서는 단일 덤핑방지관세율 또는 단일 기준수입가격을 정하여 부과할 수 있다.
   1. 제60조 제1항 제3호에 따른 조사대상 공급자(이하 이 조에서 "조사대상공급자"라 한다)
   2. 조사대상공급자와 제23조 제1항에 따른 특수관계가 있는 공급자

③ 법 제51조에 따라 공급국을 지정하여 덤핑방지관세를 부과하는 경우로서 조사대상기간에 수출을 한 공급자 중 제2항을 적용받지 않는 자 및 조사대상기간 후에 수출하는 해당 공급국의 신규 공급자(이하 이 조에서 "신규공급자"라 한다)에 대해서는 다음 각 호에 따라 덤핑방지관세를 부과한다.
   1. 조사대상공급자에게 적용되는 덤핑방지관세율 또는 기준수입가격을 기획재정부령으로 정하는 바에 따라 가중평균한 덤핑방지관세율 또는 기준수입가격을 적용하여 부과할 것

> **관세법 시행규칙**
>
> **규칙 제17조(덤핑방지관세의 부과 등)** ② 영 제65조 제3항 제1호에 따라 가중평균 덤핑방지관세율 또는 기준수입가격을 산정함에 있어서 공급자가 다수인 때에는 공급자별 수출량에 따라 가중치를 둘 수 있다. 이 경우 다음 각 호의 어느 하나에 해당하는 공급자는 산정대상에서 제외한다.
>   1. 덤핑차액이 없거나 덤핑가격대비 덤핑차액이 100분의 2 미만인 공급자
>   2. 영 제64조 제5항에 따라 이용가능한 자료 등을 사용하여 덤핑차액 등을 산정한 공급자

   2. 제1호에도 불구하고 제64조에 따라 자료를 제출한 자에 대해서는 조사를 통해 공급자 또는 공급국별로 덤핑방지관세율 또는 기준수입가격을 정하여 부과할 것. 이 경우 해당 자료를 제출한 신규공급자에 대해서는 기획재정부령으로 정하는 바에 따라 조사대상공급자와 다른 조사방법 및 조사절차를 적용할 수 있다.
   3. 제1호 및 제2호에도 불구하고 조사대상공급자와 제23조 제1항에 따른 특수관계가 있는 신규공급자에 대해서는 조사대상공급자에 대한 덤핑방지관세율 또는 기준수입가격을 적용하여 부과할 것. 다만, 정당한 사유 없이 특수관계 관련 자료를 제출하지 않는 등의 사유로 특수관계 여부에 대한 검증이 곤란한 신규공급자에 대해서는 단일 덤핑방지관세율 또는 단일 기준수입가격을 정하여 부과할 수 있다.

> **관세법 시행규칙**
>
> **규칙 제17조(덤핑방지관세의 부과 등)** ③ 기획재정부장관은 영 제65조 제3항 제2호에 따라 자료를 제출한 신규공급자에 대하여 영 제61조의 규정에 의한 조사를 조속히 행하여야 한다. 이 경우 실질적 피해등의 조사는 영 제65조 제3항 각 호 외의 부분에 따른 공급국에 대한 실질적 피해등의 조사로 갈음할 수 있다.

④ 제3항 제2호 전단에 따라 신규공급자에 대한 조사가 개시된 경우 세관장은 그 신규공급자가 공급하는 물품에 대하여 이를 수입하는 자로부터 담보를 제공받고 조사 완료일까지 덤핑방지관세의 부과를 유예할 수 있다.
⑤ 제3항 제2호 전단에 따라 신규공급자에 대해 정한 덤핑방지관세율 또는 기준수입가격은 해당 조사의 개시일부터 적용한다.
⑥ 제3항 제2호 전단에 따라 조사가 개시된 신규공급자의 가격수정·수출중지 등의 약속에 관하여는 제68조 제1항부터 제3항까지, 제5항 및 제6항을 준용한다. 이 경우 제68조 제1항 전단 중 "제61조 제5항의 규정에 의한 본조사의 결과에 따른 최종판정"은 "제65조 제3항 제2호 전단에 따른 조사의 종결"로 본다.
⑦ 제2항 및 제3항에 규정된 기준수입가격은 제58조 제5항의 규정에 의하여 조정된 공급국의 정상가격에 수입관련 비용을 가산한 범위 안에서 결정한다.

제53조(덤핑방지관세를 부과하기 전의 잠정조치)

① 잠정조치

기획재정부장관은 덤핑방지관세의 부과 여부를 결정하기 위하여 조사가 시작된 경우로서 다음 각 호의 어느 하나에 해당하는 경우에는 조사기간 중에 발생하는 피해를 방지하기 위하여 해당 조사가 종결되기 전이라도 대통령령으로 정하는 바에 따라 그 물품과 공급자 또는 공급국 및 기간을 정하여 잠정적으로 추계(推計)된 덤핑차액에 상당하는 금액 이하의 잠정덤핑방지관세를 추가하여 부과하도록 명하거나 담보를 제공하도록 명하는 조치(이하 이 관에서 "잠정조치"라 한다)를 할 수 있다.

1. 해당 물품에 대한 덤핑 사실 및 그로 인한 실질적 피해등의 사실이 있다고 추정되는 충분한 증거가 있는 경우
2. 제54조에 따른 약속을 위반하거나 약속의 이행에 관한 자료제출 요구 및 제출자료의 검증 허용 요구를 따르지 아니한 경우로서 이용할 수 있는 최선의 정보가 있는 경우

관세법 시행령

영 제66조(잠정조치의 적용) ① 법 제53조 제1항의 규정에 의한 잠정조치는 제61조 제2항의 규정에 의한 예비조사결과 덤핑사실 및 그로 인한 실질적 피해등의 사실이 있다고 추정되는 충분한 증거가 있다고 판정된 경우로서 당해 조사의 개시후 최소한 60일이 경과된 날 이후부터 적용할 수 있다.
② 제61조 제3항의 규정에 의한 잠정조치의 적용기간은 4월 이내로 하여야 한다. 다만, 당해 물품의 무역에 있어서 중요한 비중을 차지하는 공급자가 요청하는 경우에는 그 적용기간을 6월까지 연장할 수 있다.

관세법 시행규칙

규칙 제18조(잠정조치 적용기간의 연장요청) 영 제66조 제2항 단서의 규정에 의하여 잠정조치 적용기간의 연장을 요청하고자 하는 자는 그 잠정조치의 유효기간종료일 10일 전까지 이를 요청하여야 한다.

③ 제2항에도 불구하고 덤핑차액에 상당하는 금액 이하의 관세 부과로도 국내산업 피해를 충분히 제거할 수 있는지 여부를 조사하는 경우 등 기획재정부장관이 필요하다고 인정하는 때에는 국제협약에 따라 잠정조치의 적용기간을 9개월까지 연장할 수 있다.
④ 법 제53조 제1항의 규정에 의하여 제공되는 담보는 법 제24조 제1항 제1호부터 제4호까지 및 제7호에 해당하는 것으로서 잠정덤핑방지관세액에 상당하는 금액이어야 한다.

> **참고** 법 제24조 제1항 제1호부터 제4호까지 및 제7호
>
> 1. 금전
> 2. 국채 또는 지방채
> 3. 세관장이 인정하는 유가증권
> 4. 납세보증보험증권
> 7. 세관장이 인정하는 보증인의 납세보증서

② 전액 정산

다음 각 호의 어느 하나에 해당하는 경우에는 대통령령으로 정하는 바에 따라 납부된 잠정덤핑방지관세를 환급하거나 제공된 담보를 해제하여야 한다.

> 1. 잠정조치를 한 물품에 대한 덤핑방지관세의 부과요청이 철회되어 조사가 종결된 경우
> 2. 잠정조치를 한 물품에 대한 덤핑방지관세의 부과 여부가 결정된 경우
> 3. 제54조에 따른 약속이 수락된 경우

> **참고** 전액 정산
>
>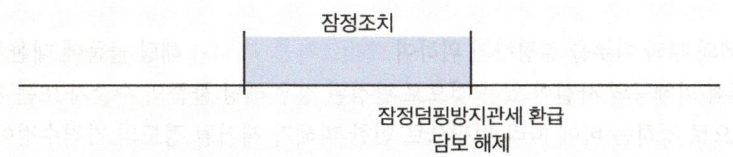

③ 차액 정산

제2항에도 불구하고 다음 각 호의 어느 하나에 해당하는 경우 덤핑방지관세액이 잠정덤핑방지관세액 또는 제공된 담보금액을 초과할 때에는 그 차액을 징수하지 아니하며, 덤핑방지관세액이 잠정덤핑방지관세액 또는 제공된 담보금액에 미달될 때에는 그 차액을 환급하거나 차액에 해당하는 담보를 해제하여야 한다.

> 1. 덤핑과 그로 인한 산업피해를 조사한 결과 해당 물품에 대한 덤핑 사실 및 그로 인한 실질적 피해등의 사실이 있는 것으로 판정된 이후에 제54조에 따른 약속이 수락된 경우
> 2. 제55조 단서에 따라 덤핑방지관세를 소급하여 부과하는 경우

> **참고** 차액 정산
>
>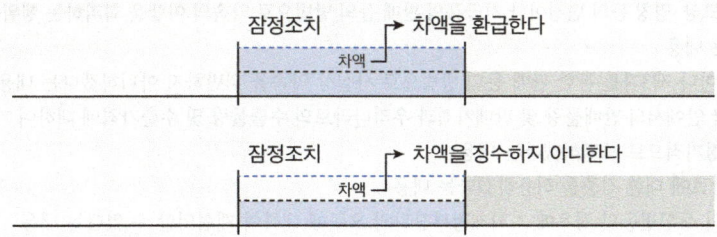

관세법 시행령

영 제67조(잠정덤핑방지관세액 등의 정산) ① 제69조 제1항의 규정에 해당되는 경우로서 법 제53조 제3항의 규정에 의하여 잠정조치가 적용된 기간 중에 수입된 물품에 대하여 부과하는 덤핑방지관세액이 잠정덤핑방지관세액과 같거나 많은 때에는 그 잠정덤핑방지관세액을 덤핑방지관세액으로 하여 그 차액을 징수하지 아니하며, 적은 때에는 그 차액에 상당하는 잠정덤핑방지관세액을 환급하여야 한다.

② 법 제53조 제1항의 규정에 의하여 담보가 제공된 경우로서 제69조 제1항의 규정에 해당되는 경우에는 당해 잠정조치가 적용된 기간 중에 소급부과될 덤핑방지관세액이 제공된 담보금액과 같거나 많은 경우에는 그 담보금액을 덤핑방지관세액으로 하여 그 차액을 징수하지 않으며, 적은 경우에는 그 차액에 상당하는 담보를 해제해야 한다.

③ 제68조 제1항의 규정에 의한 약속이 제61조 제5항의 규정에 의한 본조사의 결과에 따라 당해 물품에 대한 덤핑사실 및 그로 인한 실질적 피해등의 사실이 있는 것으로 판정된 후에 수락된 경우로서 조사된 최종덤핑률을 기초로 산정한 덤핑방지관세액이 잠정덤핑방지관세액 또는 제공된 담보금액과 같거나 많은 경우에는 그 차액을 징수하지 않으며, 적은 경우에는 그 차액을 환급하거나 차액에 상당하는 담보를 해제해야 한다.

제54조(덤핑방지관세와 관련된 약속의 제의)

① 약속의 제의

덤핑방지관세의 부과 여부를 결정하기 위하여 예비조사를 한 결과 해당 물품에 대한 덤핑 사실 및 그로 인한 실질적 피해등의 사실이 있는 것으로 판정된 경우 해당 물품의 수출자 또는 기획재정부장관은 대통령령으로 정하는 바에 따라 덤핑으로 인한 피해가 제거될 정도의 가격수정이나 덤핑수출의 중지에 관한 약속을 제의할 수 있다.

관세법 시행령

영 제68조(가격수정·수출중지 등의 약속) ① 덤핑방지관세의 부과여부를 결정하기 위한 조사가 개시된 물품의 수출자가 법 제54조 제1항에 따라 약속을 제의하거나 법 제54조 제2항 단서에 따라 피해조사를 계속하여 줄 것을 요청하고자 하는 때에는 제61조 제5항에 따른 본조사의 결과에 따라 최종판정을 하기 45일 전에 서면으로 그 뜻을 무역위원회에 제출해야 한다. 이 경우 무역위원회는 제출된 서류의 원본을 지체 없이 기획재정부장관에게 송부해야 한다.

관세법 시행규칙

규칙 제19조(가격수정·수출중지 등의 약속) ① 영 제68조 제1항에 따라 수출자가 기획재정부장관에게 약속을 제의하는 경우 그 약속에는 다음 각 호의 사항이 포함되어야 한다.
1. 수출자가 수출가격을 실질적 피해등이 제거될 수 있는 수준으로 인상한다는 내용 또는 기획재정부장관과 협의하여 정하는 기간 내에 덤핑수출을 중지한다는 내용
2. 약속수락 전까지 계약되거나 선적되는 물품에 관한 내용
3. 형식·모양·명칭 등의 변경이나 저급품의 판매 등의 방법으로 약속의 이행을 회피하는 행위를 하지 아니하겠다는 내용
4. 제3국이나 제3자를 통한 판매 등의 방법으로 사실상 약속을 위반하지 아니하겠다는 내용
5. 수출국 안에서의 판매물량 및 판매가격과 우리나라로의 수출물량 및 수출가격에 대하여 기획재정부장관에게 정기적으로 보고하겠다는 내용
6. 관련자료에 대한 검증을 허용하겠다는 내용
7. 그 밖의 상황변동의 경우에 기획재정부장관의 요구에 대하여 재협의할 수 있다는 내용

② 제1항의 규정에 의하여 제의한 약속의 내용이 즉시로 가격을 수정하거나 약속일부터 6월 이내에 덤핑수출을 중지하는 것인 때에는 기획재정부장관은 그 약속을 수락할 수 있다. 다만, 동 약속의 이행을 확보하는 것이 곤란하다고 인정되는 경우로서 기획재정부령이 정하는 경우에는 그러하지 아니하다.

> **관세법 시행규칙**
>
> **규칙 제19조(가격수정·수출중지 등의 약속)** ② 기획재정부장관은 영 제68조 제2항 본문에 따라 약속을 수락하기 전에 무역위원회, 관계행정기관의 장 및 이해관계인의 의견을 물을 수 있다.
> ③ 기획재정부장관은 다음 각 호의 어느 하나에 해당하는 경우에는 영 제68조 제2항 단서에 따라 약속을 수락하지 아니할 수 있다.
> 1. 다수의 수출자를 대리하여 약속을 제의한 자가 그 다수의 수출자 간에 완전한 합의가 이루어졌음을 입증하지 못하는 경우
> 2. 약속의 이행 여부에 대한 적절한 확인 또는 조사를 곤란하게 하는 조건이 있는 경우
> 3. 과거에 약속을 위반하였던 사실이 있는 등 약속을 수락할 수 없다고 인정되는 합리적인 사유가 있는 경우

③ 기획재정부장관은 필요하다고 인정되는 때에는 법 제54조 제1항의 규정에 의한 약속을 수출자를 지정하여 제의할 수 있다.

> **관세법 시행규칙**
>
> **규칙 제19조(가격수정·수출중지 등의 약속)** ④ 영 제68조 제3항에 따라 기획재정부장관으로부터 약속을 제의받은 수출자는 1개월 이내에 수락 여부를 통보하여야 한다.

④ 기획재정부장관은 제61조 제2항의 규정에 의한 예비조사결과 덤핑사실 및 그로 인한 실질적 피해등의 사실이 있다고 추정되는 충분한 증거가 있다고 판정하기 전에는 제2항의 규정에 의한 약속의 수락이나 제3항의 규정에 의한 약속의 제의를 할 수 없다.

② 약속의 수락

제1항에 따른 약속이 수락된 경우 기획재정부장관은 잠정조치 또는 덤핑방지관세의 부과 없이 조사가 중지 또는 종결되도록 하여야 한다. 다만, 기획재정부장관이 필요하다고 인정하거나 수출자가 조사를 계속하여 줄 것을 요청한 경우에는 그 조사를 계속할 수 있다.

> **관세법 시행령**
>
> **영 제68조(가격수정·수출중지 등의 약속)** ⑤ 기획재정부장관은 수출자가 법 제54조 제2항에 따라 수락된 약속을 이행하지 아니한 경우 덤핑방지를 위하여 다음 각 호의 구분에 따른 신속한 조치를 취할 수 있다. 이 경우 제2호에 따른 조치의 적용기간에 관하여는 제66조 제2항 및 제3항을 준용한다.
> 1. 법 제54조 제2항 단서에 따라 조사를 계속하여 덤핑방지관세율 등 부과내용을 정한 경우: 덤핑방지관세의 부과
> 2. 제1호 외의 경우: 법 제53조 제1항 제2호에 따른 잠정조치
> ⑥ 기획재정부장관이 법 제54조 제2항 단서의 규정에 의하여 조사를 계속한 결과 실질적 피해등의 사실이 없거나 덤핑차액이 없는 것으로 확인한 때에는 당해 약속의 효력은 소멸된 것으로 본다. 다만, 실질적 피해등의 사실이 없거나 덤핑차액이 없는 원인이 약속으로 인한 것으로 판단되는 때에는 기획재정부장관은 적정한 기간을 정하여 약속을 계속 이행하게 할 수 있으며, 수출자가 그 약속의 이행을 거부하는 때에는 이용 가능한 최선의 정보에 의하여 잠정조치를 실시하는 등 덤핑방지를 위한 신속한 조치를 취할 수 있다.

| 참고 | 약속의 제의

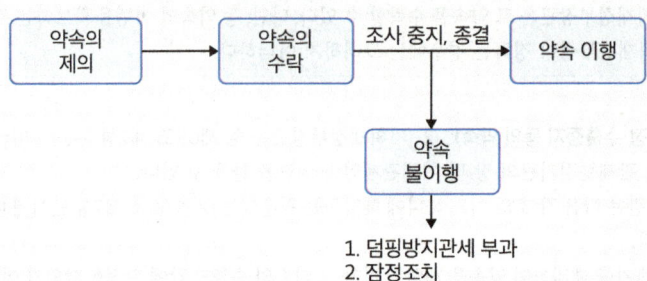

제55조(덤핑방지관세의 부과 시기)

덤핑방지관세의 부과와 잠정조치는 각각의 조치일 이후 수입되는 물품에 대하여 적용된다. 다만, 잠정조치가 적용된 물품에 대하여 국제협약에서 달리 정하는 경우와 그 밖에 대통령령으로 정하는 경우에는 그 물품에 대하여도 덤핑방지관세를 부과할 수 있다.

| 관세법 시행령

영 제69조(덤핑방지관세의 소급부과) ① 법 제55조 단서에 따라 잠정조치가 적용된 물품으로서 덤핑방지관세가 부과되는 물품은 다음과 같다.
1. 실질적 피해등이 있다고 최종판정이 내려진 경우 또는 실질적인 피해등의 우려가 있다는 최종판정이 내려졌으나 잠정조치가 없었다면 실질적인 피해등이 있다는 최종판정이 내려졌을 것으로 인정되는 경우에는 잠정조치가 적용된 기간 동안 수입된 물품
2. 비교적 단기간 내에 대량 수입되어 발생되는 실질적 피해등의 재발을 방지하기 위하여 덤핑방지관세를 소급하여 부과할 필요가 있는 경우로서 당해 물품이 과거에 덤핑되어 실질적 피해등을 입힌 사실이 있었던 경우 또는 수입자가 덤핑사실과 그로 인한 실질적 피해등의 사실을 알았거나 알 수 있었을 경우에는 잠정조치를 적용한 날부터 90일 전 이후에 수입된 물품
3. 법 제54조 제1항에 따른 약속(이하 이 호에서 "약속"이라 한다)을 위반하여 잠정조치가 적용된 물품의 수입으로 인한 실질적 피해등의 사실이 인정되는 경우에는 잠정조치를 적용한 날부터 90일 전 이후에 수입된 물품(기획재정부장관이 필요하다고 인정한 경우 약속을 위반한 물품으로 한정할 수 있다). 이 경우 약속위반일 이전에 수입된 물품을 제외한다.
4. 기타 국제협약에서 정하는 바에 따라 기획재정부장관이 정하는 기간에 수입된 물품

② 제59조의 규정에 의한 국내산업에 이해관계가 있는 자는 제61조 제5항의 규정에 의한 본조사의 결과에 따라 최종판정의 통지를 받은 날부터 7일 이내에 당해 물품이 제1항 각 호의 1에 해당된다는 증거를 제출하여 법 제55조 단서의 규정에 의한 덤핑방지관세의 부과를 요청할 수 있다.

참고 | 덤핑방지관세 부과시기 및 소급부과

0. 부과시기원칙(법 제55조)

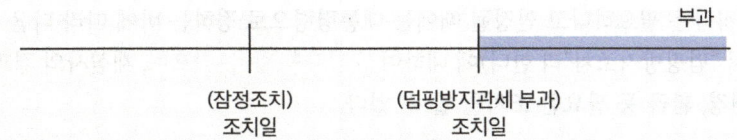

1. 잠정조치가 적용된 기간 동안 수입된 물품의 대한 소급부과(영 제69조 제1항 제1호)
   (1) 실질적 피해등이 있다고 최종판정이 내려진 경우
   (2) 실질적인 피해등의 우려가 있다는 최종판정이 내려졌으나 잠정조치가 없었다면 실질적인 피해등이 있다는 최종판정이 내려졌을 것으로 인정되는 경우

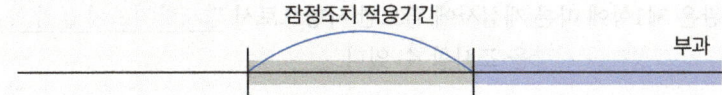

2. 잠정조치를 적용한 날부터 90일 전 이후에 수입된 물품에 대한 소급부과(영 제69조 제1항 제2호)
   비교적 단기간 내에 대량 수입되어 발생되는 실질적 피해등의 재발을 방지하기 위하여 덤핑방지관세를 소급하여 부과할 필요가 있는 경우

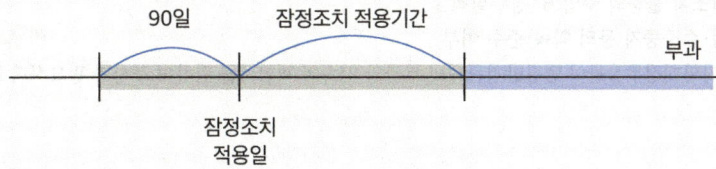

3. 잠정조치를 적용한 날부터 90일 전 이후에 수입된 물품에 대한 소급부과(영 제69조 제1항 제3호)
   약속을 위반하여 잠정조치가 적용된 물품의 수입으로 인한 실질적 피해등의 사실이 인정되는 경우(약속위반일 이전에 수입된 물품을 제외한다)

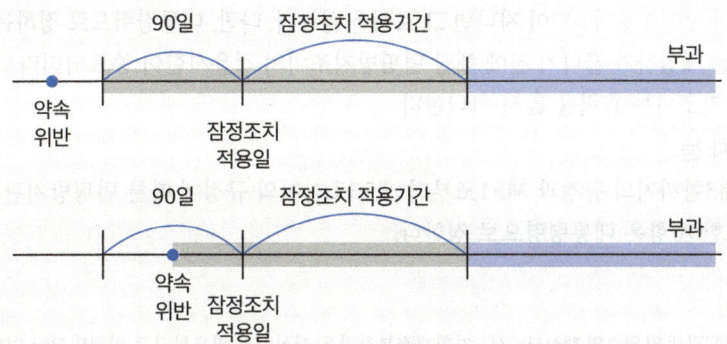

4. 기획재정부장관이 정하는 기간에 수입된 물품에 대한 소급부과(영 제69조 제1항 제4호)

제56조(덤핑방지관세에 대한 재심사 등)

① 재심사
기획재정부장관은 필요하다고 인정될 때에는 대통령령으로 정하는 바에 따라 다음 각 호의 조치(이하 이 조에서 "덤핑방지조치"라 한다)에 대하여 재심사를 할 수 있으며, 재심사의 결과에 따라 덤핑방지조치의 변경, 환급 등 필요한 조치를 할 수 있다.

> 1. 덤핑방지관세의 부과
> 2. 제54조에 따른 약속

② 재심사를 위한 조사
기획재정부장관은 제1항에 따른 재심사에 필요한 사항으로서 덤핑방지조치 물품의 수입 및 징수실적 등 대통령령으로 정하는 사항을 조사할 수 있다.

｜｜관세법 시행령

영 제70조(덤핑방지관세 및 약속의 재심사) ⑪ 법 제56조 제2항에서 "덤핑방지조치 물품의 수입 및 징수실적 등 대통령령으로 정하는 사항"이란 다음 각 호의 사항을 말한다.
  1. 덤핑방지조치 물품의 수입 및 징수실적
  2. 가격수정·수출중지 등의 약속 준수 여부
  3. 그 밖에 기획재정부장관이 덤핑방지관세의 부과와 약속의 재심사를 위하여 조사가 필요하다고 인정하는 사항

③ 유효기간
덤핑방지조치는 기획재정부령으로 그 적용시한을 따로 정하는 경우를 제외하고는 해당 덤핑방지조치의 시행일부터 5년이 지나면 그 효력을 잃으며, 제1항에 따라 덤핑과 산업피해를 재심사하고 그 결과에 따라 내용을 변경할 때에는 기획재정부령으로 그 적용시한을 따로 정하는 경우를 제외하고는 변경된 내용의 시행일부터 5년이 지나면 그 효력을 잃는다. 다만, 대통령령으로 정하는 사유로 재심사하는 경우에는 재심사가 끝나기 전에 해당 덤핑방지조치의 적용시한이 종료되더라도 재심사기간 동안 그 덤핑방지조치는 효력을 잃지 아니한다.

④ 재심사의 절차 등
제1항부터 제3항까지의 규정과 제51조부터 제55조까지의 규정에 따른 덤핑방지관세의 부과 및 시행 등에 필요한 사항은 대통령령으로 정한다.

｜｜관세법 시행령

영 제70조(덤핑방지관세 및 약속의 재심사) ① 기획재정부장관은 재심사가 필요하다고 인정되거나 이해관계인이나 해당 산업을 관장하는 주무부장관이 다음 각 호의 어느 하나에 해당하는 경우에 관한 명확한 정보 제공과 함께 재심사 요청서를 제출한 때에는 덤핑방지관세가 부과되고 있거나 법 제54조에 따른 약속(이하 이 조에서 "약속"이라 한다)이 시행되고 있는 물품에 대하여 법 제56조 제1항에 따른 재심사여부를 결정해야 한다.
  1. 덤핑방지관세 또는 약속(이하 "덤핑방지조치"라 한다)의 시행 이후 그 조치의 내용변경이 필요하다고 인정할 만한 충분한 상황변동이 발생한 경우
  2. 덤핑방지조치의 종료로 덤핑 및 국내산업피해가 지속되거나 재발될 우려가 있는 경우
  3. 실제 덤핑차액보다 덤핑방지관세액이 과다하게 납부된 경우 또는 약속에 따른 가격수정이 과도한 경우

관세법 시행규칙

규칙 제20조(덤핑방지관세 및 약속의 재심사) ① 영 제70조 제1항에 따라 덤핑방지관세 및 약속의 재심사를 요청할 수 있는 이해관계인은 다음 각 호와 같다.
1. 동종물품의 국내생산자 또는 그 단체
2. 당해 덤핑방지조치대상 물품의 공급자·수입자 또는 그 단체
3. 그 밖에 이해관계가 있다고 기획재정부장관이 인정하는 자

② 제1항에 따른 재심사의 요청은 덤핑방지조치의 시행일부터 1년이 경과된 날 이후에 할 수 있으며, 덤핑방지조치의 효력이 상실되는 날 6월 이전에 요청해야 한다.
③ 기획재정부장관은 제1항에 따라 재심사를 요청받은 날부터 2개월 이내에 재심사의 필요 여부를 결정해야 하며, 그 결정일부터 10일 이내에 재심사 개시의 결정에 관한 사항을 재심사 요청자, 해당 물품의 공급국 정부 및 공급자, 그 밖의 이해관계인에게 통지하고, 관보에 게재해야 한다. 이 경우 해당 물품의 공급국 정부 및 공급자에게는 제1항에 따른 요청서를 함께 제공해야 한다.
④ 기획재정부장관은 제1항의 규정에 의하여 재심사를 하는 경우 외에 시행 중인 덤핑방지조치의 적정성 여부에 관한 재심사를 할 수 있으며, 이를 위하여 덤핑방지조치의 내용(재심사에 따라 변경된 내용을 포함한다)에 관하여 매년 그 시행일이 속하는 달에 덤핑가격에 대한 재검토를 하여야 한다. 이 경우 관세청장은 재검토에 필요한 자료를 작성하여 매년 그 시행일이 속하는 달에 기획재정부장관에게 제출해야 한다.
⑤ 기획재정부장관은 제1항 또는 제4항에 따라 재심사의 필요 여부를 결정하는 때에는 관계행정기관의 장 및 무역위원회와 협의할 수 있으며, 재심사가 필요한 것으로 결정된 때에는 무역위원회는 이를 조사해야 한다. 이 경우 무역위원회는 재심사의 사유가 되는 부분에 한정하여 조사할 수 있다.
⑥ 무역위원회는 재심사 개시일부터 6개월 이내에 제5항에 따른 조사를 종결하여 그 결과를 기획재정부장관에게 제출해야 한다. 다만, 무역위원회는 조사기간을 연장할 필요가 있거나 이해관계인이 정당한 사유를 제시하여 조사기간의 연장을 요청하는 때에는 4개월의 범위에서 그 조사기간을 연장할 수 있다.
⑦ 기획재정부장관은 제6항에 따른 조사결과가 제출되면 제3항 전단에 따른 관보게재일부터 12개월 이내에 법 제56조 제1항에 따른 조치 여부 및 내용을 결정하여 필요한 조치를 해야 한다.
⑧ 법 제56조 제3항 단서에서 "대통령령으로 정하는 사유"란 제1항 제2호에 해당하는 경우를 말한다.
⑨ 제8항에 따라 재심사기간 중 덤핑방지관세가 계속 부과된 물품에 대하여 법 제56조 제1항에 따라 기획재정부장관이 새로운 덤핑방지관세의 부과 또는 가격수정·수출중지 등의 약속을 시행하는 때에는 제67조 제1항 및 제3항의 예에 따라 정산할 수 있다.
⑩ 기획재정부장관은 제1항 또는 제4항에 따른 재심사 결과 약속의 실효성이 상실되거나 상실될 우려가 있다고 판단되는 때에는 해당 약속을 이행하고 있는 수출자에게 약속의 수정을 요구할 수 있으며, 해당 수출자가 약속의 수정을 거부하는 때에는 이용가능한 정보를 바탕으로 덤핑방지관세율을 산정하여 덤핑방지관세를 부과할 수 있다.
⑫ 제1항에 따라 재심사를 요청한 자가 해당 요청을 철회하려는 경우에는 서면으로 그 뜻을 기획재정부장관에게 제출해야 한다. 이 경우 기획재정부장관은 무역위원회 및 관계 행정기관의 장과 협의하여 제3항 전단에 따른 재심사 개시 여부의 결정을 중지하거나 제5항에 따른 조사를 종결하도록 할 수 있다.
⑬ 제5항에 따른 조사를 위한 자료협조 요청에 관하여는 제64조를 준용하고, 법 제56조 제1항의 재심사 결과에 따른 기획재정부장관의 조치 중 덤핑방지관세의 부과에 관하여는 제65조를, 가격수정·수출중지 등의 약속에 관하여는 제68조 제1항 전단, 제2항·제3항·제5항 및 제6항을 준용한다. 이 경우 제68조 제1항 전단 중 "제61조 제5항의 규정에 의한 본조사의 결과에 따른 최종판정"은 "제70조 제5항에 따른 조사의 종결"로, "무역위원회"는 "기획재정부장관"으로 본다.

영 제71조(이해관계인에 대한 통지·공고 등) ① 기획재정부장관은 다음 각 호의 어느 하나에 해당하는 때에는 그 내용을 관보에 게재하고, 이해관계인에게 서면으로 통지해야 한다.
1. 법 제51조 및 법 제53조 제1항의 규정에 의한 조치를 결정하거나 당해 조치를 하지 아니하기로 결정한 때
2. 법 제54조 제1항의 규정에 의한 약속을 수락하여 조사를 중지 또는 종결하거나 조사를 계속하는 때

3. 법 제56조 제1항의 규정에 의한 재심사 결과 덤핑방지조치의 내용을 변경한 때
4. 법 제56조 제3항 단서 및 이 영 제70조 제8항에 따라 덤핑방지조치의 효력이 연장되는 때

② 기획재정부장관 또는 무역위원회는 다음 각 호의 어느 하나에 해당되는 때에는 그 내용을 이해관계인에게 통지해야 한다.
1. 제60조 제2항의 규정에 의하여 조사신청이 기각되거나 제61조 제4항의 규정에 의하여 조사가 종결된 때
2. 제61조 제2항의 규정에 의한 예비조사의 결과에 따라 예비판정을 한 때
3. 제61조 제5항의 규정에 의한 본조사의 결과에 따라 최종판정을 한 때
4. 제61조 제6항 및 제8항, 제70조 제6항 단서에 따라 조사기간을 연장한 때
5. 제61조 제7항 단서에 따라 기간을 연장한 때
6. 제62조 및 제70조 제12항에 따라 덤핑방지관세의 부과 요청 또는 재심사 요청이 철회되어 조사의 개시 여부 또는 재심사의 개시 여부에 관한 결정이 중지되거나 조사가 종결된 때
7. 제66조 제2항 또는 제3항의 규정에 의하여 잠정조치의 적용기간을 연장한 때
8. 제68조 제3항의 규정에 의하여 기획재정부장관이 약속을 제의한 때
9. 제70조 제6항에 따른 재심사 조사의 결과에 따라 최종판정을 한 때

③ 기획재정부장관 또는 무역위원회는 조사과정에서 제61조의 규정에 의한 조사와 관련된 이해관계인의 서면요청이 있는 때에는 조사의 진행상황을 통지하여야 한다.

④ 무역위원회는 제61조 제5항에 따른 본조사의 결과 및 제70조 제6항에 따른 재심사조사의 결과에 따라 최종판정을 하기 전에 해당 판정의 근거가 되는 핵심적 고려사항을 관련된 이해관계인에게 통지해야 한다.

제56조의2(우회덤핑 물품에 대한 덤핑방지관세의 부과)

① 우회덤핑 물품에 대한 덤핑방지관세의 부과

다음 각 호의 어느 하나에 해당하는 경우로서 제51조에 따라 덤핑방지관세가 부과되는 물품의 물리적 특성이나 형태 등을 경미하게 변경하는 행위 등 대통령령으로 정하는 행위를 통하여 해당 덤핑방지관세의 부과를 회피(이하 "우회덤핑"이라 한다)하려는 사실이 조사를 통하여 확인되는 경우에는 기획재정부령으로 그 물품을 지정하여 같은 조에 따른 덤핑방지관세를 부과할 수 있다.

> 1. 제51조에 따른 부과요청을 한 자가 우회덤핑 해당 여부에 대한 조사를 신청한 경우
> 2. 그 밖에 대통령령으로 정하는 경우

|| 관세법 시행령

영 제71조의2(우회덤핑의 행위 유형) ① 법 제56조의2 제1항 각 호 외의 부분에서 "제51조에 따라 덤핑방지관세가 부과되는 물품의 물리적 특성이나 형태 등을 경미하게 변경하는 행위 등 대통령령으로 정하는 행위"란 법 제51조에 따라 덤핑방지관세가 부과되는 물품(이하 "덤핑방지관세물품"이라 한다)에 대해 해당 물품의 공급국 안에서 그 물품의 본질적 특성을 변경하지 않는 범위에서 물리적 특성이나 형태, 포장방법 또는 용도 등을 변경하는 행위(그 행위로 법 제84조 제3호에 따른 관세·통계통합품목분류표상 품목번호가 변경되는 경우를 포함하며, 이하 "경미한 변경행위"라 한다)를 말한다.
② 덤핑방지관세물품과 변경된 물품의 생산설비 등 경미한 변경행위 여부를 판단할 때 고려해야 하는 사항은 기획재정부령으로 정한다.

> **관세법 시행규칙**
>
> **규칙 제20조의2(경미한 변경행위의 판단)** 영 제71조의2 제2항에 따라 경미한 변경행위 여부를 판단할 때에는 다음 각 호의 사항을 고려해야 한다.
> 1. 법 제51조에 따라 덤핑방지관세가 부과되는 물품(이하 "덤핑방지관세물품"이라 한다)과 법 제56조의2 제1항에 따른 우회덤핑(이하 "우회덤핑"이라 한다) 조사대상물품의 물리적 특성 및 화학성분 차이
> 2. 덤핑방지관세물품과 우회덤핑 조사대상물품의 법 제84조 제3호에 따른 관세·통계통합품목분류표상 품목번호 차이
> 3. 덤핑방지관세물품을 우회덤핑 조사대상물품으로 대체할 수 있는 범위 및 우회덤핑 조사대상물품의 용도
> 4. 덤핑방지관세물품과 우회덤핑 조사대상물품의 생산설비 차이
> 5. 영 제71조의2 제1항에 따른 경미한 변경행위에 소요되는 비용
> 6. 그 밖에 무역위원회가 필요하다고 인정하는 사항

영 제71조의3(우회덤핑 직권조사 사유) 법 제56조의2 제1항 제2호에서 "대통령령으로 정하는 경우"란 무역위원회가 덤핑방지관세물품에 대한 경미한 변경행위를 통해 해당 덤핑방지관세의 부과를 회피(이하 "우회덤핑"이라 한다)하려는 사실에 관한 충분한 증거를 확보하는 등 직권으로 조사를 개시할 수 있는 특별한 상황이 인정되는 경우를 말한다.

영 제71조의4(우회덤핑 조사의 신청) ① 법 제56조의2 제1항 제1호에 따른 우회덤핑 해당 여부에 대한 조사를 신청하려는 자는 무역위원회에 다음 각 호의 자료를 제출해야 한다.
1. 다음 각 목의 사항을 적은 신청서 3부
   가. 덤핑방지관세물품에 대한 덤핑방지관세 부과 내용
   나. 덤핑방지관세물품과 관련된 무역위원회의 의결서 공개본 내용
   다. 신청인이 덤핑방지관세물품의 덤핑방지관세 부과요청을 한 자인지 여부
   라. 우회덤핑 조사대상물품의 사진·도면·사양·표준 등 시각적 요소를 제공하는 자료 및 품명·규격·특성·용도·생산자·생산량
   마. 우회덤핑 조사대상물품의 공급국·공급자·수출실적 및 수출가능성과 우리나라의 수입자·수입실적 및 수입가능성
   바. 우회덤핑 조사대상물품과 같은 종류의 국내 물품의 품명·규격·특성·용도·생산자·생산량
   사. 신청서의 기재사항 및 첨부자료를 비밀로 취급할 필요가 있는 경우에는 그 사유
   아. 그 밖에 무역위원회가 우회덤핑의 조사에 필요하다고 인정하는 사항
2. 우회덤핑 조사대상물품이 수입된 사실과 해당 물품이 우회덤핑에 해당함을 충분히 증명할 수 있는 자료 3부
3. 신청인이 우회덤핑이라고 판단한 이유를 적은 사유서 3부

② 무역위원회는 제1항에 따른 신청을 받은 경우에는 그 사실을 기획재정부장관 및 관계 행정기관의 장과 해당 물품의 공급국 정부에 통보해야 한다. 이 경우 제1항 각 호에 따른 자료는 제71조의5 제1항에 따른 조사개시 결정을 한 후에 통보해야 한다.

영 제71조의5(우회덤핑 조사의 개시) ① 무역위원회는 제71조의4 제1항에 따른 신청을 받은 경우 신청인이 제출한 자료의 정확성 및 적정성을 검토하여 우회덤핑 조사의 개시 여부를 결정한 후 신청일부터 30일 이내에 그 결과와 다음 각 호의 사항을 기획재정부장관에게 통보해야 한다. 다만, 무역위원회가 필요하다고 인정하는 경우에는 15일의 범위에서 그 기간을 연장할 수 있다.
1. 우회덤핑 조사대상물품
2. 우회덤핑 조사대상기간
3. 우회덤핑 조사대상 공급자

② 무역위원회는 제1항에 따라 우회덤핑 조사의 개시 여부를 결정할 때 그 신청인이 다음 각 호의 어느 하나에 해당하는 경우에는 그 조사 신청을 기각해야 한다.
1. 신청인이 법 제56조의2 제1항 제1호에 따른 우회덤핑 해당 여부에 대한 조사를 신청할 수 있는 자가 아닌 경우
2. 우회덤핑 사실에 관한 충분한 증명자료를 제출하지 않은 경우

③ 무역위원회는 우회덤핑 조사의 개시를 결정한 경우에는 결정일부터 10일 이내에 조사개시의 결정에 관한 사항을 조사신청인, 해당 물품의 공급국 정부 및 공급자와 그 밖의 이해관계인에게 통보하고, 관보에 게재해야 한다. 이 경우 해당 물품의 공급자에게는 제71조의4 제1항 각 호의 자료를 함께 제공해야 한다.
④ 무역위원회는 우회덤핑 조사대상물품의 품목분류 등에 대해서는 관세청장과 협의하여 선정할 수 있다.

영 제71조의6(우회덤핑 직권조사의 개시) ① 무역위원회는 법 제56조의2 제1항 제2호 및 이 영 제71조의3에 따라 우회덤핑에 대한 직권조사(이하 이 조에서 "직권조사"라 한다)의 개시 여부를 결정하기 위해 필요하면 관세청장에게 우회덤핑 여부에 관한 검토를 요청할 수 있다.
② 관세청장은 제1항에 따른 검토 요청이 없는 경우에도 우회덤핑 우려가 있다고 판단되는 경우에는 해당 수입물품에 대해 우회덤핑 여부를 검토하고 그 결과를 무역위원회에 통지할 수 있다.
③ 무역위원회는 직권조사를 개시하기로 결정한 경우에는 즉시 그 결정 내용과 제71조의5 제1항 각 호의 사항을 기획재정부장관에게 통보해야 한다.
④ 무역위원회는 직권조사의 개시를 결정한 경우에는 결정일부터 10일 이내에 조사개시의 결정에 관한 사항을 해당 물품의 공급국 정부 및 공급자와 그 밖의 이해관계인에게 통보하고, 관보에 게재해야 한다.
⑤ 무역위원회는 직권조사 대상 물품의 품목분류 등에 대해서는 관세청장과 협의하여 선정할 수 있다.

영 제71조의7(우회덤핑의 조사 절차 등) ① 법 제56조의2에 따른 우회덤핑의 사실에 관한 조사는 무역위원회가 담당한다. 이 경우 무역위원회는 필요하다고 인정되면 관계 행정기관의 공무원 또는 관계 전문가를 조사활동에 참여하게 할 수 있다.
② 무역위원회는 제71조의5 제3항 전단 및 제71조의6 제4항에 따른 관보게재일부터 6개월 이내에 우회덤핑 여부에 관한 조사를 하여 그 결과를 기획재정부장관에게 제출해야 한다.
③ 무역위원회는 제2항에 따른 조사기간을 연장할 필요가 있거나 이해관계인이 정당한 사유를 제시하여 조사기간의 연장을 요청하는 경우에는 1개월의 범위에서 그 조사기간을 연장할 수 있다.
④ 무역위원회는 제2항에 따라 조사결과를 제출할 때 필요하다고 인정되면 기획재정부장관에게 우회덤핑 사실이 확인된 물품에 대해 법 제56조의2에 따른 덤핑방지관세의 부과를 건의할 수 있다.
⑤ 기획재정부장관은 제2항에 따라 조사결과를 받은 경우에는 제71조의5 제3항 전단 및 제71조의6 제4항에 따른 관보게재일부터 8개월 이내에 덤핑방지관세의 부과 여부 및 내용을 결정하여 법 제56조의2에 따른 덤핑방지관세를 부과해야 한다. 다만, 특별한 사유가 있다고 인정되는 경우에는 관보게재일부터 9개월 이내에 덤핑방지관세를 부과할 수 있다.
⑥ 제1항부터 제5항까지에서 규정한 사항 외에 우회덤핑 조사 및 판정 절차와 우회덤핑 물품에 대한 덤핑방지관세의 부과에 필요한 사항은 무역위원회가 기획재정부장관과 협의하여 고시한다.

영 제71조의8(우회덤핑 조사 신청의 철회 및 종결) ① 제71조의4 제1항에 따라 우회덤핑 해당 여부의 조사를 신청한 자는 그 신청을 철회하려는 경우에는 제71조의7 제2항에 따라 무역위원회가 조사결과를 제출하기 전까지 그 뜻을 적은 서면을 무역위원회에 제출해야 한다. 이 경우 무역위원회는 기획재정부장관 및 관계 행정기관의 장과 협의하여 제71조의5 제1항에 따른 조사개시 여부의 결정을 중지하거나 제71조의7 제2항에 따른 조사를 종결할 수 있다.
② 무역위원회는 제71조의6에 따라 개시된 조사를 더 이상 진행할 필요가 없는 경우에는 기획재정부장관 및 관계 행정기관의 장과 협의하여 그 조사를 종결할 수 있다.

> **관세법 시행규칙**
>
> **규칙 제20조의3(우회덤핑 조사 신청의 철회)** ① 영 제71조의8 제1항 전단에 따라 우회덤핑 해당 여부의 조사를 신청한 자가 그 신청을 철회하려는 경우에는 철회 사유를 적은 철회서 및 관련 자료를 무역위원회에 제출해야 한다.
> ② 무역위원회는 영 제71조의7 제2항에 따른 조사 기간 중에 제1항에 따른 철회서가 접수된 경우 해당 철회사유가 부당하다고 인정되면 해당 조사가 종료될 때까지 철회에 따른 조사종결 여부에 대한 결정을 유보할 수 있다.

영 제71조의9(우회덤핑과 관련한 이해관계인에 대한 자료협조요청 등) ① 우회덤핑과 관련한 이해관계인에 대한 자료협조요청에 관하여는 제64조를 준용한다. 이 경우 제64조 제1항 본문 중 "법 제52조의 규정에 의한 조사"는 "법 제56조의2에 따른 우회덤핑 조사"로 보고, 같은 항 단서 중 "덤핑사실여부"는 "우회덤핑 여부"로 보며, 같은 조 제2항 중 "제59조 제6항"은 "제71조의4 제1항"으로 보고, 같은 조 제5항 중 "법 제52조의 조사"는 "법 제56조의2에 따른 우회덤핑 조사"로 보며, 같은 조 제7항 전단 중 "제59조 제6항"은 "제71조의4 제1항"으로, "제1항, 제8항 후단 및 제68조에 따라 제출 또는 통보된 자료"는 "제1항 및 제8항 후단에 따라 제출된 자료"로 보고, 같은 조 제8항 전단 중 "공청회 등을 통해 의견"은 "의견"으로 보며, 같은 항 후단 중 "공청회 등이"는 "진술 또는 협의가"로 본다.

② 관세청장은 제71조의6 제1항 및 제2항에 따른 우회덤핑 여부 검토를 위해 필요하다고 인정되면 관계 행정기관, 국내생산자, 수입자 및 국내 이해관계인에게 관계 자료의 제출 등 필요한 협조를 요청할 수 있다.

③ 관세청장은 제2항에 따라 제출된 자료 중 성질상 비밀로 취급하는 것이 타당하다고 인정되거나 자료제출자가 정당한 사유를 제시하여 비밀로 취급해 줄 것을 요청한 자료에 대해서는 해당 자료를 제출한 자의 명시적인 동의 없이 이를 공개해서는 안 된다.

④ 관세청장은 제2항에 따라 취득한 자료, 정보 및 인지한 사실을 다른 목적으로 사용할 수 없다.

> **관세법 시행규칙**
>
> **규칙 제20조의4(우회덤핑 조사 관련 비밀취급자료)** 영 제71조의9 제3항에 따라 비밀로 취급하는 자료는 다음 각 호의 사항에 관한 자료로서 공개되는 경우 그 제출자나 이해관계인의 이익이 침해되거나 그 경쟁자에게 중대한 경쟁상 이익이 될 우려가 있는 것으로 한다.
>   1. 제조원가
>   2. 공표되지 않은 회계자료
>   3. 거래처의 성명·주소 및 거래량
>   4. 비밀정보의 제공자에 관한 사항
>   5. 그 밖에 비밀로 취급하는 것이 타당하다고 인정되는 자료

영 제71조의10(우회덤핑에 대한 덤핑방지관세의 부과) ① 법 제56조의2에 따른 우회덤핑 물품에 대한 덤핑방지관세의 부과는 법 제51조 및 이 영 제65조에 따라 해당 덤핑방지관세물품에 적용되는 공급자 또는 공급국별 덤핑방지관세율이나 기준수입가격에 따른다. 다만, 정당한 사유 없이 제71조의9 제1항에 따라 준용되는 제64조 제1항에 따른 자료제출 요청에 응하지 않거나 같은 조 제4항에 따라 자료의 공개를 거부하는 경우 또는 그 밖의 사유로 조사 또는 자료의 검증이 곤란한 공급자에 대해서는 덤핑방지관세물품에 부과되는 덤핑방지관세율 또는 기준수입가격을 초과하지 않는 범위에서 별도로 정하여 부과할 수 있다.

② 법 제56조의2 제3항에 따른 우회덤핑에 대한 조사의 개시일은 제71조의5 제3항 전단 및 제71조의6 제4항에 따른 관보게재일로 한다.

영 제71조의11(우회덤핑과 관련한 이해관계인에 대한 통지·공고 등) ① 기획재정부장관은 법 제56조의2에 따른 덤핑방지관세를 부과하거나 부과하지 않기로 결정한 경우에는 그 내용을 관보에 게재하고 이해관계인에게 통지해야 한다.

② 기획재정부장관 또는 무역위원회는 다음 각 호의 구분에 따른 경우에는 그 내용을 이해관계인에게 통지해야 한다.
  1. 기획재정부장관: 제71조의7 제5항 단서에 따라 덤핑방지관세의 부과 기한을 연장한 경우
  2. 무역위원회: 다음 각 목의 어느 하나에 해당하는 경우
     가. 제71조의5 제2항에 따라 조사신청이 기각된 경우
     나. 제71조의7 제2항에 따른 우회덤핑 조사의 결과에 따라 최종판정을 한 경우
     다. 제71조의7 제3항에 따라 조사기간을 연장한 경우
     라. 제71조의8 제1항에 따른 조사 신청의 철회로 조사개시 여부의 결정을 중지하거나 조사를 종결한 경우 또는 같은 조 제2항에 따라 조사를 종결한 경우

③ 기획재정부장관 또는 무역위원회는 조사과정에서 제71조의7에 따른 조사와 관련된 이해관계인의 서면요청이 있는 경우에는 조사의 진행상황을 통지해야 한다.

④ 무역위원회는 제71조의7 제2항에 따른 우회덤핑 조사의 결과에 따라 최종판정을 하기 전에 해당 판정의 근거가 되는 핵심적 고려사항을 이해관계인에게 통지해야 한다.

② 우회덤핑 물품에 대한 잠정조치 및 약속의 제의 미적용
제1항에 따른 물품(이하 이 조에서 "우회덤핑 물품"이라 한다)에 대해서는 제53조 및 제54조를 적용하지 아니한다.

> **참고** 법 제53조 및 제54조
>
> 제53조(덤핑방지관세를 부과하기 전의 잠정조치)
> 제54조(덤핑방지관세와 관련된 약속의 제의)

③ 우회덤핑 물품에 대한 덤핑방지관세 부과 시기
제55조에도 불구하고 제1항에 따른 덤핑방지관세의 부과는 **해당 우회덤핑에 대한 조사의 개시일 이후 수입되는 물품에 대해서도 적용**한다.

④ 위임 규정
우회덤핑에 관한 조사, 우회덤핑 물품에 대한 덤핑방지관세의 부과 및 시행 등에 필요한 사항은 대통령령으로 정한다.

> **참고** 덤핑방지관세 부과절차

절차		주체(담당)	시기(기간)
부과요청 (무역위원회에 대한 조사신청으로 갈음)		이해관계가 있는 자, 주무부장관 → 기획재정부장관	-
조사개시 여부 결정		무역위원회	조사신청을 받은 날부터 2개월 이내
통지 및 관보게재		무역위원회 → 조사신청자, 해당 물품의 공급국 정부, 공급자 기타 이해관계인	결정일부터 10일 이내
예비조사 및 결과 제출		무역위원회 → 기획재정부장관	조사개시결정에 관한 사항이 관보에 게재된 날부터 3개월 이내 결과 제출(2개월의 범위 내 조사기간 연장 가능)
잠정조치 필요 여부 결정		기획재정부장관	예비조사결과가 제출된 날부터 1개월 이내 (필요하다고 인정되는 경우 20일의 범위 내 결정기간 연장 가능)
예비조사 결과	잠정조치	기획재정부장관	조사개시 후 최소한 60일이 경과된 날 이후부터 적용 • 잠정조치의 적용기간은 4개월 이내 • 공급자가 요청하는 경우 6개월까지 • 기획재정부장관이 인정하는 경우 9개월까지
	1. 약속의 제의	수출자, 기획재정부장관	-
본조사 및 결과제출		무역위원회 → 기획재정부장관	예비조사결과를 제출한 날의 다음 날부터 본조사개시, 본조사개시일부터 3개월 이내 결과 제출(2개월의 범위 내 조사기간 연장 가능)
본조사 결과	2. 덤핑방지 관세 부과	기획재정부장관	관보게재일부터 12개월 이내 부과조치 (특별한 사유: 관보게재일부터 18개월 이내 부과조치 가능)

재심사 요청	이해관계인이나 해당 산업을 관장하는 주무부장관	덤핑방지관세 또는 약속의 시행일부터 1년이 경과된 날 이후, 덤핑방지관세 또는 약속의 효력이 상실되는 날 6개월 이전에 요청 가능
재심사조사결과 제출	무역위원회 → 기획재정부장관	재심사개시일부터 6개월 이내 결과 제출(4개월 연장 가능)
재심사결과에 따른 조치	기획재정부장관	관보게재일부터 12개월 이내

제2관 상계관세

제57조(상계관세의 부과대상)

국내산업과 이해관계가 있는 자로서 대통령령으로 정하는 자 또는 주무부장관이 부과요청을 한 경우로서, 외국에서 제조·생산 또는 수출에 관하여 직접 또는 간접으로 보조금이나 장려금(이하 "보조금등"이라 한다)을 받은 물품의 수입으로 인하여 다음 각 호의 어느 하나에 해당하는 것(이하 이 관에서 "실질적 피해등"이라 한다)으로 조사를 통하여 확인되고 해당 국내산업을 보호할 필요가 있다고 인정되는 경우에는 기획재정부령으로 그 물품과 수출자 또는 수출국을 지정하여 그 물품에 대하여 해당 보조금등의 금액 이하의 관세(이하 "상계관세"라 한다)를 추가하여 부과할 수 있다.

1. 국내산업이 실질적인 피해를 받거나 받을 우려가 있는 경우
2. 국내산업의 발전이 실질적으로 지연된 경우

│관세법 시행령│

영 제72조(보조금등) ① 법 제57조의 규정에 의한 보조금등(이하 "보조금등"이라 한다)은 정부·공공기관 등의 재정지원 등에 의한 혜택 중 특정성이 있는 것을 말한다. 다만, 기획재정부령이 정하는 보조금 또는 장려금은 제외한다.

│관세법 시행규칙│

규칙 제21조(보조금등의 범위) ① 영 제72조 제1항 단서에서 "기획재정부령이 정하는 보조금 또는 장려금"이란 영 제72조 제2항의 규정에 의한 특정성은 있으나 연구·지역개발 및 환경관련 보조금 또는 장려금(이하 "보조금등"이라 한다)으로서 국제협약에서 인정하고 있는 것을 말한다.

② 제1항에서 "특정성"이라 함은 보조금등이 특정기업이나 산업 또는 특정기업군이나 산업군에 지급되는 경우를 말하며, 구체적인 판별기준은 기획재정부령으로 정한다.

│관세법 시행규칙│

규칙 제21조(보조금등의 범위) ② 다음 각 호의 1에 해당되는 경우에는 영 제72조 제2항의 규정에 의한 특정성이 있는 것으로 본다.
1. 보조금등이 일부 기업 등에 대하여 제한적으로 지급되는 경우
2. 보조금등이 제한된 수의 기업 등에 의하여 사용되어지는 경우
3. 보조금등이 특정한 지역에 한정되어 지급되는 경우
4. 기타 국제협약에서 인정하고 있는 특정성의 기준에 부합되는 경우

③ 보조금등의 금액은 수혜자가 실제로 받는 혜택을 기준으로 하여 기획재정부령이 정하는 바에 따라 계산한다.

> **관세법 시행규칙**
>
> **규칙 제21조(보조금등의 범위)** ③ 영 제72조 제3항의 규정에 의하여 보조금등의 금액을 산정함에 있어서는 다음 각 호의 기준에 의한다.
>   1. 지분참여의 경우: 당해 지분참여와 통상적인 투자와의 차이에 의하여 발생하는 금액 상당액
>   2. 대출의 경우: 당해 대출금리에 의하여 지불하는 금액과 시장금리에 의하여 지불하는 금액과의 차액 상당액
>   3. 대출보증의 경우: 당해 대출에 대하여 지불하는 금액과 대출보증이 없을 경우 비교가능한 상업적 차입에 대하여 지불하여야 하는 금액과의 차액 상당액
>   4. 재화·용역의 공급 또는 구매의 경우: 당해 가격과 시장가격과의 차이에 의하여 발생하는 금액 상당액
>   5. 기타 국제협약에서 인정하고 있는 기준에 의한 금액

영 제73조(상계관세의 부과요청) ① 법 제57조의 규정에 의한 실질적 피해등을 받은 국내산업에 이해관계가 있는 자 또는 당해 산업을 관장하는 주무부장관은 기획재정부령이 정하는 바에 따라 기획재정부장관에게 상계관세의 부과를 요청할 수 있으며, 이 요청은 무역위원회에 대한 상계관세의 부과에 필요한 조사신청으로 갈음한다.
② 주무부장관은 제1항에 따라 기획재정부장관에게 상계관세 부과를 요청하기 전에 관세청장에게 해당 보조금등을 받은 물품의 수입사실에 관한 검토를 요청할 수 있다.
③ 관세청장은 제2항에 따른 보조금등을 받은 물품의 수입사실에 관한 검토 요청이 없는 경우에도 보조금등을 받은 물품의 수입 우려가 있다고 판단되는 경우에는 해당 보조금등을 받은 물품의 수입사실 여부에 대하여 검토하고 그 결과를 주무부장관에게 통지할 수 있다.
④ 법 제57조를 적용함에 있어서의 국내산업은 보조금등을 받은 물품과 동종물품의 국내생산사업(당해 수입물품의 수출국정부 또는 수출자 또는 수입자와 제23조 제1항의 규정에 의한 특수관계에 있는 생산자에 의한 생산사업과 당해 수입물품의 수입자인 생산자로서 기획재정부령이 정하는 자에 의한 생산사업을 제외할 수 있다. 이하 이 항에서 같다)의 전부 또는 국내총생산량의 상당부분을 점하는 국내생산사업으로 한다.

> **관세법 시행규칙**
>
> **규칙 제22조(상계관세의 부과에 필요한 조사신청)** ① 영 제73조 제4항에서 "동종물품"이라 함은 해당 수입물품과 물리적 특성, 품질 및 소비자의 평가 등 모든 면에서 동일한 물품(겉모양에 경미한 차이가 있는 물품을 포함한다)을 말하며, 그러한 물품이 없는 경우 해당 수입물품과 매우 유사한 기능·특성 및 구성요소를 가지고 있는 물품을 말한다.
> ② 영 제73조 제4항에서 "당해 수입물품의 수입자인 생산자로서 기획재정부령이 정하는 자"란 해당 수입물품을 수입한 생산자 중 다음 각 호의 자를 제외한 자를 말한다.
>   1. 영 제73조 제6항에 따른 조사신청 접수일부터 6개월 이전에 보조금등을 받은 물품을 수입한 생산자
>   2. 보조금등을 받은 물품의 수입량이 매우 적은 생산자
> ③ 영 제73조 제4항에 따라 특수관계에 있는 생산자를 판정할 때 해당 수입물품과 동종물품의 생산자가 영 제23조 제1항에 따른 특수관계가 없는 자와 동일 또는 유사한 가격 및 조건 등으로 이를 판매하는 경우에는 해당 생산자를 특수관계가 있는 생산자의 범위에서 제외할 수 있다.

⑤ 제1항에서 "국내산업에 이해관계가 있는 자"라 함은 실질적 피해등을 받은 국내산업에 속하는 국내생산자와 이들을 구성원으로 하거나 이익을 대변하는 법인·단체 및 개인으로서 기획재정부령이 정하는 자를 말한다.

> **관세법 시행규칙**
>
> **규칙 제22조(상계관세의 부과에 필요한 조사신청)** ④ 영 제73조 제5항에서 "기획재정부령이 정하는 자"란 국내생산자로 구성된 협회·조합 등을 말한다.

⑥ 제1항에 따라 조사를 신청하려는 자는 다음 각 호의 자료를 무역위원회에 제출해야 한다.
  1. 다음 각 목의 사항을 기재한 신청서 3부
     가. 해당 물품의 품명·규격·특성·용도·생산자 및 생산량

나. 해당 물품의 수출국·수출자·수출실적 및 수출가능성과 우리나라의 수입자·수입실적 및 수입가능성
　　다. 해당 물품의 수출국에서의 공장도가격 및 시장가격과 우리나라로의 수출가격 및 제3국에의 수출가격
　　라. 국내의 동종물품의 품명·규격·특성·용도·생산자·생산량·공장도가격·시장가격 및 원가계산
　　마. 해당 물품의 수입으로 인한 관련 국내산업의 실질적 피해등
　　바. 수출국에서 해당 물품의 제조·생산 또는 수출에 관하여 지급한 보조금등의 내용과 이로 인한 해당 물품의 수출가격 인하효과
　　사. 국내의 동종물품 생산자들의 해당 조사신청에 대한 지지 정도
　　아. 신청서의 기재사항 및 첨부자료를 비밀로 취급할 필요가 있는 때에는 그 사유
　　자. 그 밖에 기획재정부장관이 필요하다고 인정하는 사항
　2. 보조금등을 받은 물품의 수입사실과 해당 물품의 수입으로 인한 실질적 피해등의 사실에 관한 충분한 증빙자료 3부

⑦ 무역위원회는 제6항에 따라 조사신청을 받은 사실을 기획재정부장관 및 관계 행정기관의 장과 해당 물품의 수출국 정부에 통보해야 한다. 이 경우 제6항 각 호의 자료는 제74조 제1항에 따른 조사개시결정을 한 후에 통보해야 한다.

영 제74조(보조금등을 받은 물품의 수입 및 실질적 피해등의 조사개시) ① 무역위원회는 제73조 제1항의 후단의 규정에 의한 조사신청을 받은 경우 보조금등을 받은 물품의 수입사실과 실질적 피해등의 사실에 관한 조사의 개시 여부를 결정하여 조사신청을 받은 날부터 2월 이내에 그 결과와 다음 각 호의 사항을 기획재정부장관에게 통보하여야 한다.
　1. 조사대상 물품(조사대상 물품이 많은 경우에는 기획재정부령이 정하는 바에 따라 선정된 조사대상 물품)
　2. 조사대상 기간
　3. 조사대상 수출국정부 또는 수출자(조사대상 수출국정부 또는 수출자가 많은 경우에는 기획재정부령이 정하는 바에 따라 선정된 조사대상 수출국정부 또는 수출자)

> **관세법 시행규칙**
> **규칙 제23조(보조금등을 받은 물품의 수입 및 실질적 피해등의 조사개시)** ① 영 제74조 제1항 제1호 및 제3호의 규정에 의하여 조사대상 물품과 수출국정부 또는 수출자를 선정함에 있어서는 이용가능한 자료를 기초로 통계적으로 유효한 표본추출방법(수출국정부 또는 수출자의 수 또는 물품의 수를 수입량의 비율이 큰 순서대로 선정하는 방법 등을 포함한다)을 사용함을 원칙으로 한다.

② 무역위원회는 제1항의 규정에 의하여 조사의 개시 여부를 결정함에 있어서 조사신청이 다음 각 호의 1에 해당하는 경우에는 당해 조사신청을 기각할 수 있다.
　1. 신청서를 제출한 자가 제73조 제1항의 규정에 의하여 부과요청을 할 수 있는 자가 아닌 경우
　2. 보조금등을 받은 물품의 수입사실과 실질적 피해등의 사실에 관한 충분한 증빙자료를 제출하지 아니한 경우
　3. 보조금등의 금액 또는 보조금등을 받은 물품의 수입량이 <u>기획재정부령이 정하는 기준</u>에 미달되거나 실질적 피해등이 경미하다고 인정되는 경우

> **관세법 시행규칙**
> **규칙 제23조(보조금등을 받은 물품의 수입 및 실질적 피해등의 조사개시)** ② 영 제74조 제2항 제3호에서 "기획재정부령이 정하는 기준"이란 국제협약에서 달리 정하지 아니하는 한 보조금등의 금액이 당해 물품가격대비 100분의 1 이상인 경우를 말한다.

　4. 당해 조사신청에 찬성의사를 표시한 <u>국내생산자들의 생산량합계가 기획재정부령이 정하는 기준에 미달된다고 인정되는 경우</u>

> **관세법 시행규칙**
>
> **규칙 제23조(보조금등을 받은 물품의 수입 및 실질적 피해등의 조사개시)** ③ 영 제74조 제2항 제4호에서 "국내생산자들의 생산량합계가 기획재정부령이 정하는 기준에 미달된다고 인정되는 경우"란 다음 각 호의 어느 하나에 해당하는 경우를 말한다.
>   1. 영 제73조 제1항에 의한 부과요청에 대하여 찬성 또는 반대의사를 표시한 국내생산자들의 동종물품 국내생산량합계 중 찬성의사를 표시한 국내생산자들의 생산량합계가 100분의 50 이하인 경우
>   2. 영 제73조 제1항에 의한 부과요청에 대하여 찬성의사를 표시한 국내생산자들의 생산량합계가 동종물품 국내총생산량의 100분의 25 미만인 경우

　　5. 조사개시 전에 국내산업에 미치는 나쁜 영향을 제거하기 위한 조치가 취하여지는 등 조사개시가 필요 없게 된 경우
③ 무역위원회는 제1항에 따른 조사개시결정을 한 때에는 그 결정일부터 10일 이내에 조사개시의 결정에 관한 사항을 조사신청자, 해당 물품의 수출국 정부 및 수출자, 그 밖의 이해관계인에게 통지하고, 관보에 게재해야 한다. 이 경우 해당 물품의 수출국 정부 및 수출자에게는 제73조 제6항 각 호의 자료를 함께 제공해야 한다.
④ 무역위원회는 제1항 제1호에 따른 조사대상 물품의 품목분류 등에 대해서는 관세청장과 협의하여 선정할 수 있다.

제58조(보조금등의 지급과 실질적 피해등의 조사)

① 실질적 피해등의 조사
　보조금등의 지급과 실질적 피해등의 사실에 관한 조사는 대통령령으로 정하는 바에 따른다.
② 상계관세 부과 시 고려할 사항
　기획재정부장관은 상계관세를 부과할 때 관련 산업의 경쟁력 향상, 국내 시장구조, 물가안정, 통상협력 등을 고려할 필요가 있는 경우에는 이를 조사하여 반영할 수 있다.

> **관세법 시행령**
>
> **영 제75조(보조금등을 받은 물품의 수입 및 실질적 피해등의 조사)** ① 법 제57조의 규정에 의한 보조금등을 받은 물품의 수입사실 및 실질적 피해등의 사실에 관한 조사는 무역위원회가 담당한다. 이 경우 무역위원회는 필요하다고 인정하는 때에는 관계행정기관의 공무원 또는 관계전문가로 하여금 조사활동에 참여하도록 할 수 있다.
> ② 무역위원회는 제74조 제3항 전단에 따라 상계관세의 부과에 관한 사항과 조사개시의 결정에 관한 사항이 관보에 게재된 날부터 3개월 이내에 보조금등을 받은 물품의 수입사실 및 그로 인한 실질적 피해등의 사실이 있다고 추정되는 충분한 증거가 있는지에 관한 예비조사를 하여 그 결과를 기획재정부장관에게 제출해야 한다.
> ③ 기획재정부장관은 제2항의 규정에 의한 예비조사결과가 제출된 날부터 1월 이내에 법 제59조 제1항의 규정에 의한 조치의 필요 여부 및 내용에 관한 사항을 결정하여야 한다. 다만, 필요하다고 인정되는 경우에는 20일의 범위 내에서 그 결정기간을 연장할 수 있다.
> ④ 무역위원회는 제2항의 예비조사에 따른 보조금등의 금액 또는 보조금등을 받은 물품의 수입량이 기획재정부령으로 정하는 기준에 미달하거나 실질적 피해등이 경미한 것으로 인정되는 때에는 제5항에 따른 본조사를 종결해야 한다. 이 경우 무역위원회는 본조사 종결에 관한 사항을 기획재정부장관에게 통보해야 하며, 기획재정부장관은 이를 관보에 게재해야 한다.

> **관세법 시행규칙**
>
> **규칙 제24조(상계관세부과를 위한 본조사의 종결)** 영 제75조 제4항 전단에서 "기획재정부령으로 정하는 기준"이란 국제협약에서 달리 정하지 않는 한 보조금등의 금액이 해당 물품 가격대비 100분의 1 이상인 경우를 말한다.

⑤ 무역위원회는 기획재정부령이 정하는 특별한 사유가 없는 한 제2항의 규정에 의한 예비조사결과를 제출한 날의 다음날부터 본조사를 개시하여야 하며, 본조사개시일부터 3월 이내에 본조사결과를 기획재정부장관에게 제출하여야 한다.
⑥ 무역위원회는 제2항 및 제5항의 규정에 의한 조사와 관련하여 조사기간을 연장할 필요가 있거나 이해관계인이 정당한 사유를 제시하여 조사기간의 연장을 요청하는 때에는 2월의 범위 내에서 그 조사기간을 연장할 수 있다.
⑦ 기획재정부장관은 제5항에 따른 본조사 결과가 접수되면 제74조 제3항 전단에 따른 관보게재일부터 12개월 이내에 상계관세의 부과 여부 및 내용을 결정하여 법 제57조에 따른 상계관세의 부과조치를 해야 한다. 다만, 특별한 사유가 있다고 인정되는 경우에는 관보게재일부터 18개월 이내에 상계관세의 부과조치를 할 수 있다.
⑧ 제6항에도 불구하고 기획재정부장관은 제7항 단서에 따라 18개월 이내에 상계관세의 부과조치를 할 특별한 사유가 있다고 인정하는 경우 무역위원회와 협의하여 제6항에 따른 본조사 기간을 2개월의 범위에서 추가로 연장하게 할 수 있다.
⑨ 무역위원회는 제2항 및 제5항에 따른 조사결과 제출 시 필요하다고 인정되는 때에는 기획재정부장관에게 다음 각 호의 사항을 건의할 수 있다.
    1. 법 제57조에 따른 상계관세 부과
    2. 법 제59조 제1항에 따른 잠정조치
    3. 법 제60조 제1항에 따른 약속의 제의 또는 수락
⑩ 제1항부터 제9항까지에서 규정한 사항 외에 상계관세부과 신청·조사·판정절차에 관하여 필요한 사항은 무역위원회가 기획재정부장관과 협의하여 고시한다.

영 제76조(상계관세 부과요청의 철회) ① 제73조 제1항의 규정에 의하여 조사를 신청한 자가 당해 신청을 철회하고자 하는 때에는 서면으로 그 뜻을 무역위원회에 제출하여야 한다. 이 경우 무역위원회는 제75조 제2항의 규정에 의한 예비조사결과를 제출하기 전에 당해 철회서를 접수한 때에는 기획재정부장관 및 관계행정기관의 장과 협의하여 제74조 제1항의 규정에 의한 조사개시 여부의 결정을 중지하거나 제75조 제2항의 규정에 의한 조사를 종결할 수 있으며, 제75조 제2항의 예비조사결과를 제출한 후에 당해 철회서를 접수한 때에는 기획재정부장관에게 이를 통보하여야 한다.

> **관세법 시행규칙**
>
> **규칙 제25조(상계관세부과에 필요한 조사신청의 철회)** ① 영 제76조 제1항의 규정에 의하여 조사신청을 철회하고자 하는 자는 철회사유를 기재한 철회서 및 관련자료를 무역위원회에 제출하여야 한다.
> ② 기획재정부장관 또는 무역위원회는 영 제75조 제2항 또는 제5항에 따른 예비조사 또는 본조사의 기간 중에 철회서가 접수된 경우로서 해당 철회의 사유가 부당하다고 인정되는 경우에는 해당 예비조사 또는 본조사가 종료될 때까지 철회에 따른 조사종결 여부에 대한 결정을 유보할 수 있다.

② 기획재정부장관은 제1항의 통보를 받은 때에는 무역위원회 및 관계행정기관의 장과 협의하여 제75조의 규정에 의한 조사를 종결하게 할 수 있으며, 법 제59조 제1항의 규정에 의한 잠정조치가 취하여진 경우에는 이를 철회할 수 있다.
③ 기획재정부장관은 제2항 후단의 규정에 의하여 잠정조치를 철회하는 때에는 당해 잠정조치에 의하여 납부된 잠정상계관세를 환급하거나 제공된 담보를 해제하여야 한다.

영 제77조(실질적 피해등의 판정) ① 무역위원회는 제75조에 따라 실질적 피해등의 사실을 조사·판정하는 때에는 다음 각 호의 사항을 포함한 실질적 증거에 근거해야 한다.
  1. 보조금등을 받은 물품의 수입물량(당해 물품의 수입이 절대적으로 또는 국내생산이나 국내소비에 대하여 상대적으로 뚜렷하게 증가되었는지 여부를 포함한다)
  2. 보조금등을 받은 물품의 가격(국내의 동종물품의 가격과 비교하여 뚜렷하게 하락되었는지 여부를 포함한다)
  3. 보조금등의 금액의 정도(보조금등을 받은 물품의 수입가격이 수출국 내 정상가격과 비교하여 뚜렷하게 하락되었는지 여부를 포함한다)
  4. 국내산업의 생산량·가동률·재고·판매량·시장점유율·가격(가격하락 또는 인상억제의 효과를 포함한다)·이윤·생산성·투자수익·현금수지·고용·임금·성장·자본조달·투자능력
  5. 제1호 및 제2호의 내용이 국내산업에 미치는 실재적 또는 잠재적 영향

② 제1항에 따라 실질적 피해등을 조사·판정하는 경우 실질적 피해등을 받을 우려가 있는지에 대한 판정은 제1항 각 호의 사항뿐만 아니라 다음 각 호의 사항을 포함한 사실에 근거를 두어야 하며, 보조금등을 받은 물품으로 인한 피해는 명백히 예견되고 급박한 것이어야 한다.
  1. 당해 보조금등의 성격 및 이로부터 발생할 수 있는 무역효과
  2. 실질적인 수입증가의 가능성을 나타내는 보조금등을 받은 물품의 현저한 증가율
  3. 우리나라에 보조금등을 받은 물품의 수출을 증가시킬 수 있는 생산능력의 실질적 증가(다른 나라에의 수출가능성을 고려한 것이어야 한다)
  4. 보조금등을 받은 물품의 가격이 동종물품의 가격을 하락 또는 억제시킬 수 있는지의 여부 및 추가적인 수입수요의 증대가능성
  5. 보조금등을 받은 물품의 재고 및 동종물품의 재고상태

③ 무역위원회는 제1항의 규정에 의하여 실질적 피해등의 사실을 조사·판정함에 있어 2 이상의 국가로부터 수입된 물품이 동시에 조사대상 물품이 되고 다음 각 호에 모두 해당하는 경우에는 그 수입에 따른 피해를 통산하여 평가할 수 있다.
  1. 보조금등의 금액 및 보조금등을 받은 물품의 수입량이 <u>기획재정부령이 정하는 기준</u>에 해당하는 경우

> **관세법 시행규칙**
>
> **규칙 제26조(상계관세부과를 위한 피해의 통산)** 영 제77조 제3항 제1호에서 "기획재정부령이 정하는 기준"이란 국제협약에서 달리 정하지 아니하는 한 보조금등의 금액이 당해 물품 가격대비 100분의 1 이상인 경우를 말한다.

  2. 보조금 등을 받은 물품이 상호 경쟁적이고 국내 동종물품과 경쟁적인 경우

④ 무역위원회는 보조금등을 받은 물품의 수입외의 다른 요인으로서 국내산업에 피해를 미치는 요인들을 조사하여야 하며, 이러한 요인들에 의한 산업피해 등을 보조금등을 받은 물품의 수입에 의한 것으로 간주하여서는 아니 된다.

영 제78조(이해관계인에 대한 자료협조요청) ① 기획재정부장관 또는 무역위원회는 법 제58조의 규정에 의한 조사 및 상계관세의 부과 여부 등을 결정하기 위하여 필요하다고 인정하는 경우에는 관계행정기관·국내생산자·수출국정부 또는 수출자·수입자 및 이해관계인에게 관계자료의 제출 등 필요한 협조를 요청할 수 있다. 다만, 수출국정부 또는 수출자에게 보조금등의 지급 여부를 조사하기 위한 질의를 하는 경우에는 회신을 위하여 수출국정부 또는 수출자에게 40일 이상의 회신기간을 주어야 한다. 수출국정부 또는 수출자가 사유를 제시하여 동 기한의 연장을 요청할 경우 이에 대하여 적절히 고려하여야 한다.

② 기획재정부장관 또는 무역위원회는 제1항, 제8항 후단 및 제73조 제6항에 따라 제출된 자료 중 성질상 비밀로 취급하는 것이 타당하다고 인정되거나 조사신청자나 이해관계인이 정당한 사유를 제시하여 비밀로 취급해 줄 것을 요청한 자료에 대해서는 해당 자료를 제출한 자의 명시적인 동의 없이 이를 공개해서는 안 된다.

> 관세법 시행규칙
>
> **규칙 제27조(상계조치 관련 비밀취급자료)** 영 제78조 제2항에 따라 비밀로 취급하는 자료는 다음 각 호의 사항에 관한 자료로서 이들이 공개되는 경우 그 제출자나 이해관계인의 이익이 침해되거나 그 경쟁자에게 중대한 경쟁상 이익이 될 우려가 있는 것으로 한다.
>   1. 제조원가
>   2. 공표되지 않은 회계자료
>   3. 거래처의 성명·주소 및 거래량
>   4. 비밀정보의 제공자에 관한 사항
>   5. 그 밖에 비밀로 취급하는 것이 타당하다고 인정되는 자료

③ 기획재정부장관 또는 무역위원회는 제2항의 규정에 의하여 비밀로 취급하여 줄 것을 요청한 자료를 제출한 자에게 당해 자료의 비밀이 아닌 요약서의 제출을 요구할 수 있다. 이 경우 당해 자료를 제출한 자가 그 요약서를 제출할 수 없는 때에는 그 사유를 기재한 서류를 제출하여야 한다.
④ 기획재정부장관 또는 무역위원회는 제2항의 규정에 의한 비밀취급요청이 정당하지 아니하다고 인정됨에도 불구하고 자료의 제출자가 정당한 사유 없이 자료의 공개를 거부하는 때 또는 제3항의 규정에 의한 비밀이 아닌 요약서의 제출을 거부한 때에는 당해 자료의 정확성이 충분히 입증되지 아니하는 한 당해 자료를 참고하지 아니할 수 있다.
⑤ 기획재정부장관 또는 무역위원회는 법 제58조의 조사 및 상계관세의 부과 여부 등을 결정할 때 이해관계인이 관계자료를 제출하지 아니하거나 무역위원회의 조사를 거부·방해하는 경우 및 기타 사유로 조사 또는 자료의 검증이 곤란한 경우에는 이용 가능한 자료 등을 사용하여 상계관세조치를 할 것인지 여부를 결정할 수 있다.

> 관세법 시행규칙
>
> **규칙 제27조의2(상계조치 관련 이용가능한 자료)** ① 무역위원회는 이해관계인이 관계자료를 제출하지 않거나 제출한 자료가 불충분하여 영 제78조 제5항에 따라 조사 또는 자료의 검증이 곤란하다고 판단한 경우에는 그 사실을 즉시 해당 이해관계인에게 통보하고, 특별한 사정이 없는 한 7일 이내에 추가 자료제출 또는 설명을 할 수 있는 기회를 제공해야 한다.
> ② 무역위원회는 영 제78조 제5항에 따라 이용가능한 자료를 사용할 경우 조사절차가 지나치게 지연되지 않는 한 공식 수입통계 등 다른 자료로부터 취득하거나 조사 과정에서 다른 이해관계인으로부터 얻은 정보를 확인해야 한다.
> ③ 무역위원회는 제78조 제5항에 따라 이용가능한 자료를 사용하여 조사·판정한 경우에는 해당 자료를 사용한 사유를 영 제85조 제2항 제3호 및 제9호에 따른 통지 시에 이해관계인에게 함께 통지해야 한다.

⑥ 기획재정부장관 및 무역위원회는 상계관세의 부과절차와 관련하여 이해관계인으로부터 취득한 정보·자료 및 인지한 사실을 다른 목적으로 사용할 수 없다.
⑦ 기획재정부장관 및 무역위원회는 이해관계인이 제73조 제6항에 따라 제출한 관계증빙자료와 제1항, 제8항 후단 및 제81조에 따라 제출 또는 통보된 자료 중 비밀로 취급되는 것 외의 자료 제공을 요청하는 경우에는 특별한 사유가 없는 한 이에 따라야 한다. 이 경우 이해관계인의 자료제공요청은 그 사유 및 자료목록을 기재한 서면으로 해야 한다.
⑧ 기획재정부장관 또는 무역위원회는 필요하다고 인정하거나 이해관계인의 요청이 있는 때에는 이해관계인에게 공청회 등을 통해 의견을 진술할 기회를 주거나 상반된 이해관계인과 협의할 수 있는 기회를 줄 수 있다. 이 경우 이해관계인이 구두로 진술하거나 협의한 내용은 공청회 등이 있은 후 7일 이내에 서면으로 제출된 경우에만 해당 자료를 참고할 수 있다.

> 관세법 시행규칙
>
> **규칙 제28조(상계관세부과를 위한 공청회)** 영 제78조 제8항 전단에 따른 공청회에 관하여는 제16조의 규정을 준용한다.

영 제79조(상계관세의 부과) ① 법 제57조의 규정에 의한 상계관세는 제74조 제1항 제2호에 따른 조사대상기간(이하 이 조에서 "조사대상기간"이라 한다)에 수출을 한 수출자 중 다음 각 호의 자에 대해서는 수출자 또는 수출국별로 상계관세율을 정하여 부과할 수 있다. 다만, 정당한 사유 없이 제78조의 규정에 의한 자료를 제출하지 아니하거나 당해 자료의 공개를 거부하는 경우 및 기타의 사유로 조사 또는 자료의 검증이 곤란한 수출자에 대하여는 단일 상계관세율을 정하여 부과할 수 있다.
1. 제74조 제1항 제3호에 따른 조사대상 수출자(이하 "조사대상수출자"라 한다)
2. 조사대상수출자와 제23조 제1항에 따른 특수관계가 있는 수출자

> **관세법 시행규칙**
>
> **규칙 제29조(보조금률의 산정 등)** ① 법 제57조의 규정에 의하여 상계관세를 부과하는 경우 상계관세는 다음의 산식에 의하여 산정된 보조금률의 범위 안에서 결정한 율을 과세가격에 곱하여 산출한다.
>
> $$\text{보조금률} = \frac{\text{보조금등의 금액}}{\text{과세가격}} \times 100$$

② 법 제57조에 따라 수출국을 지정하여 상계관세를 부과하는 경우로서 조사대상기간에 수출을 한 수출자 중 제1항을 적용받지 않는 자 및 조사대상기간 후에 수출하는 해당 수출국의 신규 수출자(이하 이 조에서 "신규수출자"라 한다)에 대해서는 다음 각 호에 따라 상계관세를 부과한다.
1. 조사대상수출자에게 적용되는 상계관세율을 기획재정부령으로 정하는 바에 따라 가중평균한 상계관세율을 적용하여 부과할 것
2. 제1호에도 불구하고 제78조에 따라 자료를 제출한 자에 대해서는 조사를 통해 수출자 또는 수출국별로 상계관세율을 정하여 부과할 것. 이 경우 해당 자료를 제출한 신규수출자에 대해서는 기획재정부령으로 정하는 바에 따라 조사대상수출자와 다른 조사방법 및 조사절차를 적용할 수 있다.
3. 제1호 및 제2호에도 불구하고 조사대상수출자와 제23조 제1항에 따른 특수관계가 있는 신규수출자에 대해서는 조사대상수출자에 대한 상계관세율을 적용하여 부과할 것. 다만, 정당한 사유 없이 특수관계 관련 자료를 제출하지 않는 등의 사유로 특수관계 여부에 대한 검증이 곤란한 신규수출자에 대해서는 단일 상계관세율을 정하여 부과할 수 있다.

> **관세법 시행규칙**
>
> **규칙 제29조(보조금률의 산정 등)** ② 영 제79조 제2항 제1호에 따라 가중평균 상계관세율을 산정함에 있어서 보조금등을 받는 수출자가 다수인 때에는 수출자별 수출량에 따라 가중치를 둘 수 있다. 이 경우 보조금등의 금액이 과세가격의 100분의 1 미만인 수출자를 상계관세율 산정대상에서 제외할 수 있다.

> **관세법 시행규칙**
>
> **규칙 제29조(보조금률의 산정 등)** ③ 기획재정부장관은 영 제79조 제2항 제2호에 따라 자료를 제출한 신규수출자에 대하여 영 제75조에 따른 조사를 조속히 행하여야 한다. 이 경우 실질적 피해등의 조사는 영 제79조 제2항 각 호 외의 부분에 따른 수출국에 대한 실질적 피해등의 조사로 갈음할 수 있다.

④ 제2항 제2호 전단에 따라 신규수출자에 대한 조사가 개시된 경우 세관장은 그 신규수출자가 수출하는 물품에 대하여 이를 수입하는 자로부터 담보를 제공받고 조사 완료일까지 상계관세의 부과를 유예할 수 있다.
⑤ 제2항 제2호 전단에 따라 신규수출자에 대해 정한 상계관세율은 해당 조사의 개시일부터 적용한다.
⑥ 제2항 제2호 전단에 따라 조사가 개시된 신규수출자의 가격수정 등의 약속에 관하여는 제81조 제1항부터 제3항까지, 제5항 및 제6항을 준용한다. 이 경우 제81조 제1항 전단 중 "제75조 제5항의 규정에 의한 본조사의 결과에 따른 최종판정"은 "제79조 제2항 제2호 전단에 따른 조사의 종결"로 본다.

제59조(상계관세를 부과하기 전의 잠정조치)

① 잠정조치

기획재정부장관은 상계관세의 부과 여부를 결정하기 위하여 조사가 시작된 물품이 보조금등을 받아 수입되어 다음 각 호의 어느 하나에 해당한다고 인정되는 경우에는 대통령령으로 정하는 바에 따라 국내산업의 보호를 위하여 조사가 종결되기 전이라도 그 물품의 수출자 또는 수출국 및 기간을 정하여 보조금등의 추정액에 상당하는 금액 이하의 잠정상계관세를 부과하도록 명하거나 담보를 제공하도록 명하는 조치(이하 이 관에서 "잠정조치"라 한다)를 할 수 있다.

> 1. 국내산업에 실질적 피해등이 발생한 사실이 있다고 추정되는 충분한 증거가 있음이 확인되는 경우
> 2. 제60조에 따른 약속을 철회하거나 위반한 경우와 그 약속의 이행에 관한 자료를 제출하지 아니한 경우로서 이용할 수 있는 최선의 정보가 있는 경우

② 전액 정산과 차액 정산

잠정조치가 취하여진 물품에 대하여 상계관세의 부과요청이 철회되어 조사가 종결되거나 상계관세의 부과 여부가 결정된 경우 또는 제60조에 따른 약속이 수락된 경우에는 대통령령으로 정하는 바에 따라 납부된 잠정상계관세를 환급하거나 제공된 담보를 해제하여야 한다. 다만, 다음 각 호의 어느 하나에 해당하는 경우 상계관세액이 잠정상계관세액 또는 제공된 담보금액을 초과할 때에는 그 차액을 징수하지 아니하며, 상계관세액이 잠정상계관세액 또는 제공된 담보금액에 미달될 때에는 그 차액을 환급하거나 차액에 해당하는 담보를 해제하여야 한다.

> 1. 보조금등의 지급과 그로 인한 산업피해를 조사한 결과 해당 물품에 대한 보조금등의 지급과 그로 인한 실질적 피해등의 사실이 있다고 판정된 이후에 제60조에 따른 약속이 수락된 경우
> 2. 제61조 단서에 따라 상계관세를 소급하여 부과하는 경우

관세법 시행령

영 제80조(잠정조치의 적용) ① 법 제59조 제1항의 규정에 의한 잠정조치는 제75조 제2항의 규정에 의한 예비조사결과 보조금등의 지급과 그로 인한 실질적 피해등의 사실이 있다고 추정되는 충분한 증거가 있다고 판정된 경우로서 당해 조사의 개시 후 최소한 60일이 경과된 후부터 적용할 수 있다.
② 제75조 제3항에 따른 잠정조치의 적용기간은 4개월 이내로 해야 한다. 다만, 해당 물품의 무역에서 중요한 비중을 차지하는 수출자가 요청하는 경우에는 그 적용기간을 6개월까지 연장할 수 있다.
③ 제2항에도 불구하고 보조금등에 상당하는 금액 이하의 관세 부과로도 국내산업 피해를 충분히 제거할 수 있는지를 조사하는 경우 등 기획재정부장관이 필요하다고 인정하는 때에는 국제협약에 따라 잠정조치의 적용기간을 9개월까지 연장할 수 있다.
④ 법 제59조 제1항의 규정에 의하여 제공되는 담보는 법 제24조 제1항 제1호부터 제4호까지 및 제7호에 해당하는 것으로서 잠정상계관세액에 상당하는 금액이어야 한다.

영 제83조(잠정상계관세액 등의 정산) ① 제82조 제1항의 규정에 해당되는 경우로서 법 제59조 제2항의 규정에 의하여 잠정조치가 적용된 기간 중에 수입된 물품에 대하여 부과하는 상계관세액이 잠정상계관세액과 같거나 많은 때에는 그 잠정상계관세액을 상계관세액으로 하여 그 차액을 징수하지 아니하며, 적은 때에는 그 차액에 상당하는 잠정상계관세액을 환급하여야 한다.

② 법 제59조 제1항의 규정에 의하여 담보가 제공된 경우로서 제82조 제1항의 규정에 해당되는 경우에는 당해 잠정조치가 적용된 기간 중에 소급 부과될 상계관세액이 제공된 담보금액과 같거나 많은 경우에는 그 담보금액을 상계관세액으로 하여 그 차액을 징수하지 않으며, 적은 경우에는 그 차액에 상당하는 담보를 해제해야 한다.

③ 제81조 제1항의 규정에 의한 약속이 제75조 제5항의 규정에 의한 본조사의 결과에 따라 보조금등의 지급과 그로 인한 실질적 피해등의 사실이 있는 것으로 판정이 내려진 후에 수락된 경우로서 최종상계관세율을 기초로 산정한 상계관세액이 잠정상계관세액 또는 제공된 담보금액과 같거나 많은 경우에는 그 차액을 징수하지 않으며, 적은 경우에는 그 차액을 환급하거나 차액에 상당하는 담보를 해제해야 한다.

제60조(상계관세와 관련된 약속의 제의)

① 약속의 제의

제57조에 따른 상계관세의 부과 여부를 결정하기 위하여 예비조사를 한 결과 보조금등의 지급과 그로 인한 실질적 피해등의 사실이 있는 것으로 판정된 경우 해당 물품의 수출국 정부 또는 기획재정부장관은 대통령령으로 정하는 바에 따라 해당 물품에 대한 보조금등을 철폐 또는 삭감하거나 보조금등의 국내산업에 대한 피해효과를 제거하기 위한 적절한 조치에 관한 약속을 제의할 수 있으며, 해당 물품의 수출자는 수출국 정부의 동의를 받아 보조금등의 국내산업에 대한 피해효과가 제거될 수 있을 정도로 가격을 수정하겠다는 약속을 제의할 수 있다.

관세법 시행령

영 제81조(보조금등의 철폐 또는 삭감, 가격수정 등의 약속) ① 상계관세의 부과 여부를 결정하기 위한 조사가 개시된 물품의 수출국정부 또는 수출자가 법 제60조 제1항의 규정에 의하여 약속을 제의하거나 법 제60조 제2항의 규정에 의하여 피해조사를 계속하여 줄 것을 요청하고자 하는 때에는 제75조 제5항의 규정에 의한 본조사의 결과에 따른 최종판정을 하기 45일 전에 서면으로 그 뜻을 무역위원회에 제출하여야 한다. 이 경우 무역위원회는 제출된 서류의 원본을 지체 없이 기획재정부장관에게 송부하여야 한다.

관세법 시행규칙

규칙 제30조(가격수정 등의 약속) ① 영 제81조 제1항에 따라 수출자가 기획재정부장관에게 약속을 제의하는 경우 그 약속에는 다음 각 호의 사항이 포함되어야 한다.
1. 수출자가 수출가격을 실질적 피해등이 제거될 수 있는 수준으로 인상한다는 내용
2. 약속수락전까지 계약되거나 선적되는 물품에 관한 내용
3. 형식·모양·명칭 등의 변경이나 저급품의 판매 등의 방법으로 약속의 이행을 회피하는 행위를 하지 아니하겠다는 내용
4. 제3국이나 제3자를 통한 판매 등의 방법으로 사실상 약속을 위반하지 아니하겠다는 내용
5. 수출국 안에서의 판매물량 및 판매가격과 우리나라로의 수출물량 및 수출가격에 대하여 기획재정부장관에게 정기적으로 보고하겠다는 내용
6. 관련자료에 대한 검증을 허용하겠다는 내용
7. 그 밖의 상황변동의 경우 기획재정부장관의 요구에 대하여 재협의할 수 있다는 내용

② 기획재정부장관은 제1항의 규정에 의하여 제의한 약속이 다음 각 호의 1에 해당하는 것인 때에는 그 약속을 수락할 수 있다. 다만, 그 약속의 이행을 확보하는 것이 곤란하다고 인정되는 경우로서 기획재정부령이 정하는 경우에는 그러하지 아니하다.
1. 즉시로 가격을 수정하는 약속인 경우

2. 약속일부터 6월 이내에 보조금등을 철폐 또는 삭감하는 약속인 경우
3. 약속일부터 6월 이내에 보조금등의 국내산업에 대한 피해효과를 제거하기 위한 적절한 조치에 관한 약속인 경우

> **관세법 시행규칙**
>
> **규칙 제30조(가격수정 등의 약속)** ② 기획재정부장관은 영 제81조 제2항에 따라 약속을 수락하기 전에 무역위원회·관계행정기관의 장 및 이해관계인의 의견을 물을 수 있다.
> ③ 기획재정부장관은 다음 각 호의 어느 하나에 해당하는 경우에는 영 제81조 제2항 단서에 따라 약속을 수락하지 아니할 수 있다.
> 1. 다수의 수출자를 대리하여 약속을 제의한 자가 그 다수의 수출자 간에 완전한 합의가 이루어졌음을 입증하지 못하는 경우
> 2. 약속의 이행 여부에 대한 적절한 확인 또는 조사를 곤란하게 하는 조건이 있는 경우
> 3. 과거에 약속을 위반하였던 사실이 있는 등 약속을 수락할 수 없다고 인정되는 합리적인 사유가 있는 경우

③ 기획재정부장관은 필요하다고 인정되는 때에는 법 제60조 제1항의 규정에 의한 약속을 수출국정부 또는 수출자를 지정하여 제의할 수 있다.

> **관세법 시행규칙**
>
> **규칙 제30조(가격수정 등의 약속)** ④ 영 제81조 제3항에 따라 기획재정부장관으로부터 약속을 제의받은 수출자는 1개월 이내에 수락 여부를 통보하여야 한다.

④ 기획재정부장관은 제75조 제2항의 규정에 의한 예비조사결과 보조금등의 지급과 그로 인한 실질적 피해등의 사실이 있다고 추정되는 충분한 증거가 있다고 판정하기 전에는 제2항의 규정에 의한 약속의 수락이나 제3항의 규정에 의한 약속의 제의를 할 수 없다.

② 약속의 수락

제1항에 따른 약속이 수락된 경우 기획재정부장관은 잠정조치 또는 상계관세의 부과 없이 조사가 중지 또는 종결되도록 하여야 한다. 다만, 기획재정부장관이 필요하다고 인정하거나 수출국 정부가 피해 조사를 계속하여 줄 것을 요청한 경우에는 그 조사를 계속할 수 있다.

> **관세법 시행령**
>
> **영 제81조(보조금등의 철폐 또는 삭감, 가격수정 등의 약속)** ⑤ 기획재정부장관은 수출국 정부 또는 수출자가 법 제60조 제2항에 따라 수락된 약속을 이행하지 않은 경우 이용가능한 최선의 정보에 근거하여 다음 각 호의 구분에 따른 신속한 조치를 취할 수 있다. 이 경우 제2호에 따른 조치의 적용기간에 관하여는 제80조 제2항 및 제3항을 준용한다.
> 1. 법 제60조 제2항 단서에 따라 조사를 계속하여 상계관세율 등 부과내용을 정한 경우: 상계관세의 부과
> 2. 제1호 외의 경우: 법 제59조 제1항 제2호에 따른 잠정조치
> ⑥ 기획재정부장관은 법 제60조 제2항 단서의 규정에 의하여 조사를 계속한 결과 실질적 피해등의 사실이 없거나 보조금등의 금액이 없는 것으로 확인된 경우에는 당해 약속의 효력은 실효된 것으로 본다. 다만, 실질적 피해등의 사실이 없거나 보조금등의 금액이 없는 원인이 약속으로 인한 것으로 판단되는 때에는 기획재정부장관은 적정한 기간을 정하여 약속을 계속 이행하게 할 수 있으며, 수출국정부 또는 수출자가 그 약속의 이행을 거부하는 때에는 이용가능한 최선의 정보에 의하여 잠정조치를 실시하는 등 상계관세부과를 위한 신속한 조치를 취할 수 있다.

제61조(상계관세의 부과 시기)

상계관세의 부과와 잠정조치는 각각의 조치일 이후 수입되는 물품에 대하여 적용된다. 다만, 잠정조치가 적용된 물품에 대하여 국제협약에서 달리 정하고 있는 경우와 그 밖에 대통령령으로 정하는 경우에는 그 물품에 대하여도 상계관세를 부과할 수 있다.

> **관세법 시행령**
>
> **영 제82조(상계관세의 소급부과)** ① 법 제61조 단서의 규정에 의하여 잠정조치가 적용된 물품으로서 상계관세가 부과되는 물품은 다음과 같다.
> 1. 실질적 피해등이 있다고 최종판정이 내려진 경우 또는 실질적 피해등의 우려가 있다는 최종판정이 내려졌으나 잠정조치가 없었다면 실질적 피해등이 있다는 최종판정이 내려졌을 것으로 인정되는 경우에는 잠정조치가 적용된 기간 동안 수입된 물품
> 2. 비교적 단기간 내에 대량 수입되어 발생되는 실질적 피해등의 재발을 방지하기 위하여 상계관세를 소급하여 부과할 필요가 있는 경우로서 당해 물품이 과거에 보조금등을 받아 수입되어 실질적 피해등을 입힌 사실이 있었던 경우 또는 수입자가 보조금등을 받은 물품의 수입사실과 그로 인한 실질적 피해등의 사실을 알았거나 알 수 있었을 경우에는 잠정조치를 적용한 날부터 90일 전 이후에 수입된 물품
> 3. 법 제60조 제1항의 규정에 의한 약속을 위반하여 잠정조치가 적용된 물품의 수입으로 인한 실질적 피해등의 사실이 인정되는 때에는 잠정조치를 적용한 날부터 90일 전 이후에 수입된 물품. 이 경우 약속위반일 이전에 수입된 물품을 제외한다.
> 4. 기타 국제협약에서 정하는 바에 따라 기획재정부장관이 정하는 기간에 수입된 물품
>
> ② 제73조의 규정에 의한 국내산업에 이해관계가 있는 자는 제75조 제5항의 규정에 의한 본조사의 결과에 따라 최종판정의 통지를 받은 날부터 7일 이내에 당해 물품이 제1항 각 호의 1에 해당된다는 증거를 제출하여 법 제61조 단서의 규정에 의한 상계관세의 부과를 요청할 수 있다.

제62조(상계관세에 대한 재심사 등)

① 재심사

기획재정부장관은 필요하다고 인정될 때에는 대통령령으로 정하는 바에 따라 다음 각 호의 조치(이하 이 조에서 "상계조치"라 한다)에 대하여 재심사를 할 수 있으며, 재심사의 결과에 따라 상계조치의 변경, 환급 등 필요한 조치를 할 수 있다.

> 1. 상계관세의 부과
> 2. 제60조에 따른 약속

② 재심사를 위한 조사

기획재정부장관은 제1항에 따른 재심사에 필요한 사항으로서 상계조치 물품의 수입 및 징수실적 등 대통령령으로 정하는 사항을 조사할 수 있다.

> **관세법 시행령**

영 제84조(상계관세 및 약속의 재심사) ⑪ 법 제62조 제2항에서 "상계조치 물품의 수입 및 징수실적 등 대통령령으로 정하는 사항"이란 다음 각 호의 사항을 말한다.
> 1. 상계조치 물품의 수입 및 징수실적
> 2. 가격수정 등의 약속 준수 여부
> 3. 그 밖에 기획재정부장관이 상계관세의 부과와 약속의 재심사를 위하여 조사가 필요하다고 인정하는 사항

③ 유효기간

상계조치는 기획재정부령으로 그 적용시한을 따로 정하는 경우를 제외하고는 해당 상계조치의 시행일부터 5년이 지나면 그 효력을 잃으며, 제1항에 따라 보조금등의 지급과 산업피해를 재심사하고 그 결과에 따라 내용을 변경할 때에는 기획재정부령으로 그 적용시한을 따로 정하는 경우를 제외하고는 변경된 내용의 시행일부터 5년이 지나면 그 효력을 잃는다. 다만, 대통령령으로 정하는 사유로 재심사하는 경우에는 재심사가 끝나기 전에 해당 상계조치의 적용시한이 종료되더라도 재심사기간 동안 그 상계조치는 효력을 잃지 아니한다.

④ 재심사의 절차 등

제1항부터 제3항까지의 규정과 제57조부터 제61조까지의 규정에 따른 상계관세의 부과 및 시행 등에 필요한 사항은 대통령령으로 정한다.

> **관세법 시행령**

영 제84조(상계관세 및 약속의 재심사) ① 기획재정부장관은 재심사가 필요하다고 인정되거나 이해관계인이나 해당 산업을 관장하는 주무부장관이 다음 각 호의 어느 하나에 해당하는 경우에 명확한 정보 제공과 함께 재심사 요청서를 제출한 때에는 상계관세가 부과되고 있거나 법 제60조에 따른 약속(이하 이 조에서 "약속"이라 한다)이 시행되고 있는 물품에 대하여 법 제62조 제1항에 따른 재심사 여부를 결정해야 한다.
> 1. 상계관세 또는 약속(이하 "상계조치"라 한다)의 시행 이후 그 조치의 내용변경이 필요하다고 인정할 만한 충분한 상황변동이 발생한 경우
> 2. 상계조치의 종료로 국내산업이 피해를 입을 우려가 있는 경우
> 3. 실제 보조금 등의 금액보다 상계관세액이 과다하게 납부된 경우 또는 약속에 따른 가격수정이 과도한 경우

>> **관세법 시행규칙**
>>
>> **규칙 제31조(상계관세 및 약속의 재심사)** ① 영 제84조 제1항에 따라 재심사를 요청할 수 있는 이해관계인은 다음 각 호와 같다.
>> 1. 동종물품의 국내생산자 또는 그 단체
>> 2. 당해 상계조치대상 물품의 수출국정부 또는 수출자와 수입자 또는 그 단체
>> 3. 그 밖에 이해관계가 있다고 기획재정부장관이 인정하는 자

② 제1항에 따른 재심사의 요청은 상계조치의 시행일부터 1년이 경과된 날 이후에 할 수 있으며, 상계조치의 효력이 상실되는 날 6개월 이전에 요청해야 한다.
③ 기획재정부장관은 제1항에 따라 재심사를 요청받은 날부터 2개월 이내에 재심사의 필요 여부를 결정해야 하며, 그 결정일부터 10일 이내에 재심사 개시 결정에 관한 사항을 재심사 요청자, 해당 물품의 수출국 정부 및 수출자, 그 밖의 이해관계인에게 통지하고, 관보에 게재해야 한다. 이 경우 해당 물품의 수출국 정부 및 수출자에게는 제1항에 따른 요청서를 함께 제공해야 한다.
④ 기획재정부장관은 제1항에 따라 재심사를 하는 경우 외에 시행 중인 상계조치의 적정성 여부에 관한 재심사를 할 수 있으며, 이를 위해 상계조치의 내용(재심사에 따라 변경된 내용을 포함한다)에 관하여 매년 그 시행일이 속하는

달에 보조금등을 받은 물품의 수입가격에 대한 재검토를 해야 한다. 이 경우 관세청장은 재검토에 필요한 자료를 작성하여 매년 그 시행일이 속하는 달에 기획재정부장관에게 제출해야 한다.
⑤ 기획재정부장관은 제1항 또는 제4항에 따라 재심사의 필요 여부를 결정하는 때에는 관계 행정기관의 장 및 무역위원회와 협의할 수 있으며, 재심사가 필요한 것으로 결정된 때에는 무역위원회는 이를 조사해야 한다. 이 경우 무역위원회는 해당 재심사의 사유가 되는 부분에 한정하여 조사할 수 있다.
⑥ 무역위원회는 재심사 개시일부터 6개월 이내에 제5항에 따른 조사를 종결하여 그 결과를 기획재정부장관에게 제출해야 한다. 다만, 무역위원회는 조사기간을 연장할 필요가 있거나 이해관계인이 정당한 사유를 제시하여 조사기간의 연장을 요청하는 때에는 4개월의 범위에서 그 조사기간을 연장할 수 있다.
⑦ 기획재정부장관은 제6항에 따른 조사결과가 제출되면 제3항 전단에 따른 관보게재일부터 12개월 이내에 법 제62조 제1항에 따른 조치 여부 및 내용을 결정하여 필요한 조치를 해야 한다.
⑧ 법 제62조 제3항 단서에서 "대통령령으로 정하는 사유"란 제1항 제2호에 해당하는 경우를 말한다.
⑨ 제8항에 따라 재심사기간 중 상계관세가 계속 부과된 물품에 대하여 법 제62조 제1항에 따라 기획재정부장관이 새로운 상계관세의 부과 또는 가격수정 등의 약속을 시행하는 때에는 제83조 제1항 및 제3항의 예에 따라 정산할 수 있다.
⑩ 기획재정부장관은 제1항 또는 제4항에 따른 재심사결과 약속의 실효성이 상실되거나 상실될 우려가 있다고 판단되는 때에는 해당 약속을 이행하고 있는 수출국정부 또는 수출자에게 약속의 수정을 요구할 수 있으며, 해당 수출국정부 또는 수출자가 약속의 수정을 거부하는 때에는 이용가능한 정보를 바탕으로 상계관세율을 산정하여 상계관세를 부과할 수 있다.
⑫ 제1항에 따라 재심사를 요청한 자가 해당 요청을 철회하려는 경우에는 서면으로 그 뜻을 기획재정부장관에게 제출해야 한다. 이 경우 기획재정부장관은 무역위원회 및 관계 행정기관의 장과 협의하여 제3항 전단에 따른 재심사개시 여부의 결정을 중지하거나 제5항에 따른 조사를 종결하도록 할 수 있다.
⑬ 제5항에 따른 조사를 위한 자료협조 요청에 관하여는 제78조를 준용하고, 법 제62조 제1항의 재심사 결과에 따른 기획재정부장관의 조치 중 상계관세의 부과에 관하여는 제79조를, 가격수정 등의 약속에 관하여는 제81조 제1항 전단, 같은 조 제2항·제3항·제5항 및 제6항을 준용한다. 이 경우 제81조 제1항 전단 중 "제75조 제5항의 규정에 의한 본조사의 결과에 따른 최종판정"은 "제84조 제6항에 따른 조사의 종결"로, "무역위원회"는 "기획재정부장관"으로 본다.

영 제85조(이해관계인에 대한 통지·공고 등) ① 기획재정부장관은 다음 각 호의 어느 하나에 해당되는 때에는 그 내용을 관보에 게재하고, 이해관계인에게 서면으로 통지해야 한다.
    1. 법 제57조 및 법 제59조 제1항의 규정에 의한 조치를 결정하거나 당해 조치를 하지 아니하기로 결정한 때
    2. 법 제60조 제1항의 규정에 의한 약속을 수락하여 조사를 중지 또는 종결하거나 조사를 계속하는 때
    3. 법 제62조 제1항의 규정에 의한 재심사를 개시하거나 재심사결과 상계관세조치의 내용을 변경한 때
    4. 제84조 제8항에 따라 상계관세조치의 효력이 연장되는 때
② 기획재정부장관 또는 무역위원회는 다음 각 호의 어느 하나에 해당되는 때에는 그 내용을 이해관계인에게 통지해야 한다.
    1. 제74조 제2항의 규정에 의하여 조사신청이 기각되거나 제75조 제4항의 규정에 의하여 조사가 종결된 때
    2. 제75조 제2항의 규정에 의한 예비조사의 결과에 따라 예비판정을 한 때
    3. 제75조 제5항의 규정에 의한 본조사의 결과에 따라 최종판정을 한 때
    4. 제75조 제6항 및 제8항, 제84조 제6항 단서에 따라 조사기간을 연장한 때
    5. 제75조 제7항 단서에 따라 기간을 연장한 때
    6. 제76조의 규정에 의하여 상계관세의 부과요청이 철회되어 조사의 개시 여부에 관한 결정이 중지되거나 조사가 종결된 때
    7. 삭제
    8. 제81조 제3항의 규정에 의하여 기획재정부장관이 약속을 제의한 때
    9. 제84조 제6항에 따른 재심사 조사의 결과에 따라 최종판정을 한 때

③ 기획재정부장관 또는 무역위원회는 조사과정에서 제75조의 규정에 의한 조사와 관련된 이해관계인의 서면요청이 있는 때에는 조사의 진행상황을 통지하여야 한다.
④ 무역위원회는 제75조 제5항에 따른 본조사의 결과 및 제84조 제6항에 따른 재심사 조사의 결과에 따라 최종판정을 하기 전에 해당 판정의 근거가 되는 핵심적 고려사항을 이해관계인에게 통지해야 한다.

제3관 보복관세

제63조(보복관세의 부과대상)

① 보복관세의 부과대상

교역상대국이 우리나라의 수출물품 등에 대하여 다음 각 호의 어느 하나에 해당하는 행위를 하여 우리나라의 무역이익이 침해되는 경우에는 그 나라로부터 수입되는 물품에 대하여 피해상당액의 범위에서 관세(이하 "보복관세"라 한다)를 부과할 수 있다.

> 1. 관세 또는 무역에 관한 국제협정이나 양자 간의 협정 등에 규정된 우리나라의 권익을 부인하거나 제한하는 경우
> 2. 그 밖에 우리나라에 대하여 부당하거나 차별적인 조치를 하는 경우

② 적용 세율 등

보복관세를 부과하여야 하는 대상 국가, 물품, 수량, 세율, 적용시한, 그 밖에 필요한 사항은 대통령령으로 정한다.

||관세법 시행령||

영 제86조(보복관세) ① 관계부처의 장 또는 이해관계인이 법 제63조의 규정에 의한 보복관세(이하 "보복관세"라 한다)의 부과를 요청하고자 하는 때에는 당해 물품에 대한 다음 각 호의 사항에 관한 자료를 기획재정부장관에게 제출하여야 한다.
  1. 법 제63조 제1항 각 호의 1에 해당하는 행위를 한 나라 및 그 행위의 내용
  2. 우리나라에서 보복조치를 할 물품
  3. 피해상당액의 금액과 그 산출내역 및 관세부과의 내용
② 기획재정부장관은 보복관세의 적용에 관하여 필요한 사항을 조사하기 위하여 필요하다고 인정되는 때에는 관계기관·수출자·수입자 기타 이해관계인에게 관계자료의 제출 기타 필요한 협조를 요청할 수 있다.

제64조(보복관세의 부과에 관한 협의)

기획재정부장관은 보복관세를 부과할 때 필요하다고 인정되는 경우에는 관련 국제기구 또는 당사국과 미리 협의할 수 있다.

> **참고** 탄력관세 부과를 위한 협의
>
> 1. 보복관세(법 제64조)
>   기획재정부장관은 보복관세를 부과할 때 필요하다고 인정되는 경우에는 관련 국제기구 또는 당사국과 미리 협의할 수 있다.
> 2. 긴급관세(법 제65조 제3항)
>   기획재정부장관은 긴급관세를 부과하는 경우에는 이해당사국과 긴급관세부과의 부정적 효과에 대한 적절한 무역보상방법에 관하여 협의를 할 수 있다.
> 3. 특정국물품 긴급관세(법 제67조의2 제4항)
>   기획재정부장관은 특정국물품 긴급관세를 부과할 때에는 이해당사국과 해결책을 모색하기 위하여 사전 협의를 할 수 있다.

> **참고** 보복관세(법 제63조, 제64조)와 대항조치(법 제79조)의 차이점
>
> 1. 부과대상(부과사유)
>   (1) 보복관세: 관세 또는 무역에 관한 국제협정이나 양자 간의 협정 등에 규정된 우리나라의 권익을 부인하거나 제한하는 경우 그 밖에 우리나라에 대하여 부당하거나 차별적인 조치를 하는 경우
>   (2) 대항조치: 외국이 특정물품에 관한 양허의 철회·수정 또는 그 밖의 조치를 하려고 하거나 그 조치를 한 경우
> 2. 조치(방식)
>   (1) 보복관세: 보복관세 부과
>   (2) 대항조치: 특정물품에 대하여 이 법에 따른 관세 외에 그 물품의 과세가격 상당액의 범위에서 관세를 부과하는 조치, 특정물품에 대하여 관세의 양허를 하고 있는 경우에는 그 양허의 적용을 정지하고 이 법에 따른 세율의 범위에서 관세를 부과하는 조치
> 3. 부과범위
>   (1) 보복관세: 피해상당액의 범위
>   (2) 대항조치: 대항조치로서 필요한 범위

제4관 긴급관세

제65조(긴급관세의 부과대상 등)

① 부과사유 및 부과범위
특정물품의 수입증가로 인하여 동종물품 또는 직접적인 경쟁관계에 있는 물품을 생산하는 국내산업(이하 이 조에서 "국내산업"이라 한다)이 심각한 피해를 받거나 받을 우려(이하 이 조에서 "심각한 피해 등"이라 한다)가 있음이 조사를 통하여 확인되고 해당 국내산업을 보호할 필요가 있다고 인정되는 경우에는 해당 물품에 대하여 심각한 피해등을 방지하거나 치유하고 조정을 촉진(이하 "피해의 구제등"이라 한다)하기 위하여 필요한 범위에서 관세(이하 "긴급관세"라 한다)를 추가하여 부과할 수 있다.

② 부과 여부 및 내용 결정
긴급관세는 해당 국내산업의 보호 필요성, 국제통상관계, 긴급관세 부과에 따른 보상 수준 및 국민경제 전반에 미치는 영향 등을 검토하여 부과 여부와 그 내용을 결정한다.

> **관세법 시행령**
>
> **영 제87조(긴급관세의 부과)** 법 제65조 제1항의 규정에 의한 긴급관세(이하 "긴급관세"라 한다)의 부과 여부 및 그 내용은 무역위원회의 부과건의가 접수된 날부터 1월 이내에 결정하여야 한다. 다만, 주요 이해당사국과 긴급관세의 부과에 관한 협의 등을 하기 위하여 소요된 기간은 이에 포함되지 아니한다.

③ 이해당사국과 협의
기획재정부장관은 긴급관세를 부과하는 경우에는 이해당사국과 긴급관세부과의 부정적 효과에 대한 적절한 무역보상방법에 관하여 협의를 할 수 있다.

④ 부과시기
긴급관세의 부과와 제66조 제1항에 따른 잠정긴급관세의 부과는 각각의 부과조치 결정 시행일 이후 수입되는 물품에 한정하여 적용한다.

⑤ 부과기간
긴급관세의 부과기간은 4년을 초과할 수 없으며, 제66조 제1항에 따른 잠정긴급관세는 200일을 초과하여 부과할 수 없다. 다만, 제67조에 따른 재심사의 결과에 따라 부과기간을 연장하는 경우에는 잠정긴급관세의 부과기간, 긴급관세의 부과기간, 「대외무역법」 제39조 제1항에 따른 수입수량제한 등(이하 이 조와 제66조에서 "수입수량제한등"이라 한다)의 적용기간 및 그 연장기간을 포함한 총 적용기간은 8년을 초과할 수 없다.

⑥ 적용 세율 등
긴급관세 또는 제66조 제1항에 따른 잠정긴급관세를 부과하여야 하는 대상 물품, 세율, 적용기간, 수량, 수입관리방안, 그 밖에 필요한 사항은 기획재정부령으로 정한다.

⑦ 협조 요청
기획재정부장관은 긴급관세 또는 제66조 제1항에 따른 잠정긴급관세의 부과 여부를 결정하기 위하여 필요하다고 인정되는 경우에는 관계 행정기관의 장 및 이해관계인 등에게 관련 자료의 제출 등 필요한 협조를 요청할 수 있다.

> **관세법 시행규칙**
>
> **규칙 제32조(긴급관세 관련 비밀취급자료)** ① 법 제65조 제7항의 규정에 의하여 제출된 자료 중 자료를 제출하는 자가 정당한 사유를 제시하여 비밀로 취급하여 줄 것을 요청한 자료에 대하여는 당해 자료를 제출한 자의 명시적인 동의 없이는 이를 공개하여서는 아니 된다.
> ② 제1항의 규정에 의하여 비밀로 취급하는 자료에 대하여는 제15조의 규정을 준용한다.

제66조(잠정긴급관세의 부과 등)

① 잠정조치

긴급관세의 부과 여부를 결정하기 위하여 조사가 시작된 물품 또는 「불공정무역행위 조사 및 산업피해구제에 관한 법률」 제7조 제1항에 따라 잠정조치가 건의된 물품에 대하여 조사기간 중에 발생하는 심각한 피해등을 방지하지 아니하는 경우 회복하기 어려운 피해가 초래되거나 초래될 우려가 있다고 판단될 때에는 조사가 종결되기 전에 피해의 구제등을 위하여 필요한 범위에서 잠정긴급관세를 추가하여 부과할 수 있다.

> **관세법 시행령**
>
> **영 제88조(잠정긴급관세의 부과 등)** ① 법 제66조 제1항의 규정에 의한 잠정긴급관세(이하 "잠정긴급관세"라 한다)의 부과여부 및 그 내용은 무역위원회의 부과건의가 접수된 날부터 1월 이내에 법 제65조 제2항의 검토사항을 고려하여 결정하여야 한다. 다만, 기획재정부장관은 필요하다고 인정하는 경우에는 20일의 범위 내에서 그 결정기간을 연장할 수 있다.

② 잠정긴급관세의 부과 중단

긴급관세의 부과 또는 수입수량제한등의 조치 여부를 결정한 때에는 제1항에 따른 잠정긴급관세의 부과를 중단한다.

③ 잠정긴급관세의 환급

긴급관세의 부과 또는 수입수량제한등의 조치 여부를 결정하기 위하여 조사한 결과 수입증가가 국내산업에 심각한 피해를 초래하거나 초래할 우려가 있다고 판단되지 아니하는 경우에는 제1항에 따라 납부된 잠정긴급관세를 환급하여야 한다.

> **관세법 시행령**
>
> **영 제88조(잠정긴급관세의 부과 등)** ② 잠정긴급관세가 적용 중인 특정수입물품에 긴급관세를 부과하기로 결정한 경우로서 긴급관세액이 잠정긴급관세액과 같거나 많은 경우에는 그 잠정긴급관세액을 긴급관세액으로 하여 그 차액을 징수하지 아니하고, 적은 경우에는 그 차액에 상당하는 잠정긴급관세액을 환급하는 조치를 하여야 한다.
> ③ 무역위원회가 국내산업의 피해가 없다고 판정하고 이를 기획재정부장관에게 통보한 때에는 동 피해와 관련하여 납부된 잠정긴급관세액을 환급하는 조치를 하여야 한다.

제67조(긴급관세에 대한 재심사 등)

기획재정부장관은 필요하다고 인정되는 때에는 긴급관세의 부과결정에 대하여 재심사를 할 수 있으며, 재심사결과에 따라 부과내용을 변경할 수 있다. 이 경우 변경된 내용은 최초의 조치내용보다 더 강화되어서는 아니 된다.

> **관세법 시행령**
>
> **영 제89조(긴급관세의 재심사)** 기획재정부장관은 부과 중인 긴급관세에 대하여 무역위원회가 그 내용의 완화·해제 또는 연장 등을 건의하는 때에는 그 건의가 접수된 날부터 1월 이내에 법 제67조의 규정에 의한 재심사를 하여 긴급관세부과의 완화·해제 또는 연장 등의 조치 여부를 결정하여야 한다. 다만, 기획재정부장관은 필요하다고 인정되는 때에는 20일의 범위 내에서 그 결정기간을 연장할 수 있다.

> **참고 긴급관세**
>
> 1. 부과사유 및 부과범위(법 제65조 제1항)
> 2. 긴급관세의 부과
>   (1) 부과 여부 및 내용 결정(법 제65조 제2항, 영 제87조)
>   (2) 이해당사국과 협의(법 제65조 제3항)
>   (3) 부과시기(법 제65조 제4항)
>   (4) 부과기간(법 제65조 제5항)
>   (5) 적용 세율 등(법 제65조 제6항)
>   (6) 협조 요청(법 제65조 제7항)
> 3. 잠정긴급관세의 부과
>   (1) 잠정조치(법 제66조 제1항)
>   (2) 부과 여부 및 내용 결정(영 제88조 제1항)
>   (3) 잠정긴급관세 부과의 중단(법 제66조 제2항)
>   (4) 잠정긴급관세의 환급(법 제66조 제3항, 영 제88조 제3항)
>   (5) 차액 정산(영 제88조 제2항)
> 4. 재심사(법 제67조, 영 제89조)

> **참고 긴급관세와 잠정긴급관세**
>
> | 구분 | 긴급관세 | 잠정긴급관세 |
> | --- | --- | --- |
> | 적용 | 부과조치 결정 시행일 이후 수입되는 물품 | |
> | 부과 여부 결정 | 건의 접수일부터 1개월 이내
(협의기간 불포함) | 건의 접수일부터 1개월 이내
(20일 연장 가능) |
> | 부과기간 | 4년을 초과할 수 없음(최대 8년) | 200일을 초과할 수 없음 |

제67조의2(특정국물품 긴급관세의 부과)

① 부과사유 및 부과범위
국제조약 또는 일반적인 국제법규에 따라 허용되는 한도에서 대통령령으로 정하는 국가를 원산지로 하는 물품(이하 이 조에서 "특정국물품"이라 한다)이 다음 각 호의 어느 하나에 해당하는 것으로 조사를 통하여 확인된 경우에는 피해를 구제하거나 방지하기 위하여 필요한 범위에서 관세(이하 "특정국물품 긴급관세"라 한다)를 추가하여 부과할 수 있다.

> 1. 해당 물품의 수입증가가 국내시장의 교란 또는 교란우려의 중대한 원인이 되는 경우
> 2. 세계무역기구 회원국이 해당 물품의 수입증가에 대하여 자국의 피해를 구제하거나 방지하기 위하여 한 조치로 인하여 중대한 무역전환이 발생하여 해당 물품이 우리나라로 수입되거나 수입될 우려가 있는 경우

② 국내시장의 교란
제1항 제1호에서 "국내시장의 교란 또는 교란우려"란 특정국물품의 수입증가로 인하여 동종물품 또는 직접적인 경쟁관계에 있는 물품을 생산하는 국내산업이 실질적 피해를 받거나 받을 우려가 있는 경우를 말한다.

③ 적용 세율 등
특정국물품 긴급관세 또는 제5항에 따른 특정국물품 잠정긴급관세를 부과하여야 하는 대상 물품, 세율, 적용기간, 수량, 수입관리방안 등에 관하여 필요한 사항은 기획재정부령으로 정한다.

④ 이해당사국과 협의
기획재정부장관은 특정국물품 긴급관세를 부과할 때에는 이해당사국과 해결책을 모색하기 위하여 사전 협의를 할 수 있다.

⑤ 특정국물품 잠정긴급관세의 부과
제1항 제1호에 따라 특정국물품 긴급관세의 부과 여부를 결정하기 위한 조사가 시작된 물품에 대하여 조사기간 중에 발생하는 국내시장의 교란을 방지하지 아니하는 경우 회복하기 어려운 피해가 초래되거나 초래될 우려가 있다고 판단될 때에는 조사가 종결되기 전에 피해를 구제하거나 방지하기 위하여 필요한 범위에서 특정국물품에 대한 잠정긴급관세(이하 "특정국물품 잠정긴급관세"라 한다)를 200일의 범위에서 부과할 수 있다.

⑥ 특정국물품 잠정긴급관세의 환급
특정국물품 긴급관세의 부과 여부를 결정하기 위하여 조사한 결과 국내시장의 교란 또는 교란우려가 있다고 판단되지 아니하는 경우에는 제5항에 따라 납부된 특정국물품 잠정긴급관세를 환급하여야 한다.

⑦ 부과 중지
제1항 제2호에 따른 특정국물품 긴급관세 부과의 원인이 된 세계무역기구 회원국의 조치가 종료된 때에는 그 종료일부터 30일 이내에 특정국물품 긴급관세 부과를 중지하여야 한다.

⑧ 준용 규정
특정국물품 긴급관세 또는 특정국물품 잠정긴급관세의 부과에 관하여는 제65조 제2항·제4항·제7항, 제66조 제2항 및 제67조를 준용한다.

관세법 시행령

영 제89조의2(특정국물품긴급관세의 부과 등) ③ 제87조 내지 제89조의 규정은 특정국물품긴급관세 또는 법 제67조 의2 제5항의 규정에 의한 특정국물품잠정긴급관세의 부과에 관하여 이를 준용한다.

제5관 농림축산물에 대한 특별긴급관세

제68조(농림축산물에 대한 특별긴급관세)

① 특별긴급관세의 개념
  제73조에 따라 국내외 가격차에 상당한 율로 양허한 농림축산물의 수입물량이 급증하거나 수입가격이 하락하는 경우에는 대통령령으로 정하는 바에 따라 양허한 세율을 초과하여 관세(이하 "특별긴급관세"라 한다)를 부과할 수 있다.

② 적용 세율 등
  특별긴급관세를 부과하여야 하는 대상 물품, 세율, 적용시한, 수량 등은 기획재정부령으로 정한다.

관세법 시행령

영 제90조(농림축산물에 대한 특별긴급관세) ① 법 제68조 제1항에 따라 특별긴급관세(이하 "특별긴급관세"라 한다)를 부과할 수 있는 경우는 다음 각 호의 어느 하나에 해당하는 경우로 한다. 다만, 다음 각 호 모두에 해당하는 경우에는 기획재정부령으로 정하는 바에 따라 그중 하나를 선택하여 적용할 수 있다.
  1. 당해 연도 수입량이 제2항의 규정에 의한 기준발동물량을 초과하는 경우
  2. 원화로 환산한 운임 및 보험료를 포함한 해당 물품의 수입가격(이하 "수입가격"이라 한다)이 1988년부터 1990년까지의 평균수입가격(별표 1에 해당하는 물품의 경우에는 1986년부터 1988년까지의 평균수입가격으로 하며, 이하 "기준가격"이라 한다)의 100분의 10을 초과하여 하락하는 경우

② 제1항 제1호에서 규정한 기준발동물량은 자료입수가 가능한 최근 3년간의 평균수입량에 다음 각 호의 구분에 의한 계수(이하 "기준발동계수"라 한다)를 곱한 것과 자료입수가 가능한 최근 연도의 당해 품목 국내소비량의 그 전년도 대비 변화량을 합한 물량(이하 "기준발동물량"이라 한다)으로 한다. 다만, 기준발동물량이 최근 3년간 평균수입량의 100분의 105 미만인 경우에는 기준발동물량을 최근 3년간 평균수입량의 100분의 105로 한다.
  1. 자료입수가 가능한 최근 3년동안의 당해 물품 국내소비량에 대한 수입량 비율(이하 "시장점유율"이라 한다)이 100분의 10 이하인 때: 100분의 125
  2. 시장점유율이 100분의 10초과 100분의 30 이하인 때: 100분의 110
  3. 시장점유율이 100분의 30을 초과하는 때: 100분의 105
  4. 시장점유율을 산정할 수 없는 때: 100분의 125

참고 **물량기준 부과를 위한 기준발동계수(법 제90조 제2항)**

시장점유율	기준발동계수
10% 이하	125%
10% 초과 30% 이하	110%
30% 초과	105%
시장점유율 산정 불가 시	125%

③ 제1항 제1호의 규정에 의하여 부과하는 특별긴급관세는 국내외가격차에 상당한 율인 당해 양허세율에 그 양허세율의 3분의 1까지를 추가한 세율로 부과할 수 있으며 당해 연도 말까지 수입되는 분에 대하여서만 이를 적용한다.

④ 제1항 제2호에 따라 특별긴급관세를 부과하는 경우에는 국내외가격차에 상당한 율인 해당 양허세율에 따른 관세에 다음 표의 금액을 추가하여 부과할 수 있다. 다만, 수입량이 감소하는 경우에는 기획재정부령으로 정하는 바에 따라 다음 표에 따른 특별긴급관세를 부과하지 않을 수 있다.

기준가격 대비 수입가격의 하락률	특별긴급관세액
10퍼센트 초과 40퍼센트 이하	기준가격 × (하락률 - 10퍼센트포인트) × 30퍼센트
40퍼센트 초과 60퍼센트 이하	기준가격 × [9퍼센트 + (하락률 - 40퍼센트포인트) × 50퍼센트]
60퍼센트 초과 75퍼센트 이하	기준가격 × [19퍼센트 + (하락률 - 60퍼센트포인트) × 70퍼센트]
75퍼센트 초과	기준가격 × [29.5퍼센트 + (하락률 - 75퍼센트포인트) × 90퍼센트]

⑤ 제1항의 규정을 적용함에 있어서 부패하기 쉽거나 계절성이 있는 물품에 대하여는 기준발동물량을 산정함에 있어서는 3년보다 짧은 기간을 적용하거나 기준가격을 산정 시 다른 기간 동안의 가격을 적용하는 등 당해 물품의 특성을 고려할 수 있다.

⑥ 법 제73조의 규정에 의하여 국제기구와 관세에 관한 협상에서 양허된 시장접근물량으로 수입되는 물품은 특별긴급관세 부과대상에서 제외한다. 다만, 그 물품은 제1항 제1호의 규정에 의한 특별긴급관세의 부과를 위하여 수입량을 산정하는 때에는 이를 산입한다.

⑦ 특별긴급관세가 부과되기 전에 계약이 체결되어 운송 중에 있는 물품은 제1항 제1호의 규정에 의한 특별긴급관세 부과대상에서 제외한다. 다만, 당해 물품은 다음 해에 제1항 제1호의 규정에 의하여 특별긴급관세를 부과하기 위하여 필요한 수입량에는 산입할 수 있다.

⑧ 관계부처의 장 또는 이해관계인이 법 제68조에 따른 조치를 요청하려는 경우에는 해당 물품과 관련된 다음 각호의 사항에 관한 자료를 기획재정부장관에게 제출하여야 한다.
 1. 해당 물품의 관세율표 번호·품명·규격·용도 및 대체물품
 2. 해당 물품의 최근 3년간 연도별 국내소비량·수입량 및 기준가격
 3. 인상하여야 하는 세율, 인상이유, 적용기간 및 그 밖의 참고사항

⑨ 기획재정부장관은 특별긴급관세의 적용에 관하여 필요한 사항을 조사하기 위하여 필요하다고 인정되는 때에는 관계기관·수출자·수입자 기타 이해관계인에게 관계자료의 제출 기타 필요한 협조를 요청할 수 있다.

> **참고** 농림축산물에 대한 특별긴급관세
>
> 1. 특별긴급관세의 개념(법 제68조 제1항)
> 2. 적용 세율 등(법 제68조 제2항)
> 3. 특별긴급관세를 부과할 수 있는 경우(영 제90조 제1항)
> 4. 물량기준으로 부과하는 경우
>   (1) 기준발동물량(영 제90조 제2항)
>   (2) 부과 범위(영 제90조 제3항)
>   (3) 부과 제외(영 제90조 제7항)
> 5. 가격기준으로 부과하는 경우
>   (1) 부과 범위(영 제90조 제4항)
>   (2) 부과 제외(영 제90조 제4항 단서)
> 6. 부과 제한(부과 제외)
>   (1) 부패하기 쉬운 물품 등(영 제90조 제5항)
>   (2) 시장접근물량으로 수입되는 물품(영 제90조 제6항)
> 7. 협조 요청(영 제90조 제8항)

제6관 조정관세

제69조(조정관세의 부과대상)

다음 각 호의 어느 하나에 해당하는 경우에는 100분의 100에서 해당 물품의 기본세율을 뺀 율을 기본세율에 더한 율의 범위에서 관세를 부과할 수 있다. 다만, 농림축수산물 또는 이를 원재료로 하여 제조된 물품의 국내외 가격차가 해당 물품의 과세가격을 초과하는 경우에는 국내외 가격차에 상당하는 율의 범위에서 관세를 부과할 수 있다.

> 1. 산업구조의 변동 등으로 물품 간의 세율 불균형이 심하여 이를 시정할 필요가 있는 경우
> 2. 공중도덕 보호, 인간·동물·식물의 생명 및 건강 보호, 환경보전, 한정된 천연자원 보존 및 국제평화와 안전보장 등을 위하여 필요한 경우
> 3. 국내에서 개발된 물품을 일정 기간 보호할 필요가 있는 경우
> 4. 농림축수산물 등 국제경쟁력이 취약한 물품의 수입증가로 인하여 국내시장이 교란되거나 산업기반이 붕괴될 우려가 있어 이를 시정하거나 방지할 필요가 있는 경우

관세법 시행령

영 제91조(조정관세) ① 관계부처의 장 또는 이해관계인이 법 제69조에 따른 조치를 요청하려는 경우에는 해당 물품과 관련된 다음 각 호의 사항에 관한 자료를 기획재정부장관에게 제출해야 한다.
1. 해당 물품의 관세율표 번호·품명·규격·용도 및 대체물품
2. 해당 물품의 제조용 투입원료 및 해당 물품을 원료로 하는 관련제품의 제조공정설명서 및 용도
3. 해당 연도와 그 전후 1년간의 수급실적 및 계획
4. 최근 1년간의 월별 주요 수입국별 수입가격 및 수입실적
5. 최근 1년간의 월별 주요 국내제조업체별 공장도가격 및 출고실적
6. 인상하여야 하는 세율·인상이유 및 그 적용기간
7. 세율 인상이 국내 산업, 소비자 이익, 물가 등에 미치는 영향(법 제69조 제2호에 해당하는 경우에 한정한다)

② 기획재정부장관은 법 제69조의 규정에 의한 조정관세의 적용에 관하여 필요한 사항을 조사하기 위하여 필요하다고 인정되는 때에는 관계기관·수출자·수입자 기타 이해관계인에게 관계자료의 제출 기타 필요한 협조를 요청할 수 있다.

③ 기획재정부장관은 법 제69조 제2호에 따라 조정관세를 부과하려는 때에는 미리 관계부처의 장의 의견을 들어야 한다.

제70조(조정관세의 적용 세율 등)

① 조정관세 부과 시 검토사항

　제69조에 따른 관세(이하 "조정관세"라 한다)는 해당 국내산업의 보호 필요성, 국제통상관계, 국제평화·국가안보·사회질서·국민경제 전반에 미치는 영향 등을 검토하여 부과 여부와 그 내용을 정한다.

② 적용 세율 등

　조정관세를 부과하여야 하는 대상 물품, 세율 및 적용시한 등은 대통령령으로 정한다.

참고 조정관세의 개념

조정관세는 수입자유화 정책의 부작용을 관세정책면에서 시정·보완하기 위하여 1984년에 마련한 탄력관세제도이다. 특정 물품의 수입이 급격히 증가하거나 저가로 수입되는 경우 국내 산업의 피해를 방지하기 위해 조정관세라는 방식으로 관세율을 인상할 수 있다.

참고 조정관세의 세율 적용 순위

법 제50조 제2항에서는 세율 적용의 우선순위를 다음과 같이 규정하고 있다.
1. 제51조, 제57조, 제63조, 제65조, 제67조의2, 제68조 및 제69조(조정관세) 제2호에 따른 세율
2. 제73조 및 제74조에 따른 세율
3. 제69조(조정관세) 제1호·제3호·제4호, 제71조 및 제72조에 따른 세율
4. 제76조에 따른 세율

　즉, 조정관세 부과대상 중 '공중도덕 보호, 인간·동물·식물의 생명 및 건강 보호, 환경보전, 유한 천연자원 보존 및 국제평화와 안전보장 등을 위하여 필요한 경우(법 제69조 제2호)'는 세율 적용 순위가 1순위이지만, 나머지 사유는 3순위에 해당한다.

제7관 할당관세

제71조(할당관세)

① 관세율의 인하 범위 및 인하 사유
다음 각 호의 어느 하나에 해당하는 경우에는 100분의 40의 범위의 율을 기본세율에서 빼고 관세를 부과할 수 있다. 이 경우 필요하다고 인정될 때에는 그 수량을 제한할 수 있다.

> 1. 원활한 물자수급 또는 산업의 경쟁력 강화를 위하여 특정물품의 수입을 촉진할 필요가 있는 경우
> 2. 수입가격이 급등한 물품 또는 이를 원재료로 한 제품의 국내가격을 안정시키기 위하여 필요한 경우
> 3. 유사물품 간의 세율이 현저히 불균형하여 이를 시정할 필요가 있는 경우

② 관세율의 인상 범위 및 인상 사유
특정물품의 수입을 억제할 필요가 있는 경우에는 일정한 수량을 초과하여 수입되는 분에 대하여 100분의 40의 범위의 율을 기본세율에 더하여 관세를 부과할 수 있다. 다만, 농림축수산물인 경우에는 기본세율에 동종물품·유사물품 또는 대체물품의 국내외 가격차에 상당하는 율을 더한 율의 범위에서 관세를 부과할 수 있다.

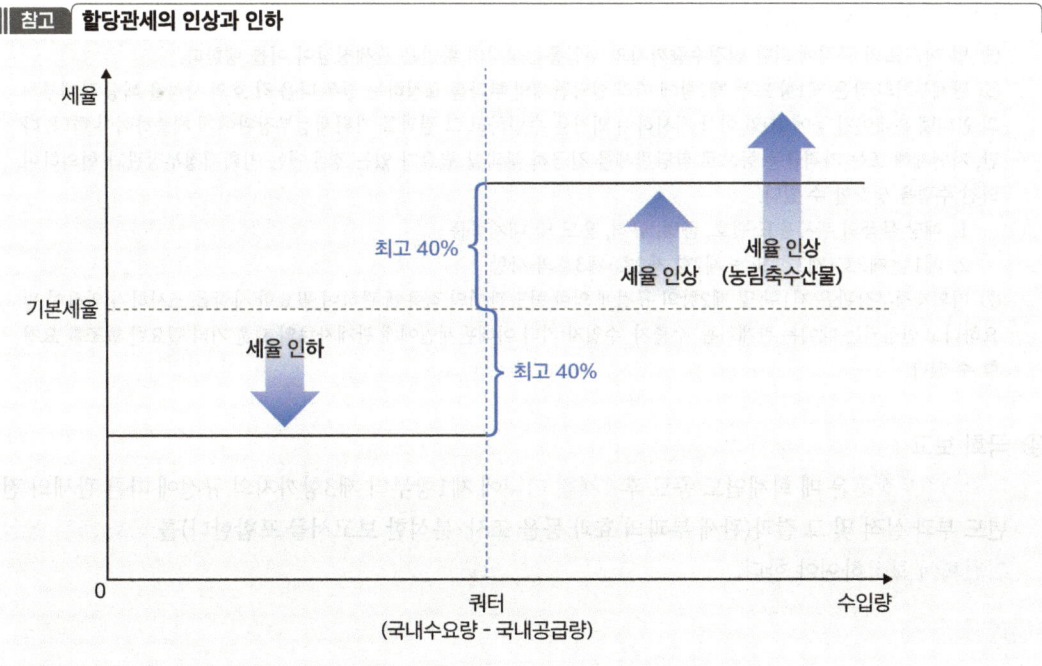

참고 | 할당관세의 인상과 인하

③ 적용 세율 등
제1항과 제2항에 따른 관세를 부과하여야 하는 대상 물품, 수량, 세율, 적용기간 등은 대통령령으로 정한다.

|| 관세법 시행령

영 제92조(할당관세) ① 관계부처의 장 또는 이해관계인은 법 제71조 제1항의 규정에 의하여 할당관세의 부과를 요청하고자 하는 때에는 당해 물품에 관련된 다음 각 호의 사항에 관한 자료를 기획재정부장관에게 제출하여야 한다.
    1. 제91조 제1항 제1호 내지 제5호의 사항에 관한 자료
    2. 당해 할당관세를 적용하고자 하는 세율·인하이유 및 그 적용기간
    3. 법 제71조 제1항 후단의 규정에 의하여 수량을 제한하여야 하는 때에는 그 수량 및 산출근거
② 관계부처의 장 또는 이해관계인은 법 제71조 제2항의 규정에 의하여 할당관세의 부과를 요청하고자 하는 때에는 당해 물품에 관련된 다음 각 호의 사항에 관한 자료를 기획재정부장관에게 제출하여야 한다.
    1. 제91조 제1항 제1호 내지 제5호의 사항에 관한 자료
    2. 당해 할당관세를 적용하여야 하는 세율·인상이유 및 그 적용기간
    3. 기본관세율을 적용하여야 하는 수량 및 그 산출근거
    4. 법 제71조 제2항 단서의 규정에 의한 농림축수산물의 경우에는 최근 2년간의 월별 또는 분기별 동종물품·유사물품 또는 대체물품별 국내외 가격동향
③ 법 제71조의 규정에 의한 일정수량의 할당은 당해 수량의 범위 안에서 주무부장관 또는 그 위임을 받은 자의 추천으로 행한다. 다만, 기획재정부장관이 정하는 물품에 있어서는 수입신고 순위에 따르되, 일정수량에 달하는 날의 할당은 그날에 수입신고되는 분을 당해 수량에 비례하여 할당한다.
④ 제3항 본문에 따라 주무부장관 또는 그 위임을 받은 자의 추천을 받은 자는 해당 추천서를 수입신고 수리 전까지 세관장에게 제출해야 한다. 다만, 해당 물품이 보세구역에서 반출되지 않은 경우에는 수입신고 수리일부터 15일이 되는 날까지 제출할 수 있다.
⑤ 법 제71조의 규정에 의한 일정수량까지의 수입통관실적의 확인은 관세청장이 이를 행한다.
⑥ 관계부처의 장은 제1항 또는 제2항에 따라 할당관세의 부과를 요청하는 경우 다음 각 호의 사항을 해당 관계부처의 인터넷 홈페이지 등에 10일 이상 게시하여 의견을 수렴하고 그 결과를 기획재정부장관에게 제출하여야 한다. 다만, 자연재해 또는 가격급등 등으로 할당관세를 긴급히 부과할 필요가 있는 경우에는 기획재정부장관과 협의하여 의견 수렴을 생략할 수 있다.
    1. 해당 물품의 관세율표 번호, 품명, 규격, 용도 및 대체물품
    2. 제1항 제2호·제3호 또는 제2항 제2호·제3호의 사항
⑦ 기획재정부장관은 제1항 및 제2항의 규정에 의한 할당관세의 적용에 관하여 필요한 사항을 조사하기 위하여 필요하다고 인정되는 때에는 관계기관·수출자·수입자 기타 이해관계인에게 관계자료의 제출 기타 필요한 협조를 요청할 수 있다.

④ 국회 보고

기획재정부장관은 매 회계연도 종료 후 5개월 이내에 제1항부터 제3항까지의 규정에 따른 관세의 전년도 부과 실적 및 그 결과(관세 부과의 효과 등을 조사·분석한 보고서를 포함한다)를 국회 소관 상임위원회에 보고하여야 한다.

|| 관세법 시행령

영 제92조(할당관세) ⑧ 기획재정부장관은 법 제71조 제4항에 따른 관세의 전년도 부과 실적 등의 보고를 위하여 관계부처의 장에게 매 회계연도 종료 후 3개월 이내에 관세 부과 실적 및 효과 등에 관한 자료를 기획재정부장관에게 제출할 것을 요청할 수 있다. 이 경우 요청을 받은 관계부처의 장은 특별한 사유가 없으면 그 요청에 따라야 한다.

참고 할당관세

1. 개요(의의)
   할당관세는 일정한 수입량 기준을 정해 놓고 그 기준을 초과하는 경우 기본세율보다 높은 세율을 적용하고, 그 기준에 미달하는 경우 기본세율보다 낮은 세율을 적용하여 수입량을 조절하는 이중 관세율 제도로서, 탄력관세 중의 하나이다.
2. 부과방법 및 부과대상
   (1) 관세율의 인하(법 제71조 제1항)
   (2) 관세율의 인상(법 제71조 제2항)
   (3) 적용 세율 등(법 제71조 제3항)
3. 부과절차
   (1) 인하하는 할당관세 부과 요청(영 제92조 제1항)
   (2) 인상하는 할당관세 부과 요청(영 제92조 제2항)
   (3) 일정 수량의 할당(영 제92조 제3항)
   (4) 수입 추천(영 제92조 제4항)
   (5) 수입통관 실적의 확인(영 제92조 제5항)
   (6) 의견 수렴(영 제92조 제6항)
   (7) 협조 요청(영 제92조 제7항)
4. 국회 보고
   (1) 기획재정부장관의 보고(법 제71조 제4항)
   (2) 자료 제출(영 제92조 제8항)

참고 수입할당제와 할당관세

1. 수입할당제란 수입상품의 수량을 직접 규제하여 수입을 제한하는 수량적 보호무역정책으로서, 수입국이 일방적으로 수입수량을 제한하는 일방적 할당제와, 수출입국 당사자 간에 사전협정을 체결하여 수입수량을 제한하는 협정할당제가 있다.
2. 할당관세는 관세율의 인상 또는 인하를 통하여 수입량을 조절하는 '관세장벽'이지만, 수입할당제는 수입수량을 직접적으로 규제하는 '비관세장벽'이다.
3. 할당관세를 부과하는 경우 규제당사국 정부가 관세를 조세수입원으로 활용할 수 있으나, 수입할당제는 높아진 가격으로 인한 추가이윤이 제품수입을 허가받은 업자의 이윤으로 귀속된다는 점에 차이가 있다.

제8관 계절관세

제72조(계절관세)

① 부과대상 및 부과범위
   계절에 따라 가격의 차이가 심한 물품으로서 동종물품·유사물품 또는 대체물품의 수입으로 인하여 국내시장이 교란되거나 생산 기반이 붕괴될 우려가 있을 때에는 계절에 따라 해당 물품의 국내외 가격차에 상당하는 율의 범위에서 기본세율보다 높게 관세를 부과하거나 100분의 40의 범위의 율을 기본세율에서 빼고 관세를 부과할 수 있다.

② 적용 세율 등
   제1항에 따른 관세를 부과하여야 하는 대상 물품, 세율 및 적용시한 등은 기획재정부령으로 정한다.

| 관세법 시행령 |

영 제93조(계절관세) ① 관계행정기관의 장 또는 이해관계인이 법 제72조의 규정에 의한 계절관세(이하 "계절관세"라 한다)의 부과를 요청하고자 하는 때에는 당해 물품에 관련한 다음 각 호의 사항에 관한 자료를 기획재정부장관에게 제출하여야 한다.
1. 품명·규격·용도 및 대체물품
2. 최근 1년간의 월별 수입가격 및 주요 국제상품시장의 가격동향
3. 최근 1년간의 월별 주요국내제조업체별 공장도가격
4. 당해 물품 및 주요관련제품의 생산자물가지수·소비자물가지수 및 수입물가지수
5. 계절관세를 적용하고자 하는 이유 및 그 적용기간
6. 계절별 수급실적 및 전망
7. 변경하고자 하는 세율과 그 산출내역

② 기획재정부장관은 계절관세의 적용에 관하여 필요한 사항을 조사하기 위하여 필요하다고 인정하는 때에는 관계기관·수출자·수입자 기타 이해관계인에게 관계자료의 제출 기타 필요한 협조를 요청할 수 있다.

| 참고 | **할당관세와 계절관세의 비교** |

1. 의의
    할당관세는 수입량에 따라 관세율을 인상하거나 인하하며, 계절관세는 수입시기에 따라 관세율을 인상하거나 인하하는 탄력관세이다. 관세율을 올리거나 내리는 방식으로 수입량을 조절하는 이중적인 방식을 취한다는 점이 같다.
2. 할당관세와 계절관세의 차이점
    (1) 입법취지
        ① 할당관세
            할당관세제도는 특정물품에 대하여 그 수입을 억제하려는 국내생산자측의 요구와 해당물품을 저렴한 가격에 소비·사용하려는 수요자측의 상반되는 요구가 공존하는 상황에서 국내총생산량이 총수요량에 이르지 못하는 경우 관세율의 조정을 통해 양자의 요구를 동시에 충족시키려는 취지에서 시행되는 제도이다.
        ② 계절관세
            계절관세의 실질적인 적용대상은 농산물로서, 국산품 출하기에 수입농산물의 국내시장 접근을 방지하기 위하여 계절관세가 적용된다. 즉, 계절관세는 국내 농업을 보호하기 위하여 시행되는 제도이다.
    (2) 적용대상(관세율 인상·인하의 사유)
        ① 할당관세
            원활한 물자수급 또는 산업의 경쟁력 강화를 위하여 특정물품의 수입을 촉진시킬 필요가 있는 경우, 수입가격이 급등한 물품 또는 이를 원재료로 한 제품의 국내가격을 안정시키기 위하여 필요한 경우, 유사물품 간의 세율이 현저히 불균형하여 이를 시정할 필요가 있는 경우 관세율을 인하하며, 특정물품의 수입을 억제할 필요가 있는 경우에는 관세율을 인상한다.
        ② 계절관세
            계절에 따라 가격의 차이가 심한 물품으로서 동종물품·유사물품 또는 대체물품의 수입으로 인하여 국내시장이 교란되거나 생산 기반이 붕괴될 우려가 있을 때에는 계절에 따라 관세율을 인상 또는 인하하여 부과할 수 있다.
    (3) 관세율 인상·인하의 폭
        ① 할당관세
            관세율을 인하하는 경우 100분의 40의 범위의 율을 기본세율에서 빼고 관세를 부과할 수 있다. 관세율을 인상하는 경우 일정한 수량을 초과하여 수입되는 분에 대하여 100분의 40의 범위의 율을 기본세율에 더하여 관세를 부과할 수 있다. 다만, 농림축수산물의 경우에는 기본세율에 동종물품·유사물품 또는 대체물품의 국내외 가격차에 상당하는 율을 더한 율의 범위에서 관세를 부과할 수 있다.

② 계절관세
국내외 가격차에 상당하는 율의 범위에서 기본세율보다 높게 관세를 부과하거나 100분의 40의 범위의 율을 기본세율에서 빼고 관세를 부과할 수 있다.
(4) 적용 세율 등
① 할당관세
관세를 부과하여야 하는 대상 물품, 수량, 세율, 적용기간 등은 대통령령으로 정한다.
② 계절관세
관세를 부과하여야 하는 대상 물품, 세율 및 적용시한 등은 기획재정부령으로 정한다.

제9관 국제협력관세

제73조(국제협력관세)

① 관세 협상
정부는 우리나라의 대외무역 증진을 위하여 필요하다고 인정될 때에는 **특정 국가 또는 국제기구**와 관세에 관한 협상을 할 수 있다

② 관세 양허
제1항에 따른 협상을 수행할 때 필요하다고 인정되면 관세를 양허할 수 있다. 다만, **특정 국가**와 협상할 때에는 **기본 관세율의 100분의 50**의 범위를 초과하여 관세를 양허할 수 없다.

③ 적용 세율 등
제2항에 따른 관세를 부과하여야 하는 대상 물품, 세율 및 적용기간 등은 대통령령으로 정한다.

|| 관세법 시행령 |

영 제94조(농림축산물에 대한 양허세율의 적용신청) 법 제73조에 따라 국제기구와 관세에 관한 협상에서 국내외 가격차에 상당한 율로 양허하거나 국내시장 개방과 함께 기본세율보다 높은 세율로 양허한 농림축산물을 시장접근물량 이내로 수입하는 자로서 관련 기관의 추천을 받은 자는 해당 추천서를 수입신고 수리 전까지 세관장에게 제출해야 한다. 다만, 해당 농림축산물이 보세구역에서 반출되지 않은 경우에는 수입신고 수리일부터 15일이 되는 날까지 제출할 수 있다.

제10관 편익관세

제74조(편익관세의 적용기준 등)

① 편익 부여대상
관세에 관한 조약에 따른 편익을 받지 아니하는 나라의 생산물로서 우리나라에 수입되는 물품에 대하여 이미 체결된 외국과의 조약에 따른 편익의 한도에서 관세에 관한 편익(이하 "편익관세"라 한다)을 부여할 수 있다.

② 적용 세율 등
편익관세를 부여할 수 있는 대상 국가, 대상 물품, 적용 세율, 적용방법, 그 밖에 필요한 사항은 대통령령으로 정한다.

|| 관세법 시행령 |

영 제95조(편익관세) ① 법 제74조에 따라 관세에 관한 편익(이하 "편익관세"라 한다)을 받을 수 있는 국가는 다음 표와 같다.

지역	국가
1. 아시아	부탄
2. 중동	이란·이라크·레바논·시리아
3. 대양주	나우루
4. 아프리카	코모로·에디오피아·소말리아
5. 유럽	안도라·모나코·산마리노·바티칸·덴마크(그린란드 및 페로제도에 한정한다)

② 편익관세를 적용받을 수 있는 물품은 제1항의 표에 따른 국가의 생산물 중 「세계무역기구협정 등에 의한 양허관세 규정」 별표 1(이하 이 조에서 "양허표"라 한다)의 가 및 나에 따른 물품으로 한다. 이 경우 해당 물품에 대한 관세율표상의 품목분류가 세분되거나 통합된 때에도 동일한 편익을 받는다.
③ 제2항에 규정하는 물품에 대하여는 당해 양허표에 규정된 세율을 적용한다. 다만, 다음 각 호의 경우에는 당해 양허표에 규정된 세율보다 다음 각 호에 규정된 세율을 우선하여 적용한다.
  1. 법에 의한 세율이 당해 양허표에 규정된 세율보다 낮은 경우에는 법에 의한 세율. 다만, 법 제50조 제3항 단서의 규정에 의한 농림축산물의 경우에는 당해 양허표에 규정된 세율을 기본세율 및 잠정세율에 우선하여 적용한다.
  2. 법 제51조, 법 제57조, 법 제63조, 법 제65조 또는 법 제68조의 규정에 의하여 대통령령 또는 기획재정부령으로 세율을 정하는 경우에는 그 세율

제75조(편익관세의 적용 정지 등)

기획재정부장관은 다음 각 호의 어느 하나에 해당하는 경우에는 국가, 물품 및 기간을 지정하여 편익관세의 적용을 정지시킬 수 있다.

> 1. 편익관세의 적용으로 국민경제에 중대한 영향이 초래되거나 초래될 우려가 있는 경우
> 2. 그 밖에 편익관세의 적용을 정지시켜야 할 긴급한 사태가 있는 경우

|| 관세법 시행령

영 제95조(편익관세) ⑤ 기획재정부장관은 편익관세의 적용에 관하여 필요한 사항을 조사하기 위하여 필요하다고 인정되는 때에는 관계행정기관·수출자·수입자 기타 이해관계인에게 관계자료의 제출 기타 필요한 협조를 요청할 수 있다.

제11관 일반특혜관세

제76조(일반특혜관세의 적용기준)

① 적용대상
대통령령으로 정하는 개발도상국가(이하 이 조에서 "특혜대상국"이라 한다)를 원산지로 하는 물품 중 대통령령으로 정하는 물품(이하 이 조에서 "특혜대상물품"이라 한다)에 대하여는 기본세율보다 낮은 세율의 관세(이하 이 관에서 "일반특혜관세"라 한다)를 부과할 수 있다.

② 특혜의 차등 적용(물품)
일반특혜관세를 부과할 때 해당 특혜대상물품의 수입이 국내산업에 미치는 영향 등을 고려하여 그 물품에 적용되는 세율에 차등을 두거나 특혜대상물품의 수입수량 등을 한정할 수 있다.

③ 특혜의 차등 적용(국가)
국제연합총회의 결의에 따른 최빈(最貧) 개발도상국[최빈 개발도상국에서 제외(2025년 4월 1일 전에 제외된 경우를 포함한다)된 날부터 대통령령으로 정하는 기간이 지나지 아니한 국가를 포함한다] 중 대통령령으로 정하는 국가를 원산지로 하는 물품에 대하여는 다른 특혜대상국보다 우대하여 일반특혜관세를 부과할 수 있다.

④ 적용 세율 등
특혜대상물품에 적용되는 세율 및 적용기간과 그 밖에 필요한 사항은 대통령령으로 정한다.

제77조(일반특혜관세의 적용 정지 등)

① 적용 정지

기획재정부장관은 특정한 특혜대상 물품의 수입이 증가하여 이와 동종의 물품 또는 직접적인 경쟁관계에 있는 물품을 생산하는 국내산업에 중대한 피해를 주거나 줄 우려가 있는 등 일반특혜관세를 부과하는 것이 적당하지 아니하다고 판단될 때에는 대통령령으로 정하는 바에 따라 해당 물품과 그 물품의 원산지인 국가를 지정하여 일반특혜관세의 적용을 정지할 수 있다.

② 적용 배제

기획재정부장관은 특정한 특혜대상국의 소득수준, 우리나라의 총수입액 중 특정한 특혜대상국으로부터의 수입액이 차지하는 비중, 특정한 특혜대상국의 특정한 특혜대상물품이 지니는 국제경쟁력의 정도, 그 밖의 사정을 고려하여 일반특혜관세를 부과하는 것이 적당하지 아니하다고 판단될 때에는 대통령령으로 정하는 바에 따라 해당 국가를 지정하거나 해당 국가 및 물품을 지정하여 일반특혜관세의 적용을 배제할 수 있다.

> **참고** 편익관세와 일반특혜관세 비교
>
> 1. 적용기준 등
>   (1) 적용기준(적용대상)(법 제74조 제1항, 법 제76조 제1항 ~ 제3항)
>   (2) 적용 세율 등(법 제74조 제2항, 법 제76조 제4항)
> 2. 적용 정지 등
>   (1) 적용 정지(법 제75조, 법 제77조 제1항)
>   (2) 적용 배제(법 제77조 제2항)

> **참고** 일반특혜관세
>
> 1. 의의
>   (1) 일반특혜관세는 UNCTAD에서 남북문제 해결의 일환으로서 1971년부터 선진국이 개발도상국에 대하여 실시하고 있는 특혜관세이다. 기존 특혜제도인 영연방특혜 등은 지리적으로 수 개 국가에 국한된 데 비하여 일반특혜관세는 범세계적이고 무차별적이며 수혜국에게 상호주의를 요구하지 않는다는 점이 특징이다. 일반특혜관세는 선진국이 개발도상국의 수출증대와 공업화를 촉진하기 위하여 어떠한 보상과 의무에도 구애받지 않고 특혜를 부여하는 관세이다.
>   (2) 우리나라는 그동안 개발도상국의 지위에서 일반특혜관세의 수혜국이었으나, 무역 및 경제규모의 증대에 따라 1996년 12월 30일 관세법을 개정하여 일반특혜관세의 특혜수혜국에서 특혜공여국으로 전환하는 계기를 마련하였으며, 1999년 12월 31일 대통령령 '최빈개발상국에 대한 특혜관세 공여규정'을 제정·공포하고 이를 2001년 1월 1일부터 시행함으로써 엄연한 일반특혜관세의 공여국이 되었다.
> 2. 일반특혜관세가 적용되는 최빈개발도상국
>
> | 지역 | 국가 |
> |---|---|
> | (1) 아시아 | 네팔, 동티모르, 라오스, 미얀마, 방글라데시, 부탄, 아프가니스탄, 예멘, 캄보디아 |
> | (2) 오세아니아 | 솔로몬제도, 키리바시, 투발루 |
> | (3) 아프리카 | 감비아, 기니, 기니비사우, 남수단, 니제르, 라이베리아, 레소토, 르완다, 마다가스카르, 말라위, 말리, 모리타니, 모잠비크, 베냉, 부룬디, 부르키나파소, 상투메프린시페, 세네갈, 소말리아, 수단, 시에라리온, 앙골라, 에리트레아, 에티오피아, 우간다, 잠비아, 중앙아프리카공화국, 지부티, 차드, 코모로, 콩고민주공화국, 탄자니아, 토고 |
> | (4) 아메리카 | 아이티 |
>
> 3. 일반특혜관세, 개발도상국 간 특혜관세의 비교
>   (1) GSP: General System of Preferences
>   (2) GSTP: Global System of Trade Preferences Among Developing Countries

구분		GSP	GSTP
		일반특혜관세	개발도상국 간 특혜관세
공통점		① 무역거래 특혜제도 ② 특혜를 위해 원산지 확인 필요	
차이점	대상	선진국 → 개발도상국	개발도상국 ↔ 개발도상국
	근거	법 제76조, 제77조(일반특혜관세)	법 제73조(국제협력관세)

4. 국제협력관세, 편익관세, 일반특혜관세의 비교

구분	국제협력관세	편익관세	일반특혜관세
근거	관세법 제73조	관세법 제74조, 제75조	관세법 제76조, 제77조
적용대상	우리나라의 대외무역증진을 위하여 필요하다고 인정되는 때 (WTO 일반양허, WTO 개도국 양허, 아태무역협정 양허, 개도국특혜무역 양허, 쌍무협정 체결국가)	관세에 관한 조약을 맺지 아니한 나라에서 생산되어 수입되는 물품	개발도상국 또는 최빈개발도상국에서 생산되어 수입되는 물품
관세율 적용범위 (특혜범위)	① 국제기구와의 협상: 기본세율의 100% 범위 내 협상 가능 ② 특정국가와의 협상: 기본세율의 50% 범위 내 협상 가능	이미 체결한 조약의 편익의 한도 내 적용	기본세율보다 낮은 세율 적용

제12관 관세양허에 대한 조치 등

제78조(양허의 철회 및 수정)

① 양허의 철회·수정 및 보상조치

정부는 외국에서의 가격 하락이나 그 밖에 예상하지 못하였던 사정의 변화 또는 조약상 의무의 이행으로 인하여 특정물품의 수입이 증가됨으로써 이와 동종의 물품 또는 직접 경쟁관계에 있는 물품을 생산하는 국내 생산자에게 중대한 피해를 가져오거나 가져올 우려가 있다고 인정되는 경우에는 다음 각 호의 구분에 따른 조치를 할 수 있다.

> 1. 조약에 따라 관세를 양허하고 있는 경우: 해당 조약에 따라 이루어진 특정물품에 대한 양허를 철회하거나 수정하여 이 법에 따른 세율이나 수정 후의 세율에 따라 관세를 부과하는 조치
> 2. 특정물품에 대하여 제1호의 조치를 하려고 하거나 그 조치를 한 경우: 해당 조약에 따른 협의에 따라 그 물품 외에 이미 양허한 물품의 관세율을 수정하거나 양허품목을 추가하여 새로 관세의 양허를 하고 수정 또는 양허한 후의 세율을 적용하는 조치

② 보상조치의 범위

제1항 제2호의 조치는 같은 항 제1호의 조치에 대한 보상으로서 필요한 범위에서만 할 수 있다.

③ 조치 시기 등

제1항에 따른 조치의 시기 및 내용과 그 밖에 필요한 사항은 대통령령으로 정한다.

제79조(대항조치)

① 대항조치
정부는 외국이 특정물품에 관한 양허의 철회·수정 또는 그 밖의 조치를 하려고 하거나 그 조치를 한 경우 해당 조약에 따라 대항조치를 할 수 있다고 인정될 때에는 다음 각 호의 조치를 할 수 있다.

> 1. 특정물품에 대하여 이 법에 따른 관세 외에 그 물품의 과세가격 상당액의 범위에서 관세를 부과하는 조치
> 2. 특정물품에 대하여 관세의 양허를 하고 있는 경우에는 그 양허의 적용을 정지하고 이 법에 따른 세율의 범위에서 관세를 부과하는 조치

② 대항조치의 범위
제1항 각 호의 조치는 외국의 조치에 대한 대항조치로서 필요한 범위에서만 할 수 있다.

③ 조치의 시기 등
제1항에 따른 조치의 대상 국가, 시기, 내용, 그 밖에 필요한 사항은 대통령령으로 정한다.

제80조(양허 및 철회의 효력)

① 양허를 철회한 경우
조약에 따라 우리나라가 양허한 품목에 대하여 그 양허를 철회한 경우에는 해당 조약에 따라 철회의 효력이 발생한 날부터 이 법에 따른 세율을 적용한다.

② 보상조치로서 새로 양허한 경우
제1항에 따른 양허의 철회에 대한 보상으로 우리나라가 새로 양허한 품목에 대하여는 그 양허의 효력이 발생한 날부터 이 법에 따른 세율을 적용하지 아니한다.

참고 양허의 철회·수정 / 보상조치 / 대항조치

사정변화(가격변화 등) 특정물품 수입증가하면 ⇨	양허의 철회·수정	양허철회 → 관세법의 세율적용
		세율수정 → 수정 후 세율적용
우리가 양허철회·수정하면 ⇨	보상조치	기존양허물품의 관세율 수정 → 수정 후 세율적용
		새로운 양허 → 양허 후 세율적용(관세법 세율 ×)
외국이 양허철회·수정하면 ⇨	대항조치	관세법의 관세 외 → 과세가격상당액 범위 내 관세 부과
		양허 적용정지 → 관세법 세율적용

제3절 세율의 적용 등

조문 제목	각 조문의 세부 구조
법 제81조(간이세율의 적용)	① 간이세율 적용대상 ③ 간이세율의 산정 ④ 단일한 세율의 적용
법 제82조(합의에 따른 세율 적용)	① 합의세율 적용방식 ② 합의세율 적용의 한계
법 제83조(용도세율의 적용)	① 용도세율 적용방식 ② 사후관리 (1) ③ 사후관리 (2)

제81조(간이세율의 적용)

① 간이세율 적용대상

다음 각 호의 어느 하나에 해당하는 물품 중 대통령령으로 정하는 물품에 대하여는 다른 법령에도 불구하고 간이세율을 적용할 수 있다.

> 1. 여행자 또는 외국을 오가는 운송수단의 승무원이 휴대하여 수입하는 물품
> 2. 우편물. 다만, 제258조 제2항에 따라 제241조 제1항에 따른 수입신고를 하여야 하는 우편물은 제외한다.
> 3. 삭제
> 4. 탁송품 또는 별송품

｜｜ 관세법 시행령

영 제96조(간이세율의 적용) ① 법 제81조의 규정에 의하여 간이세율(이하 "간이세율"이라 한다)을 적용하는 물품과 그 세율은 별표 2와 같다.
　② 제1항의 규정에 불구하고 다음 각 호의 물품에 대하여는 간이세율을 적용하지 아니한다.
　　1. 관세율이 무세인 물품과 관세가 감면되는 물품
　　2. 수출용원재료
　　3. 법 제11장의 범칙행위에 관련된 물품
　　4. 종량세가 적용되는 물품
　　5. 다음 각 목의 1에 해당하는 물품으로서 관세청장이 정하는 물품
　　　가. 상업용으로 인정되는 수량의 물품
　　　나. 고가품
　　　다. 당해 물품의 수입이 국내산업을 저해할 우려가 있는 물품
　　　라. 법 제81조 제4항의 규정에 의한 단일한 간이세율의 적용이 과세형평을 현저히 저해할 우려가 있는 물품
　　6. 화주가 수입신고를 할 때에 과세대상물품의 전부에 대하여 간이세율의 적용을 받지 아니할 것을 요청한 경우의 당해 물품

② 삭제
③ 간이세율의 산정

간이세율은 수입물품에 대한 **관세, 임시수입부가세 및 내국세**의 세율을 기초로 하여 대통령령으로 정한다.

④ 단일한 세율의 적용

제1항 제1호에 해당하는 물품으로서 그 총액이 대통령령으로 정하는 금액 이하인 물품에 대하여는 일반적으로 휴대하여 수입하는 물품의 관세, 임시수입부가세 및 내국세의 세율을 고려하여 제3항에 따른 세율을 **단일한 세율**로 할 수 있다.

● 시행령 별표 2 | 간이세율

품명	세율(%)
1. 다음 각 목의 어느 하나에 해당하는 물품 중 개별소비세가 과세되는 물품	
가. 투전기, 오락용 사행기구 그 밖의 오락용품	47
나. 보석·진주·별갑·산호·호박 및 상아와 이를 사용한 제품, 귀금속 제품	721,200원 + 4,808,000원을 초과하는 금액의 45
다. 고급 시계, 고급 가방	288,450원 + 1,923,000원을 초과하는 금액의 45
3. 다음 각 목의 어느 하나에 해당하는 물품 중 기본관세율이 10 퍼센트 이상인 것으로서 개별소비세가 과세되지 아니하는 물품	
가. 모피의류, 모피의류의 부속품 그 밖의 모피제품	19
나. 가죽제 또는 콤포지션레더제의 의류와 그 부속품, 방직용 섬유와 방직용 섬유의 제품, 신발류	18
다. 녹용	21
4. 제1호부터 제3호까지에 해당하지 않는 물품. 다만, 고급모피와 그 제품, 고급융단, 고급가구, 승용자동차, 수렵용 총포류, 주류 및 담배는 제외한다.	15

| 참고 | 간이세율이 적용되지 않는 이유 |

1. 수출용 원재료, 화주가 수입신고를 할 때에 과세대상물품의 전부에 대하여 간이세율의 적용을 받지 아니할 것을 요청한 경우의 해당 물품
   개별조세가 구분되지 않으므로 납부 후 관세환급 및 부가가치세환급이 불가능하다. 그러므로 수출용 원재료에 대한 관세환급을 받고자 하는 경우에는 간이세율을 적용해서는 안 되며, 기업이 부가가치세 매입세액 공제를 받기 위한 경우에도 간이세율을 적용해서는 안 된다.
2. 상업용으로 인정되는 수량의 물품, 고가품
   관세 및 내국세 등의 세율을 통합한 근사 세율을 적용하므로 정확한 세액산출이 불가능하고, 이로 인하여 고가품 수입이나 대량수입 시(상업용으로 인정되는 수량)에는 오차가 커져 간이세율을 적용할 수 없다.
3. 종량세가 적용되는 물품
   간이세율에 의하여 세액을 산출하는 경우 과세가격에 간이세율을 곱하게 된다. 즉, 간이세율은 종가세방식에 의하여 관세를 계산하는 경우에만 적용될 수 있으며 종량세 물품에는 적용이 불가능하다.
4. 관세율이 무세인 물품과 관세가 감면되는 물품
   관세가 감면된다고 하여 부가가치세 등의 내국세도 감면되는 것이 아니고, 관세가 무세라고 하여 내국세도 무세가 되는 것은 아니므로, 관세감면 물품이나 무세품에 대하여는 관세율 및 내국세율을 통합한 간이세율을 획일적으로 적용할 수가 없다.
5. 범칙행위와 관련된 물품, 당해 물품의 수입이 국내산업을 저해할 우려가 있는 물품
   간이세율은 여행자 등의 편의와 신속한 통관을 위하여 마련된 제도이다. 그러나 범칙행위와 관련된 물품 등은 신속한 통관을 위하기보다는 엄격한 통제를 하는 것이 옳으므로, 간이세율을 적용하지 않는다.

제82조(합의에 따른 세율 적용)

① 합의세율 적용방식

일괄하여 수입신고가 된 물품으로서 물품별 세율이 다른 물품에 대하여는 신고인의 신청에 따라 그 세율 중 가장 높은 세율을 적용할 수 있다.

② 합의세율 적용의 한계

제1항을 적용할 때에는 제5장 제2절(제119조부터 제132조까지)은 적용하지 아니한다.

| 참고 | 관세법 제5장 제2절 |

관세법 제5장 제2절은 '심사와 심판'이다. 관세법 제119조부터 제132조까지는 이의신청, 심사청구, 심판청구, 감사원 심사청구를 다룬다. 즉, 관세법 제5장 제2절은 관세법상의 행정심판이다. 합의세율이 적용되는 경우 신고인의 신청에 따라 이 세율이 적용된 것이므로 관세법상의 행정심판을 통해 구제받을 수가 없다.

제83조(용도세율의 적용)

① **용도세율 적용방식**

별표 관세율표나 제50조 제4항, 제51조, 제57조, 제63조, 제65조, 제67조의2, 제68조, 제70조부터 제74조까지 및 제76조에 따른 대통령령 또는 기획재정부령으로 용도에 따라 세율을 다르게 정하는 물품을 세율이 낮은 용도에 사용하여 해당 물품에 그 낮은 세율(이하 "용도세율"이라 한다)의 적용을 받으려는 자는 대통령령으로 정하는 바에 따라 세관장에게 신청하여야 한다. 다만, 대통령령으로 정하는 바에 따라 미리 세관장으로부터 해당 용도로만 사용할 것을 승인받은 경우에는 신청을 생략할 수 있다.

> **관세법 시행령**
>
> **영 제97조(용도세율 적용신청)** ① 법 제83조 제1항에 따라 용도세율을 적용받으려는 자는 해당 물품을 수입신고하는 때부터 수입신고가 수리되기 전까지 그 품명·규격·수량·가격·용도·사용방법 및 사용장소를 기재한 신청서를 세관장에게 제출해야 한다. 다만, 해당 물품을 보세구역에서 반출하지 않은 경우에는 수입신고 수리일부터 15일이 되는 날까지 신청서를 제출할 수 있다.
> ② 법 제83조 제1항 단서에 따라 세관장으로부터 해당 용도로만 사용할 것을 승인받으려는 자는 관세청장이 정하여 고시하는 신청서에 해당 물품의 품명, 규격 및 용도 등을 확인할 수 있는 서류를 첨부하여 세관장에게 신청해야 한다.
> ③ 제2항에서 규정한 사항 외에 법 제83조 제1항 단서에 따른 승인에 필요한 사항은 관세청장이 정하여 고시한다.

② **사후관리 (1)**

용도세율이 적용된 물품은 그 수입신고의 수리일부터 3년의 범위에서 대통령령으로 정하는 기준에 따라 관세청장이 정하는 기간에는 해당 용도 외의 다른 용도에 사용하거나 양도할 수 없다. 다만, 대통령령으로 정하는 바에 따라 미리 세관장의 승인을 받은 경우에는 그러하지 아니하다.

③ **사후관리 (2)**

제1항의 물품을 제2항에 따른 기간에 해당 용도 외의 다른 용도에 사용하거나 그 용도 외의 다른 용도에 사용하려는 자에게 양도한 경우에는 해당 물품을 특정용도 외에 사용한 자 또는 그 양도인으로부터 해당 물품을 특정용도에 사용할 것을 요건으로 하지 아니하는 세율에 따라 계산한 관세액과 해당 용도세율에 따라 계산한 관세액의 차액에 상당하는 관세를 즉시 징수하며, 양도인으로부터 해당 관세를 징수할 수 없을 때에는 그 양수인으로부터 즉시 징수한다. 다만, 재해나 그 밖의 부득이한 사유로 멸실되었거나 미리 세관장의 승인을 받아 폐기한 경우에는 그러하지 아니하다.

> **참고** **용도세율 적용 사례**
>
> 신선한 감자(HSK 0701)가 수입된 경우 해당 감자가 '종자용'이면 용도세율이 적용되어 WTO 협정세율 0%(미추천 세율 304%)가 적용되지만, 그렇지 않은 경우 기본관세율 30%(미추천 세율 304%)가 적용된다. 이때 종자용의 감자 세율 0%가 용도세율이다.

> **참고** 간이세율, 합의세율, 용도세율의 비교

구분	간이세율	합의세율	용도세율
근거 규정	법 제81조, 영 제96조	법 제82조	법 제83조, 영 제97조
목적 (입법취지)	휴대품 등 소액물품을 신속하게 통관하기 위함	여러 종류의 품목이 동시에 수입신고된 경우 신속하게 통관하기 위함	농업용, 정보통신산업용 등 특정 용도에 사용되는 경우 해당 국내 산업을 지원하기 위함
대상	휴대품, 우편물(신고대상 제외), 탁송품 또는 별송품 중 대통령령으로 정하는 물품	일괄하여 수입신고가 된 물품으로서 물품별 세율이 다른 물품	관세법 별표 관세율표나 대통령령 또는 기획재정부령으로 용도에 따라 세율을 다르게 정하는 물품
세율 적용방식	수입물품에 대한 관세, 임시수입부가세 및 내국세의 세율을 기초로 하여 대통령령으로 정한 간이세율 적용	각 물품의 세율 중 가장 높은 세율 적용	용도에 따른 낮은 세율 적용
적용요건	휴대품, 우편물 등에 해당하면 간이세율 적용	신고인의 신청에 따라 적용	대통령령으로 정하는 바에 따라 세관장에게 신청하여야 함
기타 (사후관리 등)	화주가 요청한 경우, 간이세율을 적용하지 않음	법 제5장 제2절(심사와 심판)을 적용하지 아니함	다른 용도로 사용하거나 양도할 수 없음

제4절 품목분류

제84조(품목분류체계의 수정)

기획재정부장관은 「통일상품명 및 부호체계에 관한 국제협약」에 따른 관세협력이사회의 권고 또는 결정 등 대통령령으로 정하는 사유로 다음 각 호에 따른 표 또는 품목분류의 품목을 수정할 필요가 있는 경우 그 **세율이 변경되지 아니하는 경우**에는 대통령령으로 정하는 바에 따라 **품목을 신설 또는 삭제하거나 다시 분류**할 수 있다.

1. 별표 관세율표
2. 제73조 및 제76조에 따라 대통령령으로 정한 품목분류
3. 「통일상품명 및 부호체계에 관한 국제협약」 및 별표 관세율표를 기초로 기획재정부장관이 품목을 세분하여 고시하는 관세·통계통합품목분류표(이하 "품목분류표"라 한다)

관세법 시행령

영 제98조(품목분류표 등) ① 기획재정부장관은 「통일상품명 및 부호체계에 관한 국제협약」(이하 이 절에서 "협약"이라 한다) 제3조 제3항에 따라 수출입물품의 신속한 통관, 통계파악 등을 위하여 협약 및 법 별표 관세율표를 기초로 하여 품목을 세분한 관세·통계통합품목분류표(이하 이 절에서 "품목분류표"라 한다)를 고시할 수 있다.
② 법 제84조 각 호 외의 부분에서 "「통일상품명 및 부호체계에 관한 국제협약」에 따른 관세협력이사회의 권고 또는 결정 등 대통령령으로 정하는 사유"란 다음 각 호의 어느 하나에 해당하는 경우를 말한다.
  1. 관세협력이사회로부터 협약의 통일상품명 및 부호체계에 관한 권고 또는 결정이 있는 경우
  2. 관계 법령이 개정된 경우
  3. 그 밖에 제1호 및 제2호와 유사한 경우로서 법 제84조 각 호에 따른 품목을 수정(품목을 신설 또는 삭제하거나 다시 분류하는 것을 말한다. 이하 이 조에서 같다)할 필요가 있다고 기획재정부장관이 인정하는 경우
③ 법 제84조 제2호에서 "대통령령으로 정한 품목분류"란 「세계무역기구협정 등에 의한 양허관세규정」 별표 1부터 별표 4까지, 「특정국가와의 관세협상에 따른 국제협력관세의 적용에 관한 규정」 별표 및 「최빈개발도상국에 대한 특혜관세 공여규정」 별표 2에 따른 품목분류를 말한다.
④ 기획재정부장관은 법 제84조에 따라 같은 조 각 호에 따른 품목을 수정한 경우에는 이를 고시해야 한다.
⑤ 기획재정부장관은 제2항 제1호의 사유로 법 제84조 제1호 및 제3호에 따른 품목을 수정하는 경우에는 협약 제16조 제4항에 따른 기한 내에 수정해야 한다.

영 제98조의2(품목분류 분쟁 해결절차) ① 기획재정부장관 또는 관세청장은 상대국과의 품목분류 분쟁 사실을 알게 된 경우 협약 제10조 제1항에 따라 그 상대국과 분쟁에 대한 협의를 진행한다. 다만, 관세청장이 해당 협의를 진행하는 경우에는 매 반기 마지막 날까지 그 분쟁 사실과 협의 내용 등을 기획재정부장관에게 보고해야 한다.
② 기획재정부장관은 제1항에 따라 협의를 진행한 품목분류 분쟁이 상대국과 합의되지 않은 경우에는 협약 제10조 제2항에 따라 관세협력이사회에 해당 분쟁의 해결을 요구할 수 있다.

제85조(품목분류의 적용기준 등)

① 품목분류 적용기준

기획재정부장관은 대통령령으로 정하는 바에 따라 품목분류를 적용하는 데에 필요한 기준을 정할 수 있다.

> **관세법 시행령**
>
> **영 제99조(품목분류의 적용기준)** ① 법 제85조 제1항에 따른 품목분류의 적용기준은 기획재정부령으로 정한다.
> ② 기획재정부장관은 관세협력이사회가 협약에 따라 권고한 통일상품명 및 부호체계의 품목분류에 관한 사항을 관세청장으로 하여금 고시하게 할 수 있다. 이 경우 관세청장은 고시할 때 기획재정부장관의 승인을 받아야 한다.

② 관세품목분류위원회

다음 각 호의 사항을 심의하기 위하여 관세청에 관세품목분류위원회(이하 이 조에서 "분류위원회"라 한다)를 둔다.

> 1. 제1항에 따른 품목분류 적용기준의 신설 또는 변경과 관련하여 관세청장이 기획재정부장관에게 요청할 사항
> 2. 제86조에 따른 특정물품에 적용될 품목분류의 사전심사 및 재심사
> 3. 제87조에 따른 특정물품에 적용될 품목분류의 변경 및 재심사
> 4. 그 밖에 품목분류에 관하여 관세청장이 분류위원회에 부치는 사항

③ 삭제

④ 관세품목분류위원회의 구성 등

분류위원회의 구성, 기능, 운영 등에 필요한 사항은 대통령령으로 정한다.

> **관세법 시행령**
>
> **영 제100조(관세품목분류위원회의 구성 등)** ① 법 제85조 제2항에 따른 관세품목분류위원회(이하 "관세품목분류위원회"라 한다)는 위원장 1명과 30명 이상 40명 이하의 위원으로 구성한다.
> ② 관세품목분류위원회의 위원장은 관세청의 3급 공무원 또는 고위공무원단에 속하는 일반직공무원으로서 관세청장이 지정하는 자가 되고, 위원은 다음 각 호의 어느 하나에 해당하는 자 중에서 관세청장이 임명 또는 위촉한다.
>   1. 관세청소속 공무원
>   2. 관계중앙행정기관의 공무원
>   4. 시민단체(「비영리민간단체 지원법」제2조의 규정에 의한 비영리민간단체를 말한다. 이하 같다)에서 추천한 자
>   5. 기타 상품학에 관한 지식이 풍부한 자
> ③ 제2항 제4호 및 제5호에 해당하는 위원의 임기는 2년으로 하되, 한번만 연임할 수 있다. 다만, 보궐위원의 임기는 전임위원 임기의 남은 기간으로 한다.
> ④ 관세청장은 관세품목분류위원회의 위원이 다음 각 호의 어느 하나에 해당하는 경우에는 해당 위원을 해임 또는 해촉할 수 있다.
>   1. 심신장애로 인하여 직무를 수행할 수 없게 된 경우
>   2. 직무와 관련된 비위사실이 있는 경우
>   3. 직무태만, 품위손상이나 그 밖의 사유로 인하여 위원으로 적합하지 아니하다고 인정되는 경우
>   4. 위원 스스로 직무를 수행하는 것이 곤란하다고 의사를 밝히는 경우
>   5. 제101조의2 제1항 각 호의 어느 하나에 해당함에도 불구하고 회피하지 아니한 경우
> ⑤ 관세품목분류위원회의 위원장은 위원회의 사무를 총괄하고 위원회를 대표한다.

⑥ 관세품목분류위원회의 위원장이 직무를 수행하지 못하는 부득이한 사정이 있는 때에는 위원장이 지명하는 위원이 그 직무를 대행한다.
⑦ 관세품목분류위원회의 위원중 공무원인 위원이 회의에 출석하지 못할 부득이한 사정이 있는 때에는 그가 소속된 기관의 다른 공무원으로 하여금 회의에 출석하여 그 직무를 대행하게 할 수 있다.
⑧ 관세청장은 회의의 원활한 운영을 위하여 품목분류와 관련된 기술적인 사항 등에 대한 의견을 듣기 위하여 관련 학계·연구기관 또는 협회 등에서 활동하는 자를 기술자문위원으로 위촉할 수 있다.

영 제101조(관세품목분류위원회의 회의) ① 관세품목분류위원회의 위원장은 위원회의 회의를 소집하고 그 의장이 된다.
② 관세품목분류위원회의 회의는 위원장과 위원장이 매 회의마다 지정하는 14명 이상 16명 이하의 위원으로 구성하되, 제100조 제2항 제2호의 위원 2명 이상과 같은 항 제4호 또는 제5호의 위원 8명 이상이 포함되어야 한다.
③ 관세품목분류위원회의 회의는 제2항에 따른 구성원 과반수의 출석과 출석위원 과반수의 찬성으로 의결한다.
④ 관세품목분류위원회에서 법 제85조 제2항 제2호 또는 제3호에 따른 품목분류의 재심사를 심의하려는 경우로서 제2항에 따라 제100조 제2항 제4호 또는 제5호의 위원을 회의의 구성원으로 포함시키려는 경우에는 재심사의 대상인 품목분류의 사전심사 또는 품목분류의 변경을 심의할 때 출석하지 않은 위원을 회의의 구성원으로 포함시켜야 한다.

영 제101조의2(관세품목분류위원회 위원의 제척·회피) ① 관세품목분류위원회의 위원은 다음 각 호의 어느 하나에 해당하는 경우에는 심의·의결에서 제척된다.
  1. 위원이 해당 안건의 당사자(당사자가 법인·단체 등인 경우에는 그 임원을 포함한다. 이하 이 항에서 같다)이거나 해당 안건에 관하여 직접적인 이해관계가 있는 경우
  2. 위원의 배우자, 4촌 이내의 혈족 및 2촌 이내의 인척의 관계에 있는 사람이 해당 안건의 당사자이거나 해당 안건에 관하여 직접적인 이해관계가 있는 경우
  3. 위원이 해당 안건 당사자의 대리인이거나 최근 5년 이내에 대리인이었던 경우
  4. 위원이 해당 안건 당사자의 대리인이거나 최근 5년 이내에 대리인이었던 법인·단체 등에 현재 속하고 있거나 속하였던 경우
  5. 위원이 최근 5년 이내에 해당 안건 당사자의 자문·고문에 응하였거나 해당 안건 당사자와 연구·용역 등의 업무 수행에 동업 또는 그 밖의 형태로 직접 해당 안건 당사자의 업무에 관여를 하였던 경우
  6. 위원이 최근 5년 이내에 해당 안건 당사자의 자문·고문에 응하였거나 해당 안건 당사자와 연구·용역 등의 업무 수행에 동업 또는 그 밖의 형태로 직접 해당 안건 당사자의 업무에 관여를 하였던 법인·단체 등에 현재 속하고 있거나 속하였던 경우
② 관세품목분류위원회의 위원은 제1항 각 호의 어느 하나에 해당하는 경우에는 스스로 해당 안건의 심의·의결에서 회피하여야 한다.

영 제102조(관세품목분류위원회의 간사) ① 관세품목분류위원회의 서무를 처리하기 위하여 위원회에 간사 1인을 둔다.
② 관세품목분류위원회의 간사는 관세청장이 소속공무원 중에서 임명한다.

영 제103조(수당) 관세품목분류위원회의 회의에 출석한 공무원이 아닌 위원 및 기술자문위원에 대하여는 예산의 범위 안에서 수당과 여비를 지급할 수 있다.

영 제104조(관세품목분류위원회의 운영세칙) 이 영에서 규정한 것외에 관세품목분류위원회의 운영에 관하여 필요한 사항은 위원회의 의결을 거쳐 위원장이 정한다.

제86조(특정물품에 적용될 품목분류의 사전심사)

① 사전심사 신청

다음 각 호의 어느 하나에 해당하는 자는 제241조 제1항에 따른 수출입신고를 하기 전에 대통령령으로 정하는 서류를 갖추어 관세청장에게 해당 물품에 적용될 별표 관세율표 또는 품목분류표상의 품목분류를 미리 심사하여 줄 것을 신청할 수 있다.

> 1. 물품을 수출입하려는 자
> 2. 수출할 물품의 제조자
> 3. 「관세사법」에 따른 관세사·관세법인 또는 통관취급법인(이하 "관세사등"이라 한다)

관세법 시행령

영 제106조(특정물품에 적용될 품목분류의 사전심사 등) ① 법 제86조 제1항·제3항 및 법 제87조 제3항에 따라 특정물품에 적용될 품목분류의 사전심사 또는 재심사(이하 이 조에서 "사전심사 또는 재심사"라 한다)를 신청하려는 자는 관세청장에게 다음 각 호의 서류 및 물품을 제출하여야 한다. 다만, 관세청장은 물품의 성질상 견본을 제출하기 곤란한 물품으로서 견본이 없어도 품목분류 심사에 지장이 없고, 해당 물품의 통관 시에 세관장이 이를 확인할 수 있다고 인정되는 때에는 제2호에 따른 견본의 제출을 생략하게 할 수 있다.
  1. 물품의 품명·규격·제조과정·원산지·용도·통관예정세관 및 신청사유 등을 기재한 신청서
  2. 신청대상물품의 견본
  3. 그 밖의 설명자료
② 관세청장은 제1항에 따라 제출된 신청서와 견본 및 그 밖의 설명자료가 미비하여 품목분류를 심사하기가 곤란한 때에는 20일 이내의 기간을 정하여 보정을 요구할 수 있다.
③ 관세청장은 사전심사 또는 재심사의 신청이 다음 각 호의 어느 하나에 해당하는 경우에는 해당 신청을 반려할 수 있다.
  1. 제2항에 따른 보정기간 내에 보정하지 아니한 경우
  2. 신청인이 사전심사 또는 재심사를 신청한 물품과 동일한 물품을 이미 수출입신고한 경우
  3. 신청인이 반려를 요청하는 경우
  4. 이의신청 등 불복 또는 소송이 진행 중인 경우
  5. 그 밖에 사전심사 또는 재심사가 곤란한 경우로서 기획재정부령으로 정하는 경우

> **관세법 시행규칙**
>
> 규칙 제33조의2(품목분류 사전심사 및 재심사의 반려사유) 영 제106조 제3항 제5호의 "기획재정부령으로 정하는 경우"는 다음 각 호와 같다.
>   1. 농산물 혼합물로서 제조공정이 규격화되어 있지 않아 성분·조성의 일관성 확보가 곤란한 경우
>   2. 냉장·냉동 물품과 같이 운송수단 및 저장방법 등에 따라 상태가 달라질 수 있는 경우

② 사전심사기간(사전심사 결과 통지)

제1항에 따른 심사(이하 "사전심사"라 한다)의 신청을 받은 관세청장은 해당 물품에 적용될 품목분류를 심사하여 대통령령으로 정하는 기간 이내에 이를 신청인에게 통지하여야 한다. 다만, 제출자료의 미비 등으로 품목분류를 심사하기 곤란한 경우에는 그 뜻을 통지하여야 한다.

관세법 시행령

영 제106조(특정물품에 적용될 품목분류의 사전심사 등) ④ 법 제86조 제2항 본문에서 "대통령령으로 정하는 기간"이란 사전심사의 신청을 받은 날부터 30일(다음 각 호의 기간은 제외한다)을 말한다.
1. 법 제85조 제2항에 따라 관세품목분류위원회에서 사전심사를 심의하는 경우 해당 심의에 소요되는 기간
2. 제2항에 따른 보정기간
3. 해당 물품에 대한 구성재료의 물리적·화학적 분석이 필요한 경우로서 해당 분석에 소요되는 기간
4. 관세협력이사회에 질의하는 경우 해당 질의에 소요되는 기간
5. 전문기관에 기술 자문을 받는 경우 해당 자문에 걸리는 기간
6. 다른 기관의 의견을 들을 필요가 있는 경우 해당 의견을 듣는 데 걸리는 기간
7. 신청인의 의견 진술이 필요한 경우 관세청장이 정하는 절차를 거치는 데 걸리는 기간

⑤ 관세청장은 법 제86조 제2항에 따라 품목분류를 심사하여 신청인에게 통지하는 경우에는 통관예정세관장에게도 그 내용을 통지하여야 한다. 이 경우 설명자료를 함께 송부하여야 한다.

⑥ 관세청장은 법 제86조 제2항에 따라 품목분류를 심사할 때 신청인이 법 별표 관세율표에 따른 호 및 소호까지의 품목분류에 대한 심사를 요청하는 경우에는 해당 번호까지의 품목분류에 대해서만 심사하여 통지할 수 있다.

③ 재심사 신청

제2항에 따라 통지를 받은 자는 **통지받은 날부터 30일 이내**에 대통령령으로 정하는 서류를 갖추어 관세청장에게 **재심사를 신청**할 수 있다. 이 경우 관세청장은 해당 물품에 적용될 품목분류를 재심사하여 **대통령령으로 정하는 기간** 이내에 이를 신청인에게 통지하여야 하며, 제출자료의 미비 등으로 품목분류를 심사하기 곤란한 경우에는 그 뜻을 통지하여야 한다.

관세법 시행령

영 제106조(특정물품에 적용될 품목분류의 사전심사 등) ⑦ 법 제86조 제3항 후단에서 "대통령령으로 정하는 기간"이란 재심사의 신청을 받은 날부터 60일(법 제85조 제2항에 따라 관세품목분류위원회에서 재심사를 심의하는 경우 해당 심의에 소요되는 기간과 제4항 제2호부터 제7호까지에 해당하는 기간은 제외한다)을 말한다.

⑧ 관세청장은 법 제86조 제3항 또는 법 제87조 제3항에 따라 재심사를 신청한 물품이 다음 각 호의 어느 하나에 해당하는 경우에는 관세품목분류위원회의 심의에 부쳐야 한다.
1. 해당 물품의 품목분류가 변경될 경우 등 납세자(수출자를 포함한다)의 권리 및 의무에 중대한 영향을 미칠 수 있다고 판단되는 경우
2. 법 별표 관세율표, 품목분류 적용기준 및 품목분류표에 대하여 사전(事前)적 해석이 필요하다고 판단되는 경우
3. 그 밖에 제1호 및 제2호와 유사한 경우로서 관세청장이 정하여 고시하는 경우

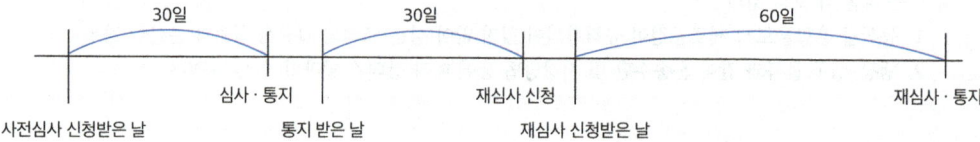

④ 고시·공표

관세청장은 제2항 본문에 따라 품목분류를 심사한 물품 및 제3항에 따른 재심사 결과 적용할 품목분류가 변경된 물품에 대하여는 해당 물품에 적용될 품목분류와 품명, 용도, 규격, 그 밖에 필요한 사항을 **고시 또는 공표**하여야 한다. 다만, 신청인의 영업 비밀을 포함하는 등 해당 물품에 적용될 품목분류를 고시 또는 공표하는 것이 적당하지 아니하다고 인정되는 물품에 대하여는 고시 또는 공표하지 아니할 수 있다.

⑤ 품목분류의 적용

세관장은 제241조 제1항에 따른 수출입신고가 된 물품이 제2항 본문 및 제3항에 따라 통지한 물품과 같을 때에는 그 통지 내용에 따라 품목분류를 적용하여야 한다.

⑥ 분석수수료

관세청장은 제2항 본문 및 제3항에 따라 품목분류를 심사 또는 재심사하기 위하여 해당 물품에 대한 구성재료의 물리적·화학적 분석이 필요한 경우에는 해당 품목분류를 심사 또는 재심사하여 줄 것을 신청한 자에게 기획재정부령으로 정하는 수수료를 납부하게 할 수 있다.

> **관세법 시행규칙**
>
> **규칙 제33조(품목분류 사전심사 및 재심사 신청물품에 대한 분석수수료)** 법 제86조 제6항에 따른 분석수수료는 분석이 필요한 물품에 대한 품목분류 사전심사 및 재심사 신청품목당 3만원으로 한다.

⑦ 사전심사 결과의 유효기간

제2항 본문에 따라 통지받은 사전심사 결과 또는 제3항에 따라 통지받은 재심사 결과는 제87조 제1항 또는 제3항에 따라 품목분류가 변경되기 전까지 유효하다.

⑧ 사전심사절차 등

품목분류 사전심사 및 재심사의 절차, 방법과 그 밖에 필요한 사항은 대통령령으로 정한다.

⑨ 사전심사의 신청이 없는 경우

관세청장은 사전심사의 신청이 없는 경우에도 수출입신고된 물품에 적용될 품목분류를 결정할 수 있다. 이 경우 제85조 제2항 제4호에 따라 관세품목분류위원회의 심의를 거쳐 품목분류가 결정된 물품에 대해서는 제4항을 준용하여 해당 물품의 품목분류에 관한 사항을 고시 또는 공표하여야 한다.

제87조(특정물품에 적용되는 품목분류의 변경 및 적용)

① 품목분류의 변경

관세청장은 제86조에 따라 사전심사 또는 재심사한 품목분류를 변경하여야 할 필요가 있거나 그 밖에 관세청장이 직권으로 한 품목분류를 변경하여야 할 부득이한 사유가 생겼을 경우 등 대통령령으로 정하는 경우에는 해당 물품에 적용할 품목분류를 변경할 수 있다.

| 관세법 시행령

영 제107조(품목분류의 변경) ① 법 제87조 제1항에서 "관세청장이 직권으로 한 품목분류를 변경하여야 할 부득이한 사유가 생겼을 경우 등 대통령령으로 정하는 경우"란 다음 각 호의 경우를 말한다.
  1. 삭제
  2. 삭제
  3. 신청인의 허위자료 제출 등으로 품목분류에 중대한 착오가 생긴 경우
  4. 협약에 따른 관세협력이사회의 권고 또는 결정 및 법원의 확정판결이 있는 경우
  5. 동일 또는 유사한 물품에 대하여 서로 다른 품목분류가 있는 경우
② 관세청장은 협약에 따른 관세협력이사회의 권고·결정이나 법원의 판결로 법 제87조 제1항에 따른 품목분류 변경이 필요한 경우에는 그 권고·결정이 있은 날 또는 판결이 확정된 날부터 3개월 이내에 이를 관세품목분류위원회의 심의에 부쳐야 한다.

② 품목분류 변경 고시

관세청장은 제1항에 따라 품목분류를 변경하였을 때에는 그 내용을 고시 또는 공표하고, 제86조 제2항 및 제3항에 따라 통지한 신청인에게는 그 내용을 통지하여야 한다. 다만, 신청인의 영업 비밀을 포함하는 등 해당 물품에 적용될 품목분류를 고시 또는 공표하는 것이 적당하지 아니하다고 인정되는 물품에 대해서는 고시 또는 공표하지 아니할 수 있다.

③ 재심사 신청

제2항에 따라 통지를 받은 자는 통지받은 날부터 30일 이내에 대통령령으로 정하는 서류를 갖추어 관세청장에게 재심사를 신청할 수 있다. 이 경우 재심사의 기간, 재심사 결과의 통지 및 고시·공표, 수수료 및 재심사의 절차·방법 등에 관하여는 제86조 제3항·제4항·제6항 및 제8항을 준용한다.

④ 품목분류의 적용

제1항 및 제3항에 따라 품목분류가 변경된 경우에는 제86조에 따른 신청인이 변경 내용을 통지받은 날과 변경 내용의 고시 또는 공표일 중 빠른 날(이하 "변경일"이라 한다)부터 변경된 품목분류를 적용한다. 다만, 다음 각 호의 구분에 따라 변경 내용을 달리 적용할 수 있다.

> 1. 변경일부터 30일이 지나기 전에 우리나라에 수출하기 위하여 선적된 물품에 대하여 변경 전의 품목분류를 적용하는 것이 수입신고인에게 유리한 경우: 변경 전의 품목분류 적용
> 2. 다음 각 목의 어느 하나에 해당하는 경우: 제86조에 따라 품목분류가 결정된 이후 변경일 전까지 수출입신고가 수리된 물품에 대해서도 소급하여 변경된 품목분류 적용
>   가. 제86조에 따른 사전심사 또는 재심사 과정에서 거짓자료 제출 등 신청인에게 책임 있는 사유로 해당 물품의 품목분류가 결정되었으나 이를 이유로 품목분류가 변경된 경우
>   나. 다음의 어느 하나에 해당하는 경우로서 수출입신고인에게 유리한 경우
>   1) 제86조에 따른 사전심사 또는 재심사 과정에서 신청인에게 자료제출 미비 등의 책임 있는 사유 없이 해당 물품의 품목분류가 결정되었으나 다른 이유로 품목분류가 변경된 경우
>   2) 제86조에 따른 신청인이 아닌 자가 관세청장이 결정하여 고시하거나 공표한 품목분류에 따라 수출입신고를 하였으나 품목분류가 변경된 경우

> **참고** 품목분류의 적용
>
> 1. 원칙적 적용: 물품이 동일한 경우 관세청장의 통지 내용에 따라 품목분류 적용
> 2. 변경 시 적용: 변경일부터 변경된 품목분류 적용
> 3. 예외적 적용
>   (1) 연장 적용: 변경일부터 30일이 지나기 전에 선적된 물품 ⇨ 변경 전 품목분류 적용
>   (2) 소급 적용
>   ① 신청인에게 책임 있는 사유 ⇨ 소급하여 변경된 품목분류 적용
>   ② 신청인에게 책임 있는 사유가 없는 경우 ⇨ 소급하여 변경된 품목분류 적용
>   ③ 신청인 아닌 자가 수출입신고를 한 경우 ⇨ 소급하여 변경된 품목분류 적용

⑤ 품목분류의 유효기간

제86조에 따라 사전심사 또는 재심사한 품목분류가 제1항 또는 제3항에 따라 변경된 경우 그 변경된 품목분류는 제1항 또는 제3항에 따라 다시 변경되기 전까지 유효하다.

CHAPTER 04 감면·환급 및 분할납부 등

제1절 감면

참고 | 관세 경감(완화)제도

납부기한 조정을 통한 납부세액 경감제도	세액 조정을 통한 납부세액 경감제도
1. 기한의 연장(징수유예) 2. 월별납부 3. 분할납부	1. 용도세율 2. 관세감면 3. 관세환급

참고 | 관세법상 관세 감면의 종류

법 규정	관세 감면의 종류	사후관리 여부	
법 제88조	외교관용 물품 등의 면세	무조건 감면	(양수제한 물품)
법 제89조	세율불균형물품의 면세	-	조건부 감면
법 제90조	학술연구용품의 감면	-	조건부 감면
법 제91조	종교용품, 자선용품, 장애인용품 등의 면세	-	조건부 감면
법 제92조	정부용품 등의 면세	무조건 감면	-
법 제93조	특정물품의 면세 등	-	조건부 감면
법 제94조	소액물품 등의 면세	무조건 감면	-
법 제95조	환경오염방지물품 등에 대한 감면	-	조건부 감면
법 제96조	여행자 휴대품 및 이사물품 등의 감면	무조건 감면	-
법 제97조	재수출면세	-	조건부 감면
법 제98조	재수출 감면	-	조건부 감면
법 제99조	재수입면세	무조건 감면	-
법 제100조	손상물품에 대한 감면	무조건 감면	-
법 제101조	해외임가공물품 등의 감면	무조건 감면	-

참고 | 관세 경감률

감면의 종류			관세 경감률(경감액)
법 제90조	학술연구용품의 감면	일반적인 경우	80%
		공공의료기관, 학교부설의료기관	50% (국립암센터 및 국립중앙의료원 제외)
법 제95조	환경오염방지 물품 등에 대한 감면	공장자동화기계·기구	중소제조업체 30% (2026. 12. 31.까지 50%)
			중견기업(제조업) 30% (2026. 12. 31.까지)
법 제96조 (제2항)	여행자 휴대품 및 이사물품 등의 감면	여행자가 과세대상 휴대품 또는 별송품을 자진신고하는 경우	관세(또는 간이세율을 적용하여 산출된 세액)의 100분의 30에 상당하는 금액(20만원 한도)
법 제98조	재수출 감면	재수출기간 6개월 이내	85%
		재수출기간 6개월 ~ 1년	70%
		재수출기간 1년 ~ 2년	55%
		재수출기간 2년 ~ 3년	40%
		재수출기간 3년 ~ 4년	30%
법 제100조	손상물품에 대한 감면	다음의 각 관세액 중 많은 금액 1. 수입물품의 가치의 감소에 따르는 가격의 저하분에 상응하는 관세액 2. 수입물품의 관세액에서 가치 감소 후의 성질 및 수량에 의하여 산출한 관세액을 공제한 차액	
법 제101조	해외임가공물품 등의 감면	1. 수입물품의 제조·가공에 사용된 원재료 또는 부분품의 수출신고가격에 당해 수입물품에 적용되는 관세율을 곱한 금액 2. 가공·수리물품의 수출신고가격에 해당 수입물품에 적용되는 관세율을 곱한 금액	

제88조(외교관용 물품 등의 면세)

① 관세 면제대상
다음 각 호의 어느 하나에 해당하는 물품이 수입될 때에는 그 관세를 면제한다.

> 1. 우리나라에 있는 외국의 대사관·공사관 및 그 밖에 이에 준하는 기관의 업무용품
> 2. 우리나라에 주재하는 외국의 대사·공사 및 그 밖에 이에 준하는 사절과 그 가족이 사용하는 물품
> 3. 우리나라에 있는 외국의 영사관 및 그 밖에 이에 준하는 기관의 업무용품
> 4. 우리나라에 있는 외국의 대사관·공사관·영사관 및 그 밖에 이에 준하는 기관의 직원 중 대통령령으로 정하는 직원과 그 가족이 사용하는 물품
>
> **관세법 시행령**
> **영 제108조(대사관 등의 관원지정)** 법 제88조 제1항 제4호에서 "대통령령으로 정하는 직원"이란 다음 각 호의 어느 하나에 해당하는 직위 또는 이와 동등 이상이라고 인정되는 직위에 있는 사람을 말한다.
> 1. 대사관 또는 공사관의 참사관·1등서기관·2등서기관·3등서기관 및 외교관보
> 2. 총영사관 또는 영사관의 총영사·영사·부영사 및 영사관보(명예총영사 및 명예영사를 제외한다)
> 3. 대사관·공사관·총영사관 또는 영사관의 외무공무원으로서 제1호 및 제2호에 해당하지 아니하는 사람
>
> 5. 정부와 체결한 사업계약을 수행하기 위하여 외국계약자가 계약조건에 따라 수입하는 업무용품
> 6. 국제기구 또는 외국 정부로부터 우리나라 정부에 파견된 고문관·기술단원 및 그 밖에 기획재정부령으로 정하는 자가 사용하는 물품
>
> **관세법 시행규칙**
> **규칙 제34조(외교관용 물품 등에 대한 면세 신청)** ① 법 제88조 제1항 제5호의 규정에 의하여 관세를 면제받고자 하는 자는 영 제112조 제1항 각 호의 사항 외에 계약의 종류, 사업장소재지와 사용목적 및 사용방법을 기재하여 당해 업무를 관장하는 중앙행정기관의 장의 확인을 받은 신청서에 계약서 사본을 첨부하여야 한다.
> ② 법 제88조 제1항 제6호에서 "기획재정부령으로 정하는 자"란 면세업무와 관련된 조약 등에 의하여 외교관에 준하는 대우를 받는 자로서 해당 업무를 관장하는 중앙행정기관의 장이 확인한 자를 말한다.
> ③ 법 제88조 제1항 제6호의 규정에 의하여 관세를 면제받고자 하는 자는 당해 업무를 관장하는 중앙행정기관의 장이 국제기구 또는 외국정부로부터 정부에 파견된 자임을 증명하는 서류를 신청서에 첨부하여야 한다.

② 양수제한 물품에 대한 사후관리
제1항에 따라 관세를 면제받은 물품 중 기획재정부령으로 정하는 물품은 수입신고 수리일부터 3년의 범위에서 대통령령으로 정하는 기준에 따라 관세청장이 정하는 기간에 제1항의 용도 외의 다른 용도로 사용하기 위하여 양수할 수 없다. 다만, 대통령령으로 정하는 바에 따라 미리 세관장의 승인을 받았을 때에는 그러하지 아니하다.

> **관세법 시행규칙**
> **규칙 제34조(외교관용 물품 등에 대한 면세 신청)** ④ 법 제88조 제2항의 규정에 의하여 양수가 제한되는 물품은 다음 각 호와 같다.
> 1. 자동차(삼륜자동차와 이륜자동차를 포함한다)
> 2. 선박
> 3. 피아노
> 4. 전자오르간 및 파이프오르간
> 5. 엽총

③ 관세징수

제2항에 따라 기획재정부령으로 정하는 물품을 제2항에 따른 기간에 제1항에 따른 용도 외의 다른 용도로 사용하기 위하여 양수한 경우에는 그 양수자로부터 면제된 관세를 즉시 징수한다.

> **참고** 외교관의 면세특권을 규정한 국제협약과 관세법상의 '외교관용 물품 등의 면세'
>
> 1. 관세법 제88조는 국제평화와 안전의 유지 및 국가 간의 우호관계의 증진을 목적으로 외교관 등이 수입하는 물품에 대한 관세면제를 규정하고 있다. 외교특권은 상호주의원칙에 따라 적용되는데, 이는 외교사절의 신체, 명예, 공관, 문서 등에 대한 불가침권과 접수국의 통치권 적용이 면제되는 치외법권으로 구성된다. 세계 각국은 외교관에 대해 여러 가지의 특권을 부여하고 있는데, 이에 따라 조세상의 특례도 인정되고 있다.
>   (1) 1961년에는 '외교관계에 관한 비엔나협약'(Vienna Convention on Diplomatic Relations)이 체결되었다. 관세법 제88조 제1항 제1호(대사관, 공사관 등의 기관용품에 대한 면세)와 제2호(대사, 공사 등과 그 가족용품에 대한 면세)는 외교관계에 관한 비엔나협약의 취지가 반영된 것이다.
>   (2) 1963년에는 '영사관계에 관한 비엔나협약'(Vienna Convention on Consular Relations)이 각각 체결되었다. 관세법 제88조 제1항 제3호(영사관용품에 대한 면세)와 제4호(대사관 등의 직원과 그 가족용품에 대한 면세)는 영사관계에 관한 비엔나협약의 취지가 반영된 것이다.
> 2. 외교관계에 관한 비엔나 협약 및 영사관계에 관한 비엔나 협약 등 국제협약에서 인정하고 있는 외교관 면세특권을 관세법에 수용하여, 외교관용 물품 등이 수입될 때에는 관세를 면제하고 있다. 이를 외교관용 물품 등의 면세라고 한다.

제89조(세율불균형물품의 면세)

① 세율불균형물품 면세의 목적과 대상

세율불균형을 시정하기 위하여 「조세특례제한법」 제6조 제1항에 따른 중소기업(이하 이 조에서 "중소기업"이라 한다)이 대통령령으로 정하는 바에 따라 세관장이 지정하는 공장에서 다음 각 호의 어느 하나에 해당하는 물품을 제조 또는 수리하기 위하여 사용하는 부분품과 원재료(수출한 후 외국에서 수리·가공되어 수입되는 부분품과 원재료의 가공수리분을 포함한다. 이하 이 조에서 같다) 중 기획재정부령으로 정하는 물품에 대해서는 그 관세를 면제할 수 있다.

> 1. 항공기(부분품을 포함한다)
> 2. 반도체 제조용 장비(부속기기를 포함한다)

> **관세법 시행규칙**
>
> **규칙 제35조(세율불균형물품에 대한 관세의 감면)** ① 법 제89조 제1항 각 호 외의 부분에 따라 관세가 감면되는 물품은 다음 각 호와 같다.
> 1. 항공기 제조업자 또는 수리업자가 항공기와 그 부분품의 제조 또는 수리에 사용하기 위하여 수입하는 부분품 및 원재료
> 2. 장비 제조업자 또는 수리업자가 반도체 제조용 장비의 제조 또는 수리에 사용하기 위하여 수입하는 부분품 및 원재료 중 산업통상자원부장관 또는 그가 지정하는 자가 추천하는 물품

> **관세법 시행령**

영 제113조(제조·수리공장의 지정) ① 법 제89조 제1항의 규정에 의한 제조·수리공장의 지정을 받고자 하는 자는 다음 각 호의 사항을 기재한 신청서에 사업계획서와 그 구역 및 부근의 도면을 첨부하여 세관장에게 제출하여야 한다.
1. 당해 제조·수리공장의 명칭·소재지·구조·동수 및 평수
2. 제조하는 제품의 품명과 그 원재료 및 부분품의 품명
3. 작업설비와 그 능력
4. 지정을 받고자 하는 기간

> **관세법 시행규칙**
>
> **규칙 제36조(세율불균형물품에 대한 관세의 감면신청)** 법 제89조 제1항 및 제6항에 따라 관세를 감면받고자 하는 자는 영 제112조 제1항 각 호의 사항 외에 제조할 물품의 품명·규격·수량 및 가격, 제조개시 및 완료예정연월일과 지정제조공장의 명칭 및 소재지를 신청서에 기재하고, 원자재소요량증명서 또는 이에 갈음할 서류를 첨부하여 세관장에게 제출하여야 한다. 다만, 세관장이 필요 없다고 인정하는 때에는 원자재소요량증명서 등의 첨부를 생략할 수 있다.

② 제1항의 규정에 의한 신청을 받은 세관장은 그 감시·단속에 지장이 없다고 인정되는 때에는 3년의 범위 내에서 기간을 정하여 제조·수리공장의 지정을 하여야 한다. 이 경우 지정기간은 관세청장이 정하는 바에 의하여 경신할 수 있다.
③ 세관장은 법 제89조 제1항에 따라 항공기의 수리가 일시적으로 이루어지는 공항 내의 특정지역이 감시·단속에 지장이 없고, 세율불균형물품의 관세 감면 관리 업무의 효율화를 위하여 필요하다고 인정되는 경우에는 제1항 및 제2항에 따라 해당 특정지역을 제조·수리공장으로 지정할 수 있다.

> **참고** **역관세 현상**

1. 세율불균형물품 면세의 목적
   세율불균형물품의 면세(법 제89조)는 그 감면의 목적을 '세율불균형을 시정하기 위하여'라고 법률에 명확히 규정하고 있다. 여기에서 세율불균형이란 역관세 현상을 말한다. 즉, 이 감면의 목적은 역관세 현상 시정이다.
2. 역관세 현상
   역관세 현상이란 가공도에 따라 관세율이 역진(逆進)하는 현상을 말한다. 원재료 또는 부분품의 관세율이 완제품의 관세율보다 오히려 높은 현상을 역관세 현상이라 한다. 이 현상은 원재료 또는 부분품의 수입은 억제하고, 완제품의 수입은 촉진하여 외화를 낭비하게 하므로 반드시 시정하여야 한다.

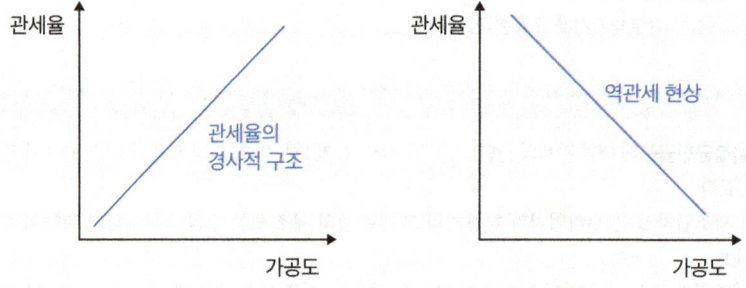

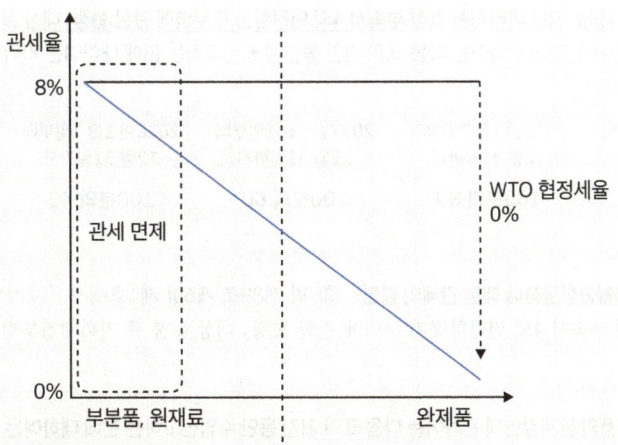

② 지정공장 지정의 결격사유

다음 각 호의 어느 하나에 해당하는 자는 제1항에 따른 지정을 받을 수 없다.

1. 제175조 제1호부터 제5호까지 및 제7호의 어느 하나에 해당하는 자
2. 제4항에 따라 지정이 취소(제175조 제1호부터 제3호까지의 어느 하나에 해당하여 취소된 경우는 제외한다)된 날부터 2년이 지나지 아니한 자
3. 제1호 또는 제2호에 해당하는 사람이 임원(해당 공장의 운영업무를 직접 담당하거나 이를 감독하는 자로 한정한다)으로 재직하는 법인

③ 지정기간

제1항에 따른 **지정기간은 3년 이내**로 하되, 지정받은 자의 신청에 의하여 연장할 수 있다.

④ 지정 취소

세관장은 제1항에 따라 지정을 받은 자가 다음 각 호의 어느 하나에 해당하는 경우에는 그 지정을 취소할 수 있다. 다만, 제1호 또는 제2호에 해당하는 경우에는 지정을 취소하여야 한다.

1. 제2항 각 호의 어느 하나에 해당하는 경우. 다만, 제2항 제3호에 해당하는 경우로서 제175조 제2호 또는 제3호에 해당하는 사람을 임원으로 하는 법인이 3개월 이내에 해당 임원을 변경하는 경우에는 그러하지 아니하다.
2. 거짓이나 그 밖의 부정한 방법으로 지정을 받은 경우
3. 1년 이상 휴업하여 세관장이 지정된 공장의 설치목적을 달성하기 곤란하다고 인정하는 경우

⑤ 준용 규정

제1항에 따라 지정된 공장에 대하여는 제179조, 제180조 제2항, 제182조 및 제187조를 준용한다.

⑥ 중소기업 아닌 자의 감면

중소기업이 아닌 자가 제1항의 대통령령으로 정하는 바에 따라 세관장이 지정하는 공장에서 제1항 제1호의 물품을 제조 또는 수리하기 위하여 사용하는 부분품과 원재료에 대해서는 다음 각 호에 따라 그 관세를 감면한다.

1. 「세계무역기구 설립을 위한 마라케쉬 협정 부속서 4의 민간항공기 무역에 관한 협정」대상 물품 중 기획재정부령으로 정하는 물품의 관세 감면에 관하여는 다음 표의 기간 동안 수입신고하는 분에 대하여는 각각의 적용기간에 해당하는 감면율을 적용한다.

2025년 1월 1일부터 12월 31일까지	2026년 1월 1일부터 12월 31일까지	2027년 1월 1일부터 12월 31일까지	2028년 1월 1일부터 12월 31일까지	2029년 1월 1일부터 12월 31일까지
100분의 100	100분의 80	100분의 60	100분의 40	100분의 20

> **관세법 시행규칙**
> **규칙 제35조(세율불균형물품에 대한 관세의 감면)** ② 법 제89조 제6항 제1호에서 "「세계무역기구 설립을 위한 마라케쉬 협정 부속서 4의 민간항공기 무역에 관한 협정」 대상 물품 중 기획재정부령으로 정하는 물품"은 별표 1과 같다.

2. 제1호 이외의 물품의 관세감면에 관하여는 다음 표의 기간 동안 수입신고하는 분에 대하여는 각각의 적용기간에 해당하는 감면율을 적용한다.

2019년 5월 1일부터 12월 31일까지	2020년 1월 1일부터 12월 31일까지	2021년 1월 1일부터 12월 31일까지	2022년 1월 1일부터 12월 31일까지	2023년 1월 1일부터 12월 31일까지	2024년 1월 1일부터 12월 31일까지	2025년 1월 1일부터 12월 31일까지
100분의 90	100분의 80	100분의 70	100분의 60	100분의 50	100분의 40	100분의 20

⑦ 국가·지방자치단체가 사용하는 물품의 감면

국가 및 지방자치단체가 제1항 제1호의 물품을 제조 또는 수리하기 위하여 사용하는 부분품과 원재료에 관하여는 제6항에도 불구하고 제1항을 준용한다.

⑧ 지정사항의 변경

제1항에 따라 지정을 받은 자가 지정사항을 변경하려는 경우에는 관세청장이 정하는 바에 따라 세관장에게 변경신고하여야 한다.

> **참고 세율불균형 물품의 면세**
> 1. 의의
> 2. 세율불균형(역관세 현상)을 시정하기 위해 마련한 감면제도
> 3. 면세대상(법 제89조 제1항, 규칙 제35조 제1항)
> 4. 제조·수리 공장의 지정
>   (1) 개요
>   세관장이 지정하는 공장에서 관세 감면 물품을 제조·수리하기 위해 사용하는 부분품·원재료에 대하여 그 관세를 면제할 수 있다.
>   (2) 지정의 결격 사유(지정을 받을 수 없는 자)(법 제89조 제2항)
>   (3) 지정기간(법 제89조 제3항, 영 제113조 제2항)
>   (4) 지정 취소(법 제89조 제4항)
>   (5) 지정의 특례(영 제113조 제3항)
>   (6) 준용 규정(보세공장 외 작업 허가 규정 준용)(법 제89조 제5항)

제90조(학술연구용품의 감면)

① 감면대상

다음 각 호의 어느 하나에 해당하는 물품이 수입될 때에는 그 관세를 감면할 수 있다.

> 1. **국가기관, 지방자치단체** 및 기획재정부령으로 정하는 기관에서 사용할 학술연구용품·교육용품 및 실험실습용품으로서 **기획재정부령으로 정하는 물품**
>
> > **관세법 시행규칙**
> >
> > **규칙 제37조(관세가 감면되는 학술연구용품)** ① 법 제90조 제1항 제1호 및 제2호에 따라 관세가 감면되는 물품은 다음 각 호와 같다.
> > 1. 표본, 참고품, 도서, 음반, 녹음된 테이프, 녹화된 슬라이드, 촬영된 필름, 시험지, 시약류, 그 밖에 이와 유사한 물품 및 자료
> > 2. 다음 각 목의 1에 해당하는 것으로서 국내에서 제작하기 곤란한 것 중 당해 물품의 생산에 관한 업무를 담당하는 중앙행정기관의 장 또는 그가 지정하는 자가 추천하는 물품
> >   가. 개당 또는 셋트당 과세가격이 100만원 이상인 기기
> >   나. 가목에 해당하는 기기의 부분품 및 부속품
> > 3. 부분품(제2호에 따른 기기의 부분품을 제외하며, 법 제90조 제1항 제1호 및 제2호에 따라 학술연구용 등에 직접 사용되는 것으로 한정한다)·원재료 및 견본품
>
> 2. **학교, 공공의료기관, 공공직업훈련원, 박물관**, 그 밖에 이에 준하는 **기획재정부령으로 정하는 기관**에서 학술연구용·교육용·훈련용·실험실습용 및 과학기술연구용으로 사용할 물품 중 **기획재정부령으로 정하는 물품**
>
> > **관세법 시행규칙**
> >
> > **규칙 제37조(관세가 감면되는 학술연구용품)** ② 법 제90조 제1항 제2호에서 "기획재정부령으로 정하는 기관"이란 다음 각 호와 같다.
> > 1. 「정부조직법」 제4조 또는 지방자치단체의 조례에 의하여 설치된 시험소·연구소·공공도서관·동물원·식물원 및 전시관(이들 기관에서 사용하기 위하여 중앙행정기관의 장이 수입하는 경우를 포함한다)
> > 2. 대한무역투자진흥공사 전시관
> > 3. 「산업집적활성화 및 공장설립에 관한 법률」 제31조에 따라 설립된 산업단지관리공단의 전시관
> > 4. 「정부출연연구기관 등의 설립·운영 및 육성에 관한 법률」 및 「과학기술분야 정부출연연구기관 등의 설립·운영 및 육성에 관한 법률」에 의하여 설립된 연구기관
> > 5. 수출조합전시관(산업통상자원부장관이 면세추천을 한 것에 한정한다)
> > 6. 중소기업진흥공단(농가공산품개발사업을 위하여 개설한 전시관과 「중소기업진흥에 관한 법률」 제74조 제1항 제13호 및 제14호의 사업을 수행하기 위하여 수입하는 물품에 한한다)
> > 7. 「산업디자인진흥법」 제11조의 규정에 의하여 설립된 한국디자인진흥원(「산업디자인진흥법」 제11조 제4항 제1호·제2호 및 제5호의 사업을 수행하기 위하여 수입하는 물품에 한한다)
> > 8. 수입물품을 실험·분석하는 국가기관
> > 9. 도로교통공단(「도로교통법」 제123조 제1호·제2호·제4호 및 제5호의 사업을 수행하기 위하여 수입하는 물품에 한한다)
> > 10. 「독립기념관법」에 의한 독립기념관
> > 11. 한국소비자원(「소비자기본법」 제35조 제1항 제2호·제3호 및 제6호의 업무를 수행하기 위하여 수입하는 물품에 한한다)
> > 12. 「한국산업안전보건공단법」에 따라 설립된 한국산업안전보건공단(같은 법 제6조의 사업을 수행하기 위하여 수입하는 물품으로 한정한다)
> > 13. 「산업발전법」에 의하여 설립된 한국생산성본부

14. 「전쟁기념사업회법」에 의하여 설립된 전쟁기념사업회
15. 「한국교통안전공단법」에 따라 설립된 한국교통안전공단
16. 교육부장관이 인정하는 사내기술대학 및 사내기술대학원
17. 고용노동부장관의 인가를 받은 중소기업협동조합부설 직업훈련원
18. 「국토안전관리원법」에 따라 설립된 국토안전관리원
19. 「과학관육성법」에 의한 과학관
20. 「한국교육방송공사법」에 의하여 설립된 한국교육방송공사
21. 「지방자치단체의 행정기구와 정원기준 등에 관한 규정」에 의하여 설치된 농업기술원
22. 「특정연구기관 육성법」 제2조의 규정에 의한 연구기관
23. 산업기술연구를 목적으로 「민법」 제32조 및 「협동조합 기본법」에 따라 설립된 비영리법인으로서 독립된 연구시설을 갖추고 있는 법인임을 산업통상자원부장관, 과학기술정보통신부장관 또는 기획재정부장관이 확인·추천하는 기관
24. 「산업기술혁신 촉진법」 제42조에 따라 산업통상자원부장관의 허가를 받아 설립된 연구소
25. 「국립암센터법」에 따라 설립된 국립암센터 및 「국립중앙의료원의 설립 및 운영에 관한 법률」에 따라 설립된 국립중앙의료원
26. 「방송통신발전 기본법」 제34조에 따라 설립된 한국정보통신기술협회(한국정보통신기술협회에 설치된 시험연구소에서 사용하기 위하여 수입하는 물품으로 한정한다)
27. 「산업교육진흥 및 산학협력촉진에 관한 법률」에 의하여 설립된 산학협력단
28. 「경제자유구역 및 제주국제자유도시의 외국교육기관 설립·운영에 관한 특별법」에 따라 설립된 외국교육기관
29. 「국가표준기본법」 제4장의2에 따라 설립된 한국화학융합시험연구원, 한국기계전기전자시험연구원 및 한국건설생활환경시험연구원
30. 「산업기술혁신 촉진법」 제21조 제4항에 따라 산업통상자원부장관이 지정한 연구장비관리 전문기관(같은 법 제2조 제7호에 따른 산업기술혁신사업을 수행하는 데에 필요한 물품을 제1호부터 제29호까지의 규정에 따른 감면대상기관에서 사용하도록 하기 위하여 수입하는 경우를 포함한다)
31. 「보건의료기술 진흥법」 제15조에 따라 보건복지부장관이 지정한 연구중심병원
32. 「국방과학연구소법」에 따라 설립된 국방과학연구소
33. 「국가과학기술 경쟁력 강화를 위한 이공계지원 특별법」 제18조 제2항에 따라 과학기술정보통신부장관에게 신고한 연구개발서비스업을 영위하는 기업
34. 「식품위생법」 제67조 제1항에 따른 식품안전정보원(「수입식품안전관리특별법 시행령」 제14조 제2항 제3호에 따른 업무를 수행하기 위해 수입하는 직접구매 해외식품등으로 한정한다)

3. 제2호의 기관에서 사용할 학술연구용품·교육용품·훈련용품·실험실습용품 및 과학기술연구용품으로서 외국으로부터 기증되는 물품. 다만, 기획재정부령으로 정하는 물품은 제외한다.
4. 기획재정부령으로 정하는 자가 산업기술의 연구개발에 사용하기 위하여 수입하는 물품으로서 기획재정부령으로 정하는 물품

> **관세법 시행규칙**
>
> **규칙 제37조(관세가 감면되는 학술연구용품)** ③ 법 제90조 제1항 제4호에 따라 관세를 감면받을 수 있는 자는 다음 각 호와 같다.
> 1. 기업부설 연구소 또는 연구개발 전담부서를 설치하고 있거나 설치를 위한 신고를 한 기업(「기초연구진흥 및 기술개발지원에 관한 법률」 제14조 제1항 제2호에 따른 것임을 과학기술정보통신부장관이 확인한 것으로 한정한다)
> 2. 산업기술연구조합(「산업기술연구조합 육성법」에 의한 산업기술연구조합으로서 기술개발을 위한 공동연구시설을 갖추고 자연계분야의 학사 이상의 학위를 가진 연구전담요원 3인 이상을 상시 확보하고 있음을 과학기술정보통신부장관이 확인한 산업기술연구조합에 한정한다)

④ 법 제90조 제1항 제4호에 따라 관세를 감면하는 물품은 다음 각 호와 같다.
  1. 산업기술의 연구·개발에 사용하기 위하여 수입하는 별표 1의2의 물품
  2. 시약 및 견본품
  3. 연구·개발 대상물품을 제조 또는 수리하기 위하여 사용하는 부분품 및 원재료
  4. 제1호의 물품을 수리하기 위한 목적으로 수입하는 부분품

② 감면율
제1항에 따라 관세를 감면하는 경우 그 감면율은 기획재정부령으로 정한다.

> **관세법 시행규칙**
>
> **규칙 제37조(관세가 감면되는 학술연구용품)** ⑤ 법 제90조 제2항의 규정에 의한 관세의 감면율은 100분의 80으로 한다. 다만, 공공의료기관(제2항 제25호의 규정에 의한 국립암센터 및 국립중앙의료원은 제외한다) 및 학교부설의료기관에서 사용할 물품에 대한 관세의 감면율은 100분의 50으로 한다.

> **관세법 시행규칙**
>
> **규칙 제38조(학술연구용품 등에 대한 관세의 감면신청)** ① 법 제90조 제1항 제3호에 따라 관세를 감면받으려는 자는 해당 기증사실을 증명하는 서류를 신청서에 첨부하여 제출하여야 한다.
> ② 법 제90조 제1항 제4호에 따른 물품을 관세감면대상물품으로 지정받으려는 자는 다음 각 호의 사항을 적은 신청서에 해당 물품의 상품목록 등 참고자료를 첨부하여 주무부처를 경유하여 기획재정부장관에게 제출하여야 한다.
>   1. 신청인의 주소·성명 및 상호
>   2. 사업의 종류
>   3. 법 별표 관세율표 번호(이하 "관세율표 번호"라 한다)·품명·규격·수량·가격·용도 및 구조
> ③ 제2항의 규정에 의한 신청서는 매년 2월 말일까지 제출하여야 한다.

제91조(종교용품, 자선용품, 장애인용품 등의 면세)

다음 각 호의 어느 하나에 해당하는 물품이 수입될 때에는 그 관세를 면제한다.

1. 교회, 사원 등 종교단체의 의식(儀式)에 사용되는 물품으로서 외국으로부터 기증되는 물품. 다만, 기획재정부령으로 정하는 물품은 제외한다.

   > **관세법 시행규칙**
   >
   > **규칙 제39조(종교·자선·장애인용품에 대한 관세의 부과)** ① 법 제91조 제1호 단서에 따라 관세가 부과되는 물품은 다음 각 호와 같다.
   >   1. 관세율표 번호 제8518호에 해당하는 물품
   >   2. 관세율표 번호 제8531호에 해당하는 물품
   >   3. 관세율표 번호 제8519호·제8521호·제8522호·제8523호 및 제92류에 해당하는 물품(파이프오르간은 제외한다)
   >
   > **참고** 관세가 부과되는 종교용품
   >   1. HSK 8518(마이크로폰, 확성기, 헤드폰, 이어폰)
   >   2. HSK 8531(벨, 사이렌, 표시반, 도난경보기, 화재경보기)
   >   3. HSK 8519(음성 녹음용이나 재생용 기기), 8521(영상기록용이나 재생용 기기), 8522(제8519호와 제8521호에 부분품), 8523(기록용 매체)
   >   4. HSK 제92류(악기와 그 부분품과 부속품)

   > **관세법 시행규칙**
   >
   > **규칙 제40조(종교·자선·장애인용품에 대한 관세면제신청)** ② 법 제91조 제1호에 따라 관세를 면제받으려는 자는 해당 기증목적에 관하여 문화체육관광부장관의 확인을 받아야 한다.

2. 자선 또는 구호의 목적으로 기증되는 물품 및 기획재정부령으로 정하는 자선시설·구호시설 또는 사회복지시설에 기증되는 물품으로서 해당 용도로 직접 사용하는 물품. 다만, 기획재정부령으로 정하는 물품은 제외한다.

   > **관세법 시행규칙**
   >
   > **규칙 제39조(종교·자선·장애인용품에 대한 관세의 부과)** ② 법 제91조 제2호에 따라 관세를 면제받을 수 있는 자선·구호시설 또는 사회복지시설은 다음 각 호와 같다.
   >   2. 「국민기초생활 보장법」 제32조의 규정에 의한 시설
   >   3. 「아동복지법」 제3조 제10호에 따른 아동복지시설
   >
   > ③ 법 제91조 제2호 단서에 따라 관세가 부과되는 물품은 관세율표 번호 제8702호 및 제8703호에 해당하는 자동차와 번호 제8711호에 해당하는 이륜자동차로 한다.

   > **관세법 시행규칙**
   >
   > **규칙 제40조(종교·자선·장애인용품에 대한 관세면제신청)** ③ 법 제91조 제2호에 따라 관세를 면제받고자 하는 자가 국가 또는 지방자치단체 외의 자인 때에는 해당 시설 및 사업에 관하여 보건복지부장관이나 시장 또는 군수가 발급한 증명서 또는 그 사본을 신청서에 첨부하여야 한다.

3. 국제적십자사·외국적십자사 및 기획재정부령으로 정하는 국제기구가 국제평화봉사활동 또는 국제친선활동을 위하여 기증하는 물품

> **관세법 시행규칙**
>
> **규칙 제40조(종교·자선·장애인용품에 대한 관세면제신청)** ④ 법 제91조 제3호의 규정에 의하여 관세를 면제받고자 하는 자가 국가·지방자치단체 또는 대한적십자사 외의 자인 때에는 당해 기증목적에 관하여 외교부장관의 확인을 받아야 한다.

4. 시각장애인, 청각장애인, 언어장애인, 지체장애인, 만성신부전증환자, 희귀난치성질환자 등을 위한 용도로 특수하게 제작되거나 제조된 물품 중 <u>기획재정부령으로 정하는 물품</u>

> **관세법 시행규칙**
>
> **규칙 제39조(종교·자선·장애인용품에 대한 관세의 부과)** ④ 법 제91조 제4호의 규정에 의하여 관세가 면제되는 물품은 별표 2와 같다.

5. 「장애인복지법」 제58조에 따른 장애인복지시설 및 장애인의 재활의료를 목적으로 국가·지방자치단체 또는 사회복지법인이 운영하는 재활 병원·의원에서 장애인을 진단하고 치료하기 위하여 사용하는 의료용구

> **|| 관세법 시행규칙**
>
> **규칙 제40조(종교·자선·장애인용품에 대한 관세면제신청)** ① 법 제91조 제1호 내지 제3호의 규정에 의하여 관세를 면제받고자 하는 자는 당해 기증사실을 증명하는 서류를 신청서에 첨부하여야 한다.
> ⑤ 세관장은 당해 물품의 수량 또는 가격을 참작하는 경우 제1항 내지 제4항의 규정에 의한 확인 및 증명이 필요 없다고 인정되는 때에는 이를 생략하게 할 수 있다.

제92조(정부용품 등의 면세)

다음 각 호의 어느 하나에 해당하는 물품이 수입될 때에는 그 관세를 면제할 수 있다.

1. <u>국가기관이나 지방자치단체에 기증된 물품</u>으로서 <u>공용으로 사용하는 물품</u>. 다만, <u>기획재정부령으로 정하는 물품</u>은 제외한다.

> **관세법 시행규칙**
>
> **규칙 제41조(관세가 면제되는 정부용품 등)** ① 법 제92조 제1호 단서에 따라 관세가 부과되는 물품은 관세율표 번호 제8703호에 해당하는 승용자동차로 한다.

> **관세법 시행규칙**
>
> **규칙 제42조(정부용품 등에 대한 관세의 면제신청)** ① 법 제92조 제1호의 규정에 의하여 관세를 면제받고자 하는 자는 당해 기증사실을 증명하는 서류를 신청서에 첨부하여야 한다.

2. 정부가 <u>외국으로부터 수입하는 군수품</u>(정부의 위탁을 받아 정부 외의 자가 수입하는 경우를 포함한다). 다만, 기획재정부령으로 정하는 물품은 제외한다.

> **관세법 시행규칙**
>
> **규칙 제41조(관세가 면제되는 정부용품 등)** ② 법 제92조 제2호 단서의 규정에 의하여 관세가 부과되는 물품은 「군수품관리법」 제3조의 규정에 의한 통상품으로 한다.

> **관세법 시행규칙**
>
> **규칙 제42조(정부용품 등에 대한 관세의 면제신청)** ② 법 제92조 제2호 본문에 따라 관세를 면제받으려는 경우에는 다음 각 호의 서류를 신청서에 첨부해야 한다.
> 1. 해당 물품이 제41조 제2항에 따른 통상품이 아님을 국방부장관 또는 방위사업청장이 지정하는 자가 확인한 서류
> 2. 정부의 위탁을 받아 수입하는 경우에는 정부의 위탁을 받아 수입한다는 것을 국방부장관 또는 방위사업청장이 지정하는 자가 확인한 서류

2의2. 국가원수의 경호용으로 사용하기 위하여 수입하는 물품
3. 외국에 주둔하는 국군이나 재외공관으로부터 반환된 공용품
4. 과학기술정보통신부장관이 국가의 안전보장을 위하여 긴요하다고 인정하여 수입하는 비상통신용 물품 및 전파관리용 물품
5. 정부가 직접 수입하는 간행물, 음반, 녹음된 테이프, 녹화된 슬라이드, 촬영된 필름, 그 밖에 이와 유사한 물품 및 자료
6. 국가나 지방자치단체(이들이 설립하였거나 출연 또는 출자한 법인을 포함한다)가 환경오염(소음 및 진동을 포함한다)을 측정하거나 분석하기 위하여 수입하는 기계·기구 중 기획재정부령으로 정하는 물품

> **관세법 시행규칙**
>
> **규칙 제41조(관세가 면제되는 정부용품 등)** ③ 법 제92조 제6호 또는 제7호의 규정에 의하여 관세가 면제되는 물품은 다음 각 호의 물품 중 개당 또는 셋트당 과세가격이 100만원 이상인 기기와 그 기기의 부분품 및 부속품(사후에 보수용으로 따로 수입하는 물품을 포함한다)중 국내에서 제작하기 곤란한 것으로서 당해 물품의 생산에 관한 사무를 관장하는 주무부처의 장 또는 그가 지정하는 자가 추천하는 물품으로 한다.
> 1. 대기질의 채취 및 측정용 기계·기구
> 2. 소음·진동의 측정 및 분석용 기계·기구
> 3. 환경오염의 측정 및 분석용 기계·기구
> 4. 수질의 채취 및 측정용 기계·기구

> **관세법 시행규칙**
>
> **규칙 제42조(정부용품 등에 대한 관세의 면제신청)** ③ 법 제92조 제6호 또는 제7호의 규정에 의하여 국가 또는 지방자치단체가 설립하였거나 출연 또는 출자한 법인이 관세를 면제받고자 하는 때에는 환경 또는 상수도업무를 관장하는 주무부처의 장이 확인한 서류를 첨부하여야 한다.

7. 상수도 수질을 측정하거나 이를 보전·향상하기 위하여 국가나 지방자치단체(이들이 설립하였거나 출연 또는 출자한 법인을 포함한다)가 수입하는 물품으로서 기획재정부령으로 정하는 물품
8. 국가정보원장 또는 그 위임을 받은 자가 국가의 안전보장 목적의 수행상 긴요하다고 인정하여 수입하는 물품

제93조(특정물품의 면세 등)

다음 각 호의 어느 하나에 해당하는 물품이 수입될 때에는 그 관세를 면제할 수 있다.

1. 동식물의 번식·양식 및 종자개량을 위한 물품 중 기획재정부령으로 정하는 물품

> **관세법 시행규칙**
>
> **규칙 제43조(관세가 면제되는 특정물품)** ① 법 제93조 제1호에 따라 관세를 면제하는 물품은 사료작물 재배용 종자(호밀·귀리 및 수수에 한한다)로 한다.

> **관세법 시행규칙**
>
> **규칙 제44조(특정물품에 대한 관세의 면제신청)** ① 법 제93조 제1호·제2호 및 제15호에 따라 관세를 면제받으려는 자는 신청서에 주무부처의 장 또는 그 위임을 받은 기관의 장의 확인을 받아야 한다. 다만, 다른 법령에 따라 반입승인·수입승인 등을 받은 물품의 경우 그 승인서에 의하여 해당 물품이 관세의 면제를 받은 용도에 사용될 것임을 확인할 수 있거나 관할지 세관장이 이를 확인한 경우에는 그러하지 아니하다.

2. **박람회, 국제경기대회**, 그 밖에 이에 준하는 행사 중 기획재정부령으로 정하는 행사에 사용하기 위하여 그 행사에 참가하는 자가 수입하는 물품 중 기획재정부령으로 정하는 물품

> **관세법 시행규칙**
>
> **규칙 제43조(관세가 면제되는 특정물품)** ② 법 제93조 제2호에 따라 관세를 면제하는 물품은 다음 각 호의 어느 하나에 해당하는 물품으로 한다.
> 1. 「포뮬러원 국제자동차경주대회 지원법」에 따른 포뮬러원 국제자동차경주대회에 참가하는 자가 해당 대회와 관련하여 사용할 목적으로 수입하는 물품으로서 같은 법 제4조에 따른 포뮬러원국제자동차경주대회 조직위원회가 확인하는 물품
> 2. 「2023 새만금 세계스카우트잼버리 지원 특별법」에 따른 2023 새만금 세계스카우트잼버리에 참가하는 세계스카우트연맹, 각국 스카우트연맹이 그 소속 대원·지도자·운영요원 등 구성원이나 다른 참가단체의 소속 대원·지도자·운영요원 등 구성원 또는 같은 법 제5조 제1항에 따라 설립된 2023 새만금 세계스카우트잼버리조직위원회에 제공하는 등 해당 행사와 관련하여 사용할 목적으로 수입하는 물품으로서 2023 새만금 세계스카우트잼버리조직위원회가 확인하는 물품
> 3. 「국제경기대회 지원법」 제2조 제1호 가목에 따른 올림픽대회 중 2024년에 강원도에서 개최되는 15세 이상 18세 이하 선수들이 활동하는 대회(이하 이 호에서 "2024 강원동계청소년올림픽"이라 한다)와 관련하여 사용할 목적으로 수입하는 물품으로서 다음 각 목의 어느 하나에 해당하는 물품
>   가. 2024 강원동계청소년올림픽에 참가하는 국제올림픽위원회, 국제경기연맹, 각국 올림픽위원회가 그 소속 직원·선수 등 구성원, 다른 참가단체의 소속 직원·선수 등 구성원 또는 「국제경기대회 지원법」 제9조에 따라 설립된 2024 강원동계청소년올림픽대회 조직위원회(이하 이 호에서 "조직위원회"라 한다)에 제공하는 등 해당 대회와 관련하여 사용할 목적으로 수입하는 물품으로서 조직위원회가 확인하는 물품
>   나. 국제올림픽위원회가 지정한 주관방송사 및 방송권자가 2024 강원동계청소년올림픽에서 사용할 목적으로 수입하는 방송용 기자재로서 조직위원회가 확인하는 물품
>   다. 국제올림픽위원회가 지정한 후원업체가 2024 강원동계청소년올림픽과 관련하여 사용할 목적으로 수입하여 조직위원회에 제공하는 물품으로서 조직위원회가 확인하는 물품
> ③ 제2항에 따라 관세가 면제되는 물품 중 해당 행사 외의 다른 용도로 사용하거나 양도하는 물품에 대해서는 관세를 면제하지 아니한다. 다만, 해당 행사 종료 후 다음 각 호의 어느 하나에 해당하는 자에 무상으로 양도하는 물품은 관세를 면제한다.
> 1. 국가
> 2. 지방자치단체
> 3. 「국민체육진흥법」 제2조 제11호에 따른 경기단체
> 4. 해당 행사의 조직위원회(해당 행사의 조직위원회가 해산된 후 해당 행사와 관련된 사업 및 자산을 관리하기 위한 법인이 설립된 경우에는 그 법인을 말한다)

3. 핵사고 또는 방사능 긴급사태 시 그 복구지원과 구호를 목적으로 외국으로부터 기증되는 물품으로서 기획재정부령으로 정하는 물품

> **관세법 시행규칙**
>
> **규칙 제43조(관세가 면제되는 특정물품)** ④ 법 제93조 제3호에 따라 관세가 면제되는 물품은 다음 각 호와 같다.
> 1. 방사선측정기
> 2. 시료채취 및 처리기
> 3. 시료분석장비
> 4. 방사능 방호장비
> 5. 제염용장비

> **관세법 시행규칙**
>
> **규칙 제44조(특정물품에 대한 관세의 면제신청)** ② 법 제93조 제3호에 따라 관세를 면제받으려는 자는 해당 기증사실을 증명하는 서류를 신청서에 첨부하여 제출하여야 하며, 해당 기증목적에 관하여 원자력안전위원회의 확인을 받아야 한다.

4. 우리나라 선박이 외국 정부의 허가를 받아 외국의 영해에서 채집하거나 포획한 수산물(이를 원료로 하여 우리나라 선박에서 제조하거나 가공한 것을 포함한다. 이하 이 조에서 같다)
5. 우리나라 선박이 외국의 선박과 협력하여 <u>기획재정부령으로 정하는</u> 방법으로 채집하거나 포획한 수산물로서 해양수산부장관이 추천하는 것

> **관세법 시행규칙**
>
> **규칙 제43조(관세가 면제되는 특정물품)** ⑤ 법 제93조 제5호에서 "기획재정부령으로 정하는 방법"이란 「원양산업발전법」 제6조에 따라 해양수산부장관으로부터 원양모선식 어업허가를 받고 외국과의 협상 등에 의하여 해외수역에서 해당 외국의 국적을 가진 자선과 공동으로 수산물을 채집 또는 포획하는 원양어업방법을 말한다.

6. 해양수산부장관의 허가를 받은 자가 <u>기획재정부령으로 정하는</u> 요건에 적합하게 외국인과 합작하여 채집하거나 포획한 수산물 중 해양수산부장관이 기획재정부장관과 협의하여 추천하는 것

> **관세법 시행규칙**
>
> **규칙 제43조(관세가 면제되는 특정물품)** ⑥ 법 제93조 제6호에서 "기획재정부령으로 정하는 요건"이란 다음 각 호의 요건을 모두 갖춘 경우를 말한다.
> 1. 「원양산업발전법」 제6조 제7항에 따라 해외현지법인으로 원양어업을 하기 위하여 신고한 경우로서 해외현지법인이 다음 각 목의 어느 하나에 해당할 것
>   가. 대한민국 국민이 납입한 자본금이나 보유한 의결권이 49퍼센트 이상일 것
>   나. 해외현지법인이 설립된 국가의 법령에 따라 대한민국 국민이 보유할 수 있는 지분이 25퍼센트 미만으로 제한되는 경우에는 대한민국 국민이 납입한 자본금이나 보유한 의결권이 24퍼센트 이상일 것
> 2. 「원양산업발전법」 제2조 제10호에 따른 해외수역에서 해양수산부장관이 기획재정부장관과 협의하여 고시한 선박·어구 등의 생산수단을 투입하여 수산동식물을 채집 또는 포획(어획할당량 제한으로 불가피하게 해외현지법인이 직접 수산동식물을 채집 또는 포획하지 못하게 되었을 때에는 생산수단을 실질적으로 운영하고 소요경비를 전액 부담하는 등 해외현지법인의 계산과 책임으로 합작상대국 어업자를 통하여 수산동식물을 채집 또는 포획하는 경우를 포함한다)하고 직접 수출할 것

7. 우리나라 선박 등이 채집하거나 포획한 수산물과 제5호 및 제6호에 따른 수산물의 포장에 사용된 물품으로서 재사용이 불가능한 것 중 <u>기획재정부령으로 정하는</u> 물품

> **관세법 시행규칙**
>
> **규칙 제43조(관세가 면제되는 특정물품)** ⑦ 법 제93조 제7호에서 "기획재정부령으로 정하는 물품"이란 우리나라 선박 등에 의하여 채집 또는 포획된 수산물과 제5항 및 제6항에 따른 방법 또는 요건에 따라 채집 또는 포획된 수산물을 포장한 관세율표 번호 제4819호의 골판지 어상자를 말한다.

8. 「중소기업기본법」제2조에 따른 중소기업이 해외구매자의 주문에 따라 제작한 기계·기구가 해당 구매자가 요구한 규격 및 성능에 일치하는지를 확인하기 위하여 하는 시험생산에 필요한 원재료로서 <u>기획재정부령으로 정하는 요건에 적합한 물품</u>

> **관세법 시행규칙**
>
> **규칙 제43조(관세가 면제되는 특정물품)** ⑧ 법 제93조 제8호에서 "기획재정부령으로 정하는 요건에 적합한 물품"이란 법 제93조 제8호에 따른 해당 중소기업에 외국인이 무상으로 공급하는 물품을 말한다.

9. 우리나라를 방문하는 외국의 원수와 그 가족 및 수행원의 물품
10. 우리나라의 선박이나 그 밖의 운송수단이 조난으로 인하여 해체된 경우 그 해체재(解體材) 및 장비

> **관세법 시행규칙**
>
> **규칙 제44조(특정물품에 대한 관세의 면제신청)** ③ 법 제93조 제10호에 따라 관세를 면제받으려는 자는 영 제112조 제1항 각 호의 사항 외에 운수기관명·조난장소 및 조난연월일을 신청서에 적고 주무부장관이 확인한 서류를 첨부하여 제출하여야 한다.

11. 우리나라와 외국 간에 건설될 교량, 통신시설, 해저통로, 그 밖에 이에 준하는 시설의 건설 또는 수리에 필요한 물품

> **관세법 시행규칙**
>
> **규칙 제44조(특정물품에 대한 관세의 면제신청)** ④ 법 제93조 제11호에 따라 관세를 면제받으려는 자는 영 제112조 제1항 각 호의 사항 외에 사용계획·사용기간과 공사장의 명칭 및 소재지를 신청서에 적어 제출하여야 한다.

12. 우리나라 수출물품의 품질, 규격, 안전도 등이 수입국의 권한 있는 기관이 정하는 조건에 적합한 것임을 표시하는 수출물품에 붙이는 증표로서 <u>기획재정부령으로 정하는 물품</u>

> **관세법 시행규칙**
>
> **규칙 제43조(관세가 면제되는 특정물품)** ⑨ 법 제93조 제12호에 따라 관세가 면제되는 증표는 다음 각 호와 같다.
> 1. 캐나다 공인검사기관에서 발행하는 시·에스·에이(C.S.A)증표
> 2. 호주 공인검사기관에서 발행하는 에스·에이·에이(S.A.A)증표
> 3. 독일 공인검사기관에서 발행하는 브이·디·이(V.D.E)증표
> 4. 영국 공인검사기관에서 발행하는 비·에스·아이(B.S.I)증표
> 5. 불란서 공인검사기관에서 발행하는 엘·시·아이·이(L.C.I.E)증표
> 6. 미국 공인검사기관에서 발행하는 유·엘(U.L)증표
> 7. 유럽경계위원회 공인검사기관에서 발행하는 이·시·이(E.C.E)증표
> 8. 유럽공동시장 공인검사기관에서 발행하는 이·이·시(E.E.C)증표
> 9. 유럽공동체 공인검사기관에서 발행하는 이·시(E.C)증표

> **관세법 시행규칙**
>
> **규칙 제44조(특정물품에 대한 관세의 면제신청)** ⑤ 법 제93조 제12호에 따라 관세를 면제받으려는 자는 해당 증표 공급국의 권한 있는 기관과의 공급 및 관리에 관한 계약서 또는 이에 갈음할 서류를 신청서에 첨부하여 제출하여야 한다. 다만, 세관장이 필요 없다고 인정하는 경우에는 해당 계약서 등의 첨부를 생략할 수 있다.

13. 우리나라의 선박이나 항공기가 해외에서 사고로 발생한 피해를 복구하기 위하여 외국의 보험회사 또는 외국의 가해자의 부담으로 하는 수리 부분에 해당하는 물품

> **관세법 시행규칙**
>
> **규칙 제44조(특정물품에 대한 관세의 면제신청)** ⑥ 법 제93조 제13호 및 제14호에 따라 관세를 면제받으려는 자는 영 제112조 제1항 각 호의 사항 외에 수리선박명 또는 수리항공기명을 신청서에 적고, 해당 수리가 외국의 보험회사·가해자 또는 매도인의 부담으로 행하는 것임을 증명하는 서류와 수리인이 발급한 수리사실을 증명하는 서류를 첨부하여 제출하여야 한다.
> ⑦ 제1항 내지 제5항의 규정에 의한 확인 및 증명은 세관장이 당해 물품의 수량 또는 가격을 참작하여 필요 없다고 인정하는 때에는 이를 생략할 수 있다.

14. 우리나라의 선박이나 항공기가 매매계약상의 하자보수 보증기간 중에 외국에서 발생한 고장에 대하여 외국의 매도인의 부담으로 하는 수리 부분에 해당하는 물품
15. 국제올림픽·장애인올림픽·농아인올림픽 및 아시아운동경기·장애인아시아운동경기 종목에 해당하는 운동용구(부분품을 포함한다)로서 <u>기획재정부령으로 정하는 물품</u>

> **관세법 시행규칙**
>
> **규칙 제43조(관세가 면제되는 특정물품)** ⑩ 법 제93조 제15호에 따라 관세가 면제되는 물품은 「국민체육진흥법」에 따라 설립된 대한체육회 또는 대한장애인체육회가 수입하는 물품으로 한다.

16. 국립묘지의 건설·유지 또는 장식을 위한 자재와 국립묘지에 안장되는 자의 관·유골함 및 장례용 물품
17. 피상속인이 사망하여 국내에 주소를 둔 자에게 상속되는 피상속인의 신변용품
18. 보석의 원석(原石) 및 나석(裸石)으로서 <u>기획재정부령으로 정하는 것</u>

> **관세법 시행규칙**
>
> **규칙 제43조(관세가 면제되는 특정물품)** ⑪ 법 제93조 제18호에 따라 관세가 면제되는 물품은 「개별소비세법 시행령」 별표 1 제3호 가목 1) 가)에 따른 보석의 원석 및 나석으로 한다.

참고 │ 우리나라 선박이 포획한 수산물 등

1. 의의: 원양어업 지원
2. 우리나라 선박이 공해에서 포획한 수산물 등: 법 제2조에 따라 내국물품이 되므로 수입신고의 대상이 아니다.
3. 우리나라 선박이 외국의 영해에서 포획한 수산물 등: 법 제93조에 따라 특정물품의 면세 등이 적용되므로 수입 시 관세가 면제된다.

제94조(소액물품 등의 면세)

다음 각 호의 어느 하나에 해당하는 물품이 수입될 때에는 그 관세를 면제할 수 있다.

1. 우리나라의 거주자에게 수여된 훈장·기장(紀章) 또는 이에 준하는 표창장 및 상패
2. 기록문서 또는 그 밖의 서류
3. 상업용견본품 또는 광고용품으로서 기획재정부령으로 정하는 물품

> **관세법 시행규칙**
>
> **규칙 제45조(관세가 면제되는 소액물품)** ① 법 제94조 제3호에 따라 관세가 면제되는 물품은 다음 각 호와 같다.
> 1. 물품이 천공 또는 절단되었거나 통상적인 조건으로 판매할 수 없는 상태로 처리되어 견본품으로 사용될 것으로 인정되는 물품
> 2. 판매 또는 임대를 위한 물품의 상품목록·가격표 및 교역안내서 등
> 3. 과세가격이 미화 250달러 이하인 물품으로서 견본품으로 사용될 것으로 인정되는 물품
> 4. 물품의 형상·성질 및 성능으로 보아 견본품으로 사용될 것으로 인정되는 물품

4. 우리나라 거주자가 받는 소액물품으로서 기획재정부령으로 정하는 물품

> **관세법 시행규칙**
>
> **규칙 제45조(관세가 면제되는 소액물품)** ② 법 제94조 제4호에 따라 관세가 면제되는 물품은 다음 각 호와 같다.
> 1. 물품가격(법 제30조부터 제35조까지의 규정에 따른 방법으로 결정된 과세가격에서 법 제30조 제1항 제6호 본문에 따른 금액을 뺀 가격. 다만, 법 제30조 제1항 제6호 본문에 따른 금액을 명백히 구분할 수 없는 경우에는 이를 포함한 가격으로 한다)이 미화 150달러 이하의 물품으로서 자가사용 물품으로 인정되는 것. 다만, 반복 또는 분할하여 수입되는 물품으로서 관세청장이 정하는 기준에 해당하는 것을 제외한다.
> 2. 박람회 기타 이에 준하는 행사에 참가하는 자가 행사장 안에서 관람자에게 무상으로 제공하기 위하여 수입하는 물품(전시할 기계의 성능을 보여주기 위한 원료를 포함한다). 다만, 관람자 1인당 제공량의 정상도착가격이 미화 5달러 상당액 이하의 것으로서 세관장이 타당하다고 인정하는 것에 한한다.

> **참고** 관세법상 '거주자' 규정
>
> 1. 운임 등의 결정(영 제20조 제3항, 규칙 제4조의3)
>   우리나라의 거주자가 받는 물품으로서 자가 사용할 것으로 인정되는 것 중 운임 및 보험료를 제외한 총 과세가격이 20만원 이하인 물품이 항공기로 운송되는 경우에는 해당 물품이 항공기 외 일반적인 운송방법에 의하여 운송된 것으로 보아 기획재정부령으로 정하는 바에 따라 운임 및 보험료를 산출한다.
> 2. 소액물품 등의 면세(법 제94조 제1호)
>   우리나라의 거주자에게 수여된 훈장·기장(紀章) 또는 이에 준하는 표창장 및 상패
> 3. 소액물품 등의 면세(법 제94조 제4호)
>   우리나라 거주자가 받는 소액물품으로서 기획재정부령으로 정하는 물품
> 4. 과세자료제출기관이 제출하여야 하는 과세자료(법 제264조의3)
>   거주자의 「여신전문금융업법」에 따른 신용카드 등의 대외지급(물품구매 내역에 한한다) 및 외국에서의 외국통화 인출 실적

> **참고** 관세법상 '비거주자' 규정
>
> 1. 관세가 면제되는 휴대품(규칙 제48조 제1항 제2호)
>   비거주자인 여행자가 반입하는 물품으로서 본인의 직업상 필요하다고 인정되는 직업용구일 것
> 2. 종합보세구역 판매물품 관세환급을 받을 수 있는 외국인관광객 등의 범위(영 제216조의2)
>   법 제199조의2 제1항에서 "외국인 관광객 등 대통령령으로 정하는 자"란 「외국환거래법」 제3조에 따른 비거주자를 말한다.

제95조(환경오염방지물품 등에 대한 감면)

① 감면대상

다음 각 호의 어느 하나에 해당하는 물품으로서 국내에서 제작하기 곤란한 물품이 수입될 때에는 그 관세를 감면할 수 있다.

1. 오염물질(소음 및 진동을 포함한다)의 배출 방지 또는 처리를 위하여 사용하는 기계·기구·시설·장비로서 기획재정부령으로 정하는 것
2. 폐기물 처리(재활용을 포함한다)를 위하여 사용하는 기계·기구로서 기획재정부령으로 정하는 것
3. 기계·전자기술 또는 정보처리기술을 응용한 공장 자동화 기계·기구·설비(그 구성기기를 포함한다) 및 그 핵심부분품으로서 기획재정부령으로 정하는 것

> **관세법 시행규칙**
>
> 규칙 제46조(관세가 감면되는 환경오염방지물품 등) ② 법 제95조 제1항 제3호에 따라 관세를 감면하는 물품은 별표 2의4와 같다.

> **관세법 시행규칙**
>
> 규칙 제47조(환경오염방지물품 등에 대한 관세의 감면신청) ① 법 제95조 제1항 제1호부터 제3호까지의 규정에 따른 물품을 관세감면대상물품으로 지정받으려는 자는 다음 각 호의 사항을 적은 신청서에 해당 물품의 상품목록 등 참고 자료를 첨부하여 주무부장관을 거쳐 기획재정부장관에게 제출하여야 한다.
> 1. 신청인의 주소·성명 및 상호
> 2. 사업의 종류
> 3. 관세율표 번호·품명·규격·수량·가격·용도 및 구조
>
> ② 제1항에 따른 신청서의 제출기한(기획재정부장관에게 신청서를 제출하는 기한을 말한다)은 다음 각 호의 구분에 따른다.
> 1. 법 제95조 제1항 제1호 및 제2호의 물품에 대한 것인 경우: 매년 4월말까지
> 2. 법 제95조 제1항 제3호의 물품에 대한 것인 경우: 매년 7월 31일까지

② 감면기간과 감면율

제1항에 따라 관세를 감면하는 경우 그 감면기간과 감면율은 기획재정부령으로 정한다.

> **관세법 시행규칙**
>
> 규칙 제46조(관세가 감면되는 환경오염방지물품 등) ④ 법 제95조 제2항에 따른 감면율은 다음 각 호의 구분과 같다.
> 1. 삭제
> 1의2. 삭제
> 2. 법 제95조 제1항 제3호에 따른 물품: 다음 각 목의 구분에 따른 감면율
>   가. 제59조 제3항에 따른 중소제조업체가 수입신고하는 경우: 100분의 30(2026년 12월 31일까지 수입신고하는 경우에는 100분의 50)
>   나. 「조세특례제한법 시행령」 제6조의4 제1항에 따른 중견기업으로서 「통계법」 제22조에 따라 통계청장이 고시하는 산업에 관한 표준분류(이하 "한국표준산업분류표"라 한다)상 제조업을 경영하는 업체가 2026년 12월 31일까지 수입신고하는 경우: 100분의 30

제96조(여행자 휴대품 및 이사물품 등의 감면)

① 관세 면제대상
다음 각 호의 어느 하나에 해당하는 물품이 수입될 때에는 그 관세를 면제할 수 있다.

1. 여행자의 휴대품 또는 별송품으로서 여행자의 입국 사유, 체재기간, 직업, 그 밖의 사정을 고려하여 기획재정부령으로 정하는 기준에 따라 세관장이 타당하다고 인정하는 물품

   관세법 시행규칙

   규칙 제48조(관세가 면제되는 여행자 휴대품 등) ① 법 제96조 제1항 제1호에 따라 관세가 면제되는 물품은 다음 각 호의 어느 하나에 해당하는 것으로 한다.
   1. 여행자가 통상적으로 몸에 착용하거나 휴대할 필요성이 있다고 인정되는 물품일 것
   2. 비거주자인 여행자가 반입하는 물품으로서 본인의 직업상 필요하다고 인정되는 직업용구일 것
   3. 세관장이 반출 확인한 물품으로서 재반입되는 물품일 것
   4. 물품의 성질·수량·가격·용도 등으로 보아 통상적으로 여행자의 휴대품 또는 별송품인 것으로 인정되는 물품일 것

   ② 제1항에 따른 관세의 면제 한도는 여행자 1명의 휴대품 또는 별송품으로서 각 물품(제1항 제1호에 따른 물품으로서 국내에서 반출된 물품과 제1항 제3호에 따른 물품은 제외한다)의 과세가격 합계 기준으로 미화 800달러 이하(이하 이 항 및 제3항에서 "기본면세범위"라 한다)로 하고, 법 제196조 제1항 제1호 단서 및 같은 조 제2항에 따라 구매한 내국물품이 포함되어 있을 경우에는 기본면세범위에서 해당 내국물품의 구매가격을 공제한 금액으로 한다. 다만, 농림축산물 등 관세청장이 정하는 물품이 휴대품 또는 별송품에 포함되어 있는 경우에는 기본면세범위에서 해당 농림축산물 등에 대하여 관세청장이 따로 정한 면세한도를 적용할 수 있다.

   ③ 제2항에도 불구하고 술·담배·향수에 대해서는 기본면세범위와 관계없이 다음 표(이하 이 항에서 "별도면세범위"라 한다)에 따라 관세를 면제하되, 19세 미만인 사람(19세가 되는 해의 1월 1일을 맞이한 사람은 제외한다)이 반입하는 술·담배에 대해서는 관세를 면제하지 않고, 법 제196조 제1항 제1호 단서 및 같은 조 제2항에 따라 구매한 내국물품인 술·담배·향수가 포함되어 있을 경우에는 별도면세범위에서 해당 내국물품의 구매수량을 공제한다. 이 경우 해당 물품이 다음 표의 면세한도를 초과하여 관세를 부과하는 경우에는 해당 물품의 가격을 과세가격으로 한다.

구분	면세한도			비고
술	용량은 2리터(L) 이하, 가격은 미화 400달러 이하로 한다.			
담배	궐련		200개비	둘 이상의 담배 종류를 반입하는 경우에는 한 종류로 한정한다.
	엽궐련		50개비	
	전자담배	궐련형	200개비	
		니코틴용액	20밀리리터(mL)	
		기타유형	110그램	
	그 밖의 담배		250그램	
향수	100밀리리터(mL)			-

   ⑥ 법 제96조 제1항 제1호에 따른 별송품은 천재지변 등 부득이한 사유가 있는 경우를 제외하고는 여행자가 입국한 날부터 6월 이내에 도착한 것이어야 한다.

2. 우리나라로 거주를 이전하기 위하여 입국하는 자가 입국할 때 수입하는 이사물품으로서 거주 이전의 사유, 거주기간, 직업, 가족 수, 그 밖의 사정을 고려하여 기획재정부령으로 정하는 기준에 따라 세관장이 타당하다고 인정하는 물품

> **관세법 시행규칙**
>
> **규칙 제48조의2(관세가 면제되는 이사물품)** ① 법 제96조 제1항 제2호에 따라 관세가 면제되는 물품은 우리나라 국민(재외영주권자를 제외한다. 이하 이 항에서 같다)으로서 외국에 주거를 설정하여 1년(가족을 동반한 경우에는 6개월) 이상 거주했거나 외국인 또는 재외영주권자로서 우리나라에 주거를 설정하여 1년(가족을 동반한 경우에는 6개월) 이상 거주하려는 사람이 반입하는 다음 각 호의 어느 하나에 해당하는 것으로 한다. 다만, 자동차(제3호에 해당하는 것은 제외한다), 선박, 항공기와 개당 과세가격이 500만원 이상인 보석·진주·별갑(鼈甲)·산호·호박(琥珀)·상아 및 이를 사용한 제품은 제외한다.
> 1. 해당 물품의 성질·수량·용도 등으로 보아 통상적으로 가정용으로 인정되는 것으로서 우리나라에 입국하기 전에 3개월 이상 사용했고 입국한 후에도 계속하여 사용할 것으로 인정되는 것
> 2. 우리나라에 상주하여 취재하기 위하여 입국하는 외국국적의 기자가 최초로 입국할 때에 반입하는 취재용품으로서 문화체육관광부장관이 취재용임을 확인하는 물품일 것
> 3. 우리나라에서 수출된 물품(조립되지 않은 물품으로서 법 별표 관세율표상의 완성품에 해당하는 번호로 분류되어 수출된 것을 포함한다)이 반입된 경우로서 관세청장이 정하는 사용기준에 적합한 물품일 것
> 4. 외국에 거주하던 우리나라 국민이 다른 외국으로 주거를 이전하면서 우리나라로 반입(송부를 포함한다)하는 것으로서 통상 가정용으로 3개월 이상 사용하던 것으로 인정되는 물품일 것
>
> ② 제1항 각 호 외의 부분 본문에도 불구하고 사망이나 질병 등 관세청장이 정하는 사유가 발생하여 반입하는 이사물품에 대해서는 거주기간과 관계없이 관세를 면제할 수 있다.
> ③ 법 제96조 제1항 제2호에 따른 이사물품 중 별도로 수입하는 물품은 천재지변 등 부득이한 사유가 있는 경우를 제외하고는 입국자가 입국한 날부터 6월 이내에 도착한 것이어야 한다.

3. 국제무역선 또는 국제무역기의 승무원이 휴대하여 수입하는 물품으로서 항행일수, 체재기간, 그 밖의 사정을 고려하여 기획재정부령으로 정하는 기준에 따라 세관장이 타당하다고 인정하는 물품

> **관세법 시행규칙**
>
> **규칙 제48조의3(관세가 면제되는 승무원 휴대 수입 물품)** ① 법 제96조 제1항 제3호에 따라 승무원이 휴대하여 수입하는 물품에 대하여 관세를 면제하는 경우 그 면제 한도는 각 물품의 과세가격 합계 기준으로 다음 각 호의 구분에 따른 금액으로 한다. 이 경우 법 제196조 제1항 제1호 단서 및 같은 조 제2항에 따라 구매한 내국물품이 포함되어 있는 경우에는 다음 각 호의 금액에서 해당 내국물품의 구매가격을 공제한 금액으로 한다.
> 1. 국제무역기의 승무원이 휴대하여 수입하는 물품: 미화 150달러
> 2. 국제무역선의 승무원이 휴대하여 수입하는 물품: 다음 각 목의 구분에 따른 금액
>   가. 1회 항행기간이 1개월 미만인 경우: 미화 90달러
>   나. 1회 항행기간이 1개월 이상 3개월 미만인 경우: 미화 180달러
>   다. 1회 항행기간이 3개월 이상인 경우: 미화 270달러
>
> ② 제1항에도 불구하고 국제무역선·국제무역기의 승무원이 휴대하여 수입하는 술 또는 담배에 대해서는 제1항 각 호의 구분에 따른 금액과 관계없이 제48조 제3항 표에 따라 관세를 면제한다. 이 경우 법 제196조 제1항 제1호 단서 및 같은 조 제2항에 따라 구매한 내국물품인 술 또는 담배가 포함되어 있는 경우에는 제48조 제3항 표에 따른 한도에서 해당 내국물품의 구매수량을 공제한다.
> ③ 제2항에 따라 국제무역선·국제무역기의 승무원이 휴대하여 수입하는 술에 대해 관세를 면제하는 경우 다음 각 호의 어느 하나에 해당하는 자에 대해서는 해당 호에 규정된 범위에서 관세를 면제한다.
> 1. 국제무역기의 승무원: 3개월에 1회
> 2. 국제무역선의 승무원으로서 1회 항행기간이 1개월 미만인 경우: 1개월에 1회
>
> ④ 제1항에도 불구하고 자동차(이륜자동차와 삼륜자동차를 포함한다)·선박·항공기 및 개당 과세가격 50만원 이상의 보석·진주·별갑·산호·호박 및 상아와 이를 사용한 제품에 대해서는 관세를 면세하지 않는다.

② 관세 경감대상

여행자가 휴대품 또는 별송품(제1항 제1호에 해당하는 물품은 제외한다)을 기획재정부령으로 정하는 방법으로 자진신고하는 경우에는 20만원을 넘지 아니하는 범위에서 해당 물품에 부과될 관세(제81조에 따라 간이세율을 적용하는 물품의 경우에는 간이세율을 적용하여 산출된 세액을 말한다)의 100분의 30에 상당하는 금액을 경감할 수 있다.

> **관세법 시행규칙**
>
> **규칙 제49조(휴대품 등에 대한 관세의 면제신청)** 법 제96조 제1항 제1호에 따른 별송품 및 법 제96조 제1항 제2호에 따른 이사물품 중 별도로 수입하는 물품에 대하여 관세를 면제받으려는 자는 휴대반입한 주요 물품의 통관명세서를 입국지 관할 세관장으로부터 발급받아 세관장에게 제출하여야 한다. 다만, 세관장은 관세를 면제받고자 하는 자가 통관명세서를 제출하지 아니한 경우로서 그 주요 물품의 통관명세를 입국지 관할 세관장으로부터 확인할 수 있는 경우에는 통관명세서를 제출하지 아니하게 할 수 있다.

> **참고 제49조의2(여행자 휴대품 등에 대한 자진신고방법)**
>
> 법 제96조 제2항에서 "기획재정부령으로 정하는 방법"이란 여행자가 다음 각 호의 구분에 따른 여행자 휴대품 신고서를 작성하여 세관공무원에게 제출하는 것을 말한다.
> 1. 항공기를 통하여 입국하는 경우: 별지 제42호서식의 여행자 휴대품 신고서
> 2. 선박을 통하여 입국하는 경우: 별지 제43호서식의 여행자 휴대품 신고서

> **참고 여행자 휴대품의 면세와 과세**
>
> 1. 면세
>   (1) 여행자 휴대품 면세(법 제96조 제1항)
>   (2) 수입으로 보지 아니하는 소비 또는 사용(법 제239조)
> 2. 과세
>   (1) 부과고지(법 제39조, 규칙 제9조)
>   (2) 관세의 현장수납(법 제43조)
>   (3) 간이세율 적용(법 제81조)
>   (4) 자진신고를 한 경우(법 제96조 제2항): 관세의 30% 경감
>   (5) 자진신고를 하지 아니한 경우(법 제241조 제5항): 납부세액의 40% 가산세(반복적으로 자진신고 하지 아니한 경우, 60%)

제97조(재수출면세)

① 관세 면제대상

수입신고 수리일부터 다음 각 호의 어느 하나의 기간에 다시 수출하는 물품에 대하여는 그 관세를 면제할 수 있다.

1. 기획재정부령으로 정하는 물품: 1년의 범위에서 대통령령으로 정하는 기준에 따라 세관장이 정하는 기간. 다만, 세관장은 부득이한 사유가 있다고 인정될 때에는 1년의 범위에서 그 기간을 연장할 수 있다.

> **관세법 시행규칙**
>
> **규칙 제50조(재수출면세대상물품 및 가산세징수대상물품)** ① 법 제97조 제1항 제1호에 따라 관세가 면제되는 물품과 같은 조 제4항에 따라 가산세가 징수되는 물품은 다음 각 호와 같다.
> 1. 수입물품의 포장용품. 다만, 관세청장이 지정하는 물품을 제외한다.
> 2. 수출물품의 포장용품. 다만, 관세청장이 지정하는 물품을 제외한다.
> 3. 우리나라에 일시입국하는 자가 본인이 사용하고 재수출할 목적으로 몸에 직접 착용 또는 휴대하여 반입하거나 별도로 반입하는 물품. 다만, 관세청장이 지정하는 물품을 제외한다.
> 4. 우리나라에 일시입국하는 자가 본인이 사용하고 재수출할 목적으로 직접 휴대하여 반입하거나 별도로 반입하는 직업용품 및 「신문 등의 진흥에 관한 법률」 제28조에 따라 지사 또는 지국의 설치등록을 한 자가 취재용으로 반입하는 방송용의 녹화되지 아니한 비디오테이프
> 5. 관세청장이 정하는 시설에서 국제해운에 종사하는 외국선박의 승무원의 후생을 위하여 반입하는 물품과 그 승무원이 숙박기간 중 당해 시설에서 사용하기 위하여 선박에서 하역된 물품
> 6. 박람회·전시회·공진회·품평회나 그 밖에 이에 준하는 행사에 출품 또는 사용하기 위하여 그 주최자 또는 행사에 참가하는 자가 수입하는 물품 중 해당 행사의 성격·규모 등을 고려하여 세관장이 타당하다고 인정하는 물품
> 7. 국제적인 회의·회합 등에서 사용하기 위한 물품
> 8. 법 제90조 제1항 제2호에 따른 기관 및 「국방과학연구소법」에 따른 국방과학연구소에서 학술연구 및 교육훈련을 목적으로 사용하기 위한 학술연구용품
> 9. 법 제90조 제1항 제2호에 따른 기관 및 「국방과학연구소법」에 따른 국방과학연구소에서 과학기술연구 및 교육훈련을 위한 과학장비용품
> 10. 주문수집을 위한 물품, 시험용 물품 및 제작용 견본품
> 11. 수리를 위한 물품[수리를 위하여 수입되는 물품과 수리 후 수출하는 물품이 영 제98조 제1항에 따른 관세·통계통합품목분류표(이하 "품목분류표"라 한다)상 10단위의 품목번호가 일치할 것으로 인정되는 물품만 해당한다]
> 12. 수출물품 및 수입물품의 검사 또는 시험을 위한 기계·기구
> 13. 일시입국자가 입국할 때에 수송하여 온 본인이 사용할 승용자동차·이륜자동차·캠핑카·카라반·트레일러·선박 및 항공기와 관세청장이 정하는 그 부분품 및 예비품
> 14. 관세청장이 정하는 수출입물품·반송물품 및 환적물품을 운송하기 위한 차량
> 15. 이미 수입된 국제운송을 위한 컨테이너의 수리를 위한 부분품
> 16. 수출인쇄물 제작원고용 필름(빛에 노출되어 현상된 것에 한한다)
> 17. 광메모리매체 제조용으로 정보가 수록된 마스터테이프 및 니켈판(생산제품을 수출할 목적으로 수입되는 것임을 당해 업무를 관장하는 중앙행정기관의 장이 확인한 것에 한한다)
> 18. 항공기 및 그 부분품의 수리·검사 또는 시험을 위한 기계·기구
> 19. 항공 및 해상화물운송용 파렛트
> 20. 수출물품 규격확인용 물품
> 21. 항공기의 수리를 위하여 일시 사용되는 엔진 및 부분품

22. 산업기계의 수리용 또는 정비용의 것으로서 무상으로 수입되는 기계 또는 장비
23. 외국인투자기업이 자체상표제품을 생산하기 위하여 일시적으로 수입하는 금형 및 그 부분품
24. 반도체 제조설비 또는 디스플레이 제조설비와 함께 수입되는 물품으로서 다음 각 목의 어느 하나에 해당하는 물품
    가. 반도체 제조설비 또는 디스플레이 제조설비 운반용구
    나. 반도체 제조설비 또는 디스플레이 제조설비의 운송과정에서 해당 설비의 품질을 유지하거나 상태를 측정·기록하기 위해 해당 설비에 부착하는 기기

2. 1년을 초과하여 수출하여야 할 부득이한 사유가 있는 물품으로서 기획재정부령으로 정하는 물품: 세관장이 정하는 기간

> **관세법 시행규칙**
>
> **규칙 제50조(재수출면세대상물품 및 가산세징수대상물품)** ② 법 제97조 제1항 제2호에 따라 관세가 면제되는 물품과 같은 조 제4항에 따라 가산세가 징수되는 물품은 다음 각 호와 같다.
> 1. 수송기기의 하자를 보수하거나 이를 유지하기 위한 부분품
> 2. 외국인 여행자가 연 1회 이상 항해조건으로 반입한 후 지방자치단체에서 보관·관리하는 요트(모터보트를 포함한다)

관세법 시행령

영 제114조(재수출기간의 연장신청) 법 제97조 제1항 제1호 단서의 규정에 의하여 수출기간을 연장받고자 하는 자는 당해 물품의 수입신고수리 연월일·신고번호·품명·규격 및 수량, 연장기간과 연장사유를 기재한 신청서를 당해 물품의 수입지세관장에게 제출하여야 한다. 다만, 관세청장이 정한 물품에 대하여는 수입지세관외의 세관에서도 재수출기간의 연장승인을 할 수 있다.

영 제115조(재수출면세기간) ① 세관장은 법 제97조 제1항의 규정에 의하여 재수출면세기간을 정하고자 하는 때에는 다음 각 호의 기간을 재수출면세기간으로 한다. 이 경우 재수출면세물품이 행정당국에 의하여 압류된 경우에는 해당 압류기간은 재수출면세 기간에 산입하지 않는다.
1. 일시 입국하는 자가 본인이 사용하고 재수출할 목적으로 직접 휴대하여 수입하거나 별도로 수입하는 신변용품·취재용품 및 이와 유사한 물품의 경우에는 입국 후 처음 출국하는 날까지의 기간
2. 박람회·전시회·품평회 기타 이에 준하는 행사에 출품 또는 사용하기 위하여 수입하는 물품은 박람회 등의 행사기간종료일에 당해 물품을 재수출하는데 필요한 기일을 더한 기간
3. 수리를 위한 물품 및 그 재료는 수리에 소요되는 것으로 인정되는 기간
4. 기타의 물품은 당해 물품의 반입계약에 관한 증빙서류에 의하여 확인되는 기간으로 하되, 반입계약에 관한 증빙서류에 의하여 확인할 수 없는 때에는 당해 물품의 성질·용도·수입자·내용연수 등을 고려하여 세관장이 정하는 기간

영 제116조(재수출조건 감면물품의 수출 및 가산세징수) ① 법 제97조 제1항 또는 법 제98조 제1항의 규정에 의하여 관세의 감면을 받은 물품을 당해 기간내에 수출하고자 하는 자는 수출신고 시에 당해 물품의 수입신고필증 또는 이에 대신할 세관의 증명서와 기타 참고서류를 제출하여야 한다.
② 세관장은 제1항의 물품이 수출된 때에는 세관에 제출된 수입신고필증 또는 이에 대신할 세관의 증명서에 수출된 사실을 기재하여 수출신고인에게 교부하여야 한다.

> **관세법 시행규칙**
>
> **규칙 제51조(재수출물품에 대한 관세의 감면신청)** 법 제97조 제1항의 규정에 의하여 관세를 감면받고자 하는 자는 영 제112조 제1항 각 호의 사항 외에 당해 물품의 수출예정시기·수출지 및 수출예정세관명을 신청서에 기재하여야 한다.

② 사후 관리

제1항에 따라 관세를 면제받은 물품은 같은 항의 기간에 같은 항에서 정한 **용도 외의 다른 용도로 사용되거나 양도될 수 없다**. 다만, 대통령령으로 정하는 바에 따라 미리 세관장의 승인을 받았을 때에는 그러하지 아니하다.

③ 관세징수

다음 각 호의 어느 하나에 해당하는 경우에는 **수출하지 아니한 자, 용도 외로 사용한 자 또는 양도를 한 자로부터 면제된 관세를 즉시 징수**하며, 양도인으로부터 해당 관세를 징수할 수 없을 때에는 양수인으로부터 면제된 관세를 즉시 징수한다. 다만, 재해나 그 밖의 부득이한 사유로 멸실되었거나 미리 세관장의 승인을 받아 폐기하였을 때에는 그러하지 아니하다.

> 1. 제1항에 따라 관세를 면제받은 물품을 같은 항에 규정된 기간 내에 수출하지 아니한 경우
> 2. 제1항에서 정한 용도 외의 다른 용도로 사용하거나 해당 용도 외의 다른 용도로 사용하려는 자에게 양도한 경우

④ 가산세징수

세관장은 제1항에 따라 관세를 면제받은 물품 중 기획재정부령으로 정하는 물품이 같은 항에 규정된 기간 내에 수출되지 아니한 경우에는 **500만원을 넘지 아니하는 범위**에서 해당 물품에 부과될 **관세의 100분의 20**에 상당하는 금액을 가산세로 징수한다.

참고 재수출면세 / 재수출 감면 사후 관리

다른 용도 사용	승인 ○ ⇨ 벌금 ×, 추징 ○
	승인 × ⇨ 벌금 ○, 추징 ○
동일 용도 사용	승인 ○ ⇨ 벌금 ×, 추징 ×
	승인 × ⇨ 벌금 ○, 추징 ×
재수출 불이행	추징 ○, 가산세 ○

제98조(재수출 감면)

① 관세 경감대상

장기간에 걸쳐 사용할 수 있는 물품으로서 그 수입이 **임대차계약에 의하거나 도급계약 또는 수출계약의 이행**과 관련하여 국내에서 일시적으로 사용하기 위하여 수입하는 물품 중 기획재정부령으로 정하는 물품이 그 **수입신고 수리일부터 2년**(장기간의 사용이 부득이한 물품으로서 기획재정부령으로 정하는 것 중 수입하기 전에 **세관장의 승인을 받은 것은 4년**의 범위에서 대통령령으로 정하는 기준에

따라 세관장이 정하는 기간을 말한다) 이내에 **재수출**되는 것에 대해서는 다음 각 호의 구분에 따라 그 관세를 경감할 수 있다. 다만, 외국과 체결한 조약·협정 등에 따라 수입되는 것에 대해서는 상호 조건에 따라 그 관세를 면제한다.

1. 재수출기간이 6개월 이내인 경우: 해당 물품에 대한 관세액의 100분의 85
2. 재수출기간이 6개월 초과 1년 이내인 경우: 해당 물품에 대한 관세액의 100분의 70
3. 재수출기간이 1년 초과 2년 이내인 경우: 해당 물품에 대한 관세액의 100분의 55
4. 재수출기간이 2년 초과 3년 이내인 경우: 해당 물품에 대한 관세액의 100분의 40
5. 재수출기간이 3년 초과 4년 이내인 경우: 해당 물품에 대한 관세액의 100분의 30

관세법 시행령

영 제115조(재수출면세기간) ② 세관장은 법 제98조 제1항의 규정에 의하여 4년의 범위 내에서 재수출기간을 정하고 자 하는 때에는 당해 물품의 반입계약에 관한 증빙서류에 의하여 확인되는 기간을 기준으로 하여야 한다. 다만, 그 증빙서류에 의하여 확인되는 기간을 기준으로 하기가 적당하지 아니하거나 증빙서류에 의하여 확인할 수 없는 때에는 당해 감면물품의 성질·용도·임대차기간 또는 도급기간 등을 고려하여 타당하다고 인정되는 기간을 기준으로 할 수 있다.

관세법 시행규칙

규칙 제52조(재수출 감면 및 가산세징수 대상 물품) 법 제98조 제1항의 규정에 의하여 관세가 감면되거나 동조 제2항의 규정에 의하여 가산세가 징수되는 물품은 다음 각 호의 요건을 갖춘 물품으로서 국내제작이 곤란함을 당해 물품의 생산에 관한 업무를 관장하는 중앙행정기관의 장 또는 그 위임을 받은 자가 확인하고 추천하는 기관 또는 기업이 수입하는 물품에 한한다.
1. 「법인세법 시행규칙」 제15조의 규정에 의한 내용연수가 5년(금형의 경우에는 2년) 이상인 물품
2. 개당 또는 셋트당 관세액이 500만원 이상인 물품

관세법 시행규칙

규칙 제53조(재수출물품에 대한 관세의 감면신청) 법 제98조 제1항의 규정에 의하여 관세를 감면받고자 하는 자는 영 제112조 제1항 각 호의 사항 외에 당해 물품의 수출예정시기·수출지 및 수출예정세관명을 신청서에 기재하여야 한다.

② 사후 관리
제1항에 따라 관세를 감면한 물품에 대하여는 제97조 제2항부터 제4항까지의 규정을 준용한다.

참고 재수출 감면제도의 목적

재수출 감면은 국제적 리스(lease) 산업을 합리적으로 지원하기 위해 마련된 감면제도로서, 선박을 나용(裸傭)하거나 공사용 기계·기구 및 수리·가공용 기계·기구를 외국에서 빌려와 사용하려고 할 때 적용된다.

> **참고** 국내제작이 곤란할 때 가능한 감면과 분할납부

1. 환경오염방지물품 등 감면(법 제95조)
   국내에서 제작하기 곤란한 물품이 수입될 때에는 그 관세를 감면할 수 있다.
2. 재수출 감면(규칙 제52조)
   국내제작이 곤란함을 당해 물품의 생산에 관한 업무를 관장하는 중앙행정기관의 장 또는 그 위임을 받은 자가 확인하고 추천하는 기관 또는 기업이 수입하는 물품에 대해 그 관세를 경감할 수 있다.
3. 분할납부(법 제107조)
   기획재정부령으로 정하는 기업부설 직업훈련원에서 직업훈련에 직접 사용하려고 수입하는 교육용품 및 실험실습용품 중 국내에서 제작하기가 곤란한 물품으로서 기획재정부장관이 고시하는 물품은 관세를 분할납부할 수 있다.
4. 분할납부(규칙 제59조)
   중소제조업체가 직접 사용하기 수입하는 물품은 국내에서 제작이 곤란한 물품으로서 당해 물품의 생산에 관한 사무를 관장하는 주무부처의 장 또는 그 위임을 받은 기관의 장이 확인한 것일 때 관세를 분할납부할 수 있다.

> **참고** 재수출면세와 재수출 감면의 비교

구분		재수출면세(법 제97조)	재수출 감면(법 제98조)
공통점	사후관리	재수출면세 또는 재수출 감면 규정에 의하여 관세를 면제 또는 경감받은 물품을 재수출기간에 수출하지 않거나, 지정된 용도 외의 다른 용도로 사용하거나 다른 용도로 사용할 자에게 양도한 경우 수출을 하지 아니한 자, 용도 외에 사용한 자 또는 그 양도를 한 자로부터 면제된 관세를 즉시 징수하며, 양도인으로부터 해당 관세를 징수할 수 없을 때에는 그 양수인으로부터 면제된 관세를 즉시 징수한다.	
	가산세	재수출을 이행하지 않은 경우 세관장은 500만원을 초과하지 아니하는 범위에서 해당 물품에 부과될 관세의 100분의 20에 상당하는 금액을 가산세로서 징수한다.	
	담보제공	재수출면세 또는 재수출 감면을 적용받기 위해서는 감면하는 관세액에 상당하는 담보를 제공하여야 한다.	
차이점	적용대상	수출입물품의 포장용품, 일시입국자가 본인이 사용하고 재수출할 목적으로 수입하는 신변용품, 직업용품, 취재용품 등, 박람회 등에 출품하기 위해 수입하는 물품 등	장기간에 걸쳐 사용할 수 있는 물품(내용연수 5년 이상)으로서 그 수입이 임대차계약에 의하거나 도급계약의 이행과 관련하여 국내에서 일시적으로 사용하기 위하여 수입하는 물품으로서 그 관세액이 500만원 이상이고 국내제작이 곤란한 물품
	재수출기간	수입신고수리일부터 1년의 범위에서 세관장이 정하는 기간에 재수출하여야 한다. 다만, 세관장은 부득이한 사유가 있다고 인정될 때에는 1년의 범위에서 그 기간을 연장할 수 있다.	수입신고수리일부터 2년(장기간의 사용이 부득이한 물품으로서 기획재정부령으로 정하는 것 중 수입 전에 세관장의 승인을 얻은 것은 4년의 범위에서 세관장이 정하는 기간) 이내에 재수출되어야 한다.
	관세경감률	완전면세로서 관세가 부과되지 않는다.	재수출기간에 따라 해당 물품에 대한 관세액의 100분의 30에서 10분의 85까지 관세를 경감할 수 있다.

제99조(재수입면세)

다음 각 호의 어느 하나에 해당하는 물품이 수입될 때에는 그 관세를 면제할 수 있다.

1. 우리나라에서 수출(보세가공수출을 포함한다)된 물품으로서 해외에서 제조·가공·수리 또는 사용(장기간에 걸쳐 사용할 수 있는 물품으로서 임대차계약 또는 도급계약 등에 따라 해외에서 일시적으로 사용하기 위하여 수출된 물품이나 박람회, 전시회, 품평회, 국제경기대회, 그 밖에 이에 준하는 행사에 출품 또는 사용된 물품 등 기획재정부령으로 정하는 물품의 경우는 제외한다)되지 아니하고 수출신고 수리일부터 2년 내에 다시 수입(이하 이 조에서 "재수입"이라 한다)되는 물품. 다만, 다음 각 목의 어느 하나에 해당하는 경우에는 관세를 면제하지 아니한다.
   가. 해당 물품 또는 원자재에 대하여 관세를 감면받은 경우
   나. 이 법 또는 「수출용원재료에 대한 관세 등 환급에 관한 특례법」에 따른 환급을 받은 경우
   다. 이 법 또는 「수출용 원재료에 대한 관세 등 환급에 관한 특례법」에 따른 환급을 받을 수 있는 자 외의 자가 해당 물품을 재수입하는 경우. 다만, 재수입하는 물품에 대하여 환급을 받을 수 있는 자가 환급받을 권리를 포기하였음을 증명하는 서류를 재수입하는 자가 세관장에게 제출하는 경우는 제외한다.
   라. 보세가공 또는 장치기간경과물품을 재수출조건으로 매각함에 따라 관세가 부과되지 아니한 경우

   > **관세법 시행규칙**
   >
   > **규칙 제54조(관세가 면제되는 재수입물품 등)** ① 법 제99조 제1호에서 "기획재정부령으로 정하는 물품"이란 다음 각 호의 물품을 말한다.
   >   1. 장기간에 걸쳐 사용할 수 있는 물품으로서 임대차계약 또는 도급계약 등에 따라 해외에서 일시적으로 사용하기 위하여 수출된 물품 중 「법인세법 시행규칙」 제15조에 따른 내용연수가 3년(금형의 경우에는 2년) 이상인 물품
   >   2. 박람회, 전시회, 품평회, 「국제경기대회 지원법」 제2조 제1호에 따른 국제경기대회, 그 밖에 이에 준하는 행사에 출품 또는 사용된 물품
   >   3. 수출물품을 해외에서 설치, 조립 또는 하역하기 위해 사용하는 장비 및 용구
   >   4. 수출물품을 운송하는 과정에서 해당 물품의 품질을 유지하거나 상태를 측정 및 기록하기 위해 해당 물품에 부착하는 기기
   >   5. 결함이 발견된 수출물품
   >   6. 수입물품을 적재하기 위하여 수출하는 용기로서 반복적으로 사용되는 물품

2. 수출물품의 용기로서 다시 수입하는 물품
3. 해외시험 및 연구를 목적으로 수출된 후 재수입되는 물품

> **관세법 시행규칙**
>
> **규칙 제54조(관세가 면제되는 재수입물품 등)** ② 법 제99조 제1호부터 제3호까지의 규정에 따라 관세를 감면받으려는 자는 그 물품의 수출신고필증·반송신고필증 또는 이를 갈음할 서류를 세관장에게 제출하여야 한다. 다만, 세관장이 다른 자료에 의하여 그 물품이 감면대상에 해당한다는 사실을 인정할 수 있는 경우에는 그러하지 아니하다.

제100조(손상물품에 대한 감면)

① 관세 경감 사유 (1)

수입신고한 물품이 수입신고가 수리되기 전에 변질되거나 손상되었을 때에는 대통령령으로 정하는 바에 따라 그 관세를 경감할 수 있다.

> **참고** 수입신고가 수리되기 전에 변질되거나 손상된 물품

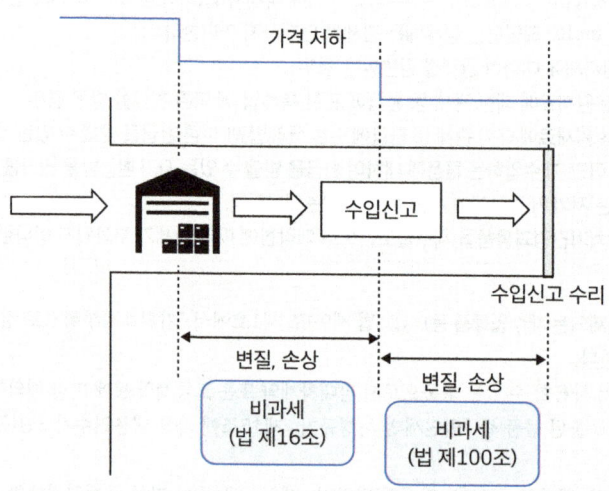

② 관세 경감 사유 (2)

이 법이나 그 밖의 법률 또는 조약·협정 등에 따라 **관세를 감면받은 물품에 대하여 관세를 추징하는 경우 그 물품이 변질 또는 손상되거나 사용되어 그 가치가 떨어졌을 때에는** 대통령령으로 정하는 바에 따라 그 관세를 경감할 수 있다.

> **참고** 관세 감면 물품을 추징하는 경우

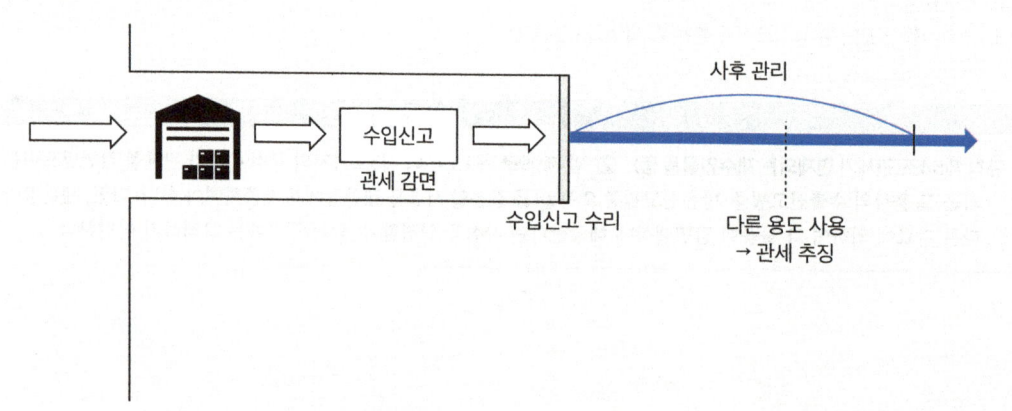

관세법 시행령

영 제118조(변질·손상 등의 관세경감액) ① 법 제100조의 규정에 의하여 경감하는 관세액은 다음 각 호의 관세액 중 많은 금액으로 한다.
    1. 수입물품의 변질·손상 또는 사용으로 인한 가치의 감소에 따르는 가격의 저하분에 상응하는 관세액
    2. 수입물품의 관세액에서 그 변질·손상 또는 사용으로 인한 가치의 감소 후의 성질 및 수량에 의하여 산출한 관세액을 공제한 차액
② 제1항의 변질·손상 또는 사용으로 인한 가치감소의 산정기준은 기획재정부령으로 정할 수 있다.

관세법 시행규칙

규칙 제55조(손상물품에 대한 감면 신청) 법 제100조 제1항의 규정에 의하여 관세를 경감받고자 하는 자는 영 제112조 제1항 각 호의 사항 외에 다음 각 호의 사항을 신청서에 기재하여야 한다.
    1. 당해 물품의 수입신고번호와 멸실 또는 손상의 원인 및 그 정도
    2. 당해 물품에 대하여 관세를 경감받고자 하는 금액과 그 산출기초

관세법 시행규칙

규칙 제55조의2(가치감소 산정기준) 영 제118조 제2항에 따른 가치감소의 산정기준은 다음 각 호와 같다.
    1. 변질 또는 손상으로 인한 가치감소의 경우 제7조의2 제2호 각 목에 따른 금액 산정 방법을 준용한다.
    2. 사용으로 인한 가치감소의 경우 제7조의5 제1항 제3호에 따른 가치감소분 산정방법을 준용한다.

제101조(해외임가공물품 등의 감면)

① 관세 경감대상

다음 각 호의 어느 하나에 해당하는 물품이 수입될 때에는 대통령령으로 정하는 바에 따라 그 관세를 경감할 수 있다.

> 1. 원재료 또는 부분품을 수출하여 기획재정부령으로 정하는 물품으로 제조하거나 가공한 물품
>
> ### 관세법 시행규칙
> **규칙 제56조(관세가 감면되는 해외임가공물품)** ① 법 제101조 제1항 제1호의 규정에 의하여 관세가 감면되는 물품은 법 별표 관세율표 제85류 및 제90류 중 제9006호에 해당하는 것으로 한다.
>
> 2. 가공 또는 수리할 목적으로 수출한 물품으로서 기획재정부령으로 정하는 기준에 적합한 물품
>
> ### 관세법 시행규칙
> **규칙 제56조(관세가 감면되는 해외임가공물품)** ② 법 제101조 제1항 제2호에서 "기획재정부령으로 정하는 기준에 적합한 물품"이란 가공 또는 수리하기 위하여 수출된 물품과 가공 또는 수리 후 수입된 물품의 품목분류표상 10단위의 품목번호가 일치하는 물품을 말한다. 다만, 수율·성능 등이 저하되어 폐기된 물품을 수출하여 용융과정 등을 거쳐 재생한 후 다시 수입하는 경우와 제품의 제작일련번호 또는 제품의 특성으로 보아 수입물품이 우리나라에서 수출된 물품임을 세관장이 확인할 수 있는 물품인 경우에는 품목분류표상 10단위의 품목번호가 일치하지 아니하더라도 법 제101조 제1항 제2호에 따라 관세를 경감할 수 있다.

관세법 시행령

영 제119조(해외임가공물품에 대한 관세경감액) 법 제101조 제1항에 따라 경감하는 관세액은 다음 각 호와 같다.
1. 법 제101조 제1항 제1호의 물품: 수입물품의 제조·가공에 사용된 원재료 또는 부분품의 수출신고가격에 당해 수입물품에 적용되는 관세율을 곱한 금액
2. 법 제101조 제1항 제2호의 물품: 가공·수리물품의 수출신고가격에 해당 수입물품에 적용되는 관세율을 곱한 금액. 다만, 수입물품이 매매계약상의 하자보수보증 기간(수입신고수리 후 1년으로 한정한다) 중에 하자가 발견되거나 고장이 발생하여 외국의 매도인 부담으로 가공 또는 수리하기 위하여 수출된 물품에 대하여는 다음 각 목의 금액을 합한 금액에 해당 수입물품에 적용되는 관세율을 곱한 금액으로 한다.
   가. 수출물품의 수출신고가격
   나. 수출물품의 양륙항까지의 운임·보험료
   다. 가공 또는 수리 후 물품의 선적항에서 국내 수입항까지의 운임·보험료
   라. 가공 또는 수리의 비용에 상당하는 금액

참고 해외임가공물품 감면 관세 경감액

1. 일반적인 경우: 수출신고 가격 × 수입물품의 관세율

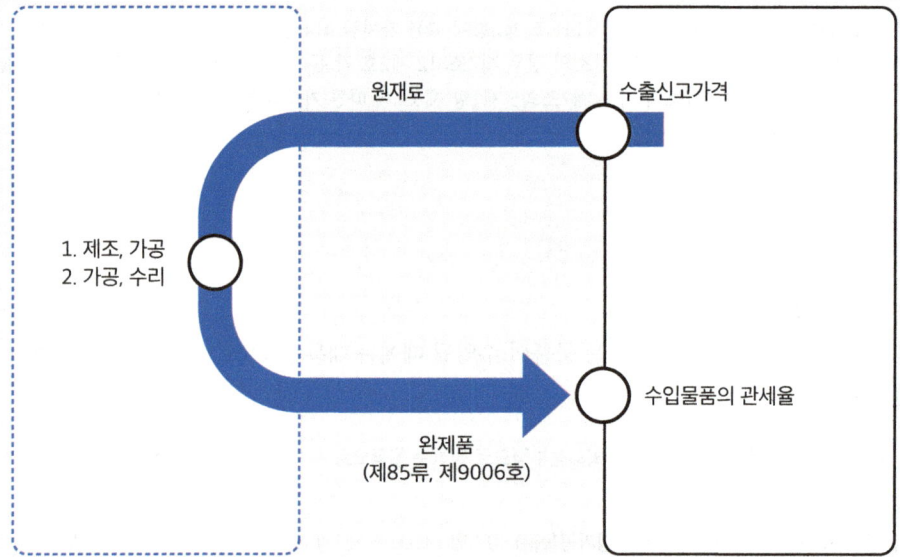

2. 하자보수보증 기간 중 무상수리를 받은 경우

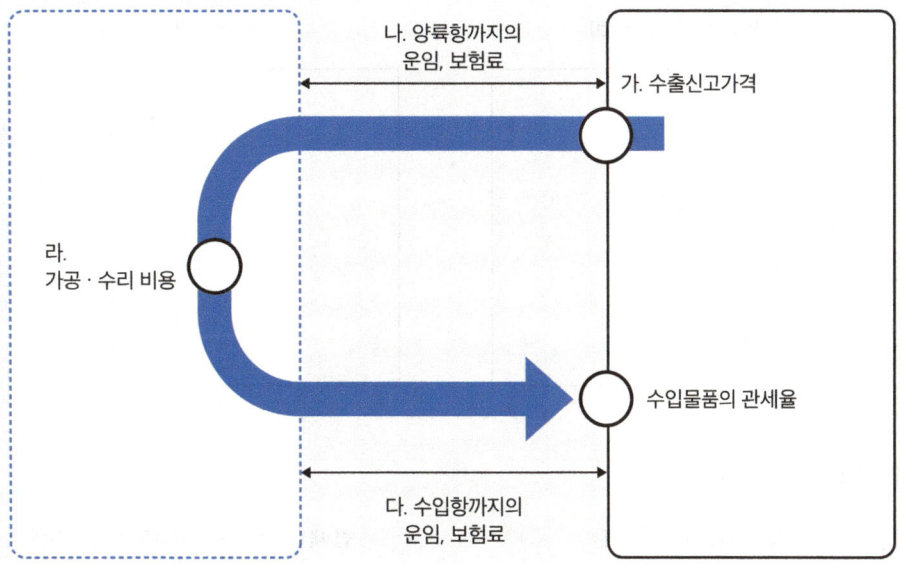

② 관세를 경감하지 않는 경우
제1항의 물품이 다음 각 호의 어느 하나에 해당하는 경우에는 그 관세를 경감하지 아니한다.

1. 해당 물품 또는 원자재에 대하여 관세를 감면받은 경우. 다만, 제1항 제2호의 경우는 제외한다.
2. 이 법 또는 「수출용원재료에 대한 관세 등 환급에 관한 특례법」에 따른 환급을 받은 경우
3. 보세가공 또는 장치기간경과물품을 재수출조건으로 매각함에 따라 관세가 부과되지 아니한 경우

> **관세법 시행규칙**
>
> **규칙 제57조(해외임가공물품에 대한 관세의 감면신청)** ① 법 제101조 제1항의 규정에 의하여 관세를 감면받고자 하는 자는 해외에서 제조·가공·수리(이하 이 조에서 "해외임가공"이라 한다)할 물품을 수출신고할 때 미리 해외임가공 후 수입될 예정임을 신고하고, 감면신청을 할 때 영 제112조 제1항 각 호의 사항 외에 수출국 및 적출지와 감면받고자 하는 관세액을 기재한 신청서에 제조인·가공인 또는 수리인이 발급한 제조·가공 또는 수리사실을 증명하는 서류와 당해 물품의 수출신고필증 또는 이에 갈음할 서류를 첨부하여 세관장에게 제출하여야 한다. 다만, 세관장이 다른 자료에 의하여 그 물품이 감면대상에 해당한다는 사실을 인정할 수 있는 경우에는 수출신고필증 또는 이를 갈음할 서류를 첨부하지 아니할 수 있다.
> ② 제1항의 규정에 의한 제조·가공 또는 수리사실을 증명하는 서류에는 다음 각 호의 사항을 기재하여야 한다.
>   1. 원물품의 품명·규격·수량 및 가격
>   2. 제조·가공 또는 수리에 의하여 부가 또는 환치된 물품의 품명·규격·수량 및 가격
>   3. 제조·가공 또는 수리에 의하여 소요된 비용
>   4. 제조·가공 또는 수리의 명세
>   5. 감면받고자 하는 금액과 그 산출기초
>   6. 기타 수입물품이 국내에서 수출한 물품으로 제조·가공 또는 수리된 것임을 확인할 수 있는 자료

참고 임대차계약 및 도급계약

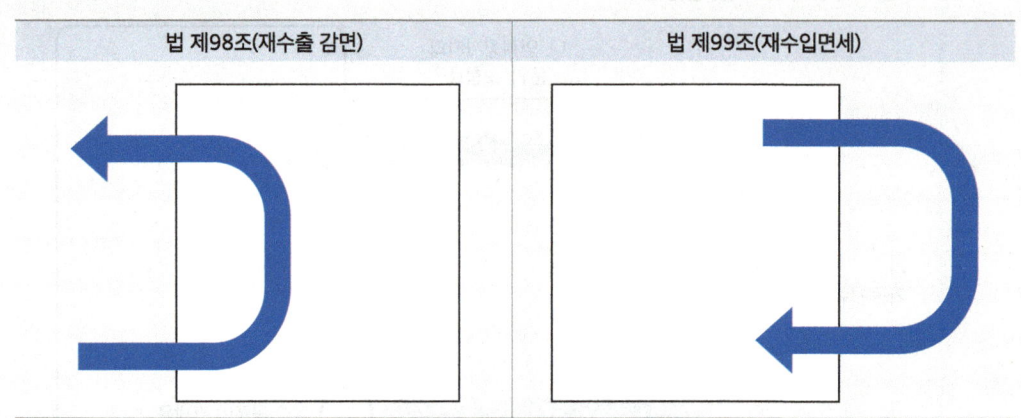

참고 해외 수리 또는 국내 수리

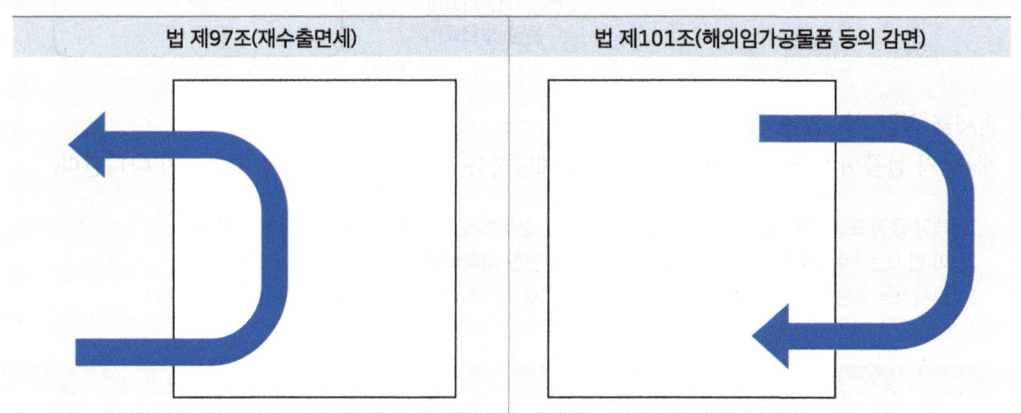

> **참고** 재수입면세와 해외임가공물품 등의 감면 비교

1. 적용대상
   (1) 재수입면세(법 제99조, 규칙 제54조)
   (2) 해외임가공물품 등의 감면(법 제101조, 규칙 제56조)
2. 적용대상의 차이점
   (1) 해외가공 여부
   두 감면제도의 적용대상은 모두 <u>우리나라에서 수출된 물품으로서 우리나라에 다시 수입되는 물품</u>이다. 다만, 해외에서 제조·가공·수리·사용을 한 물품이 재수입되는 경우에는 원칙적으로 재수입면세를 적용할 수 없다. 임대차계약·도급계약과 관련하여 사용된 후 재수입되었거나 해외 전시에 사용된 후 재수입되는 경우에 예외적으로 면세를 적용할 뿐이다. 그러나 해외임가공물품 등의 감면 대상은 기본적으로 우리나라에서 수출되었던 물품이 제조·가공·수리를 거친 후 재수입되는 대상이라는 점에서 차이가 있다.
   (2) 적용대상 물품의 종류
   재수입면세의 경우 수출신고 수리일부터 2년 내에 다시 수입되는 물품은 면세 요건을 갖춘 경우 그 물품의 종류에 상관없이 관세를 면제할 수 있다. 수출물품의 용기로서 다시 수입하는 물품이나 해외시험 및 연구를 목적으로 수출된 후 재수입되는 물품의 경우에도 그 범위에만 해당된다면 특별히 면세의 적용대상을 특정하고 있지 않다.
   그러나 해외임가공물품 등의 감면의 경우 원재료·부분품을 수출하여 제조·가공 후 다시 수입하여 관세 경감을 적용받으려면, 그 물품이 반드시 관세율표 제85류(전기기기류) 및 제90류 중 제9006호(사진기)이어야 한다. 가공·수리를 목적으로 수출하였다가 다시 수입하는 물품의 경우 그 감면대상 물품의 종류를 특정하고 있지는 않지만, 가공 또는 수리하기 위하여 수출된 물품과 가공 또는 수리 후 수입된 물품의 품목분류표상 10단위의 품목번호가 일치하여야 한다는 조건을 만족한 경우에만 관세를 경감하고 있다.
   (3) 적용대상 제외
   해외임가공물품 등의 감면 규정에서는 해당 물품 또는 원자재에 대하여 관세를 감면받은 경우(가공·수리 목적으로 수출한 후 재수입되는 물품은 제외), 관세법 등에 따라 환급을 받은 경우 및 보세가공 또는 장치기간경과물품을 재수출조건으로 매각함에 따라 관세가 부과되지 아니한 경우에는 그 관세를 경감하지 않는다.
   재수입면세도 이와 유사하게 해당 물품 또는 원자재에 대하여 관세를 감면받은 경우, 관세법 등에 따라 환급을 받은 경우 및 보세가공 또는 장치기간경과물품을 재수출조건으로 매각함에 따라 관세가 부과되지 아니한 경우에 그 관세를 면제하지 않는다. 다만, 재수입면세의 경우에는 관세법 등에 따른 환급을 받을 수 있는 자 외의 자가 해당 물품을 재수입하는 경우(재수입하는 물품에 대하여 환급을 받을 수 있는 자가 환급받을 권리를 포기하였음을 증명하는 서류를 재수입하는 자가 세관장에게 제출하는 경우는 제외)에도 관세를 면제하지 않는다.

제102조(관세감면물품의 사후관리)

① 사후관리의 내용

제89조부터 제91조까지와 제93조 및 제95조에 따라 관세를 감면받은 물품은 **수입신고 수리일부터 3년의 범위에서 대통령령으로 정하는 기준에 따라 관세청장이 정하는 기간**에는 그 감면받은 용도 외의 다른 용도로 사용하거나 양도(임대를 포함한다. 이하 같다)할 수 없다. 다만, 기획재정부령으로 정하는 물품과 대통령령으로 정하는 바에 따라 미리 세관장의 승인을 받은 물품의 경우에는 그러하지 아니하다.

> **관세법 시행규칙**
>
> **규칙 제58조(사후관리면제)** 법 제102조 제1항 단서에서 "기획재정부령으로 정하는 물품"이란 다음 각 호의 어느 하나에 해당하는 물품을 말한다.
> 1. 법 제89조 제1항 제1호의 물품
> 3. 법 제95조 제1항 제1호의 물품 중 자동차의 부분품

> **참고** 관세감면물품의 사후관리대상
>
> 1. 법 제88조(외교관용물품 등의 면세) 양수제한 물품
> 2. 법 제97조(재수출면세), 제98조(재수출 감면)
> 3. 법 제89조부터 제91조까지와 제93조 및 제95조에 따라 관세를 감면받은 물품
>   (1) 세율불균형물품의 면세(법 제89조)
>   (2) 학술연구용품의 감면(법 제90조)
>   (3) 종교용품, 자선용품, 장애인용품 등의 면세(법 제91조)
>   (4) 특정물품의 면세 등(법 제93조)
>   (5) 환경오염방지물품 등에 대한 감면(법 제95조)

② 관세징수

다음 각 호의 어느 하나에 해당하면 그 용도 외의 다른 용도로 사용한 자나 그 양도인(임대인을 포함한다. 이하 같다)으로부터 감면된 관세를 즉시 징수하며, 양도인으로부터 해당 관세를 징수할 수 없을 때에는 양수인(임차인을 포함한다. 이하 같다)으로부터 감면된 관세를 징수한다. 다만, 재해나 그 밖의 부득이한 사유로 멸실되었거나 미리 세관장의 승인을 받아 폐기하였을 때에는 그러하지 아니하다.

> 1. 제1항에 따라 관세를 감면받은 물품을 제1항에 따른 기간에 감면받은 용도 외의 다른 용도로 사용한 경우
> 2. 제1항에 따라 관세를 감면받은 물품을 제1항에 따른 기간에 감면받은 용도 외의 다른 용도로 사용하려는 자에게 양도한 경우

관세법 시행령

영 제109조(감면물품의 용도외사용 등에 대한 승인신청) ① 법 제83조 제2항 단서·법 제88조 제2항 단서·법 제97조 제2항 단서(법 제98조 제2항에서 준용하는 경우를 포함한다) 또는 법 제102조 제1항 단서에 의하여 세관장의 승인을 얻고자 하는 자는 다음 각 호의 사항을 기재한 신청서를 당해 물품의 소재지를 관할하는 세관장(이하 "관할지세관장"이라 한다)에게 제출하여야 한다. 다만, 법 제97조 제2항 단서(법 제98조 제2항에서 준용하는 경우를 포함한다)의 규정에 해당하는 경우에는 당해 물품을 최초에 수입신고한 세관에서도 할 수 있다.
  1. 당해 물품의 품명·규격·수량·관세감면액 또는 적용된 용도세율·수입신고수리 연월일 및 수입신고번호
  2. 당해 물품의 통관세관명
  3. 승인신청이유
  4. 당해 물품의 양수인의 사업의 종류, 주소·상호 및 성명(법인인 경우에는 대표자의 성명)

② 재해 기타 부득이한 사유로 인하여 멸실된 물품에 대하여 법 제83조 제3항 단서·법 제97조 제3항 단서(법 제98조 제2항에서 준용하는 경우를 포함한다)·법 제102조 제2항 단서 또는 법 제109조 제2항 단서의 규정을 적용받고자 하는 자는 멸실 후 지체 없이 다음의 사항을 기재한 신청서에 그 사실을 증빙할 수 있는 서류를 첨부하여 세관장에게 제출하여야 한다.
  1. 멸실된 물품의 품명·규격·수량·수입신고수리 연월일 및 수입신고번호
  2. 멸실연월일 및 멸실장소
  3. 멸실된 물품의 통관세관명

③ 법 제83조 제3항 단서·법 제97조 제3항 단서(법 제98조 제2항에서 준용하는 경우를 포함한다)·법 제102조 제2항 단서 또는 법 제109조 제2항 단서의 규정에 의하여 물품폐기에 대한 세관장의 승인을 얻고자 하는 자는 다음의 사항을 기재한 신청서를 세관장에게 제출하여야 한다.
  1. 당해 물품의 품명·규격·수량·수입신고수리 연월일 및 수입신고번호
  2. 당해 물품의 통관세관명
  3. 폐기의 사유·방법 및 장소와 폐기예정연월일

영 제110조(감면물품의 용도외 사용 등의 금지기간) 관세청장은 법 제83조 제2항·제88조 제2항 또는 제102조 제1항에 따라 관세감면물품의 용도 외 사용의 금지기간 및 양수·양도의 금지기간(이하 "사후관리기간"이라 한다)을 정하려는 경우에는 다음 각 호의 기준에 따르며, 각 호의 기준을 적용한 결과 동일물품에 대한 사후관리기간이 다르게 되는 경우에는 그중 짧은 기간으로 할 수 있다.
  1. 물품의 내용연수(「법인세법 시행령」 제28조에 따른 기준내용연수를 말한다)를 기준으로 하는 사후관리기간: 다음 각 목의 구분에 의한 기간
     가. 내용연수가 5년 이상인 물품: 3년. 다만, 법 제90조의 규정에 의하여 관세의 감면을 받는 물품의 경우는 2년으로 한다.
     나. 내용연수가 4년인 물품: 2년
     다. 내용연수가 3년 이하인 물품: 1년 이내의 기간에서 관세청장이 정하여 고시하는 기간
  2. 관세감면물품이 다른 용도로 사용될 가능성이 적은 경우의 사후관리기간: 1년 이내의 기간에서 관세청장이 정하여 고시하는 기간. 다만, 장애인 등 특정인만이 사용하거나 금형과 같이 성격상 다른 용도로 사용될 수 없는 물품의 경우에는 수입신고수리일까지로 하며, 박람회·전시회 등 특정행사에 사용되는 물품의 경우에는 당해 용도 또는 행사가 소멸 또는 종료되는 때까지로 한다.
  3. 관세감면물품이 원재료·부분품 또는 견본품인 경우의 사후관리기간: 1년 이내의 기간에서 관세청장이 정하여 고시하는 기간. 다만, 원재료·부분품 또는 견본품 등이 특정용도로 사용된 후 사실상 소모되는 물품인 경우에는 감면용도에 사용하기 위하여 사용장소로 반입된 사실이 확인된 날까지로 하며, 해당 기간이 경과될 때까지 감면받은 용도로 사용되지 않고 보관되는 경우에는 해당 물품이 모두 사용된 날까지로 한다.
  4. 관세감면물품에 대한 법 제50조의 규정에 의한 세율에 감면율을 곱한 율을 기준으로 하는 사후관리기간: 3퍼센트 이하인 경우에는 1년 이내의 기간에서 관세청장이 정하여 고시하는 기간, 3퍼센트 초과 7퍼센트 이하인 경우에는 2년 이내의 기간에서 관세청장이 정하여 고시하는 기간

| 참고 | 사후관리기간 |

조건부 감면 (재수출면세·감면 제외)	수입신고수리일부터 3년의 범위에서 대통령령으로 정하는 기준에 따라 관세청장이 정하는 기간
외교관면세 양수제한 물품	
재수출면세	1년의 범위에서 대통령령으로 정하는 기준에 따라 세관장이 정하는 기간(1년 연장 가능), 1년 초과 수출하는 경우 세관장이 정하는 기간
재수출 감면	수입신고수리일부터 2년(장기:4년의 범위에서 대통령령으로 정하는 기준에 따라 세관장이 정하는 기간)
다른 법령 등에 따른 감면	수입신고수리일부터 3년 내
감면 승계 시	당초의 수입신고수리일부터 계산

사후관리기간 지정의 구체적 기준

1. 내용연수를 기준으로 하는 경우

내용연수 5년 이상	3년(학술연구용품 감면의 경우 2년)
내용연수 4년	2년
내용연수 3년 이하	1년 이내의 기간에서 관세청장이 정하여 고시하는 기간

2. 관세감면 물품이 다른 용도로 사용될 가능성이 적은 경우

일반적인 경우	1년 이내의 기간에서 관세청장이 정하여 고시하는 기간
장애인용품, 금형	수입신고 수리일까지
박람회, 전시회 사용물품	해당 용도·행사가 소멸·종료되는 때까지

3. 관세감면 물품이 원재료, 부분품, 견본품인 경우

일반적인 경우	1년 이내의 기간에서 관세청장이 정하여 고시하는 기간
사실상 소모되는 경우	사용장소로 반입된 사실이 확인된 날까지
해당 기간이 경과될 때까지 감면받은 용도로 사용되지 않고 보관되는 경우	모두 사용된 날까지

4. 실행세율에 감면율을 곱한 율을 기준으로 하는 경우

3% 이하인 경우	1년 이내의 기간에서 관세청장이 정하여 고시하는 기간
3% 초과 7% 이하인 경우	2년 이내의 기간에서 관세청장이 정하여 고시하는 기간

| 관세법 시행령 |

영 제111조(관세경감률산정의 기준) ① 법 제89조, 법 제90조, 법 제95조 및 법 제98조에 의한 관세의 경감에 있어서 경감률의 산정은 실제로 적용되는 관세율(법 제50조 제2항 제1호의 세율을 제외한다)을 기준으로 한다.

② 이 법 기타 법률 또는 조약에 의하여 관세를 면제하는 경우 면제되는 관세의 범위에 대하여 특별한 규정이 없는 때에는 법 제50조 제2항 제1호의 세율은 면제되는 관세의 범위에 포함되지 아니한다.

영 제112조(관세감면신청) ① 법 기타 관세에 관한 법률 또는 조약에 따라 관세를 감면받으려는 자는 해당 물품의 수입신고 수리 전에 다음 각 호의 사항을 적은 신청서를 세관장에게 제출하여야 한다. 다만, 관세청장이 정하는 경우에는 감면신청을 간이한 방법으로 하게 할 수 있다.

   1. 감면을 받고자 하는 자의 주소·성명 및 상호

2. 사업의 종류(업종에 따라 감면하는 경우에는 구체적으로 기재하여야 한다)
3. 품명·규격·수량·가격·용도와 설치 및 사용장소
4. 감면의 법적 근거
5. 기타 참고사항

② 제1항 각 호 외의 부분 본문에도 불구하고 다음 각 호의 사유가 있는 경우에는 다음 각 호의 구분에 따른 기한까지 감면신청서를 제출할 수 있다.
1. 법 제39조 제2항에 따라 관세를 징수하는 경우: 해당 납부고지를 받은 날부터 5일 이내
2. 그 밖에 수입신고수리전까지 감면신청서를 제출하지 못한 경우: 해당 수입신고수리일부터 15일 이내(해당 물품이 보세구역에서 반출되지 아니한 경우로 한정한다)

③ 제1항 및 제2항에 따른 신청서에 첨부하여야 하는 서류와 그 기재사항은 기획재정부령으로 정한다.

제103조(관세감면물품의 용도 외 사용)

① 용도 외 사용 시 감면 승계

법령, 조약, 협정 등에 따라 관세를 감면받은 물품을 감면받은 용도 외의 다른 용도로 사용하거나 감면받은 용도 외의 다른 용도로 사용하려는 자에게 양도하는 경우(해당 물품을 다른 용도로 사용하는 자나 해당 물품을 다른 용도로 사용하기 위하여 양수하는 자가 그 물품을 다른 용도로 사용하기 위하여 수입하는 경우에는 그 물품에 대하여 법령 또는 조약, 협정 등에 따라 관세를 감면받을 수 있는 경우로 한정한다)에는 대통령령으로 정하는 바에 따라 제83조 제3항, 제88조 제3항, 제97조 제3항, 제98조 제2항, 제102조 제2항 또는 제109조 제2항에 따라 징수하여야 하는 관세를 감면할 수 있다. 다만, 이 법 외의 법령, 조약, 협정 등에 따라 그 감면된 관세를 징수할 때에는 그러하지 아니하다.

||참고|| **용도 외 사용 시 감면 승계**

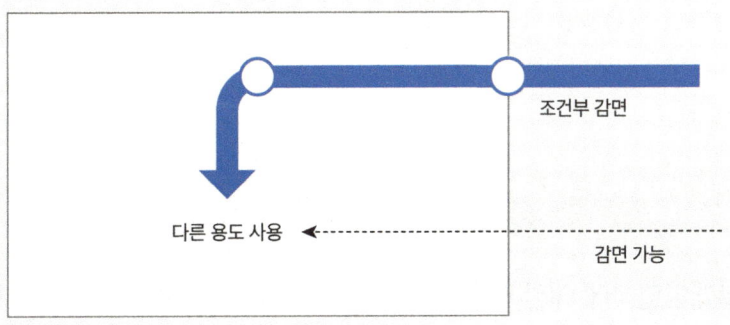

② 중소기업 감면 승계

제98조 제2항과 제102조 제1항에도 불구하고 제90조, 제93조, 제95조 또는 제98조에 따라 관세를 감면받은 물품은 「대·중소기업 상생협력 촉진에 관한 법률」 제2조 제4호에 따른 수탁·위탁거래의 관계에 있는 기업에 양도할 수 있으며, 이 경우 제98조 제2항과 제102조 제2항에 따라 징수할 관세를 감면할 수 있다. 다만, 이 법 외의 법령, 조약, 협정 등에 따라 그 감면된 관세를 징수할 때에는 그러하지 아니하다.

|| 참고 | 중소기업 감면 승계

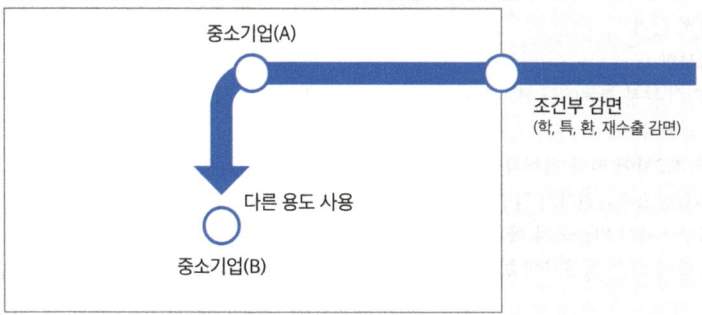

③ 감면 승계 시 사후관리기간
제1항과 제2항에 따라 관세를 감면받은 경우 그 사후관리기간은 **당초의 수입신고 수리일**부터 계산한다.

|| 관세법 시행령

영 제120조(용도 외 사용물품의 관세 감면 신청 등) ① 법 제103조의 규정에 의하여 관세의 감면을 받고자 하는 자는 제109조 제1항 또는 제134조의 규정에 의한 승인 또는 확인신청 시에 다음 각 호의 사항을 기재한 신청서에 그 새로운 용도에 사용하기 위하여 수입하는 때에 관세의 감면을 받기 위하여 필요한 서류를 첨부하여 세관장에게 제출하여야 한다.
 1. 당해 물품의 품명·규격·수량 및 가격
 2. 당해 물품의 수입신고번호·수입신고수리 연월일 및 통관세관명
 3. 당해 물품의 당초의 용도, 사업의 종류, 설치 또는 사용장소 및 관세감면의 법적 근거
 4. 당해 물품의 새로운 용도, 사업의 종류, 설치 또는 사용장소 및 관세감면의 법적 근거
② 법 제103조의 규정에 의하여 관세를 감면하는 경우에 새로운 용도에 따라 감면되는 관세의 금액이 당초에 감면된 관세의 금액보다 적은 경우에는 그 차액에 해당하는 관세를 징수한다.

제104조

삭제

제105조(시설대여업자에 대한 감면 등)

① 시설대여업자의 수입신고
「여신전문금융업법」에 따른 시설대여업자(이하 이 조에서 "시설대여업자"라 한다)가 이 법에 따라 관세가 감면되거나 분할납부되는 물품을 수입할 때에는 제19조에도 불구하고 대여시설 이용자를 납세의무자로 하여 수입신고를 할 수 있다. 이 경우 납세의무자는 대여시설 이용자가 된다.

② 납세의무의 확장
제1항에 따라 관세를 감면받거나 분할납부를 승인받은 물품에 대하여 관세를 징수하는 경우 납세의무자인 대여시설 이용자로부터 관세를 징수할 수 없을 때에는 시설대여업자로부터 징수한다.

제2절 환급 및 분할납부 등

제106조(계약 내용과 다른 물품 등에 대한 관세 환급)

① 위약물품 관세환급 요건

수입신고가 수리된 물품이 계약 내용과 다르고 수입신고 당시의 성질이나 형태가 변경되지 아니한 경우로서 다음 각 호의 어느 하나에 해당하는 경우에는 그 관세를 환급한다.

> 1. 외국으로부터 수입된 물품: 다음 각 목의 어느 하나에 해당하는 장소에 해당 물품을 반입(수입신고 수리일부터 1년 이내에 반입한 경우로 한정한다)하였다가 다시 수출한 경우
>   가. 보세구역(제156조 제1항에 따라 세관장의 허가를 받았을 때에는 그 허가받은 장소를 포함한다. 이하 이 조에서 같다)
>   나. 「자유무역지역의 지정 및 운영에 관한 법률」에 따른 자유무역지역 중 관세청장이 수출물품을 일정기간 보관하기 위하여 필요하다고 인정하여 고시하는 장소
>   다. 통관우체국
> 2. 보세공장에서 생산된 물품: 수입신고 수리일부터 1년 이내에 보세공장에 해당 물품을 다시 반입한 경우

참고 **위약물품 관세환급**

1. 외국으로부터 수입된 물품

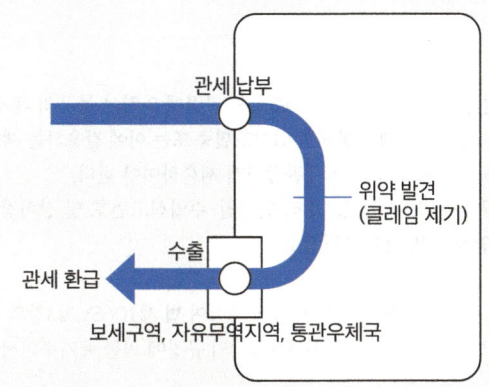

2. 보세공장에서 생산된 물품

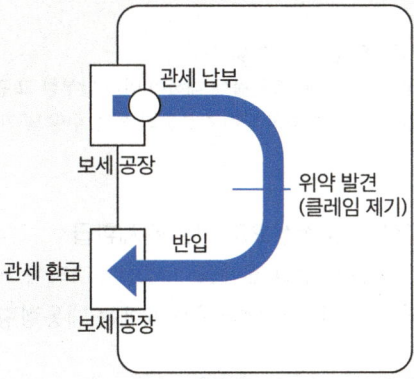

② 일부 수출

제1항에 따른 수입물품으로서 세관장이 환급세액을 산출하는 데에 지장이 없다고 인정하여 승인한 경우에는 그 수입물품의 일부를 수출하였을 때에도 제1항에 따라 그 관세를 환급할 수 있다.

| 관세법 시행령

영 제121조(계약내용이 상이한 물품의 수출 등으로 인한 관세환급) ① 수입신고가 수리된 물품이 계약내용과 상이하고 수입신고 당시의 성질 또는 형태가 변경되지 아니한 경우 법 제106조 제1항 또는 제2항에 따라 해당 물품을 수출하거나 보세공장에 반입하려는 자는 수출신고서 또는 보세공장물품반입신고서에 해당 물품의 품명·규격·수량·가격과 수출 또는 반입 사유를 적은 사유서, 해당 물품 수입에 관한 계약내용의 증빙서류와 수입신고필증 또는 이에 대신하는 세관의 증빙서류를 첨부하여 세관장에게 제출하여야 한다.
② 제1항의 규정에 의하여 물품을 수출하거나 보세공장에 반입하고 관세의 환급을 받고자 하는 자는 당해 물품의 품명·규격·수량·수입신고수리 연월일·수입신고번호와 환급받고자 하는 관세액을 기재한 신청서에 수출신고필증·보세공장반입승인서 또는 이에 대신하는 세관의 증명서를 첨부하여 세관장에게 제출하여야 한다.
③ 제2항의 규정에 의하여 환급하는 관세액은 그 물품에 대하여 이미 납부한 관세의 전액으로 하며, 그 물품의 일부를 수출하거나 보세공장에 반입한 경우에는 그 일부물품에 해당하는 관세액으로 한다.

③ 폐기

제1항과 제2항에 따른 수입물품의 수출을 갈음하여 이를 폐기하는 것이 부득이하다고 인정하여 그 물품을 수입신고 수리일부터 1년 내에 보세구역에 반입하여 미리 세관장의 승인을 받아 폐기하였을 때에는 그 관세를 환급한다.

| 관세법 시행령

영 제122조(폐기물품의 관세환급) ① 법 제106조 제3항의 규정에 의하여 물품의 폐기의 승인을 얻고자 하는 자는 다음 각 호의 사항을 기재한 신청서에 당해 물품의 수입신고필증 또는 이에 갈음하는 세관의 증명서와 당해 물품의 폐기가 부득이한 것을 증빙하는 서류를 첨부하여 세관장에게 제출하여야 한다.
 1. 당해 물품의 품명·규격·수량·수입신고수리 연월일·수입신고번호 및 장치장소
 2. 폐기방법·폐기예정연월일 및 폐기예정장소
 3. 폐기사유
② 제1항의 규정에 의하여 승인을 얻어 폐기한 물품에 대하여 법 제106조 제3항의 규정에 의하여 관세를 환급받고자 하는 자는 다음 각 호의 사항을 기재한 신청서에 제1항의 규정에 의한 폐기승인서를 첨부하여 세관장에게 제출하여야 한다.
 1. 당해 물품의 품명·규격·수량·수입신고수리 연월일·수입신고번호 및 장치장소
 2. 폐기연월일
 3. 그 폐기에 의하여 생긴 잔존물의 품명·규격 및 수량
③ 제2항의 규정에 의하여 환급하는 관세액은 그 물품에 대하여 이미 납부한 그 관세액으로 한다. 다만, 제2항 제3호의 규정에 의한 잔존물에 대하여는 그 폐기한 때의 당해 잔존물의 성질·수량 및 가격에 의하여 부과될 관세액을 공제한 금액으로 한다.

④ 지정보세구역 장치물품의 멸실·변질·손상으로 인한 관세환급

수입신고가 수리된 물품이 수입신고 수리 후에도 지정보세구역에 계속 장치되어 있는 중에 재해로 멸실되거나 변질 또는 손상되어 그 가치가 떨어졌을 때에는 대통령령으로 정하는 바에 따라 그 관세의 전부 또는 일부를 환급할 수 있다.

관세법 시행령

영 제123조(멸실·변질·손상 등의 관세환급) ① 법 제106조 제4항의 규정에 의하여 관세를 환급받고자 하는 자는 다음 각 호의 사항을 기재한 신청서에 당해 물품의 수입신고필증 또는 이에 갈음할 세관의 증명서를 첨부하여 세관장에게 제출하여야 한다.
1. 당해 물품의 품명·규격·수량·수입신고수리 연월일·수입신고번호 및 장치장소
2. 피해상황 및 기타 참고사항
3. 환급받고자 하는 관세액과 그 산출기초

② 제1항의 규정에 의하여 환급하는 관세액은 다음 각 호의 구분에 의한 금액으로 한다.
1. 멸실된 물품: 이미 납부한 관세의 전액
2. 변질 또는 손상된 물품: 제118조의 규정을 준용하여 산출한 금액

참고 영 제118조(변질·손상 등의 관세경감액)

① 법 제100조의 규정에 의하여 경감하는 관세액은 다음 각 호의 관세액 중 많은 금액으로 한다.
1. 수입물품의 변질·손상 또는 사용으로 인한 가치의 감소에 따르는 가격의 저하분에 상응하는 관세액
2. 수입물품의 관세액에서 그 변질·손상 또는 사용으로 인한 가치의 감소 후의 성질 및 수량에 의하여 산출한 관세액을 공제한 차액

② 제1항의 변질·손상 또는 사용으로 인한 가치감소의 산정기준은 기획재정부령으로 정할 수 있다.

⑤ 관세의 부과 취소

제1항부터 제4항까지의 규정을 적용할 때 해당 수입물품에 대한 **관세의 납부기한이 종료되기 전이거나 징수유예 중 또는 분할납부기간이 끝나지 아니하여** 해당 물품에 대한 관세가 징수되지 아니한 경우에는 세관장은 해당 관세의 부과를 취소할 수 있다.

관세법 시행령

영 제124조(관세가 미납된 계약내용이 상이한 물품의 부과취소신청) 법 제106조 제5항의 규정에 의하여 관세의 부과를 취소받고자 하는 자는 해당 수입물품에 대한 관세의 납부기한(징수유예 또는 분할납부의 경우에는 징수유예기간 또는 분할납부기간의 종료일을 말한다) 전에 신청서를 세관장에게 제출하여야 한다.

⑥ 관세환급 규정 준용

제1항부터 제4항까지에서 규정한 관세의 환급에 관하여는 제46조와 제47조를 준용한다.

참고 위약환급 및 지정보세구역 환급에 적용되는 규정

1. 법 제46조(관세환급금의 환급)
2. 법 제47조(과다환급관세의 징수)

제106조의2(수입한 상태 그대로 수출되는 자가사용물품 등에 대한 관세 환급)

① **자가사용물품 관세환급**
수입신고가 수리된 개인의 자가사용물품이 수입한 상태 그대로 수출되는 경우로서 다음 각 호의 어느 하나에 해당하는 경우에는 수입할 때 납부한 관세를 환급한다. 이 경우 수입한 상태 그대로 수출되는 경우의 기준은 대통령령으로 정한다.

1. 수입신고 수리일부터 6개월 이내에 보세구역 또는 「자유무역지역의 지정 및 운영에 관한 법률」에 따른 자유무역지역 중 관세청장이 수출물품을 일정기간 보관하기 위하여 필요하다고 인정하여 고시하는 장소에 반입하였다가 다시 수출하는 경우
2. 수입신고 수리일부터 6개월 이내에 관세청장이 정하는 바에 따라 세관장의 확인을 받고 다시 수출하는 경우
3. 제241조 제2항에 따라 수출신고가 생략되는 탁송품 또는 우편물로서 기획재정부령으로 정하는 금액 이하인 물품을 수입신고 수리일부터 6개월 이내에 수출한 후 관세청장이 정하는 바에 따라 세관장의 확인을 받은 경우

> **관세법 시행규칙**
> **규칙 제58조의2(수입한 상태 그대로 수출되는 자가사용물품에 대한 관세 환급)** 법 제106조의2 제1항 제3호에서 "기획재정부령으로 정하는 금액 이하인 물품"이란 영 제246조 제3항 제1호에 따른 수출신고가격이 200만원 이하인 물품을 말한다.

관세법 시행령

영 제124조의2(수입한 상태 그대로 수출되는 자가사용물품에 대한 관세 환급) ① 법 제106조의2 제1항 전단에 따른 수입한 상태 그대로 수출되는 자가사용물품은 다음 각 호의 요건을 모두 갖춘 물품으로 한다.
  1. 해당 물품이 수입신고 당시의 성질 또는 형태가 변경되지 아니한 상태로 수출될 것
  2. 해당 물품이 국내에서 사용된 사실이 없다고 세관장이 인정할 것
② 법 제106조의2 제1항 또는 제2항에 따라 관세의 환급을 받으려는 자는 해당 물품의 품명·규격·수량·수입신고연월일·수입신고번호와 환급받으려는 관세액을 적은 신청서에 다음 각 호의 서류를 첨부하여 세관장에게 제출해야 한다.
  1. 해당 물품의 수입신고필증이나 이를 갈음하는 세관의 증명서
  2. 해당 물품의 수출 또는 환불을 증명하는 서류로서 다음 각 목의 구분에 따른 서류
     가. 법 제106조의2 제1항 제1호 및 제2호의 경우: 수출신고필증이나 이를 갈음하는 세관의 증명서
     나. 법 제106조의2 제1항 제3호의 경우: 선하증권 또는 항공화물운송장, 판매자가 발행한 환불 및 반품을 증명하는 자료
     다. 법 제106조의2 제2항의 경우: 판매자가 발행한 환불 및 반품을 증명하는 자료
③ 법 제106조의2 제1항 및 제2항에 따라 환급하는 관세액은 다음 각 호의 구분에 따른 금액으로 한다.
  1. 물품을 전부 수출하거나 환불하는 경우: 이미 납부한 관세의 전액
  2. 물품의 일부를 수출하거나 환불하는 경우: 그 일부 물품에 해당하는 관세액

② **환불된 물품의 관세환급**
여행자가 제96조 제2항에 따라 자진신고한 물품이 다음 각 호의 어느 하나에 해당하게 된 경우에는 자진신고할 때 납부한 관세를 환급한다.

1. 제143조 제1항 제2호에 따른 국제무역선 또는 국제무역기 안에서 구입한 물품이 환불된 경우
2. 제196조에 따른 보세판매장에서 구입한 물품이 환불된 경우

③ 관세환급 규정 준용
　　제1항 및 제2항에 따른 관세 환급에 관하여는 제46조, 제47조 및 제106조 제2항·제5항을 준용한다.

> **참고** 원상태로 수출되는 자가사용물품 및 환불된 물품에 적용되는 규정
>
> 1. 법 제46조(관세환급금의 환급)
> 2. 법 제47조(과다환급관세의 징수)
> 3. 법 제106조(계약내용과 다른 물품에 대한 관세환급) 제2항·제5항

제107조(관세의 분할납부)

① 천재지변 등으로 인한 관세의 분할납부
　　세관장은 천재지변이나 그 밖에 대통령령으로 정하는 사유로 이 법에 따른 신고, 신청, 청구, 그 밖의 서류의 제출, 통지, 납부 또는 징수를 정하여진 기한까지 할 수 없다고 인정될 때에는 1년을 넘지 아니하는 기간을 정하여 대통령령으로 정하는 바에 따라 관세를 분할하여 납부하게 할 수 있다.

> **관세법 시행령**
>
> 영 제125조(천재·지변 등으로 인한 관세의 분할납부) ① 법 제107조 제1항의 규정에 의하여 관세를 분할납부하고자 하는 자는 다음의 각 호의 사항을 기재한 신청서를 납부기한 내에 세관장에게 제출하여야 한다.
> 　1. 납세의무자의 성명·주소 및 상호
> 　2. 분할납부를 하고자 하는 세액 및 당해 물품의 신고일자·신고번호·품명·규격·수량·가격
> 　3. 분할납부하고자 하는 사유 및 기간
> 　4. 분할납부금액 및 횟수
> ② 세관장은 제1항의 규정에 의하여 분할납부를 하게 하는 경우에는 제2조의 규정을 준용한다.

> **참고** 천재지변 등의 사유 발생 시 관세 특혜제도
>
> 1. 천재지변 등의 사유(법 제10조, 영 제2조)
>   (1) 천재지변
>   (2) 전쟁·화재 등 재해나 도난으로 인하여 재산에 심한 손실을 입은 경우
>   (3) 사업에 현저한 손실을 입은 경우
>   (4) 사업이 중대한 위기에 처한 경우
>   (5) 그 밖에 세관장이 위 (2)부터 (4)까지의 규정에 준하는 사유가 있다고 인정하는 경우
> 2. 납부기한의 연장(법 제10조, 영 제2조)
>   (1) 1년을 넘지 아니하는 기간을 정하여 그 기한을 연장할 수 있다.
>   (2) 기한연장 신청서를 당해 납부기한이 종료되기 전에 세관장에게 제출하여야 한다.
> 3. 분할납부(법 제107조 제1항, 영 제125조)
>   (1) 1년을 넘지 아니하는 기간을 정하여 관세를 분할하여 납부하게 할 수 있다.
>   (2) 분할납부 신청서를 납부기한 내에 세관장에게 제출하여야 한다.

② 특정물품 수입 시 분할납부

다음 각 호의 어느 하나에 해당하는 물품이 수입될 때에는 세관장은 기획재정부령으로 정하는 바에 따라 **5년을 넘지 아니하는 기간**을 정하여 관세의 분할납부를 승인할 수 있다.

1. **시설기계류, 기초설비품, 건설용 재료 및 그 구조물과 공사용 장비**로서 **기획재정부장관이 고시하는 물품**. 다만, 기획재정부령으로 정하는 업종에 소요되는 물품은 제외한다.

   > **관세법 시행규칙**
   >
   > **규칙 제59조(관세분할납부의 요건)** ① 법 제107조 제2항 제1호의 규정에 의하여 관세를 분할납부할 수 있는 물품은 다음 각 호의 요건을 갖추어야 한다.
   >   1. 법 별표 관세율표에서 부분품으로 분류되지 아니할 것
   >   2. 법 기타 관세에 관한 법률 또는 조약에 의하여 관세를 감면받지 아니할 것
   >   3. 당해 관세액이 500만원 이상일 것. 다만, 「중소기업기본법」 제2조 제1항의 규정에 의한 중소기업이 수입하는 경우에는 100만원 이상일 것
   >   4. 법 제51조 내지 제72조의 규정을 적용받는 물품이 아닐 것

   참고 '법 제51조 내지 제72조'의 의미

   '법 제51조(덤핑방지관세) ~ 법 제72조(계절관세)'를 말하는 것으로 법 제74조(편익관세)는 제외된다. 즉, '법 제51조 내지 제72조'란 편익관세를 제외한 탄력관세를 말한다.

2. **정부나 지방자치단체**가 수입하는 물품으로서 **기획재정부령으로 정하는 물품**
3. **학교나 직업훈련원**에서 수입하는 물품과 비영리법인이 공익사업을 위하여 수입하는 물품으로서 **기획재정부령으로 정하는 물품**
4. 의료기관 등 기획재정부령으로 정하는 **사회복지기관 및 사회복지시설**에서 수입하는 물품으로서 **기획재정부장관이 고시하는 물품**
5. 기획재정부령으로 정하는 **기업부설연구소, 산업기술연구조합 및 비영리법인인 연구기관**, 그 밖에 이와 유사한 연구기관에서 수입하는 기술개발연구용품 및 실험실습용품으로서 **기획재정부장관이 고시하는 물품**

   > **관세법 시행규칙**
   >
   > **규칙 제59조(관세분할납부의 요건)** ② 법 제107조 제2항 제2호 내지 제5호의 규정에 의하여 관세를 분할납부하는 물품 및 기관은 별표 4와 같다.

6. 기획재정부령으로 정하는 **중소제조업체가 직접 사용하려고 수입**하는 물품. 다만, **기획재정부령으로 정하는 기준에 적합한 물품**이어야 한다.

   > **관세법 시행규칙**
   >
   > **규칙 제59조(관세분할납부의 요건)** ③ 법 제107조 제2항 제6호에 따라 관세분할납부의 승인을 얻을 수 있는 중소제조업체는 「중소기업기본법」 제2조에 따른 중소기업자로서 한국표준산업분류표상 제조업을 영위하는 업체에 한한다.
   > ④ 법 제107조 제2항 제6호의 규정에 의하여 관세를 분할납부할 수 있는 물품은 법 별표 관세율표 **제84류·제85류 및 제90류**에 해당하는 물품으로서 다음 각 호의 요건을 갖추어야 한다.
   >   1. 법 기타 관세에 관한 법률 또는 조약에 의하여 관세의 감면을 받지 아니할 것
   >   2. 당해 관세액이 100만원 이상일 것
   >   3. 법 제51조 내지 제72조의 규정을 적용받는 물품이 아닐 것
   >   4. 국내에서 제작이 곤란한 물품으로서 당해 물품의 생산에 관한 사무를 관장하는 주무부처의 장 또는 그 위임을 받은 기관의 장이 확인한 것일 것

7. 기획재정부령으로 정하는 기업부설 직업훈련원에서 직업훈련에 직접 사용하려고 수입하는 교육용품 및 실험실습용품 중 국내에서 제작하기가 곤란한 물품으로서 기획재정부장관이 고시하는 물품

> **관세법 시행규칙**
>
> **규칙 제59조(관세분할납부의 요건)** ⑤ 법 제107조 제2항 제2호 내지 제5호 및 제7호의 규정에 의하여 관세를 분할납부할 수 있는 물품은 법 기타 관세에 관한 법률 또는 조약에 의하여 관세를 감면받지 아니한 것이어야 한다.

> **관세법 시행령**
>
> **영 제126조(관세의 분할납부 승인신청)** 법 제107조 제2항의 규정에 의하여 관세의 분할납부승인을 얻고자 하는 자는 당해 물품의 수입신고 시부터 수입신고수리 전까지 그 물품의 품명·규격·수량·가격·용도·사용장소와 사업의 종류를 기재한 신청서를 세관장에게 제출하여야 한다.
>
> **영 제127조(관세의 분할납부고지)** ① 세관장은 제126조에 따라 관세의 분할납부를 승인한 때에는 납부기한 별로 법 제39조에 따른 납부고지를 해야 한다.
> ② 세관장은 법 제107조 제9항에 따라 관세를 징수하는 때에는 15일 이내의 납부기한을 정하여 법 제39조에 따른 납부고지를 해야 한다.
> ③ 제1항에 따라 고지한 관세로서 그 납부기한이 제2항에 따른 납부기한 이후인 경우 그 납부고지는 취소해야 한다.

> **관세법 시행규칙**
>
> **규칙 제60조(분할납부의 기간 및 방법)** 법 제107조 제2항의 규정에 의하여 관세의 분할납부승인을 하는 경우의 납부기간과 납부방법은 별표 5와 같다. 다만, 수입신고 건당 관세액이 30만원 미만인 물품을 제외한다.

③ 용도 변경 승인

제2항에 따라 관세의 분할납부를 승인받은 자가 해당 물품의 용도를 변경하거나 그 물품을 양도하려는 경우에는 미리 세관장의 승인을 받아야 한다.

> **관세법 시행령**
>
> **영 제128조(용도외 사용 등의 승인)** 법 제107조 제3항의 규정에 의한 세관장의 승인을 얻고자 하는 자는 다음 각 호의 사항을 기재한 신청서에 당해 물품의 양도·양수에 관한 계약서의 사본을 첨부하여 그 물품의 관할지 세관장에게 제출하여야 한다.
> 1. 당해 물품의 품명·규격·수량·가격·통관지세관명·수입신고수리 연월일·수입신고번호
> 2. 분할납부하고자 하는 관세액과 이미 납부한 관세액
> 3. 양수인
> 4. 승인을 받고자 하는 사유

④ 법인 합병 등 신고

관세의 분할납부를 승인받은 법인이 합병·분할·분할합병 또는 해산을 하거나 파산선고를 받은 경우 또는 관세의 분할납부를 승인받은 자가 파산선고를 받은 경우에는 제6항부터 제8항까지의 규정에 따라 그 관세를 납부하여야 하는 자는 지체 없이 그 사유를 세관장에게 신고하여야 한다.

⑤ 분할납부 물품의 납세의무자 (1)
관세의 분할납부를 승인받은 물품을 동일한 용도로 사용하려는 자에게 양도한 경우에는 그 **양수인**이 관세를 납부하여야 하며, 해당 용도 외의 다른 용도로 사용하려는 자에게 양도한 경우에는 그 **양도인**이 관세를 납부하여야 한다. 이 경우 **양도인**으로부터 해당 관세를 징수할 수 없을 때에는 그 **양수인**으로부터 징수한다.

⑥ 분할납부 물품의 납세의무자 (2)
관세의 분할납부를 승인받은 법인이 합병·분할 또는 분할합병된 경우에는 합병·분할 또는 분할합병 후에 존속하거나 합병·분할 또는 분할합병으로 설립된 법인이 연대하여 관세를 납부하여야 한다.

⑦ 분할납부 물품의 납세의무자 (3)
관세의 분할납부를 승인받은 자가 파산선고를 받은 경우에는 그 **파산관재인**이 관세를 납부하여야 한다.

⑧ 분할납부 물품의 납세의무자 (4)
관세의 분할납부를 승인받은 법인이 해산한 경우에는 그 **청산인**이 관세를 납부하여야 한다.

⑨ 즉시 징수
다음 각 호의 어느 하나에 해당하는 경우에는 납부하지 아니한 관세의 **전액을 즉시 징수**한다.

> 1. 관세의 분할납부를 승인받은 물품을 제2항에서 정한 기간에 해당 용도 외의 **다른 용도**로 사용하거나 해당 용도 외의 **다른 용도**로 사용하려는 자에게 양도한 경우
> 2. **관세를 지정된 기한까지 납부하지 아니한 경우**. 다만, 관세청장이 부득이한 사유가 있다고 인정하는 경우는 제외한다.
> 3. **파산선고를 받은 경우**
> 4. **법인이 해산한 경우**

참고 | 관세법에 명시된 관세율표 번호

관세율표 번호	내용
제8523호	컴퓨터소프트웨어에 대하여 지급되는 권리사용료는 컴퓨터소프트웨어가 수록된 마그네틱테이프·마그네틱디스크·시디롬 및 이와 유사한 물품(관세법 별표 관세율표 번호 제8523호에 속하는 것으로 한정한다)과 관련되지 아니하는 것으로 본다(영 제19조).
제85류, 제9006호	해외임가공물품 등의 감면 규정에 따라 원재료 또는 부분품을 수출하여 제조하거나 가공한 후 다시 수입되었을 때 관세가 감면되는 물품은 관세법 별표 관세율표 제85류 및 제90류 중 제9006호에 해당하는 것으로 한다(법 제101조, 규칙 제56조).
제84류·제85류·제90류	관세법 별표 관세율표 제84류·제85류 및 제90류에 해당하는 물품으로서 일정 요건을 갖춘 물품을 중소제조업체가 직접 사용하려고 수입하는 경우 5년을 넘지 아니하는 기간을 정하여 관세의 분할납부를 승인할 수 있다(법 제107조, 규칙 제59조).

참고 | 중소제조업체의 생산설비 도입

1. 관세 감면
   공장자동화 기계·기구(법 제95조, 규칙 제46조)
2. 분할납부
   중소제조업체 직접 사용물품(법 제107조, 규칙 제59조)

관세법 시행령

영 제129조(관세감면 및 분할납부 승인물품의 반입 및 변경신고) ① 법 제83조, 법 제89조 제1항 제2호, 법 제90조, 법 제91조, 법 제93조, 법 제95조, 법 제98조 및 법 제107조에 따라 용도세율의 적용, 관세의 감면 또는 분할납부의 승인을 받은 자는 해당 물품을 수입신고 수리일부터 1개월 이내에 설치 또는 사용할 장소에 반입하여야 한다.

② 제1항에 따른 용도세율의 적용, 관세의 감면 또는 분할납부의 승인을 받은 자는 설치장소 부족 등 부득이한 반입 지연사유가 있는 경우에는 관세청장이 정하는 바에 따라 세관장에게 반입기한의 연장을 신청할 수 있다.

③ 제2항에 따른 신청을 받은 세관장은 수입신고 수리일부터 3개월의 범위에서 해당 기한을 연장할 수 있다.

④ 제1항의 규정에 의하여 설치 또는 사용할 장소에 물품을 반입한 자는 당해 장소에 다음 각 호의 사항을 기재한 장부를 비치하여야 한다.
  1. 당해 물품의 품명·규격 및 수량
  2. 당해 물품의 가격과 용도세율의 적용, 관세의 감면 또는 분할납부에 관한 사항
  3. 당해 물품의 수입신고번호·수입신고수리 연월일과 통관지세관명
  4. 설치 또는 사용장소에 반입한 연월일과 사용개시 연월일
  5. 설치 또는 사용장소와 사용상황

⑤ 제1항에 따른 용도세율의 적용, 관세의 감면 또는 분할납부의 승인을 받은 자는 다음 각 호의 물품을 해당 호에서 정한 기간 내에 그 설치 또는 사용 장소를 변경하려는 경우에는 변경 전의 관할지 세관장에게 설치 또는 사용장소변경신고서를 제출하고, 제출일부터 1개월 이내에 해당 물품을 변경된 설치 또는 사용 장소에 반입해야 한다. 다만, 재해·노사분규 등의 긴급한 사유로 국내에 소재한 자기 소유의 다른 장소로 해당 물품의 설치 또는 사용 장소를 변경하려는 경우에는 관할지 세관장에게 신고하고, 변경된 설치 또는 사용 장소에 반입한 후 1개월 이내에 설치 또는 사용장소변경신고서를 제출해야 한다.
  1. 법 제83조·법 제89조 제1항 제2호·법 제90조·법 제91조·법 제93조·법 제95조 및 법 제98조에 따라 용도세율이 적용된 물품이나 관세의 감면을 받은 물품: 해당 규정에서 정하는 기간
  2. 법 제107조에 따라 관세의 분할납부 승인을 받은 물품: 해당 물품의 관세 분할납부기간

⑥ 제5항 각 호 외의 부분에 따른 설치 또는 사용장소변경신고서에는 다음 각 호의 사항이 기재되어야 한다.
  1. 해당 물품의 품명·규격 및 수량
  2. 해당 물품의 가격 및 적용된 용도세율, 면세액 또는 분할납부승인액과 그 법적 근거
  3. 해당 물품의 수입신고번호 및 통관지 세관명
  4. 설치 또는 사용 장소에 반입한 연월일과 사용개시 연월일
  5. 설치 또는 사용 장소와 신고자의 성명·주소

영 제130조(사후관리 대상물품의 이관 및 관세의 징수) ① 법 제83조, 제89조 제1항 제2호, 제90조, 제91조, 제93조, 제95조 제1항 제1호부터 제3호까지, 제98조 및 제107조에 따라 용도세율의 적용, 관세의 감면 또는 분할납부의 승인을 받은 물품의 통관세관과 관할지세관이 서로 다른 경우에는 통관세관장은 관세청장이 정하는 바에 따라 관할지세관장에게 해당 물품에 대한 관계서류를 인계하여야 한다.

② 제1항의 규정에 의하여 통관세관장이 관할지세관장에게 관계서류를 인계한 물품에 대하여 법 제97조 제3항(법 제98조 제2항에서 준용하는 경우를 포함한다) 및 법 제102조 제2항의 규정에 의하여 징수하는 관세는 관할지세관장이 이를 징수한다.

제108조(담보 제공 및 사후관리)

① 담보의 제공

세관장은 필요하다고 인정될 때에는 대통령령으로 정하는 범위에서 관세청장이 정하는 바에 따라 이 법이나 그 밖의 법령·조약·협정 등에 따라 관세를 감면받거나 분할납부를 승인받은 물품에 대하여 그 물품을 수입할 때에 감면받거나 분할납부하는 관세액(제97조 제4항 및 제98조 제2항에 따른 가산세는 제외한다)에 상당하는 담보를 제공하게 할 수 있다.

> **관세법 시행령**
>
> **영 제131조(담보제공의 신고 등)** ① 법 제108조 제1항의 규정에 의한 담보의 제공 여부는 물품의 성질 및 종류, 관세채권의 확보가능성 등을 기준으로 하여 정하되, 다음 각 호의 어느 하나에 해당하는 경우에 한하여야 한다.
> 1. 법 제97조 또는 법 제98조의 규정에 의하여 관세를 감면받은 경우
> 2. 법 제107조의 규정에 의하여 분할납부승인을 받은 경우
>
> ② 법 제108조 제1항에 따라 세관장은 수입신고를 수리하는 때까지 담보를 제공하게 할 수 있다. 다만, 긴급한 사유로 법 제8조 제3항 각 호에 해당하는 날 등 금융기관이 업무를 수행할 수 없는 날에 수입하는 물품으로서 긴급성의 정도 등을 고려하여 관세청장이 정하여 고시하는 물품에 대하여는 수입신고를 수리하는 때 이후 최초로 금융기관이 업무를 수행하는 날까지 담보를 제공하게 할 수 있다.

② 사후관리방식

이 법이나 그 밖의 법률·조약·협정 등에 따라 용도세율을 적용(제83조 제1항 단서에 해당하는 경우는 제외한다)받거나 관세의 감면 또는 분할납부를 승인받은 자는 대통령령으로 정하는 바에 따라 해당 조건의 이행 여부를 확인(이하 이 조에서 "사후관리"라 한다)하는 데에 필요한 서류를 세관장에게 제출하여야 한다.

> **관세법 시행령**
>
> **영 제132조(감면 등의 조건이행의 확인)** ① 세관장은 용도세율의 적용, 관세의 감면 또는 분할납부의 승인을 받은 물품에 대하여 관세청장이 정하는 바에 따라 당해 조건의 이행을 확인하기 위하여 필요한 조치를 할 수 있다.
> ② 법 제108조 제2항에 규정하는 서류는 관세청장이 정하는 바에 따라 통관세관장 또는 관할지세관장에게 제출하여야 한다.

③ 사후관리 위탁

관세청장은 사후관리를 위하여 필요한 경우에는 대통령령으로 정하는 바에 따라 해당 물품의 사후관리에 관한 업무를 주무부장관에게 위탁할 수 있으며, 주무부장관은 물품의 사후관리를 위하여 필요한 경우에는 미리 관세청장과 협의한 후 위탁받은 사후관리에 관한 업무를 관계 기관이나 법인·단체 등에 재위임하거나 재위탁할 수 있다.

> **관세법 시행령**
>
> **영 제133조(사후관리의 위탁)** ① 관세청장은 용도세율의 적용, 관세의 감면 또는 분할납부의 승인을 받은 물품에 대한 해당 조건의 이행을 확인하기 위하여 필요한 경우에는 법 제108조 제3항에 따라 다음 각 호의 구분에 따라 그 사후관리에 관한 사항을 위탁한다.
> 1. 법 제109조 제1항의 경우: 해당 법률·조약 등의 집행을 주관하는 부처의 장

2. 법 제83조 제1항, 제90조, 제91조, 제93조, 제95조 제1항 제1호부터 제3호까지 또는 제107조의 경우: 해당 업무를 주관하는 부처의 장

② 제1항의 규정에 의하여 사후관리를 위탁받은 부처의 장은 용도세율의 적용, 관세의 감면 또는 분할납부의 승인을 받은 물품에 대한 관세의 징수사유가 발생한 것을 확인한 때에는 지체 없이 당해 물품의 관할지세관장에게 다음 각 호의 사항을 기재한 통보서를 송부하여야 한다.
1. 수입신고번호
2. 품명 및 수량
3. 감면 또는 분할납부의 승인을 받은 관세의 징수사유
4. 화주의 주소·성명

③ 제1항의 규정에 의하여 위탁된 물품에 대한 사후관리에 관한 사항은 위탁받은 부처의 장이 관세청장과 협의하여 정한다.

④ 사후관리 종결

용도세율을 적용받거나 관세를 감면받은 물품을 **세관장의 승인을 받아 수출**한 경우에는 이 법을 적용할 때 용도 외의 사용으로 보지 아니하고 **사후관리를 종결**한다. 다만, 용도세율을 적용받거나 관세를 감면받은 물품을 가공하거나 수리할 목적으로 수출한 후 다시 수입하거나 해외시험 및 연구를 목적으로 수출한 후 다시 수입하여 제99조 제3호 또는 제101조 제1항 제2호에 따른 감면을 받은 경우에는 사후관리를 계속한다.

제109조(다른 법령 등에 따른 감면물품의 관세징수)

① 사후관리

이 법 외의 법령이나 조약·협정 등에 따라 관세가 감면된 물품을 그 수입신고 수리일부터 3년 내에 해당 법령이나 조약·협정 등에 규정된 용도 외의 다른 용도로 사용하거나 양도하려는 경우에는 **세관장의 확인**을 받아야 한다. 다만, 해당 법령이나 조약·협정 등에 다른 용도로 사용하거나 양도한 경우에 해당 관세의 징수를 면제하는 규정이 있을 때에는 그러하지 아니하다.

> **관세법 시행령**
>
> **영 제134조(다른 법령·조약 등에 의한 감면물품의 용도외 사용 등의 확인신청)** 법 제109조 제1항의 규정에 의한 확인을 받고자 하는 자는 제120조 제1항에 정하는 사항과 당해 물품의 관세감면의 근거가 되는 법령·조약 또는 협정 및 그 조항을 기재한 확인신청서에 동 법령·조약 또는 협정의 규정에 의하여 당해 물품의 용도 외 사용 또는 양도에 필요한 요건을 갖춘 것임을 증빙하는 서류를 첨부하여 관할지 세관장에게 제출하여야 한다.

② 관세징수

제1항에 따라 세관장의 확인을 받아야 하는 물품에 대하여는 해당 용도 외의 다른 용도로 사용한 자 또는 그 양도를 한 자로부터 감면된 관세를 즉시 징수하여야 하며, 양도인으로부터 해당 관세를 징수할 수 없을 때에는 그 양수인으로부터 감면된 관세를 즉시 징수한다. 다만, 그 물품이 재해나 그 밖의 부득이한 사유로 멸실되었거나 미리 세관장의 승인을 받아 그 물품을 폐기하였을 때에는 예외로 한다.

CHAPTER 05 납세자의 권리 및 불복절차

제1절 납세자의 권리

제110조(납세자권리헌장의 제정 및 교부)

① 납세자권리헌장의 제정·고시

　관세청장은 제111조부터 제116조까지, 제116조의2 및 제117조에서 규정한 사항과 그 밖에 납세자의 권리보호에 관한 사항을 포함하는 납세자권리헌장(이하 이 조에서 "**납세자권리헌장**"이라 한다)을 **제정하여 고시**하여야 한다.

> **참고** 납세자권리헌장의 내용
>
> 1. 법 제111조(관세조사권 남용 금지)
> 2. 법 제112조(관세조사의 경우 조력을 받을 권리)
> 3. 법 제113조(납세자의 성실성 추정 등)
> 4. 법 제114조(관세조사의 사전통지와 연기신청)
> 5. 법 제114조의2(장부·서류 등의 보관 금지)
> 6. 법 제115조(관세조사의 결과 통지)
> 7. 법 제116조(비밀유지)
> 8. 법 제116조의2(고액·상습체납자 등의 명단 공개)
> 9. 법 제117조(정보의 제공)

② 납세자권리헌장을 내주는 경우

　세관공무원은 다음 각 호의 어느 하나에 해당하는 경우에는 납세자권리헌장의 내용이 수록된 문서를 납세자에게 **내주어야 하며**, 조사사유, 조사기간, 제118조의4 제1항에 따른 납세자보호위원회에 대한 심의 요청사항·절차 및 권리구제 절차 등을 설명하여야 한다.

1. 제283조에 따른 **관세범**(「수출용 원재료에 대한 관세 등 환급에 관한 특례법」제23조 제1항부터 제4항까지의 규정에 따른 죄를 포함한다)에 관한 조사를 하는 경우
2. **관세조사**를 하는 경우
3. 그 밖에 **대통령령으로 정하는 경우**

> **관세법 시행령**
>
> **영 제135조(납세자권리헌장의 교부시기)** 법 제110조 제2항 제3호에서 "대통령령으로 정하는 경우"란 다음 각 호의 어느 하나에 해당하는 경우를 말한다.
> 1. **징수권의 확보를 위하여 압류를 하는 경우**
> 2. **보세판매장에 대한 조사를 하는 경우**

③ 납세자권리헌장을 내주지 않는 경우
세관공무원은 납세자를 긴급히 체포·압수·수색하는 경우 또는 현행범인 납세자가 도주할 우려가 있는 등 조사목적을 달성할 수 없다고 인정되는 경우에는 납세자권리헌장을 내주지 아니할 수 있다.

제110조의2(통합조사의 원칙)

세관공무원은 특정한 분야만을 조사할 필요가 있는 등 대통령령으로 정하는 경우를 제외하고는 신고납부세액과 이 법 및 다른 법령에서 정하는 수출입 관련 의무 이행과 관련하여 그 권한에 속하는 사항을 통합하여 조사하는 것을 원칙으로 한다.

> **관세법 시행령**
>
> **영 제135조의2(통합조사 원칙의 예외)** 법 제110조의2에서 "특정한 분야만을 조사할 필요가 있는 등 대통령령으로 정하는 경우"란 다음 각 호의 어느 하나에 해당하는 경우를 말한다.
> 1. 세금탈루 혐의, 수출입 관련 의무위반 혐의, 수출입업자 등의 업종·규모 등을 고려하여 특정 사안만을 조사할 필요가 있는 경우
> 2. 조세채권의 확보 등을 위하여 긴급히 조사할 필요가 있는 경우
> 3. 그 밖에 조사의 효율성, 납세자의 편의 등을 고려하여 특정 분야만을 조사할 필요가 있는 경우로서 기획재정부령으로 정하는 경우

제110조의3(관세조사 대상자 선정)

① 정기선정에 의한 조사
세관장은 다음 각 호의 어느 하나에 해당하는 경우에 정기적으로 신고의 적정성을 검증하기 위하여 대상을 선정(이하 "정기선정"이라 한다)하여 조사를 할 수 있다. 이 경우 세관장은 객관적 기준에 따라 공정하게 그 대상을 선정하여야 한다.

> 1. 관세청장이 수출입업자의 신고 내용에 대하여 정기적으로 성실도를 분석한 결과 불성실 혐의가 있다고 인정하는 경우
> 2. 최근 4년 이상 조사를 받지 아니한 납세자에 대하여 업종, 규모 등을 고려하여 대통령령으로 정하는 바에 따라 신고 내용이 적정한지를 검증할 필요가 있는 경우
>
> **관세법 시행령**
>
> **영 제135조의3(장기 미조사자에 대한 관세조사 기준)** 법 제110조의3 제1항 제2호에 따라 실시하는 조사는 수출입업자 등의 업종, 규모, 이력 등을 고려하여 관세청장이 정하는 기준에 따른다.
>
> 3. 무작위추출방식으로 표본조사를 하려는 경우

② 정기선정에 의한 조사 외의 조사
세관장은 정기선정에 의한 조사 외에 다음 각 호의 어느 하나에 해당하는 경우에는 조사를 할 수 있다.

> 1. 납세자가 이 법에서 정하는 신고·신청, 과세가격결정자료의 제출 등의 납세협력의무를 이행하지 아니한 경우
> 2. 수출입업자에 대한 구체적인 탈세제보 등이 있는 경우
> 3. 신고내용에 탈세나 오류의 혐의를 인정할 만한 자료가 있는 경우
> 4. 납세자가 세관공무원에게 직무와 관련하여 금품을 제공하거나 금품제공을 알선한 경우

③ 부과고지를 위한 조사
세관장은 제39조 제1항에 따라 부과고지를 하는 경우 과세표준과 세액을 결정하기 위한 조사를 할 수 있다.

④ 관세조사 면제
세관장은 최근 2년간 수출입신고 실적이 일정금액 이하인 경우 등 대통령령으로 정하는 요건을 충족하는 자에 대해서는 제1항에 따른 조사를 하지 아니할 수 있다. 다만, 객관적인 증거자료에 의하여 과소 신고한 것이 명백한 경우에는 그러하지 아니하다.

관세법 시행령

영 제135조의4(소규모 성실사업자에 대한 관세조사 면제) 법 제110조의3 제4항 본문에 따라 다음 각 호의 요건을 모두 충족하는 자에 대해서는 같은 조 제1항에 따른 조사를 하지 아니할 수 있다.
1. 최근 2년간 수출입신고 실적이 30억원 이하일 것
2. 최근 4년 이내에 다음 각 목의 어느 하나에 해당하는 사실이 없을 것
　가. 수출입 관련 법령을 위반하여 통고처분을 받거나 벌금형 이상의 형의 선고를 받은 사실
　나. 관세 및 내국세를 체납한 사실
　다. 법 제38조의3 제6항에 따라 신고납부한 세액이 부족하여 세관장으로부터 경정을 받은 사실

제111조(관세조사권 남용 금지)

① 관세조사권 남용 금지
세관공무원은 적정하고 공평한 과세를 실현하고 통관의 적법성을 보장하기 위하여 필요한 최소한의 범위에서 관세조사를 하여야 하며 다른 목적 등을 위하여 조사권을 남용하여서는 아니 된다.

② 중복조사의 금지
세관공무원은 다음 각 호의 어느 하나에 해당하는 경우를 제외하고는 해당 사안에 대하여 이미 조사받은 자를 다시 조사할 수 없다.

> 1. 관세탈루 등의 혐의를 인정할 만한 명백한 자료가 있는 경우
> 2. 이미 조사받은 자의 거래상대방을 조사할 필요가 있는 경우
> 3. 제118조 제4항 제2호 후단 또는 제128조 제1항 제3호 후단(제132조 제4항 본문에서 준용하는 경우를 포함한다)에 따른 재조사 결정에 따라 재조사를 하는 경우(결정서 주문에 기재된 범위의 재조사에 한정한다)
> 4. 납세자가 세관공무원에게 직무와 관련하여 금품을 제공하거나 금품제공을 알선한 경우
> 5. 그 밖에 제1호부터 제4호까지와 유사한 경우로서 대통령령으로 정하는 경우

> **관세법 시행령**
>
> **영 제136조(중복조사의 금지)** 법 제111조 제2항 제5호에서 "대통령령으로 정하는 경우"란 다음 각 호의 어느 하나에 해당하는 경우를 말한다.
> 1. 밀수출입, 부정·불공정무역 등 경제질서 교란 등을 통한 탈세혐의가 있는 자에 대해서 일제조사를 하는 경우
> 2. 관세 부과 업무를 담당하는 기관 외의 기관이 직무상 목적을 위해 작성하거나 취득해 관세 부과 업무를 담당하는 기관에 제공한 자료의 처리를 위해 조사하는 경우
> 3. 관세환급금의 결정을 위한 확인조사를 하는 경우

제112조(관세조사의 경우 조력을 받을 권리)

납세자는 제110조 제2항 각 호의 어느 하나에 해당하여 세관공무원에게 조사를 받는 경우에 변호사, 관세사로 하여금 조사에 참여하게 하거나 의견을 진술하게 할 수 있다.

> **참고** **변호사가 언급된 규정**
>
> 1. 법 제112조(조력을 받을 권리)
> 2. 법 제126조(대리인)
> 3. 영 제42조(관세체납정리위원회의 구성)
> 4. 영 제144조의3(납세자보호위원회의 위원)
> 5. 영 제192조의8(보세판매장 특허심사위원회의 구성 및 운영)
> 6. 영 제266조의2(관세범칙조사심의위원회의 구성)

제113조(납세자의 성실성 추정 등)

① 납세자의 성실성 추정

세관공무원은 납세자가 이 법에 따른 신고 등의 의무를 이행하지 아니한 경우 또는 납세자에게 구체적인 관세포탈 등의 혐의가 있는 경우 등 대통령령으로 정하는 경우를 제외하고는 납세자가 성실하며 납세자가 제출한 신고서 등이 진실한 것으로 추정하여야 한다.

> **관세법 시행령**
>
> **영 제138조(납세자의 성실성 추정 등의 배제사유)** ① 법 제113조 제1항에서 "대통령령으로 정하는 경우"란 다음 각 호의 어느 하나에 해당하는 경우를 말한다.
> 1. 납세자가 법에서 정하는 신고 및 신청, 과세자료의 제출 등의 납세협력의무를 이행하지 아니한 경우
> 2. 납세자에 대한 구체적인 탈세정보가 있는 경우
> 3. 신고내용에 탈루나 오류의 혐의를 인정할 만한 명백한 자료가 있는 경우
> 4. 납세자의 신고내용이 관세청장이 정한 기준과 비교하여 불성실하다고 인정되는 경우

② 제한되지 않는 세관공무원의 행위

제1항은 세관공무원이 납세자가 제출한 신고서 등의 내용에 관하여 질문을 하거나 신고한 물품에 대하여 확인을 하는 행위 등 대통령령으로 정하는 행위를 하는 것을 제한하지 아니한다.

> **관세법 시행령**

영 제138조(납세자의 성실성 추정 등의 배제사유) ② 법 제113조 제2항에서 "대통령령으로 정하는 행위"란 다음 각 호의 어느 하나에 해당하는 것을 말한다.
  1. 법 제38조 제2항에 따른 세액심사를 위한 질문이나 자료제출의 요구
  2. 법 제246조에 따른 물품의 검사
  3. 법 제266조 제1항에 따른 장부 또는 자료의 제출
  4. 그 밖의 법(「수출용원재료에 대한 관세 등 환급에 관한 특례법」을 포함한다)에 따른 자료조사나 자료제출의 요구

제114조(관세조사의 사전통지와 연기신청)

① 사전통지

세관공무원은 제110조 제2항 각 호의 어느 하나에 해당하는 조사를 하기 위하여 해당 장부, 서류, 전산처리장치 또는 그 밖의 물품 등을 조사하는 경우에는 조사를 받게 될 납세자(그 위임을 받은 자를 포함한다. 이하 이 조에서 같다)에게 조사 시작 15일 전에 조사대상, 조사사유, 그 밖에 대통령령으로 정하는 사항을 통지하여야 한다. 다만, 다음 각 호의 어느 하나에 해당하는 경우에는 그러하지 아니하다.

  1. 범칙사건에 대하여 조사하는 경우
  2. 사전에 통지하면 증거인멸 등으로 조사 목적을 달성할 수 없는 경우

> **관세법 시행령**

영 제139조(관세조사의 사전통지) 법 제114조 제1항에 따라 납세자 또는 그 위임을 받은 자에게 관세조사에 관한 사전통지를 하는 경우에는 다음 각 호의 사항을 적은 문서로 하여야 한다.
  1. 납세자 또는 그 위임을 받은 자의 성명과 주소 또는 거소
  2. 조사기간
  3. 조사대상 및 조사사유
  4. 삭제
  5. 기타 필요한 사항

영 제139조의2(관세조사기간) ① 제139조 제2호에 따른 조사기간은 조사대상자의 수출입 규모, 조사 인원·방법·범위 및 난이도 등을 종합적으로 고려하여 최소한이 되도록 하되, 방문하여 조사하는 경우에 그 조사기간은 20일 이내로 한다.
② 제1항에도 불구하고 다음 각 호의 어느 하나에 해당하는 경우에는 20일 이내의 범위에서 조사기간을 연장할 수 있다. 이 경우 2회 이상 연장하는 경우에는 관세청장의 승인을 받아 각각 20일 이내에서 연장할 수 있다.
  1. 조사대상자가 장부·서류 등을 은닉하거나 그 제출을 지연 또는 거부하는 등 조사를 기피하는 행위가 명백한 경우
  2. 조사범위를 다른 품목이나 거래상대방 등으로 확대할 필요가 있는 경우
  3. 천재지변이나 노동쟁의로 조사가 중단되는 경우
  4. 제1호부터 제3호까지에 준하는 사유로 사실관계의 확인이나 증거 확보 등을 위하여 조사기간을 연장할 필요가 있는 경우
  5. 법 제118조의2 제2항에 따른 납세자보호관 또는 담당관(이하 이 조에서 "납세자보호관등"이라 한다)이 세금탈루 혐의와 관련하여 추가적인 사실 확인이 필요하다고 인정하는 경우
  6. 관세조사 대상자가 세금탈루 혐의에 대한 해명 등을 위하여 관세조사기간의 연장을 신청한 경우로서 납세자보호관등이 이를 인정하는 경우

③ 세관공무원은 납세자가 자료의 제출을 지연하는 등 다음 각 호의 어느 하나에 해당하는 사유로 조사를 진행하기 어려운 경우에는 조사를 중지할 수 있다. 이 경우 그 중지기간은 제1항 및 제2항의 조사기간 및 조사연장기간에 산입하지 아니한다.
   1. 납세자가 천재지변이나 제140조 제1항에 따른 관세조사 연기신청 사유에 해당하는 사유가 있어 조사중지를 신청한 경우
   2. 납세자가 장부·서류 등을 은닉하거나 그 제출을 지연 또는 거부하는 등으로 인하여 조사를 정상적으로 진행하기 어려운 경우
   3. 노동쟁의 등의 발생으로 관세조사를 정상적으로 진행하기 어려운 경우
   4. 제144조의2 제2항 제1호(같은 조 제3항에 따라 위임한 경우를 포함한다)에 따라 납세자보호관등이 관세조사의 일시중지를 요청하는 경우
   5. 그 밖에 관세조사를 중지하여야 할 특별한 사유가 있는 경우로서 관세청장이 정하는 경우

④ 세관공무원은 제3항에 따라 관세조사를 중지한 경우에는 그 중지사유가 소멸하면 즉시 조사를 재개하여야 한다. 다만, 관세채권의 확보 등 긴급히 조사를 재개하여야 할 필요가 있는 경우에는 그 중지사유가 소멸하기 전이라도 관세조사를 재개할 수 있다.

⑤ 세관공무원은 제2항부터 제4항까지의 규정에 따라 조사기간을 연장, 중지 또는 재개하는 경우에는 그 사유, 기간 등을 문서로 통지하여야 한다.

> **참고** 관세조사기간
>
> 1. 관세조사기간
> 2. 조사기간의 연장
> 3. 조사의 중지
> 4. 조사의 재개
> 5. 세관공무원의 통지

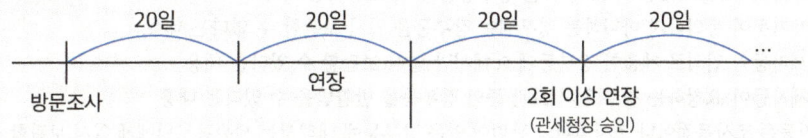

② 연기신청

제1항에 따른 통지를 받은 납세자가 천재지변이나 그 밖에 대통령령으로 정하는 사유로 조사를 받기가 곤란한 경우에는 대통령령으로 정하는 바에 따라 해당 세관장에게 조사를 연기하여 줄 것을 신청할 수 있다.

> **관세법 시행령**
>
> **영 제140조(관세조사의 연기신청)** ① 법 제114조 제2항에서 "대통령령으로 정하는 사유"란 다음 각 호의 어느 하나에 해당하는 경우를 말한다.
>   1. 화재나 그 밖의 재해로 사업상 심한 어려움이 있는 경우
>   2. 납세자 또는 그 위임을 받은 자의 질병, 장기출장 등으로 관세조사가 곤란하다고 판단되는 경우
>   3. 권한 있는 기관에 의하여 장부 및 증빙서류가 압수 또는 영치된 경우
>   4. 그 밖에 제1호부터 제3호까지의 규정에 준하는 사유가 있는 경우
>
> ② 법 제114조 제2항의 규정에 의하여 관세조사의 연기를 받고자 하는 자는 다음 각 호의 사항을 기재한 문서를 당해 세관장에게 제출하여야 한다.
>   1. 관세조사의 연기를 받고자 하는 자의 성명과 주소 또는 거소

2. 관세조사의 연기를 받고자 하는 기간
3. 관세조사의 연기를 받고자 하는 사유
4. 기타 필요한 사항

③ 제2항에 따라 관세조사 연기를 신청받은 세관장은 연기신청 승인 여부를 결정하고 그 결과를 조사 개시 전까지 신청인에게 통지하여야 한다.

제114조의2(장부·서류 등의 보관 금지)

① 장부등의 보관 금지
세관공무원은 관세조사의 목적으로 납세자의 장부·서류 또는 그 밖의 물건(이하 이 조에서 "장부등"이라 한다)을 세관관서에 임의로 보관할 수 없다.

② 장부등의 일시 보관 (1)
제1항에도 불구하고 세관공무원은 제110조의3 제2항 각 호의 어느 하나의 사유에 해당하는 경우에는 조사목적에 필요한 최소한의 범위에서 납세자, 소지자 또는 보관자 등 정당한 권한이 있는 자가 임의로 제출한 장부등을 납세자의 동의를 받아 세관관서에 일시 보관할 수 있다.

||관세법 시행령||

영 제140조의2(장부등의 일시 보관 방법 및 절차) ① 세관공무원은 법 제114조의2 제2항에 따라 납세자의 장부·서류 또는 그 밖의 물건(이하 이 조에서 "장부등"이라 한다)을 일시 보관하려는 경우에는 장부등의 일시 보관 전에 납세자, 소지자 또는 보관자 등 정당한 권한이 있는 자(이하 이 조에서 "납세자등"이라 한다)에게 다음 각 호의 사항을 고지하여야 한다.
1. 법 제110조의3 제2항 각 호에 따른 장부등을 일시 보관하는 사유
2. 납세자등이 동의하지 아니하는 경우에는 장부등을 일시 보관할 수 없다는 내용
3. 납세자등이 임의로 제출한 장부등에 대해서만 일시 보관할 수 있다는 내용
4. 납세자등이 요청하는 경우 일시 보관 중인 장부등을 반환받을 수 있다는 내용

② 납세자등은 조사목적이나 조사범위와 관련이 없는 장부등에 대해서는 세관공무원에게 일시 보관할 장부등에서 제외할 것을 요청할 수 있다.

③ 장부등의 일시 보관 (2)
세관공무원은 제2항에 따라 납세자의 장부등을 세관관서에 일시 보관하려는 경우 납세자로부터 일시 보관 동의서를 받아야 하며, 일시 보관증을 교부하여야 한다.

④ 장부등의 반환 (1)
세관공무원은 제2항에 따라 일시 보관하고 있는 장부등에 대하여 납세자가 반환을 요청한 경우에는 납세자가 그 반환을 요청한 날부터 14일을 초과하여 장부등을 보관할 수 없다. 다만, 조사목적을 달성하기 위하여 필요한 경우에는 제118조의4 제1항에 따른 납세자보호위원회의 심의를 거쳐 한 차례만 14일 이내의 범위에서 보관 기간을 연장할 수 있다.

⑤ 장부등의 반환 (2)

제4항에도 불구하고 세관공무원은 납세자가 제2항에 따라 일시 보관하고 있는 장부등의 반환을 요청한 경우로서 관세조사에 지장이 없다고 판단될 때에는 요청한 장부등을 즉시 반환하여야 한다.

⑥ 장부등의 반환 (3)

제4항 및 제5항에 따라 납세자에게 장부등을 반환하는 경우 세관공무원은 장부등의 사본을 보관할 수 있고, 그 사본이 원본과 다름없다는 사실을 확인하는 납세자의 서명 또는 날인을 요구할 수 있다.

> **관세법 시행령**
>
> **영 제140조의2(장부등의 일시 보관 방법 및 절차)** ③ 세관공무원은 해당 관세조사를 종료하였을 때에는 일시 보관한 장부등을 모두 반환하여야 한다.

⑦ 위임 규정

제1항부터 제6항까지에서 규정한 사항 외에 장부등의 일시 보관방법 및 절차 등에 관하여 필요한 사항은 대통령령으로 정한다.

제115조(관세조사의 결과 통지)

세관공무원은 제110조 제2항 각 호의 어느 하나에 해당하는 조사를 종료하였을 때에는 종료 후 20일 이내에 그 조사 결과를 서면으로 납세자에게 통지하여야 한다. 다만, 납세자가 폐업한 경우 등 대통령령으로 정하는 경우에는 그러하지 아니하다.

> **관세법 시행령**
>
> **영 제141조(관세조사에 있어서의 결과통지)** 법 제115조 단서에서 "대통령령으로 정하는 경우"란 다음 각 호의 어느 하나에 해당하는 경우를 말한다.
> 1. 납세자에게 통고처분을 하는 경우
> 2. 범칙사건을 고발하는 경우
> 3. 폐업한 경우
> 4. 납세자의 주소 및 거소가 불명하거나 그 밖의 사유로 통지를 하기 곤란하다고 인정되는 경우

> **참고** 관세법상 '범칙사건'이 언급된 규정
>
> 1. 세관공무원은 관세조사를 하는 경우 조사를 받게 될 납세자(그 위임을 받은 자를 포함한다)에게 조사 시작 15일 전에 조사대상, 조사사유, 그 밖에 대통령령으로 정하는 사항을 통지하여야 한다. 다만, 범칙사건에 대하여 조사하는 경우에는 그러하지 아니하다(법 제114조 제1항).
> 2. 세관공무원은 관세조사를 종료하였을 때에는 종료 후 20일 이내에 그 조사 결과를 서면으로 납세자에게 통지하여야 한다. 다만, 범칙사건을 고발하는 경우에는 그러하지 아니하다(법 제115조 및 영 제141조).

제116조(비밀유지)

① 과세정보의 제공

세관공무원은 납세자가 이 법에서 정한 납세의무를 이행하기 위하여 제출한 자료나 관세의 부과·징수 또는 통관을 목적으로 업무상 취득한 자료 등(이하 "과세정보"라 한다)을 타인에게 제공하거나 누설하여서는 아니 되며, 사용 목적 외의 용도로 사용하여서도 아니 된다. 다만, 다음 각 호의 어느 하나에 해당하는 경우에는 그 사용 목적에 맞는 범위에서 납세자의 과세정보를 제공할 수 있다.

1. 국가기관이 관세에 관한 쟁송이나 관세범에 대한 소추(訴追)를 목적으로 과세정보를 요구하는 경우
2. 법원의 제출명령이나 법관이 발부한 영장에 따라 과세정보를 요구하는 경우
3. 세관공무원 상호 간에 관세를 부과·징수, 통관 또는 질문·검사하는 데에 필요하여 과세정보를 요구하는 경우
4. 통계청장이 국가통계작성 목적으로 과세정보를 요구하는 경우
5. 다음 각 목에 해당하는 자가 급부·지원 등의 대상자 선정 및 그 자격을 조사·심사하는데 필요한 과세정보를 당사자의 동의를 받아 요구하는 경우
   가. 국가행정기관 및 지방자치단체
   나. 「공공기관의 운영에 관한 법률」에 따른 공공기관 중 대통령령으로 정하는 공공기관
   다. 「은행법」에 따른 은행
   라. 그 밖에 급부·지원 등의 업무와 관련된 자로서 대통령령으로 정하는 자
6. 제5호 나목 또는 다목에 해당하는 자가 「대외무역법」 제2조 제3호에 따른 무역거래자의 거래, 지급, 수령 등을 확인하는데 필요한 과세정보를 당사자의 동의를 받아 요구하는 경우
7. 다른 법률에 따라 과세정보를 요구하는 경우

관세법 시행령

영 제141조의2(과세정보의 제공 기관 및 범위) ① 법 제116조 제1항 제5호 나목에서 "대통령령으로 정하는 공공기관"이란 다음 각 호의 어느 하나에 해당하는 기관을 말한다.
1. 「기술보증기금법」에 따른 기술보증기금
2. 「농촌진흥법」 제33조에 따른 한국농업기술진흥원
3. 「대한무역투자진흥공사법」에 따른 대한무역투자진흥공사
4. 「무역보험법」 제37조에 따른 한국무역보험공사
5. 「산업기술혁신 촉진법」 제39조에 따른 한국산업기술기획평가원
6. 「신용보증기금법」에 따른 신용보증기금
7. 「정부출연연구기관 등의 설립·운영 및 육성에 관한 법률」에 따른 한국해양수산개발원
8. 「중소기업진흥에 관한 법률」 제68조에 따른 중소벤처기업진흥공단
9. 「한국농수산식품유통공사법」에 따른 한국농수산식품유통공사
10. 「한국해양진흥공사법」에 따른 한국해양진흥공사
11. 그 밖에 「공공기관의 운영에 관한 법률」에 따른 공공기관으로서 공공기관이 수행하는 급부·지원사업 등의 대상자 선정 및 자격의 조사·심사를 위하여 과세정보(납세자가 법에서 정한 납세의무를 이행하기 위하여 제출한 자료나 관세의 부과·징수 또는 통관을 목적으로 업무상 취득한 자료 등을 말한다. 이하 같다)가 필요하다고 관세청장이 정하여 고시하는 공공기관

② 법 제116조 제1항 제5호 라목에서 "대통령령으로 정하는 자"란 다음 각 호의 어느 하나에 해당하는 기관 또는 법인·단체를 말한다.
1. 법 제116조 제1항 제5호 가목 및 나목에 해당하는 자의 급부·지원 등의 대상자 선정 및 그 자격의 조사·심사 업무를 위임 또는 위탁받아 수행하는 기관 또는 법인·단체

2. 법 제116조 제1항 제5호 가목 및 나목에 해당하는 자가 급부·지원 등의 업무를 수행하기 위하여 출연·보조하는 기관 또는 법인·단체로서 관세청장이 정하여 고시하는 기관 또는 법인·단체
3. 그 밖에 기업의 경쟁력 강화, 산업발전 및 무역진흥을 위한 급부·지원 등의 업무를 수행하는 비영리법인으로서 급부·지원 등의 대상자 선정 및 자격의 조사·심사를 위하여 과세정보가 필요하다고 관세청장이 정하여 고시하는 법인

② 과세정보의 구체적인 범위

제1항 제5호 및 제6호에 해당하는 경우에 제공할 수 있는 과세정보의 구체적인 범위는 대통령령으로 정한다.

> **관세법 시행령**
>
> **영 제141조의2(과세정보의 제공 기관 및 범위)** ③ 세관공무원이 법 제116조 제2항에 따라 제공할 수 있는 과세정보의 구체적인 범위는 별표 2의2와 같다.

③ 과세정보 제공의 요구

제1항 제1호 및 제4호부터 제7호까지의 규정에 따라 과세정보의 제공을 요구하는 자는 대통령령으로 정하는 바에 따라 문서로 관세청장 또는 해당 세관장에게 요구하여야 한다.

> **관세법 시행령**
>
> **영 제141조의3(과세정보 제공의 요구 방법)** ① 법 제116조 제3항에 따라 과세정보의 제공을 요구하는 자는 다음 각 호의 사항이 포함된 신청서를 관세청장에게 제출해야 한다.
>   1. 과세정보의 사용 목적
>   2. 요구하는 과세정보의 내용
>   3. 과세정보가 필요한 급부·지원 등 사업명
>   4. 당사자의 동의
> ② 제1항에 따른 신청서의 서식, 당사자의 동의 여부 확인 방법 등 과세정보의 제공 요구 및 제공에 필요한 세부 사항은 관세청장이 정하여 고시한다.

④ 과세정보 제공 요구의 거부

세관공무원은 제1항부터 제3항까지의 규정에 위반되게 과세정보의 제공을 요구받으면 이를 거부하여야 한다.

⑤ 과세정보 제공업무의 대행

관세청장은 제1항 제5호부터 제7호까지에 따른 과세정보의 제공 업무를 제322조 제5항에 따른 대행기관에 대행하게 할 수 있다. 이 경우 관세청장은 과세정보 제공 업무를 위한 기초자료를 대행기관에 제공하여야 한다.

⑥ 비밀 유지

제1항에 따라 과세정보를 알게 된 자 또는 제5항에 따라 과세정보의 제공 업무를 대행하는 자는 과세정보를 타인에게 제공하거나 누설하여서는 아니 되며, 그 목적 외의 용도로 사용하여서도 아니 된다.

⑦ 과세정보의 안전성 확보를 위한 조치

제1항에 따라 과세정보를 알게 된 자 또는 제5항에 따라 과세정보의 제공 업무를 대행하는 자는 과세정보의 유출을 방지하기 위한 시스템 구축 등 대통령령으로 정하는 바에 따라 과세정보의 안전성 확보를 위한 조치를 하여야 한다.

⑧ 공무원 의제

이 조에 따라 과세정보를 제공받아 알게 된 자 또는 과세정보의 제공 업무를 대행하는 자 중 공무원이 아닌 자는 「형법」이나 그 밖의 법률에 따른 벌칙을 적용할 때 공무원으로 본다.

관세법 시행령

영 제141조의4(과세정보의 안전성 확보) ① 과세정보공유자(법 제116조 제1항에 따라 과세정보를 알게 된 자 또는 같은 조 제5항에 따라 과세정보의 제공 업무를 대행하는 자를 말한다. 이하 이 조에서 같다)는 과세정보의 안전성을 확보하기 위하여 같은 조 제7항에 따라 다음 각 호의 조치를 해야 한다.
  1. 과세정보의 유출 및 변조 등을 방지하기 위한 정보보호시스템의 구축
  2. 과세정보 이용이 가능한 업무담당자 지정 및 업무담당자 외의 자에 대한 과세정보 이용 금지
  3. 과세정보의 보관기간 설정 및 보관기간 경과 시 과세정보의 파기
② 과세정보공유자는 제1항 각 호에 해당하는 조치의 이행 여부를 주기적으로 점검해야 한다.
③ 관세청장은 과세정보공유자에게 제2항에 따른 점검결과의 제출을 요청할 수 있으며, 해당 요청을 받은 자는 그 점검결과를 관세청장에게 제출해야 한다.

제116조의2(고액·상습체납자 등의 명단 공개)

① 명단 공개 대상

관세청장은 제116조에도 불구하고 다음 각 호의 구분에 따라 해당 사항을 공개할 수 있다.

1. 체납발생일부터 1년이 지난 관세 및 내국세등(이하 이 항에서 "체납관세등"이라 한다)이 2억원 이상인 체납자: 해당 체납자의 인적사항과 체납액 등. 다만, 체납관세등에 대하여 이의신청·심사청구 등 불복청구가 진행 중이거나 체납액의 일정금액 이상을 납부한 경우 등 대통령령으로 정하는 사유에 해당하는 경우에는 그러하지 아니하다.
2. 제270조 제1항·제4항 및 제5항에 따른 범죄로 유죄판결이 확정된 자로서 같은 조에 따른 포탈, 감면, 면탈 또는 환급받은 관세 및 내국세등의 금액(이하 이 조에서 "포탈관세액"이라 한다)이 연간 2억원 이상인 자(이하 이 조에서 "관세포탈범"이라 한다): 해당 관세포탈범의 인적사항과 포탈관세액 등. 다만, 제2항에 따른 관세정보위원회가 공개할 실익이 없거나 공개하는 것이 부적절하다고 인정하는 경우 등 대통령령으로 정하는 사유에 해당하는 경우에는 그러하지 아니하다.

관세법 시행령

영 제141조의5(고액·상습체납자 등의 명단 공개) ① 법 제116조의2 제1항 제1호 단서에서 "체납관세등에 대하여 이의신청·심사청구 등 불복청구가 진행 중이거나 체납액의 일정금액 이상을 납부한 경우 등 대통령령으로 정하는 사유"란 다음 각 호의 어느 하나에 해당하는 경우를 말한다.
  1. 다음 계산식에 따라 계산한 최근 2년간의 체납액 납부비율이 100분의 50 이상인 경우

$$\text{최근 2년간의 체납액 납부비율} = \frac{B}{A+B}$$

- A: 명단 공개 예정일이 속하는 연도의 직전 연도 12월 31일 당시 명단 공개대상 예정자의 체납액
- B: 명단 공개 예정일이 속하는 연도의 직전 2개 연도 동안 명단 공개대상 예정자가 납부한 금액

    2. 「채무자 회생 및 파산에 관한 법률」 제243조에 따른 회생계획인가의 결정에 따라 체납된 세금의 징수를 유예 받고 그 유예기간 중에 있거나 체납된 세금을 회생계획의 납부일정에 따라 납부하고 있는 경우
    3. 재산상황, 미성년자 해당 여부 및 그 밖의 사정 등을 고려할 때 법 제116조의2 제2항에 따른 관세정보위원회가 공개할 실익이 없거나 공개하는 것이 부적절하다고 인정하는 경우
② 법 제116조의2 제1항 제2호 단서에서 "제2항에 따른 관세정보위원회가 공개할 실익이 없거나 공개하는 것이 부적절하다고 인정하는 경우 등 대통령령으로 정하는 사유"란 법 제116조의2 제2항에 따른 관세정보위원회가 공개할 실익이 없거나 공개하는 것이 부적절하다고 인정하는 경우를 말한다.

> **참고** **비밀유지의무와 명단 공개의 관계**
>
> 법 제116조의2(고액·상습체납자 등의 명단 공개)는 '제116조에도 불구하고'로 시작한다. 이것은 명단 공개가 법 제116조 (비밀유지)의 예외라는 의미이다.

② 관세정보위원회

    제1항과 제4항에 따른 체납자의 인적사항과 체납액 또는 관세포탈범의 인적사항과 포탈관세 등에 대한 공개 여부를 심의 또는 재심의하고 제116조의4 제1항 제3호에 따른 체납자에 대한 감치 필요성 여부를 의결하기 위하여 관세청에 관세정보위원회(이하 이 조에서 "심의위원회"라 한다)를 둔다.

> **관세법 시행령**
>
> **영 제141조의6(관세정보위원회의 구성 및 운영)** ① 법 제116조의2 제2항에 따른 관세정보위원회(이하 이 조에서 "위원회"라 한다)의 위원장은 관세청 차장이 되고, 위원은 다음 각 호의 자가 된다.
>   1. 관세청의 고위공무원단에 속하는 일반직공무원 중에서 관세청장이 임명하는 자 4인
>   2. 법률 또는 재정·경제에 관한 학식과 경험이 풍부한 자 중에서 관세청장이 성별을 고려하여 위촉하는 자 6인
> ② 제1항 제2호에 해당하는 위원의 임기는 2년으로 하되, 한 번만 연임할 수 있다. 다만, 보궐위원의 임기는 전임위원 임기의 남은 기간으로 한다.
> ③ 관세청장은 위원회의 위원이 다음 각 호의 어느 하나에 해당하는 경우에는 해당 위원을 해임 또는 해촉할 수 있다.
>   1. 심신장애로 인하여 직무를 수행할 수 없게 된 경우
>   2. 직무와 관련된 비위사실이 있는 경우
>   3. 직무태만, 품위손상이나 그 밖의 사유로 인하여 위원으로 적합하지 아니하다고 인정되는 경우
>   4. 위원 스스로 직무를 수행하는 것이 곤란하다고 의사를 밝히는 경우
>   5. 제5항 각 호의 어느 하나에 해당함에도 불구하고 회피하지 아니한 경우
> ④ 위원회의 회의는 위원장을 포함한 재적위원 과반수의 출석으로 개의하고, 출석위원 과반수의 찬성으로 의결한다.
> ⑤ 위원회의 위원은 다음 각 호의 어느 하나에 해당하는 경우에는 심의·의결에서 제척된다.
>   1. 위원이 해당 안건의 당사자(당사자가 법인·단체 등인 경우에는 그 임원을 포함한다. 이하 이 항에서 같다)이거나 해당 안건에 관하여 직접적인 이해관계가 있는 경우
>   2. 위원의 배우자, 4촌 이내의 혈족 및 2촌 이내의 인척의 관계에 있는 사람이 해당 안건의 당사자이거나 해당 안건에 관하여 직접적인 이해관계가 있는 경우
>   3. 위원이 해당 안건 당사자의 대리인이거나 최근 5년 이내에 대리인이었던 경우

    4. 위원이 해당 안건 당사자의 대리인이거나 최근 5년 이내에 대리인이었던 법인·단체 등에 현재 속하고 있거나 속하였던 경우
    5. 위원이 최근 5년 이내에 해당 안건 당사자의 자문·고문에 응하였거나 해당 안건 당사자와 연구·용역 등의 업무 수행에 동업 또는 그 밖의 형태로 직접 해당 안건 당사자의 업무에 관여를 하였던 경우
    6. 위원이 최근 5년 이내에 해당 안건 당사자의 자문·고문에 응하였거나 해당 안건 당사자와 연구·용역 등의 업무 수행에 동업 또는 그 밖의 형태로 직접 해당 안건 당사자의 업무에 관여를 하였던 법인·단체 등에 현재 속하고 있거나 속하였던 경우
  ⑥ 위원회의 위원은 제5항 각 호의 어느 하나에 해당하는 경우에는 스스로 해당 안건의 심의·의결에서 회피하여야 한다.
  ⑦ 제1항부터 제6항까지에서 규정한 사항 외에 위원회의 구성 및 운영에 관하여 필요한 사항은 관세청장이 정한다.

③ **명단 공개대상 예정자의 소명**
관세청장은 심의위원회의 심의를 거친 공개대상 예정자에게 체납자 또는 관세포탈범 명단 공개대상 예정자임을 통지하여 **소명할 기회**를 주어야 한다.

> **관세법 시행령**
>
> **영 제141조의5(고액·상습체납자 등의 명단 공개)** ③ 관세청장은 법 제116조의2 제3항에 따라 공개대상 예정자에게 명단공개 대상예정자임을 통지하는 때에는 그 체납하거나 포탈한 세금의 납부촉구와 명단 공개 제외사유에 해당되는 경우 이에 관한 소명자료를 제출하도록 각각 안내하여야 한다.

④ **명단 공개 여부의 재심의**
관세청장은 제3항에 따라 **통지한 날부터 6개월**이 지나면 심의위원회로 하여금 체납액 또는 관세포탈액의 납부이행 등을 고려하여 체납자 또는 관세포탈범의 명단 공개 여부를 **재심의**하게 한다.

⑤ **명단 공개방법**
제1항에 따른 공개는 **관보에 게재**하거나 **관세청장이 지정하는 정보통신망** 또는 **관할 세관의 게시판**에 게시하는 방법으로 한다.

> **관세법 시행령**
>
> **영 제141조의5(고액·상습체납자 등의 명단 공개)** ④ 체납자 명단 공개 시 공개할 사항은 체납자의 성명·상호(법인의 명칭을 포함한다)·연령·직업·주소, 체납액의 세목·납기 및 체납요지 등으로 하고, 체납자가 법인인 경우에는 **법인의 대표자를 함께 공개**한다.
> ⑤ 법 제116조의2 제1항 제2호에 따라 관세포탈범의 명단을 공개할 때 공개할 사항은 관세포탈범의 성명·상호(법인의 명칭을 포함한다), 나이, 직업, 주소, 포탈관세액 등의 세목·금액, 판결 요지 및 형량 등으로 한다. 이 경우 관세포탈범의 범칙행위가 법 제279조 제1항 본문에 해당하는 경우에는 해당 법인의 명칭·주소·대표자 또는 해당 개인의 성명·상호·주소를 함께 공개한다.
> ⑥ 관세청장이 법 제116조의2 제5항에 따라 명단을 관세청장이 지정하는 정보통신망 또는 관할 세관의 게시판에 게시하는 방법으로 공개하는 경우 그 공개 기간은 게시일부터 다음 각 호의 구분에 따른 기간이 만료하는 날까지로 한다.
>   1. 법 제116조의2 제1항 제2호에 따른 범죄(「특정범죄 가중처벌 등에 관한 법률」 제6조 제8항에 따른 상습범은 제외한다)로 유죄판결이 확정된 자의 경우: 5년
>   2. 법 제116조의2 제1항 제2호에 따른 범죄(「특정범죄 가중처벌 등에 관한 법률」 제6조 제8항에 따른 상습범만 해당한다)로 유죄판결이 확정된 자의 경우: 10년
> ⑦ 제6항에도 불구하고 같은 항 각 호에 따른 자가 그 공개 기간의 만료일 현재 다음 각 호의 어느 하나에 해당하는 경우에는 해당 호에서 정하는 날까지 계속하여 공개한다.

1. 법에 따라 납부해야 할 세액, 과태료 또는 벌금을 납부하지 않은 경우: 그 세액 등을 완납하는 날
2. 형의 집행이 완료되지 않은 경우: 그 형의 집행이 완료되는 날

⑥ 위임 규정

제1항부터 제5항까지의 규정에 따른 체납자·관세포탈범 명단 공개 및 심의위원회의 구성·운영 등에 필요한 사항은 대통령령으로 정한다.

> **참고** 고액·상습체납자 등의 명단 공개
>
> 1. 명단 공개대상
>   (1) 공개대상(법 제116조의2 제1항)
>   (2) 명단 공개 제외대상(법 제116조의2 제2항, 영 제141조의5 제1항 및 제2항)
> 2. 명단 공개방법(절차)
>   (1) 관세정보위원회(법 제116조의2 제2항)
>   (2) 명단 공개대상 예정자의 소명(법 제116조의2 제3항)
>   (3) 명단 공개 여부의 재심의(법 제116조의2 제4항)
>   (4) 명단 공개방법(법 제116조의2 제5항)
>   (5) 명단 공개사항(내용)(영 제141조의5 제4항)

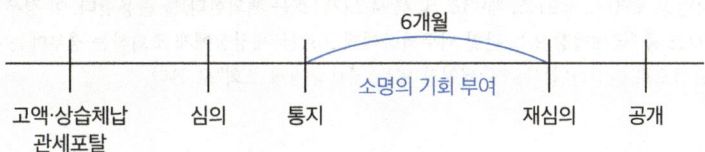

제116조의3(납세증명서의 제출 및 발급)

① 납세증명서의 제출

납세자(미과세된 자를 포함한다. 이하 이 조에서 같다)는 다음 각 호의 어느 하나에 해당하는 경우에는 대통령령으로 정하는 바에 따라 납세증명서를 제출하여야 한다.

> 1. 국가, 지방자치단체 또는 대통령령으로 정하는 정부관리기관으로부터 대금을 지급받을 경우
>
> **관세법 시행령**
> **영 제141조의7(납세증명서의 제출)** ① 법 제116조의3 제1항 제1호에서 "대통령령으로 정하는 정부 관리기관"이란 「감사원법」 제22조 제1항 제3호 및 제4호에 따라 감사원의 회계검사의 대상이 되는 법인 또는 단체 등을 말한다.

2. 「출입국관리법」제31조에 따른 외국인등록 또는 「재외동포의 출입국과 법적 지위에 관한 법률」제6조에 따른 국내거소신고를 한 외국인이 체류기간 연장허가 등 대통령령으로 정하는 체류허가를 법무부장관에게 신청하는 경우

> **관세법 시행령**
>
> **영 제141조의7(납세증명서의 제출)** ② 법 제116조의3 제1항 제2호에서 "체류기간 연장허가 등 대통령령으로 정하는 체류허가"란 다음 각 호의 어느 하나에 해당하는 경우를 말한다.
> 1. 「재외동포의 출입국과 법적 지위에 관한 법률」 제6조에 따른 국내거소신고
> 2. 「출입국관리법」 제20조에 따른 체류자격 외 활동허가
> 3. 「출입국관리법」 제21조에 따른 근무처 변경·추가에 관한 허가 또는 신고
> 4. 「출입국관리법」 제23조에 따른 체류자격부여
> 5. 「출입국관리법」 제24조에 따른 체류자격 변경허가
> 6. 「출입국관리법」 제25조에 따른 체류기간 연장허가
> 7. 「출입국관리법」 제31조에 따른 외국인등록

3. 내국인이 해외이주 목적으로 「해외이주법」 제6조에 따라 재외동포청장에게 해외이주신고를 하는 경우

> **관세법 시행령**
>
> **영 제141조의7(납세증명서의 제출)** ③ 법 제116조의3에 따른 납세증명서의 내용과 납세증명서의 제출 등에 관하여는 「국세징수법」 제107조 제2항(각 호 외의 부분 중 지정납부기한 연장 부분 및 제1호는 제외한다), 같은 법 시행령 제90조, 제91조, 제93조 및 제94조(제1호는 제외한다)를 준용한다. 이 경우 「국세징수법 시행령」 제93조 중 "국세청장 또는 관할 세무서장에게 조회(국세청장에게 조회하는 경우에는 국세정보통신망을 통한 방법으로 한정한다)"는 "관세청장 또는 세관장에게 조회"로 본다.

② 납세증명서의 발급

세관장은 납세자로부터 납세증명서의 발급신청을 받았을 때에는 그 사실을 확인하고 즉시 납세증명서를 발급하여야 한다.

> **관세법 시행령**
>
> **영 제141조의8(납세증명서의 발급 신청)** 법 제116조의3 제2항에 따라 납세증명서를 발급받으려는 자는 기획재정부령으로 정하는 서식에 따른 신청서를 세관장에게 제출하여야 한다.
>
>> **관세법 시행규칙**
>>
>> **규칙 제60조의2(납세증명서의 발급 신청)** 영 제141조의8에 따른 납세증명서의 발급 신청서는 별지 제1호서식과 같다.
>
> **영 제141조의9(납세증명서의 유효기간)** ① 납세증명서의 유효기간은 그 증명서를 발급한 날부터 30일로 한다. 다만, 발급일 현재 납부기한이 진행 중인 관세 및 내국세등이 있는 경우에는 그 납부기한까지로 할 수 있다.
> ② 세관장은 제1항 단서에 따라 유효기간을 정할 경우에는 해당 납세증명서에 그 사유와 유효기간을 분명하게 적어야 한다.

제116조의4(고액·상습체납자의 감치)

① 감치사유

법원은 검사의 청구에 따라 체납자가 다음 각 호의 사유에 모두 해당하는 경우 결정으로 30일의 범위에서 체납된 관세(세관장이 부과·징수하는 내국세등을 포함한다. 이하 이 조에서 같다)가 납부될 때까지 그 체납자를 감치(監置)에 처할 수 있다.

> 1. 관세를 3회 이상 체납하고 있고, 체납발생일부터 각 1년이 경과하였으며, 체납금액의 합계가 2억원 이상인 경우
> 2. 체납된 관세의 납부능력이 있음에도 불구하고 정당한 사유 없이 체납한 경우
> 3. 제116조의2 제2항에 따른 관세정보위원회의 의결에 따라 해당 체납자에 대한 감치 필요성이 인정되는 경우

② 감치 신청

관세청장은 체납자가 제1항 각 호의 사유에 모두 해당하는 경우에는 체납자의 주소 또는 거소를 관할하는 지방검찰청 또는 지청의 검사에게 체납자의 감치를 신청할 수 있다.

③ 감치 신청에 대한 의견진술 등

관세청장은 제2항에 따라 체납자의 감치를 신청하기 전에 체납자에게 대통령령으로 정하는 바에 따라 소명자료를 제출하거나 의견을 진술할 수 있는 기회를 주어야 한다.

관세법 시행령

영 제141조의10(고액·상습체납자의 감치 신청에 대한 의견진술 등) ① 관세청장은 법 제116조의4 제3항에 따라 체납자가 소명자료를 제출하거나 의견을 진술할 수 있도록 다음 각 호의 사항이 모두 포함된 서면(체납자가 동의하는 경우에는 전자문서를 포함한다)을 체납자에게 통지해야 한다. 이 경우 제4호에 따른 기간에 소명자료를 제출하지 않거나 의견진술 신청이 없는 경우에는 의견이 없는 것으로 본다.
  1. 체납자의 성명과 주소
  2. 감치(監置)요건, 감치 신청의 원인이 되는 사실, 감치기간 및 적용 법령
  3. 법 제116조의4 제6항에 따라 체납된 관세를 납부하는 경우에는 감치 집행이 종료될 수 있다는 사실
  4. 체납자가 소명자료를 제출하거나 의견을 진술할 수 있다는 사실과 소명자료 제출 및 의견진술 신청기간. 이 경우 그 기간은 통지를 받은 날부터 30일 이상으로 해야 한다.
  5. 그 밖에 소명자료 제출 및 의견진술 신청에 관하여 필요한 사항

② 법 제116조의4 제3항에 따라 의견을 진술하려는 사람은 제1항 제4호에 따른 기간에 관세청장에게 진술하려는 내용을 간략하게 적은 문서(전자문서를 포함한다)를 제출해야 한다.

③ 제2항에 따라 의견진술 신청을 받은 관세청장은 법 제116조의2 제2항에 따른 관세정보위원회의 회의 개최일 3일 전까지 신청인에게 회의 일시 및 장소를 통지해야 한다.

④ 즉시항고

제1항의 결정에 대하여는 즉시항고를 할 수 있다.

⑤ 재차 감치 금지

제1항에 따라 감치에 처하여진 체납자는 동일한 체납사실로 인하여 재차 감치되지 아니한다.

⑥ 감치집행 종료

제1항에 따라 감치에 처하는 재판을 받은 체납자가 그 감치의 집행 중에 체납된 관세를 납부한 경우에는 감치집행을 종료하여야 한다.

⑦ 세관공무원의 협력
  제1항에 따른 감치집행 시 세관공무원은 감치대상자에게 감치사유, 감치기간, 제6항에 따른 감치집행의 종료 등 감치결정에 대한 사항을 설명하고 그 밖의 감치집행에 필요한 절차에 협력하여야 한다.

⑧ 대법원규칙
  제1항에 따른 감치에 처하는 재판 절차 및 그 집행, 그 밖에 필요한 사항은 대법원규칙으로 정한다.

> **참고** **고액·상습체납자의 감치**
>
> 1. 감치사유(법 제116조의4 제1항)
> 2. 감치 신청
>   (1) 체납자 감치 신청(법 제116조의4 제2항)
>   (2) 감치 신청에 대한 의견진술 등(법 제116조의4 제3항, 영 제141조의10)
> 3. 기타 즉시항고 등
>   (1) 즉시항고(법 제116조의4 제4항)
>   (2) 재차 감치 금지(법 제116조의4 제5항)
>   (3) 감치 집행 종료(법 제116조의4 제6항)
>   (4) 세관공무원의 협력(법 제116조의4 제7항)
>   (5) 대법원규칙(법 제116조의4 제8항)
>
>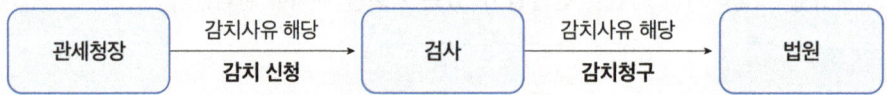

제116조의5(출국금지 요청 등)

① 출국금지 등 요청
  관세청장은 정당한 사유 없이 5천만원 이상의 관세(세관장이 부과·징수하는 내국세등을 포함한다. 이하 이 조에서 같다)를 체납한 자 중 대통령령으로 정하는 자에 대하여 법무부장관에게 「출입국관리법」 제4조 제3항 및 같은 법 제29조 제2항에 따라 출국금지 또는 출국정지를 즉시 요청하여야 한다.

> **관세법 시행령**
>
> **영 제141조의11(출국금지 등의 요청)** ① 법 제116조의5 제1항에서 "대통령령으로 정하는 자"란 다음 각 호의 어느 하나에 해당하는 사람으로서 관할 세관장이 압류·공매, 담보 제공, 보증인의 납세보증서 등으로 조세채권을 확보할 수 없고, 강제징수를 회피할 우려가 있다고 인정되는 사람을 말한다.
> 1. 배우자 또는 직계존비속이 국외로 이주(국외에 3년 이상 장기체류 중인 경우를 포함한다)한 사람
> 2. 「출입국관리법」 제4조에 따른 출국금지(같은 법 제29조에 따른 출국정지를 포함한다. 이하 이 조 및 제141조의12에서 "출국금지"라 한다)의 요청일 현재 최근 2년간 미화 5만달러 상당액 이상을 국외로 송금한 사람
> 3. 미화 5만달러 상당액 이상의 국외자산이 발견된 사람
> 4. 법 제116조의2에 따라 명단이 공개된 자
> 5. 출국금지 요청일을 기준으로 최근 1년간 사업 목적, 질병 치료, 직계존비속의 사망 등 정당한 사유 없이 국외 출입 횟수가 3회 이상이거나 국외 체류 일수가 6개월 이상인 사람
> 6. 법 제26조에 따라 「국세징수법」 제25조에 따른 사해행위(詐害行爲) 취소소송 중이거나 「국세기본법」 제35조 제6항에 따른 제3자와 짜고 한 거짓계약에 대한 취소소송 중인 사람

② 관세청장은 법 제116조의5 제1항에 따라 법무부장관에게 체납자에 대한 출국금지를 요청하는 경우에는 해당 체납자가 제1항 각 호 중 어느 항목에 해당하는지와 조세채권을 확보할 수 없고 강제징수를 회피할 우려가 있다고 인정하는 사유를 구체적으로 밝혀야 한다.

② 출국금지 등 결과통보
법무부장관은 제1항에 따른 출국금지 또는 출국정지 요청에 따라 출국금지 또는 출국정지를 한 경우에는 관세청장에게 그 결과를 「정보통신망 이용촉진 및 정보보호 등에 관한 법률」 제2조 제1항 제1호에 따른 정보통신망 등을 통하여 통보하여야 한다.

③ 출국금지 등 해제 요청
관세청장은 다음 각 호의 어느 하나에 해당하는 경우에는 즉시 법무부장관에게 출국금지 또는 출국정지의 해제를 요청하여야 한다.

1. 체납자가 체납액을 전부 또는 일부 납부하여 체납된 관세가 5천만원 미만으로 된 경우
2. 체납자 재산의 압류, 담보 제공 등으로 출국금지사유가 해소된 경우
3. 관세징수권의 소멸시효가 완성된 경우
4. 그 밖에 대통령령으로 정하는 사유가 있는 경우

> **관세법 시행령**
>
> **영 제141조의12(출국금지 등의 해제 요청)** ① 법 제116조의5 제3항 제4호에서 "대통령령으로 정하는 사유"란 다음 각 호의 어느 하나에 해당하는 경우를 말한다.
> 1. 체납액의 부과결정의 취소 등에 따라 체납된 관세(세관장이 부과·징수하는 내국세등을 포함한다)가 5천만원 미만이 된 경우
> 2. 제141조의11 제1항에 따른 출국금지 요청의 요건을 충족하지 않게 된 경우

관세법 시행령

영 제141조의12(출국금지 등의 해제 요청) ② 관세청장은 출국금지 중인 사람에게 다음 각 호의 어느 하나에 해당하는 사유가 발생한 경우로서 강제징수를 회피할 목적으로 국외로 도피할 우려가 없다고 인정할 때에는 법무부장관에게 출국금지의 해제를 요청할 수 있다.
1. 국외건설계약 체결, 수출신용장 개설, 외국인과의 합작사업계약 체결 등 구체적인 사업계획을 가지고 출국하려는 경우
2. 국외에 거주하는 직계존비속이 사망하여 출국하려는 경우
3. 제1호 및 제2호의 사유 외에 본인의 신병 치료 등 불가피한 사유로 출국할 필요가 있다고 인정되는 경우

④ 위임 규정
제1항부터 제3항까지에서 규정한 사항 외에 출국금지 및 출국정지 요청 등의 절차에 관하여 필요한 사항은 대통령령으로 정한다.

참고 | 출국금지 등의 요청과 출국금지 등의 해제 요청

1. 출국금지 등 요청(법 제116조의5 제1항)
2. 출국금지 등 요청대상(영 제141조의11)
3. 출국금지 등 결과 통보(법 제116조의5 제2항)
4. 출국금지 등 해제 요청
   (1) 출국금지 등 해제 요청대상(법 제116조의5 제3항, 영 제141조의12 제1항)
   (2) 사업계약 등 예외적인 출국금지 등 해제 요청(영 제141조의12 제2항)

```
                출국금지 또는 출국정지 요청
  관세청장  ─────────────────────────────→  법무부장관
          출국금지 또는 출국정지 해제 요청
```

참고 | 고액·상습체납자 등의 명단 공개 / 감치, 출국금지 등 비교

구분	주체	요건
고액·상습체납자 등의 명단 공개 (법 제116조의2)	관세청장 (관세정보위원회의 심의, 재심의)	① 체납발생일부터 1년이 지난 관세 및 내국세 등이 2억원 이상인 체납자 ② 포탈 관세액이 연간 2억원 이상인 자
고액·상습체납자의 감치 (법 제116조의4)	법원 (관세청장의 신청, 검사의 청구, 관세정보위원회의 감치 필요성 여부 의결)	다음 사유에 모두 해당하는 경우 1. 관세를 3회 이상 체납하고 있고, 체납발생일부터 각 1년이 경과하였으며, 체납금액의 합계가 2억원 이상인 경우 2. 체납된 관세의 납부능력이 있음에도 불구하고 정당한 사유 없이 체납한 경우 3. 관세정보위원회의 의결에 따라 해당 체납자에 대한 감치 필요성이 인정되는 경우
출국금지 요청 등 (법 제116조의5)	법무부장관 (관세청장의 요청)	정당한 사유 없이 5천만원 이상의 관세(내국세 포함)를 체납한 자 중 대통령령으로 정하는 자(관할 세관장이 조세채권을 확보할 수 없고, 체납처분을 회피할 우려가 있다고 인정되는 사람) 1. 배우자 또는 직계존비속이 국외로 이주(국외에 3년 이상 장기체류 중인 경우 포함)한 사람 2. 출국금지의 요청일 현재 최근 2년간 미화 5만달러 상당액 이상을 국외로 송금한 사람 3. 미화 5만달러 상당액 이상의 국외자산이 발견된 사람 4. 명단이 공개된 고액·상습체납자 5. 출국금지 요청일을 기준으로 최근 1년간 사업 목적, 질병 치료, 직계존비속의 사망 등 정당한 사유 없이 국외 출입 횟수가 3회 이상이거나 국외 체류 일수가 6개월 이상인 사람 6. 사해행위(詐害行爲) 취소소송 중이거나 제3자와 짜고 한 거짓계약에 대한 취소소송 중인 사람

제116조의6(납세자 본인에 관한 과세정보의 전송 요구)

① 납세자 본인에 관한 과세정보의 전송 요구
   납세자는 관세청장에 대하여 본인에 관한 정보로서 제116조에 따른 과세정보를 본인이나 본인이 지정하는 자로서 본인정보를 이용하여 업무를 처리하려는 다음 각 호에 해당하는 자에게 전송하여 줄 것을 요구할 수 있다.

   1. 납세자 본인
   2. 「관세사법」 제7조에 따라 등록한 관세사, 같은 법 제17조의2에 따라 등록한 관세법인 또는 같은 법 제19조에 따라 등록한 통관취급법인등
   3. 「세무사법」 제6조에 따라 등록한 세무사 또는 같은 법 제16조의4에 따라 등록한 세무법인
   4. 「세무사법」에 따라 세무대리를 할 수 있는 공인회계사 또는 변호사
   5. 「전기통신사업법」 제2조 제8호에 따른 전기통신사업자로서 대통령령으로 정하는 자

> **관세법 시행령**
>
> **영 제141조의13(납세자 본인의 과세정보 전송 요구 등)** ① 법 제116조의6 제1항 제5호에서 "대통령령으로 정하는 자"란 다음 각 호의 자를 말한다.
>   1. 「전기통신사업법」에 따른 전기통신사업자로서 「신용정보의 이용 및 보호에 관한 법률」 제33조의2 제1항 제2호부터 제5호까지에 해당하는 자
>   2. 그 밖에 「전기통신사업법」에 따른 전기통신사업자로서 본인정보의 활용 수요, 본인정보를 전송·수신하는 정보시스템의 안전성·신뢰성 및 개인정보 보호 수준 등을 고려하여 관세청장이 정하여 고시하는 자
>
> ③ 납세자는 법 제116조의6 제1항에 따라 과세정보의 전송을 요구하는 경우(납세자 본인에게 전송할 것을 요구하는 경우는 제외한다)에는 과세정보의 보관기간을 특정하여 요구해야 한다.
> ④ 법 제116조의6 제1항에 따라 전송 요구를 받은 관세청장은 전송 요구를 받은 과세정보를 컴퓨터 등 정보처리장치로 처리가 가능한 방식으로 즉시 전송해야 한다. 다만, 전산시스템의 문제 발생 등으로 전송이 지연되거나 불가한 경우에는 전송이 지연된 사실 및 그 사유를 납세자에게 통지하고, 그 사유가 해소되면 즉시 과세정보를 전송해야 한다.
> ⑤ 관세청장은 납세자의 요구가 있는 경우에는 해당 과세정보의 정확성 및 최신성이 유지될 수 있도록 정기적으로 같은 내역의 과세정보를 전송할 수 있다.

② 관세청장의 과세정보 전송
   관세청장은 제1항에 따른 전송 요구를 받은 경우에는 대통령령으로 정하는 범위에서 해당 정보를 컴퓨터 등 정보처리장치를 이용하여 처리 가능한 형태로 전송하여야 한다.

> **관세법 시행령**
>
> **영 제141조의13(납세자 본인의 과세정보 전송 요구 등)** ② 법 제116조의6 제2항에서 "대통령령으로 정하는 범위"란 별표 2의2 제1호 각 목에 따른 정보(납세자 본인에 관한 정보만 해당한다)를 말한다. 다만, 해당 정보의 유출로 국가의 안전보장 또는 국민경제의 발전에 지장을 줄 우려가 있는 정보는 제외한다.

③ 전송 요구의 철회

납세자는 제1항에 따른 전송 요구를 철회할 수 있다.

> **관세법 시행령**
>
> **영 제141조의13(납세자 본인의 과세정보 전송 요구 등)** ⑥ 납세자는 법 제116조의6 제3항에 따라 전송 요구를 철회하는 경우에는 다음 각 호의 어느 하나에 해당하는 방법으로 해야 한다.
> 1. 서면
> 2. 「전자서명법」 제2조 제2호에 따른 전자서명(서명자의 실지명의를 확인할 수 있는 것으로 한정한다)이 있는 전자문서(「전자문서 및 전자거래 기본법」 제2조 제1호에 따른 전자문서를 말한다)
> 3. 그 밖에 안전성과 신뢰성이 확보된 방법으로서 관세청장이 정하여 고시하는 방법

④ 전송 요구의 거절·중단

제2항에도 불구하고 관세청장은 납세자의 본인 여부가 확인되지 아니하는 경우 등 대통령령으로 정하는 경우에는 제1항에 따른 **전송 요구를 거절하거나 전송을 중단할 수 있다.** 이 경우 관세청장은 지체 없이 해당 사실을 납세자에게 통지하여야 한다.

> **관세법 시행령**
>
> **영 제141조의13(납세자 본인의 과세정보 전송 요구 등)** ⑦ 법 제116조의6 제4항에서 "납세자의 본인 여부가 확인되지 아니하는 경우 등 대통령령으로 정하는 경우"란 다음 각 호의 어느 하나에 해당하는 경우를 말한다.
> 1. 납세자 본인이 전송 요구를 한 사실이 확인되지 않은 경우
> 2. 납세자 본인이 전송 요구를 했으나 제3자의 기망이나 협박 때문에 전송 요구를 한 것으로 의심되는 경우
> 3. 법 제116조의6 제1항 각 호의 자가 아닌 자에게 전송해 줄 것을 요구한 경우
> 4. 법 제116조의6 제5항에 따른 전송 요구 방법을 따르지 않은 경우
> 5. 납세자의 인증정보 탈취 등 부당한 방법으로 인한 전송 요구임을 알게 된 경우
> 6. 전송 요구에 응하여 과세정보를 제공하면 타인의 권리나 정당한 이익을 부당하게 침해할 우려가 있는 경우

⑤ 전송 요구시 유의사항 (1)

납세자는 제1항 각 호의 어느 하나에 해당하는 자에게 제1항에 따른 전송 요구를 할 때에는 다음 각 호의 사항을 모두 특정하여 전자문서나 그 밖에 안전성과 신뢰성이 확보된 방법으로 하여야 한다.

> 1. 전송을 요구하는 본인의 과세정보
> 2. 본인의 과세정보를 제공받는 자
> 3. 정기적인 전송을 요구하는지 여부 및 요구하는 경우 그 주기
> 4. 그 밖에 제1호부터 제3호까지에서 정한 사항과 유사한 사항으로서 관세청장이 정하는 사항

⑥ 전송 요구시 유의사항 (2)

납세자는 제1항에 따른 전송 요구로 인하여 타인의 권리나 정당한 이익을 침해하여서는 아니 된다.

⑦ 위임 규정

제1항부터 제6항까지에서 규정한 사항 외에 전송 요구의 방법, 전송의 기한·주기 및 방법, 전송 요구 철회의 방법 등 필요한 사항은 대통령령으로 정한다.

⑧ 전송 업무의 대행

관세청장은 이 조에 따른 과세정보의 전송 업무를 제322조 제5항에 따른 대행기관에 대행하게 할 수 있다. 이 경우 관세청장은 과세정보 전송 업무를 위하여 기초자료를 대행기관에 제공하여야 한다.

⑨ 전송 업무 대행자의 조치

제2항에 따라 전송된 과세정보를 알게 된 제1항 각 호(제1호는 제외한다)의 자 또는 제8항에 따라 과세정보의 전송 업무를 대행하는 자는 대통령령으로 정하는 바에 따라 과세정보의 유출을 방지하기 위한 시스템 구축 등 과세정보의 안정성 확보를 위한 조치를 하여야 한다.

> **관세법 시행령**
>
> **영 제141조의13(납세자 본인의 과세정보 전송 요구 등)** ⑧ 다음 각 호의 어느 하나에 해당하는 자(이하 "전송과세정보 공유자"라 한다)는 법 제116조의6 제9항에 따라 과세정보의 안전성을 확보하기 위해 제141조의4 제1항 각 호의 조치를 해야 한다.
>   1. 법 제116조의6 제2항에 따라 전송된 과세정보를 알게 된 같은 조 제1항 제2호부터 제5호까지에 해당하는 자
>   2. 법 제116조의6 제8항에 따라 과세정보의 전송 업무를 대행하는 자
> ⑨ 전송과세정보 공유자는 제8항에 따른 조치의 이행 여부를 주기적으로 점검해야 한다.
> ⑩ 관세청장은 전송과세정보 공유자에게 제9항에 따른 점검결과의 제출을 요청할 수 있으며, 해당 요청을 받은 자는 그 점검결과를 관세청장에게 제출해야 한다.
> ⑪ 제1항부터 제10항까지에서 규정한 사항 외에 과세정보의 전송 요구 절차 등에 관하여 필요한 사항은 관세청장이 정하여 고시한다.

⑩ 비밀 유지

제2항에 따라 전송된 과세정보를 알게 된 제1항 각 호(제1호는 제외한다)의 자 또는 제8항에 따라 과세정보의 전송 업무를 대행하는 자는 과세정보를 타인에게 제공 또는 누설하거나 그 목적 외의 용도로 사용하여서는 아니 된다.

⑪ 수수료 납부

제1항에 따른 과세정보를 전송 요구하려는 자는 기획재정부령으로 정하는 바에 따라 관세청장에게 수수료를 납부하여야 한다. 다만, 제8항에 따라 대행기관이 업무를 대행하는 경우에는 대행기관이 정하는 수수료를 해당 대행기관에 납부하여야 한다.

> **관세법 시행규칙**
>
> **규칙 제60조의3(과세정보 전송 요구에 따른 수수료)** 법 제116조의6 제11항 본문에 따라 과세정보 전송을 요구하려는 자가 관세청장에게 납부해야 하는 수수료에 관하여는 별표 7 제3호를 준용한다.

제117조(정보의 제공)

세관공무원은 납세자가 납세자의 권리행사에 필요한 정보를 요구하면 신속하게 제공하여야 한다. 이 경우 세관공무원은 납세자가 요구한 정보와 관련되어 있어 관세청장이 정하는 바에 따라 납세자가 반드시 알아야 한다고 판단되는 그 밖의 정보도 함께 제공하여야 한다.

제118조(과세전적부심사)

① 과세전통지

세관장은 제38조의3 제6항 또는 제39조 제2항에 따라 **납부세액이나 납부하여야 하는 세액에 미치지 못한 금액을 징수하려는 경우**에는 미리 납세의무자에게 **그 내용을 서면으로 통지**하여야 한다. 다만, 다음 각 호의 어느 하나에 해당하는 경우에는 통지를 생략할 수 있다.

1. 통지하려는 날부터 3개월 이내에 제21조에 따른 관세부과의 제척기간이 만료되는 경우
2. 제28조 제2항에 따라 납세의무자가 확정가격을 신고한 경우
3. 제38조 제2항 단서에 따라 수입신고 수리 전에 세액을 심사하는 경우로서 그 결과에 따라 부족세액을 징수하는 경우
4. 제97조 제3항(제98조 제2항에 따라 준용되는 경우를 포함한다)에 따라 면제된 관세를 징수하거나 제102조 제2항에 따라 감면된 관세를 징수하는 경우
5. 제270조에 따른 관세포탈죄로 고발되어 포탈세액을 징수하는 경우
6. 그 밖에 관세의 징수가 곤란하게 되는 등 사전통지가 적당하지 아니한 경우로서 대통령령으로 정하는 경우

> **관세법 시행령**
>
> **영 제142조(과세전통지의 생략)** 법 제118조 제1항 제6호에서 "대통령령으로 정하는 경우"란 다음 각 호의 어느 하나에 해당하는 경우를 말한다.
> 1. 납부세액의 계산착오 등 명백한 오류에 의하여 부족하게 된 세액을 징수하는 경우
> 2. 「감사원법」 제33조에 따른 감사원의 시정요구에 따라 징수하는 경우
> 3. 납세의무자가 부도·휴업·폐업 또는 파산한 경우
> 4. 법 제85조에 따른 관세품목분류위원회의 의결에 따라 결정한 품목분류에 의하여 수출입물품에 적용할 세율이나 품목분류의 세번이 변경되어 부족한 세액을 징수하는 경우
> 5. 법 제118조 제4항 제2호 후단 및 제128조 제1항 제3호 후단(법 제132조 제4항에서 준용하는 경우를 포함한다)에 따른 재조사 결과에 따라 해당 처분의 취소·경정을 하거나 필요한 처분을 하는 경우

② 과세전적부심사의 청구

납세의무자는 제1항에 따른 통지를 받았을 때에는 그 통지를 받은 날부터 **30일 이내**에 **기획재정부령으로 정하는 세관장**에게 통지 내용이 적법한지에 대한 심사(이하 이 조에서 "과세전적부심사"라 한다)를 청구할 수 있다. 다만, 법령에 대한 관세청장의 유권해석을 변경하여야 하거나 새로운 해석이 필요한 경우 등 대통령령으로 정하는 경우에는 관세청장에게 이를 청구할 수 있다.

> **관세법 시행규칙**
>
> **규칙 제61조(과세전적부심사의 청구)** 법 제118조 제2항 본문에 따라 과세전적부심사를 청구하는 세관장은 다음 각 호의 구분에 의한다.
> 1. 인천공항세관장 및 김포공항세관장의 통지에 대한 과세전적부심사인 경우: **인천공항세관장**
> 2. 서울세관장·안양세관장·천안세관장·청주세관장·성남세관장·파주세관장·속초세관장·동해세관장 및 대전세관장의 통지에 대한 과세전적부심사인 경우: **서울세관장**
> 3. 부산세관장·김해공항세관장·용당세관장·양산세관장·창원세관장·마산세관장·경남남부세관장 및 경남서부세관장의 통지에 대한 과세전적부심사인 경우: **부산세관장**
> 4. 인천세관장·평택세관장·수원세관장 및 안산세관장의 통지에 대한 과세전적부심사인 경우: **인천세관장**
> 5. 대구세관장·울산세관장·구미세관장 및 포항세관장의 통지에 대한 과세전적부심사인 경우: **대구세관장**
> 6. 광주세관장·광양세관장·목포세관장·여수세관장·군산세관장·제주세관장 및 전주세관장의 통지에 대한 과세전적부심사인 경우: **광주세관장**

관세법 시행령

영 제143조(과세전적부심사의 범위 및 청구절차 등) ① 법 제118조 제2항 단서에서 "법령에 대한 관세청장의 유권해석을 변경하여야 하거나 새로운 해석이 필요한 경우 등 대통령령으로 정하는 경우"란 다음 각 호의 어느 하나에 해당하는 경우를 말한다.
  1. 관세청장의 훈령·예규·고시 등과 관련하여 새로운 해석이 필요한 경우
  2. 관세청장의 업무감사결과 또는 업무지시에 따라 세액을 경정하거나 부족한 세액을 징수하는 경우
  3. 관세평가분류원장의 품목분류 및 유권해석에 따라 수출입물품에 적용할 세율이나 물품분류의 관세율표 번호가 변경되어 세액을 경정하거나 부족한 세액을 징수하는 경우
  4. 동일 납세의무자가 동일한 사안에 대하여 둘 이상의 세관장에게 과세전적부심사를 청구하여야 하는 경우
  5. 제1호부터 제4호까지의 규정에 해당하지 아니하는 경우로서 과세전적부심사 청구금액이 5억원 이상인 것

② 납세의무자가 법 제118조 제2항에 따른 과세전적부심사를 청구한 경우 세관장은 그 청구 부분에 대하여 같은 조 제3항에 따른 결정이 있을 때까지 경정을 유보(留保)해야 한다. 다만, 다음 각 호의 어느 하나에 해당하는 경우에는 그렇지 않다.
  1. 과세전적부심사를 청구한 날부터 법 제21조에 따른 관세부과의 제척기간 만료일까지 남은 기간이 3개월 이하인 경우
  2. 법 제118조 제1항 각 호의 어느 하나에 해당하는 경우
  3. 납세의무자가 과세전적부심사를 청구한 이후 세관장에게 조기에 경정해 줄 것을 신청한 경우

③ 관세심사위원회의 심사

과세전적부심사를 청구받은 세관장이나 관세청장은 그 청구를 받은 날부터 30일 이내에 제118조의4 제9항 전단에 따른 관세심사위원회의 심사를 거쳐 결정을 하고, 그 결과를 청구인에게 통지하여야 한다. 다만, 과세전적부심사 청구기간이 지난 후 과세전적부심사청구가 제기된 경우 등 대통령령으로 정하는 사유에 해당하는 경우에는 해당 위원회의 심사를 거치지 아니하고 결정할 수 있다.

관세법 시행령

영 제144조(관세심사위원회의 심사를 생략할 수 있는 사유) 법 제118조 제3항 단서에서 "과세전적부심사 청구기간이 지난 후 과세전적부심사청구가 제기된 경우 등 대통령령으로 정하는 사유"란 다음 각 호의 어느 하나에 해당하는 사유를 말한다.
  1. 과세전적부심사 청구기간이 지난 후 과세전적부심사청구가 제기된 경우
  2. 법 제118조 제1항 각 호 외의 부분 본문에 따른 통지가 없는 경우
  3. 법 제118조 제1항 각 호 외의 부분 본문에 따른 통지가 청구인에게 한 것이 아닌 경우
  4. 법 제118조 제6항에 따라 준용되는 법 제123조 제1항 본문에 따른 보정기간 내에 보정을 하지 아니한 경우
  5. 과세전적부심사청구의 대상이 되는 통지의 내용이나 쟁점 등이 이미 법 제118조의4 제9항 전단에 따른 관세심사위원회(이하 "관세심사위원회"라 한다)의 심의를 거쳐 결정된 사항과 동일한 경우

④ 과세전적부심사청구에 대한 결정
과세전적부심사청구에 대한 결정은 다음 각 호의 구분에 따른다.

> 1. 청구가 이유 없다고 인정되는 경우: 채택하지 아니한다는 결정
> 2. 청구가 이유 있다고 인정되는 경우: 청구의 전부 또는 일부를 채택하는 결정. 이 경우 구체적인 채택의 범위를 정하기 위하여 사실관계 확인 등 추가적으로 조사가 필요한 경우에는 제1항 본문에 따른 통지를 한 세관장으로 하여금 이를 재조사하여 그 결과에 따라 당초 통지 내용을 수정하여 통지하도록 하는 재조사 결정을 할 수 있다.
>
> **관세법 시행령**
> **영 제142조의2(재조사 결과에 따른 처분의 통지)** 관세청장 또는 세관장은 법 제118조 제4항 제2호 후단 및 제128조 제1항 제3호 후단(법 제132조 제4항에서 준용하는 경우를 포함한다)에 따른 재조사 결과에 따라 대상이 된 처분의 취소·경정을 하거나 필요한 처분을 하였을 때에는 그 처분결과를 지체 없이 서면으로 과세전적부심사청구인 또는 심사청구인(법 제132조 제4항에서 준용하는 경우에는 이의신청인을 말한다)에게 통지하여야 한다.
>
> 3. 청구기간이 지났거나 보정기간 내에 보정하지 아니하는 경우 또는 적법하지 아니한 청구를 하는 경우: 심사하지 아니한다는 결정

⑤ 조기 경정 신청
제1항 각 호 외의 부분 본문에 따른 통지를 받은 자는 과세전적부심사를 청구하지 아니하고 통지를 한 세관장에게 통지받은 내용의 전부 또는 일부에 대하여 조기에 경정해 줄 것을 신청할 수 있다. 이 경우 해당 세관장은 즉시 신청받은 대로 세액을 경정하여야 한다.

⑥ 심사청구 규정 준용
과세전적부심사에 관하여는 제121조 제3항, 제122조 제2항, 제123조, 제126조, 제127조 제3항, 제128조 제4항부터 제6항까지, 제129조의2 및 제130조를 준용한다.

> **참고 과세전적부심사의 심사청구 규정 준용**
>
> 1. 법 제121조 제3항: 심사청구서 우편 제출(만료일)
> 2. 법 제122조 제2항: 심사청구기간의 계산(세관장에게 제출된 때)
> 3. 법 제123조: 심사청구서의 보정(20일)
> 4. 법 제126조: 대리인
> 5. 법 제127조 제3항: 관세심사위원회 회의 비공개
> 6. 법 제128조 제4항: 심사청구 보정기간 결정기간 미산입
> 7. 법 제128조 제5항: 재조사기간(재조사 결정일부터 60일)
> 8. 법 제128조 제6항: 재조사 결정에 필요한 사항
> 9. 법 제129조의2: 정보통신망을 이용한 불복청구(전송된 때)
> 10. 법 제130조: 서류의 열람 및 의견진술

⑦ 「행정심판법」 규정 준용
과세전적부심사에 관하여는 「행정심판법」 제15조, 제16조, 제20조부터 제22조까지, 제29조, 제39조 및 제40조를 준용한다. 이 경우 "위원회"는 "관세심사위원회"로 본다.

⑧ 위임 규정
과세전적부심사의 방법과 그 밖에 필요한 사항은 대통령령으로 정한다.

> [참고] 과세전적부심사절차

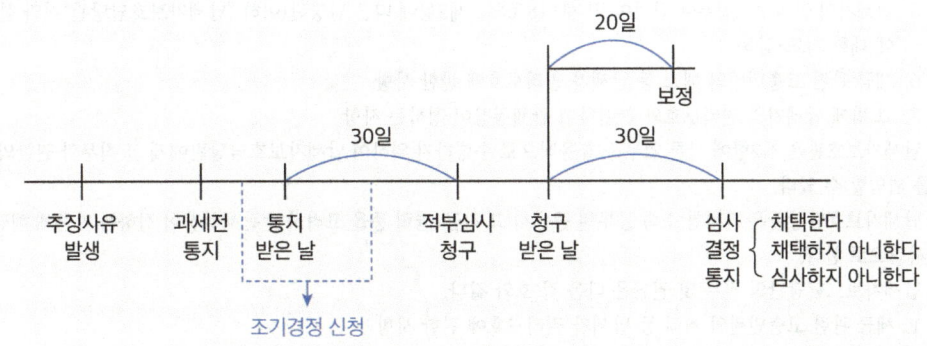

제118조의2(관세청장의 납세자 권리보호)

① 관세청장의 납세자 권리보호

관세청장은 직무를 수행할 때 납세자의 권리가 보호되고 실현될 수 있도록 성실하게 노력하여야 한다.

② 납세자보호관 및 납세자보호담당관

납세자의 권리보호를 위하여 관세청에 납세자 권리보호업무를 총괄하는 납세자보호관을 두고, 대통령령으로 정하는 세관에 납세자 권리보호업무를 수행하는 담당관을 각각 1명을 둔다.

> **관세법 시행령**
>
> **영 제144조의2(납세자보호관 및 담당관의 자격·직무 등)** ① 법 제118조의2 제2항에서 "대통령령으로 정하는 세관"이란 인천공항세관·서울세관·부산세관·인천세관·대구세관 및 광주세관(이하 "본부세관"이라 한다)을 말한다.

③ 납세자보호관 및 납세자보호담당관의 자격

관세청장은 제2항에 따른 납세자보호관을 개방형직위로 운영하고 납세자보호관 및 담당관이 업무를 수행할 때 독립성이 보장될 수 있도록 하여야 한다. 이 경우 납세자보호관은 관세·법률·재정 분야의 전문지식과 경험을 갖춘 사람으로서 다음 각 호의 어느 하나에 해당하지 아니하는 사람을 대상으로 공개모집한다.

> 1. 세관공무원
> 2. 세관공무원으로 퇴직한 지 3년이 지나지 아니한 사람

> **관세법 시행령**
>
> **영 제144조의2(납세자보호관 및 담당관의 자격·직무 등)** ② 법 제118조의2 제5항에 따른 납세자보호관(이하 "납세자보호관"이라 한다)의 직무 및 권한은 다음 각 호와 같다.
>   1. 위법·부당한 관세조사 및 관세조사 중 세관공무원의 위법·부당한 행위에 대한 일시중지 및 중지
>   2. 위법·부당한 처분(법에 따른 납부고지는 제외한다)에 대한 시정요구
>   3. 위법·부당한 처분이 있을 수 있다고 인정되는 경우 그 처분절차의 일시중지 및 중지

    4. 납세서비스 관련 제도·절차 개선에 관한 사항
    5. 납세자의 권리보호업무에 관하여 법 제118조의2 제2항에 따른 담당관(이하 "납세자보호담당관"이라 한다) 에 대한 지도·감독
    6. 세금 관련 고충민원의 해소 등 납세자 권리보호에 관한 사항
    7. 그 밖에 납세자의 권리보호와 관련하여 관세청장이 정하는 사항
③ 납세자보호관은 제2항에 따른 업무를 효율적으로 수행하기 위하여 납세자보호담당관에게 그 직무와 권한의 일부를 위임할 수 있다.
④ 납세자보호담당관은 관세청 소속 공무원 중에서 그 직급·경력 등을 고려하여 관세청장이 정하는 기준에 해당하는 사람으로 한다.
⑤ 납세자보호담당관의 직무 및 권한은 다음 각 호와 같다.
    1. 세금 관련 고충민원의 처리 등 납세자 권리보호에 관한 사항
    2. 제3항에 따라 위임받은 업무
    3. 그 밖에 납세자 권리보호에 관하여 관세청장이 정하는 사항

④ 납세자 권리보호업무의 추진실적 등 공개
관세청장은 납세자 권리보호업무의 추진실적 등의 자료를 일반 국민에게 정기적으로 공개하여야 한다.

⑤ 위임 규정
납세자보호관 및 담당관은 세금 관련 고충민원의 처리 등 대통령령으로 정하는 직무 및 권한을 가지며, 납세자보호관 및 담당관의 자격 등 납세자보호관제도의 운영에 필요한 사항은 대통령령으로 정한다.

참고 납세자보호관과 납세자보호담당관 비교

구분	납세자보호관	납세자보호담당관
목적	납세자 권리 보호를 위함	
소속	관세청	본부세관
요건	• 개방형직위로 운영한다. • 독립성이 보장되어야 한다. • 전문지식과 경험을 갖추어야 한다. • 세관공무원 또는 세관공무원으로 퇴직한지 3년이 지나지 아니한 사람에 해당하지 아니한 사람을 대상으로 공개모집한다.	• 관세청 소속 공무원 중에서 관세청장이 정하는 기준에 해당하는 사람으로 한다. • 독립성이 보장되어야 한다.
직무 및 권한	1. 위법·부당한 관세조사 및 관세조사 중 세관공무원의 위법·부당한 행위에 대한 일시중지 및 중지 2. 위법·부당한 처분(납부고지 제외)에 대한 시정요구 3. 위법·부당한 처분이 있을 수 있다고 인정되는 경우 그 처분절차의 일시중지 및 중지 4. 납세서비스 관련 제도·절차 개선에 관한 사항 5. 납세자의 권리보호업무에 관하여 납세자보호담당관에 대한 지도·감독 6. 세금 관련 고충민원의 해소 등 납세자 권리보호에 관한 사항 7. 그 밖에 납세자의 권리보호와 관련하여 관세청장이 정하는 사항	1. 세금 관련 고충민원의 처리 등 납세자 권리보호에 관한 사항 2. 납세자보호관으로부터 위임받은 업무 3. 그 밖에 납세자 권리보호에 관하여 관세청장이 정하는 사항

제118조의3(납세자의 협력의무)

납세자는 세관공무원의 적법한 질문·조사, 제출명령에 대하여 성실하게 협력하여야 한다.

제118조의4(납세자보호위원회)

① 납세자보호위원회 설치

다음 각 호의 사항을 심의(제3호의 사항은 의결을 포함한다)하기 위하여 제118조의2 제2항의 세관 및 관세청에 납세자보호위원회(이하 "납세자보호위원회"라 한다)를 둔다.

> 1. 납세자 권리보호에 관한 사항
> 2. 제118조 제2항에 따른 과세전적부심사
> 3. 제122조 제1항에 따른 심사청구
> 4. 제132조 제1항에 따른 이의신청

② 세관 납세자보호위원회의 심의사항

제1항에 따라 제118조의2 제2항의 세관에 두는 납세자보호위원회(이하 "세관 납세자보호위원회"라 한다)는 다음 각 호의 사항을 심의한다.

> 1. 관세조사 범위의 확대
> 2. 관세조사기간 연장에 대한 납세자의 관세조사 일시중지 또는 중지 요청
> 3. 위법·부당한 관세조사 및 관세조사 중 세관공무원의 위법·부당한 행위에 대한 납세자의 관세조사 일시중지 또는 중지 요청
> 4. 제114조의2 제4항 단서에 따른 장부등의 일시 보관기간 연장
> 5. 제118조 제2항 본문에 따른 과세전적부심사
> 6. 제132조 제1항에 따른 이의신청
> 7. 그 밖에 고충민원의 처리 등 납세자의 권리보호를 위하여 납세자보호담당관이 심의가 필요하다고 인정하는 안건

③ 관세청 납세자보호위원회의 심의사항

제1항에 따라 관세청에 두는 납세자보호위원회(이하 "관세청 납세자보호위원회"라 한다)는 다음 각 호의 사항을 심의(제3호의 사항은 의결을 포함한다)한다.

> 1. 제2항 제1호부터 제3호까지의 사항에 대하여 세관 납세자보호위원회의 심의를 거친 해당 세관장의 결정에 대한 납세자의 취소 또는 변경 요청
> 2. 제118조 제2항 단서에 따른 과세전적부심사
> 3. 제122조 제1항에 따른 심사청구
> 4. 그 밖에 고충민원의 처리 또는 납세자 권리보호를 위한 관세행정의 제도 및 절차 개선 등으로서 납세자보호위원회의 위원장 또는 납세자보호관이 심의가 필요하다고 인정하는 사항

④ 삭제

⑤ 납세자보호위원회의 위원장
납세자보호위원회의 위원장은 다음 각 호의 구분에 따른 사람이 된다.

> 1. 세관 납세자보호위원회: 공무원이 아닌 사람 중에서 해당 세관장의 추천을 받아 관세청장이 위촉하는 사람
> 2. 관세청 납세자보호위원회: 공무원이 아닌 사람 중에서 기획재정부장관의 추천을 받아 관세청장이 위촉하는 사람

|| 관세법 시행령

영 제144조의3(납세자보호위원회의 위원) ① 법 제118조의4 제1항에 따른 납세자보호위원회(이하 이 조 및 제144조의4에서 "위원회"라 한다)는 같은 조 제5항에 따른 위원장(이하 이 조 및 제144조의4에서 "위원장"이라 한다) 1명을 포함하여 다음 각 호의 구분에 따른 위원으로 구성한다.
  1. 본부세관에 두는 위원회: 160명 이내의 위원
  2. 관세청에 두는 위원회: 45명 이내의 위원
② 위원회의 위원은 다음 각 호의 구분에 따른 사람이 된다.
  1. 본부세관에 두는 위원회: 다음 각 목의 사람
    가. 납세자보호담당관 1명
    나. 해당 본부세관의 5급 이상의 공무원 중 본부세관장이 임명하는 7명 이내의 사람
    다. 관세청장이 정하는 일선세관(본부세관 외의 세관을 말한다. 이하 같다)의 5급 이상의 공무원 중 본부세관장이 임명하는 40명 이내의 사람(일선세관별 임명 위원은 5명 이내로 한다)
    라. 관세·법률·재정 분야에 관한 전문적인 학식과 경험이 풍부한 사람으로서 본부세관장이 성별을 고려하여 위촉하는 32명 이내의 사람
    마. 관세·법률·재정 분야에 관한 전문적인 학식과 경험이 풍부한 사람으로서 일선세관장이 성별을 고려하여 추천한 사람 중에서 본부세관장이 위촉하는 80명 이내의 사람(일선세관별 위촉 위원은 10명 이내로 한다)
  2. 관세청에 두는 위원회: 다음 각 목의 사람
    가. 납세자보호관 1명
    나. 관세청의 3급 또는 고위공무원단에 속하는 공무원 중에서 관세청장이 임명하는 9명 이내의 사람
    다. 관세·법률·재정 분야의 전문가 중에서 관세청장이 성별을 고려하여 위촉하는 22명 이내의 사람(기획재정부장관이 추천하여 위촉하는 7명 이내의 사람을 포함한다)
    라. 「관세사법」 제21조에 따른 관세사회의 장이 추천하는 5년 이상 경력을 가진 관세사 중에서 관세청장이 위촉하는 사람 3명
    마. 「세무사법」 제18조에 따른 한국세무사회의 장이 추천하는 5년 이상 경력을 가진 세무사 또는 「공인회계사법」 제41조에 따른 한국공인회계사회의 장이 추천하는 5년 이상의 경력을 가진 공인회계사 중에서 관세청장이 위촉하는 사람 3명
    바. 「변호사법」에 따른 대한변호사협회의 장이 추천하는 5년 이상 경력을 가진 변호사 중에서 관세청장이 위촉하는 사람 3명
    사. 「비영리민간단체 지원법」 제2조에 따른 비영리민간단체가 추천하는 5년 이상의 경력을 가진 관세·법률·재정 분야의 전문가 중에서 관세청장이 위촉하는 사람 4명
③ 위원장은 위원회를 대표하고 위원회의 업무를 총괄한다.

⑥ 납세자보호위원회의 위원

납세자보호위원회의 위원은 관세·법률·재정 분야에 전문적인 학식과 경험이 풍부한 사람과 관계 공무원 중에서 **관세청장(세관 납세자보호위원회의 위원은 해당 세관장)이 임명 또는 위촉**한다.

> **관세법 시행령**
>
> **영 제144조의3(납세자보호위원회의 위원)** ④ 위원장이 부득이한 사유로 직무를 수행할 수 없을 때에는 관세청장(본부세관에 두는 위원회의 경우에는 해당 세관장을 말한다)이 위촉하는 위원(이하 이 조 및 제144조의4에서 "민간위원"이라 한다) 중 위원장이 미리 지명한 위원이 그 직무를 대행한다.
> ⑤ 위원장과 민간위원의 임기는 2년으로 하며, 한 차례만 연임할 수 있다.
> ⑥ 다음 각 호의 어느 하나에 해당하는 사람은 민간위원이 될 수 없다.
>   1. 최근 3년 이내에 세관 또는 관세청에서 공무원으로 근무한 사람
>   2. 「공직자윤리법」 제17조에 따른 취업심사대상기관에 소속되어 있거나 취업심사대상기관에서 퇴직한 지 3년이 지나지 않은 사람
>   3. 「관세사법」 제27조, 「세무사법」 제17조, 「공인회계사법」 제48조 또는 「변호사법」 제90조에 따른 징계처분(견책은 제외한다)을 받은 날부터 5년이 지나지 않은 사람
>   4. 그 밖에 공정한 직무수행에 지장이 있다고 인정되는 사람으로서 관세청장이 정하는 사람

⑦ 비밀유지

납세자보호위원회의 위원은 업무 중 알게 된 과세정보를 타인에게 제공 또는 누설하거나 목적 외의 용도로 사용해서는 아니 된다.

⑧ 위원의 제척 또는 회피

납세자보호위원회의 위원은 공정한 심의를 기대하기 어려운 사정이 있다고 인정될 때에는 **대통령령**으로 정하는 바에 따라 위원회 회의에서 제척되거나 회피하여야 한다.

> **관세법 시행령**
>
> **영 제144조의3(납세자보호위원회의 위원)** ⑦ 관세청장(본부세관에 두는 위원회의 경우에는 해당 세관장을 말한다)은 위원장과 위원(납세자보호담당관 및 납세자보호관인 위원은 제외한다)이 다음 각 호의 어느 하나에 해당하는 경우에는 해당 위원을 해임하거나 해촉할 수 있다.
>   1. 심신장애로 인하여 직무를 수행할 수 없게 된 경우
>   2. 직무와 관련된 비위사실이 있는 경우
>   3. 직무태만, 품위손상이나 그 밖의 사유로 인하여 위원으로 적합하지 않다고 인정되는 경우
>   4. 위원 스스로 직무를 수행하는 것이 곤란하다고 의사를 밝히는 경우
>   5. 제144조의4 제7항 각 호의 어느 하나에 해당함에도 불구하고 회피하지 않은 경우

| 관세법 시행령

영 제144조의4(납세자보호위원회의 운영) ⑦ 위원회의 위원은 다음 각 호의 구분에 따라 위원회의 심의·의결에서 제척된다.

1. 법 제118조의4 제2항 제1호부터 제4호까지, 제7호, 같은 조 제3항 제1호 및 제4호의 안건의 경우: 다음 각 목의 어느 하나에 해당하는 경우
   가. 심의의 대상이 되는 관세조사를 받는 사람(이하 이 호에서 "조사대상자"라 한다)인 경우 또는 조사대상자의 관세조사에 대하여 법 제112조에 따라 조력을 제공하거나 제공했던 사람인 경우
   나. 가목에 규정된 사람의 친족이거나 친족이었던 경우
   다. 가목에 규정된 사람의 사용인이거나 사용인이었던 경우
   라. 심의의 대상이 되는 관세조사에 관하여 증언 또는 감정을 한 경우
   마. 심의의 대상이 되는 관세조사 착수일 전 최근 5년 이내에 조사대상자의 법에 따른 신고·신청·청구에 관여했던 경우
   바. 라목 또는 마목에 해당하는 법인 또는 단체에 속하거나 심의의 대상이 되는 관세조사의 착수일 전 최근 5년 이내에 속했던 경우
   사. 그 밖에 조사대상자 또는 조사대상자의 관세조사에 대하여 법 제112조에 따라 조력을 제공하는 자의 업무에 관여하거나 관여했던 경우
2. 법 제118조의4 제2항 제5호·제6호, 같은 조 제3항 제2호·제3호의 안건(관세심사위원회에서 심의·의결하는 안건을 포함한다)의 경우: 다음 각 목의 어느 하나에 해당하는 경우
   가. 위원이 해당 안건의 당사자(당사자가 법인·단체 등인 경우에는 그 임원을 포함한다. 이하 이 호에서 같다)이거나 해당 안건에 관하여 직접적인 이해관계가 있는 경우
   나. 위원의 배우자, 4촌 이내의 혈족 및 2촌 이내의 인척의 관계에 있는 사람이 해당 안건의 당사자이거나 해당 안건에 관하여 직접적인 이해관계가 있는 경우
   다. 위원이 해당 안건 당사자의 대리인이거나 최근 5년 이내에 대리인이었던 경우
   라. 위원이 해당 안건 당사자의 대리인이거나 최근 5년 이내에 대리인이었던 법인·단체 등에 현재 속하고 있거나 속하였던 경우
   마. 위원이 최근 5년 이내에 해당 안건 당사자의 자문·고문에 응하였거나 해당 안건 당사자와 연구·용역 등의 업무 수행에 동업 또는 그 밖의 형태로 직접 해당 안건 당사자의 업무에 관여를 하였던 경우
   바. 위원이 최근 5년 이내에 해당 안건 당사자의 자문·고문에 응하였거나 해당 안건 당사자와 연구·용역 등의 업무 수행에 동업 또는 그 밖의 형태로 직접 해당 안건 당사자의 업무에 관여를 하였던 법인·단체 등에 현재 속하고 있거나 속하였던 경우

⑧ 위원회의 위원은 제7항 각 호의 어느 하나에 해당하는 경우에는 스스로 해당 안건의 심의·의결에서 회피해야 한다.

⑨ 관세심사위원회

제2항 제5호·제6호 및 제3항 제2호·제3호의 사항을 심의하거나 심의·의결하기 위하여 **세관 납세자보호위원회 및 관세청 납세자보호위원회에 각각 분과위원회로 관세심사위원회**(이하 "관세심사위원회"라 한다)**를 둔다**. 이 경우 관세심사위원회의 심의 또는 심의·의결은 납세자보호위원회의 심의 또는 심의·의결로 본다.

⑩ **위임 규정**
납세자보호위원회의 구성 및 운영 등에 필요한 사항은 대통령령으로 정한다.

> **관세법 시행령**
>
> **영 제144조의4(납세자보호위원회의 운영)** ① 위원장은 다음 각 호의 어느 하나에 해당하는 경우 기일을 정하여 위원회의 회의를 소집하고, 그 의장이 된다.
> 　　1. 다음 각 목의 구분에 따른 안건에 대한 심의가 필요하다고 인정되는 경우
> 　　　가. 본부세관에 두는 위원회: 법 제118조의4 제2항 각 호의 안건
> 　　　나. 관세청에 두는 위원회: 법 제118조의4 제3항 각 호의 안건
> 　　2. 다음 각 목의 구분에 따른 안건에 대하여 납세자보호관 또는 납세자보호담당관인 위원의 요구가 있는 경우
> 　　　가. 본부세관에 두는 위원회: 법 제118조의4 제2항 제1호부터 제4호까지 및 제7호의 안건
> 　　　나. 관세청에 두는 위원회: 법 제118조의4 제3항 제1호 및 제4호의 안건
> ② 위원회의 회의는 위원장과 다음 각 호의 구분에 따른 사람으로 구성한다.
> 　　1. 본부세관에 두는 위원회: 다음 각 목의 구분에 따른 사람
> 　　　가. 법 제118조의4 제2항 제1호부터 제4호까지 및 제7호의 안건: 납세자보호담당관과 위원장이 납세자보호담당관인 위원의 의견을 들어 회의마다 성별을 고려하여 지정하는 사람 9명
> 　　　나. 법 제118조의4 제2항 제5호 및 제6호의 안건: 위원장이 본부세관장의 의견을 들어 회의마다 성별을 고려하여 지정하는 사람 9명
> 　　2. 관세청에 두는 위원회: 다음 각 목의 구분에 따른 사람
> 　　　가. 법 제118조의4 제3항 제1호 및 제4호의 안건: 납세자보호관과 위원장이 납세자보호관인 위원의 의견을 들어 회의마다 성별을 고려하여 지정하는 사람 9명
> 　　　나. 법 제118조의4 제3항 제2호 및 제3호의 안건: 위원장이 관세청장의 의견을 들어 회의마다 성별을 고려하여 지정하는 사람 9명
> ③ 제2항에 따른 위원회의 회의는 다음 각 호에서 정하는 기준에 따라 구성해야 한다.
> 　　1. 제2항 제1호 가목 및 같은 항 제2호 가목: 민간위원이 아닌 위원이 2명 이하일 것
> 　　2. 제2항 제1호 나목 및 같은 항 제2호 나목: 민간위원이 2분의 1 이상일 것
> ④ 위원회의 회의는 제2항 및 제3항에 따라 구성된 위원 과반수의 출석으로 개의하고, 출석위원 과반수의 찬성으로 의결한다.
> ⑤ 위원회의 회의는 공개하지 않는다. 다만, 다음 각 호의 어느 하나에 해당하는 경우에는 공개할 수 있다.
> 　　1. 법 제118조의4 제2항 제1호부터 제4호까지, 제7호, 같은 조 제3항 제1호 및 제4호의 안건: 위원장이 납세자보호관 또는 납세자보호담당관인 위원의 의견을 들어 공개가 필요하다고 인정하는 경우
> 　　2. 법 제118조의4 제2항 제5호·제6호, 같은 조 제3항 제2호·제3호의 안건: 해당 안건과 관련된 제144조의6 제3항 각 호에 따른 관세심사위원회의 위원장이 필요하다고 인정하여 위원장에게 요청하는 경우
> ⑥ 위원회에 그 사무를 처리하는 간사 1명을 두고, 간사는 다음 각 호의 구분에 따른 사람이 된다.
> 　　1. 본부세관에 두는 위원회: 해당 본부세관장이 소속 공무원 중에서 지명하는 사람
> 　　2. 관세청에 두는 위원회: 관세청장이 소속 공무원 중에서 지명하는 사람
> ⑨ 제144조의3 및 이 조 제1항부터 제8항까지에서 규정한 사항 외에 위원회의 구성 및 운영 등에 필요한 사항은 관세청장이 정한다.

⑪ 납세자보호관의 역할

납세자보호관은 납세자보호위원회의 의결사항에 대한 이행여부 등을 감독한다.

> **관세법 시행령**

영 제144조의6(관세심사위원회의 구성 등) ① 다음 각 호의 구분에 따라 납세자보호위원회에 관세심사위원회를 둔다. 이 경우 제1호 나목의 위원회는 관세청장이 정하는 바에 따라 본부세관에 둔다.
  1. 본부세관 납세자보호위원회에 두는 관세심사위원회: 다음 각 목의 분과위원회
     가. 본부세관분과 관세심사위원회: 1개
     나. 일선세관분과 관세심사위원회: 8개 이내
  2. 관세청 납세자보호위원회에 두는 관세심사위원회: 관세청 관세심사위원회 1개
② 관세심사위원회는 해당 위원회의 위원장(이하 이 조 및 제144조의7에서 "위원장"이라 한다) 1명을 포함하여 다음 각 호의 구분에 따른 위원으로 구성한다.
  1. 본부세관 납세자보호위원회에 두는 관세심사위원회: 다음 각 목의 위원
     가. 본부세관분과 관세심사위원회: 22명 이내의 위원
     나. 일선세관분과 관세심사위원회: 15명 이내의 위원
  2. 관세청 납세자보호위원회에 두는 관세심사위원회: 31명 이내의 위원
③ 위원장은 다음 각 호의 구분에 따른 사람이 된다.
  1. 본부세관 납세자보호위원회에 두는 관세심사위원회: 다음 각 목의 사람
     가. 본부세관분과 관세심사위원회: 제144조의3 제2항 제1호 나목의 위원 중 본부세관장이 임명하는 사람
     나. 일선세관분과 관세심사위원회: 제144조의3 제2항 제1호 다목의 위원 중 본부세관장이 임명하는 사람
  2. 관세청 납세자보호위원회에 두는 관세심사위원회: 제144조의3 제2항 제2호 나목의 위원 중 관세청장이 임명하는 사람
④ 관세심사위원회는 위원장 1명을 포함하여 다음 각 호의 구분에 따른 사람으로 구성한다.
  1. 본부세관 납세자보호위원회에 두는 관세심사위원회: 다음 각 목에서 정하는 분과위원회별 구분에 따른 사람
     가. 본부세관분과 관세심사위원회: 다음 구분에 따른 사람
       1) 제144조의3 제2항 제1호 나목에 해당하는 위원 중 본부세관장이 임명하는 7명 이내의 사람
       2) 제144조의3 제2항 제1호 라목에 해당하는 위원 중 본부세관장이 위촉하는 15명 이내의 사람
     나. 일선세관분과 관세심사위원회: 다음 구분에 따른 사람
       1) 제144조의3 제2항 제1호 다목에 해당하는 위원 중 본부세관장이 임명하는 5명 이내의 사람
       2) 제144조의3 제2항 제1호 마목에 해당하는 위원 중 본부세관장이 위촉하는 10명 이내의 사람
  2. 관세청 납세자보호위원회에 두는 관세심사위원회: 다음 각 목의 사람
     가. 제144조의3 제2항 제2호 나목에 해당하는 위원 중 관세청장이 임명하는 9명 이내의 사람
     나. 제144조의3 제2항 제2호 다목에 해당하는 위원 중 관세청장이 위촉하는 22명 이내의 사람
⑤ 위원장은 관세심사위원회를 대표하고, 관세심사위원회의 업무를 총괄한다.
⑥ 관세심사위원회는 위원장이 부득이한 사유로 직무를 수행할 수 없을 때에는 제4항 각 호에 해당하는 관세심사위원회의 위원 중 위원장(관세청에 두는 관세심사위원회의 경우에는 관세청장을 말한다)이 미리 지명한 위원이 그 직무를 대행한다.

> **관세법 시행령**
>
> **영 제144조의7(관세심사위원회의 운영)** ① 위원장은 다음 각 호의 구분에 따른 안건에 대한 심의가 필요한 경우 기일을 정하여 관세심사위원회의 회의를 소집하고 그 의장이 된다.
>   1. 본부세관 납세자보호위원회에 두는 관세심사위원회: 법 제118조의4 제2항 제5호 및 제6호의 안건
>   2. 관세청 납세자보호위원회에 두는 관세심사위원회: 법 제118조의4 제3항 제2호 및 제3호의 안건
> ② 관세심사위원회의 회의는 해당 위원장과 다음 각 호의 구분에 따른 위원으로 구성한다. 이 경우 민간위원을 2분의 1 이상 포함해야 한다.
>   1. 본부세관 납세자보호위원회에 두는 관세심사위원회: 다음 각 목의 구분에 따른 사람
>   가. 본부세관분과 관세심사위원회: 제144조의6 제4항 제1호 가목 1) 및 2)에 해당하는 위원 중 위원장이 회의마다 지정하는 사람 8명
>   나. 일선세관분과 관세심사위원회: 제144조의6 제4항 제1호 나목 1) 및 2)에 해당하는 위원 중 위원장이 회의마다 지정하는 사람 6명
>   2. 관세청 납세자보호위원회에 두는 관세심사위원회: 제144조의6 제4항 제2호 가목 및 나목에 해당하는 위원 중 위원장이 회의마다 지정하는 사람 10명
> ③ 위원장은 제1항에 따라 기일을 정하였을 때에는 그 기일 7일 전까지 제2항에 따라 지정된 위원 및 해당 청구인 또는 신청인에게 통지해야 한다.
> ④ 위원장은 제1항에 따른 관세심사위원회를 소집하는 경우 안건과 관련된 세관장 또는 처분권자를 회의에 참석하도록 요청할 수 있다.
> ⑤ 관세심사위원회의 회의는 제2항에 따라 구성된 위원 과반수의 출석으로 개의하고, 출석위원 과반수의 찬성으로 의결한다.
> ⑥ 관세심사위원회에 그 사무를 처리하기 위하여 간사 1명을 두고, 간사는 위원장이 소속 공무원 중에서 지명한다.
> ⑦ 관세심사위원회의 위원은 관세심사위원회에서 심의·의결하는 안건과 관련하여 제144조의4 제7항 제2호 각 목의 어느 하나에 해당하는 경우에는 스스로 해당 안건의 심의·의결에서 회피해야 한다.
> ⑧ 제144조의6 및 이 조 제1항부터 제7항까지에서 규정한 사항 외에 관세심사위원회의 구성 및 운영 등에 필요한 사항은 법 제118조의4 제1항에 따른 납세자보호위원회의 의결을 거쳐 위원장이 정한다.

제118조의5(납세자보호위원회에 대한 납세자의 심의 요청 및 결과 통지 등)

① 납세자의 심의 요청

납세자는 관세조사기간이 끝나는 날까지 제118조의2 제2항의 세관의 세관장(이하 이 조에서 "세관장"이라 한다)에게 제118조의4 제2항 제2호 또는 제3호에 해당하는 사항에 대한 심의를 요청할 수 있다.

> **관세법 시행령**
>
> **영 제144조의5(납세자보호위원회에 대한 납세자의 심의 등의 요청 및 결과 통지 등)** ① 납세자는 법 제118조의5 제1항에 따라 심의를 요청하는 경우 또는 같은 조 제3항에 따라 취소 또는 변경 요청을 하는 경우에는 서면으로 해야 한다.

② 세관 납세자보호위원회의 심의·결정·통지
세관장은 제118조의4 제2항 제1호부터 제4호까지의 사항에 대하여 세관 납세자보호위원회의 심의를 거쳐 결정을 하고, 납세자에게 그 결과를 통지하여야 한다. 이 경우 제118조의4 제2항 제2호 또는 제3호에 대한 결과는 제1항에 따른 요청을 받은 날부터 20일 이내에 통지하여야 한다.

> **관세법 시행령**
>
> 영 제144조의5(납세자보호위원회에 대한 납세자의 심의 등의 요청 및 결과 통지 등) ② 세관장이 법 제118조의5 제2항에 따른 결과를 통지하거나 관세청장이 같은 조 제4항에 따른 결과를 통지하는 경우에는 서면으로 해야 한다.

③ 납세자의 취소·변경 요청
납세자는 제2항에 따라 통지를 받은 날부터 7일 이내에 제118조의4 제2항 제1호부터 제3호까지의 사항으로서 세관 납세자보호위원회의 심의를 거친 세관장의 결정에 대하여 관세청장에게 취소 또는 변경을 요청할 수 있다.

④ 관세청 납세자보호위원회의 심의·결정취소·변경
제3항에 따른 납세자의 요청을 받은 관세청장은 관세청 납세자보호위원회의 심의를 거쳐 세관장의 결정을 취소하거나 변경할 수 있다. 이 경우 관세청장은 요청받은 날부터 20일 이내에 그 결과를 납세자에게 통지하여야 한다.

> **참고** 납세자보호위원회에 대한 납세자의 심의 요청 및 결과 통지 등 절차

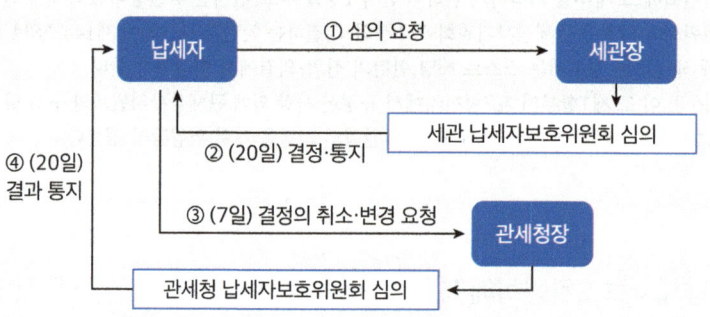

⑤ 관세조사의 일시중지 등 요구(납세자보호관 또는 담당관)
제118조의2 제2항에 따른 납세자보호관 또는 담당관은 납세자가 제1항 또는 제3항에 따른 요청을 하는 경우에는 납세자보호위원회의 심의 전까지 세관공무원에게 관세조사의 일시중지 등을 요구할 수 있다. 다만, 납세자가 관세조사를 기피하려는 것이 명백한 경우 등 대통령령으로 정하는 경우에는 그러하지 아니하다.

> **관세법 시행령**
>
> 영 제144조의5(납세자보호위원회에 대한 납세자의 심의 등의 요청 및 결과 통지 등) ③ 법 제118조의5 제5항 단서에서 "납세자가 관세조사를 기피하려는 것이 명백한 경우 등 대통령령으로 정하는 경우"란 다음 각 호의 경우를 말한다.
>   1. 납세자가 장부·서류 등을 은닉하거나 제출을 지연 또는 거부하는 등 조사를 기피하는 행위가 명백한 경우
>   2. 납세자의 심의 요청 및 취소 또는 변경 요청이 관세조사를 기피하려는 행위임을 세관공무원이 자료·근거 등으로 명백하게 입증하는 경우

⑥ 관세조사의 일시중지 등 요구(납세자보호위원회)
납세자보호위원회는 제118조의4 제2항 제2호 또는 제3호에 따른 요청이 있는 경우 그 의결로 관세조사의 일시중지 또는 중지를 세관공무원에게 요구할 수 있다. 이 경우 납세자보호위원회는 정당한 사유 없이 위원회의 요구에 따르지 아니하는 세관공무원에 대하여 관세청장에게 징계를 건의할 수 있다.

⑦ 납세자의 의견 진술
제1항 및 제3항에 따른 요청을 한 납세자는 대통령령으로 정하는 바에 따라 세관장 또는 관세청장에게 의견을 진술할 수 있다.

> **관세법 시행령**
>
> **영 제144조의5(납세자보호위원회에 대한 납세자의 심의 등의 요청 및 결과 통지 등)** ④ 법 제118조의5 제7항에 따라 의견 진술을 하려는 납세자는 다음 각 호의 사항을 적은 문서를 해당 세관장 또는 관세청장에게 제출하여 신청해야 한다.
> 1. 진술자의 성명(법인인 경우 법인의 대표자 성명)
> 2. 진술자의 주소 또는 거소
> 3. 진술하려는 내용
>
> ⑤ 제4항의 신청을 받은 해당 세관장 또는 관세청장은 출석 일시 및 장소와 필요하다고 인정하는 진술시간을 정하여 회의 개최일 3일 전까지 납세자에게 통지해야 한다.

⑧ 위임 규정
제1항부터 제7항까지에서 규정한 사항 외에 납세자보호위원회에 대한 납세자의 심의 요청 및 결과 통지 등에 관하여 필요한 사항은 대통령령으로 정한다.

> **관세법 시행령**
>
> **영 제144조의5(납세자보호위원회에 대한 납세자의 심의 등의 요청 및 결과 통지 등)** ⑥ 제1항부터 제5항까지에서 규정한 사항 외에 납세자보호위원회에 대한 납세자의 심의 요청 및 결과 통지 등에 필요한 사항은 관세청장이 정한다.

제2절 심사와 심판

> **참고** 관세법상 행정심판의 구조

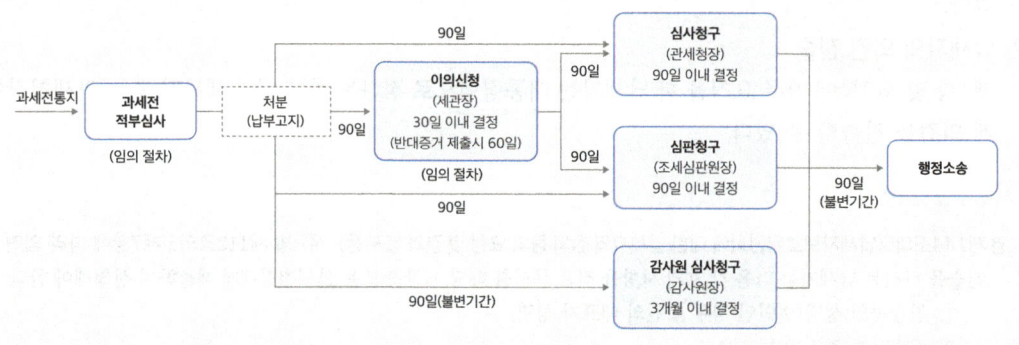

> **참고** 관세법상 행정심판제도 비교

구분	이의신청	심사청구	심판청구	감사원 심사청구
절차요건	임의절차	셋 중 하나 선택청구, 중복청구 불가		
불복청구서 제출처	세관장	관세청장 (세관장 경유)	조세심판원장 (세관장 경유)	감사원장 (세관장 경유)
심의·의결기관 (재결기관)	관세심사위원회	관세심사위원회	조세심판관회의· 조세심판관합동회의	감사위원회
불복청구기간	① 처분을 한 것을 안 날부터 90일 이내 ② 처분하였다는 통지를 받았을 때에는 통지를 받은 날부터 90일 이내	(이의신청을 거치지 않은 경우) ① 처분을 한 것을 안 날부터 90일 이내 ② 처분하였다는 통지를 받았을 때에는 통지를 받은 날부터 90일 이내 (이의신청을 거친 경우) ① 이의신청에 대한 결정의 통지를 받은 날부터 90일 이내 ② 결정기간에 결정의 통지를 받지 못한 때에는 결정기간이 경과한 날부터		① 처분을 한 것을 안 날부터 90일 이내 ② 처분의 통지를 받은 날부터 90일 이내
결정기간	신청을 받은 날부터 30일 이내 (반대 증거 제출 시 60일 이내)	청구를 받은 날부터 90일 이내	청구를 받은 날부터 90일 이내	청구를 접수한 날부터 3개월 이내
행정소송 제기기간	불가	결정의 통지를 받은 날부터 90일 이내		
집행부정지	○	○	○	○
불고불리· 불이익변경 금지	○	○	○	○

제119조(불복의 신청)

① 관세법상 행정심판제도의 불복청구대상
이 법이나 그 밖의 관세에 관한 법률 또는 조약에 따른 처분으로서 위법한 처분 또는 부당한 처분을 받거나 필요한 처분을 받지 못하여 권리나 이익을 침해당한 자는 이 절의 규정에 따라 그 처분의 취소 또는 변경을 청구하거나 필요한 처분을 청구할 수 있다. 다만, 다음 각 호의 처분에 대해서는 그러하지 아니하다.

> 1. 이 법에 따른 통고처분
> 2. 「감사원법」에 따라 심사청구를 한 처분이나 그 심사청구에 대한 처분
> 3. 이 법이나 그 밖의 관세에 관한 법률에 따른 과태료 부과처분

관세법 시행령

영 제145조(심사청구) ① 법 제119조의 규정에 의한 심사청구를 하는 때에는 관세청장이 정하는 심사청구서에 다음 각 호의 사항을 기재하여야 한다. 이 경우 관계증거서류 또는 증거물이 있는 때에는 이를 첨부할 수 있다.
  1. 심사청구인의 주소 또는 거소와 성명
  2. 처분이 있은 것을 안 연월일(처분의 통지를 받은 경우에는 그 받은 연월일)
  3. 처분의 내용
  4. 심사청구의 요지와 불복의 이유

② 이의신청을 할 수 있는 경우
제1항 각 호 외의 부분 본문에 따른 처분이 관세청장이 조사·결정 또는 처리하거나 하였어야 할 것인 경우를 제외하고는 그 처분에 대하여 심사청구 또는 심판청구에 앞서 이 절의 규정에 따른 이의신청을 할 수 있다.

③ 심사청구 또는 심판청구에 대한 처분
이 절의 규정에 따른 심사청구 또는 심판청구에 대한 처분에 대해서는 이의신청, 심사청구 또는 심판청구를 제기할 수 없다. 다만, 제128조 제1항 제3호 후단(제131조에서 「국세기본법」을 준용하는 경우를 포함한다)의 재조사 결정에 따른 처분청의 처분에 대해서는 해당 재조사 결정을 한 재결청에 심사청구 또는 심판청구를 제기할 수 있다.

④ 이의신청을 할 수 없는 경우
이 절의 규정에 따른 이의신청에 대한 처분과 제128조 제1항 제3호 후단(제132조 제4항에서 준용하는 경우를 포함한다)의 재조사 결정에 따른 처분청의 처분에 대해서는 이의신청을 할 수 없다.

⑤ 감사원 심사청구의 청구기간
제1항 제2호의 심사청구는 그 처분을 한 것을 안 날(처분의 통지를 받았을 때에는 그 통지를 받은 날을 말한다)부터 90일 이내에 하여야 한다.

⑥ 감사원 심사청구를 거친 처분에 대한 행정소송
제1항 제2호의 심사청구를 거친 처분에 대한 행정소송은 「행정소송법」 제18조 제2항·제3항 및 같은 법 제20조에도 불구하고 그 심사청구에 대한 결정을 통지받은 날부터 90일 내에 처분청을 당사자로 하여 제기하여야 한다.

⑦ 감사원 심사청구 청구기간 및 행정소송 제기기간
제5항과 제6항의 기간은 불변기간으로 한다.

⑧ 내국세등에 대한 행정심판
수입물품에 부과하는 **내국세등**의 부과, 징수, 감면, 환급 등에 관한 세관장의 처분에 불복하는 자는 **이 절에 따른 이의신청·심사청구 및 심판청구를 할 수 있다.**

⑨ 이해관계인
이 법이나 그 밖의 관세에 관한 법률 또는 조약에 따른 처분으로 권리나 이익을 침해받게 되는 제2차 납세의무자 등 대통령령으로 정하는 이해관계인은 그 처분에 대하여 이 절에 따른 심사청구 또는 심판청구를 하여 그 처분의 취소 또는 변경이나 그 밖에 필요한 처분을 청구할 수 있다. 이 경우 제2항부터 제4항까지 및 제8항을 준용한다.

> **관세법 시행령**
>
> **영 제145조(심사청구)** ③ 법 제119조 제9항 전단에서 "이 법이나 그 밖의 관세에 관한 법률 또는 조약에 따른 처분으로 권리나 이익을 침해받게 되는 제2차 납세의무자 등 대통령령으로 정하는 이해관계인"이란 다음 각 호의 어느 하나에 해당하는 자를 말한다.
>   1. 제2차 납세의무자로서 납부고지서를 받은 자
>   2. 법 제19조 제10항에 따라 물적 납세의무를 지는 자로서 납부고지서를 받은 자
>   3. 납세보증인
>   4. 그 밖에 기획재정부령으로 정하는 자

⑩ 심사청구와 심판청구의 관계
동일한 처분에 대하여는 **심사청구와 심판청구를 중복하여 제기할 수 없다.**

> **참고** 이의신청·심사청구와 감사원 심사청구와의 관계
>   1. 동일한 처분에 대하여 이의신청과 심사청구를 중복 제기하였을 경우에는 심사청구를 제기한 것으로 본다. 다만, 심사청구가 청구기간을 경과한 경우에는, 청구기간 내에 제기된 이의신청을 심리한다.
>   2. 동일한 처분에 대하여 이의신청 또는 심사청구와 감사원심사청구를 중복제기한 경우에는 감사원심사청구를 제기한 것으로 본다. 다만, 감사원 심사청구가 청구기간을 경과한 경우에는, 청구기간 내에 제기된 이의신청 또는 심사청구를 심리한다.

제120조(「행정소송법」 등과의 관계)

① 관세법과 「행정심판법」의 관계
제119조에 따른 처분에 대하여는 「행정심판법」을 적용하지 아니한다. 다만, 심사청구 또는 심판청구에 관하여는 「행정심판법」 제15조, 제16조, 제20조부터 제22조까지, 제29조, 제39조, 제40조, 제42조 및 제51조를 준용하며, 이 경우 "위원회"는 "관세심사위원회", "조세심판관회의" 또는 "조세심판관합동회의"로 본다.

② 관세법과「행정소송법」의 관계 (1)

제119조에 따른 위법한 처분에 대한 행정소송은「행정소송법」제18조 제1항 본문, 제2항 및 제3항에도 불구하고 이 법에 따른 심사청구 또는 심판청구와 그에 대한 결정을 거치지 아니하면 제기할 수 없다. 다만, 심사청구 또는 심판청구에 대한 제128조 제1항 제3호 후단(제131조에서「국세기본법」을 준용하는 경우를 포함한다)의 재조사 결정에 따른 처분청의 처분에 대한 행정소송은 그러하지 아니하다.

③ 관세법과「행정소송법」의 관계 (2)

제2항 본문에 따른 행정소송은「행정소송법」제20조에도 불구하고 심사청구나 심판청구에 따른 결정을 통지받은 날부터 90일 이내에 제기하여야 한다. 다만, 제128조 제2항 본문 또는 제131조에 따른 결정기간 내에 결정을 통지받지 못한 경우에는 제2항에도 불구하고 결정을 통지받기 전이라도 그 결정기간이 지난 날부터 행정소송을 제기할 수 있다.

④ 관세법과「행정소송법」의 관계 (3)

제2항 단서에 따른 행정소송은「행정소송법」제20조에도 불구하고 다음 각 호의 구분에 따른 기간 내에 제기하여야 한다.

> 1. 이 법에 따른 심사청구 또는 심판청구를 거치지 아니하고 제기하는 경우: 재조사 후 행한 처분청의 처분의 결과 통지를 받은 날부터 90일 이내. 다만, 제128조 제5항 전단(제131조에 따라「국세기본법」을 준용하는 경우를 포함한다)에 따른 처분기간(제128조 제5항 후단에 따라 조사를 연기 또는 중지하거나 조사기간을 연장한 경우에는 해당 기간을 포함한다. 이하 이 호에서 같다)에 처분청의 처분 결과 통지를 받지 못하는 경우에는 그 처분기간이 지난 날부터 행정소송을 제기할 수 있다.
> 2. 이 법에 따른 심사청구 또는 심판청구를 거쳐 제기하는 경우: 재조사 후 행한 처분청의 처분에 대하여 제기한 심사청구 또는 심판청구에 대한 결정의 통지를 받은 날부터 90일 이내. 다만, 제128조 제2항(제131조에서「국세기본법」을 준용하는 경우를 포함한다)에 따른 결정기간에 결정의 통지를 받지 못하는 경우에는 그 결정기간이 지난 날부터 행정소송을 제기할 수 있다.

⑤ 관세법과「감사원법」의 관계

제119조 제1항 제2호에 따른 심사청구를 거친 경우에는 이 법에 따른 심사청구나 심판청구를 거친 것으로 보고 제2항을 준용한다.

⑥ 행정소송 제기기간

제3항 및 제4항의 기간은 불변기간으로 한다.

제121조(심사청구기간)

① 심사청구의 청구기간
   심사청구는 해당 처분을 한 것을 안 날(처분하였다는 통지를 받았을 때에는 통지를 받은 날을 말한다)부터 90일 이내에 제기하여야 한다.
② 이의신청을 거친 심사청구의 청구기간
   이의신청을 거친 후 심사청구를 하려는 경우에는 이의신청에 대한 결정을 통지받은 날부터 90일 이내에 하여야 한다. 다만, 제132조 제4항 단서에 따른 결정기간 내에 결정을 통지받지 못한 경우에는 결정을 통지받기 전이라도 그 결정기간이 지난 날부터 심사청구를 할 수 있다.
③ 심사청구서 우편제출에 따른 특례
   제1항과 제2항 본문의 기한 내에 우편으로 제출(「국세기본법」 제5조의2에서 정한 날을 기준으로 한다)한 심사청구서가 청구기간이 지나 세관장 또는 관세청장에게 도달한 경우에는 그 기간의 만료일에 청구된 것으로 본다.
④ 천재지변 등의 사유 발생 시 심사청구기간 연장
   심사청구인이 제10조에서 규정하는 사유(신고, 신청, 청구, 그 밖의 서류의 제출 및 통지에 관한 기한 연장 사유로 한정한다)로 제1항에서 정한 기간 내에 심사청구를 할 수 없을 때에는 그 사유가 소멸한 날부터 14일 이내에 심사청구를 할 수 있다. 이 경우 심사청구인은 그 기간 내에 심사청구를 할 수 없었던 사유, 그 사유가 발생한 날과 소멸한 날, 그 밖에 필요한 사항을 적은 문서를 함께 제출하여야 한다.

제122조(심사청구절차)

① 세관장 경유
   심사청구는 대통령령으로 정하는 바에 따라 불복하는 사유를 심사청구서에 적어 해당 처분을 하였거나 하였어야 하는 세관장을 거쳐 관세청장에게 하여야 한다.

> **관세법 시행령**
>
> 영 제145조(심사청구) ④ 심사청구서가 법 제122조 제1항의 규정에 의한 세관장 외의 세관장 또는 관세청장에게 제출된 때에는 당해 청구서를 관할세관장에게 지체 없이 송부하고 그 뜻을 당해 청구인에게 통지하여야 한다.

② 심사청구기간의 계산
   제121조에 따른 심사청구기간을 계산할 때에는 제1항에 따라 해당 심사청구서가 세관장에게 제출된 때에 심사청구가 된 것으로 본다. 해당 심사청구서가 제1항에 따른 세관장 외의 세관장이나 관세청장에게 제출된 경우에도 또한 같다.
③ 의견서 첨부
   제1항에 따라 해당 심사청구서를 제출받은 세관장은 이를 받은 날부터 7일 내에 그 심사청구서에 의견서를 첨부하여 관세청장에게 보내야 한다.

> **관세법 시행령**
>
> **영 제145조(심사청구)** ② 세관장 또는 관세청장은 제1항에 따른 심사청구에 관한 법 제122조 제3항에 따른 의견서 작성 또는 법 제127조에 따른 의결·결정을 위하여 필요하다고 인정하는 경우에는 직권으로 또는 심사청구인의 신청에 따라 해당 청구의 대상이 된 처분에 관계되는 통관절차 등을 대행한 관세사(합동사무소·관세사법인 및 통관취급법인을 포함한다)에게 통관경위에 관하여 질문하거나 관련 자료를 제출하도록 요구할 수 있다.

④ 의견서 부본 송부

관세청장은 제3항에 따라 세관장의 의견서를 받은 때에는 지체 없이 해당 의견서의 부본을 심사청구인에게 송부하여야 한다.

⑤ 반대증거 제출

심사청구인은 제4항에 따라 송부받은 의견서에 대하여 반대되는 증거서류 또는 증거물을 관세청장에게 제출할 수 있다.

> **참고 심사청구 절차**
>
>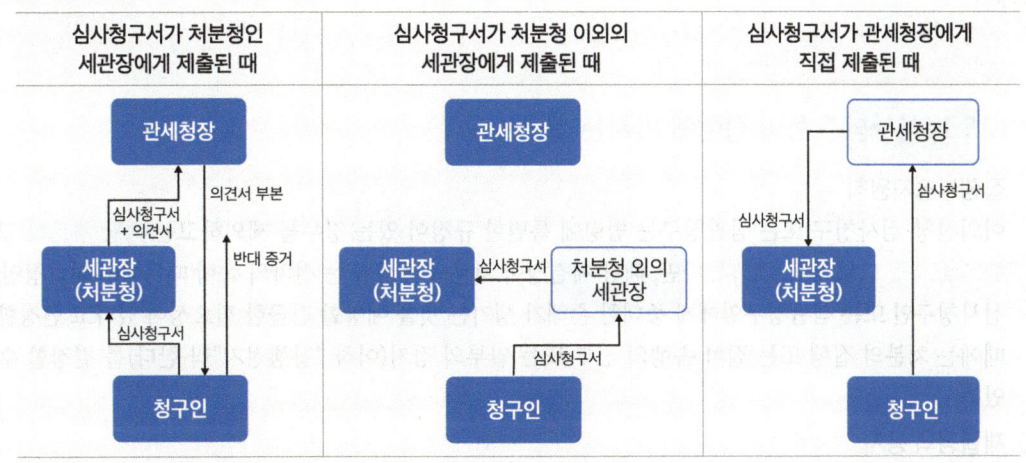

제123조(심사청구서의 보정)

① 보정기간 및 직권보정

관세청장은 심사청구의 내용이나 절차가 이 절에 적합하지 아니하지만 보정할 수 있다고 인정되는 경우에는 20일 이내의 기간을 정하여 해당 사항을 보정할 것을 요구할 수 있다. 다만, 보정할 사항이 경미한 경우에는 직권으로 보정할 수 있다.

② 보정방법

제1항 본문의 요구를 받은 심사청구인은 보정할 사항을 서면으로 작성하여 관세청장에게 제출하거나, 관세청에 출석하여 보정할 사항을 말하고 그 말한 내용을 세관공무원이 기록한 서면에 서명 또는 날인함으로써 보정할 수 있다.

③ 보정기간과 심사청구기간

제1항의 보정기간은 제121조에 따른 심사청구기간에 산입(算入)하지 아니한다.

> **관세법 시행령**
>
> **영 제146조(보정요구)** 법 제123조의 규정에 의하여 심사청구의 내용이나 절차의 보정을 요구하는 때에는 다음 각 호의 사항을 기재한 문서에 의하여야 한다.
> 1. 보정할 사항
> 2. 보정을 요구하는 이유
> 3. 보정할 기간
> 4. 기타 필요한 사항

제124조(관세심사위원회)

삭제

제125조(심사청구 등이 집행에 미치는 효력)

① 집행부정지원칙

이의신청·심사청구 또는 심판청구는 법령에 특별한 규정이 있는 경우를 제외하고는 **해당 처분의 집행에 효력을 미치지 아니한다.** 다만, 해당 재결청이 처분의 집행 또는 절차의 속행 때문에 이의신청인, 심사청구인 또는 심판청구인에게 중대한 손해가 생기는 것을 예방할 긴급한 필요성이 있다고 인정할 때에는 처분의 집행 또는 절차 속행의 전부 또는 일부의 정지(이하 "집행정지"라 한다)를 결정할 수 있다.

② 재결청의 통지

재결청은 집행정지 또는 집행정지의 취소에 관하여 심리·결정하면 지체 없이 당사자에게 통지하여야 한다.

> **참고 집행부정지원칙**
>
> 행정행위는 공정력(公定力)과 집행력이 있으므로 행정처분에 대하여 행정심판이나 행정소송이 제기되어도 그 집행이 정지되지 않는 것이 원칙이다.

제126조(대리인)

① 행정심판의 대리인
이의신청인, 심사청구인 또는 심판청구인은 변호사나 관세사를 대리인으로 선임할 수 있다.

② 소액사건의 경우 행정심판의 대리인
이의신청인, 심사청구인 또는 심판청구인은 신청 또는 청구의 대상이 대통령령으로 정하는 금액 미만인 경우에는 배우자, 4촌 이내의 혈족 또는 배우자의 4촌 이내의 혈족을 대리인으로 선임할 수 있다.

> **관세법 시행령**
>
> **영 제149조의2(소액사건)** 법 제126조 제2항에서 "대통령령으로 정하는 금액"이란 3천만원을 말한다.

③ 대리인의 권한 증명
대리인의 권한은 서면으로 증명하여야 한다.

④ 대리인의 권한 행사범위
대리인은 본인을 위하여 청구에 관한 모든 행위를 할 수 있다. 다만, 청구의 취하는 특별한 위임을 받은 경우에만 할 수 있다.

⑤ 대리인 해임 신고
대리인을 해임하였을 때에는 그 뜻을 서면으로 해당 재결청에 신고하여야 한다.

제127조(결정절차)

① 관세심사위원회의 심의
제122조에 따른 심사청구가 있으면 관세청장은 관세심사위원회의 의결에 따라 결정하여야 한다. 다만, 심사청구기간이 지난 후 심사청구가 제기된 경우 등 대통령령으로 정하는 사유에 해당하는 경우에는 그러하지 아니하다.

> **관세법 시행령**
>
> **영 제150조(경미한 사항)** 법 제127조 제1항 단서에서 "대통령령으로 정하는 사유에 해당하는 경우"란 다음 각 호의 어느 하나에 해당하는 경우를 말한다.
> 1. 심사청구기간이 지난 경우
> 2. 심사청구의 대상이 되는 처분이 존재하지 아니하는 경우
> 3. 해당 처분으로 권리 또는 이익을 침해당하지 아니한 자가 심사청구를 제기한 경우
> 4. 심사청구의 대상이 되지 아니하는 처분에 대하여 심사청구가 제기된 경우
> 5. 법 제123조 제1항에 따른 보정기간 내에 필요한 보정을 하지 아니한 경우
> 6. 심사청구의 대상이 되는 처분의 내용·쟁점·적용법령 등이 이미 관세심사위원회의 심의를 거쳐 결정된 사항과 동일한 경우
> 7. 그 밖에 신속히 결정하여 상급심에서 심의를 받도록 하는 것이 권리구제에 도움이 된다고 판단되는 경우

② 관세심사위원회의 재심의
관세청장은 제1항에 따른 관세심사위원회의 의결이 법령에 명백히 위반된다고 판단하는 경우 구체적인 사유를 적어 서면으로 관세심사위원회에 한 차례에 한정하여 다시 심의할 것을 요청할 수 있다.
③ 관세심사위원회의 비공개원칙
관세심사위원회의 회의는 공개하지 아니한다. 다만, 관세심사위원회의 위원장이 필요하다고 인정할 때에는 공개할 수 있다.

제128조(결정)

① 심사청구 결정의 유형
심사청구에 대한 결정은 다음 각 호의 구분에 따른다.

> 1. 심사청구가 다음 각 목의 어느 하나에 해당하는 경우: 그 청구를 각하하는 결정
>   가. 심판청구를 제기한 후 심사청구를 제기(같은 날 제기한 경우도 포함한다)한 경우
>   나. 제121조에 따른 심사청구기간이 지난 후에 심사청구를 제기한 경우
>   다. 제123조에 따른 보정기간 내에 필요한 보정을 하지 아니한 경우
>   라. 적법하지 아니한 심사청구를 제기한 경우
>   마. 가목부터 라목까지의 규정에 따른 경우와 유사한 경우로서 대통령령으로 정하는 경우
> 2. 심사청구가 이유 없다고 인정되는 경우: 그 청구를 기각하는 결정
> 3. 심사청구가 이유 있다고 인정되는 경우: 그 청구의 대상이 된 처분의 취소·경정 또는 필요한 처분의 결정. 이 경우 취소·경정 또는 필요한 처분을 하기 위하여 사실관계 확인 등 추가적으로 조사가 필요한 경우에는 처분청으로 하여금 이를 재조사하여 그 결과에 따라 취소·경정하거나 필요한 처분을 하도록 하는 재조사 결정을 할 수 있다.

② 심사청구 결정기간
제1항에 따른 결정은 심사청구를 받은 날부터 90일 이내에 하여야 한다. 다만, 부득이한 사유가 있을 때에는 그러하지 아니하다.

③ 결정서 통지
제1항에 따른 결정을 하였을 때에는 제2항의 결정기간 내에 그 이유를 적은 결정서를 심사청구인에게 통지하여야 한다.

|| 관세법 시행령

영 제151조(결정 등의 통지) ① 법 제128조 또는 법 제129조의 규정에 의하여 결정 또는 불복방법의 통지를 하는 때에는 인편 또는 등기우편에 의하여야 하며, 인편에 의하는 경우에는 수령증을 받아야 한다.
② 심사청구인의 주소 또는 거소가 불명하거나 기타의 사유로 인하여 제1항의 규정에 의한 방법으로 결정 등을 통지할 수 없는 때에는 그 요지를 당해 재결관서의 게시판 기타 적절한 장소에 공고하여야 한다.
③ 제2항의 규정에 의하여 공고를 한 때에는 그 공고가 있은 날부터 10일을 경과한 날에 결정 등의 통지를 받은 것으로 본다.

④ 보정기간과 심사청구 결정기간
제123조에 따른 보정기간은 제2항에 따른 결정기간에 산입하지 아니한다.

⑤ 처분청의 재조사
제1항 제3호 후단에 따른 재조사 결정이 있는 경우 처분청은 **재조사 결정일부터 60일 이내**에 결정서 주문에 기재된 범위에 한정하여 **조사**하고, 그 결과에 따라 취소·경정하거나 필요한 처분을 하여야 한다. 이 경우 처분청은 대통령령으로 정하는 바에 따라 조사를 연기 또는 중지하거나 조사기간을 연장할 수 있다.

> **관세법 시행령**
>
> **영 제151조의2(재조사의 연기·중지·연장 등)** 법 제128조 제5항 후단(법 제118조 제6항 및 제132조 제4항에서 준용하는 경우를 포함한다)에 따라 재조사를 연기 또는 중지하거나 조사기간을 연장하는 경우에는 제139조의2 제2항부터 제5항까지 및 제140조를 준용한다.

⑥ 위임 규정
제1항 제3호 후단 및 제5항에서 규정한 사항 외에 재조사 결정에 필요한 사항은 대통령령으로 정한다.

제128조의2(불고불리·불이익변경 금지)

① 불고불리
관세청장은 제128조에 따른 결정을 할 때 심사청구를 한 **처분 외의 처분**에 대해서는 그 처분의 전부 또는 일부를 취소 또는 변경하거나 새로운 처분의 결정을 하지 못한다.

② 불이익변경 금지
관세청장은 제128조에 따른 결정을 할 때 심사청구를 한 처분보다 청구인에게 **불리한 결정**을 하지 못한다.

제129조(불복방법의 통지)

① 불복방법의 통지
이의신청·심사청구 또는 심판청구의 재결청은 결정서에 다음 각 호의 구분에 따른 사항을 함께 적어야 한다.

> 1. 이의신청인 경우: 결정서를 받은 날부터 90일 이내에 심사청구 또는 심판청구를 제기할 수 있다는 뜻
> 2. 심사청구 또는 심판청구인 경우: 결정서를 받은 날부터 90일 이내에 행정소송을 제기할 수 있다는 뜻

② 결정기간이 지난 경우 불복방법의 통지
이의신청·심사청구 또는 심판청구의 재결청은 해당 신청 또는 청구에 대한 결정기간이 지날 때까지 결정을 하지 못한 경우에는 지체 없이 신청인이나 청구인에게 다음 각 호의 사항을 서면으로 통지하여야 한다.

> 1. 이의신청인 경우: 결정을 통지받기 전이라도 그 결정기간이 지난 날부터 심사청구 또는 심판청구를 제기할 수 있다는 뜻
> 2. 심사청구 또는 심판청구인 경우: 결정을 통지받기 전이라도 그 결정기간이 지난 날부터 행정소송을 제기할 수 있다는 뜻

> **관세법 시행령**
>
> **영 제152조(불복방법의 통지를 잘못한 경우 등의 구제)** ① 법 제129조의 규정에 의한 불복방법의 통지에 있어서 불복청구를 할 기관을 잘못 통지하였거나 누락한 경우 그 통지된 기관 또는 당해 처분기관에 불복청구를 한 때에는 정당한 기관에 당해 청구를 한 것으로 본다.
> ② 제1항의 경우에 청구를 받은 기관은 정당한 기관에 지체 없이 이를 이송하고, 그 뜻을 그 청구인에게 통지하여야 한다.

제129조의2(정보통신망을 이용한 불복청구)

① 정보통신망을 이용한 불복청구
   이의신청인, 심사청구인 또는 심판청구인은 관세청장 또는 조세심판원장이 운영하는 정보통신망을 이용하여 이의신청서, 심사청구서 또는 심판청구서를 제출할 수 있다.
② 제출된 것으로 보는 시기
   제1항에 따라 이의신청서, 심사청구서 또는 심판청구서를 제출하는 경우에는 관세청장 또는 조세심판원장에게 이의신청서, 심사청구서 또는 심판청구서가 전송된 때에 이 법에 따라 제출된 것으로 본다.

제130조(서류의 열람 및 의견 진술)

이의신청인·심사청구인·심판청구인 또는 처분청(처분청의 경우 심판청구에 한정한다)은 그 청구와 관계되는 서류를 열람할 수 있으며 대통령령으로 정하는 바에 따라 해당 재결청에 의견을 진술할 수 있다.

> **관세법 시행령**
>
> **영 제153조(의견진술)** ① 법 제130조의 규정에 의하여 의견을 진술하고자 하는 자는 그 주소 또는 거소 및 성명과 진술하고자 하는 요지를 기재한 신청서를 당해 재결청에 제출하여야 한다.
> ② 제1항의 규정에 의한 신청을 받은 재결청은 다음 각 호의 1에 해당하는 경우로서 심사청구인의 의견진술이 필요 없다고 인정되는 때를 제외하고는 출석일시 및 장소와 진술시간을 정하여 관세심사위원회 회의개최예정일 3일 전까지 심사청구인에게 통지하여야 한다.
>   1. 심사청구의 대상이 된 사항이 경미한 때
>   2. 심사청구의 대상이 된 사항이 오로지 법령해석에 관한 것인 때
> ③ 제1항의 규정에 의한 신청을 받은 재결청은 심사청구인의 의견진술이 필요 없다고 인정되는 때에는 이유를 명시한 문서로 그 뜻을 당해 심사청구인에게 통지하여야 한다.
> ④ 법 제130조의 규정에 의한 의견진술은 진술하고자 하는 내용을 기재한 문서의 제출로 갈음할 수 있다.

제131조(심판청구)

제119조 제1항에 따른 심판청구에 관하여는 다음 각 호의 규정을 준용한다.

1. 「국세기본법」제65조의2 및 제7장 제3절(제80조의2는 제외한다). 이 경우 「국세기본법」중 "세무서장"은 "세관장"으로, "국세청장"은 "관세청장"으로 보며, 같은 법 제79조 제1항·제2항 및 제80조 제1항 중 "제80조의2에서 준용하는 제65조에 따른 결정"은 각각 "제128조에 따른 결정"으로 본다.
2. 제121조 제3항·제4항, 제123조 및 제128조(제1항 제1호 가목 중 심사청구와 심판청구를 같은 날 제기한 경우는 제외한다). 이 경우 제123조 제1항 본문 중 "20일 이내의 기간"은 "상당한 기간"으로 본다.

제132조(이의신청)

① 이의신청의 재결청 및 우편물에 대한 이의신청
  이의신청은 대통령령으로 정하는 바에 따라 불복의 사유를 갖추어 해당 처분을 하였거나 하였어야 할 세관장에게 하여야 한다. 이 경우 제258조에 따른 결정사항 또는 제259조 제1항에 따른 세액에 관한 이의신청은 해당 결정사항 또는 세액에 관한 통지를 직접 우송한 우체국의 장에게 이의신청서를 제출함으로써 할 수 있고, 우체국의 장이 이의신청서를 접수한 때에 세관장이 접수한 것으로 본다.

② 관세심사위원회의 심의
  제1항에 따라 이의신청을 받은 세관장은 관세심사위원회의 심의를 거쳐 결정하여야 한다.

③ 삭제

④ 이의신청 결정기간
  이의신청에 관하여는 제121조, 제122조 제2항, 제123조, 제127조 제1항 단서, 같은 조 제3항, 제128조 및 제128조의2를 준용한다. 다만, 제128조 제2항 중 "90일"은 "30일"(제6항에 따라 증거서류 또는 증거물을 제출한 경우에는 "60일")로 본다.

⑤ 의견서 송부
  제1항에 따라 이의신청을 받은 세관장은 이의신청을 받은 날부터 7일 이내에 이의신청의 대상이 된 처분에 대한 의견서를 이의신청인에게 송부하여야 한다. 이 경우 의견서에는 처분의 근거·이유 및 처분의 이유가 된 사실 등이 구체적으로 기재되어야 한다.

⑥ 반대증거 제출
  이의신청인은 제5항 전단에 따라 송부받은 의견서에 대하여 반대되는 증거서류 또는 증거물을 세관장에게 제출할 수 있다.

관세법 시행령

영 제154조(준용 규정) 이의신청에 관하여는 제145조, 제146조 및 제150조부터 제153조까지의 규정을 준용한다.

|| 참고 | **이의신청절차**

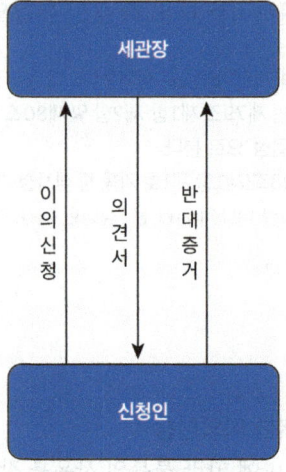

|| 참고 | **재조사 결정과 과세전적부심·이의신청·심사청구·심판청구·행정소송**

1. 세관공무원은 과세전적부심, 이의신청, 심사청구, 심판청구의 재조사 결정에 따른 재조사를 하는 경우(결정서 주문에 기재된 범위의 재조사에 한정한다) 해당 사안에 대하여 이미 조사받은 자를 다시 조사할 수 있다(법 제111조 제2항 제3호).
2. 과세전적부심 청구에 대해 청구가 이유 있다고 인정되는 경우 구체적인 채택의 범위를 정하기 위하여 사실관계 확인 등 추가적으로 조사가 필요한 경우에는 과세전통지를 한 세관장으로부터 이를 재조사하여 그 결과에 따라 당초 통지 내용을 수정하여 통지하도록 하는 재조사 결정을 할 수 있다(법 제118조 제4항 제2호).
3. 심사청구 또는 심판청구의 재조사 결정에 따른 처분청의 처분에 대해서는 해당 재조사 결정을 한 재결청에 심사청구 또는 심판청구를 제기할 수 있다(법 제119조 제3항 단서).
4. 심사청구 또는 이의신청의 재조사 결정에 따른 처분청의 처분에 대해서는 이의신청을 할 수 없다(법 제119조 제4항).
5. 심사청구 또는 심판청구의 재조사 결정에 따른 처분청의 처분에 대한 행정소송은 심사청구 또는 심판청구와 그에 대한 결정을 거치지 아니하여도 제기할 수 있다(법 제120조 제2항).
6. 재조사 결정이 있는 경우 처분청은 재조사 결정일부터 60일 이내에 주문에 기재된 범위에 한정하여 조사하고, 그 결과에 따라 취소·경정하거나 필요한 처분을 하여야 한다(법 제128조 제5항).

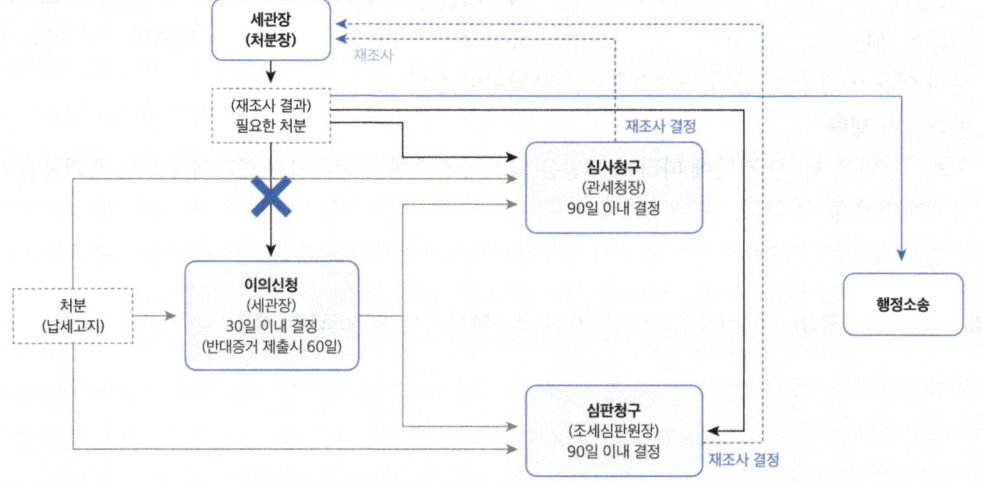

참고 | 과세전적부심과 행정심판

구분	과세전적부심	행정심판
두 제도의 관계	적부심 청구 없이 행정심판을 청구할 수 있음	행정심판 청구 없이 행정소송을 제기할 수 없음
청구인	① 과세전통지를 받은 납세의무자 ② 대리인	① 권리·이익을 침해당한 자 ② 이해관계인 ③ 대리인
심의위원회	관세심사위원회	① 이의신청, 심사청구: 관세심사위원회 ② 심판청구: 조세심판관회의, 조세심판관합동회의
의결기관	① 기획재정부령으로 정하는 세관장 ② 관세청장	① 이의신청: 세관장 ② 심사청구: 관세청장 ③ 심판청구: 조세심판원장
청구기간	과세전통지를 받은 날부터 30일 이내	처분을 한 것을 안 날부터 90일 이내(처분의 통지를 받은 날부터 90일 이내)
결정기간	청구를 받은 날부터 30일 이내	① 이의신청: 이의신청을 받은 날부터 30일(60일) 이내 ② 심사청구: 심사청구를 받은 날부터 90일 이내
결정	① 채택 × ② 채택 ○ ③ 심사 ×	① 기각 ② 인용 ③ 각하

CHAPTER 06 운송수단

제1절 국제항

제133조(국제항의 지정 등)

① 국제항의 지정

국제항은 대통령령으로 지정한다.

관세법 시행령

영 제155조(국제항의 지정) ① 법 제133조에 따른 국제항(이하 "국제항"이라 한다)은 다음 표와 같다.

항구	인천항, 부산항, 마산항, 여수항, 목포항, 군산항, 제주항, 동해묵호항, 울산항, 통영항, 삼천포항, 장승포항, 포항항, 장항항, 옥포항, 광양항, 평택당진항, 대산항, 삼척항, 진해항, 완도항, 속초항, 고현항, 경인항, 보령항
공항	인천공항, 김포공항, 김해공항, 제주공항, 청주공항, 대구공항, 무안공항, 양양공항

② 국제항의 항계는 「항만법 시행령」 별표 1에 따른 항만의 수상구역 또는 「공항시설법」에 따른 범위로 한다.

② 국제항의 지정요건

제1항에 따른 국제항의 시설기준 등에 관하여 필요한 사항은 대통령령으로 정한다.

관세법 시행령

영 제155조의2(국제항의 지정요건 등) ① 법 제133조 제2항에 따른 국제항의 지정요건은 다음 각 호와 같다.
1. 「선박의 입항 및 출항 등에 관한 법률」 또는 「공항시설법」에 따라 국제무역선(기)이 항상 입출항할 수 있을 것
2. 국내선과 구분되는 국제선 전용통로 및 그 밖에 출입국업무를 처리하는 행정기관의 업무수행에 필요한 인력·시설·장비를 확보할 수 있을 것
3. 공항 및 항구의 여객수 또는 화물량 등에 관한 다음 각 목의 구분에 따른 기준을 갖출 것

가. 공항의 경우	다음의 어느 하나의 요건을 갖출 것 1) 정기여객기가 주 6회 이상 입항하거나 입항할 것으로 예상될 것 2) 여객기로 입국하는 여객수가 연간 4만명 이상일 것
나. 항구의 경우	국제무역선인 5천톤급 이상의 선박이 연간 50회 이상 입항하거나 입항할 것으로 예상될 것

③ 시설 개선 명령 등
　국제항의 운영자는 국제항이 제2항에 따른 시설기준 등에 미치지 못하게 된 경우 그 시설 등을 신속하게 개선하여야 하며, 기획재정부장관은 대통령령으로 정하는 바에 따라 그 시설 등의 개선을 명할 수 있다.

> **관세법 시행령**
>
> **영 제155조의2(국제항의 지정요건 등)** ② 관세청장 또는 관계 행정기관의 장은 국제항이 제1항에 따른 지정요건을 갖추지 못하여 업무수행 등에 상당한 지장을 준다고 판단하는 경우에는 기획재정부장관에게 그 사실을 보고해야 한다. 이 경우 기획재정부장관은 관세청장 또는 국제항시설의 관리기관의 장과 국제항에 대한 현장점검을 할 수 있다.
> ③ 기획재정부장관은 제2항에 따른 보고 또는 현장점검 결과를 검토한 결과 시설 등의 개선이 필요한 경우에는 해당 국제항의 운영자에게 개선대책 수립, 시설개선 등을 명할 수 있으며 그 이행결과를 보고하게 할 수 있다.

제134조(국제항 등에의 출입)

① 국제항 입출항원칙
　국제무역선이나 국제무역기는 국제항에 한정하여 운항할 수 있다. 다만, 대통령령으로 정하는 바에 따라 국제항이 아닌 지역에 대한 출입의 허가를 받은 경우에는 그러하지 아니하다.

> **관세법 시행령**
>
> **영 제156조(국제항이 아닌 지역에 대한 출입허가)** ① 법 제134조 제1항 단서에 따라 국제항이 아닌 지역에 대한 출입의 허가를 받으려는 자는 다음 각 호의 사항을 기재한 신청서를 해당 지역을 관할하는 세관장에게 제출해야 한다. 다만, 국제무역선 또는 국제무역기 항행의 편의도모나 그 밖의 특별한 사정이 있는 경우에는 다른 세관장에게 제출할 수 있다.
>   1. 선박 또는 항공기의 종류·명칭·등록기호·국적과 총톤수 및 순톤수 또는 자체무게
>   2. 지명
>   3. 당해 지역에 머무는 기간
>   4. 당해 지역에서 하역하고자 하는 물품의 내외국물품별 구분, 포장의 종류·기호·번호 및 개수와 품명·수량 및 가격
>   5. 당해 지역에 출입하고자 하는 사유
> ② 제1항 단서의 규정에 의하여 출입허가를 한 세관장은 지체 없이 이를 당해 지역을 관할하는 세관장에게 통보하여야 한다.

② 국제항이 아닌 지역에 대한 출입허가수수료
　국제무역선의 선장이나 국제무역기의 기장은 제1항 단서에 따른 허가를 받으려면 기획재정부령으로 정하는 바에 따라 허가수수료를 납부하여야 한다.

| 관세법 시행규칙 |

규칙 제62조(국제항이 아닌 지역에 대한 출입허가수수료) ① 법 제134조 제2항에 따라 국제항이 아닌 지역에 출입하기 위하여 내야 하는 수수료는 다음 표에 따라 계산하되, 산정된 금액이 1만원에 미달하는 경우에는 1만원으로 한다. 이 경우 수수료의 총액은 50만원을 초과하지 못한다.

구분	출입 횟수 기준	적용 무게 기준	수수료
국제무역선	1회	해당 선박의 순톤수 1톤	100원
국제무역기	1회	해당 항공기의 자체무게 1톤	1천2백원

② 세관장은 다음 각 호의 어느 하나에 해당하는 사유가 있는 경우에는 제1항에 따른 출입허가수수료를 징수하지 않는다.
　1. 법령의 규정에 의하여 강제로 입항하는 경우
　2. 급병환자, 항해 중 발견한 밀항자, 항해 중 구조한 조난자·조난선박·조난화물 등의 하역 또는 인도를 위하여 일시입항하는 경우
　3. 위험물품·오염물품 기타 이에 준하는 물품의 취급, 유조선의 청소 또는 가스발생선박의 가스제거작업을 위하여 법령 또는 권한 있는 행정관청이 정하는 일정한 장소에 입항하는 경우
　4. 국제항의 협소 등 입항여건을 고려하여 관세청장이 정하는 일정한 장소에 입항하는 경우
③ 세관장은 영 제156조 제1항 제3호 기간의 개시일까지 해당 출입허가를 취소한 경우에는 제1항에 따라 징수한 수수료를 반환한다.

③ 허가 여부 통지기간

　세관장은 제1항 단서에 따른 허가의 신청을 받은 날부터 **10일** 이내에 허가 여부를 신청인에게 통지하여야 한다.

④ 통지기간 경과 시 관세법상 조치

　세관장이 제3항에서 정한 기간 내에 허가 여부 또는 민원 처리 관련 법령에 따른 처리기간의 연장을 신청인에게 통지하지 아니하면 그 기간(민원 처리 관련 법령에 따라 처리기간이 연장 또는 재연장된 경우에는 해당 처리기간을 말한다)이 끝난 날의 **다음 날**에 허가를 한 것으로 본다.

제2절 선박과 항공기

제1관 입출항절차

제135조(입항절차)

① 입항보고
국제무역선이나 국제무역기가 국제항(제134조 제1항 단서에 따라 출입허가를 받은 지역을 포함한다. 이하 같다)에 입항하려는 때에는 선장이나 기장은 대통령령으로 정하는 사항이 적힌 선박용품 또는 항공기용품의 목록, 여객명부, 승무원명부, 승무원 휴대품목록과 적재화물목록을 첨부하여 관세청장이 정하는 바에 따라 세관장에게 입항보고를 하여야 하며, 국제무역선은 선박국적증서와 최종 출발항의 출항허가증이나 이를 갈음할 서류를 제시하여야 한다. 다만, 세관장은 감시·단속에 지장이 없다고 인정될 때에는 선박용품 또는 항공기용품의 목록이나 승무원 휴대품목록의 첨부를 생략하게 할 수 있다.

관세법 시행령

영 제157조(입항보고서 등의 기재사항) ① 법 제135조의 규정에 의한 선박의 입항보고서에는 다음 각 호의 사항을 기재하여야 한다.
  1. 선박의 종류·등록기호·명칭·국적·선적항·총톤수 및 순톤수
  2. 출항지·기항지·최종기항지·입항일시·출항예정일시 및 목적지
  3. 적재물품의 개수 및 톤수와 여객·승무원의 수 및 통과여객수
② 법 제135조 제1항에 따른 선박용품목록에는 다음 각 호의 사항을 기재해야 한다.
  1. 선박의 종류·등록기호·명칭·국적 및 입항연월일
  2. 선박용품의 품명·수량 및 가격
③ 법 제135조의 규정에 의한 선박의 여객명부에는 다음 각 호의 사항을 기재하여야 한다.
  1. 선박의 종류·등록기호·명칭·국적 및 입항연월일
  2. 여객의 국적·성명·생년월일·여권번호·승선지 및 상륙지
④ 법 제135조의 규정에 의한 선박의 승무원명부에는 다음 각 호의 사항을 기재하여야 한다.
  1. 선박의 종류·등록기호·명칭·국적 및 입항연월일
  2. 승무원의 국적·성명·승무원수첩번호 또는 여권번호·승선지 및 상륙지
⑤ 법 제135조의 규정에 의한 선박의 승무원 휴대품목록에는 다음 각 호의 사항을 기재하여야 한다.
  1. 선박의 종류·등록기호·명칭·국적 및 입항연월일
  2. 선원의 국적·성명·승무원수첩번호 또는 여권번호
  3. 품명·수량 및 가격
⑥ 법 제135조 제1항에 따른 적재화물목록에는 다음 각 호의 사항을 기재해야 한다.
  1. 선박명 및 적재항
  2. 품명 및 물품수신인·물품발송인
  3. 그 밖의 선박운항 및 화물에 관한 정보로서 관세청장이 필요하다고 인정하는 것
⑦ 법 제135조의 규정에 의한 항공기의 입항보고서에는 다음 각 호의 사항을 기재하여야 한다.
  1. 항공기의 종류·등록기호·명칭·국적·출항지 및 입항일시
  2. 적재물품의 적재지·개수 및 톤수
  3. 여객·승무원·통과여객의 수
⑧ 법 제135조 제1항에 따른 항공기의 항공기용품목록, 여객명부, 승무원명부, 승무원 휴대품목록 및 적재화물목록에 관하여는 제2항부터 제6항까지의 규정을 준용한다.

② 입항 전 서류제출

세관장은 신속한 입항 및 통관절차의 이행과 효율적인 감시·단속을 위하여 필요할 때에는 관세청장이 정하는 바에 따라 입항하는 해당 선박 또는 항공기가 소속된 선박회사 또는 항공사(그 업무를 대행하는 자를 포함한다. 이하 같다)로 하여금 제1항에 따른 여객명부·적재화물목록 등을 **입항하기 전에 제출**하게 할 수 있다. 다만, 제222조 제1항 제2호에 따른 화물운송주선업자(제254조의2 제1항에 따른 탁송품 운송업자로 한정한다. 이하 이 항에서 같다)로서 **대통령령으로 정하는 요건**을 갖춘 자가 작성한 적재화물목록은 관세청장이 정하는 바에 따라 해당 **화물운송주선업자**로 하여금 제출하게 할 수 있다.

> **관세법 시행령**
>
> **영 제157조의2(적재화물목록을 제출할 수 있는 화물운송주선업자)** 법 제135조 제2항 단서 및 제136조 제3항 단서에서 "대통령령으로 정하는 요건을 갖춘 자"란 각각 다음 각 호의 어느 하나에 해당하는 자를 말한다.
> 1. 법 제255조의2에 따라 수출입 안전관리 우수업체로 공인된 업체
> 2. 제259조의6 제1항에 따른 준수도측정·평가의 결과가 우수한 자
> 3. 기획재정부령으로 정하는 화물운송 주선 실적이 있는 자
>
> **관세법 시행규칙**
>
> **규칙 제62조의2(적재화물목록을 제출할 수 있는 화물운송주선업자)** 영 제157조의2 제3호에서 "기획재정부령으로 정하는 화물운송 주선 실적이 있는 자"란 화물운송 주선 실적(선하증권 또는 항공화물운송장을 기준으로 한다)이 **직전 연도 총 60만 건 이상인 자**를 말한다.

제136조(출항절차)

① 출항허가

국제무역선이나 국제무역기가 국제항을 출항하려면 선장이나 기장은 **출항하기 전**에 관세청장이 정하는 바에 따라 세관장에게 **출항허가**를 받아야 한다.

> **관세법 시행령**
>
> **영 제158조(출항허가의 신청)** ① 법 제136조 제1항의 규정에 의하여 선박이 출항하고자 하는 때에는 다음 각 호의 사항을 기재한 신청서를 세관장에게 제출하여야 한다.
> 1. 선박의 종류·등록기호·명칭·국적·총톤수 및 순톤수
> 2. 여객·승무원·통과여객의 수
> 3. 적재물품의 개수 및 톤수
> 4. 선적지·목적지 및 출항일시
>
> ② 법 제136조 제1항의 규정에 의하여 항공기가 출항하고자 하는 경우에는 다음 각 호의 사항을 기재한 신청서를 세관장에게 제출하여야 한다.
> 1. 항공기의 종류·등록기호·명칭 및 국적
> 2. 여객·승무원·통과여객의 수
> 3. 적재물품의 개수 및 톤수
> 4. 선적지·목적지 및 출항일시

② 출항허가 신청 시 제출서류
선장이나 기장은 제1항에 따른 출항허가를 받으려면 그 국제항에서 적재화물목록을 제출하여야 한다. 다만, 세관장이 출항절차를 신속하게 진행하기 위하여 필요하다고 인정하여 출항허가 후 7일의 범위에서 따로 기간을 정하는 경우에는 그 기간 내에 그 목록을 제출할 수 있다.

> **관세법 시행령**
>
> **영 제158조(출항허가의 신청)** ③ 법 제136조 제2항의 규정에 의한 물품의 목록에 관하여는 관세청장이 정하는 바에 의한다.

③ 출항허가 신청 전 서류제출
세관장은 신속한 출항 및 통관절차의 이행과 효율적인 감시·단속을 위하여 필요한 경우에는 관세청장이 정하는 바에 따라 출항하는 해당 국제무역선 또는 국제무역기가 소속된 선박회사 또는 항공사로 하여금 제2항에 따른 적재화물목록을 출항허가 신청 전에 제출하게 할 수 있다. 다만, 제222조 제1항 제2호에 따른 화물운송주선업자(제254조의2 제1항에 따른 탁송품 운송업자로 한정한다. 이하 이 항에서 같다)로서 대통령령으로 정하는 요건을 갖춘 자가 작성한 적재화물목록은 관세청장이 정하는 바에 따라 해당 화물운송주선업자로 하여금 제출하게 할 수 있다.

④ 허가 여부 통지기간
세관장은 제1항에 따른 허가의 신청을 받은 날부터 10일 이내에 허가 여부를 신청인에게 통지하여야 한다.

⑤ 통지기간 경과 시 조치
세관장이 제4항에서 정한 기간 내에 허가 여부 또는 민원 처리 관련 법령에 따른 처리기간의 연장을 신청인에게 통지하지 아니하면 그 기간(민원 처리 관련 법령에 따라 처리기간이 연장 또는 재연장된 경우에는 해당 처리기간을 말한다)이 끝난 날의 다음 날에 허가를 한 것으로 본다.

> **참고** **출항허가와 서류제출시기**
>
>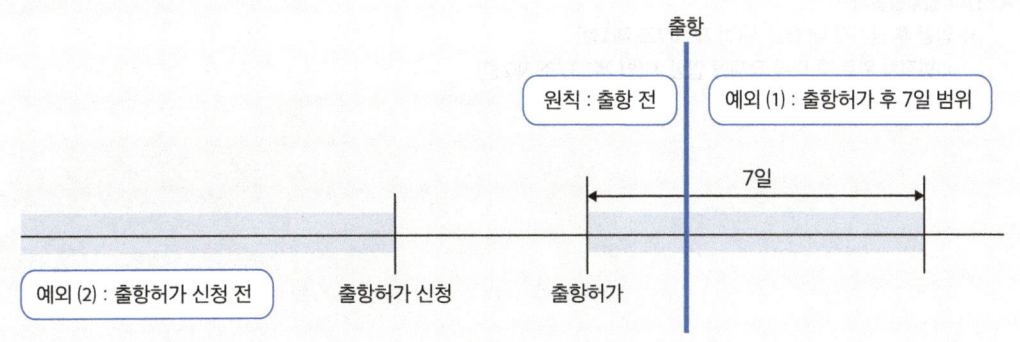

제137조(간이 입출항절차)

① 입항 후 단기간 내 출항 시

국제무역선이나 국제무역기가 국제항에 입항하여 물품(선박용품 또는 항공기용품과 승무원의 휴대품은 제외한다)을 하역하지 아니하고 입항한 때부터 24시간 이내에 출항하는 경우 세관장은 제135조에 따른 적재화물목록, 선박용품 또는 항공기용품의 목록, 여객명부, 승무원명부, 승무원 휴대품목록 또는 제136조에 따른 적재화물목록의 제출을 생략하게 할 수 있다.

② 입항절차 완료 후 다른 국제항 입항 시

세관장은 국제무역선이나 국제무역기가 국제항에 입항하여 제135조에 따른 절차를 마친 후 다시 우리나라의 다른 국제항에 입항할 때에는 제1항을 준용하여 서류제출의 생략 등 간소한 절차로 입출항하게 할 수 있다.

> **참고** **국제무역선의 입출항절차**
>
> 1. 국제무역선의 정의 및 국제항 입출항원칙
>   (1) 국제무역선이란 무역을 위하여 우리나라와 외국 간을 운항하는 선박을 말한다(법 제2조).
>   (2) 국제무역선은 국제항에 한정하여 운항할 수 있다. 다만, 국제항이 아닌 지역에 대한 출입의 허가를 받은 경우에는 그러하지 아니하다(법 제134조 제1항).
> 2. 국제무역선의 입항절차
>   (1) 입항 보고 및 제출서류(법 제135조 제1항 본문)
>   (2) 첨부 생략(법 제135조 제1항 단서)
>   (3) 입항 전 서류제출(법 제135조 제2항)
> 3. 국제무역선의 출항절차
>   (1) 출항허가(법 제136조 제1항)
>   (2) 출항허가 신청 시 제출서류(법 제136조 제2항 본문)
>   (3) 출항허가 후 7일 내 서류제출(법 제136조 제2항 단서)
>   (4) 출항허가 신청 전 서류제출(법 제136조 제3항)
>   (5) 허가 여부 통지(법 제136조 제4항·제5항)
> 4. 간이 입출항절차
>   (1) 입항 후 단기간 내 출항 시(법 제137조 제1항)
>   (2) 입항절차 완료 후 다른 국제항 입항 시(법 제137조 제2항)

제137조의2(승객예약자료의 요청)

① 승객예약자료의 요청

세관장은 다음 각 호의 어느 하나에 해당하는 업무를 수행하기 위하여 필요한 경우 제135조에 따라 입항하거나 제136조에 따라 출항하는 선박 또는 항공기가 소속된 선박회사 또는 항공사가 운영하는 예약정보시스템의 승객예약자료(이하 이 조에서 "승객예약자료"라 한다)를 정보통신망을 통하여 열람하거나 기획재정부령으로 정하는 시한 내에 제출하여 줄 것을 선박회사 또는 항공사에 요청할 수 있다. 이 경우 해당 선박회사 또는 항공사는 이에 따라야 한다.

1. 제234조에 따른 수출입금지물품을 수출입한 자 또는 수출입하려는 자에 대한 검사업무
2. 제241조 제1항·제2항을 위반한 자 또는 제241조 제1항·제2항을 위반하여 다음 각 목의 어느 하나의 물품을 수출입하거나 반송하려는 자에 대한 검사업무
   가. 「마약류관리에 관한 법률」에 따른 마약류(이하 "마약류"라 한다)
   나. 「총포·도검·화약류 등 단속법」에 따른 총포·도검·화약류·분사기·전자충격기 및 석궁

> **관세법 시행규칙**
>
> **규칙 제62조의3(승객예약자료 제출시한)** 법 제137조의2 제1항에 따른 승객예약자료의 제출시한은 다음 각 호의 구분에 의한다.
> 1. 출항하는 선박 또는 항공기의 경우: 출항 후 3시간 이내
> 2. 입항하는 선박 또는 항공기의 경우: 입항 1시간 전까지. 다만, 운항예정시간이 3시간 이내인 경우에는 입항 30분 전까지 할 수 있다.

② 승객예약자료

세관장이 제1항에 따라 열람이나 제출을 요청할 수 있는 승객예약자료는 다음 각 호의 자료로 한정한다.

1. 국적, 성명, 생년월일, 여권번호 및 예약번호
2. 주소 및 전화번호
3. 예약 및 탑승수속 시점
4. 항공권 또는 승선표의 번호·발권일·발권도시 및 대금결제방법
5. 여행경로 및 여행사
6. 동반탑승자 및 좌석번호
7. 수하물 자료
8. 항공사 또는 선박회사의 회원으로 가입한 경우 그 회원번호 및 등급과 승객주문정보

③ 승객예약자료를 열람할 수 있는 사람

제1항에 따라 제공받은 승객예약자료를 열람할 수 있는 사람은 관세청장이 지정하는 세관공무원으로 한정한다.

> **관세법 시행령**
>
> **영 제158조의2(승객예약자료의 열람 등)** ① 세관장은 법 제137조의2 제1항에 따라 제공받은 승객예약자료(이하 이 조에서 "승객예약자료"라 한다)를 열람할 수 있는 세관공무원(법 제137조의2 제3항에 따라 지정받은 자를 말한다. 이하 이 조에서 같다)에게 관세청장이 정하는 바에 따라 개인식별 고유번호를 부여하는 등의 조치를 하여 권한 없는 자가 승객예약자료를 열람하는 것을 방지하여야 한다.

④ 비밀유지

제3항에 따른 세관공무원은 직무상 알게 된 승객예약자료를 누설 또는 권한 없이 처리하거나 타인이 이용하도록 제공하는 등 부당한 목적을 위하여 사용하여서는 아니 된다.

⑤ 위임 규정

제1항에 따라 제공받은 승객예약자료의 열람방법, 보존기한 등에 관하여 필요한 사항은 대통령령으로 정한다.

관세법 시행령

영 제158조의2(승객예약자료의 열람 등) ② 세관장은 승객이 입항 또는 출항한 날(이하 이 조에서 "입·출항일"이라 한다)부터 1월이 경과한 때에는 해당승객의 승객예약자료를 다른 승객의 승객예약자료(승객의 입·출항일부터 1월이 경과하지 아니한 승객예약자료를 말한다)와 구분하여 관리하여야 한다.

③ 세관장은 제2항에 따라 구분하여 관리하는 승객예약자료(이하 이 조에서 "보존승객예약자료"라 한다)를 해당승객의 입·출항일부터 기산하여 3년간 보존할 수 있다. 다만, 다음 각 호의 어느 하나에 해당하는 자에 대한 보존승객예약자료는 5년간 보존할 수 있다.

1. 법 제234조를 위반하여 수출입금지물품을 수출입한 자 또는 수출입하려고 하였던 자로서 관세청장이나 세관장의 통고처분을 받거나 벌금형 이상의 형의 선고를 받은 사실이 있는 자
2. 법 제241조 제1항·제2항을 위반하였거나 법 제241조 제1항·제2항을 위반하여 다음 각 목의 어느 하나의 물품을 수출입 또는 반송하려고 하였던 자로서 관세청장이나 세관장의 통고처분을 받거나 벌금형 이상의 형의 선고를 받은 사실이 있는 자
    가. 「마약류 관리에 관한 법률」에 따른 마약류
    나. 「총포·도검·화약류 등의 안전관리에 관한 법률」에 따른 총포·도검·화약류·전자충격기 및 석궁
3. 수사기관 등으로부터 제공받은 정보나 세관장이 수집한 정보 등에 근거하여 다음 각 목의 어느 하나에 해당하는 행위를 할 우려가 있다고 인정되는 자로서 관세청장이 정하는 기준에 해당하는 자
    가. 법 제234조를 위반하여 수출입금지물품을 수출입하는 행위
    나. 법 제241조 제1항 또는 제2항을 위반하여 다음의 어느 하나의 물품을 수출입 또는 반송하는 행위
        (1) 「마약류 관리에 관한 법률」에 따른 마약류
        (2) 「총포·도검·화약류 등의 안전관리에 관한 법률」에 따른 총포·도검·화약류·전자충격기 및 석궁

④ 세관공무원은 보존승객예약자료를 열람하려는 때에는 관세청장이 정하는 바에 따라 미리 세관장의 승인을 얻어야 한다.

참고 | 승객예약자료의 요청

1. 승객예약자료의 요청(법 제137조의2 제1항, 규칙 제62조의3)
2. 승객예약자료(법 제137조의2 제2항)
3. 승객예약자료의 열람
   (1) 열람 가능 공무원(법 제137조의2 제3항)
   (2) 개인식별 고유번호 부여(영 제158조의2 제1항)
4. 비밀유지(법 제137조의2 제4항)
5. 보존승객 예약자료
   (1) 구분 관리(영 제158조의2 제2항)
   (2) 자료 보존(영 제158조의2 제3항)
   (3) 세관장 승인(영 제158조의2 제4항)

제2관 재해나 그 밖의 부득이한 사유로 인한 면책 등

제138조(재해나 그 밖의 부득이한 사유로 인한 면책)

① 재해나 그 밖의 부득이한 사유로 인한 면책
  제134조부터 제137조까지 및 제140조부터 제143조까지의 규정은 재해나 그 밖의 부득이한 사유에 의한 경우에는 적용하지 아니한다.

> **참고** 제134조부터 제137조까지 및 제140조부터 제143조까지의 규정
> 1. 제134조(국제항 등에의 출입)
> 2. 제135조(입항절차)
> 3. 제136조(출항절차)
> 4. 제137조(간이 입출항절차)
> 5. 제140조(물품의 하역)
> 6. 제141조(외국물품의 일시양륙 등)
> 7. 제142조(항외 하역)
> 8. 제143조(선박용품 및 항공기용품의 하역 등)

② 선장·기장의 신고
  제1항의 경우 선장이나 기장은 지체 없이 그 이유를 세관공무원이나 경찰공무원(세관공무원이 없는 경우로 한정한다)에게 신고하여야 한다.

③ 경찰공무원의 통보
  제2항에 따른 신고를 받은 경찰공무원은 지체 없이 그 내용을 세관공무원에게 통보하여야 한다.

④ 경과 보고
  선장이나 기장은 재해나 그 밖의 부득이한 사유가 종료되었을 때에는 지체 없이 세관장에게 그 경과를 보고하여야 한다.

> **관세법 시행령**
>
> **영 제159조(재해 등으로 인한 행위의 보고)** 법 제138조 제4항의 규정에 의한 경과보고는 다음 각 호의 사항을 기재한 보고서에 의하여야 한다.
>   1. 재해 등의 내용·발생일시·종료일시
>   2. 재해 등으로 인하여 행한 행위
>   3. 제166조 제1항 제2호 및 제3호의 사항

> **참고** 재해나 그 밖의 부득이한 사유로 인한 면책

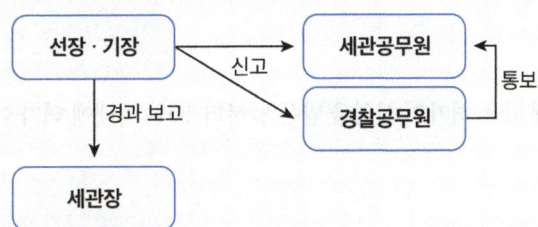

제139조(임시 외국 정박 또는 착륙의 보고)

재해나 그 밖의 부득이한 사유로 국내운항선이나 국내운항기가 외국에 임시 정박 또는 착륙하고 우리나라로 되돌아왔을 때에는 선장이나 기장은 지체 없이 그 사실을 세관장에게 보고하여야 하며, 외국에서 적재한 물품이 있을 때에는 그 목록을 제출하여야 한다.

관세법 시행령

영 제160조(임시 외국 정박 또는 착륙의 보고) ① 법 제139조에 따른 보고는 다음 각 호의 사항을 기재한 보고서로 한다.
1. 선박 또는 항공기의 종류·명칭 또는 등록기호·국적·총톤수 및 순톤수 또는 자체무게
2. 임시 정박한 항만명 또는 임시 착륙한 공항명
3. 해당 항만 또는 공항에 머무른 기간
4. 임시 정박 또는 착륙 사유
5. 해당 항만 또는 공항에서의 적재물품 유무

② 법 제139조의 규정에 의한 물품의 목록에 관하여는 제158조 제3항의 규정을 준용한다.

참고 │ 임시 외국 정박 또는 착륙의 보고 위반 시 조치

보고를 하지 않은 경우, 1천만원 이하의 과태료를 부과한다(법 제277조 제4항).

제3관 물품의 하역

제140조(물품의 하역)

① 입항절차 종료 전 하역·환적 금지

국제무역선이나 국제무역기는 제135조에 따른 입항절차를 마친 후가 아니면 물품을 하역하거나 환적할 수 없다. 다만, 세관장의 허가를 받은 경우에는 그러하지 아니하다.

관세법 시행령

영 제161조(물품의 하역 등의 허가신청) ① 법 제140조 제1항 단서의 규정에 의하여 물품을 하역 또는 환적하기 위하여 허가를 받고자 하는 자는 다음 각 호의 사항을 기재한 신청서를 세관장에게 제출하여야 한다.
1. 선박 또는 항공기의 종류·명칭·국적 및 입항연월일
2. 물품의 내외국물품별 구분과 품명·수량 및 가격
3. 포장의 종류·기호·번호 및 개수
4. 신청사유

② 허가 여부 통지기간

세관장은 제1항 단서에 따른 허가의 신청을 받은 날부터 10일 이내에 허가 여부를 신청인에게 통지하여야 한다.

③ 통지기간 경과 시 관세법상 조치

세관장이 제2항에서 정한 기간 내에 허가 여부 또는 민원 처리 관련 법령에 따른 처리기간의 연장을 신청인에게 통지하지 아니하면 그 기간(민원 처리 관련 법령에 따라 처리기간이 연장 또는 재연장된 경우에는 해당 처리기간을 말한다)이 끝난 날의 다음 날에 허가를 한 것으로 본다.

④ 물품의 하역

국제무역선이나 국제무역기에 물품을 하역하려면 세관장에게 신고하고 현장에서 세관공무원의 확인을 받아야 한다. 다만, 세관공무원이 확인할 필요가 없다고 인정하는 경우에는 그러하지 아니하다.

> **관세법 시행령**
>
> **영 제161조(물품의 하역 등의 허가신청)** ② 법 제140조 제4항에 따라 물품을 하역하려는 자는 다음 각 호의 사항을 기재한 신고서를 세관장에게 제출하고 그 신고필증을 현장세관공무원에게 제시하여야 한다. 다만, 수출물품의 경우에는 관세청장이 정하는 바에 따라 물품목록의 제출로써 이에 갈음할 수 있으며, 항공기인 경우에는 현장세관공무원에 대한 말로써 신고하여 이에 갈음할 수 있다.
> 1. 선박 또는 항공기의 명칭
> 2. 물품의 품명·개수 및 중량
> 3. 승선자수 또는 탑승자수
> 4. 선박 또는 항공기 대리점
> 5. 작업의 구분과 작업예정기간

⑤ 하역통로와 기간 제한

세관장은 감시·단속을 위하여 필요할 때에는 제4항에 따라 물품을 하역하는 장소 및 통로(이하 "하역통로"라 한다)와 기간을 제한할 수 있다.

> **관세법 시행령**
>
> **영 제161조(물품의 하역 등의 허가신청)** ③ 법 제140조 제5항에 따른 하역통로는 세관장이 지정하고 이를 공고해야 한다.

⑥ 내국물품·외국물품 적재 제한

국제무역선이나 국제무역기에는 내국물품을 적재할 수 없으며, 국내운항선이나 국내운항기에는 외국물품을 적재할 수 없다. 다만, 세관장의 허가를 받았을 때에는 그러하지 아니하다.

> **관세법 시행령**
>
> **영 제161조(물품의 하역 등의 허가신청)** ④ 법 제140조 제6항 단서에 따른 허가를 받으려는 자는 다음 각 호의 사항을 기재한 신청서를 세관장에게 제출해야 한다.
> 1. 물품의 내외국물품별 구분과 품명 및 수량
> 2. 포장의 종류 및 개수
> 3. 적재선박 또는 항공기의 명칭, 적재기간
> 4. 화주의 주소 및 성명
> 5. 신청사유
>
> ⑤ 세관장은 다음 각 호의 어느 하나에 해당하는 허가를 하거나 신고를 한 경우에는 국제무역선 또는 국제무역기에 내국물품을 적재하거나 국내운항선 또는 국내운항기에 외국물품을 적재하게 할 수 있다.
> 1. 법 제143조의 규정에 의하여 하역허가를 받은 경우

2. 법 제213조의 규정에 의하여 보세운송신고를 하거나 보세운송승인을 받은 경우
3. 법 제221조의 규정에 의하여 내국운송신고를 하는 경우
4. 법 제248조의 규정에 의하여 수출신고가 수리된 경우

⑦ 하역을 제한하는 경우

세관장은 제4항에 따라 신고된 물품이 폐기물·화학물질 등 관세청장이 관계 중앙행정기관의 장과 협의하여 고시하는 물품으로서 하역 장소 및 통로, 기간을 제한하는 방법으로는 사회안전 또는 국민보건 피해를 방지하기 어렵다고 인정되는 경우에는 하역을 제한하고, 적절한 조치 또는 반송을 명할 수 있다.

제141조(외국물품의 일시양륙 등)

다음 각 호의 어느 하나에 해당하는 행위를 하려면 세관장에게 신고를 하고, 현장에서 세관공무원의 확인을 받아야 한다. 다만, 관세청장이 감시·단속에 지장이 없다고 인정하여 따로 정하는 경우에는 간소한 방법으로 신고 또는 확인하거나 이를 생략하게 할 수 있다.

1. 외국물품을 운송수단으로부터 일시적으로 육지에 내려 놓으려는 경우

> **관세법 시행령**
>
> **영 제162조(외국물품의 일시양륙 등 신고)** ① 법 제141조 제1호의 규정에 의하여 외국물품을 일시적으로 육지에 내려 놓고자 하는 경우에는 다음 각 호의 사항을 기재한 신고서를 세관장에게 제출하고 그 신고필증을 현장세관공무원에게 제시하여야 한다.
> 1. 선박 또는 항공기의 종류·명칭·국적
> 2. 입항연월일
> 3. 육지에 내려 놓고자 하는 일시 및 기간
> 4. 육지에 내려 놓고자 하는 물품의 품명·수량 및 가격과 그 포장의 종류·기호·번호·개수
> 5. 육지에 내려 놓고자 하는 물품의 최종도착지
> 6. 육지에 내려 놓고자 하는 장소
> ② 육지에 내려 놓고자 하는 외국물품을 장치할 수 있는 장소의 범위 등에 관하여는 관세청장이 정한다.

2. 해당 운송수단의 여객·승무원 또는 운전자가 아닌 자가 타려는 경우

> **관세법 시행령**
>
> **영 제163조(승선 또는 탑승신고)** 법 제141조 제2호의 규정에 의하여 승선 또는 탑승을 하고자 하는 자는 다음 각 호의 사항을 기재한 신고서를 세관장에게 제출하고 그 신고필증을 현장 세관공무원에게 제시하여야 한다.
> 1. 선박 또는 항공기의 명칭
> 2. 승선자 또는 탑승자의 성명·국적 및 생년월일
> 3. 승선 또는 탑승의 이유 및 기간
> 4. 다음 각 목의 물품을 하역하는 운송차량의 차량번호
>   가. 선박용품
>   나. 국제무역선 안에서 판매하는 물품
>   다. 법 제143조 제1항 제3호에 따른 물품

3. 외국물품을 적재한 운송수단에서 다른 운송수단으로 물품을 환적 또는 복합환적하거나 사람을 이동시키는 경우

> **관세법 시행령**
>
> **영 제164조(환적 및 이동의 신고)** 법 제141조 제3호에 따라 물품을 환적 또는 복합환적하거나 사람을 이동시키고자 하는 자는 다음 각 호의 사항을 적은 신고서를 세관장에게 제출하고 그 신고필증을 현장 세관공무원에게 제시하여야 한다.
> 1. 각 운송수단의 종류·명칭 및 국적
> 2. 환적하는 물품의 내외국물품별 구분
> 3. 환적하는 물품의 품명·수량 및 가격과 그 포장의 종류·기호·번호 및 개수
> 4. 이동하는 사람의 성명·국적·생년월일·승선지 및 상륙지
> 5. 신고사유

제142조(항외 하역)

① 항외 하역 허가

국제무역선이 국제항의 바깥에서 물품을 하역하거나 환적하려는 경우에는 선장은 세관장의 허가를 받아야 한다.

> **관세법 시행령**
>
> **영 제165조(항외 하역에 관한 허가의 신청)** 국제항의 바깥에서 하역 또는 환적하기 위하여 법 제142조 제1항에 따른 허가를 받으려는 자는 다음 각 호의 사항을 기재한 신청서를 세관장에게 제출해야 한다.
> 1. 국제항의 바깥에서 하역 또는 환적하려는 장소 및 일시
> 2. 선박의 종류·명칭·국적·총톤수 및 순톤수
> 3. 당해 물품의 내외국물품별 구분과 품명·수량 및 가격
> 4. 당해 물품의 포장의 종류·기호·번호 및 개수
> 5. 신청사유

② 허가수수료 납부

선장은 제1항에 따른 허가를 받으려면 기획재정부령으로 정하는 바에 따라 허가수수료를 납부하여야 한다.

> **관세법 시행규칙**
>
> **규칙 제63조(항외 하역에 관한 허가수수료)** 법 제142조 제2항의 규정에 의하여 납부하여야 하는 항외 하역에 관한 허가수수료는 하역 1일마다 4만원으로 한다. 다만, 수출물품(보세판매장에서 판매하는 물품과 보세공장, 「자유무역지역의 지정 및 운영에 관한 법률」에 의한 자유무역지역에서 제조·가공하여 외국으로 반출하는 물품을 포함한다)에 대한 하역인 경우에는 하역 1일마다 1만원으로 한다.

③ 허가 여부 통지기간

세관장은 제1항에 따른 허가의 신청을 받은 날부터 10일 이내에 허가 여부를 신청인에게 통지하여야 한다.

④ 통지기간 경과 시 관세법상 조치
  세관장이 제3항에서 정한 기간 내에 허가 여부 또는 민원 처리 관련 법령에 따른 처리기간의 연장을 신청인에게 통지하지 아니하면 그 기간(민원 처리 관련 법령에 따라 처리기간이 연장 또는 재연장된 경우에는 해당 처리기간을 말한다)이 끝난 날의 다음 날에 허가를 한 것으로 본다.

제143조(선박용품 및 항공기용품 등의 하역 등)

① 하역·환적 허가
  다음 각 호의 어느 하나에 해당하는 물품을 국제무역선·국제무역기 또는 「원양산업발전법」 제2조 제6호에 따른 조업에 사용되는 선박(이하 이 조에서 "원양어선"이라 한다)에 하역하거나 환적하려면 **세관장의 허가**를 받아야 하며, 하역 또는 환적허가의 내용대로 하역하거나 환적하여야 한다.

> 1. 선박용품 또는 항공기용품
> 2. 국제무역선 또는 국제무역기 안에서 판매하는 물품
> 3. 「원양산업발전법」 제6조 제1항, 제17조 제1항 및 제3항에 따라 해양수산부장관의 허가·승인 또는 지정을 받은 자가 조업하는 원양어선에 무상으로 송부하기 위하여 반출하는 물품으로서 해양수산부장관이 확인한 물품

|| 관세법 시행령

영 제166조(선박용품 또는 항공기용품 등의 하역 또는 환적) ① 국제무역선 또는 국제무역기나 「원양산업발전법」 제2조 제6호에 따른 조업에 사용되는 선박에 물품을 하역하거나 환적하기 위하여 법 제143조 제1항에 따른 허가를 받으려는 자는 다음 각 호의 사항을 기재한 신청서를 세관장에게 제출해야 한다.
  1. 선박 또는 항공기의 종류·등록기호·명칭·국적과 여객 및 승무원·선원의 수
  2. 당해 물품의 내외국물품별 구분과 품명·규격·수량 및 가격
  3. 당해 물품의 포장의 종류·기호·번호 및 개수
  4. 당해 물품의 하역 또는 환적예정연월일과 방법 및 장소
② 제1항의 경우 당해 물품이 법 제143조 제2항에 해당하는 외국물품인 때에는 제1항 각 호의 사항 외에 다음 각 호의 사항을 함께 쓰고 그 물품에 대한 송품장 또는 과세가격결정에 필요한 서류를 첨부하여야 한다.
  1. 당해 물품의 선하증권번호 또는 항공화물운송장번호
  2. 당해 물품의 장치된 장소(보세구역인 경우에는 그 명칭)와 반입연월일
③ 세관장은 제1항의 규정에 의한 허가를 함에 있어서 필요하다고 인정되는 때에는 소속공무원으로 하여금 당해 물품을 검사하게 할 수 있다.
④ 법 제143조 제1항의 규정에 의한 허가를 받은 자가 허가를 받은 사항을 변경하고자 하는 때에는 변경하고자 하는 사항과 변경사유를 기재한 신청서를 세관장에게 제출하여 허가를 받아야 한다.
⑤ 제1항의 규정에 의한 허가를 받은 자는 허가내용에 따라 하역 또는 환적을 완료한 때에는 당해 허가서에 그 사실과 하역 또는 환적일자를 기재하여 당해 선박 또는 항공기의 장의 서명을 받아 보관하여야 한다. 이 경우 세관장은 필요하다고 인정하는 물품에 대하여는 세관공무원의 확인을 받게 할 수 있으며, 당해 선박 또는 항공기의 장이 적재한 사실을 확인하여 서명한 허가서 등을 제출하게 할 수 있다.

② 외국물품인 선박용품 등을 보세구역으로부터 적재하는 경우
제1항 각 호의 어느 하나에 해당하는 물품이 외국으로부터 우리나라에 도착한 외국물품일 때에는 보세구역으로부터 국제무역선·국제무역기 또는 원양어선에 적재하는 경우에만 그 외국물품을 그대로 적재할 수 있다.

③ 선박용품 등의 종류와 수량
제1항 각 호에 따른 물품의 종류와 수량은 선박이나 항공기의 종류, 톤수 또는 무게, 항행일수·운행일수 또는 조업일수, 여객과 승무원·선원의 수 등을 고려하여 세관장이 타당하다고 인정하는 범위이어야 한다.

④ 허가 여부 통지기간
세관장은 제1항에 따른 허가의 신청을 받은 날부터 10일 이내에 허가 여부를 신청인에게 통지하여야 한다.

⑤ 통지기간 경과 시 관세법상 조치
세관장이 제4항에서 정한 기간 내에 허가 여부 또는 민원 처리 관련 법령에 따른 처리기간의 연장을 신청인에게 통지하지 아니하면 그 기간(민원 처리 관련 법령에 따라 처리기간이 연장 또는 재연장된 경우에는 해당 처리기간을 말한다)이 끝난 날의 다음 날에 허가를 한 것으로 본다.

⑥ 외국물품인 선박용품 등에 대한 관세징수
제2항에 따른 외국물품이 제1항에 따른 하역 또는 환적허가의 내용대로 운송수단에 적재되지 아니한 경우에는 해당 허가를 받은 자로부터 즉시 그 관세를 징수한다. 다만, 다음 각 호의 어느 하나에 해당하는 경우에는 그러하지 아니하다.

1. 세관장이 지정한 기간 내에 그 물품이 다시 보세구역에 반입된 경우
2. 재해나 그 밖의 부득이한 사유로 멸실된 경우
3. 미리 세관장의 승인을 받고 폐기한 경우

> **관세법 시행령**

영 제166조(선박용품 또는 항공기용품 등의 하역 또는 환적) ⑥ 제1항에 따른 허가를 받은 자는 법 제143조 제6항 제1호의 기간 내에 허가받은 물품을 적재하지 않고 다시 보세구역에 반입한 때에는 지체 없이 해당 허가서에 그 사실과 반입연월일을 기재하여 이를 확인한 세관공무원의 서명을 받아 해당 허가를 한 세관장에게 제출해야 한다.
⑦ 제1항에 따른 허가를 받은 자는 해당 물품이 법 제143조 제6항 제2호에 따른 재해나 그 밖의 부득이한 사유로 멸실된 경우에는 지체 없이 해당 물품에 관한 제1항 제2호의 사항과 멸실연월일·장소 및 사유를 기재한 신고서에 허가서를 첨부하여 해당 허가를 한 세관장에게 제출해야 한다.
⑧ 법 제143조 제6항 제3호에 따른 승인을 받으려는 자는 폐기하려는 물품에 관한 다음 각 호의 사항을 기재한 신청서를 해당 허가를 한 세관장에게 제출해야 한다.
　1. 제1항 제2호의 사항
　2. 당해 물품이 있는 장소
　3. 폐기예정연월일·폐기방법 및 폐기이유

⑦ 위임 규정
제1항에 따라 허가를 받아야 하는 물품의 종류와 수량, 사용 또는 판매내역관리, 하역 또는 환적절차 등에 관하여 필요한 사항은 관세청장이 정하여 고시한다.

참고   선박용품

선박용품의 정의	음료, 식품, 연료, 소모품, 밧줄, 수리용 예비부분품 및 부속품, 집기, 그 밖에 이와 유사한 물품으로서 해당 선박에서만 사용되는 것	
선박용품의 하역 및 환적	세관장의 허가를 받아야 한다.	
외국물품인 선박용품	보세구역으로부터 국제무역선에 적재하는 경우에만 그 외국물품 그대로 적재할 수 있다.	
하역허가 위반 시 관세징수	과세물건 확정시기	하역을 허가받은 때
	납세의무자	하역허가를 받은 자
수입으로 보지 아니하는 소비 또는 사용	1. 선박용품을 운송수단 안에서 그 용도에 따라 소비하거나 사용하는 경우 2. 선박용품을 세관장이 정하는 지정보세구역에서 출입국관리법에 따라 출국심사를 마치거나 우리나라에 입국하지 아니하고 우리나라를 경유하여 제3국으로 출발하려는 자에게 제공하여 그 용도에 따라 소비하거나 사용하는 경우	

참고   물품의 하역

1. 입항절차 마치기 전 하역·환적: 세관장의 허가(법 제140조 제1항)
2. 국제무역선(기)에 물품 하역: 세관장에게 신고 + 세관공무원의 확인(법 제140조 제4항)
3. 국제무역선(기)에 내국물품 적재, 국내운항선(기)에 외국물품 적재: 세관장의 허가(법 제140조 제6항)
4. 일시양륙: 세관장에게 신고 + 세관공무원의 확인(법 제141조 제1호)
5. 여객·승무원·운전자 아닌 자의 탑승: 세관장에게 신고 + 세관공무원의 확인(법 제141조 제2호)
6. 외국물품의 환적·복합환적, 사람 이동: 세관장에게 신고 + 세관공무원의 확인(법 제141조 제3호)
7. 항외 하역: 세관장의 허가(법 제142조)
8. 선박용품, 항공기용품, 국제무역선 판매물품, 국제무역기 판매물품, 원양어선에 무상으로 송부하기 위하여 반출하는 물품의 하역·환적: 세관장의 허가(법 제143조)

제4관 국제무역선의 국내운항선으로의 전환 등

제144조(국제무역선의 국내운항선으로의 전환 등)

국제무역선 또는 국제무역기를 국내운항선 또는 국내운항기로 전환하거나, 국내운항선 또는 국내운항기를 국제무역선 또는 국제무역기로 전환하려면 선장이나 기장은 세관장의 승인을 받아야 한다.

> **관세법 시행령**
>
> **영 제167조(선박 또는 항공기의 전환)** ① 법 제144조에 따른 승인을 받으려는 자는 다음 각 호의 사항을 기재한 신청서를 세관장에게 제출해야 한다.
> 1. 선박 또는 항공기의 명칭·종류·등록기호·국적·총톤수 및 순톤수·자체무게·선적항
> 2. 선박 또는 항공기의 소유자의 주소·성명
> 3. 국내운항선·국내운항기·국제무역선 또는 국제무역기 해당 여부
> 4. 전환하고자 하는 내용 및 사유
>
> ② 세관장은 제1항의 규정에 의한 신청이 있는 때에는 당해 선박 또는 항공기에 적재되어 있는 물품을 검사할 수 있다.

제145조(선장 등의 직무대행자)

선장이나 기장이 하여야 할 직무를 대행하는 자에게도 제134조 제2항, 제135조 제1항, 제136조, 제138조 제2항·제4항, 제139조, 제142조 및 제144조를 적용한다.

> **참고 선장 등의 직무대행자**
>
> 1. 법 제134조(국제항 등에의 출입) 제2항: 국제항이 아닌 지역에 대한 출입 허가수수료
> 2. 법 제135조(입항절차) 제1항: 입항보고
> 3. 법 제136조(출항절차)
> 4. 법 제138조(재해나 그 밖의 부득이한 사유로 인한 면책) 제2항·제4항
> 5. 법 제139조(임시 외국 정박 또는 착륙의 보고)
> 6. 법 제142조(항외 하역)
> 7. 법 제144조(국제무역선의 국내운항선으로의 전환 등)

제146조(그 밖의 선박 또는 항공기)

① 국제무역선(기) 규정 준용
다음 각 호의 어느 하나에 해당하는 선박이나 항공기는 국제무역선이나 국제무역기에 관한 규정을 준용한다. 다만, 대통령령으로 정하는 선박 및 항공기에 대해서는 그러하지 아니하다.

> 1. 국제무역선 또는 국제무역기 외의 선박이나 항공기로서 외국에 운항하는 선박 또는 항공기
> 2. 외국을 왕래하는 여행자와 제241조 제2항 제1호의 물품을 전용으로 운송하기 위하여 국내에서만 운항하는 항공기(이하 "환승전용국내운항기"라 한다)
>
> [참고]
> 법 제241조 제2항 제1호의 물품: 휴대품·탁송품 또는 별송품

｜｜ 관세법 시행령

영 제168조(특수선박) 법 제146조 단서에서 "대통령령으로 정하는 선박 및 항공기"란 다음 각 호의 어느 하나에 해당하는 것을 말한다.
1. 군함 및 군용기
2. 국가원수 또는 정부를 대표하는 외교사절이 전용하는 선박 또는 항공기

② 환승전용국내운항기의 관리
제1항에도 불구하고 환승전용국내운항기에 대해서는 제143조 제2항은 적용하지 아니하며 효율적인 통관 및 감시·단속을 위하여 필요한 사항은 대통령령으로 따로 정할 수 있다.

｜｜ 관세법 시행령

영 제168조의2(환승전용국내운항기의 관리) 세관장은 법 제146조 제2항에 따라 다음 각 호의 어느 하나에 해당하는 사항에 대하여 관세청장이 정하는 바에 따라 그 절차를 간소화하거나 그 밖에 필요한 조치를 할 수 있다.
1. 법 제135조 제1항에 따른 입항보고
2. 법 제136조 제1항에 따른 출항허가 신청
3. 그 밖에 법 제146조 제1항 제2호에 따른 환승전용국내운항기 및 해당 항공기에 탑승하는 외국을 왕래하는 여행자와 법 제241조 제2항 제1호에 따른 물품의 통관 및 감시에 필요한 사항

제147조(국경하천을 운항하는 선박)

국경하천만을 운항하는 내국선박에 대해서는 국제무역선에 관한 규정을 적용하지 아니한다.

제3절 차량

제148조(관세통로)

① 국경출입차량의 의무
국경을 출입하는 차량(이하 "국경출입차량"이라 한다)은 관세통로를 경유하여야 하며, 통관역이나 통관장에 정차하여야 한다.

② 관세통로
제1항에 따른 관세통로는 육상국경(陸上國境)으로부터 통관역에 이르는 철도와 육상국경으로부터 통관장에 이르는 육로 또는 수로 중에서 세관장이 지정한다.

③ 통관역
통관역은 국외와 연결되고 국경에 근접한 철도역 중에서 관세청장이 지정한다.

④ 통관장
통관장은 관세통로에 접속한 장소 중에서 세관장이 지정한다.

참고 │ 국경출입차량

구분	관세통로	통관역	통관장
지정권자	세관장	관세청장	세관장
의무	경유	정차	정차

제149조(국경출입차량의 도착절차)

① 도착보고
국경출입차량이 통관역이나 통관장에 도착하면 통관역장이나 도로차량(선박·철도차량 또는 항공기가 아닌 운송수단을 말한다. 이하 같다)의 운전자는 차량용품목록·여객명부·승무원명부 및 승무원 휴대품목록과 관세청장이 정하는 적재화물목록을 첨부하여 지체 없이 세관장에게 도착보고를 하여야 하며, 최종 출발지의 출발허가서 또는 이를 갈음하는 서류를 제시하여야 한다. 다만, 세관장은 감시·단속에 지장이 없다고 인정될 때에는 차량용품목록이나 승무원 휴대품목록의 첨부를 생략하게 할 수 있다.

관세법 시행령

영 제169조(국경출입차량의 도착보고 등) ① 법 제149조 제1항의 규정에 의한 도착보고서에는 다음 각 호의 사항을 기재하여야 한다.
  1. 차량의 회사명·국적·종류·등록기호·번호·총화차수·총객차수
  2. 차량의 최초출발지·경유지·최종출발지·도착일시·출발예정일시 및 목적지
  3. 적재물품의 내용·개수 및 중량
  4. 여객 및 승무원수와 통과여객의 수
② 법 제149조 제1항의 규정에 의한 차량용품목록·여객명부·승무원명부 및 승무원휴대품목록에 관하여는 제157조 제2항 내지 제5항의 규정을 준용한다.

② 도착 전 서류제출

세관장은 신속한 입국 및 통관절차의 이행과 효율적인 감시·단속을 위하여 필요한 경우에는 관세청장이 정하는 바에 따라 도착하는 해당 차량이 소속된 회사(그 업무를 대행하는 자를 포함한다. 이하 같다)로 하여금 제1항에 따른 여객명부·적재화물목록 등을 도착하기 전에 제출하게 할 수 있다.

③ 반복 운송 도로차량의 특례 (1)

제1항에도 불구하고 대통령령으로 정하는 물품을 일정 기간에 일정량으로 나누어 반복적으로 운송하는 데에 사용되는 도로차량의 운전자는 제152조 제2항에 따라 사증(査證)을 받는 것으로 도착보고를 대신할 수 있다. 다만, 최종 도착보고의 경우는 제외한다.

> **관세법 시행령**
>
> **영 제169조(국경출입차량의 도착보고 등)** ③ 법 제149조 제3항 본문에서 "대통령령으로 정하는 물품"이란 다음 각 호의 어느 하나에 해당하는 것을 말한다.
> 1. 모래·자갈 등 골재
> 2. 석탄·흑연 등 광물

④ 반복 운송 도로차량의 특례 (2)

제3항에 따라 사증을 받는 것으로 도착보고를 대신하는 도로차량의 운전자는 최종 도착보고를 할 때에 제1항에 따른 서류를 한꺼번에 제출하여야 한다.

제150조(국경출입차량의 출발절차)

① 출발허가

국경출입차량이 통관역이나 통관장을 출발하려면 통관역장이나 도로차량의 운전자는 출발하기 전에 세관장에게 출발보고를 하고 출발허가를 받아야 한다.

> **관세법 시행령**
>
> **영 제170조(국경출입차량의 출발보고)** ① 법 제150조 제1항의 규정에 의한 출발보고서에는 다음 각 호의 사항을 기재하여야 한다.
> 1. 차량의 회사명·종류·등록기호·번호·총화차수·총객차수
> 2. 차량의 출발지·경유지·최종목적지·출발일시 및 도착일시
> 3. 적재물품의 내용·개수 및 중량
> 4. 여객 및 승무원의 수와 통과여객의 수

② 출발허가 시 제출서류

통관역장이나 도로차량의 운전자는 제1항에 따른 허가를 받으려면 그 통관역 또는 통관장에서 적재한 물품의 목록을 제출하여야 한다.

> **관세법 시행령**
>
> **영 제170조(국경출입차량의 출발보고)** ② 법 제150조 제2항의 규정에 의하여 제출하는 물품의 목록은 관세청장이 정하는 바에 따라 세관장에게 제출하여야 한다.

③ 반복 운송 도로차량의 특례
제1항에도 불구하고 대통령령으로 정하는 물품을 일정 기간에 일정량으로 나누어 반복적으로 운송하는 데에 사용되는 도로차량의 운전자는 제152조 제2항에 따라 사증을 받는 것으로 출발보고 및 출발허가를 대신할 수 있다. 다만, 최초 출발보고와 최초 출발허가의 경우는 제외한다.

> **관세법 시행령**
>
> **영 제170조(국경출입차량의 출발보고)** ③ 법 제150조 제3항 본문에서 "대통령령으로 정하는 물품"이란 다음 각 호의 어느 하나에 해당하는 것을 말한다.
> 1. 모래·자갈 등 골재
> 2. 석탄·흑연 등 광물

④ 도로차량 운행자의 사전 신고
제3항에 따른 도로차량을 운행하려는 자는 기획재정부령으로 정하는 바에 따라 미리 세관장에게 신고하여야 한다.

> **관세법 시행규칙**
>
> **규칙 제63조의2(반복운송 도로차량의 신고)** 법 제150조 제3항에 따른 도로차량을 운행하려는 운전자는 다음 각 호의 사항을 기재한 신고서를 세관장에게 제출하여야 한다.
> 1. 차량의 회사명·종류 및 차량등록번호
> 2. 차량의 출발지, 경유지, 최종목적지, 최초 출발일시, 최종 도착일시 및 총 운행횟수
> 3. 운송대상 물품의 내용 및 총중량

제151조(물품의 하역 등)

① 외국물품의 하역
통관역이나 통관장에서 외국물품을 차량에 하역하려는 자는 세관장에게 신고를 하고, 현장에서 세관공무원의 확인을 받아야 한다. 다만, 세관공무원이 확인할 필요가 없다고 인정할 때에는 그러하지 아니하다.

> **관세법 시행령**
>
> **영 제171조(물품의 하역신고)** 법 제151조 제1항의 규정에 의하여 물품을 하역하고자 하는 자는 다음 각 호의 사항을 기재한 신고서를 세관장에게 제출하고 그 신고필증을 현장 세관공무원에게 제시하여야 한다.
> 1. 차량번호
> 2. 물품의 품명·개수 및 중량
> 3. 작업의 구분과 작업예정기간

② 선박용품 등 규정 준용

차량용품과 국경출입차량 안에서 판매할 물품을 해당 차량에 하역하거나 환적하는 경우에는 제143조를 준용한다.

> **관세법 시행령**
>
> **영 제172조(차량용품 등의 하역 또는 환적)** 법 제151조 제2항의 규정에 의한 차량용품과 국경출입차량에서 판매할 물품에 대하여는 제166조의 규정을 준용한다.

제151조의2(국경출입차량의 국내운행차량으로의 전환 등)

국경출입차량을 국내에서만 운행하는 차량(이하 "국내운행차량"이라 한다)으로 전환하거나 국내운행차량을 국경출입차량으로 전환하려는 경우에는 통관역장 또는 도로차량의 운전자는 세관장의 승인을 받아야 한다. 다만, 기획재정부령으로 정하는 차량의 경우에는 그러하지 아니하다.

제151조의3(통관역장 등의 직무대행자)

통관역장이나 도로차량의 운전자가 하여야 할 직무를 대행하는 자에게도 제149조 제1항, 제150조, 제151조의2 및 제152조를 적용한다.

> **참고 통관역장 등의 직무대행자**
>
> 1. 법 제149조(국경출입차량의 도착절차) 제1항: 도착보고
> 2. 법 제150조(국경출입차량의 출발절차)
> 3. 법 제151조의2(국경출입차량의 국내운행차량으로의 전환 등)
> 4. 법 제152조(도로차량의 국경출입)

제152조(도로차량의 국경출입)

① 국경출입 증명서류 발급

국경을 출입하려는 도로차량의 운전자는 해당 도로차량이 국경을 출입할 수 있음을 증명하는 서류를 세관장으로부터 발급받아야 한다.

> **관세법 시행령**
>
> **영 제173조(도로차량에 대한 증서의 교부신청)** 법 제152조 제1항에 따라 국경을 출입할 수 있는 도로차량임을 증명하는 서류를 교부받으려는 자는 다음 각 호의 사항을 기재한 신청서를 세관장에게 제출하여야 한다.
>   1. 차량의 종류 및 차량등록번호
>   2. 적재량 또는 승차정원
>   3. 운행목적·운행기간 및 운행경로

② 사증 발급

국경을 출입하는 도로차량의 운전자는 출입할 때마다 제1항에 따른 서류를 세관공무원에게 제시하고 사증을 받아야 한다. 이 경우 전자적인 방법으로 서류의 제시 및 사증 발급을 대신할 수 있다.

③ 사증수수료

제2항에 따른 사증을 받으려는 자는 기획재정부령으로 정하는 바에 따라 수수료를 납부하여야 한다. 다만, 기획재정부령으로 정하는 차량은 수수료를 면제한다.

> **관세법 시행규칙**
>
> **규칙 제64조(사증수수료)** 법 제152조 제3항에 따라 납부하여야 하는 사증수수료는 400원으로 한다.

제153조

삭제

CHAPTER 07 보세구역

제1절 통칙

|| 참고 | 보세구역 개요

1. 보세(保稅)
   보세란 수입통관절차가 완료되지 않은 상태, 즉 수입신고수리 미완료의 상태를 말하며, 이러한 상태에 있는 외국물품을 보세화물이라 한다.
2. 보세제도의 기능
   (1) 보세구역 및 보세운송을 통제하여 과세대상 물품의 무단반출을 방지하고, 이를 통해 관세채권을 확보한다.
   (2) 수입물품과 반송물품에 대해 보세구역 경유의무를 두어 밀수출입을 방지하고 통관질서를 확립한다.
   (3) 세관의 감시와 단속이 용이한 장소를 보세구역으로 지정 또는 특허하여 세관의 물품 반출입 감시와 검사업무를 효율적으로 수행할 수 있도록 한다.
   (4) 보세공장제도는 가공무역의 진흥을 통하여 산업발전에 기여하며, 보세건설장제도는 산업시설의 신속한 건설에 기여한다. 종합보세구역제도는 외국인 투자촉진, 수출증대 또는 물류촉진에 기여한다.
3. 보세구역
   보세구역이란 수입신고수리 미완료 상태에 있는 외국물품, 즉 보세화물을 세관의 관리하에 장치, 검사, 전시, 제조·가공, 건설, 판매할 수 있는 구역을 말한다.

|| 참고 | 관세법상 보세구역의 종류(법 제154조)

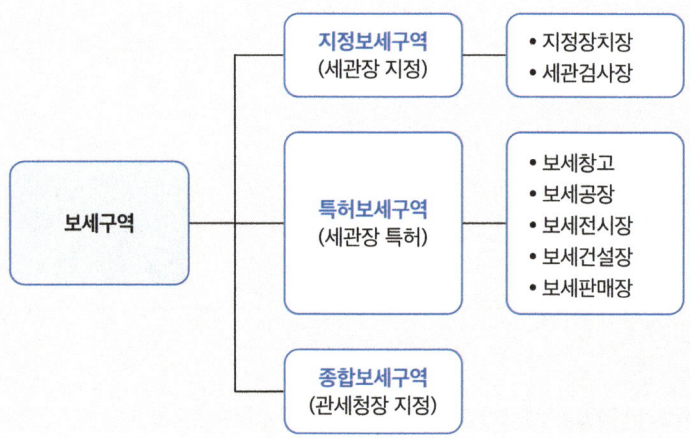

> **참고** 관세법 제7장 보세구역 제1절 통칙의 구조

구분	법 규정
종류	법 제154조(보세구역의 종류)
장치	법 제155조(물품의 장치) 법 제156조(보세구역 외 장치의 허가)
반출	법 제157조(물품의 반입·반출) 법 제157조의2(수입신고수리물품의 반출)
작업	법 제158조(보수작업) 법 제159조(해체·절단 등의 작업) 법 제160조(장치물품의 폐기) 법 제161조(견본품 반출)
관리	법 제162조(물품취급자에 대한 단속) 법 제163조(세관공무원의 파견) 법 제164조(보세구역의 자율관리)
보세사	법 제165조(보세사의 자격 등) 법 제165조의2(보세사의 명의대여 등의 금지) 법 제165조의3(보세사의 의무) 법 제165조의4(금품 제공 등의 금지) 법 제165조의5(보세사징계위원회)

제154조(보세구역의 종류)

보세구역은 지정보세구역·특허보세구역 및 종합보세구역으로 구분하고, 지정보세구역은 지정장치장 및 세관검사장으로 구분하며, 특허보세구역은 보세창고·보세공장·보세전시장·보세건설장 및 보세판매장으로 구분한다.

제155조(물품의 장치)

① 보세구역 장치원칙

외국물품은 보세구역이 아닌 장소에 장치할 수 없다. 다만, 다음 각 호의 어느 하나에 해당하는 물품은 그러하지 아니하다.

1. 제241조 제1항에 따른 수출신고가 수리된 물품
2. 크기 또는 무게의 과다나 그 밖의 사유로 보세구역에 장치하기 곤란하거나 부적당한 물품
3. 재해나 그 밖의 부득이한 사유로 임시로 장치한 물품
4. 검역물품
5. 압수물품
6. 우편물품

② 보세구역 내 장치물품 규정 준용

제1항 제1호부터 제4호까지에 해당되는 물품에 대하여는 제157조, 제158조부터 제161조까지, 제163조, 제172조, 제177조, 제208조부터 제212조까지 및 제321조를 준용한다.

> **참고** '수·크·재·검' 준용 규정
>
> 1. 법 제157조(물품의 반입·반출)
> 2. 법 제158조(보수작업)
> 3. 법 제159조(해체·절단 등의 작업)
> 4. 법 제160조(장치물품의 폐기)
> 5. 법 제161조(견본품 반출)
> 6. 법 제163조(세관공무원의 파견)
> 7. 법 제172조(물품에 대한 보관책임)
> 8. 법 제177조(장치기간)
> 9. 법 제208조(매각대상 및 매각절차)
> 10. 법 제209조(통고)
> 11. 법 제210조(매각방법)
> 12. 법 제211조(잔금처리)
> 13. 법 제212조(국고귀속)
> 14. 법 제321조(세관의 업무시간·물품취급시간)

관세법 시행령

영 제174조(보세구역장치물품의 제한 등) ① 법 제154조의 규정에 의한 보세구역(이하 "보세구역"이라 한다)에는 인화질 또는 폭발성의 물품을 장치하지 못한다.
② 보세창고에는 부패할 염려가 있는 물품 또는 살아 있는 동물이나 식물을 장치하지 못한다.
③ 제1항 및 제2항의 규정은 당해 물품을 장치하기 위하여 특수한 설비를 한 보세구역에 관하여는 이를 적용하지 아니한다.

제156조(보세구역 외 장치의 허가)

① 세관장의 허가

제155조 제1항 제2호에 해당하는 물품을 보세구역이 아닌 장소에 장치하려는 자는 세관장의 허가를 받아야 한다.

관세법 시행령

영 제175조(보세구역 외 장치의 허가신청) 법 제156조 제1항에 따른 허가를 받으려는 자는 해당 물품에 관하여 다음 각 호의 사항을 기재한 신청서에 송품장과 선하증권·항공화물운송장 또는 이에 갈음하는 서류를 첨부하여 세관장에게 제출하여야 한다.
  1. 장치장소 및 장치사유
  2. 수입물품의 경우 당해 물품을 외국으로부터 운송하여 온 선박 또는 항공기의 명칭 또는 등록기호·입항예정연월일·선하증권번호 또는 항공화물운송장번호
  3. 해당 물품의 내외국물품별 구분과 품명·규격·수량 및 가격
  4. 당해 물품의 포장의 종류·번호 및 개수

② 담보의 제공 등
세관장은 외국물품에 대하여 제1항의 허가를 하려는 때에는 그 물품의 관세에 상당하는 담보의 제공, 필요한 시설의 설치 등을 명할 수 있다.
③ 허가수수료
제1항에 따른 허가를 받으려는 자는 기획재정부령으로 정하는 금액과 방법 등에 따라 수수료를 납부하여야 한다.

> **관세법 시행규칙**
>
> **규칙 제65조(보세구역외 장치허가수수료)** ① 법 제156조 제3항의 규정에 의하여 납부하여야 하는 보세구역외 장치허가수수료는 1만 8천원으로 한다. 이 경우 동일한 선박 또는 항공기로 수입된 동일한 화주의 화물을 동일한 장소에 반입하는 때에는 1건의 보세구역외 장치허가신청으로 보아 허가수수료를 징수한다.
> ② 국가 또는 지방자치단체가 수입하거나 협정에 의하여 관세가 면제되는 물품을 수입하는 때에는 제1항의 규정에 의한 보세구역외 장치허가수수료를 면제한다.
> ③ 제1항의 규정에 의한 보세구역외 장치허가수수료를 납부하여야 하는 자가 관세청장이 정하는 바에 의하여 이를 따로 납부한 때에는 그 사실을 증명하는 증표를 허가신청서에 첨부하여야 한다.
> ④ 세관장은 전산처리설비를 이용하여 법 제156조 제1항의 규정에 의한 보세구역외 장치허가를 신청하는 때에는 제1항의 규정에 의한 보세구역외 장치허가수수료를 일괄고지하여 납부하게 할 수 있다.

> **참고** '보세구역'과 '보세구역 외 장치를 허가받은 장소'의 관계(함께 언급되는 규정)
>
> 1. 부과고지대상(법 제39조 제1항)
>   보세구역(제156조 제1항에 따라 보세구역 외 장치를 허가받은 장소를 포함한다)에 반입된 물품이 제248조 제3항을 위반하여 수입신고가 수리되기 전에 반출된 경우
> 2. 위약물품 환급(법 제106조 제1항)
>   외국으로부터 수입된 물품: 보세구역(제156조 제1항에 따라 세관장의 허가를 받았을 때에는 그 허가받은 장소를 포함한다), 자유무역지역 중 관세청장이 수출물품을 일정기간 보관하기 위하여 필요하다고 인정하여 고시하는 장소, 통관우체국에 해당 물품을 반입(수입신고수리일부터 1년 이내에 반입한 경우로 한정한다)하였다가 다시 수출한 경우
> 3. 보세운송 장소(법 제213조 제1항)
>   외국물품은 국제항, 보세구역, 제156조에 따라 허가된 장소, 세관관서, 통관역, 통관장, 통관우체국 간에 한정하여 외국물품 그대로 운송할 수 있다.
> 4. 몰수 예외(법 제282조 제2항)
>   제269조 제2항 또는 제3항의 경우로서, 제154조의 보세구역에 제157조에 따라 신고를 한 후 반입한 외국물품, 제156조에 따라 세관장의 허가를 받아 보세구역이 아닌 장소에 장치한 외국물품 등은 몰수하지 아니할 수 있다.

제157조(물품의 반입·반출)

① 물품의 반입·반출신고
보세구역에 물품을 반입하거나 반출하려는 자는 대통령령으로 정하는 바에 따라 세관장에게 신고하여야 한다.

> **관세법 시행령**
>
> **영 제176조(물품의 반출입신고)** ① 법 제157조 제1항에 따른 물품의 반입신고는 다음 각 호의 사항을 기재한 신고서로 해야 한다.
> 1. 외국물품(수출신고가 수리된 물품은 제외한다)의 경우
>   가. 당해 물품을 외국으로부터 운송하여 온 선박 또는 항공기의 명칭·입항일자·입항세관·적재항
>   나. 물품의 반입일시, 선하증권번호 또는 항공화물운송장번호와 화물관리번호
>   다. 물품의 품명, 포장의 종류, 반입개수와 장치위치
> 2. 내국물품(수출신고가 수리된 물품을 포함한다)의 경우
>   가. 물품의 반입일시
>   나. 물품의 품명, 포장의 종류, 반입개수, 장치위치와 장치기간
> ② 제1항의 규정에 의하여 반입신고된 물품의 반출신고는 다음 각 호의 사항을 기재한 신고서에 의하여야 한다.
> 1. 반출신고번호·반출일시·반출유형·반출근거번호
> 2. 화물관리번호
> 3. 반출개수 및 반출중량
> ③ 세관장은 다음 각 호의 어느 하나에 해당하는 경우에는 제1항 및 제2항에 따른 신고서의 제출을 면제하거나 기재사항의 일부를 생략하게 할 수 있다.
> 1. 다음 각 목의 어느 하나에 해당하는 서류를 제출하여 반출입하는 경우
>   가. 적재화물목록
>   나. 보세운송신고서 사본 또는 수출신고필증
>   다. 제197조 제1항에 의한 내국물품장치신고서
> 2. 법 제164조에 따라 자율관리보세구역으로 지정받은 자가 제1항 제2호의 물품(수입신고가 수리된 물품은 제외한다)에 대하여 장부를 비치하고 반출입사항을 기록관리하는 경우

② 세관공무원의 참여와 물품 검사
제1항에 따라 보세구역에 물품을 반입하거나 반출하려는 경우에는 세관장은 세관공무원을 참여시킬 수 있으며, 세관공무원은 해당 물품을 검사할 수 있다.

> **관세법 시행령**
>
> **영 제176조(물품의 반출입신고)** ④ 세관장은 법 제157조 제2항의 규정에 의한 검사를 함에 있어서 반입신고서·송품장 등 검사에 필요한 서류를 제출하게 할 수 있다.

③ 보세구역 반입 물품의 종류 제한
세관장은 보세구역에 반입할 수 있는 물품의 종류를 제한할 수 있다.

제157조의2(수입신고수리물품의 반출)

관세청장이 정하는 보세구역에 반입되어 수입신고가 수리된 물품의 화주 또는 반입자는 제177조에도 불구하고 그 수입신고 수리일부터 15일 이내에 해당 물품을 보세구역으로부터 반출하여야 한다. 다만, 외국물품을 장치하는 데에 방해가 되지 아니하는 것으로 인정되어 세관장으로부터 해당 반출기간의 연장승인을 받았을 때에는 그러하지 아니하다.

관세법 시행령

영 제176조의2(반출기간 연장신청) 법 제157조의2 단서에 의한 승인을 얻고자 하는 자는 다음 각 호의 사항을 기재한 신청서를 세관장에게 제출하여야 한다.
  1. 제175조 제2호에 규정된 사항
  2. 장치장소
  3. 신청사유

제158조(보수작업)

① 보수작업의 범위와 장소
   보세구역에 장치된 물품은 그 현상을 유지하기 위하여 필요한 보수작업과 그 성질을 변하지 아니하게 하는 범위에서 포장을 바꾸거나 구분·분할·합병을 하거나 그 밖의 비슷한 보수작업을 할 수 있다. 이 경우 보세구역에서의 보수작업이 곤란하다고 세관장이 인정할 때에는 기간과 장소를 지정받아 보세구역 밖에서 보수작업을 할 수 있다.
② 세관장의 승인
   제1항에 따른 보수작업을 하려는 자는 세관장의 승인을 받아야 한다.

관세법 시행령

영 제177조(보수작업의 승인신청) ① 법 제158조 제2항에 따른 승인을 받으려는 자는 다음 각 호의 사항을 기재한 신청서를 세관장에게 제출하여야 한다.
  1. 제175조 각 호의 사항
  2. 사용할 재료의 품명·규격·수량 및 가격
  3. 보수작업의 목적·방법 및 예정기간
  4. 장치장소
  5. 그 밖의 참고사항
② 법 제158조 제2항에 따른 승인을 받은 자는 보수작업을 완료한 경우에는 다음 각 호의 사항을 기재한 보고서를 세관장에게 제출하여 그 확인을 받아야 한다.
  1. 해당 물품의 품명·규격·수량 및 가격
  2. 포장의 종류·기호·번호 및 개수
  3. 사용한 재료의 품명·규격·수량 및 가격
  4. 잔존재료의 품명·규격·수량 및 가격
  5. 작업완료연월일

③ 승인 여부 통지기간
　세관장은 제2항에 따른 승인의 신청을 받은 날부터 10일 이내에 승인 여부를 신청인에게 통지하여야 한다.
④ 통지기간 경과 시 관세법상 조치
　세관장이 제3항에서 정한 기간 내에 승인 여부 또는 민원 처리 관련 법령에 따른 처리기간의 연장을 신청인에게 통지하지 아니하면 그 기간(민원 처리 관련 법령에 따라 처리기간이 연장 또는 재연장된 경우에는 해당 처리기간을 말한다)이 끝난 날의 다음 날에 승인을 한 것으로 본다.
⑤ 보수작업의 재료 (1)
　제1항에 따른 보수작업으로 외국물품에 부가된 내국물품은 외국물품으로 본다.
⑥ 보수작업의 재료 (2)
　외국물품은 수입될 물품의 보수작업의 재료로 사용할 수 없다.
⑦ 준용 규정
　제1항 후단에 따라 보수작업을 하는 경우 해당 물품에 관한 반출검사 등에 관하여는 제187조 제4항·제5항 및 제7항을 준용한다.

> **참고** **보수작업의 범위**
>
> 다음의 작업 범위 내에서 허용 가능하며, 보수작업 대상물품의 HS 품목분류에 변화를 가져오는 경우에는 보수작업으로 인정되지 아니한다.
> 1. 물품의 보존을 위해 필요한 작업(부패, 손상 등을 방지하기 위한 보존작업 등)
> 2. 물품의 상품성 향상을 위한 개수작업(포장개선, 라벨표시, 단순절단 등)
> 3. 선적을 위한 준비작업(선별, 분류, 용기변경 등)
> 4. 단순한 조립작업(간단한 셋팅, 완제품의 특성을 가진 구성요소의 조립 등)
> 5. 기타 제1호 내지 제4호와 유사한 작업

제159조(해체·절단 등의 작업)

① 해체·절단 등의 작업범위
　보세구역에 장치된 물품에 대하여는 그 원형을 변경하거나 해체·절단 등의 작업을 할 수 있다.
② 세관장의 허가
　제1항에 따른 작업을 하려는 자는 세관장의 허가를 받아야 한다.

> **관세법 시행령**
>
> **영 제178조(해체·절단 등 작업)** ① 법 제159조 제2항의 규정에 의하여 해체·절단 등의 작업의 허가를 받고자 하는 자는 다음 각 호의 사항을 기재한 신청서를 세관장에게 제출하여야 한다.
> 　1. 당해 물품의 품명·규격·수량 및 가격
> 　2. 작업의 목적·방법 및 예정기간
> 　3. 기타 참고사항
> ② 제1항의 작업을 완료한 때에는 다음 각 호의 사항을 기재한 보고서를 세관장에게 제출하여 그 확인을 받아야 한다.
> 　1. 작업 후의 물품의 품명·규격·수량 및 가격

2. 작업개시 및 종료연월일
3. 작업상황에 관한 검정기관의 증명서(세관장이 특히 지정하는 경우에 한한다)
4. 기타 참고사항

③ 허가 여부 통지기간

세관장은 제2항에 따른 허가의 신청을 받은 날부터 10일 이내에 허가 여부를 신청인에게 통지하여야 한다.

④ 통지기간 경과 시 관세법상 조치

세관장이 제3항에서 정한 기간 내에 허가 여부 또는 민원 처리 관련 법령에 따른 처리기간의 연장을 신청인에게 통지하지 아니하면 그 기간(민원 처리 관련 법령에 따라 처리기간이 연장 또는 재연장된 경우에는 해당 처리기간을 말한다)이 끝난 날의 다음 날에 허가를 한 것으로 본다.

⑤ 작업대상물품의 지정

제1항에 따라 작업을 할 수 있는 물품의 종류는 관세청장이 정한다.

⑥ 해체·절단 등의 작업 명령

세관장은 수입신고한 물품에 대하여 필요하다고 인정될 때에는 화주 또는 그 위임을 받은 자에게 제1항에 따른 작업을 명할 수 있다.

|| 참고 해체·절단 등의 작업대상물품(수입통관사무처리에 관한 고시 제77조)

법 제159조 제3항에 따라 보세구역에 장치된 수입물품 중 원형을 변경하거나 해체·절단 등의 작업을 할 수 있는 물품은 다음 각 호의 어느 하나로 한다.
1. 해체용 선박
2. 각종 설 중 세관장이 원형변경, 해체, 절단 등의 작업이 필요하다고 인정하는 물품
3. 세관장이 진정화작업이 필요하다고 인정하는 물품

제160조(장치물품의 폐기)

① 세관장의 승인

부패·손상되거나 그 밖의 사유로 보세구역에 장치된 물품을 폐기하려는 자는 세관장의 승인을 받아야 한다.

|| 관세법 시행령

영 제179조(장치물품의 폐기승인신청) ① 법 제160조의 규정에 의한 승인을 얻고자 하는 자는 다음 각 호의 사항을 기재한 신청서를 세관장에게 제출하여야 한다.
  1. 제175조 각 호의 사항
  2. 장치장소
  3. 폐기예정연월일·폐기방법 및 폐기사유
② 제1항의 규정에 의한 승인을 얻은 자는 폐기작업을 종료한 때에는 잔존하는 물품의 품명·규격·수량 및 가격을 세관장에게 보고하여야 한다.

② 멸실·폐기된 물품에 대한 관세징수
보세구역에 장치된 외국물품이 멸실되거나 폐기되었을 때에는 그 운영인이나 보관인으로부터 즉시 그 관세를 징수한다. 다만, 재해나 그 밖의 부득이한 사유로 멸실된 때와 미리 세관장의 승인을 받아 폐기한 때에는 예외로 한다.

③ 폐기 후 남아 있는 부분에 대한 관세 부과
제1항에 따른 승인을 받은 외국물품 중 폐기 후에 남아 있는 부분에 대하여는 폐기 후의 성질과 수량에 따라 관세를 부과한다.

> **참고** 폐기된 물품의 과세
>
>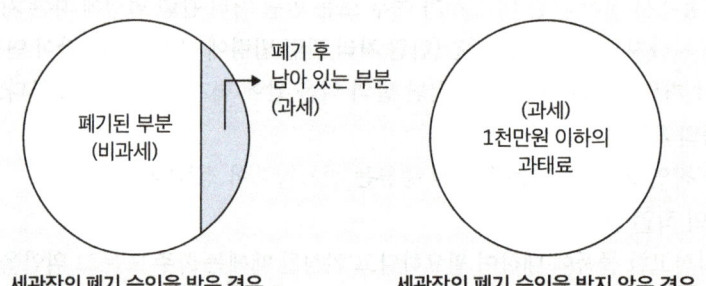
>
> 1. 세관장의 승인을 받아 폐기된 부분은 과세하지 않는다.
> 2. 세관장의 승인을 받고 폐기하려고 하였으나, 폐기 후 남아있는 부분은 과세한다.
> 3. 세관장의 승인을 받지 않고 폐기한 경우 과세하며, 1천만원 이하의 과태료를 부과한다.

④ 세관장의 폐기
세관장은 제1항에도 불구하고 보세구역에 장치된 물품 중 다음 각 호의 어느 하나에 해당하는 것은 화주, 반입자, 화주 또는 반입자의 위임을 받은 자나 「국세기본법」 제38조부터 제41조까지의 규정에 따른 제2차 납세의무자(이하 "화주등"이라 한다)에게 이를 반송 또는 폐기할 것을 명하거나 화주등에게 통고한 후 폐기할 수 있다. 다만, 급박하여 통고할 여유가 없는 경우에는 폐기한 후 즉시 통고하여야 한다.

> 1. 사람의 생명이나 재산에 해를 끼칠 우려가 있는 물품
> 2. 부패하거나 변질된 물품
> 3. 유효기간이 지난 물품
> 4. 상품가치가 없어진 물품
> 5. 제1호부터 제4호까지에 준하는 물품으로서 관세청장이 정하는 물품

⑤ 폐기 공고
제4항에 따른 통고를 할 때 화주등의 주소나 거소를 알 수 없거나 그 밖의 사유로 통고할 수 없는 경우에는 공고로써 이를 갈음할 수 있다.

⑥ 폐기 비용의 부담
제1항과 제4항에 따라 세관장이 물품을 폐기하거나 화주등이 물품을 폐기 또는 반송한 경우 그 비용은 화주등이 부담한다.

> **참고** 압수물품의 폐기(법 제304조)와의 비교
>
> **법 제304조(압수물품의 폐기)** ① 관세청장이나 세관장은 압수물품 중 다음 각 호의 어느 하나에 해당하는 것은 피의자나 관계인에게 통고한 후 폐기할 수 있다. 다만, 통고할 여유가 없을 때에는 폐기한 후 즉시 통고하여야 한다.
> 1. 사람의 생명이나 재산을 해칠 우려가 있는 것
> 2. 부패하거나 변질된 것
> 3. 유효기간이 지난 것
> 4. 상품가치가 없어진 것
> ② 제1항에 따른 통고에 관하여는 제160조 제5항을 준용한다.

> **관세법 시행령**
>
> **영 제180조(장치물품의 멸실신고)** ① 보세구역 또는 법 제155조 제1항 단서의 규정에 의하여 보세구역이 아닌 장소에 장치된 외국물품이 멸실된 때에는 다음 각 호의 사항을 기재한 신고서를 세관장에게 제출하여 그 확인을 받아야 한다.
> 1. 제175조 각 호의 사항
> 2. 장치장소
> 3. 멸실연월일 및 멸실원인
> ② 제1항의 규정에 의한 신고는 특허보세구역장치물품인 경우에는 운영인의 명의로, 특허보세구역장치물품이 아닌 경우에는 보관인의 명의로 하여야 한다.
>
> **영 제181조(물품의 도난 또는 분실의 신고)** ① 보세구역 또는 법 제155조 제1항 단서의 규정에 의하여 보세구역이 아닌 장소에 장치된 물품이 도난당하거나 분실된 때에는 다음 각 호의 사항을 기재한 신고서를 세관장에게 제출하여야 한다.
> 1. 제175조 각 호의 사항
> 2. 장치장소
> 3. 도난 또는 분실연월일과 사유
> ② 제180조 제2항의 규정은 제1항의 신고에 관하여 이를 준용한다.
>
> **영 제182조(물품이상의 신고)** ① 보세구역 또는 법 제155조 제1항 단서의 규정에 의하여 보세구역이 아닌 장소에 장치된 물품에 이상이 있는 때에는 다음 각 호의 사항을 기재한 신고서를 세관장에게 제출하여야 한다.
> 1. 제175조 각 호의 사항
> 2. 장치장소
> 3. 발견연월일
> 4. 이상의 원인 및 상태
> ② 제180조 제2항의 규정은 제1항의 신고에 관하여 이를 준용한다.

제161조(견본품 반출)

① 세관장의 허가

보세구역에 장치된 외국물품의 전부 또는 일부를 견본품으로 반출하려는 자는 세관장의 허가를 받아야 한다. 국제무역선에서 물품을 하역하기 전에 외국물품의 일부를 견본품으로 반출하려는 경우에도 또한 같다.

> **관세법 시행령**
>
> **영 제183조(견본품 반출의 허가신청)** 법 제161조 제1항의 규정에 의한 허가를 받고자 하는 자는 다음 각 호의 사항을 기재한 신청서를 세관장에게 제출하여야 한다.
> 1. 제175조 각 호의 사항
> 2. 장치장소
> 3. 반출목적 및 반출기간

② 허가 여부 통지기간

세관장은 제1항에 따른 허가의 신청을 받은 날부터 10일 이내에 허가 여부를 신청인에게 통지하여야 한다.

③ 기간 경과 시 관세법상 조치

세관장이 제2항에서 정한 기간 내에 허가 여부 또는 민원 처리 관련 법령에 따른 처리기간의 연장을 신청인에게 통지하지 아니하면 그 기간(민원 처리 관련 법령에 따라 처리기간이 연장 또는 재연장된 경우에는 해당 처리기간을 말한다)이 끝난 날의 다음 날에 허가를 한 것으로 본다.

④ 견본품 채취

세관공무원은 보세구역에 반입된 물품 또는 국제무역선에 적재되어 있는 물품에 대하여 검사상 필요하면 그 물품의 일부를 견본품으로 채취할 수 있다.

⑤ 채취된 견본품이 사용·소비된 경우

다음 각 호의 어느 하나에 해당하는 물품이 사용·소비된 경우에는 수입신고를 하여 관세를 납부하고 수리된 것으로 본다.

> 1. 제4항에 따라 채취된 물품
> 2. 다른 법률에 따라 실시하는 검사·검역 등을 위하여 견본품으로 채취된 물품으로서 세관장의 확인을 받은 물품

제162조(물품취급자에 대한 단속)

다음 각 호의 어느 하나에 해당하는 자는 물품 및 보세구역감시에 관한 세관장의 명령을 준수하고 세관공무원의 지휘를 받아야 한다.

> 1. 제155조 제1항 각 호의 물품을 취급하는 자
> 2. 보세구역에 출입하는 자

제163조(세관공무원의 파견)

세관장은 보세구역에 세관공무원을 파견하여 세관사무의 일부를 처리하게 할 수 있다.

제164조(보세구역의 자율관리)

① 자율관리보세구역의 특례
　보세구역 중 물품의 관리 및 세관감시에 지장이 없다고 인정하여 관세청장이 정하는 바에 따라 세관장이 지정하는 보세구역(이하 "자율관리보세구역"이라 한다)에 장치한 물품은 제157조에 따른 세관공무원의 참여와 이 법에 따른 절차 중 관세청장이 정하는 절차를 생략한다.

② 자율관리보세구역의 지정신청
　보세구역의 화물관리인이나 운영인은 자율관리보세구역의 지정을 받으려면 세관장에게 지정을 신청하여야 한다.

|| 관세법 시행령

　영 제184조(자율관리보세구역의 지정 등) ① 법 제164조 제2항의 규정에 의한 자율관리보세구역의 지정을 받고자 하는 자는 다음 각 호의 사항을 기재한 신청서에 채용된 법 제164조 제3항에 따른 보세사(이하 "보세사"라 한다)의 보세사등록증과 관세청장이 정하는 서류를 첨부하여 세관장에게 지정신청을 하여야 한다.
　　1. 보세구역의 종류·명칭·소재지·구조·동수 및 면적
　　2. 장치하는 물품의 종류 및 수용능력

③ 보세사 채용
　제2항에 따라 자율관리보세구역의 지정을 신청하려는 자는 해당 보세구역에 장치된 물품을 관리하는 사람(이하 "보세사"라 한다)을 채용하여야 한다.

④ 자율관리보세구역의 지정
　세관장은 제2항에 따른 지정신청을 받은 경우 해당 보세구역의 위치와 시설상태 등을 확인하여 제1항에 따른 자율관리보세구역으로 적합하다고 인정될 때에는 해당 보세구역을 자율관리보세구역으로 지정할 수 있다.

⑤ 기록의무
　제4항에 따라 자율관리보세구역의 지정을 받은 자는 제1항에 따라 생략하는 절차에 대하여 기록하고 관리하여야 한다.

⑥ 지정 취소
　세관장은 자율관리보세구역의 지정을 받은 자가 이 법에 따른 의무를 위반하거나 세관감시에 지장이 있다고 인정되는 경우 등 대통령령으로 정하는 사유가 발생한 경우에는 제4항에 따른 지정을 취소할 수 있다.

|| 관세법 시행령

　영 제184조(자율관리보세구역의 지정 등) ② 법 제164조 제6항에서 "이 법에 따른 의무를 위반하거나 세관감시에 지장이 있다고 인정되는 경우 등 대통령령으로 정하는 사유"란 다음 각 호의 어느 하나에 해당하는 경우를 말한다.
　　1. 법 제178조 제1항 각 호의 어느 하나에 해당하는 경우

2. 자율관리보세구역 운영인이 보세사가 아닌 사람에게 보세사의 직무를 수행하게 한 경우
3. 그 밖에 세관감시에 지장이 있다고 인정되는 경우로서 관세청장이 정하여 고시하는 사유에 해당하는 경우
③ 자율관리보세구역의 관리에 관하여 필요한 사항은 관세청장이 정한다.

제165조(보세사의 자격 등)

① 보세사 시험
제175조 제2호부터 제7호까지의 어느 하나에 해당하지 아니하는 사람으로서 보세화물의 관리업무에 관한 시험(이하 이 조에서 "보세사 시험"이라 한다)에 합격한 사람은 보세사의 자격이 있다.

> **관세법 시행령**
>
> **영 제185조(보세사의 직무 등)** ⑤ 법 제165조 제1항에 따른 보세화물의 관리업무에 관한 시험의 과목은 다음 각 호와 같고, 해당 시험의 합격자는 매과목 100점을 만점으로 하여 매과목 40점 이상, 전과목 평균 60점 이상을 득점한 사람으로 결정한다.
> 1. 수출입통관절차
> 2. 보세구역관리
> 3. 화물관리
> 4. 수출입안전관리
> 5. 자율관리 및 관세벌칙
>
> ⑧ 관세청장은 법 제165조 제1항에 따른 보세화물의 관리업무에 관한 시험을 실시할 때에는 그 시험의 일시, 장소, 방법 및 그 밖에 필요한 사항을 시험 시행일 90일 전까지 공고하여야 한다.

> **참고** **보세사 시험에 응시할 수 없는 사람**
>
> 법 제175조(운영인의 결격사유)에 해당하면 보세사 시험에도 응시할 수 없다. 다만, 보세사는 개인에게 자격을 부여하는 것이므로, 운영인의 결격사유 중 제8호(법인)는 여기에서 제외된다. 미성년자는 시험에 합격하여 자격을 가질 수 있으나 등록은 할 수 없다.
> 2. 피성년후견인과 피한정후견인
> 3. 파산선고를 받고 복권되지 아니한 자
> 4. 이 법을 위반하여 징역형의 실형을 선고받고 그 집행이 끝나거나(집행이 끝난 것으로 보는 경우를 포함한다) 면제된 후 2년이 지나지 아니한 자
> 5. 이 법을 위반하여 징역형의 집행유예를 선고받고 그 유예기간 중에 있는 자
> 6. 다음 각 목의 어느 하나에 해당하는 경우에는 해당 목에서 정한 날부터 2년이 지나지 아니한다. 이 경우 동일한 사유로 다음 각 목 모두에 해당하는 경우에는 그중 빠른 날을 기준으로 한다.
>   가. 제178조 제2항에 따라 특허보세구역의 설치·운영에 관한 특허가 취소(이 조 제1호부터 제3호까지의 규정 중 어느 하나에 해당하여 특허가 취소된 경우는 제외한다)된 경우: 해당 특허가 취소된 날
>   나. 제276조 제3항 제3호의2 또는 같은 항 제6호(제178조 제2항 제1호·제5호에 해당하는 자만 해당한다)에 해당하여 벌금형 또는 통고처분을 받은 경우: 벌금형을 선고받은 날 또는 통고처분을 이행한 날
> 7. 제268조의2, 제269조, 제270조, 제270조의2, 제271조, 제274조, 제275조의2, 제275조의3 또는 제275조의4에 따라 벌금형 또는 통고처분을 받은 자로서 그 벌금형을 선고받거나 통고처분을 이행한 후 2년이 지나지 아니한 자. 다만, 제279조에 따라 처벌된 개인 또는 법인은 제외한다.

② 시험 과목 면제

제1항에도 불구하고 **일반직공무원으로 5년 이상 관세행정에 종사한 경력이 있는 사람**이 제1항의 보세사 시험에 응시하는 경우에는 시험 과목 수의 2분의 1을 넘지 아니하는 범위에서 <u>대통령령으로 정하는 과목을 면제</u>한다. 다만, 다음 각 호의 어느 하나에 해당하는 사람은 면제하지 아니한다.

> 1. 탄핵이나 징계처분에 따라 그 직에서 파면되거나 해임된 자
> 2. 강등 또는 정직처분을 받은 후 2년이 지나지 아니한 자

||관세법 시행령||

영 제185조(보세사의 직무 등) ⑥ 법 제165조 제2항 각 호 외의 부분 본문에서 "대통령령으로 정하는 과목"이란 다음 각 호의 과목을 말한다.
　1. 수출입통관절차
　2. 보세구역관리
⑦ 법 제165조 제2항을 적용할 때 그 경력산정의 기준일은 해당 시험의 응시원서 접수 마감일로 한다.

③ 세관장 등록

제1항의 자격을 갖춘 사람이 보세사로 근무하려면 해당 보세구역을 관할하는 세관장에게 등록하여야 한다.

④ 등록 취소

다음 각 호의 어느 하나에 해당하는 사람은 제3항에 따른 등록을 할 수 없다.

> 1. 제5항에 따라 등록이 취소(제175조 제1호부터 제3호까지의 어느 하나에 해당하여 등록이 취소된 경우는 제외한다)된 후 2년이 지나지 아니한 사람
> 2. 등록 신청일을 기준으로 제175조 제1호에 해당하는 사람

⑤ 행정 제재

세관장은 제3항에 따른 등록을 한 사람이 다음 각 호의 어느 하나에 해당하는 경우에는 등록의 취소, 6개월 이내의 업무정지, 견책 또는 그 밖에 필요한 조치를 할 수 있다. 다만, 제1호 및 제2호에 해당하면 등록을 취소하여야 한다.

> 1. 제175조 제1호부터 제7호까지의 어느 하나에 해당하게 된 경우
> 2. 사망한 경우
> 3. 이 법이나 이 법에 따른 명령을 위반한 경우

||관세법 시행규칙||

규칙 제65조의2(보세사에 대한 행정처분 기준) ① 법 제165조 제5항에 따른 보세사의 행정처분이나 조치의 세부기준은 별표 5의2와 같다.
② 그 밖에 보세사의 행정처분이나 조치에 필요한 사항은 관세청장이 정하여 고시한다.

⑥ 위임 규정

제5항에 따른 행정처분이나 조치의 세부기준은 기획재정부령으로 정한다.

⑦ 시험 부정행위에 대한 조치

관세청장은 다음 각 호의 어느 하나에 해당하는 사람에 대하여는 해당 시험을 정지시키거나 무효로 하고, 그 처분이 있는 날부터 **5년간 시험 응시자격을 정지**한다.

> 1. 부정한 방법으로 시험에 응시한 사람
> 2. 시험에서 부정한 행위를 한 사람

⑧ 보세사의 직무 등

보세사의 직무, 보세사 시험 및 등록절차와 그 밖에 필요한 사항은 대통령령으로 정한다.

∥ 관세법 시행령

영 제185조(보세사의 직무 등) ① 보세사의 직무는 다음 각 호와 같다.
  1. 보세화물 및 내국물품의 반입 또는 반출에 대한 참관 및 확인
  2. 보세구역 안에 장치된 물품의 관리 및 취급에 대한 참관 및 확인
  3. 보세구역출입문의 개폐 및 열쇠관리의 감독
  4. 보세구역의 출입자관리에 대한 감독
  5. 견본품의 반출 및 회수
  6. 기타 보세화물의 관리를 위하여 필요한 업무로서 관세청장이 정하는 업무
② 법 제165조 제3항에 따라 보세사로 등록하려는 자는 등록신청서를 세관장에게 제출하여야 한다.
③ 세관장은 제2항의 규정에 의한 신청을 한 자가 법 제165조 제1항의 요건을 갖춘 경우에는 보세사등록증을 교부하여야 한다.
④ 보세사는 관세청장이 정하는 바에 의하여 그 업무수행에 필요한 교육을 받아야 한다.

제165조의2(보세사의 명의대여 등의 금지)

① 명의대여 금지

보세사는 다른 사람에게 자신의 성명·상호를 사용하여 보세사 업무를 하게 하거나 그 자격증 또는 등록증을 빌려주어서는 아니 된다.

② 다른 사람의 명의대여 금지

누구든지 다른 사람의 성명·상호를 사용하여 보세사의 업무를 수행하거나 자격증 또는 등록증을 빌려서는 아니 된다.

③ 명의대여 알선 금지

누구든지 제1항 또는 제2항의 행위를 알선해서는 아니 된다.

∥ 참고 보세사의 명의대여죄(법 제275조의4)

다음 각 호의 어느 하나에 해당하는 자는 1년 이하의 징역 또는 1천만원 이하의 벌금에 처한다.
1. 제165조의2 제1항을 위반하여 다른 사람에게 자신의 성명·상호를 사용하여 보세사 업무를 수행하게 하거나 자격증 또는 등록증을 빌려준 자
2. 제165조의2 제2항을 위반하여 다른 사람의 성명·상호를 사용하여 보세사의 업무를 수행하거나 자격증 또는 등록증을 빌린 자
3. 제165조의2 제3항을 위반하여 같은 조 제1항 또는 제2항의 행위를 알선한 자

제165조의3(보세사의 의무)

① 준법의 의무
보세사는 이 법과 이 법에 따른 명령을 준수하여야 하며, 그 직무를 성실하고 공정하게 수행하여야 한다.

② 품위유지의 의무
보세사는 품위를 손상하는 행위를 하여서는 아니 된다.

③ 직무 수행 시 진실함의 의무
보세사는 직무를 수행할 때 고의로 진실을 감추거나 거짓 진술을 하여서는 아니 된다.

제165조의4(금품 제공 등의 금지)

보세사는 다음 각 호의 행위를 하여서는 아니 된다.

> 1. 공무원에게 금품이나 향응을 제공하는 행위 또는 그 제공을 약속하는 행위
> 2. 제1호의 행위를 알선하는 행위

제165조의5(보세사징계위원회)

① 보세사징계의결의 요구
세관장은 보세사가 제165조 제5항 제3호에 해당하여 등록의 취소 등 필요한 조치를 하는 경우 보세사징계위원회의 의결에 따라 징계처분을 한다.

관세법 시행령

영 제185조의2(보세사징계의결의 요구) 세관장은 보세사가 법 제165조 제5항 제3호에 해당하는 경우에는 지체 없이 법 제165조의5에 따른 보세사징계위원회(이하 "보세사징계위원회"라 한다)에 징계의결을 요구해야 한다.

② 보세사징계위원회의 구성 등
제1항에 따른 보세사징계위원회의 구성 및 운영 등에 필요한 사항은 대통령령으로 정한다.

관세법 시행령

영 제185조의3(보세사징계위원회의 구성 등) ① 법 제165조의5에 따라 보세사의 징계에 관한 사항을 심의·의결하기 위하여 세관에 보세사징계위원회를 둔다.
② 보세사징계위원회는 위원장 1명을 포함하여 5명 이상 10명 이하의 위원으로 구성한다.
③ 보세사징계위원회의 위원장은 세관장 또는 해당 세관 소속 4급 이상 공무원으로서 세관장이 지명하는 사람이 되고, 위원은 다음 각 호의 사람 중에서 세관장이 임명 또는 위촉하는 사람으로 구성한다.
  1. 소속 세관공무원
  2. 제288조 제7항에 따라 관세청장이 지정하여 고시하는 법인의 임원
  3. 관세 또는 물류 전문가로서 제2호에 따른 법인의 대표자가 추천하는 사람

④ 제3항 제2호 및 제3호에 해당하는 위원의 임기는 2년으로 하되, 한 번만 연임할 수 있다. 다만, 보궐위원의 임기는 전임위원 임기의 남은 기간으로 한다.
⑤ 세관장은 보세사징계위원회의 위원이 다음 각 호의 어느 하나에 해당하는 경우에는 해당 위원을 해임 또는 해촉할 수 있다.
1. 심신장애로 인하여 직무를 수행할 수 없게 된 경우
2. 직무와 관련된 비위사실이 있는 경우
3. 직무태만, 품위손상이나 그 밖의 사유로 인하여 위원으로 적합하지 않다고 인정되는 경우
4. 위원 스스로 직무를 수행하는 것이 곤란하다고 의사를 밝히는 경우
5. 제6항 각 호의 어느 하나에 해당함에도 불구하고 회피하지 않은 경우
⑥ 보세사징계위원회의 위원은 다음 각 호의 어느 하나에 해당하는 경우에는 보세사징계위원회의 심의·의결에서 제척된다.
1. 위원 본인이 징계의결대상 보세사인 경우
2. 위원이 징계의결대상 보세사와 채권·채무 등 금전관계가 있는 경우
3. 위원이 징계의결대상 보세사와 친족[배우자(사실상 혼인관계에 있는 사람을 포함한다), 6촌 이내의 혈족 또는 4촌 이내의 인척을 말한다. 이하 이 호에서 같다]이거나 친족이었던 경우
4. 위원이 징계의결대상 보세사와 직접적으로 업무연관성이 있는 경우
⑦ 보세사징계위원회의 위원은 제6항 각 호의 어느 하나에 해당하는 경우에는 스스로 해당 안건의 심의·의결에서 회피해야 한다.

영 제185조의4(보세사징계위원회의 운영) ① 보세사징계위원회의 위원장은 보세사징계위원회를 대표하고 보세사징계위원회의 업무를 총괄한다.
② 보세사징계위원회는 제185조의2에 따른 징계의결의 요구를 받은 날부터 30일 이내에 이를 의결해야 한다.
③ 보세사징계위원회의 위원장은 보세사징계위원회의 회의를 소집하고 그 의장이 된다. 다만, 위원장이 부득이한 사유로 그 직무를 수행하지 못하는 경우에는 위원장이 지명하는 위원이 위원장의 직무를 대행한다.
④ 보세사징계위원회의 위원장이 보세사징계위원회의 회의를 소집하려는 경우에는 회의 개최일 7일 전까지 각 위원과 해당 보세사에게 회의의 소집을 서면으로 통지해야 한다.
⑤ 보세사징계위원회의 회의는 위원장을 포함한 재적위원 3분의 2 이상의 출석으로 개의하고 출석위원 과반수의 찬성으로 의결한다.
⑥ 보세사징계위원회는 징계사건의 심사를 위하여 필요하다고 인정하는 경우에는 징계혐의자 또는 관계인을 출석하게 하여 혐의내용에 대한 심문을 하거나 심사자료의 제출을 요구할 수 있다.
⑦ 보세사징계위원회의 회의에 출석한 공무원이 아닌 위원에 대해서는 예산의 범위에서 수당을 지급할 수 있다.
⑧ 제1항부터 제7항까지에서 규정한 사항 외에 보세사징계위원회의 운영에 필요한 세부사항은 관세청장이 정할 수 있다.

영 제185조의5(징계의결의 통보 및 집행) ① 보세사징계위원회는 징계의 의결을 한 경우 의결서에 그 이유를 명시하여 즉시 세관장에게 통보해야 한다.
② 제1항의 통보를 받은 세관장은 해당 보세사에게 징계처분을 하고 징계의결서를 첨부하여 본인 및 제185조의3 제3항 제2호에 따른 법인에 통보해야 한다.

제2절 지정보세구역

제1관 통칙

제166조(지정보세구역의 지정)

① 지정보세구역의 지정권자와 지정대상

세관장은 다음 각 호의 어느 하나에 해당하는 자가 소유하거나 관리하는 토지·건물 또는 그 밖의 시설(이하 이 관에서 "토지등"이라 한다)을 지정보세구역으로 지정할 수 있다.

> 1. 국가
> 2. 지방자치단체
> 3. 공항시설 또는 항만시설을 관리하는 법인

② 소유자·관리자의 동의

세관장은 해당 세관장이 관리하지 아니하는 토지등을 지정보세구역으로 지정하려면 해당 토지등의 소유자나 관리자의 동의를 받아야 한다. 이 경우 세관장은 임차료 등을 지급할 수 있다.

제167조(지정보세구역 지정의 취소)

세관장은 수출입물량이 감소하거나 그 밖의 사유로 지정보세구역의 전부 또는 일부를 보세구역으로 존속시킬 필요가 없어졌다고 인정될 때에는 그 지정을 취소하여야 한다.

제168조(지정보세구역의 처분)

① 지정보세구역의 처분

지정보세구역의 지정을 받은 토지등의 소유자나 관리자는 다음 각 호의 어느 하나에 해당하는 행위를 하려면 미리 세관장과 협의하여야 한다. 다만, 해당 행위가 지정보세구역으로서의 사용에 지장을 주지 아니하거나 지정보세구역으로 지정된 토지등의 소유자가 국가 또는 지방자치단체인 경우에는 그러하지 아니하다.

> 1. 해당 토지등의 양도, 교환, 임대 또는 그 밖의 처분이나 그 용도의 변경
> 2. 해당 토지에 대한 공사나 해당 토지 안에 건물 또는 그 밖의 시설의 신축
> 3. 해당 건물 또는 그 밖의 시설의 개축·이전·철거나 그 밖의 공사

② 세관장의 협의 대응

세관장은 제1항에 따른 협의에 대하여 정당한 이유 없이 이를 거부하여서는 아니 된다.

제2관 지정장치장

제169조(지정장치장)

지정장치장은 통관을 하려는 물품을 일시 장치하기 위한 장소로서 세관장이 지정하는 구역으로 한다.

제170조(장치기간)

지정장치장에 물품을 장치하는 기간은 6개월의 범위에서 관세청장이 정한다. 다만, 관세청장이 정하는 기준에 따라 세관장은 3개월의 범위에서 그 기간을 연장할 수 있다.

제171조

삭제

제172조(물품에 대한 보관책임)

① 원칙적인 보관의 책임
지정장치장에 반입한 물품은 화주 또는 반입자가 그 보관의 책임을 진다.
② 화물관리인의 지정
세관장은 지정장치장의 질서유지와 화물의 안전관리를 위하여 필요하다고 인정할 때에는 화주를 갈음하여 보관의 책임을 지는 화물관리인을 지정할 수 있다. 다만, 세관장이 관리하는 시설이 아닌 경우에는 세관장은 해당 시설의 소유자나 관리자와 협의하여 화물관리인을 지정하여야 한다.

> **관세법 시행령**
>
> **영 제187조(화물관리인의 지정)** ① 법 제172조 제2항에 따라 화물관리인으로 지정받을 수 있는 자는 다음 각 호의 어느 하나에 해당하는 자로 한다.
>   1. 직접 물품관리를 하는 국가기관의 장
>   2. 관세행정 또는 보세화물의 관리와 관련 있는 비영리법인
>   3. 해당 시설의 소유자 또는 관리자가 요청한 자(법 제172조 제2항 단서에 따라 화물관리인을 지정하는 경우로 한정한다)
> ② 세관장은 다음 각 호의 구분에 따라 화물관리인을 지정한다.
>   1. 제1항 제1호에 해당하는 자: 세관장이 요청한 후 제1항 제1호에 해당하는 자가 승낙한 경우에 지정한다.
>   2. 제1항 제2호 및 제3호에 해당하는 자: 세관장이 제1항 제2호 및 제3호에 해당하는 자로부터 지정신청서를 제출받아 이를 심사하여 지정한다. 이 경우 제1항 제3호에 해당하는 자는 해당 시설의 소유자 또는 관리자를 거쳐 제출하여야 한다.

> **관세법 시행규칙**
>
> **규칙 제69조의2(화물관리인의 지정절차 및 지정기준)** ① 세관장이나 해당 시설의 소유자 또는 관리자는 영 제187조 제2항 제2호에 따라 화물관리인을 지정하려는 경우에는 지정 예정일 3개월 전까지 지정 계획을 공고하여야 한다.
> ② 영 제187조 제2항 제2호에 따라 화물관리인으로 지정을 받으려는 자는 지정신청서를 제1항에 따른 공고일부터 30일 내에 세관장이나 해당 시설의 소유자 또는 관리자에게 제출하여야 한다.
> ④ 제1항 및 제2항에서 규정한 사항 외에 화물관리인의 지정절차 등에 관하여 필요한 사항은 관세청장이 정한다.

③ 제2항 제2호에 따라 화물관리인을 지정할 때에는 다음 각 호의 사항에 대하여 관세청장이 정하는 심사기준에 따라 평가한 결과를 반영하여야 한다.
1. 보세화물 취급경력 및 화물관리시스템 구비 사항
2. 보세사의 보유에 관한 사항
3. 자본금, 부채비율 및 신용평가등급 등 재무건전성에 관한 사항
4. 그 밖에 기획재정부령으로 정하는 사항

> **관세법 시행규칙**
>
> **규칙 제69조의2(화물관리인의 지정절차 및 지정기준)** ③ 영 제187조 제3항 제4호에서 "기획재정부령으로 정하는 사항"이란 다음 각 호의 사항을 말한다.
> 1. 지게차, 크레인 등 화물관리에 필요한 시설장비 구비 현황
> 2. 법 제255조의2 제1항에 따라 수출입 안전관리 우수업체로 공인을 받았는지 여부
> 3. 그 밖에 관세청장이나 해당 시설의 소유자 또는 관리자가 정하는 사항

④ 화물관리인 지정의 유효기간은 5년 이내로 한다.
⑤ 화물관리인으로 재지정을 받으려는 자는 제4항에 따른 유효기간이 끝나기 1개월 전까지 세관장에게 재지정을 신청하여야 한다. 이 경우 재지정의 기준 및 절차는 제1항부터 제4항까지의 규정을 준용한다.
⑥ 세관장은 제2항에 따라 지정을 받은 자에게 재지정을 받으려면 지정의 유효기간이 끝나는 날의 1개월 전까지 재지정을 신청하여야 한다는 사실과 재지정 절차를 지정의 유효기간이 끝나는 날의 2개월 전까지 휴대폰에 의한 문자전송, 전자메일, 팩스, 전화, 문서 등으로 미리 알려야 한다.
⑦ 제2항부터 제6항까지의 규정에 따른 화물관리인 지정 또는 재지정의 심사기준, 절차 등에 관하여 필요한 세부사항은 기획재정부령으로 정한다.

영 제187조의2(화물관리인의 지정 취소) ① 세관장은 다음 각 호의 어느 하나에 해당하는 사유가 발생한 경우에는 화물관리인의 지정을 취소할 수 있다. 이 경우 제1항 제3호에 해당하는 자에 대한 지정을 취소할 때에는 해당 시설의 소유자 또는 관리자에게 미리 그 사실을 통보하여야 한다.
1. 거짓이나 그 밖의 부정한 방법으로 지정을 받은 경우
2. 화물관리인이 법 제175조 각 호의 어느 하나에 해당하는 경우
3. 화물관리인이 세관장 또는 해당 시설의 소유자·관리자와 맺은 화물관리업무에 관한 약정을 위반하여 해당 지정장치장의 질서유지 및 화물의 안전관리에 중대한 지장을 초래하는 경우
4. 화물관리인이 그 지정의 취소를 요청하는 경우

② 세관장은 제1항 제1호부터 제3호까지의 규정에 따라 화물관리인의 지정을 취소하려는 경우에는 청문을 하여야 한다.

영 제187조의3(화물관리인의 보관책임) 법 제172조 제2항 본문에 따른 보관의 책임은 법 제160조 제2항에 따른 보관인의 책임과 해당 화물의 보관과 관련한 하역·재포장 및 경비 등을 수행하는 책임으로 한다.

③ 화물관리 비용 징수
지정장치장의 화물관리인은 화물관리에 필요한 비용(제323조에 따른 세관설비 사용료를 포함한다)을 화주로부터 징수할 수 있다. 다만, 그 요율에 대하여는 세관장의 승인을 받아야 한다.

④ 세관설비 사용료 납부
지정장치장의 화물관리인은 제3항에 따라 징수한 비용 중 세관설비 사용료에 해당하는 금액을 세관장에게 납부하여야 한다.

⑤ 세관장의 직접 관리
세관장은 불가피한 사유로 화물관리인을 지정할 수 없을 때에는 화주를 대신하여 직접 화물관리를 할 수 있다. 이 경우 제3항에 따른 화물관리에 필요한 비용을 화주로부터 징수할 수 있다.

⑥ 화물관리인의 지정기준 등
제2항에 따른 화물관리인의 지정기준, 지정절차, 지정의 유효기간, 재지정 및 지정 취소 등에 필요한 사항은 대통령령으로 정한다.

제3관 세관검사장

제173조(세관검사장)

① 세관검사장의 기능
세관검사장은 통관하려는 물품을 검사하기 위한 장소로서 세관장이 지정하는 지역으로 한다.

② 물품 검사
세관장은 관세청장이 정하는 바에 따라 검사를 받을 물품의 전부 또는 일부를 세관검사장에 반입하여 검사할 수 있다

③ 검사비용의 부담 및 지원
제2항에 따라 세관검사장에 반입되는 물품의 채취·운반 등에 필요한 비용(이하 이 항에서 "검사비용"이라 한다)은 화주가 부담한다. 다만, 국가는 「중소기업기본법」 제2조에 따른 중소기업 또는 「중견기업 성장촉진 및 경쟁력 강화에 관한 특별법」 제2조 제1호에 따른 중견기업의 컨테이너 화물로서 해당 화물에 대한 검사 결과 이 법 또는 「대외무역법」 등 물품의 수출입과 관련된 법령을 위반하지 아니하는 경우의 물품 등 대통령령으로 정하는 물품에 대해서는 예산의 범위에서 관세청장이 정하는 바에 따라 해당 검사비용을 지원할 수 있다.

관세법 시행령

영 제187조의4(검사비용 지원 대상) ① 법 제173조 제3항 단서에서 "「중소기업기본법」 제2조에 따른 중소기업 또는 「중견기업 성장촉진 및 경쟁력 강화에 관한 특별법」 제2조 제1호에 따른 중견기업의 컨테이너 화물로서 해당 화물에 대한 검사 결과 이 법 또는 「대외무역법」 등 물품의 수출입과 관련된 법령을 위반하지 아니하는 물품 등 대통령령으로 정하는 물품"이란 다음 각 호의 요건을 모두 갖춘 물품을 말한다.
1. 「중소기업기본법」 제2조에 따른 중소기업 또는 「중견기업 성장촉진 및 경쟁력 강화에 관한 특별법」 제2조 제1호에 따른 중견기업이 해당 물품의 화주일 것
2. 컨테이너로 운송되는 물품으로서 관세청장이 정하는 별도 검사 장소로 이동하여 검사받는 물품일 것
3. 검사 결과 법령을 위반하여 통고처분을 받거나 고발되는 경우가 아닐 것
4. 검사 결과 제출한 신고 자료(적재화물목록은 제외한다)가 실제 물품과 일치할 것
5. 예산의 범위에 따라 관세청장이 정하는 기준을 충족할 것

② 제1항 제3호에 따른 법령은 법, 「자유무역협정의 이행을 위한 관세법의 특례에 관한 법률」, 「수출용 원재료에 대한 관세 등 환급에 관한 특례법」, 「대외무역법」, 「상표법」, 그 밖에 물품의 수출입과 관련된 법령으로 기획재정부령으로 정하는 법령을 말한다.

참고 지정보세구역

1. 지정보세구역의 지정과 처분
   (1) 지정보세구역의 지정(법 제166조)
   (2) 지정보세구역 지정의 취소(법 제167조)
   (3) 지정보세구역의 처분(법 제168조)
2. 지정장치장
   (1) 지정장치장의 기능(법 제169조)
   (2) 장치기간(법 제170조)
   (3) 물품에 대한 보관책임(법 제172조)
3. 세관검사장
   (1) 세관검사장의 기능(법 제173조 제1항)
   (2) 물품 검사(법 제173조 제2항)
   (3) 검사비용의 부담 및 지원(법 제173조 제3항)
4. 관련 규정
   (1) 지정보세구역 장치물품의 멸실 등으로 인한 관세환급(법 제106조 제4항)
   (2) 수입으로 보지 아니하는 소비 또는 사용(법 제239조)
   (3) 청문(법 제328조)

제3절 특허보세구역

제1관 통칙

제174조(특허보세구역의 설치·운영에 관한 특허)

① 특허보세구역의 설치·운영에 관한 특허
특허보세구역을 설치·운영하려는 자는 **세관장의 특허**를 받아야 한다. 기존의 특허를 갱신하려는 경우에도 또한 같다.

> **관세법 시행령**
>
> **영 제188조(특허보세구역의 설치·운영에 관한 특허의 신청)** ① 법 제174조 제1항의 규정에 의하여 법 제154조의 규정에 의한 특허보세구역(이하 "특허보세구역"이라 한다)의 설치·운영에 관한 특허를 받고자 하는 자는 다음 각 호의 사항을 기재한 신청서에 기획재정부령이 정하는 서류를 첨부하여 세관장에게 제출하여야 한다.
>   1. 특허보세구역의 종류 및 명칭, 소재지, 구조, 동수와 면적 및 수용능력
>   2. 장치할 물품의 종류
>   3. 설치·운영의 기간
>
> > **관세법 시행규칙**
> >
> > **규칙 제67조(특허 및 기간갱신신청 시의 첨부서류)** ① 영 제188조 제1항 각 호 외의 부분에 따라 신청서에 첨부하여야 하는 서류는 다음 각 호와 같다.
> >   1. 보세구역의 도면
> >   2. 보세구역의 위치도
> >   3. 운영인의 자격을 증명하는 서류
> >   4. 필요한 시설 및 장비의 구비를 증명하는 서류
>
> ② 제1항의 규정에 불구하고 특허보세구역 중 보세공장의 설치운영에 관한 특허를 받으려는 자는 다음 각 호의 사항을 기재한 신청서에 사업계획서와 그 구역 및 부근의 도면을 첨부하여 세관장에게 제출하여야 한다. 이 경우 세관장은 「전자정부법」 제36조 제1항에 따른 행정정보의 공동이용을 통하여 법인 등기사항증명서를 확인하여야 한다.
>   1. 공장의 명칭, 소재지, 구조, 동수 및 면적
>   2. 공장의 작업설비·작업능력
>   3. 공장에서 할 수 있는 작업의 종류
>   4. 원재료 및 제품의 종류
>   5. 설치·운영의 기간
>
> ③ 제1항에 따른 특허를 갱신하려는 자는 다음 각 호의 사항을 적은 신청서에 기획재정부령으로 정하는 서류를 첨부하여 그 기간만료 1개월 전까지 세관장에게 제출하여야 한다.
>   1. 갱신사유
>   2. 갱신기간
>
> > **관세법 시행규칙**
> >
> > **규칙 제67조(특허 및 기간갱신신청 시의 첨부서류)** ② 영 제188조 제3항 각 호 외의 부분에 따라 신청서에 첨부하여야 하는 서류는 다음 각 호와 같다.
> >   1. 운영인의 자격을 증명하는 서류
> >   2. 필요한 시설 및 장비의 구비를 증명하는 서류

④ 세관장은 제1항에 따라 특허를 받은 자에게 특허를 갱신받으려면 특허기간이 끝나는 날의 1개월 전까지 특허 갱신을 신청하여야 한다는 사실과 갱신절차를 특허기간이 끝나는 날의 2개월 전까지 휴대폰에 의한 문자전송, 전자메일, 팩스, 전화, 문서 등으로 미리 알려야 한다.

② 특허수수료 납부

특허보세구역의 설치·운영에 관한 특허를 받으려는 자, 특허보세구역을 설치·운영하는 자, 이미 받은 특허를 갱신하려는 자는 기획재정부령으로 정하는 바에 따라 수수료를 납부하여야 한다.

관세법 시행규칙

규칙 제68조(특허수수료) ① 법 제174조 제2항의 규정에 의하여 납부하여야 하는 특허신청의 수수료는 4만 5천원으로 한다.

② 법 제174조 제2항의 규정에 의하여 납부하여야 하는 특허보세구역의 설치·운영에 관한 수수료(이하 이 조에서 "특허수수료"라 한다)는 다음 각 호의 구분에 의한 금액으로 한다. 다만, 보세공장과 목재만 장치하는 수면의 보세창고에 대하여는 각 호의 구분에 의한 금액의 4분의 1로 한다.

1. 특허보세구역의 연면적이 1천제곱미터 미만인 경우: 매 분기당 7만 2천원
2. 특허보세구역의 연면적이 1천제곱미터 이상 2천제곱미터 미만인 경우: 매 분기당 10만 8천원
3. 특허보세구역의 연면적이 2천제곱미터 이상 3천5백제곱미터 미만인 경우: 매 분기당 14만 4천원
4. 특허보세구역의 연면적이 3천5백제곱미터 이상 7천제곱미터 미만인 경우: 매 분기당 18만원
5. 특허보세구역의 연면적이 7천제곱미터 이상 1만5천제곱미터 미만인 경우: 매 분기당 22만 5천원
6. 특허보세구역의 연면적이 1만5천제곱미터 이상 2만5천제곱미터 미만인 경우: 매 분기당 29만 1천원
7. 특허보세구역의 연면적이 2만5천제곱미터 이상 5만제곱미터 미만인 경우: 매 분기당 36만원
8. 특허보세구역의 연면적이 5만제곱미터 이상 10만제곱미터 미만인 경우: 매 분기당 43만 5천원
9. 특허보세구역의 연면적이 10만제곱미터 이상인 경우: 매 분기당 51만원

③ 특허수수료는 분기단위로 매분기말까지 다음 분기분을 납부하되, 특허보세구역의 설치·운영에 관한 특허가 있은 날이 속하는 분기분의 수수료는 이를 면제한다. 이 경우 운영인이 원하는 때에는 1년 단위로 일괄하여 미리 납부할 수 있다.

④ 특허수수료를 계산함에 있어서 특허보세구역의 연면적은 특허보세구역의 설치·운영에 관한 특허가 있은 날의 상태에 의하되, 특허보세구역의 연면적이 변경된 때에는 그 변경된 날이 속하는 분기의 다음 분기 첫째 달 1일의 상태에 의한다.

⑤ 특허보세구역의 연면적이 수수료납부 후에 변경된 경우 납부하여야 하는 특허수수료의 금액이 증가한 때에는 변경된 날부터 5일 내에 그 증가분을 납부하여야 하고, 납부하여야 하는 특허수수료의 금액이 감소한 때에는 그 감소분을 다음 분기 이후에 납부하는 수수료의 금액에서 공제한다.

⑥ 영 제193조의 규정에 의한 특허보세구역의 휴지 또는 폐지의 경우에는 당해 특허보세구역 안에 외국물품이 없는 때에 한하여 그 다음 분기의 특허수수료를 면제한다. 다만, 휴지 또는 폐지를 한 날이 속하는 분기분의 특허수수료는 이를 환급하지 아니한다.

⑦ 우리나라에 있는 외국공관이 직접 운영하는 보세전시장에 대하여는 특허수수료를 면제한다.

⑧ 제1항 및 제2항의 규정에 의한 수수료를 납부하여야 하는 자가 관세청장이 정하는 바에 의하여 이를 따로 납부한 때에는 그 사실을 증명하는 증표를 특허신청서 등에 첨부하여야 한다.

③ 특허의 요건

제1항에 따른 특허를 받을 수 있는 요건은 보세구역의 종류별로 대통령령으로 정하는 기준에 따라 관세청장이 정한다.

> **관세법 시행령**
>
> **영 제189조(특허보세구역의 설치·운영의 특허의 기준)** 특허보세구역의 설치·운영에 관한 특허를 받을 수 있는 요건은 다음과 같다.
> 1. 체납된 관세 및 내국세가 없을 것
> 2. 법 제175조 각 호의 결격사유가 없을 것
> 3. 「위험물안전관리법」에 따른 위험물 또는 「화학물질관리법」에 따른 유해화학물질 등 관련 법령에서 위험물품으로 분류되어 취급이나 관리에 관하여 별도로 정한 물품(이하 이 호에서 "위험물품"이라 한다)을 장치·제조·전시 또는 판매하는 경우에는 위험물품의 종류에 따라 관계행정기관의 장의 허가 또는 승인 등을 받을 것
> 4. 관세청장이 정하는 바에 따라 보세화물의 보관·판매 및 관리에 필요한 자본금·수출입규모·구매수요·장치면적 및 시설·장비 등에 관한 요건을 갖출 것
>
> **영 제190조(업무내용 등의 변경)** ① 특허보세구역의 운영인이 그 장치물품의 종류를 변경하거나 그 특허작업의 종류 또는 작업의 원재료를 변경하고자 하는 때에는 그 사유를 기재한 신청서를 세관장에게 제출하여 그 승인을 얻어야 한다.
> ② 특허보세구역의 운영인이 법인인 경우에 그 등기사항을 변경한 때에는 지체 없이 그 요지를 세관장에게 통보하여야 한다.
>
> **영 제191조(수용능력증감 등의 변경)** ① 특허보세구역의 운영인이 그 장치물품의 수용능력을 증감하거나 그 특허작업의 능력을 변경할 설치·운영시설의 증축, 수선 등의 공사를 하고자 하는 때에는 그 사유를 기재한 신청서에 공사내역서 및 관계도면을 첨부하여 세관장에게 제출하여 그 승인을 얻어야 한다. 다만, 특허받은 면적의 범위 내에서 수용능력 또는 특허작업능력을 변경하는 경우에는 신고함으로써 승인을 얻은 것으로 본다.
> ② 제1항의 공사를 준공한 운영인은 그 사실을 지체 없이 세관장에게 통보하여야 한다.

> **참고 특허보세구역의 설치·운영에 관한 특허의 성격**
>
> 보세구역의 설치·운영에 관한 특허는 세관장의 재량행위로서 특허요건을 갖추었다 하더라도 관세행정 목적에 부합되지 아니하면 특허를 아니할 수 있다. 관세법령상 허가는 '금지 해제'인 반면에, 특허는 '권리 형성'의 성격을 가진다.

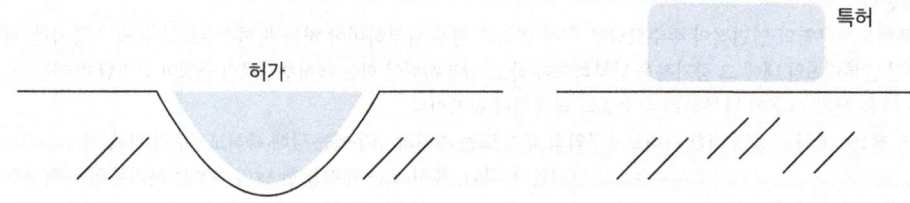

제175조(운영인의 결격사유)

다음 각 호의 어느 하나에 해당하는 자는 특허보세구역을 설치·운영할 수 없다. 다만, 제6호에 해당하는 자의 경우에는 같은 호 각 목의 사유가 발생한 해당 특허보세구역을 제외한 기존의 다른 특허를 받은 특허보세구역에 한정하여 설치·운영할 수 있다.

1. 미성년자
2. 피성년후견인과 피한정후견인
3. 파산선고를 받고 복권되지 아니한 자
4. 이 법을 위반하여 징역형의 실형을 선고받고 그 집행이 끝나거나(집행이 끝난 것으로 보는 경우를 포함한다) 면제된 후 2년이 지나지 아니한 자
5. 이 법을 위반하여 징역형의 집행유예를 선고받고 그 유예기간 중에 있는 자
6. 다음 각 목의 어느 하나에 해당하는 경우에는 해당 목에서 정한 날부터 2년이 지나지 아니한 자. 이 경우 동일한 사유로 다음 각 목 모두에 해당하는 경우에는 그 중 빠른 날을 기준으로 한다.
    가. 제178조 제2항에 따라 특허보세구역의 설치·운영에 관한 특허가 취소(이 조 제1호부터 제3호까지의 규정 중 어느 하나에 해당하여 특허가 취소된 경우는 제외한다)된 경우: 해당 특허가 취소된 날
    나. 제276조 제3항 제3호의2 또는 같은 항 제6호(제178조 제2항 제1호·제5호에 해당하는 자만 해당한다)에 해당하여 벌금형 또는 통고처분을 받은 경우: 벌금형을 선고받은 날 또는 통고처분을 이행한 날
7. 제268조의2, 제269조, 제270조, 제270조의2, 제271조, 제274조, 제275조의2, 제275조의3 또는 제275조의4에 따라 벌금형 또는 통고처분을 받은 자로서 그 벌금형을 선고받거나 통고처분을 이행한 후 2년이 지나지 아니한 자. 다만, 제279조에 따라 처벌된 개인 또는 법인은 제외한다.
8. 제2호부터 제7호까지에 해당하는 자를 임원(해당 보세구역의 운영업무를 직접 담당하거나 이를 감독하는 자로 한정한다)으로 하는 법인

> **참고** '운영인의 결격사유' 관련 규정
>
> **법 제89조(세율불균형물품의 면세)** ② 다음 각 호의 어느 하나에 해당하는 자는 제1항에 따른 지정을 받을 수 없다.
>   1. 제175조 제1호부터 제5호까지 및 제7호의 어느 하나에 해당하는 자
>
> ④ 세관장은 제1항에 따라 지정을 받은 자가 다음 각 호의 어느 하나에 해당하는 경우에는 그 지정을 취소할 수 있다. 다만, 제1호 또는 제2호에 해당하는 경우에는 지정을 취소하여야 한다.
>   1. 제2항 각 호의 어느 하나에 해당하는 경우. 다만, 제2항 제3호에 해당하는 경우로서 제175조 제2호 또는 제3호에 해당하는 사람을 임원으로 하는 법인이 3개월 이내에 해당 임원을 변경하는 경우에는 그러하지 아니하다.
>
> **법 제165조(보세사의 자격 등)** ① 제175조 제2호부터 제7호까지의 어느 하나에 해당하지 아니하는 사람으로서 보세화물의 관리업무에 관한 시험(이하 이 조에서 "보세사 시험"이라 한다)에 합격한 사람은 보세사의 자격이 있다. ③ 제1항의 자격을 갖춘 사람이 보세사로 근무하려면 해당 보세구역을 관할하는 세관장에게 등록하여야 한다.
>
> **법 제179조(특허의 효력상실 및 승계)** ⑤ 제175조 각 호의 어느 하나에 해당하는 자는 제3항에 따른 신고(특허승계신고)를 할 수 없다.
>
> **법 제198조(종합보세사업장의 설치·운영에 관한 신고 등)** ② 제175조 각 호의 어느 하나에 해당하는 자는 제1항에 따른 종합보세사업장의 설치·운영에 관한 신고를 할 수 없다.
>
> **법 제204조(종합보세구역 지정의 취소 등)** ③ 세관장은 종합보세사업장의 운영인이 다음 각 호의 어느 하나에 해당하는 경우에는 그 종합보세사업장의 폐쇄를 명하여야 한다.
>   2. 제175조 각 호의 어느 하나에 해당하게 된 경우. 다만, 제175조 제8호에 해당하는 경우로서 같은 조 제2호 또는 제3호에 해당하는 사람을 임원으로 하는 법인이 3개월 이내에 해당 임원을 변경한 경우에는 그러하지 아니하다.
>
> **법 제223조(보세운송업자등의 등록요건)** 보세운송업자등은 다음 각 호의 요건을 갖춘 자이어야 한다.
>   1. 제175조 각 호의 어느 하나에 해당하지 아니할 것

영 제187조의2(화물관리인의 지정 취소) ① 세관장은 다음 각 호의 어느 하나에 해당하는 사유가 발생한 경우에는 화물관리인의 지정을 취소할 수 있다.
  2. 화물관리인이 법 제175조 각 호의 어느 하나에 해당하는 경우

영 제189조(특허보세구역의 설치·운영의 특허의 기준) 특허보세구역의 설치·운영에 관한 특허를 받을 수 있는 요건은 다음과 같다.
  2. 법 제175조 각 호의 결격사유가 없을 것

법 제178조(반입정지 등과 특허의 취소) ② 세관장은 특허보세구역의 운영인이 다음 각 호의 어느 하나에 해당하는 경우에는 그 특허를 취소할 수 있다. 다만, 제1호 및 제2호에 해당하는 경우에는 특허를 취소하여야 한다.
  2. 제175조 각 호의 어느 하나에 해당하게 된 경우. 다만, 제175조 제8호에 해당하는 경우로서 같은 조 제2호 또는 제3호에 해당하는 사람을 임원으로 하는 법인이 3개월 이내에 해당 임원을 변경한 경우에는 그러하지 아니하다.

법 제224조(보세운송업자등의 행정제재) ① 세관장은 관세청장이 정하는 바에 따라 보세운송업자등이 다음 각 호의 어느 하나에 해당하는 경우에는 등록의 취소, 6개월의 범위에서의 업무정지 또는 그 밖에 필요한 조치를 할 수 있다. 다만, 제1호 및 제2호에 해당하는 경우에는 등록을 취소하여야 한다.
  2. 제175조 각 호의 어느 하나에 해당하는 경우. 다만, 제175조 제8호에 해당하는 경우로서 같은 조 제2호 또는 제3호에 해당하는 사람을 임원으로 하는 법인이 3개월 이내에 해당 임원을 변경한 경우에는 그러하지 아니하다.

영 제232조(보세화물 취급 선박회사 등의 신고 및 보고) ① 법 제225조 제1항에 따라 보세화물을 취급하는 선박회사 또는 항공사(그 업무를 대행하는 자를 포함하며, 이하 이 조에서 "선박회사 또는 항공사"라 한다)는 다음 각 호의 요건을 모두 갖추어 주소·성명·상호 및 영업장소 등을 적은 신고서를 세관장에게 제출하여야 한다.
  1. 법 제175조 각 호의 어느 하나에 해당하지 아니할 것

참고 지정의 결격사유 비교

법 제327조의3(전자문서중계사업자의 지정 등) ② 다음 각 호의 어느 하나에 해당하는 자는 제1항에 따른 지정을 받을 수 없다.
  1. 제175조 제2호부터 제5호까지의 어느 하나에 해당하는 자

제176조(특허기간)

① **특허기간**
특허보세구역의 특허기간은 10년 이내로 한다.

② **보세전시장과 보세건설장의 특허기간**
제1항에도 불구하고 보세전시장과 보세건설장의 특허기간은 다음 각 호의 구분에 따른다. 다만, 세관장은 전시목적을 달성하거나 공사를 진척하기 위하여 부득이하다고 인정할 만한 사유가 있을 때에는 그 기간을 연장할 수 있다.

  1. 보세전시장: 해당 박람회 등의 기간을 고려하여 세관장이 정하는 기간
  2. 보세건설장: 해당 건설공사의 기간을 고려하여 세관장이 정하는 기간

관세법 시행령

영 제192조(특허기간) 특허보세구역(보세전시장, 보세건설장은 제외한다)의 특허기간은 10년의 범위 내에서 신청인이 신청한 기간으로 한다. 다만, 관세청장은 보세구역의 합리적 운영을 위하여 필요한 경우에는 신청인이 신청한 기간과 달리 특허기간을 정할 수 있다.

> **참고** 특허보세구역의 특허기간

원칙	10년의 범위 내에서 신청인이 신청한 기간(법 제176조 제1항, 영 제192조 본문)
보세전시장	박람회 등 기간을 고려하여 세관장이 정하는 기간(법 제176조 제2항)
보세건설장	건설공사기간을 고려하여 세관장이 정하는 기간(법 제176조 제2항)

제176조의2(특허보세구역의 특례)

① 기업별 특허 비율

세관장은 제196조 제1항에 따라 물품을 판매하는 보세판매장 특허를 부여하는 경우에 다음 각 호의 기업으로서 매출액, 자산총액 및 지분 소유나 출자 관계 등이 대통령령으로 정하는 기준에 맞는 기업 중 제174조 제3항에 따른 특허를 받을 수 있는 요건을 갖춘 자(이하 이 조에서 "중소기업등"이라 한다)에게 대통령령으로 정하는 일정 비율 이상의 특허를 부여하여야 하고, 「독점규제 및 공정거래에 관한 법률」 제31조 제1항에 따른 상호출자제한기업집단에 속한 기업에 대해 대통령령으로 정하는 일정 비율 이상의 특허를 부여할 수 없다. 다만, 세관장은 제196조 제2항에 따라 물품을 판매하는 보세판매장의 경우에는 중소기업등에게만 특허를 부여할 수 있다.

> 1. 「중소기업기본법」 제2조에 따른 중소기업
> 2. 「중견기업 성장촉진 및 경쟁력 강화에 관한 특별법」 제2조 제1호에 따른 중견기업

관세법 시행령

영 제192조의2(보세판매장의 특허 비율 등) ① 법 제176조의2 제1항에 따라 세관장은 「중소기업기본법」 제2조에 따른 중소기업으로서 다음 각 호의 기준을 모두 갖춘 기업(이하 "특허보세구역 특례 적용 대상 중소기업"이라 한다) 및 「중견기업 성장촉진 및 경쟁력 강화에 관한 특별법」 제2조 제1호에 따른 중견기업으로서 다음 각 호의 기준을 모두 갖춘 기업(이하 "특허보세구역 특례 적용 대상 중견기업"이라 한다) 중 법 제174조 제3항에 따른 특허를 받을 수 있는 요건을 갖춘 기업에 보세판매장 총 특허 수의 100분의 30 이상(2017년 12월 31일까지는 보세판매장 총 특허 수의 100분의 20 이상)의 특허를 부여해야 한다.

1. 제192조의5 제1항에 따른 공고일 직전 3개 사업연도의 매출액(기업회계기준에 따라 작성한 손익계산서상의 매출액으로서, 창업·분할·합병의 경우 그 등기일의 다음 날 또는 창업일이 속하는 사업연도의 매출액을 연간 매출액으로 환산한 금액을 말하며, 사업연도가 1년 미만인 사업연도의 매출액은 1년으로 환산한 매출액을 말한다)의 평균금액이 5천억원 미만인 기업일 것
2. 자산총액(제192조의5 제1항에 따른 공고일 직전 사업연도 말일 현재 재무상태표상의 자산총액을 말한다. 이하 이 항에서 같다)이 1조원 미만인 기업일 것
3. 자산총액이 1조원 이상인 법인(외국법인을 포함한다)이 주식 또는 출자지분의 100분의 30 이상을 직접적 또는 간접적으로 소유하고 있는 기업이나 자산총액이 1조원 이상인 법인(외국법인을 포함한다)과 지배 또는 종속의 관계에 있는 기업이 아닐 것. 이 경우 주식 또는 출자지분의 간접소유 비율에 관하여는 「국제조세조정에 관한 법률 시행령」 제2조 제3항을 준용하고, 지배 또는 종속의 관계에 관하여는 「중소기업제품 구매촉진 및 판로지원에 관한 법률 시행령」 제9조의3을 준용한다.

② 법 제176조의2 제1항에 따라 세관장은 「독점규제 및 공정거래에 관한 법률」 제31조 제1항에 따른 상호출자제한기업집단에 속한 기업에 대하여 보세판매장 총 특허 수의 100분의 60 이상의 특허를 부여할 수 없다.
③ 제1항과 제2항에 따른 특허 비율에 적합한지를 판단하는 시점은 보세판매장의 설치·운영에 관한 특허를 부여할 때를 기준으로 한다.
④ 세관장이 제3항에 따라 특허 비율에 적합한지를 판단할 때에 제192조의5 제1항에 따른 공고일 이후 기존 특허의 반납 등 예상하지 못한 사유로 특허 비율이 변경된 경우 그 변경된 특허 비율은 적용하지 아니한다.

② 특허 비율 기준 제외

제1항에도 불구하고 기존 특허가 만료되었으나 제3항에 따른 신규 특허의 신청이 없는 등 대통령령으로 정하는 경우에는 제1항을 적용하지 아니한다.

> **관세법 시행령**
>
> **영 제192조의2(보세판매장의 특허 비율 등)** ⑤ 법 제176조의2 제2항에서 "기존 특허가 만료되었으나 제3항에 따른 신규 특허의 신청이 없는 등 대통령령으로 정하는 경우"란 기존 특허의 기간 만료, 취소 및 반납 등으로 인하여 보세판매장의 설치·운영에 관한 특허를 부여하는 경우로서 다음 각 호의 모두에 해당하는 경우를 말한다.
> 1. 특허보세구역 특례 적용 대상 중소기업 또는 특허보세구역 특례 적용 대상 중견기업 외의 자에게 특허를 부여할 경우 제1항 또는 제2항에 따른 특허 비율 요건을 충족하지 못하게 되는 경우
> 2. 제192조의3 제1항에 따른 특허의 신청자격 요건을 갖춘 특허보세구역 특례 적용 대상 중소기업 또는 특허보세구역 특례 적용 대상 중견기업이 없는 경우

③ 보세판매장 특허의 심사

보세판매장의 특허는 대통령령으로 정하는 일정한 자격을 갖춘 자의 신청을 받아 대통령령으로 정하는 평가기준에 따라 심사하여 부여한다. 기존 특허가 만료되는 경우에도 또한 같다.

> **관세법 시행령**
>
> **영 제192조의3(보세판매장 특허의 신청자격과 심사 시 평가기준)** ① 법 제176조의2 제3항에서 "대통령령으로 정하는 일정한 자격을 갖춘 자"란 제189조에 따른 특허보세구역의 설치·운영에 관한 특허를 받을 수 있는 요건을 갖춘 자를 말한다.
> ② 법 제176조의2 제3항에서 "대통령령으로 정하는 평가기준"이란 다음 각 호의 평가요소를 고려하여 관세청장이 정하는 평가기준을 말한다.
> 1. 제189조에 따른 특허보세구역의 설치·운영에 관한 특허를 받을 수 있는 요건의 충족 여부
> 2. 관세 관계 법령에 따른 의무·명령 등의 위반 여부
> 3. 재무건전성 등 보세판매장 운영인의 경영 능력
> 4. 중소기업제품의 판매 실적 등 경제·사회 발전을 위한 공헌도
> 5. 관광 인프라 등 주변 환경요소
> 6. 기업이익의 사회 환원 정도
> 7. 「독점규제 및 공정거래에 관한 법률」 제31조 제1항에 따른 상호출자제한기업집단에 속한 기업과 「중소기업기본법」 제2조에 따른 중소기업 및 「중견기업 성장촉진 및 경쟁력 강화에 관한 특별법」 제2조 제1호에 따른 중견기업 간의 상생협력을 위한 노력 정도

④ 보세판매장의 특허수수료

보세판매장의 특허수수료는 제174조 제2항에도 불구하고 운영인의 보세판매장별 매출액(기업회계기준에 따라 계산한 매출액을 말한다)을 기준으로 기획재정부령으로 정하는 바에 따라 다른 종류의 보세구역 특허수수료와 달리 정할 수 있다. 다만, 「재난 및 안전관리 기본법」 제3조 제1호의 재난으로 인하여 보세판매장의 영업에 현저한 피해를 입은 경우 보세판매장의 특허수수료를 감경할 수 있다.

관세법 시행규칙

규칙 제68조의2(보세판매장 특허수수료) ① 법 제176조의2 제4항 본문에 따라 보세판매장의 설치·운영에 관한 수수료(이하 이 조에서 "보세판매장 특허수수료"라 한다)는 제68조 제2항에도 불구하고 영 제192조의7에 따른 보세판매장의 매장별 매출액을 기준으로 다음 표의 특허수수료율을 적용하여 계산한 금액으로 한다.

해당 연도 매출액	특허수수료율
2천억원 이하	해당 연도 매출액의 1만분의 5(0.05%)
2천억원 초과 1조원 이하	1억원 + (2천억원을 초과하는 금액의 1만분의 25)(0.25%)
1조원 초과	21억원 + (1조원을 초과하는 금액의 1천분의 5)(0.5%)

② 제1항에도 불구하고 다음 각 호의 어느 하나에 해당하는 경우에는 보세판매장 특허수수료는 해당 연도 매출액의 1만분의 1에 해당하는 금액으로 한다. 다만, 제3호의 경우에는 해당 제품에 대한 해당 연도 매출액의 1만분의 1에 해당하는 금액으로 하고, 해당 제품에 대한 매출액을 제외한 매출액에 대한 보세판매장 특허수수료는 제1항에 따른다.
  1. 「중소기업기본법」 제2조에 따른 중소기업으로서 영 제192조의2 제1항 각 호의 요건을 모두 충족하는 기업이 운영인인 경우
  2. 「중견기업 성장촉진 및 경쟁력 강화에 관한 특별법」 제2조 제1호에 따른 중견기업으로서 영 제192조의2 제1항 각 호의 요건을 모두 충족하는 기업이 운영인인 경우
  3. 제1호 및 제2호에 해당하지 않는 자가 「중소기업기본법」 제2조에 따른 중소기업 또는 「중견기업 성장촉진 및 경쟁력 강화에 관한 특별법」 제2조 제1호에 따른 중견기업의 제품을 판매하는 경우

③ 법 제176조의2 제4항 단서에 따라 2020년 1월 1일부터 2023년 12월 31일까지 발생한 매출액에 대한 보세판매장 특허수수료는 제1항 및 제2항에 따른 보세판매장 특허수수료의 100분의 50을 감경한다.

④ 보세판매장 특허수수료는 연단위로 해당 연도분을 다음 연도 4월 30일까지 납부해야 한다. 다만, 해당 연도 중간에 특허의 기간 만료, 취소 및 반납 등으로 인하여 특허의 효력이 상실된 경우에는 그 효력이 상실된 날부터 3개월 이내에 납부해야 한다.

⑤ 삭제

⑥ 특허 갱신

제1항에 따라 특허를 받은 자는 두 차례에 한정하여 대통령령으로 정하는 바에 따라 특허를 갱신할 수 있다. 이 경우 갱신기간은 한 차례당 5년 이내로 한다.

⑦ 국회 보고

기획재정부장관은 매 회계연도 종료 후 4개월 이내에 보세판매장별 매출액을 대통령령으로 정하는 바에 따라 국회 소관 상임위원회에 보고하여야 한다.

관세법 시행령

영 제192조의7(보세판매장의 매출액 보고) 관세청장은 법 제176조의2 제7항에 따른 기획재정부장관의 국회 소관 상임위원회에 대한 보고를 위하여 매 회계연도 종료 후 3월 말일까지 전국 보세판매장의 매장별 매출액을 기획재정부장관에게 보고해야 한다.

| 참고 | 국회 보고 |

구분	기획재정부장관에게 자료제출 / 매출액 보고	국회 상임위원회에 보고	보고시기
할당관세 전년도 부과실적 및 결과 보고 (법 제71조, 영 제92조)	관계부처의 장 (매 회계연도 종료 후 3개월 이내)	기획재정부장관	매 회계연도 종료 후 5개월 이내
보세판매장별 매출액 보고 (법 제176조의2, 영 제192조의7)	관세청장 (매 회계연도 종료 후 3월 말일까지)	기획재정부장관	매 회계연도 종료 후 4개월 이내

⑧ 기타

그 밖에 보세판매장 특허절차에 관한 사항은 대통령령으로 정한다.

| 관세법 시행령 |

영 제192조의5(보세판매장의 특허절차) ① 관세청장은 기존 특허의 기간 만료, 취소 및 반납 등으로 인하여 법 제176조의2에 따른 보세판매장의 설치·운영에 관한 특허를 부여할 필요가 있는 경우에는 다음 각 호의 사항을 관세청의 인터넷 홈페이지 등에 공고하여야 한다.
  1. 특허의 신청 기간과 장소 등 특허의 신청절차에 관한 사항
  2. 특허의 신청자격
  3. 특허장소와 특허기간
  4. 제192조의3 제2항에 따라 관세청장이 정하는 평가기준(세부평가항목과 배점을 포함한다)
  5. 그 밖에 보세판매장의 설치·운영에 관한 특허의 신청에 필요한 사항

② 법 제176조의2에 따른 보세판매장의 설치·운영에 관한 특허를 받으려는 자(이하 "보세판매장 특허 신청자"라 한다)는 제1항에 따라 공고된 신청기간에 제188조 제1항에 따라 신청서를 세관장에게 제출하여야 한다.

③ 제2항에 따른 신청서를 제출받은 세관장은 다음 각 호의 서류 또는 자료를 관세청장을 거쳐 법 제176조의3에 따른 보세판매장 특허심사위원회(이하 "특허심사위원회"라 한다)에 제출하여야 한다.
  1. 제2항에 따른 신청서
  2. 보세판매장 특허 신청자가 제192조의3 제1항에 따른 요건을 갖추었는지에 대한 세관장의 검토의견
  3. 제192조의3 제2항 제1호 및 제2호에 관하여 관세청장이 정하는 자료

④ 특허심사위원회는 제3항에 따라 제출받은 서류 또는 자료의 적정성을 검토한 후 제192조의3 제2항에 따른 평가기준에 따라 보세판매장 특허 신청자를 평가하고 보세판매장 특허 여부를 심의하며, 그 결과를 관세청장 및 해당 세관장에게 통보하여야 한다.

⑤ 제4항에 따라 결과를 통보받은 세관장은 선정된 보세판매장 특허 신청자에게 특허를 부여하고, 관세청장이 정하여 고시하는 바에 따라 모든 보세판매장 특허 신청자에게 해당 신청자의 평가 결과와 보세판매장 특허를 부여받을 자로 선정되었는지 여부 등을 통보하여야 한다.

⑥ 관세청장은 제4항에 따른 특허심사위원회의 심의가 완료된 후 다음 각 호의 사항을 관세청장이 정하는 바에 따라 관세청의 인터넷 홈페이지 등을 통하여 공개하여야 한다. 다만, 보세판매장 특허를 부여받을 자로 선정되지 아니한 보세판매장 특허 신청자의 평가 결과는 해당 신청자가 동의한 경우에만 공개할 수 있다.
  1. 보세판매장 특허 신청자에 대한 평가 결과
  2. 심의에 참여한 특허심사위원회 위원의 명단

⑦ 관세청장은 보세판매장 특허 관련 업무를 수행하는 과정의 투명성 및 공정성을 높이기 위하여 특허심사위원회의 회의 및 그 심의에 참여하는 위원 선정 등의 과정을 참관하여 관련 비위사실 등을 적발하고 그에 따른 시정 또는 감사 요구 등을 할 수 있는 청렴 옴부즈만제도를 운영할 수 있다. 이 경우 관세청장은 특허심사위원회의 심의에 참여한 위원의 명단이 제6항에 따라 공개되기 전까지 유출되지 아니하도록 적절한 조치를 하여야 한다.

⑧ 제1항부터 제7항까지에서 규정한 사항 외에 보세판매장의 설치·운영에 관한 특허의 구체적인 절차는 관세청장이 정하여 고시한다.

영 제192조의6(보세판매장 특허의 갱신) ① 세관장은 보세판매장의 특허를 받은 자에게 법 제176조의2 제6항에 따라 특허를 갱신받으려면 특허기간이 끝나는 날의 6개월 전까지 특허 갱신을 신청해야 한다는 사실과 갱신절차를 특허기간이 끝나는 날의 7개월 전까지 휴대폰에 의한 문자전송, 전자메일, 팩스, 전화, 문서 등으로 미리 알려야 한다.
② 법 제176조의2 제6항에 따라 보세판매장의 특허를 갱신하려는 자는 다음 각 호의 사항을 적은 신청서에 기획재정부령으로 정하는 서류를 첨부하여 그 기간만료 6개월 전까지 세관장에게 제출해야 한다.
　1. 갱신사유
　2. 갱신기간

> **관세법 시행규칙**
>
> **규칙 제68조의3(보세판매장 특허 갱신신청 시의 첨부서류)** 영 제192조의6 제2항 각 호 외의 부분에서 "기획재정부령으로 정하는 서류"란 다음 각 호의 서류를 말한다.
> 　1. 운영인의 자격을 증명하는 서류
> 　2. 필요한 시설 및 장비의 구비를 증명하는 서류
> 　3. 고용창출, 중소기업 및 중견기업 간의 상생협력 등 기존 특허신청 또는 직전 갱신신청 시 제출한 사업계획서 이행 여부에 대한 자체평가보고서
> 　4. 갱신받으려는 특허기간에 대한 사업계획서

③ 세관장은 제2항의 신청서를 제출받은 경우 다음 각 호의 서류 또는 자료를 관세청장을 거쳐 특허심사위원회에 제출해야 한다.
　1. 제2항의 신청서 및 첨부서류
　2. 제2항에 따라 갱신을 신청한 자(이하 이 조에서 "갱신신청자"라 한다)가 제189조에 따른 요건을 충족하는지 여부 및 관세 관계 법령에 따른 의무·명령 등의 위반여부에 대한 세관장의 검토 의견
④ 특허심사위원회는 제3항에 따라 제출받은 서류 또는 자료의 적정성을 검토한 후 제192조의3 제2항의 평가기준에 따라 갱신신청자를 평가하여 보세판매장 특허 갱신 여부를 심의하고, 심의결과를 관세청장 및 해당 세관장에게 통보해야 한다.
⑤ 관세청장은 제4항에 따른 특허심사위원회의 심의가 완료된 후 다음 각 호의 사항을 관세청장이 정하는 바에 따라 관세청의 인터넷 홈페이지 등을 통하여 공개해야 한다. 다만, 보세판매장 특허 갱신을 받지 못한 경우 제1호의 사항은 갱신신청자가 동의한 경우에만 공개할 수 있다.
　1. 갱신신청자에 대한 평가결과
　2. 심의에 참여한 특허심사위원회의 위원 명단
⑥ 세관장은 제4항에 따라 통보받은 심의결과에 따라 갱신 특허를 부여하고 갱신신청자에게 평가결과와 보세판매장의 특허 갱신 여부 등을 통보해야 한다.
⑦ 제1항부터 제6항까지에서 규정한 사항 외에 보세판매장의 특허 갱신에 관한 세부사항은 관세청장이 정하여 고시한다.

제176조의3(보세판매장 특허심사위원회)

① 보세판매장 특허심사위원회
제176조의2에 따른 보세판매장의 특허에 관한 다음 각 호의 사항을 심의하기 위하여 관세청에 보세판매장 특허심사위원회를 둔다.

> 1. 제176조의2 제3항에 따른 보세판매장 특허신청자의 평가 및 선정
> 1의2. 제176조의2 제6항에 따른 특허 갱신의 심사
> 2. 그 밖에 보세판매장 운영에 관한 중요 사항

② 보세판매장 특허심사위원회의 구성 등
제1항에 따른 보세판매장 특허심사위원회의 설치·구성 및 운영방법 등에 관하여 필요한 사항은 대통령령으로 정한다.

∥ 관세법 시행령

영 제192조의8(보세판매장 특허심사위원회의 구성 및 운영) ① 특허심사위원회는 위원장 1명을 포함하여 100명 이내의 위원으로 성별을 고려하여 구성한다.
② 특허심사위원회의 위원은 다음 각 호의 어느 하나에 해당되는 사람 중에서 관세청장이 제192조의3 제2항에 따른 평가기준을 고려하여 관세청장이 정하는 분야(이하 "평가분야"라 한다)별로 위촉하고, 위원장은 위원 중에서 호선한다.
　1. 변호사·공인회계사·세무사 또는 관세사 자격이 있는 사람
　2. 「고등교육법」 제2조 제1호 또는 제3호에 따른 학교에서 법률·회계 등을 가르치는 부교수 이상으로 재직하고 있거나 재직하였던 사람
　3. 법률·경영·경제 및 관광 등의 분야에 전문적 지식이나 경험이 풍부한 사람
③ 특허심사위원회 위원의 임기는 1년으로 하되, 한 차례만 연임할 수 있다.
④ 관세청장은 특허심사위원회의 위원이 다음 각 호의 어느 하나에 해당하는 경우에는 해당 위원을 해촉할 수 있다.
　1. 심신장애로 인하여 직무를 수행할 수 없게 된 경우
　2. 직무와 관련된 비위사실이 있는 경우
　3. 직무태만, 품위손상이나 그 밖의 사유로 인하여 위원으로 적합하지 아니하다고 인정되는 경우
　4. 위원 스스로 직무를 수행하는 것이 곤란하다고 의사를 밝히는 경우
　5. 제192조의9 제3항 각 호의 어느 하나에 해당함에도 불구하고 회피하지 아니한 경우
⑤ 관세청장은 제2항에 따라 위촉한 위원 명단을 관세청의 인터넷 홈페이지 등에 공개하여야 한다.
⑥ 제1항부터 제5항까지에서 규정한 사항 외에 특허심사위원회의 구성 및 운영에 필요한 사항은 관세청장이 정한다.

영 제192조의9(보세판매장 특허심사위원회의 회의) ① 특허심사위원회의 위원장은 위원회의 회의를 소집하고 그 의장이 된다. 다만, 특허심사위원회의 위원장이 부득이한 사유로 직무를 수행할 수 없는 경우에는 특허심사위원회의 위원장이 미리 지명한 위원이 그 직무를 대행한다.
② 특허심사위원회의 회의는 회의 때마다 평가분야별로 무작위 추출방식으로 선정하는 25명 이내의 위원으로 구성한다.
③ 다음 각 호의 어느 하나에 해당하는 사람은 해당 회의에 참여할 수 없다.
　1. 해당 안건의 당사자(당사자가 법인·단체 등인 경우에는 그 임원을 포함한다. 이하 이 항에서 같다)이거나 해당 안건에 관하여 직접적인 이해관계가 있는 사람
　2. 배우자, 4촌 이내의 혈족 및 2촌 이내의 인척의 관계에 있는 사람이 해당 안건의 당사자이거나 해당 안건에 관하여 직접적인 이해관계가 있는 사람
　3. 해당 안건 당사자의 대리인이거나 대리인이었던 사람
　4. 해당 안건 당사자의 대리인이거나 대리인이었던 법인·단체 등에 현재 속하고 있거나 최근 3년 이내에 속하였던 사람

5. 해당 안건 당사자의 자문·고문에 응하였거나 해당 안건 당사자와 연구·용역 등의 업무 수행에 동업 또는 그 밖의 형태로 직접 해당 안건 당사자의 업무에 관여를 하였던 사람
6. 해당 안건 당사자의 자문·고문에 응하였거나 해당 안건 당사자와 연구·용역 등의 업무 수행에 동업 또는 그 밖의 형태로 직접 해당 안건 당사자의 업무에 관여를 하였던 법인·단체 등에 현재 속하고 있거나 최근 3년 이내에 속하였던 사람

④ 특허심사위원회의 회의에 참석하는 위원은 제3항 각 호의 어느 하나에 해당되는 경우에는 스스로 해당 회의의 심의·의결에서 회피하여야 한다.
⑤ 특허심사위원회의 회의는 제2항에 따라 선정된 위원 과반수의 참석으로 개의하고, 회의에 참석한 위원 과반수의 찬성으로 의결한다.
⑥ 제5항에도 불구하고 법 제176조의3 제1항 제1호에 따른 보세판매장 특허신청자의 평가·선정 및 같은 항 제1호의2에 따른 특허 갱신에 관한 심의를 하는 경우에는 위원장을 제외하고 각 위원이 자신의 평가분야에 대하여 평가한 후 그 평가분야별 점수를 합산하여 가장 높은 점수를 받은 보세판매장 특허신청자를 특허를 부여받을 자로 결정한다.
⑦ 특허심사위원회는 심의를 위하여 필요한 경우에는 관계 행정기관의 장에 대하여 자료 또는 의견의 제출 등을 요구할 수 있으며, 관계 공무원 또는 전문가를 참석하게 하여 의견을 들을 수 있다.
⑧ 제1항부터 제7항까지에서 규정한 사항 외에 특허심사위원회의 회의에 관하여 필요한 사항은 관세청장이 정한다.

제176조의4(보세판매장 제도운영위원회)

① 보세판매장 제도운영위원회
제176조의2에 따른 보세판매장의 특허 수 등 보세판매장 제도의 중요 사항을 심의하기 위하여 기획재정부에 보세판매장 제도운영위원회를 둔다.

|| 관세법 시행령

영 제189조의2(보세판매장의 신규 특허 수 결정 등) ① 기획재정부장관은 법 제176조의4에 따른 보세판매장 제도운영위원회(이하 "보세판매장 제도운영위원회"라 한다)의 심의·의결을 거쳐 공항 및 항만의 보세구역 외의 장소에 설치되는 보세판매장(이하 "시내보세판매장"이라 한다)의 신규 특허 수를 결정할 수 있다.
② 보세판매장 제도운영위원회는 다음 각 호의 어느 하나에 해당하면 특별시, 광역시, 특별자치시, 도 및 특별자치도(이하 "광역자치단체"라 한다)에 설치되는 법 제176조의2 제1항에 따른 중소기업등(이하 "중소기업등"이라 한다)이 아닌 자에 대해 부여할 수 있는 시내보세판매장의 신규 특허 수를 심의·의결할 수 있다. 이 경우 보세판매장 제도운영위원회는 기존 보세판매장의 특허 수, 최근 3년간 외국인 관광객의 동향 등 시장상황을 고려하여 심의·의결해야 한다.
  1. 광역자치단체별 시내보세판매장 매출액이 전년 대비 2천억원 이상 증가한 경우
  2. 광역자치단체별 외국인 관광객 방문자 수가 전년 대비 20만명 이상 증가한 경우
③ 보세판매장 제도운영위원회는 다음 각 호의 어느 하나에 해당하면 해당 광역자치단체에 설치되는 시내보세판매장의 신규 특허 수를 심의·의결할 수 있다. 이 경우 보세판매장 제도운영위원회는 기존 보세판매장의 특허 수, 외국인 관광객 수의 증가 추이 등을 고려하여 심의·의결해야 하되, 제2항 각 호의 요건은 적용하지 않는다.
  1. 법 제88조 제1항 제1호부터 제4호까지의 규정에 따라 관세의 면제를 받을 수 있는 자에게 판매하는 시내보세판매장을 설치하려는 경우
  2. 올림픽·세계육상선수권대회 및 「전시산업발전법 시행령」 제2조 제1호에 따른 박람회 등 대규모 국제행사기간 중에 참가하는 임직원, 선수, 회원 및 관광객들의 편의를 위하여 행사장, 경기장 또는 선수촌 주변에 한시적으로 시내보세판매장을 설치할 필요가 있는 경우
  3. 시내보세판매장이 설치되지 않은 광역자치단체의 장이 중소기업등이 아닌 자가 시내보세판매장을 설치할 수 있도록 하려는 경우로서 해당 광역자치단체의 장이 시내보세판매장의 설치를 요청하는 경우

4. 중소기업등이 광역자치단체에 시내보세판매장을 설치하려는 경우

④ 기획재정부장관은 제2항 및 제3항에 따른 보세판매장 제도운영위원회의 심의·의결 결과를 관세청장에게 통보해야 한다.

⑤ 제2항 및 제3항에 따른 시내보세판매장의 설치·운영에 관한 특허절차는 제192조의5를 준용한다.

⑥ 제1항부터 제5항까지에서 규정한 사항 외에 시내보세판매장의 신규 특허 수 결정에 필요한 세부사항은 관세청장이 정하여 고시한다.

② 보세판매장 제도운영위원회의 구성 등

제1항에 따른 보세판매장 제도운영위원회의 설치·구성 및 운영 등에 필요한 사항은 대통령령으로 정한다.

> **관세법 시행령**

영 제192조의10(보세판매장 제도운영위원회의 구성) ① 보세판매장 제도운영위원회는 위원장 1명을 포함하여 17명 이상 20명 이하의 위원으로 구성한다.

② 위원장은 기획재정부차관 중 기획재정부장관이 지명하는 사람이 되고, 위원은 다음 각 호의 사람 중에서 기획재정부장관이 임명 또는 위촉하는 사람이 된다.

1. 기획재정부 소속 3급 공무원 또는 고위공무원단에 속하는 일반직 공무원
2. 문화체육관광부·산업통상자원부·국토교통부·중소벤처기업부·공정거래위원회 및 관세청 소속 고위공무원단에 속하는 일반직 공무원으로서 업무 관련자 각 1명
3. 관세·무역·법률·경영·경제 및 관광 등의 분야에 학식과 경험이 풍부한 사람 중에서 기획재정부장관이 위촉하는 사람

③ 제2항 제3호에 해당하는 위원의 임기는 2년으로 하되, 한 차례만 연임할 수 있다. 다만, 보궐위원의 임기는 전임위원 임기의 남은 기간으로 한다.

④ 기획재정부장관은 보세판매장 제도운영위원회의 위원이 다음 각 호의 어느 하나에 해당하는 경우에는 해당 위원을 해임 또는 해촉할 수 있다.

1. 심신장애로 인하여 직무를 수행할 수 없게 된 경우
2. 직무와 관련된 비위사실이 있는 경우
3. 직무태만, 품위손상이나 그 밖의 사유로 인하여 위원으로 적합하지 않다고 인정되는 경우
4. 위원 스스로 직무를 수행하는 것이 곤란하다고 의사를 밝히는 경우
5. 제192조의12 제4항 각 호의 어느 하나에 해당함에도 불구하고 회피하지 않은 경우

⑤ 제1항부터 제4항까지에서 규정한 사항 외에 보세판매장 제도운영위원회의 구성 및 운영에 필요한 세부사항은 기획재정부장관이 정한다.

영 제192조의11(보세판매장 제도운영위원회 위원장의 직무) ① 보세판매장 제도운영위원회의 위원장은 해당 위원회를 대표하고 보세판매장 제도운영위원회의 업무를 총괄한다.

② 보세판매장 제도운영위원회의 위원장이 부득이한 사유로 그 직무를 수행하지 못하는 경우에는 위원장이 지명하는 위원이 그 직무를 대행한다.

영 제192조의12(보세판매장 제도운영위원회의 회의) ① 보세판매장 제도운영위원회의 위원장은 위원회의 회의를 소집하고 그 의장이 된다.

② 보세판매장 제도운영위원회의 회의는 위원장과 위원장이 매 회의마다 지명하는 재적위원 과반수 이상의 위원으로 구성하되, 지명되는 위원 중 제192조의10 제2항 제3호의 사람이 2분의 1 이상 포함되어야 한다.

③ 보세판매장 제도운영위원회의 위원 중 공무원인 위원이 회의에 출석하지 못할 부득이한 사정이 있는 경우에는 그가 소속된 기관의 다른 공무원으로 하여금 회의에 출석하여 그 직무를 대행하게 할 수 있다.

④ 보세판매장 제도운영위원회의 위원은 다음 각 호의 어느 하나에 해당하는 경우에는 심의·의결에서 제척된다.
1. 위원이 해당 안건의 당사자(당사자가 법인·단체 등인 경우에는 그 임원을 포함한다. 이하 이 항에서 같다)이거나 해당 안건에 관하여 직접적인 이해관계가 있는 경우
2. 위원의 배우자, 4촌 이내의 혈족 및 2촌 이내의 인척의 관계에 있는 사람이 해당 안건의 당사자이거나 해당 안건에 관하여 직접적인 이해관계가 있는 경우
3. 위원이 해당 안건의 당사자의 대리인이거나 최근 5년 이내에 대리인이었던 경우
4. 위원이 해당 안건의 당사자의 대리인이거나 최근 5년 이내에 대리인이었던 법인·단체 등에 속하고 있거나 속하고 있었던 경우
5. 위원이 최근 5년 이내에 해당 안건의 당사자의 자문·고문에 응했거나 해당 안건의 당사자의 연구·용역 등의 업무 수행에 동업하는 등의 형태로 직접 해당 안건의 당사자의 업무에 관여했던 경우
6. 위원이 최근 5년 이내에 해당 안건의 당사자의 자문·고문에 응했거나 해당 안건의 당사자의 연구·용역 등의 업무 수행에 동업하는 등의 형태로 직접 해당 안건의 당사자의 업무에 관여했던 법인·단체 등에 속하고 있거나 속하고 있었던 경우

⑤ 보세판매장 제도운영위원회의 위원은 제4항 각 호의 어느 하나에 해당하는 경우에는 스스로 해당 회의의 심의·의결에서 회피해야 한다.
⑥ 보세판매장 제도운영위원회의 회의는 회의마다 구성되는 위원 과반수 출석으로 개의하고 출석위원 과반수의 찬성으로 의결한다.
⑦ 보세판매장 제도운영위원회는 효율적인 운영을 위하여 필요한 경우 관계 행정기관의 장에게 자료 또는 의견의 제출 등을 요구할 수 있으며, 관계 공무원 또는 이해관계인 등의 의견을 들을 수 있다.
⑧ 보세판매장 제도운영위원회의 회의에 출석한 공무원이 아닌 위원에 대해서는 예산의 범위에서 수당을 지급할 수 있다.
⑨ 제1항부터 제8항까지에서 규정한 사항 외에 보세판매장 제도운영위원회의 회의에 관하여 필요한 세부사항은 해당 위원회의 의결을 거쳐 위원장이 정한다.

제177조(장치기간)

① 특허보세구역의 장치기간
특허보세구역에 물품을 장치하는 기간은 다음 각 호의 구분에 따른다.

> 1. 보세창고: 다음 각 목의 어느 하나에서 정하는 기간
>   가. 외국물품(다목에 해당하는 물품은 제외한다): 1년의 범위에서 관세청장이 정하는 기간. 다만, 세관장이 필요하다고 인정하는 경우에는 1년의 범위에서 그 기간을 연장할 수 있다.
>   나. 내국물품(다목에 해당하는 물품은 제외한다): 1년의 범위에서 관세청장이 정하는 기간. 다만, 세관장이 필요하다고 인정하는 경우에는 1년의 범위에서 그 기간을 연장할 수 있다.
>   다. 정부비축용물품, 정부와의 계약이행을 위하여 비축하는 방위산업용물품, 장기간 비축이 필요한 수출용원재료와 수출품보수용 물품으로서 세관장이 인정하는 물품, 국제물류의 촉진을 위하여 관세청장이 정하는 물품: 비축에 필요한 기간
> 2. 그 밖의 특허보세구역: 해당 특허보세구역의 특허기간

② 세관장의 물품 반출 명령
　　세관장은 물품관리에 필요하다고 인정될 때에는 제1항 제1호의 기간에도 운영인에게 그 물품의 반출을 명할 수 있다.

제177조의2(특허보세구역 운영인의 명의대여 금지)

특허보세구역의 운영인은 다른 사람에게 자신의 성명·상호를 사용하여 특허보세구역을 운영하게 해서는 아니 된다.

제178조(반입정지 등과 특허의 취소)

① 반입정지 등
　　세관장은 특허보세구역의 운영인이 다음 각 호의 어느 하나에 해당하는 경우에는 관세청장이 정하는 바에 따라 6개월의 범위에서 해당 특허보세구역에의 물품반입 또는 보세건설·보세판매·보세전시 등(이하 이 조에서 "물품반입등"이라 한다)을 정지시킬 수 있다.

　　1. 장치물품에 대한 관세를 납부할 자금능력이 없다고 인정되는 경우
　　2. 본인이나 그 사용인이 이 법 또는 이 법에 따른 명령을 위반한 경우
　　3. 해당 시설의 미비 등으로 특허보세구역의 설치 목적을 달성하기 곤란하다고 인정되는 경우
　　4. 그 밖에 제1호부터 제3호까지의 규정에 준하는 것으로서 대통령령으로 정하는 사유에 해당하는 경우

> **관세법 시행령**
>
> 영 제193조의2(특허보세구역의 물품반입 정지 사유) 법 제178조 제1항 제4호에서 "대통령령으로 정하는 사유"란 다음 각 호의 어느 하나에 해당하는 경우를 말한다.
> 1. 제207조에 따른 재고조사 결과 원자재소요량 관리가 적정하지 않은 경우
> 2. 1년 동안 계속하여 물품의 반입·반출 실적이 없거나, 6개월 이상 보세작업을 하지 않은 경우
> 3. 운영인이 최근 1년 이내에 법에 따른 절차 등을 위반한 경우 등 관세청장이 정하는 사유에 해당하는 경우

② 특허 취소
　　세관장은 특허보세구역의 운영인이 다음 각 호의 어느 하나에 해당하는 경우에는 그 특허를 취소할 수 있다. 다만, 제1호·제2호 및 제5호에 해당하는 경우에는 특허를 취소하여야 한다.

　　1. 거짓이나 그 밖의 부정한 방법으로 특허를 받은 경우
　　2. 제175조 각 호의 어느 하나에 해당하게 된 경우. 다만, 제175조 제8호에 해당하는 경우로서 같은 조 제2호 또는 제3호에 해당하는 사람을 임원으로 하는 법인이 3개월 이내에 해당 임원을 변경한 경우에는 그러하지 아니하다.
　　3. 1년 이내에 3회 이상 물품반입등의 정지처분(제3항에 따른 과징금 부과처분을 포함한다)을 받은 경우
　　4. 2년 이상 물품의 반입실적이 없어서 세관장이 특허보세구역의 설치 목적을 달성하기 곤란하다고 인정하는 경우
　　5. 제177조의2를 위반하여 명의를 대여한 경우

③ 과징금 부과

세관장은 제1항에 따른 물품반입등의 정지처분이 그 이용자에게 심한 불편을 주거나 공익을 해칠 우려가 있는 경우에는 특허보세구역의 운영인에게 물품반입등의 정지처분을 갈음하여 해당 특허보세구역 운영에 따른 매출액의 100분의 3 이하의 과징금을 부과할 수 있다. 이 경우 매출액 산정, 과징금의 금액, 과징금의 납부기한 등에 관하여 필요한 사항은 대통령령으로 정한다.

> **관세법 시행령**
>
> **영 제193조의3(특허보세구역의 운영인에 대한 과징금의 부과기준 등)** ① 법 제178조 제3항에 따라 부과하는 과징금의 금액은 제1호의 기간에 제2호의 금액을 곱하여 산정한다.
> 1. 기간: 법 제178조 제1항에 따라 산정한 물품반입 등의 정지 일수(1개월은 30일을 기준으로 한다)
> 2. 1일당 과징금 금액: 해당 특허보세구역 운영에 따른 연간 매출액의 6천분의 1
>
> ② 제1항 제2호의 연간매출액은 다음 각 호의 구분에 따라 산정한다.
> 1. 특허보세구역의 운영인이 해당 사업연도 개시일 이전에 특허보세구역의 운영을 시작한 경우: 직전 3개 사업연도의 평균 매출액(특허보세구역의 운영을 시작한 날부터 직전 사업연도 종료일까지의 기간이 3년 미만인 경우에는 그 시작일부터 그 종료일까지의 매출액을 연평균 매출액으로 환산한 금액)
> 2. 특허보세구역의 운영인이 해당 사업연도에 특허보세구역 운영을 시작한 경우: 특허보세구역의 운영을 시작한 날부터 반입정지 등의 처분사유가 발생한 날까지의 매출액을 연매출액으로 환산한 금액
>
> ③ 세관장은 제1항에 따라 산정된 과징금 금액의 4분의 1의 범위에서 사업규모, 위반행위의 정도 및 위반횟수 등을 고려하여 그 금액을 가중하거나 감경할 수 있다. 다만, 과징금을 가중하는 경우에는 과징금 총액이 제2항에 따라 산정된 연간매출액의 100분의 3을 초과할 수 없다.
>
> ④ 제1항에 따른 과징금의 부과 및 납부에 관하여는 제285조의7을 준용한다. 이 경우 "관세청장"은 "세관장"으로 본다.
>
> > **참고 영 제285조의7(과징금의 납부)**
> > ① 납부통지(서면, 전자문서)
> > ② 납부기한(20일)
> > ③ 영수증 교부·송부(서면, 전자문서)
> > ④ 수납사실 통지(서면, 전자문서)

④ 과징금 미납 시 조치

제3항에 따른 과징금을 납부하여야 할 자가 납부기한까지 납부하지 아니한 경우 과징금의 징수에 관하여는 제26조를 준용한다.

> **참고 법 제26조(담보 등이 없는 경우의 관세징수)**
> ① 담보 제공이 없거나 징수한 금액이 부족한 관세의 징수에 관하여는 이 법에 규정된 것을 제외하고는 「국세기본법」과 「국세징수법」의 예에 따른다.
> ② 세관장은 관세의 강제징수를 할 때에는 재산의 압류, 보관, 운반 및 공매에 드는 비용에 상당하는 강제징수비를 징수할 수 있다.

제179조(특허의 효력상실 및 승계)

① 특허의 효력상실
특허보세구역의 설치·운영에 관한 **특허는** 다음 각 호의 어느 하나에 해당하면 **그 효력을 상실**한다.

> 1. 운영인이 특허보세구역을 운영하지 아니하게 된 경우
> 2. 운영인이 해산하거나 사망한 경우
> 3. 특허기간이 만료한 경우
> 4. 특허가 취소된 경우

┃┃ 관세법 시행령

영 제193조(특허보세구역의 휴지·폐지 등의 통보) ① 특허보세구역의 운영인은 당해 특허보세구역을 운영하지 아니하게 된 때에는 다음 각 호의 사항을 세관장에게 통보하여야 한다.
  1. 당해 특허보세구역의 종류·명칭 및 소재지
  2. 운영을 폐지하게 된 사유 및 그 일시
  3. 장치물품의 명세
  4. 장치물품의 반출완료예정연월일
② 특허보세구역의 운영인은 30일 이상 계속하여 특허보세구역의 운영을 휴지하고자 하는 때에는 다음 각 호의 사항을 세관장에게 통보하여야 하며, 특허보세구역의 운영을 다시 개시하고자 하는 때에는 그 사실을 세관장에게 통보하여야 한다.
  1. 당해 특허보세구역의 종류·명칭 및 소재지
  2. 휴지사유 및 휴지기간

② 해산 등 사실 보고
제1항 제1호 및 제2호의 경우에는 운영인, 그 상속인, 청산법인 또는 합병·분할·분할합병 후 존속하거나 합병·분할·분할합병으로 설립된 법인(이하 "승계법인"이라 한다)은 지체 없이 세관장에게 그 사실을 보고하여야 한다.

③ 특허보세구역 계속 운영 신고
특허보세구역의 설치·운영에 관한 특허를 받은 자가 **사망하거나 해산한 경우** 상속인 또는 승계법인이 계속하여 그 특허보세구역을 운영하려면 피상속인 또는 피승계법인이 사망하거나 해산한 날부터 **30일 이내**에 제174조 제3항에 따른 요건을 갖추어 대통령령으로 정하는 바에 따라 **세관장에게 신고**하여야 한다.

┃┃ 관세법 시행령

영 제194조(특허의 승계신고) ① 법 제179조 제3항의 규정에 의하여 특허보세구역의 운영을 계속하고자 하는 상속인 또는 승계법인은 당해 특허보세구역의 종류·명칭 및 소재지를 기재한 특허보세구역승계신고서에 다음 각 호의 서류를 첨부하여 세관장에게 제출하여야 한다.
  1. 상속인 또는 승계법인을 확인할 수 있는 서류
  2. 법 제174조 제3항의 규정에 의한 특허요건의 구비를 확인할 수 있는 서류로서 관세청장이 정하는 서류
② 제1항의 규정에 의하여 신고를 받은 세관장은 이를 심사하여 신고일부터 5일 이내에 그 결과를 신고인에게 통보하여야 한다.

④ 신고기간의 특허
상속인 또는 승계법인이 제3항에 따른 신고를 하였을 때에는 피상속인 또는 피승계법인이 사망하거나 해산한 날부터 신고를 한 날까지의 기간 동안 피상속인 또는 피승계법인의 특허보세구역의 설치·운영에 관한 특허는 상속인 또는 승계법인에 대한 특허로 본다.

⑤ 운영인의 결격사유 해당 시 신고 불가
제175조 각 호의 어느 하나에 해당하는 자는 제3항에 따른 신고를 할 수 없다.

제180조(특허보세구역의 설치·운영에 관한 감독 등)

① 특허보세구역 감독
세관장은 특허보세구역의 운영인을 감독한다.

② 특허보세구역 설치·운영 보고 명령 등
세관장은 특허보세구역의 운영인에게 그 설치·운영에 관한 보고를 명하거나 세관공무원에게 특허보세구역의 운영상황을 검사하게 할 수 있다.

③ 특허보세구역 시설 등 설치 명령
세관장은 특허보세구역의 운영에 필요한 시설·기계 및 기구의 설치를 명할 수 있다.

④ 보세구역 반출 명령
제157조에 따라 특허보세구역에 반입된 물품이 해당 특허보세구역의 설치 목적에 합당하지 아니한 경우에는 세관장은 해당 물품을 다른 보세구역으로 반출할 것을 명할 수 있다.

||| 관세법 시행령

영 제195조(특허보세구역의 관리) ① 세관장은 특허보세구역의 관리상 필요하다고 인정되는 때에는 특허보세구역의 운영인에게 그 업무에 종사하는 자의 성명 기타 인적사항을 보고하도록 명할 수 있다.
② 특허보세구역의 출입구를 개폐하거나 특허보세구역에서 물품을 취급하는 때에는 세관공무원의 참여가 있어야 한다. 다만, 세관장이 불필요하다고 인정하는 때에는 그러하지 아니하다.
③ 특허보세구역의 출입구에는 자물쇠를 채워야 한다. 이 경우 세관장은 필요하다고 인정되는 장소에는 2중으로 자물쇠를 채우게 하고, 그중 1개소의 열쇠를 세관공무원에게 예치하도록 할 수 있다.
④ 지정보세구역의 관리인 또는 특허보세구역의 운영인은 그 업무에 종사하는 자 기타 보세구역에 출입하는 자에 대하여 상당한 단속을 하여야 한다.

제181조

삭제

제182조(특허의 효력상실 시 조치 등)

① 특허의 효력상실 시 조치
특허보세구역의 설치·운영에 관한 특허의 효력이 상실되었을 때에는 운영인이나 그 상속인 또는 승계법인은 해당 특허보세구역에 있는 외국물품을 지체 없이 다른 보세구역으로 반출하여야 한다.

② 특허의 효력상실 시 특허 의제
특허보세구역의 설치·운영에 관한 특허의 효력이 상실되었을 때에는 해당 특허보세구역에 있는 외국물품의 종류와 수량 등을 고려하여 6개월의 범위에서 세관장이 지정하는 기간 동안 그 구역은 특허보세구역으로 보며, 운영인이나 그 상속인 또는 승계법인에 대해서는 해당 구역과 장치물품에 관하여 특허보세구역의 설치·운영에 관한 특허가 있는 것으로 본다.

제2관 보세창고

제183조(보세창고)

① 보세창고의 물품 장치
보세창고에는 외국물품이나 통관을 하려는 물품을 장치한다.

② 내국물품의 장치
운영인은 미리 세관장에게 신고를 하고 제1항에 따른 물품의 장치에 방해되지 아니하는 범위에서 보세창고에 내국물품을 장치할 수 있다. 다만, 동일한 보세창고에 장치되어 있는 동안 수입신고가 수리된 물품은 신고 없이 계속하여 장치할 수 있다.

|| 관세법 시행령

영 제197조(내국물품의 장치신고 등) ① 법 제183조 제2항의 규정에 의한 신고를 하고자 하는 자는 다음 각 호의 사항을 기재한 신고서를 세관장에게 제출하여야 한다.
  1. 제176조 제1항 제2호의 사항
  2. 장치사유
  3. 생산지 또는 제조지

③ 내국물품만 장치하는 경우
운영인은 보세창고에 1년(제2항 단서에 따른 물품은 6개월) 이상 계속하여 제2항에서 규정한 내국물품만을 장치하려면 세관장의 승인을 받아야 한다.

|| 관세법 시행령

영 제197조(내국물품의 장치신고 등) ② 법 제183조 제3항의 규정에 의한 승인을 얻고자 하는 자는 다음 각 호의 사항을 기재한 신청서를 세관장에게 제출하여야 한다.
  1. 제175조 제2호의 사항
  2. 장치장소 및 장치기간
  3. 생산지 또는 제조지
  4. 신청사유

5. 현존 외국물품의 처리완료연월일

③ 세관장은 제2항의 규정에 의한 승인을 얻어 장치하는 물품에 대하여는 제176조의 규정에 의한 반출입신고를 생략하게 할 수 있다.

> **참고** 보세창고의 물품 장치

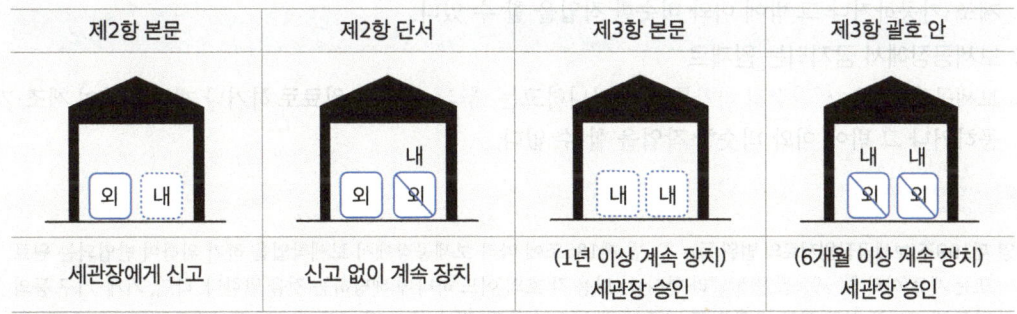

④ 적용 제외 규정

제3항에 따른 승인을 받은 보세창고에 내국물품만을 장치하는 기간에는 제161조와 제177조를 적용하지 아니한다.

> **참고** 계속 장치 내국물품의 예외
>
> 1. 법 제161조(견본품 반출)
> 2. 법 제177조(장치기간)

제184조(장치기간이 지난 내국물품)

① 장치기간이 지난 내국물품의 반출 (1)

제183조 제2항에 따른 내국물품으로서 장치기간이 지난 물품은 그 기간이 지난 후 10일 내에 그 운영인의 책임으로 반출하여야 한다.

② 장치기간이 지난 내국물품의 반출 (2)

제183조 제3항에 따라 승인받은 내국물품도 그 승인기간이 지난 경우에는 제1항과 같다.

> **관세법 시행령**
>
> **영 제198조(보세창고운영인의 기장의무)** 보세창고의 운영인은 장치물품에 관한 장부를 비치하고 다음 각 호의 사항을 기재하여야 한다. 다만, 법 제177조 제1항 제1호 다목의 규정에 의한 물품의 경우에는 관세청장이 정하는 바에 따라 장부의 비치 및 기재사항의 일부를 생략 또는 간이하게 할 수 있다.
> 1. 반입 또는 반출한 물품의 내외국물품별 구분, 품명·수량 및 가격과 포장의 종류·기호·번호 및 개수
> 2. 반입 또는 반출연월일과 신고번호
> 3. 보수작업물품과 보수작업재료의 내외국물품별 구분, 품명·수량 및 가격과 포장의 종류·기호·번호 및 개수
> 4. 보수작업의 종류와 승인연월일 및 승인번호
> 5. 보수작업의 검사완료연월일

제3관 보세공장

제185조(보세공장)

① 보세공장에서 허용되는 원재료
보세공장에서는 **외국물품**을 원료 또는 재료로 하거나 **외국물품과 내국물품**을 원료 또는 재료로 하여 제조·가공하거나 그 밖에 이와 비슷한 작업을 할 수 있다.

② 보세공장에서 금지되는 원재료
보세공장에서는 **세관장의 허가**를 받지 아니하고는 **내국물품만**을 원료로 하거나 재료로 하여 제조·가공하거나 그 밖에 이와 비슷한 작업을 할 수 없다.

||관세법 시행령||

영 제199조(보세공장원재료의 범위 등) ① 법 제185조에 따라 보세공장에서 보세작업을 하기 위하여 반입되는 원료 또는 재료(이하 "**보세공장원재료**"라 한다)는 다음 각 호의 어느 하나에 해당하는 것을 말한다. 다만, 기계·기구 등의 작동 및 유지를 위한 연료, 윤활유 등 제품의 생산·수리·조립·검사·포장 및 이와 유사한 작업에 **간접적으로 투입되어 소모되는 물품은 제외**한다.
    1. 당해 보세공장에서 생산하는 제품에 **물리적 또는 화학적으로 결합**되는 물품
    2. 해당 보세공장에서 생산하는 제품을 제조·가공하거나 이와 비슷한 **공정에 투입되어 소모**되는 물품
    3. 해당 보세공장에서 수리·조립·검사·포장 및 이와 유사한 작업에 **직접적으로 투입**되는 물품
② 보세공장원재료는 당해 보세공장에서 생산하는 제품에 소요되는 수량(이하 "**원자재소요량**"이라 한다)을 **객관적으로 계산**할 수 있는 물품이어야 한다.
③ 세관장은 물품의 성질, 보세작업의 종류 등을 고려하여 감시상 필요하다고 인정되는 때에는 보세공장의 운영인으로 하여금 보세작업으로 생산된 제품에 소요된 원자재소요량을 계산한 서류를 제출하게 할 수 있다.
④ 제3항의 규정에 따라 제출하는 서류의 작성 및 그에 필요한 사항은 관세청장이 정한다.

영 제200조(내국물품만을 원재료로 하는 작업의 허가 등) ① 법 제185조 제2항의 규정에 의한 허가를 받고자 하는 자는 다음 각 호의 사항을 기재한 신청서를 세관장에게 제출하여야 한다. 이 경우 당해 작업은 외국물품을 사용하는 작업과 구별하여 실시하여야 한다.
    1. 작업의 종류
    2. 원재료의 품명 및 수량과 생산지 또는 제조지
    3. 작업기간
② 제1항의 규정에 의한 작업에 사용하는 내국물품을 반입하는 때에는 제176조의 규정을 준용한다. 다만, 세관장은 보세공장의 운영실태, 작업의 성질 및 기간 등을 고려하여 물품을 반입할 때마다 신고를 하지 아니하고 작업개시 전에 그 작업기간에 소요될 것으로 예상되는 물품의 품명과 수량을 일괄하여 신고하게 할 수 있으며, 작업의 성질, 물품의 종류 등에 비추어 필요하다고 인정하는 때에는 신고서의 기재사항 중 일부를 생략하도록 할 수 있다.

③ 허가 여부 통지기간
세관장은 제2항에 따른 허가의 신청을 받은 날부터 10일 이내에 허가 여부를 신청인에게 통지하여야 한다.

④ 통지기간 경과 시 관세법상 조치
세관장이 제3항에서 정한 기간 내에 허가 여부 또는 민원 처리 관련 법령에 따른 처리기간의 연장을 신청인에게 통지하지 아니하면 그 기간(민원 처리 관련 법령에 따라 처리기간이 연장 또는 재연장된 경우에는 해당 처리기간을 말한다)이 끝난 날의 다음 날에 허가를 한 것으로 본다.

⑤ 내수용 보세공장의 업종 제한

보세공장 중 수입하는 물품을 제조·가공하는 것을 목적으로 하는 보세공장의 업종은 기획재정부령으로 정하는 바에 따라 제한할 수 있다.

> **관세법 시행규칙**
>
> **규칙 제69조(보세공장업종의 제한)** 법 제185조 제5항에 따른 수입물품을 제조·가공하는 것을 목적으로 하는 보세공장의 업종은 다음 각 호에 규정된 업종을 제외한 업종으로 한다.
> 1. 법 제73조의 규정에 의하여 국내외 가격차에 상당하는 율로 양허한 농·임·축산물을 원재료로 하는 물품을 제조·가공하는 업종
> 2. 국민보건 또는 환경보전에 지장을 초래하거나 풍속을 해하는 물품을 제조·가공하는 업종으로 세관장이 인정하는 업종

> **관세법 시행령**
>
> **영 제201조(외국물품의 반입제한)** 관세청장은 국내공급상황을 고려하여 필요하다고 인정되는 때에는 법 제185조 제5항에 따른 보세공장에 대해서는 외국물품의 반입을 제한할 수 있다.

⑥ 보세공장 사용물품의 수입신고

세관장은 수입통관 후 보세공장에서 사용하게 될 물품에 대하여는 보세공장에 직접 반입하여 수입신고를 하게 할 수 있다. 이 경우 제241조 제3항을 준용한다.

> **참고** 보세공장 사용물품의 수입신고에 적용되는 규정
>
> **법 제241조(수출·수입 또는 반송의 신고)** ③ 수입하거나 반송하려는 물품을 지정장치장 또는 보세창고에 반입하거나 보세구역이 아닌 장소에 장치한 자는 그 반입일 또는 장치일부터 30일 이내(제243조 제1항에 해당하는 물품은 관세청장이 정하는 바에 따라 반송신고를 할 수 있는 날부터 30일 이내)에 제1항에 따른 신고를 하여야 한다.

제186조(사용신고 등)

① 사용신고

운영인은 보세공장에 반입된 물품을 그 사용 전에 세관장에게 사용신고를 하여야 한다. 이 경우 세관공무원은 그 물품을 검사할 수 있다.

> **관세법 시행령**
>
> **영 제202조(보세공장 물품반입의 사용신고)** 법 제186조 제1항의 규정에 의한 사용신고를 하고자 하는 자는 당해 물품의 사용전에 다음 각 호의 사항을 기재한 신고서를 세관장에게 제출하여야 한다.
> 1. 제246조 제1항 각 호의 사항
> 2. 품명·규격·수량 및 가격
> 3. 장치장소

② 요건 증명

제1항에 따라 사용신고를 한 외국물품이 마약, 총기 등 다른 법령에 따라 허가·승인·표시 또는 그 밖의 요건을 갖출 필요가 있는 물품으로서 관세청장이 정하여 고시하는 물품인 경우에는 세관장에게 그 요건을 갖춘 것임을 증명하여야 한다.

제187조(보세공장 외 작업 허가)

① 보세공장 외 작업 허가

세관장은 가공무역이나 국내산업의 진흥을 위하여 필요한 경우에는 대통령령으로 정하는 바에 따라 기간, 장소, 물품 등을 정하여 해당 보세공장 외에서 제185조 제1항에 따른 작업을 허가할 수 있다.

| 관세법 시행령

영 제203조(보세공장 외 작업허가 신청 등) ① 법 제187조 제1항에 따른 보세공장 외 작업허가를 받으려는 자는 다음 각 호의 사항을 기재한 신청서를 세관장에게 제출해야 한다.
  1. 보세작업의 종류·기간 및 장소
  2. 신청사유
  3. 해당 작업에 투입되는 원재료의 품명·규격 및 수량
  4. 해당 작업으로 생산되는 물품의 품명·규격 및 수량
② 제1항에 따라 보세공장 외 작업허가를 신청하려는 자는 허가절차의 신속한 진행을 위하여 그 신청 전에 작업장소를 세관장에게 알릴 수 있다.
③ 제1항에 따른 신청을 받은 세관장은 6개월의 범위에서 보세공장 외 작업을 허가할 수 있다. 다만, 다음 각 호의 경우에는 해당 호에서 정한 기간의 범위에서 보세공장 외 작업을 허가할 수 있다.
  1. 임가공계약서 등으로 전체 작업 내용(작업장소, 작업종류, 예상 작업기간 등)을 미리 알 수 있어 여러 작업을 일괄적으로 허가하는 경우: 1년
  2. 물품 1단위 생산에 장기간이 소요된다고 세관장이 인정하는 경우: 2년
④ 제3항에 따라 보세공장 외 작업허가를 받은 자는 재해나 그 밖의 부득이한 사유로 허가받은 작업기간의 연장이나 작업장소의 변경이 필요한 경우에는 세관장에게 1년의 범위에서 작업기간의 연장이나 작업장소의 변경허가를 신청할 수 있다.
⑤ 보세공장 외 작업허가를 받은 자는 제3항 또는 제4항에 따라 허가받은 기간이 끝나는 날부터 5일 이내에 세관장에게 보세공장 외 작업완료 결과를 통보해야 한다.

② 허가 여부 통지기간

세관장은 제1항에 따른 허가의 신청을 받은 날부터 10일 이내에 허가 여부를 신청인에게 통지하여야 한다.

③ 통지기간 경과 시 관세법상 조치

세관장이 제2항에서 정한 기간 내에 허가 여부 또는 민원 처리 관련 법령에 따른 처리기간의 연장을 신청인에게 통지하지 아니하면 그 기간(민원 처리 관련 법령에 따라 처리기간이 연장 또는 재연장된 경우에는 해당 처리기간을 말한다)이 끝난 날의 다음 날에 허가를 한 것으로 본다.

④ 물품 검사

제1항에 따른 허가를 한 경우 세관공무원은 해당 물품이 보세공장에서 반출될 때에 이를 검사할 수 있다.

⑤ 공장외작업장 물품의 보세공장 규정 적용
제1항에 따라 허가를 받아 지정된 장소(이하 "공장외작업장"이라 한다)에 반입된 외국물품은 지정된 기간이 만료될 때까지는 보세공장에 있는 것으로 본다.

⑥ 공장외작업장 직접 반입
세관장은 제1항에 따라 허가를 받은 보세작업에 사용될 물품을 관세청장이 정하는 바에 따라 공장외작업장에 직접 반입하게 할 수 있다.

⑦ 관세징수
제1항에 따라 지정된 기간이 지난 경우 해당 공장외작업장에 허가된 외국물품이나 그 제품이 있을 때에는 해당 물품의 허가를 받은 보세공장의 운영인으로부터 그 관세를 즉시 징수한다.

|| 참고 || 보세공장의 절차

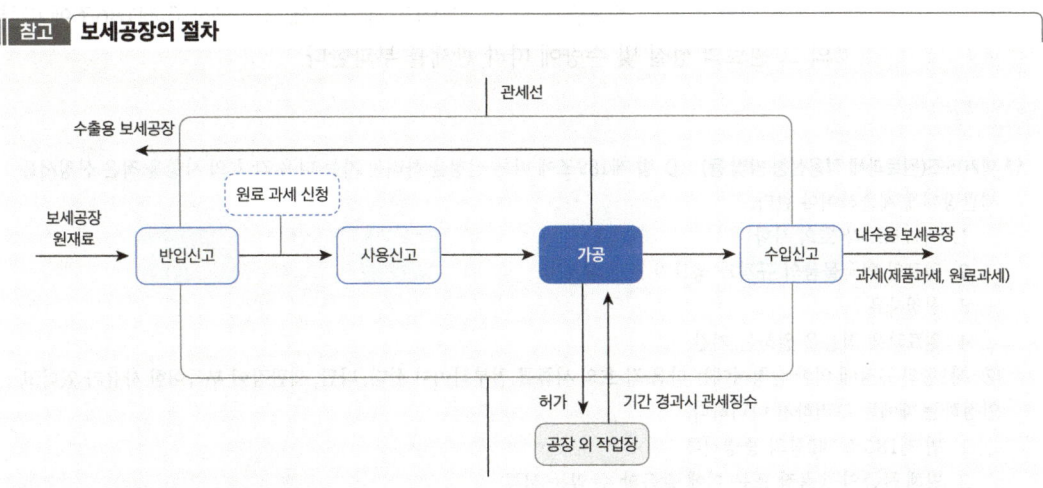

제188조(제품과세)

외국물품이나 외국물품과 내국물품을 원료로 하거나 재료로 하여 작업을 하는 경우 그로써 생긴 물품은 외국으로부터 우리나라에 도착한 물품으로 본다. 다만, 대통령령으로 정하는 바에 따라 세관장의 승인을 받고 외국물품과 내국물품을 혼용하는 경우에는 그로써 생긴 제품 중 해당 외국물품의 수량 또는 가격에 상응하는 것은 외국으로부터 우리나라에 도착한 물품으로 본다.

|| 관세법 시행령 ||

영 제204조(외국물품과 내국물품의 혼용에 관한 승인) ① 법 제188조 단서의 규정에 의한 승인을 얻고자 하는 자는 다음 각 호의 사항을 기재한 신청서를 세관장에게 제출하여야 한다.
 1. 혼용할 외국물품 및 내국물품의 기호·번호·품명·규격별 수량 및 손모율
 2. 승인을 얻고자 하는 보세작업기간 및 사유
② 제1항의 규정에 의한 승인을 할 수 있는 경우는 작업의 성질·공정 등에 비추어 당해 작업에 사용되는 외국물품과 내국물품의 품명·규격별 수량과 그 손모율이 확인되고, 제4항의 규정에 의한 과세표준이 결정될 수 있는 경우에 한한다.
③ 세관장은 제1항의 규정에 의한 승인을 얻은 사항 중 혼용하는 외국물품 및 내국물품의 품명 및 규격이 각각 동일하고, 손모율에 변동이 없는 동종의 물품을 혼용하는 경우에는 새로운 승인신청을 생략하게 할 수 있다.

④ 법 제188조 단서의 규정에 의하여 외국물품과 내국물품을 혼용한 때에는 그로써 생긴 제품 중에서 그 원료 또는 재료 중 외국물품의 가격(종량세물품인 경우에는 수량을 말한다)이 차지하는 비율에 상응하는 분을 외국으로부터 우리나라에 도착된 물품으로 본다.

제189조(원료과세)

① 원료과세

보세공장에서 제조된 물품을 수입하는 경우 제186조에 따른 **사용신고 전에 미리 세관장에게 해당 물품의 원료인 외국물품에 대한 과세의 적용을 신청한 경우**에는 제16조에도 불구하고 제186조에 따른 **사용신고를 할 때**의 그 원료의 성질 및 수량에 따라 관세를 부과한다.

| 관세법 시행령 |

영 제205조(원료과세 적용신청 방법 등) ① 법 제189조에 따른 신청을 하려는 자는 다음 각 호의 사항을 적은 신청서를 세관장에게 제출하여야 한다.
  1. 제175조 각 호의 사항
  2. 원료인 외국물품의 규격과 생산지 또는 제조지
  3. 신청사유
  4. 원료과세 적용을 원하는 기간
② 제1항의 규정에 의한 신청서에는 다음 각 호의 서류를 첨부하여야 한다. 다만, 세관장이 부득이한 사유가 있다고 인정하는 때에는 그러하지 아니하다.
  1. 법 제186조 제2항의 증명서류
  2. 당해 물품의 송품장 또는 이에 갈음할 수 있는 서류

② 원료과세 포괄신청

세관장은 대통령령으로 정하는 기준에 해당하는 보세공장에 대하여는 **1년의 범위**에서 **원료별, 제품별 또는 보세공장 전체**에 대하여 제1항에 따른 신청을 하게 할 수 있다.

| 관세법 시행령 |

영 제205조(원료과세 적용신청방법 등) ③ 법 제189조 제2항에서 "대통령령으로 정하는 기준"이란 다음 각 호의 기준을 말한다.
  1. 최근 2년간 생산되어 판매된 물품 중 **수출된 물품의 가격 비율이 100분의 50 이상**일 것
  2. 법 제255조의2 제1항에 따라 수출입 안전관리 우수업체로 공인된 업체가 운영할 것

영 제206조(보세공장운영인의 기장의무) ① 보세공장의 운영인은 물품에 관한 장부를 비치하고 다음 각 호의 사항을 기재하여야 한다.
  1. 반입 또는 반출한 물품의 내외국물품의 구별·품명·규격 및 수량, 포장의 종류·기호·번호 및 개수, 반입 또는 반출연월일과 신고번호
  2. 작업에 사용한 물품의 내외국물품의 구분, 품명·규격 및 수량, 포장의 종류·기호·번호 및 개수와 사용연월일
  3. 작업에 의하여 생산된 물품의 기호·번호·품명·규격·수량 및 검사연월일
  4. 외국물품 및 내국물품의 혼용에 관한 승인을 얻은 경우에는 다음 각 목의 사항
     가. 승인연월일
     나. 혼용한 물품 및 생산된 물품의 기호·번호·품명·규격 및 수량, 내외국물품의 구별과 생산연월일

5. 보세공장외 작업허가를 받아 물품을 보세공장 바깥으로 반출하는 경우에는 다음 각 호의 사항
   가. 허가연월일 및 허가기간
   나. 반출장소
   다. 당해 물품의 품명·규격·수량 및 가격
② 세관장은 물품의 성질, 보세작업의 종류 기타의 사정을 참작하여 제1항 각 호의 사항 중 필요가 없다고 인정되는 사항에 대하여는 이의 기재를 생략하게 할 수 있다.

영 제207조(재고조사) 세관장은 제199조 제3항의 규정에 의하여 제출한 원자재소요량을 계산한 서류의 적정 여부, 제206조의 규정에 의한 기장의무의 성실한 이행 여부 등을 확인하기 위하여 필요한 경우 보세공장에 대한 재고조사를 실시할 수 있다.

참고 | 지정공장과 보세공장의 비교

구분	지정공장(법 제89조)	보세공장(법 제185조 ~ 제189조)
범위	감면(세율불균형 물품의 면세)	보세구역(특허보세구역)
목적	세율불균형 시정(역관세 현상 시정)	• 가공무역 진흥, 수출 지원 • 역관세 구조 보완
가공대상	• 항공기·반도체 제조용장비의 부분품 및 원재료 • 내국물품	• 물품의 종류 제한 없음 • 외국물품(내국물품 혼용 가능)
지정(특허)기간	3년 이내	10년 이내
지정(특허)취소	법 제89조 제4항	법 제178조 제2항
공통점	• 국내 제조업 지원 • 주로 수입원재료를 사용하는 기업에 적용 • 운영인의 결격사유	

1. 제도의 취지(목적)
   (1) 세율불균형물품의 면세제도는 세율불균형을 시정하기 위하여 마련되었다. 이 제도의 목적을 담보하고, 사후관리를 용이하게 하기 위하여 지정공장제도를 두었다.
   (2) 수출을 지원하고, 가공무역을 진흥하기 위해 수출용 보세공장제도를 두었으며, 통관 및 과세절차를 간소화하고 역관세 구조를 보완하기 위해 내수용 보세공장제도를 두었다.
2. 가공대상
   (1) 지정공장에서는 항공기·반도체 제조용 장비의 부분품 및 원재료를 가공하는데, 이것은 수입신고가 수리된 '내국물품'이다.
   (2) 보세공장에서는 가공대상이 되는 물품의 종류에는 특별한 제한을 두고 있지 않다. 다만, 그 원재료가 '외국물품' 상태이거나, '외국물품과 내국물품'을 혼용한다는 점이 지정공장과 다르다. 보세공장에서는 원칙적으로 '내국물품'으로는 가공할 수 없으나, 세관장의 허가를 받은 경우에는 가능하다.
3. 지정(특허)기간
   (1) 지정공장의 지정기간은 3년 이내로 하되, 지정받은 자의 신청에 의하여 연장할 수 있다.
   (2) 보세공장의 특허기간은 10년 이내로 한다.
4. 관세의 부과
   (1) 지정공장에 반입된 물품은 이미 수입통관이 완료된 물품이며, 특히 관세가 '면제'된 상태의 물품이다.
   (2) 보세공장에서 제조된 물품이 '수출'되는 경우에는 관세가 부과되지 않으나, 제조물품이 '수입'되는 경우에는 제품과세 또는 원료과세방식으로 관세가 부과된다.

제4관 보세전시장

제190조(보세전시장)

보세전시장에서는 박람회, 전람회, 견본품 전시회 등의 운영을 위하여 외국물품을 장치·전시하거나 사용할 수 있다.

> **관세법 시행령**
>
> **영 제208조(보세전시장 안에서의 사용)** 법 제190조의 규정에 의한 박람회 등의 운영을 위한 외국물품의 사용에는 다음 각 호의 행위가 포함되는 것으로 한다.
> 1. 당해 외국물품의 성질 또는 형상에 변경을 가하는 행위
> 2. 당해 박람회의 주최자·출품자 및 관람자가 그 보세전시장 안에서 소비하는 행위
>
> **영 제209조(보세전시장의 장치 제한 등)** ① 세관장은 필요하다고 인정되는 때에는 보세전시장 안의 장치물품에 대하여 장치할 장소를 제한하거나 그 사용사항을 조사하거나 운영인으로 하여금 필요한 보고를 하게 할 수 있다.
> ② 보세전시장에 장치된 판매용 외국물품은 수입신고가 수리되기 전에는 이를 사용하지 못한다.
> ③ 보세전시장에 장치된 전시용 외국물품을 현장에서 직매하는 경우 수입신고가 수리되기 전에는 이를 인도하여서는 아니 된다.

> **참고 보세전시장 관련 규정**
>
> 1. 보세전시장의 특허기간
>   해당 박람회 등의 기간을 고려하여 세관장이 정하는 기간(법 제176조 제2항 제1호)
> 2. 보세전시장의 특허수수료가 면제되는 경우
>   우리나라에 있는 외국공관이 직접 운영하는 보세전시장(규칙 제68조 제7항)

제5관 보세건설장

제191조(보세건설장)

보세건설장에서는 산업시설의 건설에 사용되는 외국물품인 기계류 설비품이나 공사용 장비를 장치·사용하여 해당 건설공사를 할 수 있다.

> **관세법 시행령**
>
> **영 제210조(보세건설장 반입물품의 범위)** 보세건설장에 반입할 수 있는 물품은 법 제191조의 규정에 의한 외국물품 및 이와 유사한 물품으로서 당해 산업시설의 건설에 필요하다고 세관장이 인정하는 물품에 한한다.

> **참고 보세건설장의 절차**
>
> 반입신고 → 사용전 수입신고 → 건설 → 건설공사 완료보고 → 수입신고 수리 → 가동

제192조(사용 전 수입신고)

운영인은 보세건설장에 외국물품을 반입하였을 때에는 사용 전에 해당 물품에 대하여 수입신고를 하고 세관공무원의 검사를 받아야 한다. 다만, 세관공무원이 검사가 필요 없다고 인정하는 경우에는 검사를 하지 아니할 수 있다.

> **관세법 시행령**
>
> **영 제211조(건설공사 완료보고)** 보세건설장의 운영인은 법 제192조의 규정에 의한 수입신고를 한 물품을 사용한 건설공사가 완료된 때에는 지체 없이 이를 세관장에게 보고하여야 한다.

제193조(반입물품의 장치 제한)

세관장은 보세건설장에 반입된 외국물품에 대하여 필요하다고 인정될 때에는 보세건설장 안에서 그 물품을 장치할 장소를 제한하거나 그 사용상황에 관하여 운영인으로 하여금 보고하게 할 수 있다.

제194조(보세건설물품의 가동 제한)

운영인은 보세건설장에서 건설된 시설을 제248조에 따른 수입신고가 수리되기 전에 가동하여서는 아니 된다.

제195조(보세건설장 외 작업 허가)

① 보세건설장 외 작업 허가

세관장은 보세작업을 위하여 필요하다고 인정될 때에는 대통령령으로 정하는 바에 따라 기간, 장소, 물품 등을 정하여 해당 보세건설장 외에서의 보세작업을 허가할 수 있다.

> **관세법 시행령**
>
> **영 제212조(보세건설장 외 보세작업의 허가신청)** ① 법 제195조 제1항의 규정에 의하여 보세작업의 허가를 받고자 하는 자는 다음 각 호의 사항을 기재한 신청서를 세관장에게 제출하여야 한다.
>   1. 제175조 각 호의 사항
>   2. 보세작업의 종료기한 및 작업장소
>   3. 신청사유
>   4. 당해 작업에서 생산될 물품의 품명·규격 및 수량
>
> ② 세관장은 재해 기타 부득이한 사유로 인하여 필요하다고 인정되는 때에는 보세건설장 운영인의 신청에 의하여 보세건설장 외에서의 보세작업의 기간 또는 장소를 변경할 수 있다.

② 보세공장 외 작업 허가 규정 준용
제1항에 따른 보세건설장 외에서의 보세작업 허가에 관하여는 <u>제187조 제2항부터 제7항까지의 규정</u>을 준용한다.

> **참고** 보세건설장의 보세공장 외 작업 허가 규정 준용
>
> **법 제187조(보세공장 외 작업 허가)** ② 세관장은 제1항에 따른 허가의 신청을 받은 날부터 10일 이내에 허가 여부를 신청인에게 통지하여야 한다.
> ③ 세관장이 제2항에서 정한 기간 내에 허가 여부 또는 민원 처리 관련 법령에 따른 처리기간의 연장을 신청인에게 통지하지 아니하면 그 기간(민원 처리 관련 법령에 따라 처리기간이 연장 또는 재연장된 경우에는 해당 처리기간을 말한다)이 끝난 날의 다음 날에 허가를 한 것으로 본다.
> ④ 제1항에 따른 허가를 한 경우 세관공무원은 해당 물품이 보세공장에서 반출될 때에 이를 검사할 수 있다.
> ⑤ 제1항에 따라 허가를 받아 지정된 장소(이하 "공장외작업장"이라 한다)에 반입된 외국물품은 지정된 기간이 만료될 때까지는 보세공장에 있는 것으로 본다.
> ⑥ 세관장은 제1항에 따라 허가를 받은 보세작업에 사용될 물품을 관세청장이 정하는 바에 따라 공장외작업장에 직접 반입하게 할 수 있다.
> ⑦ 제1항에 따라 지정된 기간이 지난 경우 해당 공장외작업장에 허가된 외국물품이나 그 제품이 있을 때에는 해당 물품의 허가를 받은 보세공장의 운영인으로부터 그 관세를 즉시 징수한다.

> **참고** 보세건설장 관련 규정
>
> 1. 적용 법령(법 제17조)
>   보세건설장에 반입된 외국물품에 대하여는 사용 전 수입신고가 수리된 날에 시행되는 법령에 따라 부과한다.
> 2. 과세환율(법 제18조)
>   보세건설장에 반입된 물품의 경우 수입신고를 한 날이 속하는 주의 전주의 기준환율 또는 재정환율을 평균하여 관세청장이 그 율을 정한다.
> 3. 관세부과 제척기간의 기산일(영 제6조)
>   보세건설장에 반입된 외국물품의 경우 건설공사완료보고를 한 날과 특허기간(특허기간을 연장한 경우에는 연장기간을 말한다)이 만료되는 날 중 먼저 도래한 날의 다음 날을 관세를 부과할 수 있는 날로 한다.
> 4. 부과고지(법 제39조)
>   보세건설장에서 건설된 시설로서 수입신고가 수리되기 전에 가동된 경우 관세법 제38조(신고납부)에도 불구하고 세관장이 관세를 부과·징수한다.

제6관 보세판매장

제196조(보세판매장)

① 출국장 면세점, 입국장 인도장, 외교관 면세점
보세판매장에서는 다음 각 호의 어느 하나에 해당하는 조건으로 물품을 판매할 수 있다.

1. 해당 물품을 외국으로 반출할 것. 다만, 외국으로 반출하지 아니하더라도 대통령령으로 정하는 바에 따라 외국에서 국내로 입국하는 자에게 물품을 인도하는 경우에는 해당 물품을 판매할 수 있다.

> **관세법 시행규칙**
>
> **규칙 제69조의5(보세판매장 판매대상 물품)** 법 제196조에 따른 보세판매장에서 판매할 수 있는 물품은 다음 각 호와 같다.
> 1. 법 제196조 제1항에 따라 외국으로 반출하는 것을 조건으로 보세판매장에서 판매할 수 있는 물품은 다음 각 목의 물품을 제외한 물품으로 한다.
>   가. 법 제234조에 따른 수출입 금지 물품
>   나. 「마약류 관리에 관한 법률」, 「총포·도검·화약류 등의 안전관리에 관한 법률」에 따른 규제대상 물품

> **관세법 시행령**
>
> **영 제213조의2(입국장 인도장의 설치·운영 등)** ① 보세판매장이 법 제196조 제1항 제1호 단서에 따라 물품을 판매하는 경우에는 공항·항만 등의 입국경로에 설치된 해당 물품을 인도하는 장소(이하 "입국장 인도장"이라 한다)에서 물품을 인도해야 한다.
> ② 제1항에 따른 입국장 인도장을 설치·운영하려는 자는 관할 세관장의 승인을 받아야 한다.
> ③ 제2항에 따라 승인을 받으려는 자는 다음 각 호의 요건을 모두 갖추어 세관장에게 신청해야 한다.
>   1. 제189조 제1호 및 제2호의 요건을 모두 갖출 것
>   2. 공항·항만 등의 입국경로에서 물품을 적절하게 관리·인도할 수 있는 공간을 확보할 것
>   3. 법 제96조에 따른 여행자 휴대품의 면세 통관이 적절하게 이루어질 수 있도록 입국장 인도장에서 인도한 물품의 내역을 확인하여 세관장에게 통보할 수 있는 관세청장이 정하는 전산설비 또는 시스템을 갖출 것. 다만, 해당 공항·항만 등의 입국경로에 법 제196조 제2항에 따른 보세판매장(이하 "입국장 면세점"이라 한다)이 있는 경우에는 입국장 인도장에서 인도한 물품의 내역과 입국장 면세점에서 판매한 물품의 내역을 통합·확인하여 세관장에게 통보할 수 있는 관세청장이 정하는 전산설비 또는 시스템을 갖출 것
>   4. 입국장 인도장이 설치되는 공항·항만 등 입국경로의 시설을 관리하는 중앙행정기관·지방자치단체 또는 법인의 동의를 받을 것
> ④ 관할 세관장은 제2항에 따른 승인을 받아 입국장 인도장을 설치·운영하는 자가 다음 각 호의 어느 하나에 해당하는 경우에는 그 승인을 취소할 수 있다.
>   1. 거짓이나 그 밖의 부정한 방법으로 승인을 받은 경우
>   2. 입국장 인도장을 설치한 자가 그 승인의 취소를 요청하는 경우
>   3. 제3항의 요건에 해당하지 않게 된 경우
> ⑤ 법 제196조 제1항 제1호 단서에 따라 입국장 인도장에서 인도할 수 있는 물품의 종류 및 한도는 기획재정부령으로 정한다.
> ⑥ 제1항부터 제5항까지에서 규정한 사항 외에 입국장 인도장 설치·운영 및 인도방법 등에 관하여 필요한 사항은 관세청장이 정한다.

> **관세법 시행규칙**
>
> **규칙 제69조의4(보세판매장 판매한도)** ② 법 제196조 제1항 제1호 단서에 따라 입국장 인도장에서 인도하는 것을 조건으로 보세판매장의 운영인이 판매할 수 있는 물품의 한도는 제1항과 같다.

> **관세법 시행규칙**
>
> **규칙 제69조의5(보세판매장 판매대상 물품)** 법 제196조에 따른 보세판매장에서 판매할 수 있는 물품은 다음 각 호와 같다.
> 4. 법 제196조 제1항 제1호 단서에 따라 입국장 인도장에서 인도하는 것을 조건으로 보세판매장에서 판매할 수 있는 물품은 다음 각 목의 물품을 제외한 물품으로 한다.
>   가. 법 제234조에 따른 수출입 금지 물품
>   나. 「마약류 관리에 관한 법률」, 「총포·도검·화약류 등의 안전관리에 관한 법률」에 따른 규제대상 물품
>   다. 「가축전염병 예방법」에 따른 지정검역물과 「식물방역법」에 따른 식물검역대상 물품
>   라. 「수산생물질병 관리법」에 따른 지정검역물

2. 제88조 제1항 제1호부터 제4호까지의 규정에 따라 관세의 면제를 받을 수 있는 자가 해당 물품을 사용할 것

> **관세법 시행규칙**
>
> **규칙 제69조의5(보세판매장 판매대상 물품)** 법 제196조에 따른 보세판매장에서 판매할 수 있는 물품은 다음 각 호와 같다.
> 2. 법 제196조 제1항에 따라 법 제88조 제1항 제1호부터 제4호까지에 따라 관세의 면제를 받을 수 있는 자가 사용하는 것을 조건으로 보세판매장에서 판매할 수 있는 물품은 별표 6과 같다.

참고 | 법 제88조 제1항 제1호부터 제4호까지의 규정에 따라 관세의 면제를 받을 수 있는 자

1. 우리나라에 있는 외국의 대사관·공사관 및 그 밖에 이에 준하는 기관의 업무용품
2. 우리나라에 주재하는 외국의 대사·공사 및 그 밖에 이에 준하는 사절과 그 가족이 사용하는 물품
3. 우리나라에 있는 외국의 영사관 및 그 밖에 이에 준하는 기관의 업무용품
4. 우리나라에 있는 외국의 대사관·공사관·영사관 및 그 밖에 이에 준하는 기관의 직원 중 대통령령으로 정하는 직원과 그 가족이 사용하는 물품

② 입국장 면세점

제1항에도 불구하고 공항 및 항만 등의 입국경로에 설치된 보세판매장에서는 외국에서 국내로 입국하는 자에게 물품을 판매할 수 있다.

> **관세법 시행규칙**
>
> **규칙 제69조의4(보세판매장 판매한도)** ① 법 제196조 제2항에 따라 설치된 보세판매장의 운영인이 외국에서 국내로 입국하는 사람에게 물품(술·담배·향수는 제외한다)을 판매하는 때에는 미화 800달러의 한도에서 판매해야 하며, 술·담배·향수는 제48조 제3항에 따른 별도면세범위에서 판매할 수 있다.
> ② 법 제196조 제1항 제1호 단서에 따라 입국장 인도장에서 인도하는 것을 조건으로 보세판매장의 운영인이 판매할 수 있는 물품의 한도는 제1항과 같다.
> ③ 제1항 및 제2항에도 불구하고 제1항에 따른 입국장 면세점과 제2항에 따른 입국장 인도장이 동일한 입국경로에 함께 설치된 경우 보세판매장의 운영인은 입국장 면세점에서 판매하는 물품(술·담배·향수는 제외한다)과 입국장 인도장에서 인도하는 것을 조건으로 판매하는 물품(술·담배·향수는 제외한다)을 합하여 미화 800달러의 한도에서 판매해야 하며, 술·담배·향수는 제48조 제3항에 따른 별도면세범위에서 판매할 수 있다.

관세법 시행규칙

규칙 제69조의5(보세판매장 판매대상 물품) 법 제196조에 따른 보세판매장에서 판매할 수 있는 물품은 다음 각 호와 같다.

3. 법 제196조 제2항에 따라 설치된 보세판매장에서 판매할 수 있는 물품은 다음 각 목의 물품을 제외한 물품으로 한다.
   가. 법 제234조에 따른 수출입 금지 물품
   나. 「마약류 관리에 관한 법률」, 「총포·도검·화약류 등의 안전관리에 관한 법률」에 따른 규제대상 물품
   다. 「가축전염병 예방법」에 따른 지정검역물과 「식물방역법」에 따른 식물검역대상 물품
   라. 「수산생물질병 관리법」에 따른 지정검역물

참고 보세판매장(면세매점)의 종류

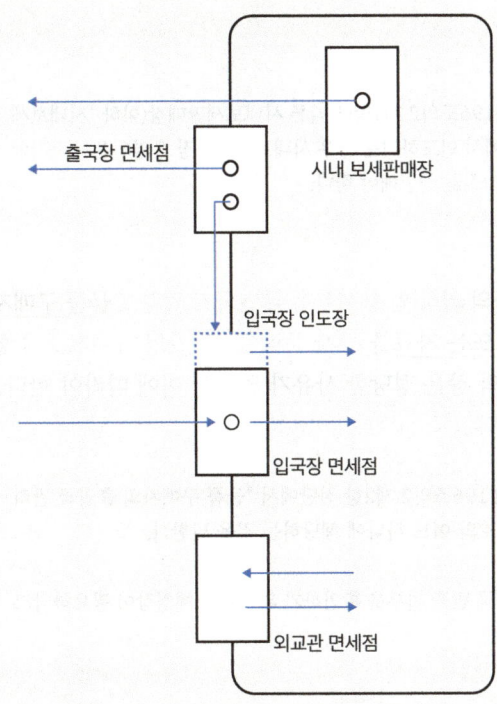

1. 출국장 면세점(법 제196조 제1항 제1호 본문)
2. 입국장 인도장(법 제196조 제1항 제1호 단서)
3. 입국장 면세점(법 제196조 제2항)
4. 외교관 면세점(법 제196조 제1항 제2호)
5. 시내 보세판매장(법 제196조의2)

③ 보세판매장의 관리 등

보세판매장에서 판매하는 물품의 반입, 반출, 인도, 관리에 필요한 사항은 대통령령으로 정한다.

관세법 시행령

영 제213조(보세판매장의 관리 등) ① 보세판매장의 운영인은 보세판매장에서 물품을 판매하는 때에는 판매사항·구매자인적사항 기타 필요한 사항을 관세청장이 정하는 바에 따라 기록·유지하여야 한다.
② 관세청장은 보세판매장에서의 판매방법, 구매자에 대한 인도방법 등을 정할 수 있다.
④ 세관장은 연 2회 이상 보세화물의 반출입량·판매량·외국반출현황·재고량 등을 파악하기 위하여 보세판매장에 대한 조사를 실시할 수 있다.
⑤ 관세청장은 보세화물이 보세판매장에서 불법적으로 반출되지 아니하도록 하기 위하여 반입·반출의 절차 기타 필요한 사항을 정할 수 있다.

④ 보세판매물품의 제한

세관장은 보세판매장에서 판매할 수 있는 물품의 수량, 장치장소 등을 제한할 수 있다. 다만, 보세판매장에서 판매할 수 있는 물품의 종류, 판매한도는 기획재정부령으로 정한다.

제196조의2(시내보세판매장의 현장 인도 특례)

① 시내보세판매장의 현장 인도 특례

보세판매장 중 공항 및 항만 등의 출입국경로의 보세구역 외의 장소에 설치되는 보세판매장(이하 이 조에서 "시내보세판매장"이라 한다)에서 제196조 제1항 제1호 본문의 조건으로 외국인에게 내국물품을 판매하고 이를 판매 현장에서 인도하는 경우에는 대통령령으로 정하는 바에 따라 해당 물품을 인도할 수 있다.

|| 관세법 시행령

영 제213조의3(시내보세판매장의 현장 인도방법 등) ① 법 제196조의2 제1항에 따른 시내보세판매장(이하 "시내보세판매장"이라 한다)에서 외국인에게 내국물품을 판매 현장에서 인도하려는 경우 시내보세판매장 운영인은 구매자의 여권과 항공권 등 출국에 관한 예약내용을 확인할 수 있는 자료를 확인해야 한다.

② 외국 반출 여부 확인

세관장은 제1항에 따라 판매 현장에서 인도된 물품의 외국 반출 여부를 확인하기 위하여 물품 구매자의 출입국관리기록 등 대통령령으로 정하는 정보 또는 자료를 관계 중앙행정기관의 장에게 요청할 수 있다. 이 경우 요청을 받은 관계 중앙행정기관의 장은 정당한 사유가 없으면 이에 따라야 한다.

|| 관세법 시행령

영 제213조의3(시내보세판매장의 현장 인도방법 등) ② 법 제196조의2 제2항 전단에서 "물품 구매자의 출입국 관리 기록 등 대통령령으로 정하는 정보 또는 자료"란 다음 각 호의 어느 하나에 해당하는 것을 말한다.
  1. 물품을 구매한 외국인의 출입국관리기록
  2. 그 밖에 시내보세판매장에서 현장 인도된 물품의 외국 반출 여부를 확인하기 위하여 관세청장이 필요하다고 인정하는 정보 또는 자료

③ 세관장의 인도 제한

세관장은 제2항에 따른 물품 구매자의 출입국관리기록 등을 확인하여 대통령령으로 정하는 사람에 대해서는 제1항에 따른 인도를 제한할 수 있다.

|| 관세법 시행령

영 제213조의3(시내보세판매장의 현장 인도방법 등) ③ 법 제196조의2 제3항에서 "대통령령으로 정하는 사람"이란 다음 각 호를 고려하여 관세청장이 정하는 사람을 말한다.
  1. 시내보세판매장에서의 구매내역
  2. 항공권 등의 예약 및 취소 내역
  3. 그 밖에 현장 인도 제한 사유로 관세청장이 필요하다고 인정하는 사유
④ 제1항부터 제3항까지에서 규정한 사항 외에 시내보세판매장의 현장 인도방법 및 그 밖에 필요한 사항은 관세청장이 정한다.

④ 인도 제한 명단 통보

　세관장은 제3항에 따라 인도가 제한되는 사람의 명단을 시내보세판매장의 운영인에게 통보하여야 한다.

⑤ 판매 현장 인도 금지

　시내보세판매장의 운영인은 제4항에 따라 통보받은 명단의 사람에게 물품을 판매할 때에는 해당 물품을 판매 현장에서 인도하여서는 아니 되고, 관세청장이 정하는 바에 따라 인도하여야 한다.

참고 시내보세판매장의 현장 인도 및 인도 제한

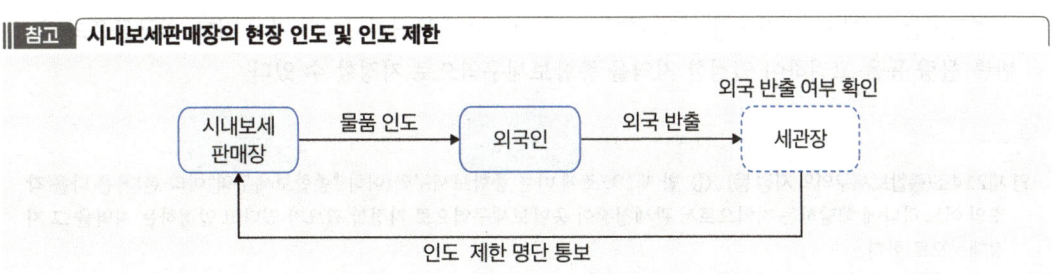

제4절 종합보세구역

제197조(종합보세구역의 지정 등)

① 종합보세구역의 지정

관세청장은 직권으로 또는 관계 중앙행정기관의 장이나 지방자치단체의 장, 그 밖에 종합보세구역을 운영하려는 자(이하 "지정요청자"라 한다)의 요청에 따라 무역진흥에의 기여 정도, 외국물품의 반입·반출 물량 등을 고려하여 일정한 지역을 종합보세구역으로 지정할 수 있다.

||관세법 시행령||

영 제214조(종합보세구역의 지정 등) ① 법 제197조에 따른 종합보세구역(이하 "종합보세구역"이라 한다)은 다음 각 호의 어느 하나에 해당하는 지역으로서 관세청장이 종합보세구역으로 지정할 필요가 있다고 인정하는 지역을 그 지정대상으로 한다.
  1. 「외국인투자촉진법」에 의한 외국인투자지역
  2. 「산업입지 및 개발에 관한 법률」에 의한 산업단지
  3. 삭제
  4. 「유통산업발전법」에 의한 공동집배송센터
  5. 「물류시설의 개발 및 운영에 관한 법률」에 따른 물류단지
  6. 기타 종합보세구역으로 지정됨으로써 외국인투자촉진·수출증대 또는 물류촉진 등의 효과가 있을 것으로 예상되는 지역
② 법 제197조 제1항의 규정에 의하여 종합보세구역의 지정을 요청하고자 하는 자(이하 "지정요청자"라고 한다)는 다음 각 호의 사항을 기재한 지정요청서에 당해 지역의 도면을 첨부하여 관세청장에게 제출하여야 한다.
  1. 당해 지역의 소재지 및 면적
  2. 구역 안의 시설물현황 또는 시설계획
  3. 사업계획
③ 관세청장은 직권으로 종합보세구역을 지정하고자 하는 때에는 관계중앙행정기관의 장 또는 지방자치단체의 장과 협의하여야 한다.

② 종합보세기능

종합보세구역에서는 보세창고·보세공장·보세전시장·보세건설장 또는 보세판매장의 기능 중 둘 이상의 기능(이하 "종합보세기능"이라 한다)을 수행할 수 있다.

③ 종합보세구역의 지정요건 등

종합보세구역의 지정요건, 지정절차 등에 관하여 필요한 사항은 대통령령으로 정한다.

||관세법 시행령||

영 제214조의2(종합보세구역 예정지의 지정) ① 관세청장은 지정요청자의 요청에 의하여 종합보세기능의 수행이 예정되는 지역을 종합보세구역예정지역(이하 "예정지역"이라 한다)으로 지정할 수 있다.
② 예정지역의 지정기간은 3년 이내로 한다. 다만, 관세청장은 당해 예정지역에 대한 개발계획의 변경 등으로 인하여 지정기간의 연장이 불가피하다고 인정되는 때에는 3년의 범위 내에서 연장할 수 있다.
③ 제214조의 규정은 제1항의 규정에 의한 예정지역의 지정에 관하여 이를 준용한다.
④ 관세청장은 예정지역의 개발이 완료된 후 제214조의 규정에 따라 지정요청자의 요청에 의하여 종합보세구역으로 지정할 수 있다.

|| 참고 | **종합보세구역과 종합보세사업장**

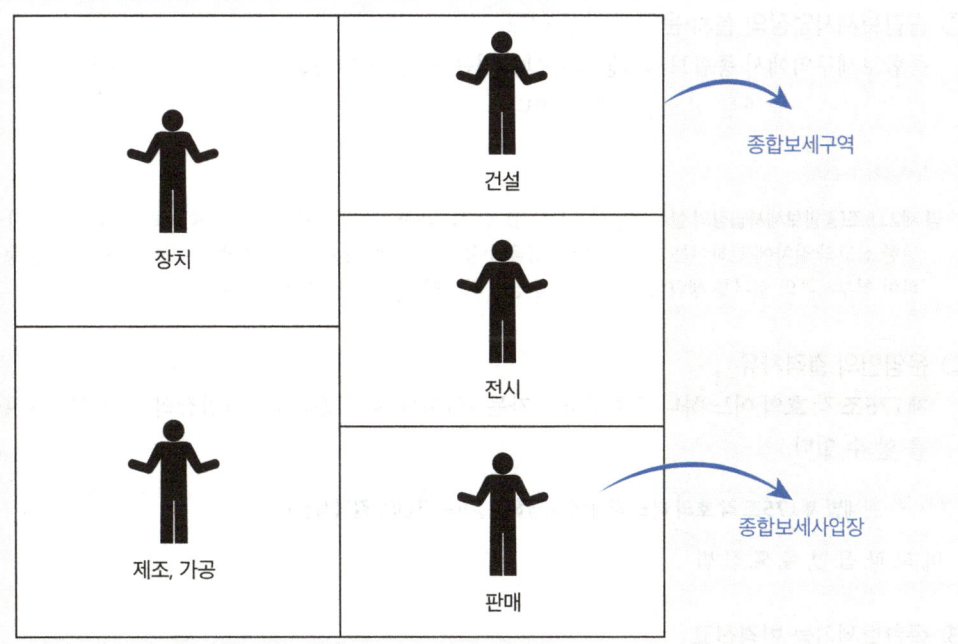

|| 참고 | **종합보세구역의 지정 등**

1. 지정권자 및 지정요청자(법 제197조 제1항)
2. 지정대상(영 제214조 제1항)
3. 지정절차
   (1) 지정요청(영 제214조 제2항)
   (2) 직권 지정 시 협의(영 제214조 제3항)
4. 종합보세구역 예정지의 지정
   (1) 지정대상(영 제214조의2 제1항)
   (2) 지정기간(영 제214조의2 제2항)
   (3) 종합보세구역 지정(영 제214조의2 제4항)

제198조(종합보세사업장의 설치·운영에 관한 신고 등)

① 종합보세사업장의 설치·운영에 관한 신고
종합보세구역에서 종합보세기능을 수행하려는 자는 그 기능을 정하여 세관장에게 종합보세사업장의 설치·운영에 관한 신고를 하여야 한다.

> **관세법 시행령**
>
> **영 제215조(종합보세사업장의 설치·운영신고 등)** ① 법 제198조 제1항의 규정에 의한 종합보세사업장의 설치·운영에 관한 신고의 절차에 관하여는 제188조의 규정을 준용한다. 다만, 관세청장은 종합보세구역의 규모·기능 등을 고려하여 첨부서류의 일부를 생략하는 등 설치·운영의 신고절차를 간이하게 할 수 있다.

② 운영인의 결격사유
제175조 각 호의 어느 하나에 해당하는 자는 제1항에 따른 종합보세사업장의 설치·운영에 관한 신고를 할 수 없다.

> **참고** 관세법 제175조 각 호의 어느 하나에 해당하는 자(운영인의 결격사유)
>
> 미, 피, 파, 집, 벌, 통, 특, 징, 법

③ 종합보세기능 변경신고
종합보세사업장의 운영인은 그가 수행하는 종합보세기능을 변경하려면 세관장에게 이를 신고하여야 한다.

> **관세법 시행령**
>
> **영 제215조(종합보세사업장의 설치·운영신고 등)** ② 법 제198조 제3항의 규정에 의하여 종합보세기능의 변경신고를 하고자 하는 자는 그 변경내용을 기재한 신고서를 세관장에게 제출하여야 한다.

④ 위임 규정
제1항 및 제3항에 따른 신고의 절차 등에 관하여 필요한 사항은 대통령령으로 정한다.

제199조(종합보세구역에의 물품의 반입·반출 등)

① 종합보세구역에의 반입·반출 신고
종합보세구역에 물품을 반입하거나 반출하려는 자는 대통령령으로 정하는 바에 따라 세관장에게 신고하여야 한다.

> **관세법 시행령**
>
> **영 제216조(종합보세구역에의 물품 반·출입절차 등)** 법 제199조 제1항의 규정에 의한 종합보세구역에의 물품반출입신고에 관하여는 제176조의 규정을 준용한다.

② 내국물품 반출입신고의 생략
종합보세구역에 반입·반출되는 물품이 내국물품인 경우에는 기획재정부령으로 정하는 바에 따라 제1항에 따른 신고를 생략하거나 간소한 방법으로 반입·반출하게 할 수 있다.

> **관세법 시행규칙**
>
> **규칙 제70조(내국물품 반출입신고의 생략)** 세관장은 법 제199조 제2항의 규정에 의하여 다음 각 호의 1에 해당하지 아니하는 경우에는 반출입신고를 생략하게 할 수 있다.
> 1. 법 제185조 제2항의 규정에 의하여 세관장의 허가를 받고 내국물품만을 원료로 하여 제조·가공 등을 하는 경우 그 원료 또는 재료
> 2. 법 제188조 단서의 규정에 의한 혼용작업에 소요되는 원재료
> 3. 법 제196조의 규정에 의한 보세판매장에서 판매하고자 하는 물품
> 4. 당해 내국물품이 외국에서 생산된 물품으로서 종합보세구역 안의 외국물품과 구별되는 필요가 있는 물품(보세전시장의 기능을 수행하는 경우에 한한다)

제199조의2(종합보세구역의 판매물품에 대한 관세 등의 환급)

① 종합보세구역의 판매물품에 대한 관세 등의 환급
외국인 관광객 등 대통령령으로 정하는 자가 종합보세구역에서 구입한 물품을 국외로 반출하는 경우에는 해당 물품을 구입할 때 납부한 관세 및 내국세등을 환급받을 수 있다.

> **관세법 시행령**
>
> **영 제216조의2(외국인관광객 등의 범위)** 법 제199조의2 제1항에서 "외국인 관광객 등 대통령령으로 정하는 자"란「외국환거래법」제3조에 따른 비거주자(이하 "외국인관광객등"이라 한다)를 말한다. 다만, 다음 각 호의 자를 제외한다.
> 1. 법인
> 2. 국내에 주재하는 외교관(이에 준하는 외국공관원을 포함한다)
> 3. 국내에 주재하는 국제연합군과 미국군의 장병 및 군무원

> **참고** 종합보세구역의 판매물품에 대한 관세 등의 환급 절차
>
>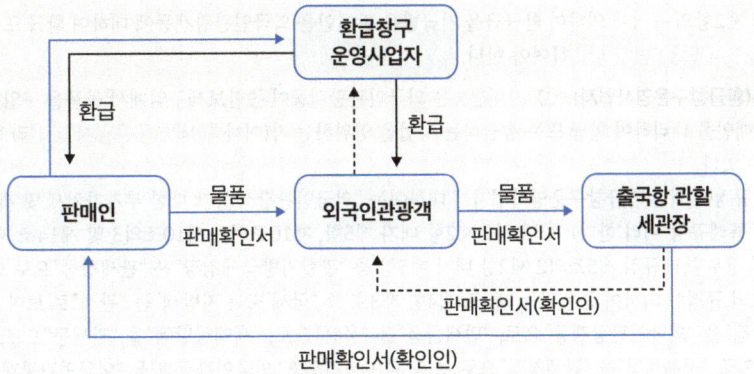

② 환급절차 등
제1항에 따른 관세 및 내국세등의 환급 절차 및 방법 등에 관하여 필요한 사항은 대통령령으로 정한다.

> 관세법 시행령

영 제216조의3(종합보세구역에서의 물품판매 등) ① 종합보세구역에서 법 제199조의2의 규정에 의하여 외국인관광객등에게 물품을 판매하는 자(이하 "판매인"이라 한다)는 관세청장이 정하는 바에 따라 판매물품에 대한 수입신고 및 신고납부를 하여야 한다.
② 판매인은 제1항의 규정에 의한 수입신고가 수리된 경우에는 구매자에게 당해 물품을 인도하되, 국외반출할 목적으로 구매한 외국인관광객 등에게 판매한 경우에는 물품판매확인서(이하 "판매확인서"라 한다)를 교부하여야 한다.
③ 관세청장은 종합보세구역의 위치 및 규모 등을 고려하여 판매하는 물품의 종류 및 수량 등을 제한할 수 있다.

영 제216조의4(외국인관광객등에 대한 관세등의 환급) ① 외국인관광객 등이 종합보세구역에서 물품을 구매할 때에 부담한 관세등을 환급 또는 송금받고자 하는 경우에는 출국하는 때에 출국항을 관할하는 세관장(이하 "출국항 관할세관장"이라 한다)에게 판매확인서와 구매물품을 함께 제시하여 확인을 받아야 한다.
② 출국항 관할세관장은 제1항의 규정에 의하여 외국인관광객 등이 제시한 판매확인서의 기재사항과 물품의 일치여부를 확인한 후 판매확인서에 확인인을 날인하고, 외국인관광객등에게 이를 교부하거나 판매인에게 송부하여야 한다.
③ 제2항의 규정에 의하여 외국인관광객 등이 판매확인서를 교부받은 때에는 제216조의6의 규정에 의한 환급창구 운영사업자에게 이를 제시하고 환급 또는 송금받을 수 있다. 다만, 판매인이 제2항의 규정에 의하여 판매확인서를 송부받은 경우에는 그 송부받은 날부터 20일 이내에 외국인관광객 등이 종합보세구역에서 물품을 구매한 때 부담한 관세등을 당해 외국인관광객 등에게 송금하여야 한다.

영 제216조의5(판매인에 대한 관세등의 환급 등) ① 판매인은 법 제199조의2의 규정에 의하여 종합보세구역에서 관세 및 내국세등(이하 "관세등"이라 한다)이 포함된 가격으로 물품을 판매한 후 다음 각 호에 해당하는 경우에는 관세등을 환급받을 수 있다.
   1. 외국인관광객 등이 구매한 날부터 3월 이내에 물품을 국외로 반출한 사실이 확인되는 경우
   2. 판매인이 제216조의4 제3항 본문의 규정에 따라 환급창구운영사업자를 통하여 당해 관세등을 환급 또는 송금하거나 동항 단서의 규정에 따라 외국인관광객등에게 송금한 것이 확인되는 경우
② 판매인이 제1항의 규정에 의하여 관세등을 환급받고자 하는 경우에는 다음 각 호의 사항을 기재한 신청서에 제216조의4의 규정에 의하여 세관장이 확인한 판매확인서 및 수입신고필증 그 밖에 관세등의 납부사실을 증빙하는 서류와 제1항 제2호의 규정에 의한 환급 또는 송금사실을 증명하는 서류를 첨부하여 당해 종합보세구역을 관할하는 세관장에게 제출하여야 한다. 이 경우 관세등의 환급에 관하여는 제54조 및 제55조의 규정을 준용한다.
   1. 당해 물품의 품명 및 규격
   2. 당해 물품의 판매연월일 및 판매확인번호
   3. 당해 물품의 수입신고연월일 및 수입신고번호
   4. 환급받고자 하는 금액
③ 제1항 및 제2항의 규정에 의하여 환급금을 지급받은 판매인은 외국인관광객등에 대하여 환급 또는 송금한 사실과 관련된 증거서류를 5년간 보관하여야 한다.

영 제216조의6(환급창구운영사업자) ① 관세청장은 외국인관광객등이 종합보세구역에서 물품을 구입한 때에 납부한 관세등을 판매인을 대리하여 환급 또는 송금하는 사업을 영위하는 자(이하 "환급창구운영사업자"라 한다)를 지정하여 운영할 수 있다.
② 제1항의 규정에 의한 환급창구운영사업자에 대하여는 「외국인관광객 등에 대한 부가가치세 및 개별소비세 특례규정」(이하 "특례규정"이라 한다) 제5조의2 제2항 내지 제5항, 제10조의2, 제10조의3 및 제14조 제2항의 규정을 준용한다. 이 경우 특례규정 제5조의2 제2항 내지 제5항 중 "관할지방국세청장"은 "관세청장"으로 보고, 제5조의2 제5항 제1호의 규정에 의하여 준용되는 제5조 제4항 제3호 중 "국세 또는 지방세"는 "관세"로 보며, 제10조의2 중 "외국인관광객"을 "외국인관광객등"으로, "면세물품"을 "물품"으로, "세액상당액"을 "관세등"으로, "면세판매자"를 "판매인"으로, "국세청장"을 "관세청장"으로 보고, 제10조의3 중 "외국인관광객"을 "외국인관광객등"으로, "세액상당액"을 "관세등"으로, "면세판매자"를 "판매인"으로 보며, 제14조 제2항 중 "국세청장·관할지방국세청장 또는 관할세무서장"은 "관세청장 또는 관할세관장"으로, "외국인관광객"을 "외국인관광객등"으로 본다.

제200조(반출입물품의 범위 등)

① 수입통관 후 소비 또는 사용하는 물품
종합보세구역에서 소비하거나 사용되는 물품으로서 기획재정부령으로 정하는 물품은 수입통관 후 이를 소비하거나 사용하여야 한다.

> **관세법 시행규칙**
>
> **규칙 제71조(수입통관 후 소비 또는 사용하는 물품)** 법 제200조 제1항의 규정에 의하여 수입통관 후 소비 또는 사용하여야 하는 물품은 다음 각 호의 것으로 한다.
> 1. 제조·가공에 사용되는 시설기계류 및 그 수리용 물품
> 2. 연료·윤활유·사무용품 등 제조·가공에 직접적으로 사용되지 아니하는 물품

② 종합보세구역 장치기간
종합보세구역에 반입한 물품의 장치기간은 제한하지 아니한다. 다만, 제197조 제2항에 따른 보세창고의 기능을 수행하는 장소 중에서 관세청장이 수출입물품의 원활한 유통을 촉진하기 위하여 필요하다고 인정하여 지정한 장소에 반입되는 물품의 장치기간은 1년의 범위에서 관세청장이 정하는 기간으로 한다.

③ 반입·반출 제한
세관장은 종합보세구역에 반입·반출되는 물품으로 인하여 국가안전, 공공질서, 국민보건 또는 환경보전 등에 지장이 초래되거나 종합보세구역의 지정 목적에 부합되지 아니하는 물품이 반입·반출되고 있다고 인정될 때에는 해당 물품의 반입·반출을 제한할 수 있다.

제201조(운영인의 물품관리)

① 종합보세기능별 구분 관리
운영인은 종합보세구역에 반입된 물품을 종합보세기능별로 구분하여 관리하여야 한다.

② 장치기간이 지나기 전 매각
세관장은 종합보세구역에 장치된 물품 중 제208조 제1항 단서에 해당되는 물품은 같은 조에 따라 매각할 수 있다.

> **참고** 장치기간이 지나기 전에 매각할 수 있는 물품(법 제208조 제1항 단서에 해당되는 물품)
>
> 1. 살아 있는 동식물
> 2. 부패하거나 부패할 우려가 있는 것
> 3. 창고나 다른 외국물품에 해를 끼칠 우려가 있는 것
> 4. 기간이 지나면 사용할 수 없게 되거나 상품가치가 현저히 떨어질 우려가 있는 것
> 5. 관세청장이 정하는 물품 중 화주가 요청하는 것
> 6. 제26조에 따른 강제징수, 「국제징수법」제30조에 따른 강제징수 및 「지방세징수법」제39조의 2에 따른 체납처분을 위하여 세관장이 압류한 수입물품(제2조 제4호 가목의 외국물품으로 한정한다.)

③ 운영인의 기록 유지

운영인은 종합보세구역에 반입된 물품을 종합보세구역 안에서 이동·사용 또는 처분을 할 때에는 장부 또는 전산처리장치를 이용하여 그 기록을 유지하여야 한다. 이 경우 기획재정부령으로 정하는 물품은 미리 세관장에게 신고하여야 한다.

> **관세법 시행규칙**
>
> **규칙 제72조(종합보세구역 안에서의 이동신고대상 물품)** 법 제201조 제3항 후단의 규정에 의하여 세관장에게 신고하여야 하는 물품은 종합보세구역의 운영인 상호 간에 이동하는 물품으로 한다.

④ 기록의 방법과 절차 등

제3항에 따른 기록의 방법과 절차 등에 관하여 필요한 사항은 관세청장이 정한다.

⑤ 운영인의 매각요청

운영인은 종합보세구역에 장치된 물품 중 반입한 날부터 6개월 이상의 범위에서 관세청장이 정하는 기간이 지난 외국물품이 다음 각 호의 어느 하나에 해당하는 경우에는 관세청장이 정하여 고시하는 바에 따라 세관장에게 그 외국물품의 매각을 요청할 수 있다.

> 1. 화주가 분명하지 아니한 경우
> 2. 화주가 부도 또는 파산한 경우
> 3. 화주의 주소·거소 등 그 소재를 알 수 없는 경우
> 4. 화주가 수취를 거절하는 경우
> 5. 화주가 거절의 의사표시 없이 수취하지 아니한 경우

⑥ 체화공매 규정 준용

제5항에 따른 세관장의 외국물품의 매각에 관하여는 제208조부터 제212조까지의 규정을 준용한다. 이 경우 제208조 제1항 각 호 외의 부분 본문 중 "장치기간이 지나면"은 "매각요청을 접수하면"으로, 같은 조 제2항 중 "장치기간이 지난 물품" 및 제209조 제1항 중 "외국물품"은 각각 "매각요청물품"으로 본다.

제202조(설비의 유지의무 등)

① 설비의 유지의무

운영인은 대통령령으로 정하는 바에 따라 종합보세기능의 수행에 필요한 시설 및 장비 등을 유지하여야 한다.

> **관세법 시행령**
>
> **영 제217조(설비유지의무 등)** ① 법 제202조 제1항의 규정에 의하여 종합보세구역의 운영인이 유지하여야 하는 시설 및 장비 등의 설비는 다음 각 호의 설비로 한다.
> 1. 제조·가공·전시·판매·건설 및 장치 기타 보세작업에 필요한 기계시설 및 기구
> 2. 반입·반출품의 관리 및 세관의 업무검사에 필요한 전산설비
> 3. 소방·전기 및 위험물관리 등에 관한 법령에서 정하는 시설 및 장비
> 4. 보세화물의 분실과 도난방지를 위한 시설
>
> ② 제1항의 규정에 의한 설비가 천재·지변 기타 불가피한 사유로 인하여 일시적으로 기준에 미달하게 된 때에는 종합보세구역의 운영인은 관세청장이 정하는 기간 내에 이를 갖추어야 한다.

② 종합보세구역 보세작업 신고
종합보세구역에 장치된 물품에 대하여 보수작업을 하거나 종합보세구역 밖에서 보세작업을 하려는 자는 대통령령으로 정하는 바에 따라 세관장에게 신고하여야 한다.

> **관세법 시행령**
>
> **영 제217조(설비유지의무 등)** ③ 법 제202조 제2항의 규정에 의한 보수작업 또는 보세작업에 관한 신고에 관하여는 제177조 및 제203조의 규정을 준용한다.

③ 보세공장 외 작업 허가 규정 준용
제2항에 따라 작업을 하는 경우의 반출검사 등에 관하여는 제187조를 준용한다.

제203조(종합보세구역에 대한 세관의 관리 등)

① 종합보세구역 출입 인원·차량 통제 및 물품 검사
세관장은 관세채권의 확보, 감시·단속 등 종합보세구역을 효율적으로 운영하기 위하여 종합보세구역에 출입하는 인원과 차량 등의 출입을 통제하거나 휴대 또는 운송하는 물품을 검사할 수 있다.

② 세관장의 조사 등
세관장은 종합보세구역에 반입·반출되는 물품의 반입·반출 상황, 그 사용 또는 처분 내용 등을 확인하기 위하여 제201조 제3항에 따른 장부나 전산처리장치를 이용한 기록을 검사 또는 조사할 수 있으며, 운영인으로 하여금 업무실적 등 필요한 사항을 보고하게 할 수 있다.

③ 관세청장의 시설 설치 요구
관세청장은 종합보세구역 안에 있는 외국물품의 감시·단속에 필요하다고 인정될 때에는 종합보세구역의 지정요청자에게 보세화물의 불법유출, 분실, 도난방지 등을 위한 시설을 설치할 것을 요구할 수 있다. 이 경우 지정요청자는 특별한 사유가 없으면 이에 따라야 한다.

제204조(종합보세구역 지정의 취소 등)

① 종합보세구역 지정의 취소
관세청장은 종합보세구역에 반입·반출되는 물량이 감소하거나 그 밖에 대통령령으로 정하는 사유로 종합보세구역을 존속시킬 필요가 없다고 인정될 때에는 종합보세구역의 지정을 취소할 수 있다.

> **관세법 시행령**
>
> **영 제218조(종합보세구역의 지정취소 사유)** ① 법 제204조 제1항에서 "대통령령으로 정하는 사유"란 다음 각 호의 경우를 말한다.
> 1. 종합보세구역의 지정요청자가 지정취소를 요청한 경우
> 2. 종합보세구역의 지정요건이 소멸한 경우

② 종합보세기능 수행 중지

세관장은 종합보세사업장의 운영인이 다음 각 호의 어느 하나에 해당하는 경우에는 **6개월의 범위에서 운영인의 종합보세기능의 수행을 중지**시킬 수 있다.

> 1. 운영인이 제202조 제1항에 따른 설비의 유지의무를 위반한 경우
> 2. 운영인이 수행하는 종합보세기능과 관련하여 반입·반출되는 물량이 감소하는 경우
> 3. 1년 동안 계속하여 외국물품의 반입·반출 실적이 없는 경우

③ 종합보세사업장 폐쇄 명령

세관장은 종합보세사업장의 운영인이 다음 각 호의 어느 하나에 해당하는 경우에는 그 **종합보세사업장의 폐쇄를 명**하여야 한다.

> 1. 거짓이나 그 밖의 부정한 방법으로 종합보세사업장의 설치·운영에 관한 신고를 한 경우
> 2. 제175조 각 호의 어느 하나에 해당하게 된 경우. 다만, 제175조 제8호에 해당하는 경우로서 같은 조 제2호 또는 제3호에 해당하는 사람을 임원으로 하는 법인이 3개월 이내에 해당 임원을 변경한 경우에는 그러하지 아니하다.
> 3. 다른 사람에게 자신의 성명·상호를 사용하여 종합보세사업장을 운영하게 한 경우

제205조(준용규정)

종합보세구역에 대하여는 제175조, 제177조 제2항, 제177조의2, 제178조 제1항·제3항, 제180조 제1항·제3항·제4항, 제182조, 제184조, 제185조 제2항부터 제6항까지, 제186조, 제188조, 제189조, 제192조부터 제194조까지 및 제241조 제2항을 준용한다.

> **참고** 종합보세구역에 적용되는 규정
>
> 1. 제175조(운영인의 결격사유)
> 2. 제177조(장치기간) 제2항: 물품 반출 명령
> 3. 제177조의2(특허보세구역 운영인의 명의대여 금지
> 4. 제178조(반입정지 등과 특허의 취소) 제1항: 6개월 범위에서 업무정지
> 5. 제178조(반입정지 등과 특허의 취소) 제3항: 과징금 부과
> 6. 제180조(특허보세구역의 설치·운영에 관한 감독 등) 제1항: 세관장의 운영인 감독
> 7. 제180조(특허보세구역의 설치·운영에 관한 감독 등) 제3항: 운영에 필요한 시설 설치 명령
> 8. 제180조(특허보세구역의 설치·운영에 관한 감독 등) 제4항: 다른 보세구역으로의 반출 명령
> 9. 제182조(특허의 효력상실 시 조치 등)
> 10. 제184조(장치기간이 지난 내국물품)
> 11. 제185조(보세공장) 제2항 ~ 제6항
> 12. 제186조(사용신고 등)
> 13. 제188조(제품과세)
> 14. 제189조(원료과세)
> 15. 제192조(사용 전 수입신고)
> 16. 제193조(반입물품의 장치 제한)
> 17. 제194조(보세건설물품의 가동 제한)
> 18. 제241조(수출·수입 또는 반송의 신고) 제2항: 신고 생략 또는 간소한 방법으로 신고

제5절 유치 및 처분

제1관 유치 및 예치

제206조(유치 및 예치)

① 유치대상과 유치사유
 세관장은 제1호에 해당하는 물품이 제2호의 사유에 해당하는 경우에는 해당 물품을 유치할 수 있다.

> 1. 유치대상: 다음 각 목의 어느 하나에 해당하는 물품
>   가. 여행자의 휴대품
>   나. 우리나라와 외국 간을 왕래하는 운송수단에 종사하는 승무원의 휴대품
> 2. 유치사유: 다음 각 목의 어느 하나에 해당하는 경우
>   가. 제226조에 따라 필요한 허가·승인·표시 또는 그 밖의 조건이 갖추어지지 아니한 경우
>   나. 제96조 제1항 제1호와 같은 항 제3호에 따른 관세의 면제기준을 초과하여 반입하는 물품에 대한 관세를 납부하지 아니한 경우
>
> **참고** 법 제96조 제1항 제1호와 제3호의 관세 면제 물품
> 1. 여행자의 휴대품 또는 별송품으로서 여행자의 입국 사유, 체재기간, 직업, 그 밖의 사정을 고려하여 기획재정부령으로 정하는 기준에 따라 세관장이 타당하다고 인정하는 물품
> 3. 국제무역선 또는 국제무역기의 승무원이 휴대하여 수입하는 물품으로서 항행일수, 체재기간, 그 밖의 사정을 고려하여 기획재정부령으로 정하는 기준에 따라 세관장이 타당하다고 인정하는 물품
>
>   다. 제235조에 따른 지식재산권 등을 침해하는 물품을 수출하거나 수입하는 등 이 법에 따른 의무사항을 위반한 경우
>   라. 불법·불량·유해물품 등 사회안전 또는 국민보건을 해칠 우려가 있는 물품으로서 대통령령으로 정하는 경우
>
> **관세법 시행령**
> **영 제219조(물품의 유치 및 예치와 해제)** ① 법 제206조 제1항 제2호 라목에서 "대통령령으로 정하는 경우"란 다음 각 호의 경우를 말한다.
>   1. 해당 물품에 대해 식품의약품안전처장 등 관계 기관의 장으로부터 부적합 통보 또는 통관 제한요청을 받은 경우
>   2. 성분 또는 규격 등이 불명확한 물품으로서 식품의약품안전처 등 관계 기관의 확인 또는 법 제265조의2에 따른 물품분석이 필요한 경우
>   3. 그 밖에 유해 성분이 포함된 식품·의약품 등 세관장이 사회안전 또는 국민보건을 위해 유치가 필요하다고 인정하는 경우
>
>   마. 「국세징수법」 제30조 또는 「지방세징수법」 제39조의2에 따라 세관장에게 강제징수 또는 체납처분이 위탁된 해당 체납자가 물품을 수입하는 경우

② 유치 해제사유
 제1항에 따라 유치한 물품은 해당 사유가 없어졌거나 반송하는 경우에만 유치를 해제한다.

③ 일시 예치대상과 예치사유

제1항 제1호 각 목의 어느 하나에 해당하는 물품으로서 **수입할 의사가 없는 물품**은 세관장에게 신고하여 **일시 예치**시킬 수 있다. 다만, 부패·변질 또는 손상의 우려가 있는 물품 등 관세청장이 정하는 물품은 그러하지 아니하다.

|| 관세법 시행령

영 제219조(물품의 유치 및 예치와 해제) ② 세관장이 법 제206조의 규정에 의하여 물품을 유치 또는 예치한 때에는 다음 각 호의 사항을 기재한 유치증 또는 예치증을 교부하여야 한다.
    1. 당해 물품의 포장의 종류·개수·품명·규격 및 수량
    2. 유치사유 또는 예치사유
    3. 보관장소
③ 유치를 해제하거나 예치물품을 반환받으려는 자는 제2항에 따라 교부받은 유치증 또는 예치증을 세관장에게 제출해야 한다.

|| 참고 | **유치와 예치**

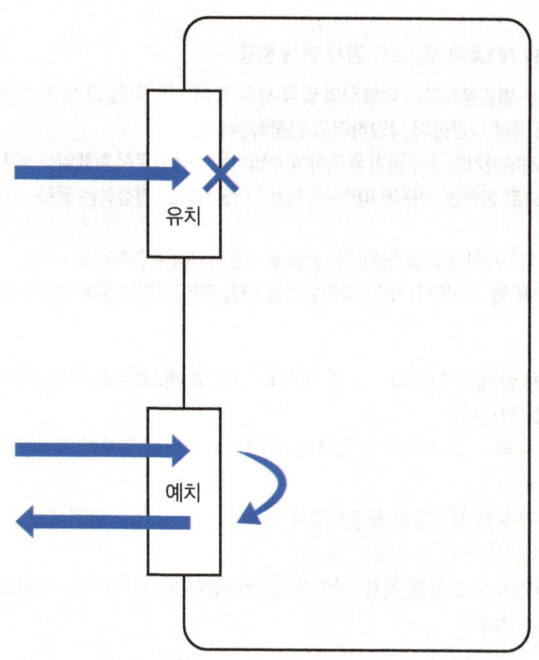

제207조(유치 및 예치 물품의 보관)

① 유치·예치 장소
제206조에 따라 유치하거나 예치한 물품은 세관장이 관리하는 장소에 보관한다. 다만, 세관장이 필요하다고 인정할 때에는 그러하지 아니하다.

② 준용 규정
제206조에 따라 유치하거나 예치한 물품에 관하여는 제160조 제4항부터 제6항까지, 제170조 및 제208조부터 제212조까지의 규정을 준용한다.

> **참고** 유치·예치 물품에 적용되는 규정
>
> 1. 법 제160조(장치물품의 폐기) 제4항: 세관장의 반송·폐기 명령 또는 통고·폐기
> 2. 법 제160조(장치물품의 폐기) 제5항: 통고 불가 시 공고
> 3. 법 제160조(장치물품의 폐기) 제6항: 폐기·반송 비용 부담(화주 등)
> 4. 법 제170조(장치기간): 지정장치장의 장치기간(6개월, 3개월 연장)
> 5. 법 제208조(매각대상 및 매각절차)
> 6. 법 제209조(통고)
> 7. 법 제210조(매각방법)
> 8. 법 제211조(잔금처리)
> 9. 법 제212조(국고귀속)

③ 유치·예치 물품의 매각 통고
세관장은 유치되거나 예치된 물품의 원활한 통관을 위하여 필요하다고 인정될 때에는 제2항에 따라 준용되는 제209조에도 불구하고 관세청장이 정하는 바에 따라 해당 물품을 유치하거나 예치할 때에 유치기간 또는 예치기간 내에 수출·수입 또는 반송하지 아니하면 매각한다는 뜻을 통고할 수 있다.

제2관 장치기간경과물품의 매각

제208조(매각대상 및 매각절차)

① 장치기간경과물품의 매각
세관장은 보세구역에 반입한 외국물품의 장치기간이 지나면 그 사실을 공고한 후 해당 물품을 매각할 수 있다. 다만, 다음 각 호의 어느 하나에 해당하는 물품은 기간이 지나기 전이라도 공고한 후 매각할 수 있다.

> 1. 살아 있는 동식물
> 2. 부패하거나 부패할 우려가 있는 것
> 3. 창고나 다른 외국물품에 해를 끼칠 우려가 있는 것
> 4. 기간이 지나면 사용할 수 없게 되거나 상품가치가 현저히 떨어질 우려가 있는 것
> 5. 관세청장이 정하는 물품 중 화주가 요청하는 것
> 6. 제26조에 따른 강제징수, 「국세징수법」 제30조에 따른 강제징수 및 「지방세징수법」 제39조의2에 따른 체납처분을 위하여 세관장이 압류한 수입물품(제2조 제4호 가목의 외국물품으로 한정한다)

② 매각한 후 공고하는 경우
   장치기간이 지난 물품이 제1항 각 호의 어느 하나에 해당하는 물품으로서 **급박하여 공고할 여유가 없을 때**에는 **매각한 후 공고**할 수 있다.
③ 질권자·유치권자의 물품 인도의무
   매각된 물품의 **질권자나 유치권자**는 다른 법령에도 불구하고 그 물품을 **매수인에게 인도**하여야 한다.

> **참고** **체화공매(滯貨公賣)**
>
> 수출입 허가·승인 등 요건 구비가 되지 않아 통관이 불허된 경우, 제세가 미납된 경우, 장치물품이 상품가치를 상실하여 화주가 수입통관을 회피하는 경우 등의 사유로 보세구역에 반입한 외국물품의 장치기간이 지나면 세관장은 그 사실을 공고한 후 해당 물품을 매각할 수 있다. 이것을 '장치기간경과물품의 매각' 또는 '체화공매(滯貨公賣)'라고도 한다.

> **참고** **체화공매절차**
>
>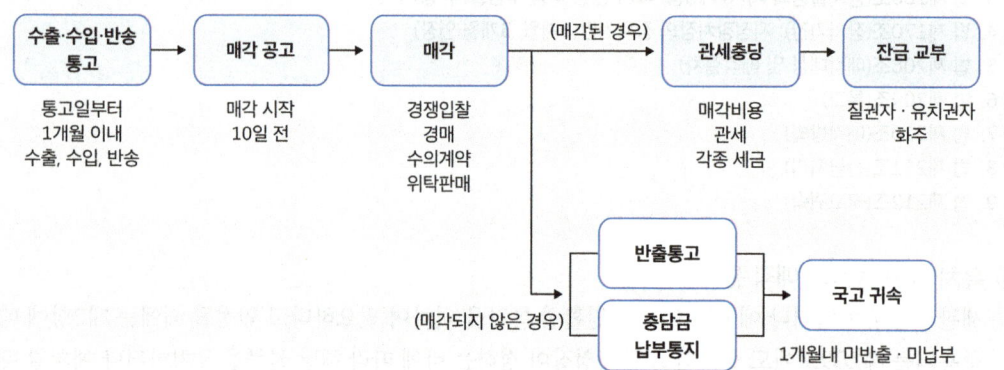

④ 매각대행사유
   세관장은 제1항에 따른 매각을 할 때 다음 각 호의 어느 하나에 해당하는 경우에는 대통령령으로 정하는 기관(이하 이 절에서 "**매각대행기관**"이라 한다)에 이를 대행하게 할 수 있다.

> 1. 신속한 매각을 위하여 **사이버몰** 등에서 전자문서를 통하여 매각하려는 경우
> 2. 매각에 **전문지식**이 필요한 경우
> 3. 그 밖에 특수한 사정이 있어 **직접 매각하기에 적당하지 아니하다**고 인정되는 경우

> **관세법 시행령**
>
> **영 제220조(매각대행기관)** 법 제208조 제4항에 따라 세관장이 매각을 대행하게 할 수 있는 기관은 다음 각 호의 기관 또는 법인·단체 중에서 관세청장이 지정하는 기관·법인 또는 단체(이하 "매각대행기관"이라 한다)로 한다.
>   1. 「한국자산관리공사 설립 등에 관한 법률」에 따른 **한국자산관리공사**
>   2. 「한국보훈복지의료공단법」에 의하여 설립된 **한국보훈복지의료공단**
>   3. **관세청장**이 정하는 기준에 따라 전자문서를 통한 매각을 수행할 수 있는 시설 및 시스템 등을 갖춘 것으로 인정되는 법인 또는 단체
>
> **영 제221조(화주 등에 대한 매각대행의 통지)** ① 세관장은 법 제208조 제4항에 따라 매각을 대행하게 하는 때에는 매각대행의뢰서를 매각대행기관에 송부해야 한다.
>   ② 세관장은 제1항의 규정에 의한 매각대행의 사실을 화주 및 물품보관인에게 통지하여야 한다.

⑤ 매각대행 시 공무원 의제

제4항에 따라 매각대행기관이 매각을 대행하는 경우(제211조 제6항에 따라 매각대금의 잔금처리를 대행하는 경우를 포함한다)에는 **매각대행기관의 장을 세관장으로 본다**.

⑥ 매각대행수수료

세관장은 제4항에 따라 매각대행기관이 매각을 대행하는 경우에는 매각대행에 따른 실비 등을 고려하여 **기획재정부령으로 정하는 바에 따라 수수료를 지급할 수 있다**.

> **관세법 시행규칙**
>
> **규칙 제73조(매각대행수수료)** ① 법 제208조 제6항의 규정에 의한 매각대행수수료는 다음 각 호의 금액으로 한다.
> 1. 매각대행을 의뢰한 물품이 매각된 경우: 건별 매각금액에 1천분의 20을 곱하여 계산한 금액
> 2. 매각대행을 의뢰한 물품이 수입 또는 반송되어 매각대행이 중지된 경우: 건별 최초공매예정가격에 1천분의 1을 곱하여 계산한 금액
> 3. 매각대행을 의뢰한 물품의 국고귀속·폐기·매각의뢰철회 등의 사유로 매각대행이 종료된 경우: 건별 최초공매예정가격에 1천분의 2를 곱하여 계산한 금액
> ② 제1항의 규정에 의한 매각대행수수료를 계산함에 있어서 건별 매각금액이나 건별 최초공매예정가격이 10억원을 초과하는 때에는 당해 매각금액 또는 최초공매예정가격은 10억원으로 한다.
> ③ 제1항의 규정에 의하여 계산한 매각대행수수료의 금액이 5천원 미만인 때에는 당해 매각대행수수료는 5천원으로 한다.

⑦ 삭제

⑧ 위임 규정

제4항에 따라 매각대행기관이 대행하는 매각에 필요한 사항은 대통령령으로 정한다.

> **관세법 시행령**
>
> **영 제223조(매각대상물품의 인도)** ① 세관장이 점유하고 있거나 제3자가 보관하고 있는 매각대상물품은 이를 매각대행기관에 인도할 수 있다. 이 경우 제3자가 보관하고 있는 물품에 대하여는 그 제3자가 발행하는 당해 물품의 보관증을 인도함으로써 이에 갈음할 수 있다.
> ② 매각대행기관은 제1항의 규정에 의하여 물품을 인수한 때에는 인계·인수서를 작성하여야 한다.
>
> **영 제224조(매각대행의뢰의 철회요구)** ① 매각대행기관은 매각대행의뢰서를 받은 날부터 2년 이내에 매각되지 아니한 물품이 있는 때에는 세관장에게 당해 물품에 대한 매각대행의뢰의 철회를 요구할 수 있다.
> ② 세관장은 제1항의 규정에 의한 철회요구를 받은 때에는 특별한 사유가 없는 한 이에 응하여야 한다.
>
> **영 제225조(매각대행의 세부사항)** 매각대행기관이 대행하는 매각에 관하여 필요한 사항으로서 이 영에 정하지 아니한 것은 관세청장이 매각대행기관과 협의하여 정한다.

제209조(통고)

① 수출·수입·반송 통고
세관장은 제208조 제1항에 따라 외국물품을 매각하려면 관세청장이 정하는 바에 따라 그 화주등에게 **통고일부터 1개월 내**에 해당 물품을 **수출·수입 또는 반송할 것을 통고**하여야 한다.

② 통고 불가 시 공고
화주등이 분명하지 아니하거나 그 소재가 분명하지 아니하여 제1항에 따른 통고를 할 수 없을 때에는 **공고로 이를 갈음**할 수 있다.

제210조(매각방법)

① 매각방법
제208조에 따른 매각은 **일반경쟁입찰·지명경쟁입찰·수의계약·경매 및 위탁판매**의 방법으로 하여야 한다.

② 경쟁입찰
경쟁입찰의 방법으로 매각하려는 경우 매각되지 아니하였을 때에는 **5일 이상의 간격**을 두어 다시 입찰에 부칠 수 있으며 그 예정가격은 **최초 예정가격의 100분의 10 이내**의 금액을 입찰에 부칠 때마다 줄일 수 있다. 이 경우에 줄어들 예정가격 이상의 금액을 제시하는 응찰자가 있을 때에는 대통령령으로 정하는 바에 따라 그 응찰자가 제시하는 금액으로 **수의계약**을 할 수 있다.

> **관세법 시행령**
>
> **영 제222조(매각방법 등)** ① 법 제210조 제2항의 규정에 의한 **예정가격의 체감은 제2회 경쟁입찰 때부터** 하되, 그 체감한도액은 최초예정가격의 100분의 50으로 한다. 다만, 관세청장이 정하는 물품을 제외하고는 **최초예정가격을 기초로 하여 산출한 세액 이하의 금액으로 체감할 수 없다.**
> ② 응찰가격 중 다음 회의 입찰에 체감될 예정가격보다 높은 것이 있는 때에는 응찰가격의 순위에 따라 법 제210조 제2항의 규정에 의한 수의계약을 체결한다. 단독응찰자의 응찰가격이 다음 회의 입찰 시에 체감될 예정가격보다 높은 경우 또는 공매절차가 종료한 물품을 최종 예정가격이상의 가격으로 매수하려는 자가 있는 때에도 또한 같다.
> ③ 제2항의 경우 수의계약을 체결하지 못하고 재입찰에 부친 때에는 직전입찰에서의 최고응찰가격을 다음 회의 예정가격으로 한다.
> ④ 제2항의 규정에 의하여 **수의계약을 할 수 있는** 자로서 그 체결에 응하지 아니하는 자는 당해 물품에 대한 **다음 회 이후의 경쟁입찰에 참가할 수 없다.**

③ 경매나 수의계약
다음 각 호의 어느 하나에 해당하는 경우에는 **경매나 수의계약**으로 매각할 수 있다.

1. 제2항에 따라 2회 이상 <u>경쟁입찰에 부쳐도 매각되지 아니한 경우</u>
2. <u>매각물품의 성질·형태·용도 등을 고려할 때 경쟁입찰의 방법으로 매각할 수 없는 경우</u>

> **관세법 시행령**
>
> **영 제222조(매각방법 등)** ⑨ 법 제210조 제3항 제2호에서 "매각물품의 성질·형태·용도 등을 고려할 때 경쟁입찰의 방법으로 매각할 수 없는 경우"란 다음 각 호의 어느 하나에 해당하는 경우를 말한다.

1. 부패·손상·변질 등의 우려가 현저한 물품으로서 즉시 매각하지 아니하면 상품가치가 저하할 우려가 있는 경우
2. 물품의 매각예정가격이 50만원 미만인 경우
3. 경쟁입찰의 방법으로 매각하는 것이 공익에 반하는 경우

④ 위탁판매
제3항에 따른 방법으로도 매각되지 아니한 물품과 대통령령으로 정하는 물품은 위탁판매의 방법으로 매각할 수 있다.

||관세법 시행령

영 제222조(매각방법 등) ⑤ 법 제210조 제4항에서 "대통령령으로 정하는 물품"이란 다음 각 호의 어느 하나에 해당하는 물품 중에서 관세청장이 신속한 매각이 필요하다고 인정하여 위탁판매대상으로 지정한 물품을 말한다.
  1. 부패하거나 부패의 우려가 있는 물품
  2. 기간경과로 사용할 수 없게 되거나 상품가치가 현저히 감소할 우려가 있는 물품
  3. 공매하는 경우 매각의 효율성이 저하되거나 공매에 전문지식이 필요하여 직접 공매하기에 부적합한 물품
⑥ 법 제210조 제4항의 규정에 의하여 위탁판매하는 경우 판매가격은 당해 물품의 최종예정가격(제5항의 규정에 해당하는 물품은 제7항의 규정에 의하여 산출한 가격을 말한다)으로 하고, 위탁판매의 장소·방법·수수료 기타 필요한 사항은 관세청장이 정한다.

⑤ 매각물품의 과세가격
제1항부터 제4항까지에 따라 매각된 물품에 대한 과세가격은 제30조부터 제35조까지의 규정에도 불구하고 제2항에 따른 최초 예정가격을 기초로 하여 과세가격을 산출한다.

||관세법 시행령

영 제222조(매각방법 등) ⑦ 법 제210조에 따라 매각할 물품의 예정가격과 매각된 물품의 과세가격은 기획재정부령으로 정하는 바에 따라 산출한다.

> 관세법 시행규칙
>
> **규칙 제73조의2(매각물품의 과세가격 및 예정가격)** ① 영 제222조 제7항에 따른 매각된 물품의 과세가격은 다음 각 호의 구분에 따라 결정한다.
>   1. 여행자 휴대품·우편물등: 제7조의3에 따라 산출한 가격
>   2. 변질 또는 손상된 물품: 제7조의2에 따라 산출한 가격
>   3. 사용으로 인해 가치가 감소된 물품: 제7조의5 제1항에 따라 산출한 가격
>   4. 제2호 및 제3호에 따라 산출한 가격이 불합리하다고 인정되는 물품: 합리적으로 산출한 국내도매가격에 시가역산율을 곱하여 산출한 가격
>   5. 제1호부터 제4호까지에 해당하지 않는 수입물품: 법 제30조부터 제35조까지의 방법에 따라 산출한 가격
> ② 영 제222조 제7항에 따른 매각할 물건의 예정가격은 다음 각 호의 구분에 따라 결정한다.
>   1. 제1항 제1호부터 제5호까지의 물품: 제1항 제1호부터 제5호까지에 따른 과세가격에 관세 등 제세를 합한 금액
>   2. 수출조건으로 매각하는 물품: 제1호에 따른 금액에서 관세 등 제세, 운임 및 보험료를 공제한 가격
> ③ 세관장은 제1항 및 제2항에 따라 과세가격과 예정가격의 산출이 곤란하거나 산출된 금액이 불합리하다고 판단하는 경우에는 그 밖의 합리적인 방법으로 과세가격과 예정가격을 산출할 수 있다.

참고	매각물품의 과세요건
과세물건	매각된 물품 (과세물건 확정시기: 매각된 때)
납세의무자	규정 없음 [수입의제대상(관세 등을 따로 징수하지 않음)]
과세표준	최초 예정가격을 기초로 하여 과세가격 산출
세율	매각된 날에 시행되는 법령에 따라 관세율 적용

⑥ 매각물품의 예정가격의 산출방법 등

매각할 물품의 예정가격의 산출방법과 위탁판매에 관한 사항은 대통령령으로 정하고, **경매절차**에 관하여는 「**국세징수법」을 준용**한다.

⑦ 매각 공고

세관장은 제1항에 따라 매각할 때에는 매각 물건, 매각 수량, 매각 예정가격 등을 **매각 시작 10일 전에 공고**하여야 한다.

관세법 시행령

영 제222조(매각방법 등) ⑧ 법 제210조의 규정에 의하여 매각한 물품으로 다음 각 호의 1에 해당하는 물품은 **수출하거나 외화를 받고 판매하는 것을 조건으로 매각**한다. 다만, 제2호의 물품으로서 관세청장이 필요하다고 인정하는 물품은 주무부장관 또는 주무부장관이 지정하는 기관의 장과 협의하여 수입하는 것을 조건으로 판매할 수 있다.
  1. **법률에 의하여 수입이 금지된 물품**
  2. 기타 **관세청장이 지정하는 물품**

참고 '영 제222조' 관련 규정

1. 법 제99조(재수입면세) 제1호 라목
   보세가공 또는 장치기간경과물품을 재수출조건으로 매각함에 따라 관세가 부과되지 아니한 경우
2. 법 제101조(해외임가공물품 등의 감면) 제2항 제3호
   보세가공 또는 장치기간경과물품을 재수출조건으로 매각함에 따라 관세가 부과되지 아니한 경우

제211조(잔금처리)

① 매각대금 충당 순위

세관장은 제210조에 따른 매각대금을 그 **매각비용, 관세, 각종 세금**의 순으로 충당하고, 잔금이 있을 때에는 이를 화주에게 교부한다.

② 질권자·유치권자의 권리 증명

제208조에 따라 매각하는 물품의 질권자나 유치권자는 해당 물품을 **매각한 날부터 1개월 이내**에 그 권리를 증명하는 서류를 세관장에게 제출하여야 한다.

③ 잔금교부 순위
  세관장은 제208조에 따라 매각된 물품의 질권자나 유치권자가 있을 때에는 그 잔금을 화주에게 교부하기 전에 그 질권이나 유치권에 의하여 담보된 채권의 금액을 질권자나 유치권자에게 교부한다.

④ 질권자·유치권자가 2인 이상인 경우
  제3항에 따라 질권자나 유치권자에게 공매대금의 잔금을 교부하는 경우 그 잔금액이 질권이나 유치권에 의하여 담보된 채권액보다 적고 교부받을 권리자가 2인 이상인 경우에는 세관장은 「민법」이나 그 밖의 법령에 따라 배분할 순위와 금액을 정하여 배분하여야 한다.

⑤ 잔금교부 일시 보류
  제1항에 따른 잔금의 교부는 관세청장이 정하는 바에 따라 일시 보류할 수 있다.

⑥ 잔금처리 대행
  제208조 제4항에 따라 매각대행기관이 매각을 대행하는 경우에는 매각대행기관이 제1항부터 제5항까지의 규정에 따라 매각대금의 잔금처리를 대행할 수 있다.

> **참고 매각대금의 처리**
>
> | 충당 | 매각비용 ⇨ 관세 ⇨ 각종 세금 |
> |---|---|
> | ↓ | |
> | 잔금 교부 | 질권자·유치권자에게 교부 ⇨ 화주에게 교부 |

제212조(국고귀속)

① 반출 통고
  세관장은 제210조에 따른 방법으로도 매각되지 아니한 물품(제208조 제1항 제6호의 물품은 제외한다)에 대하여는 그 물품의 화주등에게 장치 장소로부터 지체 없이 반출할 것을 통고하여야 한다.

② 국고귀속
  제1항의 통고일부터 1개월 내에 해당 물품이 반출되지 아니하는 경우에는 소유권을 포기한 것으로 보고 이를 국고에 귀속시킬 수 있다.

③ 납부 통지
  세관장은 제208조 제1항 제6호의 물품이 제210조에 따른 방법으로 매각되지 아니한 경우에는 납세의무자에게 1개월 이내에 대통령령으로 정하는 유찰물품의 가격에 상당한 금액을 관세 및 체납액(관세·국세·지방세의 체납액을 말한다. 이하 이 조에서 같다) 충당금으로 납부하도록 통지하여야 한다.

> **관세법 시행령**
>
> 영 제225조의2(압류물품의 유찰 가격) ① 법 제212조 제3항에서 "대통령령으로 정하는 유찰물품의 가격"은 해당 물품의 최종예정가격을 말한다.
>   ② 제1항에 따른 최종예정가격은 마지막 입찰 시 제222조 제7항에 따라 산출한 예정가격으로 한다.

④ 국고귀속

제3항에 따른 통지를 받은 납세의무자가 그 기한 내에 관세 및 체납액 충당금을 납부하지 아니한 경우에는 같은 항에 따른 유찰물품의 소유권을 포기한 것으로 보고 이를 국고에 귀속시킬 수 있다.

참고 보세구역별 장치기간

보세구역 및 물품의 종류			장치기간
지정장치장(법 제170조)			6개월의 범위에서 관세청장이 정하는 기간(관세청장이 정하는 기준에 따라 세관장은 3개월의 범위에서 그 기간을 연장할 수 있다)
보세창고 (법 제177조)	비축물품 등이 아닌	외국물품	1년의 범위에서 관세청장이 정하는 기간(세관장이 필요하다고 인정하는 경우에는 1년의 범위에서 그 기간을 연장할 수 있다)
		내국물품	1년의 범위에서 관세청장이 정하는 기간
	1. 정부비축용 물품 2. 정부와의 계약이행을 위하여 비축하는 방위산업용 물품 3. 장기간 비축이 필요한 수출용 원재료와 수출품보수용 물품으로서 세관장이 인정하는 물품 4. 국제물류의 촉진을 위하여 관세청장이 정하는 물품		비축에 필요한 기간
보세창고 이외의 특허보세구역(법 제177조)			해당 특허보세구역의 특허기간
종합보세구역 (법 제200조)			제한하지 아니한다(다만, 보세창고의 기능을 수행하는 장소 중에서 관세청장이 수출입물품의 원활한 유통을 촉진하기 위하여 필요하다고 인정하여 지정한 장소에 반입되는 물품의 장치기간은 1년의 범위에서 관세청장이 정하는 기간으로 한다).

참고 체화공매 규정이 적용되는 물품

1. 보세구역 장치 물품
2. 보세구역 외 장치 물품
3. 유치·예치품(법 제207조)
4. 몰수품(법 제326조)
5. 국고에 귀속된 물품(법 제326조)
6. 압수물품(법 제303조, 제326조)

CHAPTER 08 운송

제1절 보세운송

제213조(보세운송의 신고)

① 보세운송 장소
외국물품은 다음 각 호의 장소 간에 한정하여 **외국물품 그대로 운송**할 수 있다. 다만, 제248조에 따라 **수출신고가 수리된 물품**은 해당 물품이 **장치된 장소**에서 다음 각 호의 장소로 운송할 수 있다.

> 1. 국제항
> 2. 보세구역
> 3. 제156조에 따라 허가된 장소
> 4. 세관관서
> 5. 통관역
> 6. 통관장
> 7. 통관우체국

② 보세운송 신고 및 승인
제1항에 따라 보세운송을 하려는 자는 관세청장이 정하는 바에 따라 세관장에게 **보세운송의 신고**를 하여야 한다. 다만, 물품의 감시 등을 위하여 필요하다고 인정하여 **대통령령**으로 정하는 경우에는 **세관장의 승인**을 받아야 한다.

|| 관세법 시행령

영 제226조(보세운송의 신고 등) ① 법 제213조에 따른 보세운송신고를 하거나 승인을 받으려는 자는 다음 각 호의 사항을 기재한 신고서 또는 신청서를 세관장에게 제출해야 한다. 다만, 국제무역선 또는 국제무역기의 효율적인 하역을 위하여 필요하거나 세관의 감시·단속에 지장이 없다고 인정하여 관세청장이 따로 정하는 경우에는 그 정하는 바에 따른다.
  1. 운송수단의 종류·명칭 및 번호
  2. 운송통로와 목적지
  3. 화물상환증, 선하증권번호 또는 항공화물운송장번호와 물품의 적재지·생산지 또는 제조지
  4. 포장의 종류·번호 및 개수
  5. 품명·규격·수량 및 가격
  6. 운송기간
  7. 화주의 명칭(성명)·주소·사업자등록번호 및 대표자성명

② 세관장은 운송거리 기타의 사정을 참작하여 필요가 없다고 인정되는 때에는 제1항 각 호의 사항 중 일부의 기재를 생략하게 할 수 있다.

③ 법 제213조 제2항 단서에 따라 보세운송의 승인을 받아야 하는 경우는 다음 각 호의 어느 하나에 해당하는 물품을 운송하려는 경우를 말한다.
   1. 보세운송된 물품 중 다른 보세구역 등으로 재보세운송하고자 하는 물품
   2. 「검역법」·「식물방역법」·「가축전염병예방법」 등에 따라 검역을 요하는 물품
   3. 「위험물안전관리법」에 따른 위험물
   3의2. 「화학물질관리법」에 따른 허가물질, 제한물질, 금지물질 및 유해화학물질
   4. 비금속설
   5. 화물이 국내에 도착된 후 최초로 보세구역에 반입된 날부터 30일이 경과한 물품
   6. 통관이 보류되거나 수입신고수리가 불가능한 물품
   7. 법 제156조의 규정에 의한 보세구역외 장치허가를 받은 장소로 운송하는 물품
   8. 귀석·반귀석·귀금속·한약재·의약품·향료 등과 같이 부피가 작고 고가인 물품
   9. 화주 또는 화물에 대한 권리를 가진 자가 직접 보세운송하는 물품
   10. 법 제236조의 규정에 의하여 통관지가 제한되는 물품
   11. 적재화물목록상 동일한 화주의 선하증권 단위의 물품을 분할하여 보세운송하는 경우 그 물품
   12. 불법 수출입의 방지 등을 위하여 세관장이 지정한 물품
   13. 법 및 법에 의한 세관장의 명령을 위반하여 관세범으로 조사를 받고 있거나 기소되어 확정판결을 기다리고 있는 보세운송업자등이 운송하는 물품

④ 제3항의 규정에 의한 물품 중 관세청장이 보세운송승인대상으로 하지 아니하여도 화물관리 및 불법 수출입의 방지에 지장이 없다고 판단하여 정하는 물품에 대하여는 신고만으로 보세운송할 수 있다.

③ 물품 검사
세관공무원은 감시·단속을 위하여 필요하다고 인정될 때에는 관세청장이 정하는 바에 따라 보세운송을 하려는 물품을 검사할 수 있다.

④ 수출신고 수리 물품의 보세운송절차 생략
수출신고가 수리된 물품은 관세청장이 따로 정하는 것을 제외하고는 보세운송절차를 생략한다.

> **참고** 수출신고 수리 물품
> 1. 수출신고가 수리된 물품은 외국물품이다(법 제2조).
> 2. 수출신고가 수리된 물품은 보세구역이 아닌 장소에 장치할 수 있다(법 제155조 제1항).
> 3. 수출신고가 수리된 물품은 관세청장이 따로 정하는 것을 제외하고는 보세운송절차를 생략한다(법 제213조 제4항).

⑤ 준용 규정
제2항과 제3항에 따른 보세운송의 신고·승인 및 검사에 대하여는 제247조와 제250조를 준용한다.

> **참고** 보세운송의 신고·승인 및 검사에 적용되는 규정
> 1. 법 제247조(검사 장소)
> 2. 법 제250조(신고의 취하 및 각하)

제214조(보세운송의 신고인)

제213조 제2항에 따른 신고 또는 승인신청은 다음 각 호의 어느 하나에 해당하는 자의 명의로 하여야 한다.

1. 화주
2. 관세사등
3. 보세운송을 업(業)으로 하는 자(이하 "보세운송업자"라 한다)

제215조(보세운송 보고)

제213조 제2항에 따라 보세운송의 신고를 하거나 승인을 받은 자는 해당 물품이 운송 목적지에 도착하였을 때에는 관세청장이 정하는 바에 따라 도착지의 세관장에게 보고하여야 한다.

제216조(보세운송통로)

① 보세운송통로 제한
세관장은 보세운송물품의 감시·단속을 위하여 필요하다고 인정될 때에는 관세청장이 정하는 바에 따라 운송통로를 제한할 수 있다.

② 보세운송기간
보세운송은 관세청장이 정하는 기간 내에 끝내야 한다. 다만, 세관장은 재해나 그 밖의 부득이한 사유로 필요하다고 인정될 때에는 그 기간을 연장할 수 있다.

||관세법 시행령|

영 제227조(보세운송기간의 연장신청) 법 제216조 제2항 단서의 규정에 의하여 보세운송기간의 연장을 받고자 하는 자는 다음 각 호의 사항을 기재한 신청서를 당해 보세운송을 신고하거나 승인한 세관장 또는 도착지 세관장에게 제출하여야 한다.
1. 보세운송의 신고 또는 승인연월일과 신고번호 또는 승인번호
2. 당해 물품의 품명·규격 및 수량
3. 연장신청기간 및 신청사유

③ 운송수단의 지정
보세운송을 하려는 자가 운송수단을 정하여 제213조 제2항에 따라 신고를 하거나 승인을 받은 경우에는 그 운송수단을 이용하여 운송을 마쳐야 한다.

제217조(보세운송기간 경과 시의 징수)

제213조 제2항에 따라 신고를 하거나 승인을 받아 보세운송하는 외국물품이 지정된 기간 내에 목적지에 도착하지 아니한 경우에는 즉시 그 관세를 징수한다. 다만, 해당 물품이 재해나 그 밖의 부득이한 사유로 망실되었거나 미리 세관장의 승인을 받아 그 물품을 폐기하였을 때에는 그러하지 아니하다.

> **관세법 시행령**
>
> **영 제228조(운송물품의 폐기승인신청)** 제179조 및 제180조의 규정은 법 제217조 단서의 경우에 이를 준용한다.
>
> > [참고] **보세운송 물품의 폐기승인신청에 적용되는 규정**
> > 1. 법 제179조(장치물품의 폐기승인신청)
> > 2. 법 제180조(장치물품의 멸실신고)

> [참고] **보세운송기간 경과 시의 관세징수**
>
> 1. 보세운송기간
>   보세운송은 관세청장이 정하는 기간 내에 끝내야 한다. 다만, 세관장은 재해나 그 밖의 부득이한 사유로 필요하다고 인정될 때에는 그 기간을 연장할 수 있다(법 제216조 제2항).
> 2. 관세징수
>   보세운송신고를 하거나 승인을 받아 보세운송하는 외국물품이 지정된 기간 내에 목적지에 도착하지 아니한 경우에는 즉시 그 관세를 징수한다. 다만, 해당 물품이 재해나 그 밖의 부득이한 사유로 망실되었거나 미리 세관장의 승인을 받아 그 물품을 폐기하였을 때에는 그러하지 아니하다(법 제217조).
> 3. 과세물건 확정시기(법 제16조)
>   법 제217조에 따라 보세운송기간이 경과하여 관세를 징수하는 물품인 경우 보세운송을 신고하거나 승인받은 때의 성질과 수량에 따라 관세를 부과한다.
> 4. 납세의무자(법 제19조)
>   보세운송을 한 물품의 경우에도 수입신고 하는 때의 화주가 납세의무를 부담하지만, 법 제217조에 따라 보세운송기간이 경과하여 관세를 징수하는 물품인 경우에는 보세운송을 신고하였거나 승인을 받은 자가 관세의 납세의무자가 된다.

제218조(보세운송의 담보)

세관장은 제213조에 따른 보세운송의 신고를 하거나 승인을 받으려는 물품에 대하여 관세의 담보를 제공하게 할 수 있다.

> [참고] **보세운송의 절차**

1. 신고 또는 승인
2. 물품 검사
3. 담보 제공
4. 보세운송 통로 제한
5. 보세운송 기간 설정
6. 도착 보고
7. 기간 경과시 관세징수

제219조(조난물품의 운송)

① 조난물품 운송 장소
재해나 그 밖의 부득이한 사유로 선박 또는 항공기로부터 내려진 외국물품은 그 물품이 있는 장소로부터 제213조 제1항 각 호의 장소로 운송될 수 있다.

② 조난물품 운송 승인
제1항에 따라 외국물품을 운송하려는 자는 제213조 제2항에 따른 승인을 받아야 한다. 다만, 긴급한 경우에는 세관공무원이나 경찰공무원(세관공무원이 없는 경우로 한정한다)에게 신고하여야 한다.

> **관세법 시행령**
>
> **영 제229조(조난물품의 운송)** ① 법 제219조 제2항의 규정에 의한 승인을 얻고자 하는 자는 제226조 제1항 각 호의 사항을 기재한 신청서를 세관장에게 제출하여야 한다.
> ② 제226조 제3항의 규정은 제1항의 경우에 이를 준용한다.

③ 경찰공무원의 통보
제2항 단서에 따라 신고를 받은 경찰공무원은 지체 없이 그 내용을 세관공무원에게 통보하여야 한다.

④ 보세운송 규정 준용
제1항에 따른 운송에 관하여는 제215조부터 제218조까지의 규정을 준용한다.

> **참고** 조난물품 운송에 적용되는 규정
>
> 1. 법 제215조(보세운송 보고)
> 2. 법 제216조(보세운송통로)
> 3. 법 제217조(보세운송기간 경과 시의 징수)
> 4. 법 제218조(보세운송의 담보)

제220조(간이 보세운송)

세관장은 보세운송을 하려는 물품의 성질과 형태, 보세운송업자의 신용도 등을 고려하여 관세청장이 정하는 바에 따라 보세운송업자나 물품을 지정하여 다음 각 호의 조치를 할 수 있다.

1. 제213조 제2항에 따른 신고절차의 간소화
2. 제213조 제3항에 따른 검사의 생략
3. 제218조에 따른 담보제공의 면제

제220조의2(국제항 안에서 국제무역선을 이용한 보세운송의 특례)

제214조에도 불구하고 국제무역선이 소속된 선박회사(그 업무를 대행하는 자를 포함한다)로서 기획재정부령으로 정하는 선박회사는 국제항 안에서 제213조 제1항에 따라 환적물품 등 기획재정부령으로 정하는 물품을 국제무역선으로 보세운송할 수 있다.

> **관세법 시행규칙**
>
> **규칙 제73조의3(국제항 안에서 국제무역선을 이용한 보세운송)** ① 법 제220조의2에서 "기획재정부령으로 정하는 선박회사"란 다음 각 호의 구분에 따른 선박회사를 말한다.
> 1. 제2항 제1호에 따른 물품의 경우: 「해운법」 제24조 제2항에 따라 외항 정기 화물운송사업의 등록을 한 선박회사
> 2. 제2항 제2호에 따른 물품의 경우: 다음 각 목의 어느 하나에 해당하는 선박회사
>   가. 「해운법」 제24조 제2항에 따라 외항 부정기 화물운송사업의 등록을 한 선박회사
>   나. 「선박법」 제6조 단서에 따라 해양수산부장관이 허가한 외국국적 선박이 소속된 선박회사
> ② 법 제220조의2에서 "환적물품 등 기획재정부령으로 정하는 물품"이란 다음 각 호의 물품을 말한다.
> 1. 환적컨테이너
> 2. 법 제2조 제4호 나목에 따른 외국물품으로서 관세청장이 정하여 고시하는 물품

제2절 내국운송

제221조(내국운송의 신고)

① 내국운송 신고
  내국물품을 국제무역선이나 국제무역기로 운송하려는 자는 대통령령으로 정하는 바에 따라 세관장에게 **내국운송의 신고**를 하여야 한다.
② 준용 규정
  제1항에 따른 내국운송에 관하여는 제215조, 제216조, 제246조, 제247조 및 제250조를 준용한다.
③ 관세청 고시
  제1항 및 제2항에서 규정한 사항 외에 내국운송의 방법과 절차에 관하여 필요한 사항은 관세청장이 정하여 고시한다.

관세법 시행령

영 제230조(내국운송의 신고) 제226조의 규정은 법 제221조의 규정에 의한 신고에 관하여 이를 준용한다.

참고 내국운송에 적용되는 규정

1. 영 제226조(보세운송의 신고 등)
2. 법 제215조(보세운송 보고)
3. 법 제216조(보세운송통로)
4. 법 제246조(물품의 검사)
5. 법 제247조(검사 장소)
6. 법 제250조(신고의 취하 및 각하)

참고 보세운송, 조난물품운송, 내국운송의 비교

구분	보세운송	조난물품 운송	내국운송
조건	세관장에게 신고를 하거나 세관장의 승인을 받아야 한다.	세관장의 승인을 받아야 한다.	세관장에게 신고하여야 한다.
담보 제공	O	O	×
운송 대상	외국물품	외국물품	내국물품

제3절 보세운송업자등

제222조(보세운송업자등의 등록 및 보고)

① 보세운송업자등의 등록

다음 각 호의 어느 하나에 해당하는 자(이하 "보세운송업자등"이라 한다)는 대통령령으로 정하는 바에 따라 관세청장이나 세관장에게 등록하여야 한다.

> 1. 보세운송업자
> 2. 보세화물을 취급하려는 자로서 다른 법령에 따라 화물운송의 주선을 업으로 하는 자(이하 "화물운송주선업자"라 한다)
> 3. 국제무역선·국제무역기 또는 국경출입차량에 물품을 하역하는 것을 업으로 하는 자
> 4. 국제무역선·국제무역기 또는 국경출입차량에 다음 각 목의 어느 하나에 해당하는 물품 등을 공급하는 것을 업으로 하는 자
>   가. 선박용품
>   나. 항공기용품
>   다. 차량용품
>   라. 선박·항공기 또는 철도차량 안에서 판매할 물품
>   마. 용역
> 5. 국제항 안에 있는 보세구역에서 물품이나 용역을 제공하는 것을 업으로 하는 자
> 6. 국제무역선·국제무역기 또는 국경출입차량을 이용하여 상업서류나 그 밖의 견본품 등을 송달하는 것을 업으로 하는 자
> 7. 구매대행업자 중 대통령령으로 정하는 자 (2026.1.1. 삭제)

② 등록의 기준 등

제1항에 따른 등록의 기준·절차 등에 관하여 필요한 사항은 대통령령으로 정한다.

|| 관세법 시행령

영 제231조(보세운송업자등의 등록) ② 법 제222조 제1항에 따라 등록을 하고자 하는 자는 관세청장이 정하는 바에 따라 다음 각 호의 사항을 적은 신청서 및 첨부서류를 세관장에게 제출하여야 한다.
    1. 신청인의 주소·성명 및 상호
    2. 영업의 종류 및 영업장소
    3. 운송수단의 종류·명칭 및 번호(관련 법령에 따라 등록 등을 한 번호를 말한다)
③ 세관장은 제2항에 따라 등록신청을 한 자가 법 제223조에 따른 등록요건을 갖추고 다음 각 호에 해당하는 경우에는 해당 등록부에 필요한 사항을 기재하고 등록증을 교부한다.
    1. 보세운송, 하역물품의 제공, 국제운송 등에 필요하다고 관세청장이 정하는 운송수단 또는 설비를 갖추고 있는 경우
    2. 관세청장이 정하는 일정금액 이상의 자본금 또는 예금을 보유한 경우
    3. 법 및 법에 의한 세관장의 명령에 위반하여 관세범으로 조사받고 있거나 기소 중에 있지 아니한 경우
⑥ 제2항에 따라 등록을 한 자는 등록사항에 변동이 생긴 때에는 지체 없이 등록지를 관할하는 세관장에게 신고해야 한다.

③ 보세운송업자등의 보고

관세청장이나 세관장은 이 법의 준수 여부를 확인하기 위하여 필요하다고 인정할 때에는 보세운송업자등에게 업무실적, 등록사항 변경, 업무에 종사하는 자의 성명이나 그 밖의 인적사항 등 그 영업에 관하여 보고를 하게 하거나 장부 또는 그 밖의 서류를 제출하도록 명할 수 있다. 이 경우 영업에 관한 보고 또는 서류제출에 필요한 사항은 관세청장이 정한다.

④ 화물운송업자의 보고

관세청장이나 세관장은 화물운송주선업자에게 제225조 제2항에 따라 해당 업무에 관하여 보고하게 할 수 있다.

⑤ 보세운송업자등의 등록의 유효기간

제1항에 따른 등록의 유효기간은 3년으로 하며, 대통령령으로 정하는 바에 따라 갱신할 수 있다. 다만, 관세청장이나 세관장은 제255조의7 제1항에 따른 안전관리 기준의 준수 정도 측정·평가 결과가 우수한 자가 등록을 갱신하는 경우에는 유효기간을 2년의 범위에서 연장하여 정할 수 있다.

|| 관세법 시행령

영 제231조(보세운송업자등의 등록) ④ 법 제222조 제5항 본문에 따라 등록의 유효기간을 갱신하려는 자는 등록갱신신청서를 기간만료 1개월 전까지 관할지세관장에게 제출하여야 한다.

⑤ 세관장은 제2항에 따라 등록을 한 자에게 등록의 유효기간을 갱신하려면 등록의 유효기간이 끝나는 날의 1개월 전까지 등록 갱신을 신청해야 한다는 사실과 갱신절차를 등록의 유효기간이 끝나는 날의 2개월 전까지 휴대폰에 의한 문자전송, 전자메일, 팩스, 전화, 문서 등으로 미리 알려야 한다.

제223조(보세운송업자등의 등록요건)

보세운송업자등은 다음 각 호의 요건을 갖춘 자이어야 한다.

1. 제175조 각 호의 어느 하나에 해당하지 아니할 것
2. 「항만운송사업법」 등 관련 법령에 따른 면허·허가·지정 등을 받거나 등록을 하였을 것
3. 관세 및 국세의 체납이 없을 것
4. 보세운송업자등의 등록이 취소(제175조 제1호부터 제3호까지의 어느 하나에 해당하여 등록이 취소된 경우는 제외한다)된 후 2년이 지났을 것

제223조의2(보세운송업자등의 명의대여 등의 금지)

보세운송업자등은 다른 사람에게 자신의 성명·상호를 사용하여 보세운송업자등의 업무를 하게 하거나 그 등록증을 빌려주어서는 아니 된다.

제224조(보세운송업자등의 행정제재)

① 보세운송업자등의 행정제재

세관장은 관세청장이 정하는 바에 따라 보세운송업자등이 다음 각 호의 어느 하나에 해당하는 경우에는 등록의 취소, 6개월의 범위에서의 업무정지 또는 그 밖에 필요한 조치를 할 수 있다. 다만, 제1호 및 제2호에 해당하는 경우에는 등록을 취소하여야 한다.

> 1. 거짓이나 그 밖의 부정한 방법으로 등록을 한 경우
> 2. 제175조 각 호의 어느 하나에 해당하는 경우. 다만, 제175조 제8호에 해당하는 경우로서 같은 조 제2호 또는 제3호에 해당하는 사람을 임원으로 하는 법인이 3개월 이내에 해당 임원을 변경한 경우에는 그러하지 아니하다.
> 3. 「항만운송사업법」 등 관련 법령에 따라 면허·허가·지정·등록 등이 취소되거나 사업정지처분을 받은 경우
> 4. 보세운송업자등(그 임직원 및 사용인을 포함한다)이 보세운송업자등의 업무와 관련하여 이 법이나 이 법에 따른 명령을 위반한 경우
> 4의2. 제223조의2를 위반한 경우
> 5. 보세운송업자등(그 임직원 및 사용인을 포함한다)이 보세운송업자등의 업무와 관련하여 「개별소비세법」 제29조 제1항 또는 「교통·에너지·환경세법」 제25조 제1항에 따른 과태료를 부과받은 경우

② 과징금 부과

세관장은 제1항에 따른 업무정지가 그 이용자에게 심한 불편을 주거나 공익을 해칠 우려가 있을 경우에는 보세운송업자등에게 업무정지처분을 갈음하여 해당 업무 유지에 따른 매출액의 100분의 3 이하의 과징금을 부과할 수 있다. 이 경우 매출액 산정, 과징금의 금액 및 과징금의 납부기한 등에 관하여 필요한 사항은 대통령령으로 정한다.

||관세법 시행령

영 제231조의2(보세운송업자등에 대한 과징금의 부과기준 등) ① 법 제224조 제2항에 따라 부과하는 과징금의 금액은 제1호의 기간에 제2호의 금액을 곱하여 산정한다.
　1. 기간: 법 제224조 제1항에 따라 산정된 업무정지 일수(1개월은 30일을 기준으로 한다)
　2. 1일당 과징금 금액: 해당 사업의 수행에 따른 연간매출액의 6천분의 1
② 제1항 제2호의 연간매출액은 다음 각 호의 구분에 따라 산정한다.
　1. 법 제222조 제1항 각 호의 어느 하나에 해당하는 자(이하 "보세운송업자등"이라 한다)가 해당 사업연도 개시일 전에 사업을 시작한 경우: 직전 3개 사업연도의 평균 매출액. 이 경우 사업을 시작한 날부터 직전 사업연도 종료일까지의 기간이 3년 미만인 경우에는 그 시작일부터 그 종료일까지의 매출액을 연간 평균매출액으로 환산한 금액으로 한다.
　2. 보세운송업자등이 해당 사업연도에 사업을 시작한 경우: 사업을 시작한 날부터 업무정지의 처분사유가 발생한 날까지의 매출액을 연간매출액으로 환산한 금액
③ 세관장은 제1항에 따라 산정된 과징금 금액의 4분의 1 범위에서 사업규모, 위반행위의 정도 및 위반횟수 등을 고려하여 그 금액을 가중하거나 감경할 수 있다. 이 경우 과징금을 가중하는 때에는 과징금 총액이 제2항에 따라 산정된 연간매출액의 100분의 3을 초과할 수 없다.
④ 제1항에 따른 과징금의 부과 및 납부에 관하여는 제285조의7을 준용한다. 이 경우 제285조의7 제1항·제2항 및 제4항 중 "관세청장"은 "세관장"으로 본다.

> **참고** 영 제285조의7(과징금의 납부)
> ① 납부통지(서면, 전자문서)
> ② 납부기한(20일)
> ③ 영수증 교부·송부(서면, 전자문서)
> ④ 수납사실 통지(서면, 전자문서)
> ⑤ 분할납부 금지

③ 과징금 미납 시 조치
제2항에 따른 과징금을 납부하여야 할 자가 납부기한까지 납부하지 아니한 경우 과징금의 징수에 관하여는 제26조를 준용한다.

제224조의2(보세운송업자등의 등록의 효력상실)

다음 각 호의 어느 하나에 해당하면 제222조 제1항에 따른 보세운송업자등의 등록은 그 효력을 상실한다.

1. 보세운송업자등이 폐업한 경우
2. 보세운송업자등이 사망한 경우(법인인 경우에는 해산된 경우)
3. 제222조 제5항에 따른 등록의 유효기간이 만료된 경우
4. 제224조 제1항에 따라 등록이 취소된 경우

제225조(보세화물 취급 선박회사 등의 신고 및 보고)

① 보세화물 취급 선박회사 등의 신고
보세화물을 취급하는 선박회사 또는 항공사(그 업무를 대행하는 자를 포함한다. 이하 같다)는 대통령령으로 정하는 바에 따라 세관장에게 신고하여야 한다. 신고인의 주소 등 대통령령으로 정하는 중요한 사항을 변경한 때에도 또한 같다.

|| 관세법 시행령

영 제232조(보세화물 취급 선박회사 등의 신고 및 보고) ① 법 제225조 제1항에 따라 보세화물을 취급하는 선박회사 또는 항공사(그 업무를 대행하는 자를 포함하며, 이하 이 조에서 "선박회사 또는 항공사"라 한다)는 다음 각 호의 요건을 모두 갖추어 주소·성명·상호 및 영업장소 등을 적은 신고서를 세관장에게 제출하여야 한다.
    1. 법 제175조 각 호의 어느 하나에 해당하지 아니할 것
    2. 「해운법」, 「항공사업법」 등 관련 법령에 따른 등록을 할 것
② 법 제225조 제1항 후단에서 "대통령령으로 정하는 중요한 사항"이란 다음 각 호의 어느 하나에 해당하는 사항을 말한다.
    1. 신고인의 주소 및 성명
    2. 신고인의 상호 또는 영업장소
    3. 제1항 제2호에 따라 신고한 등록사항

② 보세화물 취급 선박회사 등의 보고

세관장은 통관의 신속을 도모하고 보세화물의 관리절차를 간소화하기 위하여 필요하다고 인정할 때에는 <u>대통령령</u>으로 정하는 바에 따라 제1항에 따른 선박회사 또는 항공사로 하여금 해당 업무에 관하여 보고하게 할 수 있다.

> **관세법 시행령**
>
> **영 제232조(보세화물 취급 선박회사 등의 신고 및 보고)** ③ 세관장은 법 제225조 제2항에 따라 다음 각 호의 사항을 선박회사 또는 항공사로 하여금 보고하게 할 수 있다.
> 1. 선박회사 또는 항공사가 화주 또는 법 제222조 제1항 제2호에 따른 화물운송주선업자에게 발행한 선하증권 또는 항공화물운송장의 내역
> 2. 화물 취급과정에서 발견된 보세화물의 이상 유무 등 통관의 신속 또는 관세범의 조사상 필요한 사항

CHAPTER 09 통관

제1절 통칙

제1관 통관요건

제226조(허가·승인 등의 증명 및 확인)

① 허가·승인 등의 증명
  수출입을 할 때 법령에서 정하는 바에 따라 허가·승인·표시 또는 그 밖의 조건을 갖출 필요가 있는 물품은 세관장에게 그 허가·승인·표시 또는 그 밖의 조건을 갖춘 것임을 증명하여야 한다.

② 허가·승인 등의 확인
  통관을 할 때 제1항의 구비조건에 대한 세관장의 확인이 필요한 수출입물품에 대하여는 다른 법령에도 불구하고 그 물품과 확인방법, 확인절차, 그 밖에 필요한 사항을 대통령령으로 정하는 바에 따라 미리 공고하여야 한다.

> **관세법 시행령**
>
> **영 제233조(구비조건의 확인)** 법 제226조 제2항의 규정에 의한 허가·승인·표시 기타 조건(이하 이 조에서 "구비조건"이라 한다)의 구비를 요하는 물품에 대하여 관세청장은 주무부장관의 요청을 받아 세관공무원에 의하여 확인이 가능한 사항인지 여부, 물품의 특성 기타 수출입물품의 통관여건 등을 고려하여 세관장의 확인대상물품, 확인방법, 확인절차(관세청장이 지정·고시하는 정보통신망을 이용한 확인신청 등의 절차를 포함한다), 그 밖에 확인에 필요한 사항을 공고하여야 한다.

③ 준용 규정
  제1항에 따른 증명에 관하여는 제245조 제2항을 준용한다.

> **참고 허가·승인 등의 증명 및 확인에 적용되는 규정**
>
> **법 제245조(신고 시의 제출서류)** ② 제1항에 따라 서류를 제출하여야 하는 자가 해당 서류를 관세사 등에게 제출하고, 관세사 등이 해당 서류를 확인한 후 제241조 또는 제244조에 따른 수출·수입 또는 반송에 관한 신고를 할 때에는 해당 서류의 제출을 생략하게 하거나 해당 서류를 수입신고 수리 후에 제출하게 할 수 있다.

제227조(의무 이행의 요구 및 조사)

① 의무 이행의 요구

세관장은 다른 법령에 따라 수입 후 특정한 용도로 사용하여야 하는 등의 의무가 부가되어 있는 물품에 대하여는 문서로써 해당 의무를 이행할 것을 요구할 수 있다.

> **관세법 시행령**
>
> **영 제234조(의무의 면제)** 법 제227조 제1항의 규정에 의하여 수입신고수리 시에 부과된 의무를 면제받고자 하는 자는 다음 각 호의 1에 해당하는 경우에 한하여 당해 의무이행을 요구한 세관장의 승인을 얻어야 한다.
> 1. 법령이 정하는 허가·승인·추천 기타 조건을 구비하여 의무이행이 필요하지 아니하게 된 경우
> 2. 법령의 개정 등으로 인하여 의무이행이 해제된 경우
> 3. 관계행정기관의 장의 요청 등으로 부과된 의무를 이행할 수 없는 사유가 있다고 인정된 경우

② 의무의 이행

제1항에 따라 의무의 이행을 요구받은 자는 대통령령으로 정하는 특별한 사유가 없으면 해당 물품에 대하여 부가된 의무를 이행하여야 한다.

> **참고 의무이행의 요구 위반 시 조치**
>
> 1. 보세구역 반입명령(법 제238조, 영 제245조)
> 2. 2천만원 이하의 벌금(법 제276조)

③ 이행 여부 조사

세관장은 제1항에 따라 의무의 이행을 요구받은 자의 이행 여부를 확인하기 위하여 필요한 경우 세관공무원으로 하여금 조사하게 할 수 있다. 이 경우 제240조의3을 준용한다.

제228조(통관표지)

세관장은 관세 보전을 위하여 필요하다고 인정할 때에는 대통령령으로 정하는 바에 따라 수입하는 물품에 통관표지를 첨부할 것을 명할 수 있다.

> **관세법 시행령**
>
> **영 제235조(통관표지의 첨부)** ① 세관장은 다음 각 호의 1에 해당하는 물품에 대하여는 관세보전을 위하여 법 제228조의 규정에 의한 통관표지의 첨부를 명할 수 있다.
> 1. 법에 의하여 관세의 감면 또는 용도세율의 적용을 받은 물품
> 2. 법 제107조 제2항의 규정에 의하여 관세의 분할납부승인을 얻은 물품
> 3. 부정수입물품과 구별하기 위하여 관세청장이 지정하는 물품
>
> ② 통관표지첨부대상, 통관표지의 종류, 첨부방법 등에 관하여 필요한 사항은 관세청장이 정한다.

> **참고** 수입통관사무처리에 관한 고시 별표 8

일반수입물품(초록색)

통관		필증
	세관마크	
	97 NO 0000000	

(35mm × 20mm)

내용풀이
(예: 97 NO 123456)
- 97: 1997년도 제작
- 123456: 제작일련번호

공매낙찰물품(붉은색)

공매		필증
	세관마크	
	97 NO 0000000	

(35mm × 20mm)

제2관 원산지의 확인 등

제229조(원산지 확인기준)

① 원산지 확인기준

이 법, 조약, 협정 등에 따른 관세의 부과·징수, 수출입물품의 통관, 제233조 제3항의 확인요청에 따른 조사 등을 위하여 원산지를 확인할 때에는 다음 각 호의 어느 하나에 해당하는 나라를 원산지로 한다.

1. 해당 물품의 전부를 생산·가공·제조한 나라
2. 해당 물품이 2개국 이상에 걸쳐 생산·가공 또는 제조된 경우에는 그 물품의 본질적 특성을 부여하기에 충분한 정도의 실질적인 생산·가공·제조 과정이 최종적으로 수행된 나라

> **참고** 원산지 확인기준

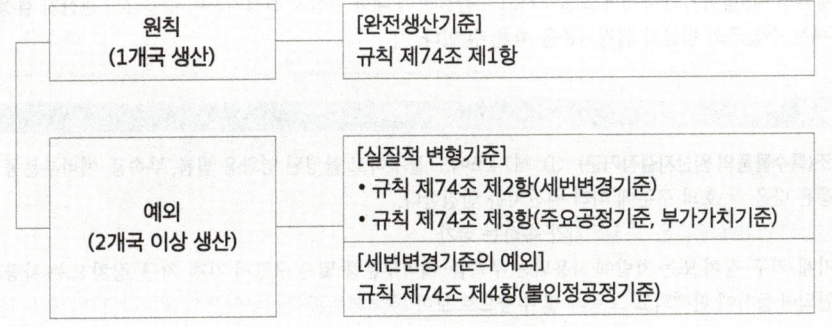

② 구체적인 원산지 확인기준 등

제1항 각 호를 적용할 물품의 범위, 구체적 확인 기준 등에 관하여 필요한 사항은 기획재정부령으로 정한다.

> **관세법 시행규칙**
>
> **규칙 제74조(일반물품의 원산지결정기준)** ① 법 제229조 제1항 제1호의 규정에 의하여 원산지를 인정하는 물품은 다음 각 호와 같다.
> 1. 당해 국가의 영역에서 생산된 광산물과 식물성 생산물
> 2. 당해 국가의 영역에서 번식 또는 사육된 산 동물과 이들로부터 채취한 물품
> 3. 당해 국가의 영역에서의 수렵 또는 어로로 채집 또는 포획한 물품
> 4. 당해 국가의 선박에 의하여 채집 또는 포획한 어획물 기타의 물품
> 5. 당해 국가에서의 제조·가공의 공정 중에 발생한 부스러기
> 6. 당해 국가 또는 그 선박에서 제1호 내지 제5호의 물품을 원재료로 하여 제조·가공한 물품
>
> ② 법 제229조 제1항 제2호의 규정에 의하여 2개국 이상에 걸쳐 생산·가공 또는 제조(이하 이 조에서 "생산"이라 한다)된 물품의 원산지는 당해 물품의 생산과정에 사용되는 물품의 품목분류표상 6단위 품목번호와 다른 6단위 품목번호의 물품을 최종적으로 생산한 국가로 한다.
>
> ③ 관세청장은 제2항의 규정에 의하여 6단위 품목번호의 변경만으로 법 제229조 제1항 제2호의 규정에 의한 본질적 특성을 부여하기에 충분한 정도의 실질적인 생산과정을 거친 것으로 인정하기 곤란한 품목에 대하여는 주요공정·부가가치 등을 고려하여 품목별로 원산지기준을 따로 정할 수 있다.
>
> ④ 다음 각 호의 1에 해당하는 작업이 수행된 국가는 제2항의 규정에 의한 원산지로 인정하지 아니한다.
> 1. 운송 또는 보세구역장치 중에 있는 물품의 보존을 위하여 필요한 작업
> 2. 판매를 위한 물품의 포장개선 또는 상표표시 등 상품성 향상을 위한 개수작업
> 3. 단순한 선별·구분·절단 또는 세척작업
> 4. 재포장 또는 단순한 조립작업
> 5. 물품의 특성이 변하지 아니하는 범위 안에서의 원산지가 다른 물품과의 혼합작업
> 6. 가축의 도축작업
>
> ⑤ 관세청장은 제3항에 따른 품목별 원산지기준을 정하는 때에는 기획재정부장관 및 해당 물품의 관계부처의 장과 협의하여야 한다.
>
> ⑥ 제1항부터 제5항까지의 규정에도 불구하고 수출물품에 대한 원산지 결정기준이 수입국의 원산지 결정기준과 다른 경우에는 수입국의 원산지 결정기준을 따를 수 있다.

> **관세법 시행규칙**
>
> **규칙 제75조(특수물품의 원산지결정기준)** ① 제74조에도 불구하고 촬영된 영화용 필름, 부속품·예비부분품 및 공구와 포장용품은 다음 각 호의 구분에 따라 원산지를 인정한다.
> 1. 촬영된 영화용 필름은 그 제작자가 속하는 국가
> 2. 기계·기구·장치 또는 차량에 사용되는 부속품·예비부분품 및 공구로서 기계·기구·장치 또는 차량과 함께 수입되어 동시에 판매되고 그 종류 및 수량으로 보아 통상 부속품·예비부분품 및 공구라고 인정되는 물품은 당해 기계·기구 또는 차량의 원산지
> 3. 포장용품은 그 내용물품의 원산지. 다만, 품목분류표상 포장용품과 내용품을 각각 별개의 품목번호로 하고 있는 경우에는 그러하지 아니한다.
>
> ② 제1항에도 불구하고 수출물품에 대한 원산지 결정기준이 수입국의 원산지 결정기준과 다른 경우에는 수입국의 원산지 결정기준을 따를 수 있다.

> **관세법 시행규칙**
>
> **규칙 제76조(직접운송원칙)** 법 제229조에 따라 원산지를 결정할 때 해당 물품이 원산지가 아닌 국가를 경유하지 아니하고 직접 우리나라에 운송·반입된 물품인 경우에만 그 원산지로 인정한다. 다만, 다음 각 호의 어느 하나에 해당하는 물품인 경우에는 우리나라에 직접 반입한 것으로 본다.
> 1. 다음 각 목의 요건을 모두 충족하는 물품일 것
>   가. 지리적 또는 운송상의 이유로 단순 경유한 것
>   나. 원산지가 아닌 국가에서 관세당국의 통제하에 보세구역에 장치된 것
>   다. 원산지가 아닌 국가에서 하역, 재선적 또는 그 밖에 정상 상태를 유지하기 위하여 요구되는 작업 외의 추가적인 작업을 하지 아니한 것
> 2. 박람회·전시회 및 그 밖에 이에 준하는 행사에 전시하기 위하여 원산지가 아닌 국가로 수출되어 해당 국가 관세당국의 통제하에 전시목적에 사용된 후 우리나라로 수출된 물품일 것

③ 조약·협정 등의 시행을 위한 원산지 확인기준 등

제1항과 제2항에도 불구하고 조약·협정 등의 시행을 위하여 원산지 확인기준 등을 따로 정할 필요가 있을 때에는 기획재정부령으로 원산지 확인기준 등을 따로 정한다.

제230조(원산지 허위표시물품 등의 통관 제한)

세관장은 법령에 따라 원산지를 표시하여야 하는 물품이 다음 각 호의 어느 하나에 해당하는 경우에는 해당 물품의 통관을 허용하여서는 아니 된다. 다만, 그 위반사항이 경미한 경우에는 이를 보완·정정하도록 한 후 통관을 허용할 수 있다.

> 1. 원산지 표시가 법령에서 정하는 기준과 방법에 부합되지 아니하게 표시된 경우
> 2. 원산지 표시가 부정한 방법으로 사실과 다르게 표시된 경우
> 3. 원산지 표시가 되어 있지 아니한 경우

> **참고** **원산지 허위 표시 관련 규정**
>
> 1. 법 제230조(허위 표시 통관제한)
> 2. 법 제231조(유치)
> 3. 법 제238조, 영 제245조(보세구역 반입명령)
> 4. 법 제233조의3(원산지표시위반단속기관협의회)

제230조의2(품질등 허위·오인 표시물품의 통관 제한)

세관장은 물품의 품질, 내용, 제조 방법, 용도, 수량(이하 이 조에서 "품질등"이라 한다)을 사실과 다르게 표시한 물품 또는 품질등을 오인(誤認)할 수 있도록 표시하거나 오인할 수 있는 표지를 붙인 물품으로서 「부정경쟁방지 및 영업비밀보호에 관한 법률」, 「식품 등의 표시·광고에 관한 법률」, 「산업표준화법」 등 품질등의 표시에 관한 법령을 위반한 물품에 대하여는 통관을 허용하여서는 아니 된다.

제231조(환적물품 등에 대한 유치 등)

① 환적물품 등에 대한 유치
세관장은 제141조에 따라 일시적으로 육지에 내려지거나 다른 운송수단으로 환적 또는 복합환적되는 외국물품 중 원산지를 우리나라로 허위 표시한 물품은 유치할 수 있다.

② 유치 물품 보관 장소
제1항에 따라 유치하는 외국물품은 세관장이 관리하는 장소에 보관하여야 한다. 다만, 세관장이 필요하다고 인정할 때에는 그러하지 아니하다.

③ 유치 사실 통지
세관장은 제1항에 따라 외국물품을 유치할 때에는 그 사실을 그 물품의 화주나 그 위임을 받은 자에게 통지하여야 한다.

④ 이행 명령
세관장은 제3항에 따른 통지를 할 때에는 이행기간을 정하여 원산지 표시의 수정 등 필요한 조치를 명할 수 있다. 이 경우 지정한 이행기간 내에 명령을 이행하지 아니하면 매각한다는 뜻을 함께 통지하여야 한다.

⑤ 유치 해제
세관장은 제4항 전단에 따른 명령이 이행된 경우에는 제1항에 따른 물품의 유치를 즉시 해제하여야 한다.

⑥ 유치 물품의 매각
세관장은 제4항 전단에 따른 명령이 이행되지 아니한 경우에는 이를 매각할 수 있다. 이 경우 매각 방법 및 절차에 관하여는 제160조 제4항부터 제6항까지 및 제210조를 준용한다.

제232조(원산지증명서 등)

① 원산지증명서의 제출
이 법, 조약, 협정 등에 따라 원산지 확인이 필요한 물품을 수입하는 자는 해당 물품의 원산지를 증명하는 서류(이하 "원산지증명서"라 한다)를 제출하여야 한다. 다만, 대통령령으로 정하는 물품의 경우에는 그러하지 아니하다.

> **관세법 시행령**
>
> **영 제236조(원산지증명서의 제출 등)** ① 다음 각 호의 어느 하나에 해당하는 자는 해당 물품의 수입신고 시에 그 물품의 원산지를 증명하는 서류(이하 "원산지증명서"라 한다)를 세관장에게 제출하여야 한다. 다만, 제1호에 해당하는 자로서 수입신고 전에 원산지증명서를 발급받았으나 분실 등의 사유로 수입신고 시에 원산지증명서를 제출하지 못한 경우에는 제4항에 따른 원산지증명서 유효기간 내에 해당 원산지증명서 또는 그 부본을 제출할 수 있다.
> 1. 법·조약·협정 등에 의하여 다른 국가의 생산(가공을 포함한다)물품에 적용되는 세율보다 낮은 세율을 적용받고자 하는 자로서 원산지확인이 필요하다고 관세청장이 정하는 자
> 2. 관세율의 적용 기타의 사유로 인하여 원산지확인이 필요하다고 관세청장이 지정한 물품을 수입하는 자
>
> ② 법 제232조 제1항 단서의 규정에 의하여 다음 각 호의 물품에 대하여는 제1항의 규정을 적용하지 아니한다.
> 1. 세관장이 물품의 종류·성질·형상 또는 그 상표·생산국명·제조자 등에 의하여 원산지를 확인할 수 있는 물품

2. 우편물(법 제258조 제2항의 규정에 해당하는 것을 제외한다)
3. 과세가격(종량세의 경우에는 이를 법 제15조의 규정에 준하여 산출한 가격을 말한다)이 15만원 이하인 물품
4. 개인에게 무상으로 송부된 탁송품·별송품 또는 여행자의 휴대품
5. 기타 관세청장이 관계행정기관의 장과 협의하여 정하는 물품

③ 제1항의 규정에 의하여 세관장에게 제출하는 원산지증명서는 다음 각 호의 1에 해당하는 것이어야 한다.
1. 원산지국가의 세관 기타 발급권한이 있는 기관 또는 상공회의소가 당해 물품에 대하여 원산지국가(지역을 포함한다)를 확인 또는 발행한 것
2. 원산지국가에서 바로 수입되지 아니하고 제3국을 경유하여 수입된 물품에 대하여 그 제3국의 세관 기타 발급권한이 있는 기관 또는 상공회의소가 확인 또는 발행한 경우에는 원산지국가에서 당해 물품에 대하여 발행된 원산지증명서를 기초로 하여 원산지국가(지역을 포함한다)를 확인 또는 발행한 것
3. 관세청장이 정한 물품의 경우에는 당해 물품의 상업송장 또는 관련서류에 생산자·공급자·수출자 또는 권한 있는 자가 원산지국가를 기재한 것

④ 제3항에 따른 원산지증명서에는 해당 수입물품의 품명, 수량, 생산지, 수출자 등 관세청장이 정하는 사항이 적혀 있어야 하며, 제출일부터 소급하여 1년(다음 각 호의 구분에 따른 기간은 제외한다) 이내에 발행된 것이어야 한다.
1. 원산지증명서 발행 후 1년 이내에 해당 물품이 수입항에 도착하였으나 수입신고는 1년을 경과하는 경우: 물품이 수입항에 도착한 날의 다음 날부터 해당 물품의 수입신고를 한 날까지의 기간
2. 천재지변, 그 밖에 이에 준하는 사유로 원산지증명서 발행 후 1년이 경과한 이후에 수입항에 도착한 경우: 해당 사유가 발생한 날의 다음 날부터 소멸된 날까지의 기간

> **참고** 원산지증명서의 유효기간

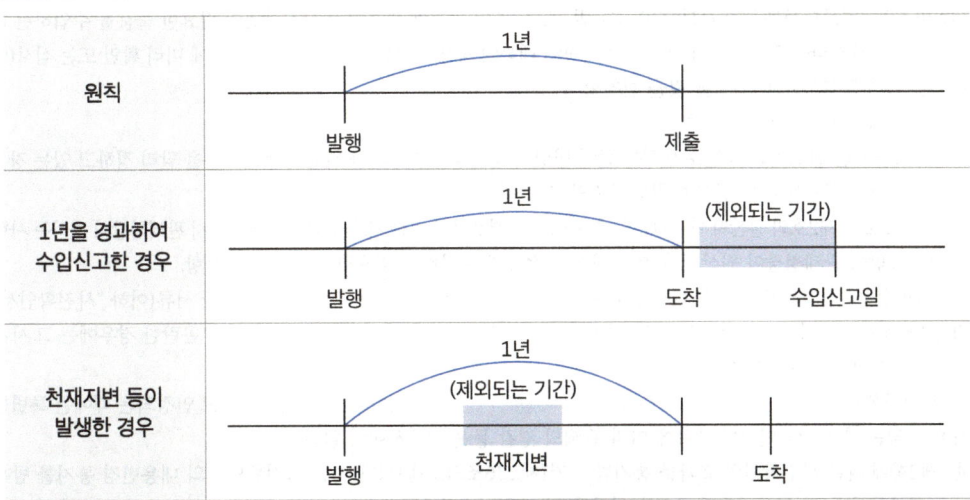

⑤ 제1항 각 호 외의 부분 단서에 따라 원산지증명서 또는 그 부본을 제출하는 경우에는 제34조 제1항에 따른 경정청구서를 함께 제출하여야 한다.

② 원산지증명서 미제출 시 관세 편익 적용 배제
세관장은 제1항에 따라 원산지 확인이 필요한 물품을 수입하는 자가 원산지증명서를 제출하지 아니하는 경우에는 이 법, 조약, 협정 등에 따른 관세율을 적용할 때 일반특혜관세·국제협력관세 또는 편익관세를 배제하는 등 관세의 편익을 적용하지 아니할 수 있다.

③ 원산지증명서확인자료의 제출
세관장은 원산지 확인이 필요한 물품을 수입한 자로 하여금 제1항에 따라 제출받은 원산지증명서의 내용을 확인하기 위하여 필요한 자료(이하 "원산지증명서확인자료"라 한다)를 제출하게 할 수 있다. 이 경우 원산지 확인이 필요한 물품을 수입한 자가 정당한 사유 없이 원산지증명서확인자료를 제출하지 아니할 때에는 세관장은 수입신고 시 제출받은 원산지증명서의 내용을 인정하지 아니할 수 있다.

④ 원산지증명서확인자료의 비공개요청
세관장은 제3항에 따라 원산지증명서확인자료를 제출한 자가 정당한 사유를 제시하여 그 자료를 공개하지 아니할 것을 요청한 경우에는 그 제출인의 명시적 동의 없이는 해당 자료를 공개하여서는 아니 된다.

⑤ 조약·협정 등의 시행을 위한 원산지증명서 제출 등
제1항부터 제4항까지의 규정에도 불구하고 조약·협정 등의 시행을 위하여 원산지증명서 제출 등에 관한 사항을 따로 정할 필요가 있을 때에는 기획재정부령으로 정한다.

관세법 시행령

영 제236조의2(원산지 등에 대한 사전확인) ① 법 제232조의 규정에 의하여 원산지확인이 필요한 물품을 수입하는 자는 관세청장에게 다음 각 호의 1에 해당하는 사항에 대하여 당해 물품의 수입신고를 하기 전에 미리 확인 또는 심사(이하 "사전확인"이라 한다)하여 줄 것을 신청할 수 있다.
  1. 법 제229조의 규정에 따른 원산지 확인기준의 충족 여부
  2. 조약 또는 협정 등의 체결로 인하여 관련 법령에서 특정물품에 대한 원산지 확인기준을 달리 정하고 있는 경우에 당해 법령에 따른 원산지 확인기준의 충족 여부
  3. 제1호 및 제2호의 원산지 확인기준의 충족 여부를 결정하기 위한 기초가 되는 사항으로서 관세청장이 정하는 사항
  4. 그 밖에 관세청장이 원산지에 따른 관세의 적용과 관련하여 필요하다고 정하는 사항

② 사전확인의 신청을 받은 경우 관세청장은 60일 이내에 이를 확인하여 그 결과를 기재한 서류(이하 "사전확인서"라 한다)를 신청인에게 교부하여야 한다. 다만, 제출자료의 미비 등으로 인하여 사전확인이 곤란한 경우에는 그 사유를 신청인에게 통지하여야 한다.

③ 세관장은 수입신고된 물품 및 원산지증명서의 내용이 사전확인서상의 내용과 동일하다고 인정되는 때에는 특별한 사유가 없는 한 사전확인서의 내용에 따라 관세의 경감 등을 적용하여야 한다.

④ 제2항에 따른 사전확인의 결과를 통지받은 자(제236조의3 제1항에 따른 사전확인서의 내용변경 통지를 받은 자를 포함한다)는 그 통지내용에 이의를 제기하려는 경우 그 결과를 통지받은 날부터 30일 이내에 다음 각 호의 사항이 기재된 신청서에 이의제기내용을 확인할 수 있는 자료를 첨부하여 관세청장에게 제출하여야 한다.
  1. 이의를 제기하는 자의 성명과 주소 또는 거소
  2. 해당 물품의 품명·규격·용도·수출자·생산자 및 수입자
  3. 이의제기의 요지와 내용

⑤ 관세청장은 제4항에 따라 이의제기를 받은 때에는 이를 심사하여 30일 이내에 그 결정 내용을 신청인에게 알려야 한다.

⑥ 관세청장은 이의제기의 내용이나 절차가 적합하지 아니하거나 보정할 수 있다고 인정되는 때에는 20일 이내의 기간을 정하여 다음 각 호의 사항을 적은 문서로써 보정하여 줄 것을 요구할 수 있다. 이 경우 보정기간은 제5항에 따른 심사결정기간에 산입하지 아니한다.

1. 보정할 사항
2. 보정을 요구하는 이유
3. 보정할 기간
4. 그 밖의 필요한 사항

영 제236조의3(사전확인서 내용의 변경) ① 관세청장은 사전확인서의 근거가 되는 사실관계 또는 상황이 변경된 경우에는 사전확인서의 내용을 변경할 수 있다. 이 경우 관세청장은 신청인에게 그 변경내용을 통지하여야 한다.
② 제1항의 규정에 따른 사전확인서의 내용을 변경한 경우에는 그 변경일 후에 수입신고되는 물품에 대하여 변경된 내용을 적용한다. 다만, 사전확인서의 내용변경이 자료제출누락 또는 허위자료제출 등 신청인의 귀책사유로 인한 때에는 당해 사전확인과 관련하여 그 변경일 전에 수입신고된 물품에 대하여도 소급하여 변경된 내용을 적용한다.

> **참고** 원산지 사전확인절차

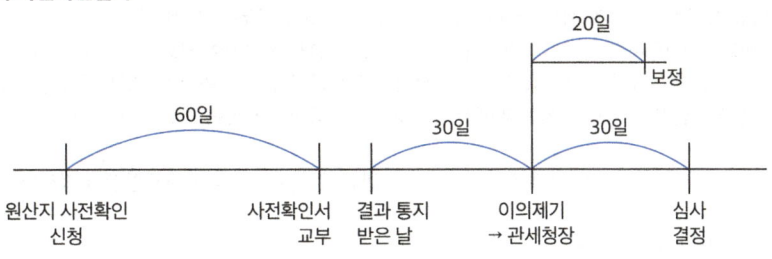

> **참고** 관세법상 유권해석제도

유권해석(有權解析)이란 국가의 권한 있는 기관에 의하여 법의 의미내용이 확정되고 설명되는 것을 말한다. 행정관청이 내리는 행정적 유권해석의 경우 구속력(拘束力)을 가진다. 관세법상 유권해석제도에는 과세가격결정방법 사전심사제도, 품목분류 사전심사제도, 원산지 사전확인제도가 있다.

구분	과세가격 결정방법 사전심사제도	품목분류 사전심사제도	원산지 사전확인제도
근거 규정	법 제37조, 영 제31조	법 제86조 ~ 제87조, 영 제106조 ~ 제107조	영 제236조의2 ~ 제236조의3
심사 주체	관세청장	관세청장	관세청장
심사신청시기	가격신고를 하기 전	수출입신고를 하기 전	수입신고를 하기 전
심사신청대상	관세평가 제1 ~ 6방법, 특수관계자 간 과세가격 결정방법	해당 물품에 적용될 별표 관세율표상의 품목분류	원산지 확인기준 충족 여부
심사기간	대통령령으로 정하는 기간 (1개월 / 1년) 이내	대통령령으로 정하는 기간 (심사 신청을 받은 날부터 30일) 이내	60일 이내
재심사/ 이의제기	결과를 통보받은 날부터 30일 이내 재심사신청	결과를 통지받은 날부터 30일 이내에 재심사신청	결과를 통지받은 날부터 30일 이내 이의제기
심사결과의 변경	-	가능	가능
연장 적용	-	수입신고인에게 유리한 경우	-
소급 적용	-	수출입신고인에게 유리한 경우	신청인의 귀책사유로 인한 때

제232조의2(원산지증명서의 발급 등)

① 원산지증명서 발급

이 법, 조약, 협정 등에 따라 관세를 양허받을 수 있는 물품의 수출자가 원산지증명서의 발급을 요청하는 경우에는 세관장이나 그 밖에 원산지증명서를 발급할 권한이 있는 기관은 그 수출자에게 원산지증명서를 발급하여야 한다.

> **관세법 시행규칙**
>
> **규칙 제76조의2(원산지증명서 발급 기관 등)** ① 법 제232조의2 제1항에서 원산지증명서를 발급할 권한이 있는 기관이란 다음 각 호의 자를 말한다.
> 1. 「대외무역법 시행령」 제91조 제4항 단서에 따라 원산지증명서 발급 권한을 위임받은 자
> 2. 「대외무역법 시행령」 제91조 제10항에 따라 원산지증명서 발급 업무를 위탁받은 자
> ② 법 제232조의2 제1항에 따른 원산지증명서의 발급 요청은 수출물품 선적이 완료되기 전까지 해야 한다. 다만, 과실·착오 또는 그 밖의 부득이한 사유로 수출물품 선적이 완료되기 전까지 원산지증명서의 발급을 요청하지 못한 경우에는 수출물품 선적일부터 1년의 범위에서 관세청장이 정하여 고시하는 기간 내에 원산지증명서의 발급을 요청할 수 있다.
> ③ 제1항 및 제2항에서 규정한 사항 외에 원산지증명서의 발급에 필요한 사항은 관세청장이 정하여 고시한다.

② 원산지증명서확인자료의 제출

세관장은 제1항에 따라 발급된 원산지증명서의 내용을 확인하기 위하여 필요하다고 인정되는 경우에는 다음 각 호의 자로 하여금 원산지증명서확인자료(대통령령으로 정하는 자료로 한정한다)를 제출하게 할 수 있다. 이 경우 자료의 제출기간은 20일 이상으로서 기획재정부령으로 정하는 기간 이내로 한다.

1. 원산지증명서를 발급받은 자
2. 원산지증명서를 발급한 자
3. 그 밖에 대통령령으로 정하는 자

③ 위임 규정

원산지증명서의 발급 요청 기한 및 발급 기관 등 원산지증명서의 발급에 필요한 사항은 기획재정부령으로 정한다.

> **관세법 시행령**
>
> **영 제236조의6(원산지증명서확인자료 등)** ① 법 제232조의2 제2항 전단에서 "대통령령으로 정하는 자료"란 다음 각 호의 구분에 따른 자료로서 수출신고 수리일부터 3년 이내의 자료를 말한다.
> 1. 수출물품의 생산자가 제출하는 다음 각 목의 자료
>   가. 수출자에게 해당 물품의 원산지를 증명하기 위하여 제공한 서류
>   나. 수출자와의 물품공급계약서
>   다. 해당 물품의 생산에 사용된 원재료의 수입신고필증(생산자 명의로 수입신고한 경우만 해당한다)
>   라. 해당 물품 및 원재료의 생산 또는 구입 관련 증명 서류
>   마. 원가계산서·원재료내역서 및 공정명세서
>   바. 해당 물품 및 원재료의 출납·재고관리대장
>   사. 해당 물품의 생산에 사용된 재료를 공급하거나 생산한 자가 그 재료의 원산지를 증명하기 위하여 작성하여 생산자에게 제공한 서류
>   아. 원산지증명서 발급 신청서류(전자문서를 포함하며, 생산자가 원산지증명서를 발급받은 경우만 해당한다)

2. 수출자가 제출하는 다음 각 목의 자료
   가. 원산지증명서가 발급된 물품을 수입하는 국가의 수입자에게 제공한 원산지증명서(전자문서를 포함한다)
   나. 수출신고필증
   다. 수출거래 관련 계약서
   라. 원산지증명서 발급 신청서류(전자문서를 포함하며, 수출자가 원산지증명서를 발급받은 경우만 해당한다)
   마. 제1호 라목부터 바목까지의 서류(수출자가 원산지증명서를 발급받은 경우만 해당한다)
3. 원산지증명서를 발급한 자가 제출하는 다음 각 목의 자료
   가. 발급한 원산지증명서(전자문서를 포함한다)
   나. 원산지증명서 발급신청 서류(전자문서를 포함한다)
   다. 그 밖에 발급기관이 보관 중인 자료로서 원산지 확인에 필요하다고 판단하는 자료
② 법 제232조의2 제2항 제3호에서 "대통령령으로 정하는 자"란 해당 수출물품의 생산자 또는 수출자를 말한다.

관세법 시행규칙

규칙 제77조(원산지증명서확인자료의 제출기간) 법 제232조의2 제2항 각 호 외의 부분 후단에서 "기획재정부령으로 정하는 기간"이란 세관장으로부터 원산지증명서확인자료의 제출을 요구받은 날부터 30일을 말한다. 다만, 제출을 요구받은 자가 부득이한 사유로 그 기간에 원산지증명서확인자료를 제출하기 곤란할 때에는 그 기간을 30일의 범위에서 한 차례만 연장할 수 있다.

참고 | 관세법상 한 번만 할 수 있는 일들

1. 법 제37조의4(특수관계자의 수입물품 과세가격결정자료 등 제출) ③ 제1항에 따른 과세가격결정자료 또는 제2항에 따른 증명자료(이하 "과세가격결정자료등"이라 한다)의 제출을 요구받은 자는 자료제출을 요구받은 날부터 60일 이내에 해당 자료를 제출하여야 한다. 다만, 대통령령으로 정하는 부득이한 사유로 제출기한의 연장을 신청하는 경우에는 세관장은 한 차례만 60일까지 연장할 수 있다.
2. 법 제114조의2(장부·서류 등의 보관 금지) ④ 세관공무원은 제2항에 따라 일시 보관하고 있는 장부등에 대하여 납세자가 반환을 요청한 경우에는 납세자가 그 반환을 요청한 날부터 14일을 초과하여 장부등을 보관할 수 없다. 다만, 조사목적을 달성하기 위하여 필요한 경우에는 제118조의4 제1항에 따른 납세자보호위원회의 심의를 거쳐 한 차례만 14일 이내의 범위에서 보관기간을 연장할 수 있다.
3. 법 제127조(결정절차) ② 관세청장은 제1항에 따른 관세심사위원회의 의결이 법령에 명백히 위반된다고 판단하는 경우 구체적인 사유를 적어 서면으로 관세심사위원회에 한 차례에 한정하여 다시 심의할 것을 요청할 수 있다.
4. 영 제42조(관세체납정리위원회의 구성) ④ 제3항 제2호부터 제4호까지의 규정에 해당하는 위원의 임기는 2년으로 하되, 한 번만 연임할 수 있다. 다만, 보궐위원의 임기는 전임위원 임기의 남은 기간으로 한다.
5. 영 제100조(관세품목분류위원회의 구성 등) ③ 제2항 제4호 및 제5호에 해당하는 위원의 임기는 2년으로 하되, 한 번만 연임할 수 있다. 다만, 보궐위원의 임기는 전임위원 임기의 남은 기간으로 한다.
6. 영 제141조의6(관세정보위원회의 구성 및 운영) ② 제1항 제2호에 해당하는 위원의 임기는 2년으로 하되, 한 번만 연임할 수 있다. 다만, 보궐위원의 임기는 전임위원 임기의 남은 기간으로 한다.
7. 영 제144조의3(납세자보호위원회의 위원) ⑤ 위원장과 민간위원의 임기는 2년으로 하며, 한 차례만 연임할 수 있다.
8. 영 제185조의3(보세사징계위원회의 구성 등) ④ 제3항 제2호 및 제3호에 해당하는 위원의 임기는 2년으로 하되, 한 번만 연임할 수 있다. 다만, 보궐위원의 임기는 전임위원 임기의 남은 기간으로 한다.
9. 영 제192조의8(보세판매장 특허심사위원회의 구성 및 운영) ③ 특허심사위원회 위원의 임기는 1년으로 하되, 한 차례만 연임할 수 있다.

10. 영 제192조의10(보세판매장 제도운영위원회의 구성) ③ 제2항 제3호에 해당하는 위원의 임기는 2년으로 하되, 한 차례만 연임할 수 있다. 다만, 보궐위원의 임기는 전임위원 임기의 남은 기간으로 한다.
11. 영 제245조의2(무역원활화위원회의 구성) ④ 제3항 제2호에 따른 위원의 임기는 2년으로 하되, 한 번만 연임할 수 있다. 다만, 보궐위원의 임기는 전임위원 임기의 남은 기간으로 한다.
12. 영 제266조의2(관세범칙조사심의위원회의 구성) ④ 제3항 제2호부터 제6호까지에 해당하는 위원의 임기는 2년으로 하되, 한 차례만 연임할 수 있다. 다만, 보궐위원의 임기는 전임위원 임기의 남은 기간으로 한다.
13. 규칙 제77조(원산지증명서확인자료의 제출기간) 법 제232조의2 제2항 각 호 외의 부분 후단에서 "기획재정부령으로 정하는 기간"이란 세관장으로부터 원산지증명서확인자료의 제출을 요구받은 날부터 30일을 말한다. 다만, 제출을 요구받은 자가 부득이한 사유로 그 기간에 원산지증명서확인자료를 제출하기 곤란할 때에는 그 기간을 30일의 범위에서 한 차례만 연장할 수 있다.

제233조(원산지증명서 등의 확인요청 및 조사)

① 원산지증명서 등의 확인요청

세관장은 원산지증명서를 발급한 국가의 세관이나 그 밖에 발급권한이 있는 기관(이하 이 조에서 "외국세관등"이라 한다)에 제232조 제1항 및 제3항에 따라 제출된 **원산지증명서 및 원산지증명서확인자료의 진위 여부, 정확성 등의 확인을 요청**할 수 있다. 이 경우 세관장의 확인요청은 해당 물품의 **수입신고가 수리된 이후**에 하여야 하며, 세관장은 확인을 요청한 사실 및 회신 내용과 그에 따른 결정 내용을 수입자에게 통보하여야 한다.

|| 관세법 시행령

영 제236조의7(수입물품의 원산지증명서 등 확인요청) 세관장은 법 제233조 제1항에 따라 원산지증명서 및 원산지증명서확인자료에 대한 진위 여부 등의 확인을 요청할 때에는 다음 각 호의 사항이 적힌 요청서와 수입자 또는 그 밖의 조사대상자 등으로부터 수집한 원산지증명서 사본 및 송품장 등 원산지 확인에 필요한 서류를 함께 송부하여야 한다.
1. 원산지증명서 및 원산지증명서확인자료의 진위 여부 등에 대하여 의심을 갖게 된 사유 및 확인요청사항
2. 해당 물품에 적용된 원산지결정기준

② 관세 편익 적용 배제

제1항에 따라 세관장이 확인을 요청한 사항에 대하여 조약 또는 협정에서 다르게 규정한 경우를 제외하고 다음 각 호의 어느 하나에 해당하는 경우에는 **일반특혜관세·국제협력관세 또는 편익관세를 적용하지 아니할 수 있다**. 이 경우 세관장은 제38조의3 제6항 및 제39조 제2항에 따라 납부하여야 할 세액 또는 납부하여야 할 세액과 납부한 세액의 **차액을 부과·징수하여야 한다**.

1. 외국세관등이 <u>기획재정부령으로 정한 기간</u> 이내에 그 결과를 회신하지 아니한 경우
2. 세관장에게 신고한 원산지가 실제 원산지와 다른 것으로 확인된 경우
3. 외국세관등의 회신내용에 제229조에 따른 원산지증명서 및 원산지증명서확인자료를 확인하는 데 필요한 정보가 포함되지 아니한 경우

관세법 시행규칙

규칙 제77조의2(원산지증명서 등의 확인요청에 대한 회신기간) 법 제233조 제2항 제1호에서 "기획재정부령으로 정한 기간"이란 다음 각 호의 구분에 따른 기간을 말한다.
1. 법 제73조에 따른 국제협력관세로서 「아시아·태평양 무역협정」에 따른 국제협정관세를 적용하기 위하여 원산지증명서를 발급한 국가의 세관이나 그 밖에 발급권한이 있는 기관(이하 이 조에서 "외국세관등"이라 한다)에 원산지증명서 등의 확인을 요청한 경우: 확인을 요청한 날부터 4개월
2. 법 제76조 제3항에 따른 최빈 개발도상국에 대한 일반특혜관세를 적용하기 위하여 외국세관등에 원산지증명서 등의 확인을 요청한 경우: 확인을 요청한 날부터 6개월

③ 원산지 조사

세관장은 원산지증명서가 발급된 물품을 수입하는 국가의 권한 있는 기관으로부터 원산지증명서 및 원산지증명서확인자료의 진위 여부, 정확성 등의 확인을 요청받은 경우 등 필요하다고 인정되는 경우에는 다음 각 호의 어느 하나에 해당하는 자를 대상으로 서면조사 또는 현지조사를 할 수 있다.

1. 원산지증명서를 발급받은 자
2. 원산지증명서를 발급한 자
3. 수출물품의 생산자 또는 수출자

관세법 시행령

영 제236조의8(수출물품의 원산지증명서 등에 관한 조사 절차 등) ① 법 제233조 제3항에 따른 현지조사는 서면조사만으로 원산지증명서 및 원산지증명서확인자료의 진위 여부, 정확성 등을 확인하기 곤란하거나 추가로 확인할 필요가 있는 경우에 할 수 있다.

② 세관장은 서면조사 또는 현지조사를 하는 경우에는 기획재정부령으로 정하는 사항을 조사대상자에게 조사 시작 7일 전까지 서면으로 통지하여야 한다.

관세법 시행규칙

규칙 제77조의3(조사 전 통지) 영 제236조의8 제2항에서 "기획재정부령으로 정하는 사항"이란 다음 각 호의 구분에 따른 사항을 말한다.
1. 서면조사의 경우
   가. 조사대상자 및 조사기간
   나. 조사대상 수출입물품
   다. 조사이유
   라. 조사할 내용
   마. 조사의 법적 근거
   바. 제출서류 및 제출기간
   사. 조사기관, 조사자의 직위 및 성명
   아. 그 밖에 세관장이 필요하다고 인정하는 사항
2. 현지조사의 경우
   가. 조사대상자 및 조사예정기간
   나. 조사대상 수출입물품
   다. 조사방법 및 조사이유
   라. 조사할 내용
   마. 조사의 법적 근거
   바. 조사에 대한 동의 여부 및 조사동의서 제출기간(조사에 동의하지 아니하거나 조사동의서 제출기간에

그 동의 여부를 통보하지 아니하는 경우의 조치사항을 포함한다)
사. 조사기관, 조사자의 직위 및 성명
아. 그 밖에 세관장이 필요하다고 인정하는 사항

③ 조사의 연기신청, 조사결과의 통지에 관하여는 법 제114조 제2항 및 제115조를 준용한다.

> **참고** **원산지 조사의 적용되는 규정**
> 1. 법 제114조(관세조사의 사전통지와 연기신청) 제2항: 조사 연기신청
> 2. 법 제115조(관세조사의 결과 통지): 종료 후 20일 이내에 조사결과 통지

④ 조사결과에 대하여 이의가 있는 조사대상자는 조사결과를 통지받은 날부터 30일 이내에 다음 각 호의 사항이 적힌 신청서에 이의제기내용을 확인할 수 있는 자료를 첨부하여 세관장에게 제출할 수 있다.
  1. 이의를 제기하는 자의 성명과 주소 또는 거소
  2. 제3항에 따른 조사결과통지서를 받은 날짜 및 조사결정의 내용
  3. 해당 물품의 품명·규격·용도·수출자·생산자 및 수입자
  4. 이의제기의 요지와 내용
⑤ 세관장은 제4항에 따라 이의제기를 받은 날부터 30일 이내에 심사를 완료하고 그 결정내용을 통지하여야 한다.
⑥ 세관장은 제4항에 따른 이의제기의 내용이나 절차에 결함이 있는 경우에는 20일 이내의 기간을 정하여 다음 각 호의 사항을 적은 문서로서 보정할 것을 요구할 수 있다. 다만, 보정할 사항이 경미한 경우에는 직권으로 보정할 수 있다.
  1. 보정할 사항
  2. 보정을 요구하는 이유
  3. 보정할 기간
  4. 그 밖의 필요한 사항

> **참고** **원산지 조사의 절차**

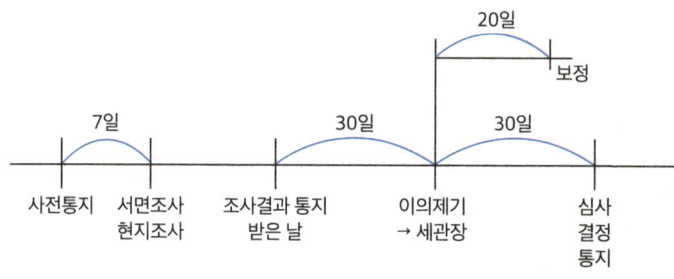

⑦ 제6항 본문에 따른 보정기간은 제5항에 따른 결정기간에 산입하지 아니한다.

④ 위임 규정
제1항에 따른 확인요청 및 제3항에 따른 조사에 필요한 사항은 대통령령으로 정한다.

⑤ 조약·협정 등의 시행을 위한 원산지증명서 확인요청 및 조사 등
제1항부터 제4항까지의 규정에도 불구하고 조약·협정 등의 시행을 위하여 원산지증명서 확인요청 및 조사 등에 관한 사항을 따로 정할 필요가 있을 때에는 기획재정부령으로 정한다.

제233조의2(한국원산지정보원의 설립)

① 원산지정보원의 설립

정부는 이 법과 「자유무역협정의 이행을 위한 관세법의 특례에 관한 법률」 및 조약·협정 등에 따라 수출입물품의 원산지정보 수집·분석과 활용 및 검증 지원 등에 필요한 업무를 효율적으로 수행하기 위하여 한국원산지정보원(이하 "원산지정보원"이라 한다)을 설립한다.

② 정보원의 성격

원산지정보원은 법인으로 한다.

③ 정부 지원

정부는 원산지정보원의 운영 및 사업수행에 필요한 경비를 예산의 범위에서 출연하거나 보조할 수 있다.

④ 정보원의 사업

원산지정보원은 설립목적을 달성하기 위하여 다음 각 호의 사업을 수행한다.

> 1. 자유무역협정과 원산지 관련 제도·정책·활용 등에 관한 정보의 수집·분석·제공
> 2. 수출입물품의 원산지정보 관리를 위한 시스템의 구축 및 운영에 관한 사항
> 3. 원산지인증수출자 인증, 원산지검증 등의 지원에 관한 사항
> 4. 자유무역협정 및 원산지 관련 교육·전문인력양성에 필요한 사업
> 5. 자유무역협정과 원산지 관련 정부, 지방자치단체, 공공기관 등으로부터 위탁받은 사업
> 6. 그 밖에 제1호부터 제5호까지의 사업에 따른 부대사업 및 원산지정보원의 설립목적을 달성하는 데 필요한 사업

⑤ 준용 규정

원산지정보원에 대하여 이 법과 「공공기관의 운영에 관한 법률」에서 규정한 것 외에는 「민법」 중 재단법인에 관한 규정을 준용한다.

⑥ 유사 명칭 사용 금지

이 법에 따른 원산지정보원이 아닌 자는 한국원산지정보원 또는 이와 유사한 명칭을 사용하지 못한다.

⑦ 업무의 지도·감독

관세청장은 원산지정보원의 업무를 지도·감독한다.

제233조의3(원산지표시위반단속기관협의회)

① 원산지표시위반단속기관협의회
이 법, 「농수산물의 원산지 표시 등에 관한 법률」 및 「대외무역법」에 따른 원산지표시 위반 단속업무에 필요한 정보교류 등 대통령령으로 정하는 사항을 협의하기 위하여 관세청에 원산지표시위반단속기관협의회를 둔다.

② 원산지표시위반단속기관협의회의 구성 등
제1항에 따른 원산지표시위반단속기관협의회의 구성·운영과 그 밖에 필요한 사항은 대통령령으로 정한다.

> **관세법 시행령**

영 제236조의9(원산지표시위반단속기관협의회) ① 법 제233조의3 제1항에서 "원산지표시 위반 단속업무에 필요한 정보교류 등 대통령령으로 정하는 사항"이란 다음 각 호의 사항을 말한다.
   1. 원산지표시 위반 단속업무에 필요한 정보교류에 관한 사항
   2. 원산지표시 위반 단속업무와 관련된 인력교류에 관한 사항
   3. 그 밖에 원산지표시 위반 단속업무와 관련되어 위원장이 회의에 부치는 사항
② 법 제233조의3 제1항에 따른 원산지표시위반단속기관협의회(이하 이 조에서 "협의회"라 한다)는 위원장 1명을 포함하여 25명 이내의 위원으로 구성한다.
③ 협의회의 위원장은 원산지표시 위반 단속업무를 관장하는 관세청의 고위공무원단에 속하는 공무원 중에서 관세청장이 지정하는 사람이 되고, 위원은 다음 각 호의 사람이 된다.
   1. 관세청장이 지정하는 과장급 공무원 1명
   2. 농림축산식품부장관이 지정하는 국립농산물품질관리원 소속 과장급 공무원 1명
   3. 해양수산부장관이 지정하는 국립수산물품질관리원 소속 과장급 공무원 1명
   4. 특별시, 광역시, 특별자치시, 도, 특별자치도의 장이 지정하는 과장급 공무원 각 1명
④ 위원장은 협의회를 대표하고 사무를 총괄한다. 다만, 부득이한 사유로 위원장이 그 직무를 수행하지 못하는 경우에는 위원장이 미리 지명한 사람이 그 직무를 대행한다.
⑤ 협의회의 회의는 정기회의와 임시회의로 구분하되, 정기회의는 반기마다 소집하며, 임시회의는 위원장이 필요하다고 인정하는 경우에 소집한다.
⑥ 협의회의 회의는 위원장이 소집하며 그 의장은 위원장이 된다.
⑦ 협의회의 회의는 재적위원 과반수의 출석으로 개의하고, 출석위원 3분의 2 이상의 찬성으로 의결한다.
⑧ 협의회의 사무를 처리하게 하기 위하여 관세청 소속 5급 공무원 1명을 간사로 둔다.
⑨ 제1항부터 제8항까지에서 규정한 사항 외에 협의회의 운영에 필요한 사항은 협의회의 의결을 거쳐 위원장이 정한다.

제3관 통관의 제한

제234조(수출입의 금지)

다음 각 호의 어느 하나에 해당하는 물품은 수출하거나 수입할 수 없다.

1. 헌법질서를 문란하게 하거나 공공의 안녕질서 또는 풍속을 해치는 서적·간행물·도화, 영화·음반·비디오물·조각물 또는 그 밖에 이에 준하는 물품
2. 정부의 기밀을 누설하거나 첩보활동에 사용되는 물품
3. 화폐·채권이나 그 밖의 유가증권의 위조품·변조품 또는 모조품

참고 법 제234조 위반 시 조치

법 제234조 각 호의 물품을 수출하거나 수입한 자는 7년 이하의 징역 또는 7천만원 이하의 벌금에 처한다(법 제269조 제1항).

참고 통관 불허 / 수출입 금지

근거	대상	조치
법 제230조	원산지 허위 표시	통관을 허용하여서는 아니 된다.
법 제230조의2	품질 등 허위·오인 표시	
법 제234조	수출입 금지물품(헌·정·화)	수출하거나 수입할 수 없다.
법 234조의2	마약류	
법235조	지식재산권 등의 보호	

제234조의2(마약류 등의 수출입 제한)

마약류, 「마약류 관리에 관한 법률」에 따른 원료물질 및 같은 법 제5조의2에 따라 지정된 임시마약류는 같은 법에 따라 허가 또는 승인받은 경우를 제외하고 수출하거나 수입할 수 없다.

제235조(지식재산권 등의 보호)

① 보호대상 지식재산권 등

다음 각 호의 어느 하나에 해당하는 지식재산권 등을 침해하는 물품은 수출하거나 수입할 수 없다.

1. 「상표법」에 따라 설정등록된 상표권
2. 「저작권법」에 따른 저작권과 저작인접권(이하 "저작권등"이라 한다)
3. 「식물신품종 보호법」에 따라 설정등록된 품종보호권
4. 「농수산물 품질관리법」에 따라 등록되거나 조약·협정 등에 따라 보호대상으로 지정된 지리적표시권 또는 지리적표시 (이하 "지리적표시권등"이라 한다)
5. 「특허법」에 따라 설정등록된 특허권
6. 「디자인보호법」에 따라 설정등록된 디자인권
7. 「방위산업기술 보호법」에 따른 방위산업기술(이하 "방위산업기술"이라 한다)

> **관세법 시행령**

영 제243조(적용의 배제) 상업적 목적이 아닌 개인용도에 사용하기 위한 여행자휴대품으로서 소량으로 수출입되는 물품에 대하여는 법 제235조 제1항을 적용하지 아니한다.

② 지식재산권 등 신고

관세청장은 제1항 각 호에 따른 지식재산권 등을 침해하는 물품을 효율적으로 단속하기 위하여 필요한 경우에는 해당 지식재산권 등을 관계 법령에 따라 등록 또는 설정등록한 자 등으로 하여금 해당 지식재산권 등에 관한 사항을 신고하게 할 수 있다.

> **관세법 시행령**

영 제237조(지식재산권등의 신고) ① 지식재산권등을 법 제235조 제2항에 따라 신고하려는 자는 다음 각 호의 사항을 적은 신고서 및 해당 지식재산권등을 관련 법령에 따라 등록 또는 설정등록한 증명서류를 세관장에게 제출하여야 한다.
  1. 지식재산권 등을 사용할 수 있는 권리자
  2. 지식재산권 등의 내용 및 범위
  3. 침해가능성이 있는 수출입자 또는 수출입국
  4. 침해사실을 확인하기 위하여 필요한 사항
② 지식재산권 등의 신고절차 및 기간, 그 밖에 필요한 사항은 관세청장이 정하여 고시한다.

③ 수출입신고 등 사실 통보 및 통관보류등 요청

세관장은 다음 각 호의 어느 하나에 해당하는 물품이 제2항에 따라 신고된 지식재산권 등을 침해하였다고 인정될 때에는 그 지식재산권 등을 신고한 자에게 해당 물품의 수출입, 환적, 복합환적, 보세구역 반입, 보세운송, 제141조 제1호에 따른 일시양륙의 신고(이하 이 조에서 "수출입신고등"이라 한다) 또는 통관우체국 도착 사실을 통보하여야 한다. 이 경우 통보를 받은 자는 세관장에게 담보를 제공하고 해당 물품의 통관 보류나 유치를 요청할 수 있다.

  1. 수출입신고된 물품
  2. 환적 또는 복합환적 신고된 물품
  3. 보세구역에 반입신고된 물품
  4. 보세운송신고된 물품
  5. 제141조 제1호에 따라 일시양륙이 신고된 물품
  6. 통관우체국에 도착한 물품

④ 통관보류등 요청

제1항 각 호에 따른 지식재산권 등을 보호받으려는 자는 세관장에게 담보를 제공하고 해당 물품의 통관 보류나 유치를 요청할 수 있다.

> **관세법 시행령**

영 제238조(통관보류등의 요청) 법 제235조 제3항 및 제4항에 따라 통관의 보류나 유치(이하 "통관보류등"이라 한다)를 요청하려는 자는 다음 각 호의 사항을 적은 신청서와 해당 법령에 따른 정당한 권리자임을 증명하는 서류를 세관장에게 제출하여야 한다.
  1. 품명·수출입자 및 수출입국
  2. 지식재산권 등의 내용 및 범위

3. 요청사유
4. 침해사실을 입증하기 위하여 필요한 사항

영 제239조(통관보류등) ① 세관장은 법 제235조 제3항 및 제4항에 따라 통관보류등이 요청된 같은 조 제3항 각 호의 어느 하나에 해당하는 물품이 지식재산권 등을 침해한 물품이라고 인정되면 해당 물품의 통관보류등을 하여야 한다. 다만, 지식재산권 등의 권리자가 해당 물품의 통관 또는 유치 해제에 동의하는 때에는 관세청장이 정하는 바에 따라 통관을 허용하거나 유치를 해제할 수 있다.

⑤ 통관보류등 및 통관허용등
제3항 또는 제4항에 따른 요청을 받은 세관장은 특별한 사유가 없으면 해당 물품의 통관을 보류하거나 유치하여야 한다. 다만, 수출입신고등을 한 자 또는 제3항 제6호에 해당하는 물품의 화주가 담보를 제공하고 통관 또는 유치 해제를 요청하는 경우에는 다음 각 호의 물품을 제외하고는 해당 물품의 통관을 허용하거나 유치를 해제할 수 있다.

1. 위조하거나 유사한 상표를 붙여 제1항 제1호에 따른 상표권을 침해하는 물품
2. 불법복제된 물품으로서 저작권등을 침해하는 물품
3. 같거나 유사한 품종명칭을 사용하여 제1항 제3호에 따른 품종보호권을 침해하는 물품
4. 위조하거나 유사한 지리적표시를 사용하여 지리적표시권등을 침해하는 물품
5. 특허로 설정등록된 발명을 사용하여 제1항 제5호에 따른 특허권을 침해하는 물품
6. 같거나 유사한 디자인을 사용하여 제1항 제6호에 따른 디자인권을 침해하는 물품
7. 다음 각 목의 어느 하나에 해당하는 방위산업기술이 사용된 물품
   가. 부정한 방법으로 취득한 방위산업기술
   나. 가목에 해당하는 방위산업기술임을 알고 취득한 방위산업기술

|| 관세법 시행령

영 제241조(담보제공 등) ① 법 제235조 제3항 및 제4항에 따라 통관 보류나 유치를 요청하려는 자와 법 제235조 제5항 각 호 외의 부분 단서에 따라 통관 또는 유치 해제를 요청하려는 자는 세관장에게 해당 물품의 과세가격의 100분의 120에 상당하는 금액의 담보를 법 제24조 제1항 제1호부터 제3호까지 및 제7호에 따른 금전 등으로 제공하여야 한다.
② 제1항에 따른 담보 금액은 담보를 제공해야 하는 자가 「조세특례제한법」 제6조 제1항에 따른 중소기업인 경우에는 해당 물품의 과세가격의 100분의 40에 상당하는 금액으로 한다.
③ 제1항 또는 제2항에 따라 담보를 제공하는 자는 제공된 담보를 법원의 판결에 따라 수출입신고등을 한 자 또는 통관보류등을 요청한 자가 입은 손해의 배상에 사용하여도 좋다는 뜻을 세관장에게 문서로 제출하여야 한다.
④ 세관장은 법 제235조 제3항 및 제4항에 따라 통관보류등이 된 물품의 통관을 허용하거나 유치를 해제하였을 때 또는 법 제235조 제5항 단서에 따른 통관 또는 유치 해제 요청에도 불구하고 통관보류등을 계속할 때에는 제1항 또는 제2항에 따라 제공된 담보를 담보제공자에게 반환하여야 한다.
⑤ 제1항 및 제2항의 규정에 의하여 제공된 담보의 해제신청 및 포괄담보에 관하여는 제11조 및 제13조의 규정을 준용한다.

영 제240조(통관보류등이 된 물품의 통관 또는 유치 해제 요청) ① 수출입신고등을 한 자 또는 법 제235조 제3항 제6호에 해당하는 물품의 화주가 법 제235조 제5항 단서에 따라 통관 또는 유치 해제를 요청하려는 때에는 관세청장이 정하는 바에 따라 신청서와 해당 물품이 지식재산권 등을 침해하지 않았음을 소명하는 자료를 세관장에게 제출해야 한다.
② 제1항에 따른 요청을 받은 세관장은 그 요청사실을 지체 없이 통관보류등을 요청한 자에게 통보하여야 하며, 그 통보를 받은 자는 침해와 관련된 증거자료를 세관장에게 제출할 수 있다.
③ 세관장은 제1항에 따른 요청이 있는 경우 해당 물품의 통관 또는 유치 해제 허용 여부를 요청일부터 15일 이내에 결정한다. 이 경우 세관장은 관계기관과 협의하거나 전문가의 의견을 들어 결정할 수 있다.

| 참고 | 지식재산권 관련 담보 |

구분	통관보류 또는 유치요청 시, 통관 또는 유치 해제요청 시 제공 담보	
요청 주체	① 지식재산권 등 침해 사실을 통보받은 자 ② 지식재산권 등을 보호받으려는 자 ③ 수출입신고 등을 한 자	「조세특례제한법」 제6조 제1항에 따른 중소기업인 경우
담보금액	과세가격의 100분의 120에 상당하는 금액	과세가격의 100분의 40에 상당하는 금액
담보의 종류	① 금전　　　　　　　　　② 국채 또는 지방채 ③ 세관장이 인정하는 유가증권　⑦ 세관장이 인정하는 보증인의 납세보증서	

⑥ 위임 규정

제2항부터 제5항까지의 규정에 따른 지식재산권 등에 관한 신고, 담보 제공, 통관의 보류·허용 및 유치·유치해제 등에 필요한 사항은 대통령령으로 정한다.

⑦ 세관장의 직권 통관보류등

세관장은 제3항 각 호에 따른 물품이 제1항 각 호의 어느 하나에 해당하는 **지식재산권 등을 침해하였음이 명백한 경우**에는 대통령령으로 정하는 바에 따라 **직권으로 해당 물품의 통관을 보류하거나 해당 물품을 유치**할 수 있다. 이 경우 세관장은 해당 물품의 수출입신고등을 한 자 또는 제3항 제6호에 해당하는 물품의 화주에게 그 사실을 즉시 통보하여야 한다.

|| 관세법 시행령 |

영 제239조(통관보류등) ② 세관장은 법 제235조 제5항 및 제7항에 따라 통관보류등을 한 경우 그 사실을 해당 물품의 수출입, 환적 또는 복합환적, 보세구역 반입, 보세운송, 법 제141조 제1호에 따른 일시양륙의 신고(이하 "수출입신고등"이라 한다)를 한 자 또는 법 제235조 제3항 제6호에 해당하는 물품의 화주에게 통보해야 하며, 지식재산권 등의 권리자에게는 통관보류등의 사실 및 다음 각 호의 사항을 통보해야 한다.

　1. 다음 각 목에 해당하는 자의 성명과 주소
　　가. 수출입신고등을 한 자 또는 법 제235조 제3항 제6호에 해당하는 물품의 화주
　　나. 물품발송인
　　다. 물품수신인
　2. 통관보류등을 한 물품의 성질·상태 및 수량
　3. 원산지 등 그 밖의 필요한 사항

③ 세관장은 통관보류등을 요청한 자가 제2항에 따라 해당 물품에 대한 **통관보류등의 사실을 통보받은 후 10일**(법 제8조 제3항 각 호에 해당하는 날은 제외한다. 이하 이 항에서 같다) **이내에 법원에의 제소사실 또는 무역위원회에의 조사신청사실을 입증**하였을 때에는 해당 **통관보류등을 계속**할 수 있다. 이 경우 통관보류등을 요청한 자가 부득이한 사유로 인하여 10일 이내에 법원에 제소하지 못하거나 무역위원회에 조사신청을 하지 못하는 때에는 상기 입증기간은 10일간 연장될 수 있다.

④ 제3항에도 불구하고 해당 통관보류등이 법원의 임시보호조치에 따라 시행되는 상태이거나 계속되는 경우 통관보류등의 기간은 다음 각 호의 구분에 따른다.

　1. 법원에서 **임시보호조치 기간을 명시한 경우: 그 마지막 날**
　2. 법원에서 **임시보호조치 기간을 명시하지 않은 경우: 임시보호조치 개시일부터 31일**

⑤ 법 제235조 제7항에 따른 통관보류등은 위반사실 및 통관보류등을 한 해당 물품의 신고번호·품명·수량 등을 명시한 문서로써 하여야 한다.

⑥ 법 제235조 제5항 및 제7항에 따라 통관보류등이 된 물품은 통관이 허용되거나 유치가 해제될 때까지 세관장이 지정한 장소에 보관하여야 한다.

영 제242조(지식재산권 침해 등 여부의 확인 등) ① 세관장은 수출입신고등이 된 물품 또는 통관우체국에 도착한 물품의 지식재산권 등 침해 여부를 판단하기 위하여 필요하다고 인정되는 경우에는 해당 지식재산권 등의 권리자로 하여금 지식재산권 등에 대한 전문인력 또는 검사시설을 제공하도록 할 수 있다.
② 세관장은 지식재산권 등의 권리자, 수출입신고등을 한 자 또는 법 제235조 제3항 제6호에 해당하는 물품의 화주가 지식재산권 등의 침해 여부를 판단하기 위하여 법 제235조 제3항에 따라 수출입신고등의 사실 또는 통관우체국 도착 사실이 통보된 물품 또는 법 제235조 제5항 본문에 따라 통관보류등이 된 물품에 대한 검사 및 견본품의 채취를 요청하면 해당 물품에 관한 영업상의 비밀보호 등 특별한 사유가 없는 한 이를 허용해야 한다.
③ 지식재산권 등 침해 여부의 확인, 통관보류등의 절차 등에 관하여 필요한 사항은 관세청장이 정한다.

제236조(통관물품 및 통관절차의 제한)

관세청장이나 세관장은 감시에 필요하다고 인정될 때에는 **통관역·통관장 또는 특정한 세관**에서 통관할 수 있는 물품을 **제한**할 수 있다.

> **참고 통관지 제한**
>
> '통관역·통관장 또는 특정한 세관'을 보세운송에서는 '통관지'라 한다. '법 제236조의 규정에 의하여 통관지가 제한되는 물품'은 보세운송의 승인을 받아야 하는 물품이다(영 제226조 제3항).

제237조(통관의 보류)

① 통관의 보류사유

세관장은 다음 각 호의 어느 하나에 해당하는 경우에는 해당 물품의 **통관을 보류**할 수 있다.

1. 제241조 또는 제244조에 따른 수출·수입 또는 반송에 관한 신고서의 기재사항에 보완이 필요한 경우
2. 제245조에 따른 제출서류 등이 갖추어지지 아니하여 보완이 필요한 경우
3. 이 법에 따른 의무사항(대한민국이 체결한 조약 및 일반적으로 승인된 국제법규에 따른 의무를 포함한다)을 위반하거나 국민보건 등을 해칠 우려가 있는 경우
4. 제246조의3 제1항에 따른 안전성 검사가 필요한 경우
4의2. 제246조의3 제1항에 따른 안전성 검사 결과 불법·불량·유해 물품으로 확인된 경우
5. 「국세징수법」 제30조 및 「지방세징수법」 제39조의2에 따라 세관장에게 강제징수 또는 체납처분이 위탁된 해당 체납자가 수입하는 경우
6. 그 밖에 이 법에 따라 필요한 사항을 확인할 필요가 있다고 인정하여 대통령령으로 정하는 경우

> **관세법 시행령**
>
> 영 제244조(**통관의 보류**) 법 제237조 제1항 제6호에서 "대통령령으로 정하는 경우"란 다음 각 호의 어느 하나에 해당하는 경우를 말한다.
> 1. 관세 관계 법령을 위반한 혐의로 고발되거나 조사를 받는 경우
> 2. 수출입 관계 법령에 따른 일시적 통관 제한·금지 또는 이에 따른 중앙행정기관의 장의 일시적 통관 제한·금지 요청이 있어 세관장이 그 해당 여부를 확인할 필요가 있는 경우

② 통관 보류 사실 통보
  세관장은 제1항에 따라 통관을 보류할 때에는 즉시 그 사실을 화주(화주의 위임을 받은 자를 포함한다) 또는 수출입 신고인에게 통지하여야 한다.
③ 통관 보류 물품에 대한 해제 조치 요구
  세관장은 제2항에 따라 통지할 때에는 이행기간을 정하여 통관의 보류 해제에 필요한 조치를 요구할 수 있다.
④ 소명 자료 제출 등
  제2항에 따라 통관의 보류 사실을 통지받은 자는 세관장에게 제1항 각 호의 통관 보류사유에 해당하지 아니함을 소명하는 자료 또는 제3항에 따른 세관장의 통관 보류 해제에 필요한 조치를 이행한 사실을 증명하는 자료를 제출하고 해당 물품의 통관을 요청할 수 있다. 이 경우 세관장은 해당 물품의 통관 허용 여부(허용하지 아니하는 경우에는 그 사유를 포함한다)를 요청받은 날부터 30일 이내에 통지하여야 한다.

제238조(보세구역 반입명령)

① 보세구역 반입명령
  관세청장이나 세관장은 다음 각 호의 어느 하나에 해당하는 물품으로서 이 법에 따른 의무사항을 위반하거나 국민보건 등을 해칠 우려가 있는 물품에 대해서는 대통령령으로 정하는 바에 따라 **화주(화주의 위임을 받은 자를 포함한다) 또는 수출입 신고인에게 보세구역으로 반입할 것을 명할 수 있다.**

> 1. 수출신고가 수리되어 외국으로 반출되기 전에 있는 물품
> 2. 수입신고가 수리되어 반출된 물품

│관세법 시행령│

영 제245조(반입명령) ① 관세청장 또는 세관장은 수출입신고가 수리된 물품이 다음 각 호의 어느 하나에 해당하는 경우에는 법 제238조 제1항에 따라 해당 물품을 보세구역으로 반입할 것을 명할 수 있다. 다만, 해당 물품이 수출입신고가 수리된 후 3개월이 지났거나 관련 법령에 따라 관계행정기관의 장의 시정조치가 있는 경우에는 그러하지 아니하다.
  1. 법 제227조에 따른 의무를 이행하지 아니한 경우
  2. 법 제230조에 따른 원산지 표시가 적법하게 표시되지 아니하였거나 수출입신고 수리 당시와 다르게 표시되어 있는 경우
  3. 법 제230조의2에 따른 품질등의 표시(표지의 부착을 포함한다. 이하 이 호에서 같다)가 적법하게 표시되지 아니하였거나 수출입신고 수리 당시와 다르게 표시되어 있는 경우
  4. 지식재산권 등을 침해한 경우
② 관세청장 또는 세관장이 제1항의 규정에 의하여 반입명령을 하는 경우에는 반입대상물품, 반입할 보세구역, 반입사유와 반입기한을 기재한 명령서를 화주 또는 수출입신고자에게 송달하여야 한다.
③ 관세청장 또는 세관장은 명령서를 받을 자의 주소 또는 거소가 불분명한 때에는 관세청 또는 세관의 게시판 및 기타 적당한 장소에 반입명령사항을 공시할 수 있다. 이 경우 공시한 날부터 2주일이 경과한 때에는 명령서를 받을 자에게 반입명령서가 송달된 것으로 본다.

② 보세구역 반입
제1항에 따른 반입명령을 받은 자(이하 이 조에서 "반입의무자"라 한다)는 해당 물품을 지정받은 보세구역으로 반입하여야 한다.

> **관세법 시행령**
>
> **영 제245조(반입명령)** ④ 제2항 또는 제3항의 규정에 의하여 반입명령서를 받은 자는 관세청장 또는 세관장이 정한 기한 내에 제1항 각 호의 1에 해당하는 것으로서 명령서에 기재된 물품을 지정받은 보세구역에 반입하여야 한다. 다만, 반입기한 내에 반입하기 곤란한 사유가 있는 경우에는 관세청장 또는 세관장의 승인을 얻어 반입기한을 연장할 수 있다.

③ 반입된 물품에 대한 조치 (1)
관세청장이나 세관장은 반입의무자에게 제2항에 따라 반입된 물품을 국외로 반출 또는 폐기할 것을 명하거나 반입의무자가 위반사항 등을 보완 또는 정정한 이후 국내로 반입하게 할 수 있다. 이 경우 반출 또는 폐기에 드는 비용은 반입의무자가 부담한다.

④ 반입된 물품에 대한 조치 (2)
제2항에 따라 반입된 물품이 제3항에 따라 국외로 반출 또는 폐기되었을 때에는 당초의 수출입 신고 수리는 취소된 것으로 본다. 이 경우 해당 물품을 수입할 때 납부한 관세는 제46조 및 제48조에 따라 환급한다.

⑤ 위반사항이 경미한 경우
제1항에도 불구하고 관세청장이나 세관장은 법 위반사항이 경미하거나 감시·단속에 지장이 없다고 인정되는 경우에는 반입의무자에게 해당 물품을 보세구역으로 반입하지 아니하고 필요한 조치를 하도록 명할 수 있다.

> **관세법 시행령**
>
> **영 제245조(반입명령)** ⑧ 관세청장은 보세구역 반입명령의 적정한 시행을 위하여 필요한 반입보세구역, 반입기한, 반입절차, 수출입신고필증의 관리방법 등에 관한 세부기준을 정할 수 있다.

> **참고 보세구역 반입명령**
>
> 1. 보세구역 반입명령의 개념(법 제238조 제1항)
> 2. 보세구역 반입명령대상(영 제245조 제1항)
> 3. 보세구역 반입명령의 절차
>   (1) 반입명령서의 송달(영 제245조 제2항)
>   (2) 공시송달(영 제245조 제3항)
>   (3) 보세구역 반입(법 제238조 제2항, 영 제276조 제2항 제3호)
>   (4) 반입기한의 연장(영 제245조 제4항)
>   (5) 반입된 물품에 대한 조치
>   ① 국외 반출 또는 폐기, 보완 또는 정정 후 국내 반입(법 제238조 제3항 전단)
>   ② 반출 또는 폐기 비용(법 제238조 제3항 후단)
>   ③ 수출입신고 수리 취소(법 제238조 제4항 전단)
>   ④ 관세 환급(법 제238조 제4항 후단)
> 4. 위반사항이 경미한 경우(법 제238조 제5항)
> 5. 세부기준 제정(영 제245조 제8항)

제4관 통관의 예외 적용

제239조(수입으로 보지 아니하는 소비 또는 사용)

외국물품의 소비나 사용이 다음 각 호의 어느 하나에 해당하는 경우에는 이를 수입으로 보지 아니한다.

1. 선박용품·항공기용품 또는 차량용품을 운송수단 안에서 그 용도에 따라 소비하거나 사용하는 경우
2. 선박용품·항공기용품 또는 차량용품을 세관장이 정하는 지정보세구역에서「출입국관리법」에 따라 출국심사를 마치거나 우리나라에 입국하지 아니하고 우리나라를 경유하여 제3국으로 출발하려는 자에게 제공하여 그 용도에 따라 소비하거나 사용하는 경우
3. 여행자가 휴대품을 운송수단 또는 관세통로에서 소비하거나 사용하는 경우
4. 이 법에서 인정하는 바에 따라 소비하거나 사용하는 경우

제240조(수출입의 의제)

① 수입 의제

다음 각 호의 어느 하나에 해당하는 외국물품은 이 법에 따라 적법하게 수입된 것으로 보고 관세 등을 따로 징수하지 아니한다.

1. 체신관서가 수취인에게 내준 우편물
2. 이 법에 따라 매각된 물품
3. 이 법에 따라 몰수된 물품
4. 제269조, 제272조, 제273조 또는 제274조 제1항 제1호에 해당하여 이 법에 따른 통고처분으로 납부된 물품
5. 법령에 따라 국고에 귀속된 물품
6. 제282조 제3항에 따라 몰수를 갈음하여 추징된 물품

② 수출 의제

체신관서가 외국으로 발송한 우편물은 이 법에 따라 적법하게 수출되거나 반송된 것으로 본다.

> **참고** 몰수를 갈음하여 추징된 물품
>
> 몰수를 갈음하여 추징이 결정되었다 할지라도 추징금을 납부하지 않았다면 '몰수를 갈음하여 추징된 물품'으로 볼 수 없다. 즉, 이런 물품은 수입의 의제대상이 아니다.

> **참고** 수입의 의제
>
> 1. 수입되는 물품의 특수성을 고려하여 볼 때 관세행정상의 목적을 달성함에 지장이 없다고 판단되는 일정한 경우, 수입신고와 수입신고수리로 이어지는 일반적인 수입통관절차를 거치지 않아도 수입된 것으로 보는데 이를 수입의 의제(擬制)라 한다.
> 2. 다음 각 호의 어느 하나에 해당하는 외국물품은 관세법의 규정에 의하여 적법하게 수입된 것으로 보고 관세 등을 따로 징수하지 아니한다(법 제240조 제1항).
>   (1) 체신관서가 수취인에게 내준 우편물
>   우편물은 수입신고대상 우편물(법 제258조 제2항, 영 제261조)을 제외하고는 일반적인 수입통관절차 없이 통관우체국을 경유하여 수취인에게 교부된다. 세관공무원의 물품검사와 관세의 납부가 이루어지면 해당 우편물은 수입신고가 수리된 것으로 간주된다.

(2) 관세법에 따라 매각된 물품
세관장은 보세구역에 반입한 외국물품의 장치기간이 지난 때에는 법 제208조부터 제212조까지의 규정에 따라 해당 물품을 매각할 수 있다. 이 경우 그 매각대금으로 관세 등을 충당하며, 해당 매각물품은 수입신고가 수리된 것으로 간주된다.

(3) 관세법에 따라 몰수된 물품, 몰수를 갈음하여 추징된 물품
법 제282조(몰수·추징) 규정에 의하여 몰수된 물품은 그 몰수로서 관세채권이 소멸하고, 해당 물품은 수입신고가 수리된 것으로 간주한다. 몰수할 물품의 전부 또는 일부를 몰수할 수 없는 때에는 그 몰수할 수 없는 물품의 범칙 당시의 국내도매가격에 상당한 금액을 범인으로부터 추징하며, 이 경우에도 그 추징으로서 관세채권이 소멸하고, 해당 물품은 수입신고가 수리된 것으로 간주된다.

(4) 법 제269조(밀수출입죄), 제272조(밀수전용 운반기구 몰수), 제273조(범죄에 사용된 물품의 몰수 등) 또는 제274조 제1항 제1호(밀수품취득죄)에 해당하여 관세법에 따라 통고처분으로 납부된 물품
관세청장이나 세관장은 관세범을 조사한 결과 범죄의 확증을 얻었을 때에는 법 제311조(통고처분) 규정에 의하여 그 이유를 구체적으로 밝히고 벌금에 상당하는 금액, 몰수에 해당하는 물품 또는 추징금에 해당하는 금액을 납부할 것을 통고할 수 있다. 관세범이 통고의 요지를 이행하여 납부된 물품은 국고에 귀속되며 수입신고가 수리된 것으로 간주된다.

(5) 법령에 따라 국고에 귀속된 물품
법령에 의하여 국고에 귀속된 물품은 국고귀속조치로서 관세채권이 소멸되고, 해당 물품은 수입신고가 수리된 것으로 간주된다.

제5관 통관 후 유통이력 관리

제240조의2(통관 후 유통이력 신고)

① 통관 후 유통이력 신고

외국물품을 수입하는 자와 수입물품을 국내에서 거래하는 자(소비자에 대한 판매를 주된 영업으로 하는 사업자는 제외한다)는 사회안전 또는 국민보건을 해칠 우려가 현저한 물품 등으로서 관세청장이 지정하는 물품(이하 "유통이력 신고물품"이라 한다)에 대한 유통단계별 거래명세(이하 "유통이력"이라 한다)를 관세청장에게 신고하여야 한다.

|| 참고 || 유통이력 관리제도

국내에 반입된 위해(危害) 수입물품으로부터 우리 사회를 보호하고 국민보건 수준을 향상시키기 위하여 수입업자 및 수입물품 유통업자로 하여금 유통이력을 신고하게 하고, 신고의무 위반 시 과태료를 부과하여 처벌의 실효성을 확보하였다.

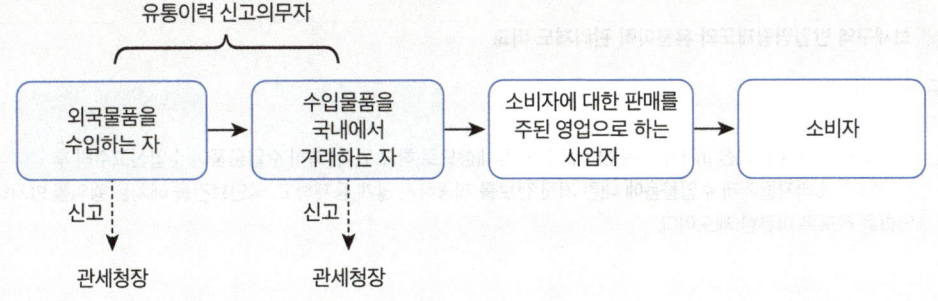

② 유통이력 신고의무자의 기록 및 자료 보관
제1항에 따라 유통이력 신고의 의무가 있는 자(이하 "유통이력 신고의무자"라 한다)는 유통이력을 장부에 기록(전자적 기록방식을 포함한다)하고, 그 자료를 **거래일부터 1년간 보관**하여야 한다.

③ 유통이력 신고물품의 지정
관세청장은 유통이력 신고물품을 지정할 때 미리 관계 행정기관의 장과 협의하여야 한다.

④ 유통이력 신고의무자의 부담 최소화 등
관세청장은 유통이력 신고물품의 지정, 신고의무 존속기한 및 신고대상 범위 설정 등을 할 때 **수입물품을 내국물품에 비하여 부당하게 차별하여서는 아니 되며**, 이를 이행하는 **유통이력 신고의무자의 부담이 최소화되도록 하여야 한다**.

⑤ 위임 규정
유통이력 신고물품별 신고의무 존속기한, 유통이력의 범위, 신고절차, 그 밖에 유통이력 신고에 필요한 사항은 관세청장이 정한다.

제240조의3(유통이력 조사)

① 유통이력 조사
관세청장은 제240조의2를 시행하기 위하여 필요하다고 인정할 때에는 **세관공무원**으로 하여금 유통이력 신고의무자의 사업장에 출입하여 영업 관계의 장부나 서류를 열람하여 **조사하게 할 수 있다**.

② 유통이력 신고의무자의 조사 대응
유통이력 신고의무자는 정당한 사유 없이 제1항에 따른 조사를 거부·방해 또는 기피하여서는 아니 된다.

③ 세관공무원의 신분 증명
제1항에 따라 조사를 하는 세관공무원은 신분을 확인할 수 있는 증표를 지니고 이를 관계인에게 보여주어야 한다.

> **참고** 과태료 부과
>
> 법 제277조(과태료) ⑤ 다음 각 호의 어느 하나에 해당하는 자에게는 500만원 이하의 과태료를 부과한다.
> 1. 제240조의2 제1항을 위반하여 유통이력을 신고하지 아니하거나 거짓으로 신고한 자
> 2. 제240조의2 제2항을 위반하여 장부기록 자료를 보관하지 아니한 자

> **참고** 보세구역 반입명령제도와 유통이력 관리제도 비교
>
> 1. 두 제도의 의의
>   (1) 제도의 정의
>   두 제도는 모두 수출입신고가 수리된 물품을 그 적용대상으로 하고 있다. 특히 수입물품이 수입신고수리 후 **국내에서 유통될 때** 소비자들에게 수입물품에 대한 거짓 정보를 제공하지 않게 통제하고, 국민보건을 해치는 행위를 방지하는 역할을 하도록 마련한 제도이다.

① 보세구역 반입명령제도
　수출입물품에 대한 신속한 통관에 따라 불가피하게 발생할 수 있는 불법물품의 반출입 가능성을 신속히 방지하기 위하여 새로이 도입된 제도로서 수출입신고가 수리된 물품이라 할지라도 수리 후에 불법 수출입물품으로 파악된 경우에는 당해 물품을 보세구역에 반입시켜 위법사실을 치유한 후 반출허가하거나 통관이 허용될 수 없는 경우에는 반송 또는 폐기하도록 한다. 일명 리콜(Recall)제도라고 한다.

② 유통이력 관리제도
　국내에 반입된 위해(危害) 수입물품으로부터 우리 사회를 보호하고 국민보건 수준을 향상시키기 위하여 수입업자 및 수입물품 유통업자로 하여금 유통이력을 신고하게 하고, 신고의무 위반 시 과태료를 부과하여 처벌의 실효성을 확보하는 제도이다. 관세법상 크게 유통이력 신고 규정과 유통이력 조사 규정으로 구분되어 있다.

(2) 위반행위 방지방식
① 보세구역 반입명령제도는 중국산 물품을 한국산으로 둔갑시켜 국내시장에서 판매하다가 적발되는 경우나 상표 없이 수입한 후 가짜 유명 상표를 부착하여 판매하다가 적발되는 경우 등에 세관장이 해당 물품을 보세구역으로 반입할 것을 명령하는 제도이다. 즉, 유통단계에서 이미 위반행위를 한 물품을 보세구역으로 반입시켜, 반송 또는 폐기시키거나 보완 또는 정정 후 반출하는 제도이다.
② 유통이력 관리제도는 사료용이나 미끼용의 육류·어류 등을 식용으로 둔갑시켜 국내시장에서 판매하거나 쇠고기 등의 원산지를 속여 유통시키려는 경우 등을 방지하기 위하여 수입단계에서부터 최종 소비자에 이르기까지 유통단계별 거래내역을 관세청장에게 신고하도록 하는 제도이다. 즉, 유통단계에서 부정한 거래가 이루어지지 않도록 사전적으로 예방하는 제도로서, 이 제도의 효율성을 확보하기 위해 세관공무원으로 하여금 유통이력 신고의무자의 사업장에 출입하여 영업관계의 장부나 서류를 열람하여 조사하게 할 수 있도록 하였다.

2. 두 제도의 적용대상 물품
　(1) 보세구역 반입명령
① 관세청장이나 세관장은 수출신고가 수리되어 외국으로 반출되기 전에 있는 물품과 수입신고가 수리되어 반출된 물품으로서, 관세법에 따른 의무사항을 위반하거나 국민보건 등을 해칠 우려가 있는 물품은 이를 보세구역으로 반입할 것을 명할 수 있다(법 제238조 제1항).
② 특히 세관장으로부터 요구된 수입 후 의무를 이행하지 않았거나, 원산지 표시가 적법하게 표시되지 아니하였거나 수출입신고수리 당시와 다르게 표시되어 있는 경우, 품질등의 표시(표지의 부착 포함)가 적법하게 표시되지 아니하였거나 수출입신고 수리 당시와 다르게 표시되어 있는 경우, 지식재산권 등을 침해한 경우 보세구역 반입명령 대상이 된다(영 제245조 제1항).
　(2) 유통이력 관리제도
① 외국물품을 수입하는 자와 수입물품을 국내에서 거래하는 자(소비자에 대한 판매를 주된 영업으로 하는 사업자는 제외한다)는 사회안전 또는 국민보건을 해칠 우려가 현저한 물품 등으로서 관세청장이 지정하는 물품에 대한 유통단계별 거래명세를 관세청장에게 신고하여야 한다(법 제240조의2 제1항).
② 관세청장이 유통이력 신고물품을 지정할 때엔 미리 관계 행정기관의 장과 협의하여야 한다(법 제240조의2 제3항).

3. 화주 등의 의무 및 의무위반 시 조치
　(1) 보세구역 반입명령
① 관세청장이나 세관장으로부터 보세구역 반입명령을 받은 자는 해당 물품을 지정받은 보세구역으로 반입하여야 한다(법 제238조 제2항).
② 반입대상 물품의 전부 또는 일부를 반입하지 아니한 자는 물품원가 또는 2천만원 중 높은 금액 이하의 벌금에 처한다(법 제276조 제2항).
　(2) 유통이력 관리제도
① 유통이력 신고의무자는 유통이력을 관세청장에게 신고하여야 하여야 할 뿐만 아니라, 유통이력을 장부에 기록하고, 그 자료를 거래일부터 1년간 보관하여야 한다(법 제240조의2 제1항·제2항).
② 유통이력을 신고하지 아니하거나 거짓으로 신고한 자, 장부기록 자료를 보관하지 아니한 자는 500만원 이하의 과태료에 처한다(법 제277조 제5항).

제6관 통관절차 등의 국제협력

> **참고** 통관절차 등의 국제협력
>
> 1. 무역원활화 기본계획의 수립 및 시행(법 제240조의4)
> 2. 상호주의에 따른 통관절차 간소화(법 제240조의5)
> 3. 국가 간 세관정보의 상호 교환 등(법 제240조의6)

제240조의4(무역원활화 기본계획의 수립 및 시행)

① 무역원활화 기본계획의 수립 및 시행

기획재정부장관은 「세계무역기구 설립을 위한 마라케쉬협정」에 따라 이 법 및 관련법에서 정한 통관 등 수출입 절차의 원활화 및 이와 관련된 국제협력의 원활화(이하 "무역원활화"라 한다)를 촉진하기 위하여 다음 각 호의 사항이 포함된 무역원활화 기본계획(이하 "기본계획"이라 한다)을 수립·시행하여야 한다.

> 1. 무역원활화 정책의 기본 방향에 관한 사항
> 2. 무역원활화 기반 시설의 구축과 운영에 관한 사항
> 3. 무역원활화의 환경조성에 관한 사항
> 4. 무역원활화와 관련된 국제협력에 관한 사항
> 5. 무역원활화와 관련된 통계자료의 수집·분석 및 활용방안에 관한 사항
> 6. 무역원활화 촉진을 위한 재원 확보 및 배분에 관한 사항
> 7. 그 밖에 무역원활화를 촉진하기 위하여 필요한 사항

② 무역원활화 업무 수행 기관 등에 대한 지원

기획재정부장관은 기본계획을 시행하기 위하여 대통령령으로 정하는 바에 따라 무역원활화에 관한 업무를 수행하는 기관 또는 단체에 필요한 지원을 할 수 있다.

> **관세법 시행령**
>
> **영 제245조의2(무역원활화위원회의 구성)** ① 법 제240조의4에 따른 통관 등 수출입 절차의 원활화 및 이와 관련된 국제협력의 원활화(이하 "무역원활화"라 한다)의 촉진에 관한 다음 각 호의 사항을 심의하기 위하여 기획재정부장관 소속으로 무역원활화위원회(이하 이 조 및 제245조의3에서 "위원회"라 한다)를 둔다.
>   1. 무역원활화 기본계획에 관한 사항
>   2. 무역원활화 추진 관련 행정기관 간의 업무 협조에 관한 사항
>   3. 무역원활화 관련 법령·제도의 정비·개선에 관한 사항
>   4. 그 밖에 무역원활화 추진에 관한 주요 사항
> ② 위원회는 위원장 1명을 포함하여 20명 이내의 위원으로 구성한다.
> ③ 위원회의 위원장은 기획재정부차관이 되고, 위원은 다음 각 호의 사람이 된다.
>   1. 무역원활화 관련 행정기관의 고위공무원단에 속하는 공무원 중에서 기획재정부장관이 임명하는 사람

> **관세법 시행규칙**
>
> **규칙 제77조의4(무역원활화 위원회의 구성)** ① 영 제245조의2 제3항 제1호에 따라 기획재정부장관이 임명하는 위원은 다음 각 호와 같다.
>   1. 기획재정부 관세정책관
>   2. 과학기술정보통신부, 농림축산식품부, 산업통상자원부, 환경부, 국토교통부, 해양수산부, 식품의약품안전처 및 관세청 소속 고위공무원단에 속하는 일반직공무원 중에서 그 소속기관의 장이 추천하는 사람

   2. 다음 각 목의 어느 하나에 해당하는 사람 중에서 기획재정부장관이 위촉하는 사람
      가. 무역원활화 관계 기관 및 단체의 임직원

> **관세법 시행규칙**
>
> **규칙 제77조의4(무역원활화 위원회의 구성)** ② 영 제245조의2 제3항 제2호 가목에 따라 기획재정부장관이 위촉하는 위원은 「관세사법」에 따른 관세사회, 「대한무역투자진흥공사법」에 따른 대한무역투자진흥공사, 「민법」 제32조에 따라 산업통상자원부장관의 허가를 받아 설립된 한국무역협회 및 「상공회의소법」에 따른 대한상공회의소의 임원 중에서 그 소속기관의 장이 추천하는 사람으로 한다.

      나. 무역원활화에 관한 학식과 경험이 풍부한 사람으로서 해당 업무에 2년 이상 종사한 사람
④ 제3항 제2호에 따른 위원의 임기는 2년으로 하되, 한번만 연임할 수 있다. 다만, 보궐위원의 임기는 전임위원 임기의 남은 기간으로 한다.
⑤ 기획재정부장관은 위원회의 위원이 다음 각 호의 어느 하나에 해당하는 경우에는 해당 위원을 해임 또는 해촉할 수 있다.
   1. 심신장애로 인하여 직무를 수행할 수 없게 된 경우
   2. 직무와 관련된 비위사실이 있는 경우
   3. 직무태만, 품위손상이나 그 밖의 사유로 인하여 위원으로 적합하지 아니하다고 인정되는 경우
   4. 위원 스스로 직무를 수행하는 것이 곤란하다고 의사를 밝히는 경우
⑥ 위원회의 사무를 처리하기 위하여 간사 1명을 두며, 간사는 기획재정부의 고위공무원단에 속하는 공무원 중에서 기획재정부장관이 지명한다.
⑦ 제1항부터 제6항까지에서 규정한 사항 외에 위원회의 구성에 필요한 사항은 기획재정부령으로 정한다.

영 제245조의3(위원회의 운영) ① 위원회의 위원장은 회의를 소집하고 그 의장이 된다.
② 위원회의 위원장이 부득이한 사유로 그 직무를 수행할 수 없을 때에는 위원장이 미리 지명한 위원이 그 직무를 대행한다.
③ 위원회의 회의를 소집하려면 회의 개최 7일 전까지 회의 일시·장소 및 안건을 각 위원에게 서면으로 알려야 한다. 다만, 긴급한 사정이나 그 밖의 부득이한 사유가 있는 경우에는 회의 개최 전날까지 구두로 알릴 수 있다.
④ 위원회는 재적위원 과반수의 출석으로 개의하고, 출석위원 과반수의 찬성으로 의결한다.
⑤ 위원회는 업무수행을 위하여 필요한 경우에는 전문적인 지식과 경험이 있는 관계 분야 전문가 및 공무원으로 하여금 위원회의 회의에 출석하여 의견을 진술하게 할 수 있다.
⑥ 위원회에 출석한 위원과 관계 분야 전문가에게는 예산의 범위에서 수당과 여비를 지급할 수 있다. 다만, 공무원이 그 소관 업무와 직접적으로 관련되어 출석하는 경우에는 수당과 여비를 지급하지 아니한다.
⑦ 제1항부터 제6항까지에서 규정한 사항 외에 위원회의 운영에 필요한 사항은 기획재정부령으로 정한다.

제240조의5(상호주의에 따른 통관절차 간소화)

국제무역 및 교류를 증진하고 국가 간의 협력을 촉진하기 위하여 우리나라에 대하여 통관절차의 편익을 제공하는 국가에서 수입되는 물품에 대하여는 상호 조건에 따라 대통령령으로 정하는 바에 따라 간이한 통관절차를 적용할 수 있다.

> **관세법 시행령**
>
> **영 제245조의4(간이한 통관절차 적용대상 국가)** ① 법 제240조의5에 따른 간이한 통관절차(이하 "통관절차의 특례"라 한다)를 적용받을 수 있는 국가는 다음 각 호의 국가로 한다.
> 1. 우리나라와 통관절차의 편익에 관한 협정을 체결한 국가
> 2. 우리나라와 무역협정 등을 체결한 국가
> ② 통관절차의 특례 부여의 절차 및 특례 부여 중지, 그 밖에 필요한 사항은 관세청장이 정하여 고시한다.

제240조의6(국가 간 세관정보의 상호 교환 등)

① 세계관세기구의 정보 사용
관세청장은 물품의 신속한 통관과 이 법을 위반한 물품의 반입을 방지하기 위하여 세계관세기구에서 정하는 수출입 신고항목 및 화물식별번호를 발급하거나 사용하게 할 수 있다.

② 세계관세기구 정보의 상호 교환
관세청장은 세계관세기구에서 정하는 수출입 신고항목 및 화물식별번호 정보를 다른 국가와 상호 조건에 따라 교환할 수 있다.

③ 국가 간 세관정보의 상호 교환
관세청장은 관세의 부과와 징수, 과세 불복에 대한 심리, 형사소추 및 수출입신고의 검증을 위하여 수출입신고자료 등 대통령령으로 정하는 사항을 대한민국 정부가 다른 국가와 관세행정에 관한 협력 및 상호지원에 관하여 체결한 협정과 국제기구와 체결한 국제협약에 따라 다른 법률에 저촉되지 아니하는 범위에서 다른 국가와 교환할 수 있다.

> **관세법 시행령**
>
> **영 제245조의5(다른 국가와의 수출입신고자료 등의 교환)** ① 법 제240조의6 제3항에서 "수출입신고자료 등 대통령령으로 정하는 사항"이란 다음 각 호의 어느 하나에 해당하는 사항을 말한다.
> 1. 수출·수입 또는 반송의 신고와 관련된 다음 각 목의 자료
>   가. 신고서
>   나. 송품장, 포장명세서, 원산지증명서 및 선하증권 등 신고 시 제출한 자료
>   다. 가목 및 나목의 서류 또는 자료의 진위 확인에 필요한 자료
> 2. 해당 물품에 대한 법 제30조부터 제35조까지의 규정에 따른 과세가격의 결정 및 관세율표상의 품목분류의 정확성 확인에 필요한 자료
> 3. 법 제234조 및 제235조에 따라 수출하거나 수입할 수 없는 물품의 반출입과 관련된 자료
> 4. 법 제283조부터 제318조까지의 규정에 따른 관세법의 조사 및 처분과 관련된 자료

④ 상호주의에 따른 정보제공 제한

제3항에도 불구하고 관세청장은 상호주의원칙에 따라 상대국에 수출입신고자료 등을 제공하는 것을 제한할 수 있다.

⑤ 관세청장의 통지

관세청장은 제3항에 따라 다른 국가와 수출입신고자료 등을 교환하는 경우 대통령령으로 정하는 바에 따라 이를 신고인 또는 그 대리인에게 통지하여야 한다.

> **관세법 시행령**
>
> **영 제245조의5(다른 국가와의 수출입신고자료 등의 교환)** ② 관세청장은 제1항 제1호에 따른 자료를 다른 국가와 교환한 경우에는 법 제240조의6 제5항에 따라 그 교환한 날부터 10일 이내에 자료의 교환 사실 및 내용 등을 해당 신고인 또는 그 대리인에게 통지하여야 한다.
> ③ 관세청장은 제2항에도 불구하고 해당 통지가 다음 각 호의 어느 하나에 해당하는 경우에는 6개월의 범위에서 통지를 유예할 수 있다. 다만, 제1호에 해당하는 경우에는 6개월을 초과하여 유예할 수 있다.
>   1. 사람의 생명이나 신체의 안전을 위협할 우려가 있는 경우
>   2. 증거인멸 등 공정한 사법절차의 진행을 방해할 우려가 있는 경우
>   3. 질문·조사 등의 행정절차 진행을 방해하거나 지나치게 지연시킬 우려가 있는 경우
>   4. 다른 국가로부터 해당 통지의 유예를 서면으로 요청받은 경우

제2절 수출·수입 및 반송

제1관 신고

제241조(수출·수입 또는 반송의 신고)

① 수출·수입 또는 반송의 신고

물품을 수출·수입 또는 반송하려면 해당 물품의 품명·규격·수량 및 가격과 그 밖에 대통령령으로 정하는 사항을 세관장에게 신고하여야 한다.

관세법 시행령

영 제246조(수출·수입 또는 반송의 신고) ① 법 제241조 제1항에서 "대통령령으로 정하는 사항"이란 다음 각 호의 사항을 말한다.
1. 포장의 종류·번호 및 개수
2. 목적지·원산지 및 선적지
3. 원산지표시 대상물품인 경우에는 표시유무·방법 및 형태
4. 상표
5. 납세의무자 또는 화주의 상호(개인의 경우 성명을 말한다)·사업자등록번호·통관고유부호와 해외공급자부호 또는 해외구매자부호

관세법 시행규칙

규칙 제77조의5(통관고유부호 등의 신청) ① 영 제246조 제1항 제5호에 따른 통관고유부호, 해외공급자부호 또는 해외구매자부호를 발급받거나 변경하려는 자는 주소, 성명, 사업종류 등을 적은 신청서에 다음 각 호의 서류를 첨부하여 세관장에게 제출하여야 한다. 다만, 세관장이 필요 없다고 인정하는 경우에는 첨부서류의 제출을 생략할 수 있다.
1. 사업자등록증
2. 해외공급자 또는 해외구매자의 국가·상호·주소가 표기된 송품장
3. 그 밖에 관세청장이 정하여 고시하는 서류

② 제1항에 따른 통관고유부호, 해외공급자부호 또는 해외구매자부호의 발급절차 및 관리 등에 관하여 필요한 사항은 관세청장이 정한다.

6. 물품의 장치장소
7. 그 밖에 기획재정부령으로 정하는 참고사항

관세법 시행규칙

규칙 제77조의6(수출·수입 또는 반송의 신고) ① 영 제246조 제1항 제7호에서 "기획재정부령으로 정하는 참고사항"이란 다음 각 호를 말한다.
1. 물품의 모델 및 중량
2. 품목분류표의 품목 번호
3. 법 제226조에 따른 허가·승인·표시 또는 그 밖의 조건을 갖춘 것임을 증명하기 위하여 발급된 서류의 명칭
4. 수출입 법령에 따라 통관이 일시적으로 제한·금지되는 물품인지 여부를 확인할 수 있는 정보로서 관세청장이 관계 중앙행정기관의 장과 협의하여 관보에 공고하는 정보

② 법 제241조 제1항의 규정에 의하여 수출·수입 또는 반송의 신고를 하고자 하는 자는 기획재정부령으로 정하는 수출·수입 또는 반송의 신고서를 세관장에게 제출하여야 한다.

> **관세법 시행규칙**
>
> **규칙 제77조의6(수출·수입 또는 반송의 신고)** ② 영 제246조 제2항에 따른 수출 또는 반송의 신고서는 별지 제1호의2서식과 같다.
> ③ 영 제246조 제2항에 따른 수입의 신고서는 별지 제1호의3서식과 같다.
> ④ 법 제327조 제2항에 따른 전자신고의 작성에 필요한 구체적인 사항은 관세청장이 정하여 고시한다.

③ 법 제241조 제1항에 따른 가격은 다음 각 호의 구분에 따른다.
  1. 수출·반송신고가격: 해당 물품을 본선에 인도하는 조건으로 실제로 지급받았거나 지급받아야 할 가격으로서 최종 선적항 또는 선적지까지의 운임·보험료를 포함한 가격
  2. 수입신고가격: 법 제30조부터 제35조까지의 규정에 따른 방법으로 결정된 과세가격

② 신고 생략 또는 간소한 신고
다음 각 호의 어느 하나에 해당하는 물품은 대통령령으로 정하는 바에 따라 제1항에 따른 신고를 생략하게 하거나 관세청장이 정하는 간소한 방법으로 신고하게 할 수 있다.

  1. 휴대품·탁송품 또는 별송품
  2. 우편물
  3. 제91조부터 제94조까지, 제96조 제1항 및 제97조 제1항에 따라 관세가 면제되는 물품
  3의2. 제135조, 제136조, 제149조 및 제150조에 따른 보고 또는 허가의 대상이 되는 운송수단. 다만, 다음 각 목의 어느 하나에 해당하는 운송수단은 제외한다.
      가. 우리나라에 수입할 목적으로 최초로 반입되는 운송수단
      나. 해외에서 수리하거나 부품 등을 교체한 우리나라의 운송수단
      다. 해외로 수출 또는 반송하는 운송수단
  4. 국제운송을 위한 컨테이너(별표 관세율표 중 기본세율이 무세인 것으로 한정한다)

‖ 관세법 시행령

영 제246조(수출·수입 또는 반송의 신고) ④ 법 제241조 제2항의 규정에 의하여 신고를 생략하게 하는 물품은 다음 각 호의 1과 같다. 다만, 법 제226조의 규정에 해당하는 물품을 제외한다.
  1. 법 제96조 제1항 제1호에 따른 여행자휴대품
  2. 법 제96조 제1항 제3호에 따른 승무원휴대품
  3. 우편물(법 제258조 제2항에 해당하는 것을 제외한다)
  4. 국제운송을 위한 컨테이너(법 별표 관세율표 중 기본세율이 무세인 것에 한한다)
  5. 기타 서류·소액면세물품 등 신속한 통관을 위하여 필요하다고 인정하여 관세청장이 정하는 탁송품 또는 별송품
⑤ 법 제241조 제2항의 규정에 의한 수입물품 중 관세가 면제되거나 무세인 물품에 있어서는 그 검사를 마친 때에 당해 물품에 대한 수입신고가 수리된 것으로 본다.
⑥ 법 제241조의 규정에 의하여 수출신고를 함에 있어 수출신고가격을 산정하기 위하여 외국통화로 표시된 가격을 내국통화로 환산하는 때에는 수출신고일이 속하는 주의 전주의 기준환율 또는 재정환율을 평균하여 관세청장이 정한 율로 하여야 한다.

③ 수입·반송물품의 신고기한

수입하거나 반송하려는 물품을 지정장치장 또는 보세창고에 반입하거나 보세구역이 아닌 장소에 장치한 자는 그 **반입일 또는 장치일부터 30일 이내**(제243조 제1항에 해당하는 물품은 관세청장이 정하는 바에 따라 반송신고를 할 수 있는 날부터 30일 이내)에 제1항에 따른 **신고를 하여야 한다.**

④ 수입·반송신고 지연 가산세

세관장은 대통령령으로 정하는 물품을 수입하거나 반송하는 자가 제3항에 따른 기간 내에 수입 또는 반송의 신고를 하지 아니한 경우에는 해당 물품 **과세가격의 100분의 2**에 상당하는 금액의 범위에서 대통령령으로 정하는 금액을 **가산세**로 징수한다.

관세법 시행령

영 제247조(가산세율) ① 법 제241조 제4항의 규정에 의한 가산세액은 다음 각 호의 율에 의하여 산출한다.
1. 법 제241조 제3항의 규정에 의한 기한(이하 이 조에서 "신고기한"이라 한다)이 경과한 날부터 **20일 내에 신고**를 한 때에는 당해 물품의 **과세가격의 1천분의 5**
2. 신고기한이 경과한 날부터 **50일 내에 신고**를 한 때에는 당해 물품의 **과세가격의 1천분의 10**
3. 신고기한이 경과한 날부터 **80일 내에 신고**를 한 때에는 당해 물품의 **과세가격의 1천분의 15**
4. 제1호 내지 제3호 외의 경우에는 당해 물품의 **과세가격의 1천분의 20**

② 제1항에 따른 가산세액은 **500만원**을 초과할 수 없다.

참고 수입·반송신고 지연 가산세

신고기한이 경과한 날부터	
20일 내 신고	과세가격의 0.5%
50일 내 신고	과세가격의 1%
80일 내 신고	과세가격의 1.5%
이외의 경우	과세가격의 2%

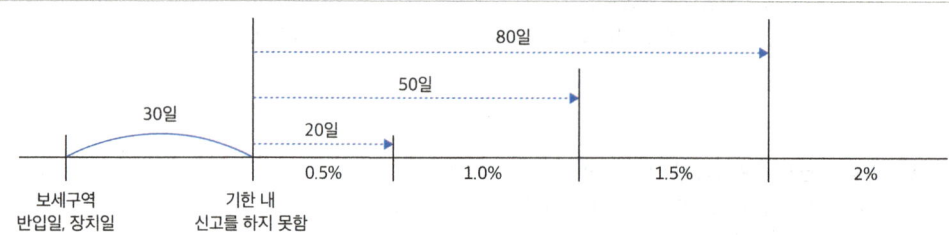

③ 신고기한이 경과한 후 보세운송된 물품에 대하여는 보세운송신고를 한 때를 기준으로 제1항의 규정에 의한 가산세율을 적용하며 그 세액은 수입 또는 반송신고를 하는 때에 징수한다.

참고 신고기한이 경과한 후 보세운송된 물품

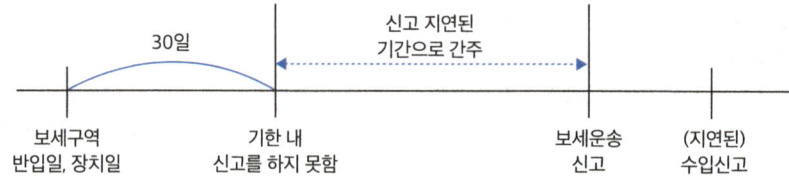

영 제248조(가산세대상 물품) 법 제241조 제4항에 따른 가산세를 징수해야 하는 물품은 물품의 신속한 유통이 긴요하다고 인정하여 보세구역의 종류와 물품의 특성을 고려하여 관세청장이 정하는 물품으로 한다.

⑤ 휴대품·이사물품 신고 불이행 가산세

세관장은 다음 각 호의 어느 하나에 해당하는 경우에는 해당 물품에 대하여 납부할 세액(관세 및 내국세를 포함한다)의 100분의 20(제1호의 경우에는 100분의 40으로 하되, 반복적으로 자진신고를 하지 아니하는 경우 등 대통령령으로 정하는 사유에 해당하는 경우에는 100분의 60)에 상당하는 금액을 가산세로 징수한다.

> 1. 여행자나 승무원이 제2항 제1호에 해당하는 휴대품(제96조 제1항 제1호 및 제3호에 해당하는 물품은 제외한다)을 신고하지 아니하여 과세하는 경우
> 2. 우리나라로 거주를 이전하기 위하여 입국하는 자가 입국할 때에 수입하는 이사물품(제96조 제1항 제2호에 해당하는 물품은 제외한다)을 신고하지 아니하여 과세하는 경우

||| 관세법 시행령

영 제247조(가산세율) ④ 법 제241조 제5항 각 호 외의 부분에서 "반복적으로 자진신고를 하지 아니하는 경우 등 대통령령으로 정하는 사유에 해당하는 경우"란 같은 여행자나 승무원에 대하여 그 여행자나 승무원의 입국일을 기준으로 소급하여 2년 이내에 2회 이상 법 제241조 제5항 제1호의 경우에 해당하는 사유로 가산세를 징수한 경우를 말한다.

⑥ 연속통관 물품의 신고기한 및 가산세 징수

제3항에도 불구하고 전기·유류 등 대통령령으로 정하는 물품을 그 물품의 특성으로 인하여 전선이나 배관 등 대통령령으로 정하는 시설 또는 장치 등을 이용하여 수출·수입 또는 반송하는 자는 1개월을 단위로 하여 해당 물품에 대한 제1항의 사항을 대통령령으로 정하는 바에 따라 다음 달 10일까지 신고하여야 한다. 이 경우 기간 내에 수출·수입 또는 반송의 신고를 하지 아니하는 경우의 가산세 징수에 관하여는 제4항을 준용한다.

||| 관세법 시행령

영 제246조(수출·수입 또는 반송의 신고) ⑦ 법 제241조 제6항 전단에서 "대통령령으로 정하는 물품"이란 다음 각 호의 어느 하나에 해당하는 것을 말한다.
  1. 전기
  2. 가스
  3. 유류
  4. 용수(用水)

⑧ 법 제241조 제6항 전단에서 "전선이나 배관 등 대통령령으로 정하는 시설 또는 장치 등"이란 전선로, 배관 등 제7항 각 호의 어느 하나에 해당하는 물품을 공급하기에 적합하도록 설계·제작된 일체의 시설을 말한다.

⑨ 제1항 및 제2항은 법 제241조 제6항에 따라 수출·수입 또는 반송하는 경우에 준용한다.

제241조의2(해외 수리 운송수단 수입신고의 특례)

제241조 제2항 제3호의2 나목에 따른 운송수단을 수입신고하는 경우 해당 운송수단의 가격은 수리 또는 부품 등이 교체된 부분의 가격으로 한다.

> **참고** 법 제241조 제2항 제3호의2 나목에 따른 운송수단
>
> 해외에서 수리하거나 부품 등을 교체한 우리나라의 운송수단

제242조(수출·수입·반송 등의 신고인)

제241조, 제244조 또는 제253조에 따른 신고는 화주 또는 관세사등의 명의로 하여야 한다. 다만, 수출신고의 경우에는 화주에게 해당 수출물품을 제조하여 공급한 자의 명의로 할 수 있다.

> **참고** 법 제241조, 제244조 또는 제253조에 따른 신고
>
> 1. 법 제241조(수출·수입 또는 반송의 신고)
> 2. 법 제244조(입항전수입신고)
> 3. 법 제253조(수입신고전의 물품 반출)

> **참고** 명의(名義) 관련 규정
>
> **법 제214조(보세운송의 신고인)** 제213조 제2항에 따른 신고 또는 승인신청은 다음 각 호의 어느 하나에 해당하는 자의 명의로 하여야 한다.
> 1. 화주
> 2. 관세사등
> 3. 보세운송을 업(業)으로 하는 자(이하 "보세운송업자"라 한다)
>
> **법 제242조(수출·수입·반송 등의 신고인)** 제241조, 제244조 또는 제253조에 따른 신고는 화주 또는 관세사등의 명의로 하여야 한다. 다만, 수출신고의 경우에는 화주에게 해당 수출물품을 제조하여 공급한 자의 명의로 할 수 있다.
>
> **영 제180조(장치물품의 멸실신고)** ① 보세구역 또는 법 제155조 제1항 단서의 규정에 의하여 보세구역이 아닌 장소에 장치된 외국물품이 멸실된 때에는 다음 각 호의 사항을 기재한 신고서를 세관장에게 제출하여 그 확인을 받아야 한다.
> 1. 제175조 각 호의 사항
> 2. 장치장소
> 3. 멸실연월일 및 멸실원인
>
> ② 제1항의 규정에 의한 신고는 특허보세구역장치물품인 경우에는 운영인의 명의로, 특허보세구역장치물품이 아닌 경우에는 보관인의 명의로 하여야 한다.
>
> **영 제181조(물품의 도난 또는 분실의 신고)** ② 제180조 제2항의 규정은 제1항의 신고에 관하여 이를 준용한다.
>
> **영 제182조(물품이상의 신고)** ② 제180조 제2항의 규정은 제1항의 신고에 관하여 이를 준용한다.

> **참고** **명의대여 금지 규정**

1. 보세사의 명의대여 금지

   법 제165조의2(보세사의 명의대여 등의 금지) ① 보세사는 다른 사람에게 자신의 성명·상호를 사용하여 보세사 업무를 하게 하거나 그 자격증 또는 등록증을 빌려주어서는 아니 된다.
   ② 누구든지 다른 사람의 성명·상호를 사용하여 보세사의 업무를 수행하거나 자격증 또는 등록증을 빌려서는 아니 된다.
   ③ 누구든지 제1항 또는 제2항의 행위를 알선해서는 아니 된다.

   법 제275조의4(보세사의 명의대여죄 등) 다음 각 호의 어느 하나에 해당하는 자는 1년 이하의 징역 또는 1천만원 이하의 벌금에 처한다.
   1. 제165조의2 제1항을 위반하여 다른 사람에게 자신의 성명·상호를 사용하여 보세사 업무를 수행하게 하거나 자격증 또는 등록증을 빌려준 자
   2. 제165조의2 제2항을 위반하여 다른 사람의 성명·상호를 사용하여 보세사의 업무를 수행하거나 자격증 또는 등록증을 빌린 자
   3. 제165조의2 제3항을 위반하여 같은 조 제1항 또는 제2항의 행위를 알선한 자

2. 특허보세구역 운영인의 명의대여 금지

   법 제177조의2(특허보세구역 운영인의 명의대여 금지) 특허보세구역의 운영인은 다른 사람에게 자신의 성명·상호를 사용하여 특허보세구역을 운영하게 해서는 아니 된다.

   법 제178조(반입정지 등과 특허의 취소) ② 세관장은 특허보세구역의 운영인이 다음 각 호의 어느 하나에 해당하는 경우에는 그 특허를 취소할 수 있다. 다만, 제1호, 제2호 및 제5호에 해당하는 경우에는 특허를 취소하여야 한다.
   5. 제177조의2를 위반하여 명의를 대여한 경우

3. 보세운송업자등의 명의대여 금지

   법 제223조의2(보세운송업자등의 명의대여 등의 금지) 보세운송업자등은 다른 사람에게 자신의 성명·상호를 사용하여 보세운송업자등의 업무를 하게 하거나 그 등록증을 빌려주어서는 아니 된다.

   법 제224조(보세운송업자등의 행정제재) ① 세관장은 관세청장이 정하는 바에 따라 보세운송업자등이 다음 각 호의 어느 하나에 해당하는 경우에는 등록의 취소, 6개월의 범위에서의 업무정지 또는 그 밖에 필요한 조치를 할 수 있다. 다만, 제1호 및 제2호에 해당하는 경우에는 등록을 취소하여야 한다.
   4의2. 제223조의2를 위반한 경우

4. 명의대여죄행위죄 등

   법 제275조의3(명의대여행위죄 등) 관세(세관장이 징수하는 내국세등을 포함한다)의 회피 또는 강제집행의 면탈을 목적으로 하거나 재산상 이득을 취할 목적으로 다음 각 호의 행위를 한 자는 1년 이하의 징역 또는 1천만원 이하의 벌금에 처한다.
   1. 타인에게 자신의 명의를 사용하여 제38조에 따른 납세신고를 하도록 허락한 자
   2. 타인의 명의를 사용하여 제38조에 따른 납세신고를 한 자

> **참고** **수출물품의 제조자가 언급된 규정**
>
> **법 제86조(특정물품에 적용될 품목분류의 사전심사)** ① 다음 각 호의 어느 하나에 해당하는 자는 제241조 제1항에 따른 수출입신고를 하기 전에 대통령령으로 정하는 서류를 갖추어 관세청장에게 해당 물품에 적용될 별표 관세율표 또는 품목분류표상의 품목분류를 미리 심사하여 줄 것을 신청할 수 있다.
> 1. 물품을 수출입하려는 자
> 2. <u>수출할 물품의 제조자</u>
> 3. 「관세사법」에 따른 관세사·관세법인 또는 통관취급법인(이하 "관세사등"이라 한다)
>
> **법 제242조(수출·수입·반송 등의 신고인)** 제241조, 제244조 또는 제253조에 따른 신고는 화주 또는 관세사등의 명의로 하여야 한다. 다만, 수출신고의 경우에는 화주에게 해당 <u>수출물품을 제조하여 공급한 자</u>의 명의로 할 수 있다.

제243조(신고의 요건)

① 여행자 휴대품의 반송방법 제한
제206조 제1항 제1호 가목의 물품 중 관세청장이 정하는 물품은 관세청장이 정하는 바에 따라 **반송방법을 제한**할 수 있다.

② 수입신고시기
제241조 제1항에 따른 **수입의 신고**는 해당 물품을 적재한 **선박이나 항공기가 입항된 후**에만 할 수 있다.

③ 반송신고요건
제241조 제1항에 따른 **반송의 신고**는 해당 물품이 이 법에 따른 **장치 장소에 있는 경우**에만 할 수 있다.

④ 밀수출 물품 등의 수출신고요건
밀수출 등 불법행위가 발생할 우려가 높거나 감시단속을 위하여 필요하다고 인정하여 **대통령령으로 정하는 물품**은 **관세청장이 정하는 장소에 반입**한 후 제241조 제1항에 따른 **수출의 신고**를 하게 할 수 있다.

> **관세법 시행령**
>
> **영 제248조의2(보세구역 반입 후 수출신고의 대상 등)** ① 법 제243조 제4항에서 "대통령령으로 정하는 물품"이란 다음 각 호의 어느 하나에 해당하는 물품으로서 관세청장이 정하여 고시하는 물품을 말한다.
> 1. 도난우려가 높은 물품 등 국민의 재산권 보호를 위하여 **수출관리**가 필요한 물품
> 2. 고세율 원재료를 제조·가공하여 수출하는 물품 등 **부정환급 우려**가 높은 물품
> 3. 국민보건이나 사회안전 또는 국제무역질서 준수 등을 위해 **수출관리**가 필요한 물품
> ② 제1항에도 불구하고 법 제255조의2 제1항에 따라 수출입 안전관리 우수업체로 공인된 업체가 수출하는 물품은 법 제243조 제4항에 따라 관세청장이 정하는 장소에 반입한 후 수출의 신고를 하는 물품(이하 이 조에서 "반입 후 신고물품"이라 한다)에서 제외할 수 있다.
> ③ 반입 후 신고물품의 반입절차 및 그 밖에 필요한 사항은 관세청장이 정하여 고시한다.

제244조(입항전수입신고)

① 입항전수입신고

수입하려는 물품의 신속한 통관이 필요할 때에는 제243조 제2항에도 불구하고 대통령령으로 정하는 바에 따라 해당 물품을 적재한 선박이나 항공기가 입항하기 전에 수입신고를 할 수 있다. 이 경우 입항전수입신고가 된 물품은 우리나라에 도착한 것으로 본다.

관세법 시행령

영 제249조(입항전수입신고) ① 법 제244조 제1항의 규정에 의한 수입신고는 당해 물품을 적재한 선박 또는 항공기가 그 물품을 적재한 항구 또는 공항에서 출항하여 우리나라에 입항하기 5일 전(항공기의 경우 1일 전)부터 할 수 있다.
② 출항부터 입항까지의 기간이 단기간인 경우 등 당해 선박 등이 출항한 후에 신고하는 것이 곤란하다고 인정되어 출항하기 전에 신고하게 할 필요가 있는 때에는 관세청장이 정하는 바에 따라 그 신고시기를 조정할 수 있다.
③ 제1항에도 불구하고 다음 각 호의 어느 하나에 해당하는 물품은 해당 물품을 적재한 선박 등이 우리나라에 도착된 후에 수입신고하여야 한다.
  1. 세율이 인상되거나 새로운 수입요건을 갖추도록 요구하는 법령이 적용되거나 적용될 예정인 물품
  2. 수입신고하는 때와 우리나라에 도착하는 때의 물품의 성질과 수량이 달라지는 물품으로서 관세청장이 정하는 물품

참고 수입통관 사무처리에 관한 고시 제3조(정의)

수입신고의 시기	내용
출항 전 신고	항공기로 수입되는 물품이나 일본, 중국, 대만, 홍콩으로부터 선박으로 수입되는 물품을 선(기)적한 선박과 항공기가 해당물품을 적재한 항구나 공항에서 출항하기 전에 수입신고하는 것
입항 전 신고	수입물품을 선(기)적한 선박 등이 물품을 적재한 항구나 공항에서 출항한 후 입항하기 전에 수입신고하는 것
보세구역 도착 전 신고	수입물품을 선(기)적한 선박 등이 입항하여 해당물품을 통관하기 위하여 반입하려는 보세구역(부두 밖 컨테이너 보세창고와 컨테이너 내륙통관기지 포함)에 도착하기 전에 수입신고하는 것
보세구역 장치 후 신고	수입물품을 보세구역에 장치한 후 수입신고하는 것

② 물품검사 실시 여부 통지

세관장은 입항전수입신고를 한 물품에 대하여 제246조에 따른 물품검사의 실시를 결정하였을 때에는 수입신고를 한 자에게 이를 통보하여야 한다.

③ 검사대상 물품의 보세구역 반입

제2항에 따라 검사대상으로 결정된 물품은 수입신고를 한 세관의 관할 보세구역(보세구역이 아닌 장소에 장치하는 경우 그 장소를 포함한다)에 반입되어야 한다. 다만, 세관장이 적재상태에서 검사가 가능하다고 인정하는 물품은 해당 물품을 적재한 선박이나 항공기에서 검사할 수 있다.

④ 비검사대상 물품의 수입신고 수리

제2항에 따라 검사대상으로 결정되지 아니한 물품은 입항 전에 그 수입신고를 수리할 수 있다.

⑤ 관세 환급

입항전수입신고가 수리되고 보세구역 등으로부터 반출되지 아니한 물품에 대하여는 해당 물품이 지정보세구역에 장치되었는지 여부와 관계없이 제106조 제4항을 준용한다.

> **참고** 법 제106조 제4항
>
> 수입신고가 수리된 물품이 수입신고 수리 후에도 지정보세구역에 계속 장치되어 있는 중에 재해로 멸실되거나 변질 또는 손상되어 그 가치가 떨어졌을 때에는 대통령령으로 정하는 바에 따라 그 관세의 전부 또는 일부를 환급할 수 있다.

⑥ 위임 규정

입항전수입신고된 물품의 통관절차 등에 관하여 필요한 사항은 관세청장이 정한다.

제245조(신고 시의 제출서류)

① 신고 시의 제출서류

제241조 또는 제244조에 따른 수출·수입 또는 반송의 신고를 하는 자는 과세가격결정자료 외에 대통령령으로 정하는 서류를 제출하여야 한다.

> **관세법 시행령**
>
> **영 제250조(신고서류)** ① 법 제245조 제1항에서 "대통령령으로 정하는 서류"란 다음 각 호의 서류를 말한다.
> 1. 선하증권 사본 또는 항공화물운송장 사본
> 2. 원산지증명서(제236조 제1항이 적용되는 경우로 한정한다)
> 3. 기타 참고서류

② 관세사 등의 서류 확인

제1항에 따라 서류를 제출하여야 하는 자가 해당 서류를 관세사등에게 제출하고, 관세사등이 해당 서류를 확인한 후 제241조 또는 제244조에 따른 수출·수입 또는 반송에 관한 신고를 할 때에는 해당 서류의 제출을 생략하게 하거나 해당 서류를 수입신고 수리 후에 제출하게 할 수 있다.

③ 서류제출 요청 시 신고인의 제출의무

제2항에 따라 서류의 제출을 생략하게 하거나 수입신고 수리 후에 서류를 제출하게 하는 경우 세관장이 필요하다고 인정하여 신고인에게 관세청장이 정하는 장부나 그 밖의 관계 자료의 제시 또는 제출을 요청하면 신고인은 이에 따라야 한다.

> **관세법 시행령**
>
> **영 제250조(신고서류)** ② 수출입신고를 하는 물품이 법 제226조의 규정에 의한 증명을 필요로 하는 것인 때에는 관련 증명서류를 첨부하여 수출입신고를 하여야 한다. 다만, 세관장은 필요 없다고 인정되는 때에는 이를 생략하게 할 수 있다.

제2관 물품의 검사

제246조(물품의 검사)

① 물품의 검사
세관공무원은 수출·수입 또는 반송하려는 물품에 대하여 검사를 할 수 있다.
② 물품의 검사기준 설정
관세청장은 검사의 효율을 거두기 위하여 검사대상, 검사범위, 검사방법, 검사 장비·시설 및 검사인력 양성 등에 관하여 필요한 사항을 정할 수 있다.
③ 수입신고 전 물품 확인
화주는 수입신고를 하려는 물품에 대하여 수입신고 전에 관세청장이 정하는 바에 따라 확인을 할 수 있다.

> **관세법 시행령**
>
> **영 제251조(통관물품에 대한 검사)** ① 세관장은 법 제241조 제3항의 규정에 의한 신고를 하지 아니한 물품에 대하여는 관세청장이 정하는 바에 의하여 직권으로 이를 검사할 수 있다.
> ② 세관장은 법 제241조 제1항의 신고인이 제1항의 규정에 의한 검사에 참여할 것을 신청하거나 신고인의 참여가 필요하다고 인정하는 때에는 그 일시·장소·방법 등을 정하여 검사에 참여할 것을 통지할 수 있다.

제246조의2(물품의 검사에 따른 손실보상)

① 물품의 검사에 따른 손실보상
관세청장 또는 세관장은 이 법에 따른 세관공무원의 적법한 물품검사로 인하여 물품 등에 손실이 발생한 경우 그 손실을 입은 자에게 보상(이하 "손실보상"이라 한다)하여야 한다.
② 손실보상의 기준 등
제1항에 따른 손실보상의 기준, 대상 및 보상금액에 관한 사항은 대통령령으로 정한다.

> **관세법 시행령**
>
> **영 제251조의2(물품의 검사에 대한 손실보상의 금액)** ① 법 제246조의2 제1항에 따른 손실보상의 대상은 세관공무원의 적법한 물품검사로 손실이 발생한 다음 각 호의 어느 하나에 해당하는 것으로 한다.
> 1. 검사 대상 물품
> 2. 제1호의 물품을 포장한 용기 또는 운반·운송하는 수단
> ② 법 제246조의2 제1항에 따른 손실보상의 금액은 다음 각 호의 구분에 따른 금액으로 한다.
> 1. 해당 물품 등을 수리할 수 없는 경우: 다음 각 목의 구분에 따른 금액
>   가. 제1항 제1호에 해당하는 경우: 법 제30조부터 제35조까지의 규정에 따른 해당 물품의 과세가격에 상당하는 금액. 다만, 과세가격에 상당하는 금액을 산정할 수 없는 경우에는 구매가격 및 손실을 입은 자가 청구하는 금액을 고려하여 관세청장이 합리적인 범위에서 인정하는 금액으로 한다.
>   나. 제1항 제2호에 해당하는 경우: 구매가격 및 손실을 입은 자가 청구하는 금액을 고려하여 관세청장이 합리적인 범위에서 인정하는 금액
> 2. 해당 물품 등을 수리할 수 있는 경우: 수리비에 상당하는 금액. 다만, 제1호에 따른 금액을 한도로 한다.

③ 손실보상의 지급절차 등
제1항에 따른 손실보상의 지급절차 및 방법, 그 밖에 필요한 사항은 관세청장이 정한다.

제246조의3(물품에 대한 안전성 검사)

① 물품에 대한 안전성 검사
관세청장은 중앙행정기관의 장의 요청을 받아 세관장으로 하여금 제226조에 따른 세관장의 확인이 필요한 수출입물품 등 다른 법령에서 정한 물품의 성분·품질 등에 대한 안전성 검사(이하 "안전성 검사"라 한다)를 하게 할 수 있다. 다만, 관세청장은 제226조에 따른 세관장의 확인이 필요한 수출입물품에 대하여는 필요한 경우 해당 중앙행정기관의 장에게 세관장과 공동으로 안전성 검사를 할 것을 요청할 수 있다.

② 안전성 검사 요청 시 관련 정보 제공 등
중앙행정기관의 장은 제1항에 따라 안전성 검사를 요청하는 경우 관세청장에게 해당 물품에 대한 안전성 검사 방법 등 관련 정보를 제공하여야 하고, 필요한 인력을 제공할 수 있다.

③ 안전성 검사대상 물품 지정 등
관세청장은 제1항에 따라 중앙행정기관의 장의 안전성 검사요청을 받거나 중앙행정기관의 장에게 안전성 검사를 요청한 경우 해당 안전성 검사를 위하여 필요한 인력 및 설비 등을 고려하여 안전성 검사대상 물품을 지정하여야 하고, 그 결과를 해당 중앙행정기관의 장에게 통보하여야 한다.

④ 안전성 검사를 위한 협업검사센터 설치 등
관세청장은 안전성 검사를 위하여 협업검사센터를 주요 공항·항만에 설치할 수 있고, 세관장에게 제3항에 따라 지정된 안전성 검사 대상 물품의 안전성 검사에 필요한 자체 검사 설비를 지원하는 등 원활한 안전성 검사를 위한 조치를 취하여야 한다.

⑤ 중앙행정기관의 장과의 협력
세관장은 제3항에 따라 안전성 검사대상 물품으로 지정된 물품에 대하여 중앙행정기관의 장과 협력하여 안전성 검사를 실시하여야 한다.

⑥ 물품 정보 공개방법
관세청장은 안전성 검사 결과 불법·불량·유해 물품으로 확인된 물품의 정보를 관세청 인터넷 홈페이지를 통하여 공개할 수 있다.

⑦ 수출입물품안전관리기관협의회
안전성 검사에 필요한 정보교류, 제264조의10에 따른 불법·불량·유해물품에 대한 정보 등의 제공 요청 등 대통령령으로 정하는 사항을 협의하기 위하여 관세청에 수출입물품안전관리기관협의회를 둔다.

⑧ 수출입물품안전관리기관협의회의 구성 등
제7항에 따른 수출입물품안전관리기관협의회의 구성·운영과 그 밖에 필요한 사항은 대통령령으로 정한다.

| 관세법 시행령 |

영 제251조의3(수출입물품안전관리기관협의회의 구성 및 운영 등) ① 법 제246조의3 제7항에서 "안전성 검사에 필요한 정보교류, 제264조의10에 따른 불법·불량·유해물품에 대한 정보 등의 제공 요청 등 대통령령으로 정하는 사항"이란 다음 각 호의 사항을 말한다.
  1. 법 제246조의3 제1항에 따른 안전성 검사(이하 "안전성 검사"라 한다)에 필요한 정보교류
  2. 법 제264조의10에 따른 불법·불량·유해물품에 대한 정보 등의 제공에 관한 사항
  3. 안전성 검사대상 물품의 선정에 관한 사항
  4. 그 밖에 관세청장이 안전성 검사, 불법·불량·유해물품에 대한 정보 등의 제공과 관련하여 협의가 필요하다고 인정하는 사항
② 법 제246조의3 제7항에 따른 수출입물품안전관리기관협의회(이하 이 조에서 "협의회"라 한다)는 위원장 1명을 포함하여 25명 이내의 위원으로 구성한다.
③ 협의회의 위원장은 관세청 소속 고위공무원단에 속하는 공무원 중에서 관세청장이 지명하는 사람으로 하고, 위원은 다음 각 호의 사람으로 한다.
  1. 관세청의 4급 이상 공무원 중에서 관세청장이 지명하는 사람 1명
  2. 관계 중앙행정기관의 4급 이상 공무원 중에서 해당 기관의 장이 지명하는 사람 각 1명
④ 제2항에 따라 협의회의 위원을 지명한 자는 해당 위원이 다음 각 호의 어느 하나에 해당하는 경우에는 그 지명을 철회할 수 있다.
  1. 심신장애로 인하여 직무를 수행할 수 없게 된 경우
  2. 직무와 관련된 비위사실이 있는 경우
  3. 직무태만, 품위손상이나 그 밖의 사유로 인하여 위원으로 적합하지 아니하다고 인정되는 경우
  4. 위원 스스로 직무를 수행하는 것이 곤란하다고 의사를 밝히는 경우
⑤ 협의회의 회의는 위원의 과반수 출석으로 개의하고, 출석위원 3분의 2 이상의 찬성으로 의결한다.
⑥ 제1항부터 제5항까지에서 규정한 사항 외에 협의회의 운영에 필요한 사항은 협의회의 의결을 거쳐 위원장이 정한다.

⑨ **위임 규정**
제1항부터 제8항까지에서 규정한 사항 외에 안전성 검사의 방법·절차 등에 관하여 필요한 사항은 관세청장이 정한다.

제247조(검사 장소)

① **검사 장소**
제186조 제1항 또는 제246조에 따른 검사는 제155조 제1항에 따라 장치할 수 있는 장소에서 한다. 다만, 수출하려는 물품은 해당 물품이 장치되어 있는 장소에서 검사한다.

② **효율적 검사를 위한 검사 장소**
제1항에도 불구하고 세관장은 효율적인 검사를 위하여 부득이하다고 인정될 때에는 관세청장이 정하는 바에 따라 해당 물품을 보세구역에 반입하게 한 후 검사할 수 있다.

제3관 신고의 처리

제248조(신고의 수리)

① **신고필증의 발급**

세관장은 제241조 또는 제244조에 따른 신고가 이 법에 따라 적합하게 이루어졌을 때에는 이를 지체 없이 수리하고 신고인에게 신고필증을 발급하여야 한다. 다만, 제327조 제2항에 따라 국가관세종합정보시스템의 전산처리설비를 이용하여 신고를 수리하는 경우에는 관세청장이 정하는 바에 따라 신고인(신고 명의인이 화주가 아닌 경우에는 화주를 포함한다)이 직접 전산처리설비를 이용하여 신고필증을 발급받을 수 있다.

② **담보의 제공**

세관장은 관세를 납부하여야 하는 물품에 대하여는 제241조 또는 제244조에 따른 신고를 수리할 때에 다음 각 호의 어느 하나에 해당하는 자에게 관세에 상당하는 담보의 제공을 요구할 수 있다.

1. 이 법 또는 「수출용원재료에 대한 관세 등 환급에 관한 특례법」 제23조를 위반하여 징역형의 실형을 선고받고 그 집행이 끝나거나(집행이 끝난 것으로 보는 경우를 포함한다) 면제된 후 2년이 지나지 아니한 자
2. 이 법 또는 「수출용원재료에 대한 관세 등 환급에 관한 특례법」 제23조를 위반하여 징역형의 집행유예를 선고받고 그 유예기간 중에 있는 자
3. 제269조부터 제271조까지, 제274조, 제275조의2, 제275조의3 또는 「수출용원재료에 대한 관세 등 환급에 관한 특례법」 제23조에 따라 벌금형 또는 통고처분을 받은 자로서 그 벌금형을 선고받거나 통고처분을 이행한 후 2년이 지나지 아니한 자
4. 제241조 또는 제244조에 따른 수입신고일을 기준으로 최근 2년간 관세 등 조세를 체납한 사실이 있는 자
5. 수입실적, 수입물품의 관세율 등을 고려하여 대통령령으로 정하는 관세채권의 확보가 곤란한 경우에 해당하는 자

> **관세법 시행령**
>
> **영 제252조(담보의 제공)** 법 제248조 제2항 제5호에서 "대통령령으로 정하는 관세채권의 확보가 곤란한 경우에 해당하는 자"란 다음 각 호의 어느 하나에 해당하는 자를 말한다.
> 1. 최근 2년간 계속해서 수입실적이 없는 자
> 2. 파산, 청산 또는 개인회생절차가 진행 중인 자
> 3. 수입실적, 자산, 영업이익, 수입물품의 관세율 등을 고려할 때 관세채권 확보가 곤란한 경우로서 관세청장이 정하는 요건에 해당하는 자

③ **수리 전 물품 반출 금지**

제1항에 따른 신고수리 전에는 운송수단, 관세통로, 하역통로 또는 이 법에 따른 장치 장소로부터 신고된 물품을 반출하여서는 아니 된다.

> **참고** 수리 전 무단 반출에 대한 관세법상 조치(법 제248조 제3항 위반 시)
>
> 1. 보세구역(보세구역 외 장치를 허가받은 장소를 포함한다)에 반입된 물품이 법 제248조 제3항을 위반하여 수입신고가 수리되기 전에 반출된 경우 법 제38조(신고납부)에도 불구하고 세관장이 관세를 부과·징수한다(법 제39조 제1항).
> 2. 법 제248조 제3항을 위반한 자는 물품원가 또는 2천만원 중 높은 금액 이하의 벌금에 처한다(법 제276조 제2항).

제249조(신고사항의 보완)

세관장은 다음 각 호의 어느 하나에 해당하는 경우에는 제241조 또는 제244조에 따른 신고가 수리되기 전까지 갖추어지지 아니한 사항을 보완하게 할 수 있다. 다만, 해당 사항이 경미하고 신고수리 후에 보완이 가능하다고 인정되는 경우에는 관세청장이 정하는 바에 따라 신고수리 후 이를 보완하게 할 수 있다.

> 1. 제241조 또는 제244조에 따른 수출·수입 또는 반송에 관한 신고서의 기재사항이 갖추어지지 아니한 경우
> 2. 제245조에 따른 제출서류가 갖추어지지 아니한 경우

제250조(신고의 취하 및 각하)

① 신고의 취하

신고는 정당한 이유가 있는 경우에만 세관장의 승인을 받아 취하할 수 있다. 다만, 수입 및 반송의 신고는 운송수단, 관세통로, 하역통로 또는 이 법에 규정된 장치 장소에서 물품을 반출한 후에는 취하할 수 없다.

참고 신고 취하와 신고 수리의 효력의 관계

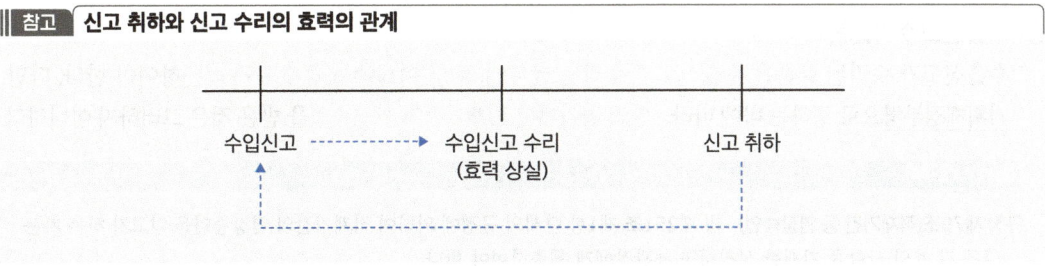

관세법 시행령

> **영 제253조(신고취하의 승인신청)** 법 제250조 제1항의 규정에 의한 승인을 얻고자 하는 자는 다음 각 호의 사항을 기재한 신청서를 세관장에게 제출하여야 한다.
> 1. 제175조 각 호의 사항
> 2. 신고의 종류
> 3. 신고연월일 및 신고번호
> 4. 신청사유

② 신고 취하와 신고 수리의 효력의 관계

수출·수입 또는 반송의 신고를 수리한 후 제1항에 따라 신고의 취하를 승인한 때에는 신고수리의 효력이 상실된다.

③ 신고의 각하

세관장은 제241조 및 제244조의 신고가 그 요건을 갖추지 못하였거나 부정한 방법으로 신고되었을 때에는 해당 수출·수입 또는 반송의 신고를 각하할 수 있다.

> **관세법 시행령**
>
> **영 제254조(신고각하의 통지)** 세관장은 법 제250조 제3항의 규정에 의하여 신고를 각하한 때에는 즉시 그 신고인에게 다음 각 호의 사항을 기재한 통지서를 송부하여야 한다.
> 1. 신고의 종류
> 2. 신고연월일 및 신고번호
> 3. 각하사유

④ 승인 여부 통지기간
　세관장은 제1항에 따른 승인의 신청을 받은 날부터 10일 이내에 승인 여부를 신청인에게 통지하여야 한다.

⑤ 통지기간 경과 시 관세법상 조치
　세관장이 제4항에서 정한 기간 내에 승인 여부 또는 민원 처리 관련 법령에 따른 처리기간의 연장을 신청인에게 통지하지 아니하면 그 기간(민원 처리 관련 법령에 따라 처리기간이 연장 또는 재연장된 경우에는 해당 처리기간을 말한다)이 끝난 날의 다음 날에 승인을 한 것으로 본다.

제251조(수출신고수리물품의 적재 등)

① 수출신고수리물품의 적재
　수출신고가 수리된 물품은 수출신고가 수리된 날부터 30일 이내에 운송수단에 적재하여야 한다. 다만, 기획재정부령으로 정하는 바에 따라 1년의 범위에서 적재기간의 연장승인을 받은 것은 그러하지 아니하다.

> **관세법 시행규칙**
>
> **규칙 제79조(적재기간 등 연장승인)** 법 제251조 제1항 단서의 규정에 의하여 적재기간의 연장승인을 얻고자 하는 자는 다음 각 호의 사항을 기재한 신청서를 세관장에게 제출하여야 한다.
> 1. 수출신고번호·품명·규격 및 수량
> 2. 수출자·신고자 및 제조자
> 3. 연장승인신청의 사유
> 4. 기타 참고사항

② 미적재 물품의 수출신고수리 취소
　세관장은 제1항에 따른 기간 내에 적재되지 아니한 물품에 대하여는 대통령령으로 정하는 바에 따라 수출신고의 수리를 취소할 수 있다.

> **관세법 시행령**
>
> **영 제255조(수출신고수리의 취소)** ① 세관장은 법 제251조 제2항의 규정에 의하여 우리나라와 외국 간을 왕래하는 운송수단에 적재하는 기간을 초과하는 물품에 대하여 수출신고의 수리를 취소하여야 한다. 다만, 다음 각 호의 1에 해당하는 경우에는 그러하지 아니하다.
> 1. 법 제250조 제1항의 규정에 의한 신고취하의 승인신청이 정당한 사유가 있다고 인정되는 경우
> 2. 법 제251조 제1항 단서의 규정에 의한 적재기간연장승인의 신청이 정당한 사유가 있다고 인정되는 경우
> 3. 세관장이 수출신고의 수리를 취소하기 전에 당해 물품의 적재를 확인한 경우
> 4. 기타 세관장이 법 제251조 제1항의 규정에 의한 기간 내에 적재하기 곤란하다고 인정하는 경우
>
> ② 세관장은 제1항의 규정에 의하여 수출신고의 수리를 취소하는 때에는 즉시 신고인에게 그 내용을 통지하여야 한다.

제4관 통관절차의 특례

> **참고** 통관절차의 특례
>
> 1. 수입신고수리전 반출(법 제252조)
> 2. 수입신고전의 물품 반출(법 제253조)
> 3. 전자상거래물품의 특별통관 등(법 제254조)
> 4. 탁송품의 특별통관(법 제254조의2)
> 5. 수출입 안전관리 우수업체의 공인(법 제255조의2 ~ 제255조의7)

제252조(수입신고수리전 반출)

수입신고를 한 물품을 제248조에 따른 세관장의 수리 전에 해당 물품이 장치된 장소로부터 반출하려는 자는 납부하여야 할 관세에 상당하는 담보를 제공하고 세관장의 승인을 받아야 한다. 다만, 정부 또는 지방자치단체가 수입하거나 담보를 제공하지 아니하여도 관세의 납부에 지장이 없다고 인정하여 대통령령으로 정하는 물품에 대하여는 담보의 제공을 생략할 수 있다.

> **관세법 시행령**
>
> **영 제256조(신고수리전 반출)** ① 법 제252조의 규정에 의한 승인을 얻고자 하는 자는 다음 각 호의 사항을 기재한 신청서를 세관장에게 제출하여야 한다.
> 1. 제175조 각 호의 사항
> 2. 신고의 종류
> 3. 신고연월일 및 신고번호
> 4. 신청사유
>
> ② 세관장이 제1항의 규정에 의한 신청을 받아 법 제252조의 규정에 의한 승인을 하는 때에는 관세청장이 정하는 절차에 따라야 한다.
>
> ③ 다음 각 호의 어느 하나에 해당하는 물품에 대해서는 법 제252조 단서에 따라 담보의 제공을 생략할 수 있다. 다만, 제2호 및 제3호의 물품을 수입하는 자 중 관세 등의 체납, 불성실신고 등의 사유로 담보 제공을 생략하는 것이 타당하지 아니하다고 관세청장이 인정하는 자가 수입하는 물품에 대해서는 담보를 제공하게 할 수 있다.
> 1. 국가, 지방자치단체, 「공공기관의 운영에 관한 법률」 제4조에 따른 공공기관, 「지방공기업법」 제49조에 따라 설립된 지방공사 및 같은 법 제79조에 따라 설립된 지방공단이 수입하는 물품
> 2. 법 제90조 제1항 제1호 및 제2호에 따른 기관이 수입하는 물품

> **참고** 담보제공이 생략되는 '학술연구용품 감면' 적용대상(법 제90조 제1항 제1호·제2호)
>
> 1. 국가기관, 지방자치단체 및 기획재정부령으로 정하는 기관
> 2. 학교, 공공의료기관, 공공직업훈련원, 박물관, 그 밖에 이에 준하는 기획재정부령으로 정하는 기관

> 3. 최근 2년간 법 위반(관세청장이 법 제270조·제276조 및 제277조에 따른 처벌을 받은 자로서 재범의 우려가 없다고 인정하는 경우를 제외한다) 사실이 없는 수출입자 또는 신용평가기관으로부터 신용도가 높은 것으로 평가를 받은 자로서 관세청장이 정하는 자가 수입하는 물품
> 4. 수출용원재료 등 수입물품의 성질, 반입사유 등을 고려할 때 관세채권의 확보에 지장이 없다고 관세청장이 인정하는 물품
> 5. 거주 이전(移轉)의 사유, 납부할 세액 등을 고려할 때 관세채권의 확보에 지장이 없다고 관세청장이 정하여 고시하는 기준에 해당하는 자의 이사물품

> **참고** 실무상 신고수리전 반출을 승인하는 경우(수입통관 사무처리에 관한 고시 제38조)

제38조(신고수리전 반출) ① 수입통관에 곤란한 사유가 없는 물품으로서 다음 각 호의 어느 하나에 해당하는 경우에는 법 제252조에 따라 세관장이 신고수리전 반출을 승인할 수 있다.
   1. 완성품의 세번으로 수입신고수리받고자 하는 물품이 미조립상태로 분할선적 수입된 경우
   2. 「조달사업에 관한 법률」에 따른 비축물자로 신고된 물품으로서 실수요자가 결정되지 아니한 경우
   3. 사전세액심사대상 물품(부과고지물품을 포함한다)으로서 세액결정에 오랜 시간이 걸리는 경우
   4. 품목분류나 세율결정에 오랜 시간이 걸리는 경우
   5. 수입신고 시 「관세법 시행령」 제236조 제1항 제1호에 따라 원산지증명서를 세관장에게 제출하지 못한 경우

제253조(수입신고전의 물품 반출)

① 수입신고전의 물품 반출

수입하려는 물품을 수입신고 전에 운송수단, 관세통로, 하역통로 또는 이 법에 따른 장치 장소로부터 즉시 반출하려는 자는 대통령령으로 정하는 바에 따라 세관장에게 즉시반출신고를 하여야 한다. 이 경우 세관장은 납부하여야 하는 관세에 상당하는 담보를 제공하게 할 수 있다.

② 즉시반출대상

제1항에 따른 즉시반출을 할 수 있는 자 또는 물품은 대통령령으로 정하는 바에 따라 세관장이 지정한다.

> **관세법 시행령**

영 제257조(수입신고전 물품반출) ① 법 제253조 제1항의 규정에 의하여 수입하고자 하는 물품을 수입신고전에 즉시 반출하고자 하는 자는 당해 물품의 품명·규격·수량 및 가격을 기재한 신고서를 제출하여야 한다.
② 법 제253조 제1항의 규정에 의한 즉시반출을 할 수 있는 자 및 물품은 다음 각 호의 1에 해당하는 것 중 법 제226조 제2항의 규정에 의한 구비조건의 확인에 지장이 없는 경우로서 세관장이 지정하는 것에 한한다.
   1. 관세 등의 체납이 없고 최근 3년 동안 수출입실적이 있는 제조업자 또는 외국인투자자가 수입하는 시설재 또는 원부자재
   2. 삭제
   3. 기타 관세 등의 체납우려가 없는 경우로서 관세청장이 정하는 물품

③ 즉시반출 물품의 수입신고

제1항에 따른 즉시반출신고를 하고 반출을 하는 자는 즉시반출신고를 한 날부터 10일 이내에 제241조에 따른 수입신고를 하여야 한다.

④ 가산세 징수

세관장은 제1항에 따라 반출을 한 자가 제3항에 따른 기간 내에 수입신고를 하지 아니하는 경우에는 관세를 부과·징수한다. 이 경우 해당 물품에 대한 관세의 100분의 20에 상당하는 금액을 가산세로 징수하고, 제2항에 따른 지정을 취소할 수 있다.

> **참고** 수입신고전의 물품 반출(즉시반출) 관련 규정

1. 즉시반출신고
   수입하려는 물품을 수입신고 전에 운송수단, 관세통로, 하역통로 또는 관세법에 따른 장치 장소로부터 즉시 반출하려는 자는 대통령령으로 정하는 바에 따라 세관장에게 즉시반출신고를 하여야 한다(법 제253조 제1항).

2. 수입신고기한

    즉시반출신고를 하고 반출을 하는 자는 즉시반출신고를 한 날부터 10일 이내에 수입신고를 하여야 한다(법 제253조 제4항).

3. 가산세의 징수

    세관장은 즉시반출을 한 자가 수입신고기한 내에 수입신고를 하지 아니하는 경우에는 관세를 부과·징수한다. 이 경우 해당 물품에 대한 관세의 100분의 20에 상당하는 금액을 가산세로 징수하고, 즉시반출대상의 지정을 취소할 수 있다(법 제253조 제4항).

4. 관세의 납부기한

    수입신고전 즉시반출신고를 한 경우 관세의 납부기한은 수입신고일부터 15일 이내로 한다(법 제9조 제1항).

5. 관세징수권 소멸시효의 기산일

    즉시반출 규정에 의하여 납부하는 관세에 있어서는 수입신고한 날부터 15일이 경과한 날의 다음 날을 관세징수권을 행사할 수 있는 날로 한다(영 제7조 제1항 제4호).

6. 과세물건의 확정시기

    즉시반출신고를 하고 반출한 물품은 수입신고전 즉시반출신고를 한 때의 물품의 성질과 그 수량에 따라 관세를 부과한다(법 제16조).

7. 적용 법령

    즉시반출신고를 하고 반출한 물품은 수입신고전 즉시반출신고를 한 날에 시행되는 법령에 따라 관세를 부과한다(법 제17조).

8. 과세환율

    즉시반출신고를 하고 반출한 물품은 수입신고전 즉시반출신고를 한 날이 속하는 주의 전주(前週)의 기준환율 또는 재정환율을 평균하여 관세청장이 그 율을 정한다(법 제18조).

9. 납세의무자

    즉시반출신고를 한 후 수입신고기한 내에 수입신고를 한 경우에는 일반적인 경우와 마찬가지로 '수입신고를 하는 때의 화주'가 납세의무자가 되겠지만, 기한 내에 수입신고를 하지 아니하여 관세를 징수하는 물품인 경우에는 해당 물품을 즉시반출한 자가 관세의 납세의무자가 된다(법 제19조 제1항).

10. 즉시반출신고인

    즉시반출신고는 화주 또는 관세사 등의 명의로 하여야 한다(법 제242조).

11. 밀수입죄 처벌 예외

    수입신고를 하지 아니하고 물품을 수입한 자는 밀수입죄로 처벌한다. 다만, 즉시반출신고를 한 자는 제외한다(법 제269조 제2항 제1호).

|| 참고 || **수입신고수리전 반출제도(법 제252조)와 수입신고전의 물품 반출(법 제253조)의 비교**

1. 의의

    수입신고수리전 반출제도와 수입신고전의 물품 반출은 관세법상 '통관절차의 특례'에 포함되는 두 규정이다. 두 제도를 통해 수입신고와 수입신고수리로 이어지는 일반적인 통관절차가 완료되기 이전에 물품을 반출할 수 있으므로, 신속한 통관이 이루어져 수입화주는 수입물품을 조기에 확보할 수 있다. 일반적인 통관절차를 거치지 않았지만, 수입신고수리전 반출승인을 받아 반출된 물품과 수입신고전 즉시반출신고를 하고 반출된 물품은 모두 내국물품이 된다.

2. 수입신고수리전 반출제도와 수입신고전 물품 반출제도(즉시반출)의 차이점

    (1) 절차

    ① 수리전반출

    수입신고를 한 물품을 세관장의 수리 전에 해당 물품이 장치된 장소로부터 반출하려는 자는 납부하여야 할 관세에 상당하는 담보를 제공하고, 세관장의 승인을 받아야 한다. 다만, 정부 또는 지방자치단체가 수입하거나 담보를 제공하지 아니하여도 관세의 납부에 지장이 없다고 인정하여 대통령령으로 정하는 물품에 대하여는 담보의 제공을 생략할 수 있다(법 제252조 제1항). 세관장이 수입신고수리전 반출 승인의 신청을 받아 그 승인을 하는 때에는 관세청장이 정하는 절차에 따라야 한다(영 제256조 제2항).

② 즉시반출

수입하려는 물품을 수입신고 전에 운송수단, 관세통로, 하역통로 또는 관세법에 따른 장치 장소로부터 즉시 반출하려는 자는 대통령령으로 정하는 바에 따라 세관장에게 즉시반출신고를 하여야 한다. 이 경우 세관장은 납부하여야 하는 관세에 상당하는 담보를 제공하게 할 수 있다(법 제253조 제1항).

(2) 적용대상
① 수리전반출

수입통관에 곤란한 사유가 없는 물품으로서 완성품의 세 번으로 수입신고수리받고자 하는 물품이 미조립상태로 분할선적 수입된 경우 등 그 구체적인 적용대상은 관세청 고시에 규정되어 있다(수입통관사무처리에 관한 고시 제38조 제1항).

② 즉시반출

즉시반출을 할 수 있는 자 또는 물품은 대통령령으로 정하는 바에 따라 세관장이 지정한다(법 제253조 제2항). 즉시반출을 할 수 있는 자 및 물품은 관세 등의 체납이 없고 최근 3년 동안 수출입실적이 있는 제조업자 또는 외국인투자자가 수입하는 시설재 또는 원부자재, 또는 기타 관세 등의 체납우려가 없는 경우로서 관세청장이 정하는 물품으로서 수입 시 구비조건의 확인에 지장이 없는 경우로서 세관장이 지정하는 것에 한한다(영 제257조 제2항).

(3) 관세의 납부기한
① 수리전반출

납세신고를 한 경우 납세신고수리일부터 15일 이내에 관세를 납부하여야 한다(법 제9조 제1항). 다만, 관세법에 따른 기간을 계산할 때 수입신고수리전 반출승인을 받은 경우에는 그 승인일을 수입신고의 수리일로 본다(법 제8조 제1항).

② 즉시반출

즉시반출신고를 하고 반출한 물품에 대해서는 수입신고일부터 15일 이내에 관세를 납부하여야 한다(법 제9조 제1항).

(4) 과세물건 확정시기
① 수입신고수리전 반출 승인을 받아 반출된 물품의 관세 납부대상이 확정되는 것은 일반적인 경우와 다를 바가 없으므로, 수입신고를 하는 때의 성질과 그 수량에 따라 관세를 부과한다(법 제16조).
② 즉시반출신고를 하고 반출을 하는 자는 즉시반출 신고를 한 날부터 10일 이내에 수입신고를 하여야 한다(법 제253조 제3항). 해당 물품은 수입신고 시점이 있음에도 불구하고, 그 현품 확인이 가능한 시점인 즉시반출신고를 한 때의 성질과 그 수량에 따라 관세를 부과한다(법 제16조 단서).

제254조(전자상거래물품의 특별통관 등)

① 관세청 고시

전자상거래물품 중 대통령령으로 정하는 물품에 대하여는 대통령령으로 정하는 바에 따라 수출입신고·물품검사 등 통관에 필요한 사항을 생략하거나 간소한 방법으로 적용할 수 있다.

> **관세법 시행령**
>
> **영 제258조(전자상거래물품의 특별통관 등)** ① 법 제254조 제1항에서 "대통령령으로 정하는 물품"이란 개인의 자가 사용물품을 말한다.
> ② 관세청장은 법 제254조 제1항에 따라 전자상거래물품에 대하여 다음 각 호의 사항을 따로 정할 수 있다.
> 　1. 〈삭제〉
> 　2. 수출입신고 방법 및 절차
> 　3. 관세 등에 대한 납부방법
> 　4. 물품검사방법
> 　5. 그 밖에 관세청장이 필요하다고 인정하는 사항

② 전자상거래업자등의 등록 (제2항부터 제8항까지 2026.1.1. 시행)
다음 각 호의 자(국내에 주소 또는 영업소가 없는 자를 포함하며, 이하 "전자상거래업자등"이라 한다)는 제1항에 따라 통관에 필요한 사항을 생략하거나 간소한 방법으로 적용받으려는 경우에는 대통령령으로 정하는 바에 따라 관세청장 또는 세관장에게 등록하여야 한다.

> 1. 「전자상거래 등에서의 소비자보호에 관한 법률」에 따른 통신판매업자
> 2. 「전자상거래 등에서의 소비자보호에 관한 법률」에 따른 통신판매중개를 하는 자
> 3. 화주의 위임을 받아 국외에서 전자상거래물품을 수령하여 배송을 대행하는 자

관세법 시행령

영 제258조(전자상거래물품의 특별통관 등) ③ 법 제254조 제2항에 따라 통관에 필요한 사항을 생략하거나 간소한 방법으로 적용받기 위해 등록하려는 자는 다음 각 호의 사항을 포함하여 관세청장이 정하는 등록신청서를 관세청장 또는 세관장에게 제출해야 한다.
1. 신청인의 성명·주소 및 상호
2. 영업의 종류, 영업장소 및 번호(해당 영업 관련 신고번호나 사업자등록번호 등 관련 법령에 따라 신고나 등록을 한 번호가 있는 경우로 한정한다)

③ 관세청장의 정보 제공 요청
관세청장은 관세의 부과·징수 및 통관을 위하여 필요한 경우 제2항에 따라 등록한 전자상거래업자등에게 전자상거래물품의 주문·결제 등과 관련된 거래정보로서 대통령령으로 정하는 정보를 수입 전에 제공하여 줄 것을 요청할 수 있다.

관세법 시행령

영 제258조(전자상거래물품의 특별통관 등) ④ 관세청장 또는 세관장은 제3항에 따라 등록신청을 한 자가 다음 각 호의 요건을 모두 갖춘 경우에는 관세청장이 정하는 바에 따라 등록부에 필요한 사항을 적고 등록증을 발급한다.
1. 관세 및 국세의 체납이 없을 것
2. 법 제238조 제1항에 따른 관세범으로 조사받고 있거나 기소되어 있지 않을 것
3. 법 제175조 제4호, 제5호 및 제7호의 어느 하나에 해당하지 않을 것

⑤ 법 제254조 제3항에서 "대통령령으로 정하는 정보"란 다음 각 호의 정보를 말한다.
1. 주문번호 및 구매 일자
2. 물품수신인의 성명 및 통관고유부호
3. 물품의 품명 및 수량
4. 물품의 결제금액
5. 그 밖에 관세청장이 전자상거래물품의 통관을 위하여 수입신고 전에 제공받을 필요가 있다고 인정하여 고시하는 정보

⑥ 법 제254조 제3항에 따라 요청받은 정보의 제공은 관세청장이 정하는 전자적 매체를 통해 제공하는 방법으로 한다.

④ 정보의 제공방법 등
제3항에 따라 요청받은 정보의 제공 방법·절차 등 정보의 제공에 필요한 사항은 대통령령으로 정한다.

⑤ 납세자의 권리 보호
관세청장은 납세자의 권리 보호를 위하여 화주에게 전자상거래물품의 통관 및 납세와 관련된 사항으로서 대통령령으로 정하는 사항을 안내할 수 있다.

관세법 시행령

영 제258조(전자상거래물품의 특별통관 등) ⑧ 법 제254조 제5항에서 "대통령령으로 정하는 사항"이란 다음 각 호의 사항을 말한다.
1. 물품의 품명
2. 납부세액
3. 선하증권 또는 화물운송장 번호
4. 그 밖에 관세청장이 전자상거래물품의 화주에게 안내할 필요가 있다고 인정하여 고시하는 정보

⑥ 우선 적용

제1항은 다음 각 호의 구분에 따른 규정에 우선하여 적용한다.

1. 수출입신고에 관한 사항의 경우: 제254조의2 제1항 및 제258조 제2항
2. 물품검사에 관한 사항의 경우: 제254조의2 제5항, 제256조의2 제3항 및 제257조

관세법 시행령

영 제258조(전자상거래물품의 특별통관 등) ⑦ 제6항에 따라 정보를 제공하는 경우 그 제공 기간은 주문 또는 배송의 결제가 완료되는 시점부터 수입 전까지로 한다.

⑦ 등록의 유효기간

제2항에 따른 등록의 유효기간은 3년으로 하며, 대통령령으로 정하는 바에 따라 갱신할 수 있다.

관세법 시행령

영 제258조(전자상거래물품의 특별통관 등) ⑨ 법 제254조 제7항에 따라 등록의 유효기간을 갱신하려는 자는 관세청장이 정하는 등록갱신신청서를 유효기간 만료일부터 역산하여 1개월 이내에 관세청장 또는 세관장에게 제출해야 한다.

⑧ 등록의 효력 상실

다음 각 호의 어느 하나에 해당하면 제2항에 따른 등록은 그 효력을 상실한다.

1. 전자상거래업자등이 폐업한 경우
2. 전자상거래업자등이 사망한 경우(법인인 경우에는 해산된 경우)
3. 제7항에 따른 등록의 유효기간이 만료된 경우

제254조의2(탁송품의 특별통관)

① 탁송품의 특별통관

제241조 제2항 제1호의 탁송품으로서 기획재정부령으로 정하는 물품은 운송업자(제222조 제1항 제6호에 따라 관세청장 또는 세관장에게 등록한 자를 말한다. 이하 "탁송품 운송업자"라 한다)가 다음 각 호에 해당하는 사항이 적힌 목록(이하 "통관목록"이라 한다)을 세관장에게 제출함으로써 제241조 제1항에 따른 수입신고를 생략할 수 있다.

> 1. 물품의 발송인 및 수신인의 성명, 주소, 국가
> 2. 물품의 품명, 수량, 중량 및 가격
> 3. 탁송품의 통관목록에 관한 것으로 기획재정부령으로 정하는 사항

관세법 시행규칙

> **규칙 제79조의2(탁송품의 특별통관)** ① 법 제254조의2 제1항 각 호 외의 부분에서 "기획재정부령으로 정하는 물품"이란 자가사용물품 또는 면세되는 상업용 견본품 중 물품가격(법 제30조부터 제35조까지의 규정에 따른 방법으로 결정된 과세가격에서 법 제30조 제1항 제6호 본문에 따른 금액을 뺀 가격. 다만, 법 제30조 제1항 제6호 본문에 따른 금액을 명백히 구분할 수 없는 경우에는 이를 포함한 가격으로 한다)이 미화 150달러 이하인 물품을 말한다.
> ② 법 제254조의2 제1항 제3호에서 "기획재정부령으로 정하는 사항"이란 다음 각 호의 사항을 말한다.
> 　1. 운송업자명
> 　2. 선박편명 또는 항공편명
> 　3. 선하증권 번호
> 　4. 물품수신인의 통관고유부호
> 　5. 그 밖에 관세청장이 정하는 사항

② 탁송품 운송업자의 의무

탁송품 운송업자는 통관목록을 사실과 다르게 제출하여서는 아니 된다.

③ 실제 배송 주소지 제출

탁송품 운송업자는 제1항에 따라 제출한 통관목록에 적힌 물품수신인의 주소지(제241조 제1항에 따른 수입신고를 한 탁송품의 경우에는 수입신고서에 적힌 납세의무자의 주소지)가 아닌 곳에 탁송품을 배송하거나 배송하게 한 경우(「우편법」 제31조 단서에 해당하는 경우는 제외한다)에는 배송한 날이 속하는 달의 다음 달 15일까지 실제 배송한 주소지를 세관장에게 제출하여야 한다.

④ 통관절차 적용의 배제

세관장은 탁송품 운송업자가 제2항 또는 제3항을 위반하거나 이 법에 따라 통관이 제한되는 물품을 국내에 반입하는 경우에는 제1항에 따른 통관절차의 적용을 배제할 수 있다.

⑤ 탁송품의 검사 등

관세청장 또는 세관장은 탁송품에 대하여 세관공무원으로 하여금 검사하게 하여야 하며, 탁송품의 통관목록의 제출시한, 실제 배송지의 제출, 물품의 검사 등에 필요한 사항은 관세청장이 정하여 고시한다.

⑥ 탁송품 통관 장소

세관장은 **관세청장이 정하는 절차에 따라 별도로 정한 지정장치장**에서 탁송품을 통관하여야 한다. 다만, 세관장은 탁송품에 대한 감시·단속에 지장이 없다고 인정하는 경우 탁송품을 해당 **탁송품 운송업자가 운영하는 보세창고** 또는 시설(「자유무역지역의 지정 및 운영에 관한 법률」 제11조에 따라 입주계약을 체결하여 입주한 업체가 해당 **자유무역지역에서 운영하는 시설**에 한정한다)에서 통관할 수 있다.

> **관세법 시행령**

영 제258조의2(탁송품의 검사설비) ① 법 제254조의2 제6항 단서에 따라 세관장이 탁송품 운송업자가 운영하는 보세창고 또는 시설(이하 이 조부터 제258조의4까지에서 "자체시설"이라 한다)에서 탁송품을 통관하는 경우 탁송품 운송업자가 갖추어야 할 검사설비는 다음 각 호와 같다.
1. X-Ray 검색기
2. 자동분류기
3. 세관직원전용 검사장소

② 제1항에 따른 검사설비의 세부기준은 관세청장이 고시로 정한다.

영 제258조의3(자체시설 이용절차 등) ① 탁송품을 자체시설에서 통관하려는 탁송품 운송업자는 다음 각 호의 자료를 세관장에게 제출하여야 한다.
1. 탁송품을 장치할 보세창고 또는 시설의 도면(제258조의2 제1항 각 호에 따른 검사설비의 배치도를 포함한다) 및 위치도
2. 장치·통관하려는 탁송품이 해당 탁송품 운송업자가 직접 운송하거나 운송을 주선하는 물품임을 증명하는 서류
3. 다음 각 목이 기재된 사업계획서
    가. 보세창고 또는 시설, X-Ray 검색기 및 자동분류기의 수용능력
    나. 탁송품 검사설비의 운용인력 계획과 검사대상화물선별 및 관리를 위한 전산설비
    다. 탁송품 반출입 및 재고관리를 위한 전산설비
    라. 탁송품의 수집, 통관, 배송 전과정에 대한 관리방안
4. 자체시설 통관 시 지켜야할 유의사항, 절차 등을 담은 합의각서
5. 그 밖에 관세청장이 고시로 정하는 자료

② 세관장은 제1항에 따라 탁송품 운송업자가 제출한 자료를 검토한 결과 자체시설에서의 통관이 감시·단속에 지장이 없다고 인정되는 경우 제출한 날부터 30일 이내에 검토결과를 탁송품 운송업자에게 서면으로 통보하고 자체시설에서의 통관을 개시할 수 있다.

영 제258조의4(자체시설의 운영에 관한 관리 등) ① 세관장은 탁송품 운송업자의 시설 및 설비 기준, 자체시설 운영상황 등을 확인한 결과 자체시설에서의 통관이 감시·단속에 지장이 있다고 인정될 경우 탁송품 운송업자에게 해당 시설 및 설비의 보완 등을 요구할 수 있다.

② 세관장은 탁송품 운송업자가 제1항에 따른 요구사항을 이행하지 않을 경우 그 사유를 서면으로 통보하고 자체시설에서의 통관을 30일 이내에서 일시 정지하거나 종료할 수 있다.

③ 그 밖에 자체시설에서의 통관 개시 및 종료, 자체시설의 운영에 관한 관리 등에 관하여 필요한 사항은 관세청장이 고시로 정한다.

⑦ 보세구역 등에서의 탁송품 통관

세관장은 제1항에 따른 통관절차가 적용되지 아니하는 탁송품으로서 제5항에 따른 검사를 마치고 탁송품에 대한 감시·단속에 지장이 없다고 인정하는 경우에는 제6항에도 불구하고 관세청장이 정하는 보세구역 등에서 탁송품을 통관하게 할 수 있다.

⑧ 탁송품의 검사설비 등
제6항 단서에 따라 탁송품 운송업자가 운영하는 보세창고 또는 시설에서 통관하는 경우 그에 필요한 탁송품 검사설비기준, 설비이용절차, 설비이용 유효기간 등에 관하여 필요한 사항은 대통령령으로 정한다.

⑨ 업무 협력에 대한 관세청장 고시
관세청장은 탁송품의 신속한 통관과 탁송품에 대한 효율적인 감시·단속 등을 위하여 필요한 세관장과 탁송품 운송업자 간 협력에 관한 사항 등 대통령령으로 정하는 사항에 대하여 고시할 수 있다.

> **관세법 시행령**
>
> **영 제258조의5(세관장과 탁송품 운송업자 간 협력 등)** 법 제254조의2 제9항에서 "세관장과 탁송품 운송업자 간 협력에 관한 사항 등 대통령령으로 정하는 사항"이란 다음 각 호의 사항을 말한다.
> 1. 밀수출입 정보교환 및 법에 따른 정보제공 등 세관장과 탁송품 운송업자 간 협력에 관한 사항
> 2. 신속한 통관을 위한 절차 개선 협약 등 세관장과 탁송품 운송업자 간 업무협약 체결에 관한 사항
> 3. 세관장의 탁송품 운송업자에 대한 법 제255조의2 제7항에 따른 평가 및 관리에 관한 세부사항
> 4. 그 밖에 관세청장이 필요하다고 인정하는 사항

제255조

삭제

제255조의2(수출입 안전관리 우수업체의 공인)

① 수출입 안전관리 우수 공인업체
관세청장은 수출입물품의 제조·운송·보관 또는 통관 등 무역과 관련된 자가 시설, 서류 관리, 직원 교육 등에서 이 법 또는 「자유무역협정의 이행을 위한 관세법의 특례에 관한 법률」 등 수출입에 관련된 법령의 준수 여부, 재무 건전성 등 대통령령으로 정하는 안전관리기준을 충족하는 경우 수출입 안전관리 우수업체로 공인할 수 있다.

> **관세법 시행령**
>
> **영 제259조의2(수출입 안전관리기준 등)** ① 법 제255조의2 제1항에 따른 안전관리기준(이하 "안전관리기준"이라 한다)은 다음 각 호와 같다.
> 1. 「관세법」, 「자유무역협정의 이행을 위한 관세법의 특례에 관한 법률」, 「대외무역법」 등 수출입에 관련된 법령을 성실하게 준수하였을 것
> 2. 관세 등 영업활동과 관련한 세금을 체납하지 않는 등 재무 건전성을 갖출 것
> 3. 수출입물품의 안전한 관리를 확보할 수 있는 운영시스템, 거래업체, 운송수단 및 직원교육체계 등을 갖출 것
> 4. 그 밖에 세계관세기구에서 정한 수출입 안전관리에 관한 표준 등을 반영하여 관세청장이 정하는 기준을 갖출 것
>
> **영 제259조의3(수출입 안전관리 우수업체의 공인절차 등)** ① 법 제255조의2 제1항에 따라 수출입 안전관리 우수업체(이하 "수출입안전관리우수업체"라 한다)로 공인받으려는 자는 신청서에 다음 각 호의 서류를 첨부하여 관세청장에게 제출하여야 한다.
> 1. 자체 안전관리 평가서

2. 안전관리 현황 설명서
3. 그 밖에 업체의 안전관리 현황과 관련하여 관세청장이 정하는 서류

② 안전관리기준 충족 여부 심사
관세청장은 제1항에 따른 공인을 받기 위하여 심사를 요청한 자에 대하여 대통령령으로 정하는 바에 따라 심사하여야 한다.

|| 관세법 시행령

영 제259조의2(수출입 안전관리기준 등) ② 관세청장은 법 제255조의2 제2항에 따른 심사를 할 때 「국제항해선박 및 항만시설의 보안에 관한 법률」 제12조에 따른 국제선박보안증서를 교부받은 국제항해선박소유자 또는 같은 법 제27조에 따른 항만시설적합확인서를 교부받은 항만시설소유자에 대하여는 제1항 각 호의 안전관리 기준 중 일부에 대하여 심사를 생략할 수 있다.

③ 예비심사 요청
제2항에 따른 심사를 요청하려는 자는 제출서류의 적정성, 개별 안전관리 기준의 충족 여부 등 관세청장이 정하여 고시하는 사항에 대하여 미리 관세청장에게 예비심사를 요청할 수 있다.

④ 예비심사 결과 통보
관세청장은 제3항에 따른 예비심사를 요청한 자에게 예비심사 결과를 통보하여야 하고, 제2항에 따른 심사를 하는 경우 예비심사 결과를 고려하여야 한다.

⑤ 공인의 유효기간
제1항에 따른 공인의 유효기간은 5년으로 하며, 대통령령으로 정하는 바에 따라 공인을 갱신할 수 있다.

|| 관세법 시행령

영 제259조의3(수출입 안전관리 우수업체의 공인절차 등) ② 법 제255조의2 제5항에 따라 공인을 갱신하려는 자는 공인의 유효기간이 끝나는 날의 6개월 전까지 신청서에 제1항 각 호에 따른 서류를 첨부하여 관세청장에게 제출해야 한다.
③ 관세청장은 공인을 받은 자에게 공인을 갱신하려면 공인의 유효기간이 끝나는 날의 6개월 전까지 갱신을 신청하여야 한다는 사실을 해당 공인의 유효기간이 끝나는 날의 7개월 전까지 휴대폰에 의한 문자전송, 전자메일, 팩스, 전화, 문서 등으로 미리 알려야 한다.
④ 관세청장은 제1항 또는 제2항에 따른 신청을 받은 경우 안전관리기준을 충족하는 업체에 대하여 공인증서를 교부하여야 한다.
⑤ 수출입안전관리우수업체에 대한 공인의 등급, 안전관리 공인심사에 관한 세부절차, 그 밖에 필요한 사항은 관세청장이 정한다. 다만, 「국제항해선박 및 항만시설의 보안에 관한 법률」 등 안전관리에 관한 다른 법령과 관련된 사항에 대해서는 관계기관의 장과 미리 협의해야 한다.

⑥ 위임 규정
제1항부터 제5항까지에서 규정한 사항 외에 수출입 안전관리 우수업체의 공인에 필요한 사항은 대통령령으로 정한다.

제255조의3(수출입 안전관리 우수업체에 대한 혜택 등)

① 통관절차 및 관세행정상의 혜택
관세청장은 제255조의2에 따라 수출입 안전관리 우수업체로 공인된 업체(이하 "수출입안전관리우수업체"라 한다)에 통관절차 및 관세행정상의 혜택으로서 대통령령으로 정하는 사항을 제공할 수 있다.

> **관세법 시행령**
>
> **영 제259조의4(수출입안전관리우수업체에 대한 혜택 등)** ① 법 제255조의3 제1항에서 "대통령령으로 정하는 사항"이란 수출입물품에 대한 검사 완화나 수출입신고 및 관세납부 절차 간소화 등의 사항을 말한다.
> ② 제1항에 따른 통관절차 및 관세행정상의 혜택의 세부내용은 관세청장이 정하여 고시한다.

② 다른 국가 업체에 대한 혜택 제공
관세청장은 다른 국가의 수출입 안전관리 우수업체에 상호 조건에 따라 제1항에 따른 혜택을 제공할 수 있다.

③ 혜택의 정지
관세청장은 수출입안전관리우수업체가 제255조의4 제2항에 따른 자율 평가 결과를 보고하지 아니하는 등 대통령령으로 정하는 사유에 해당하는 경우 6개월의 범위에서 제1항에 따른 혜택의 전부 또는 일부를 정지할 수 있다.

> **관세법 시행령**
>
> **영 제259조의4(수출입안전관리우수업체에 대한 혜택 등)** ③ 법 제255조의3 제3항에서 "법 제255조의4 제2항에 따른 자율 평가 결과를 보고하지 아니하는 등 대통령령으로 정하는 사유"란 다음 각 호의 어느 하나에 해당하는 경우를 말한다.
> 1. 수출입안전관리우수업체가 법 제255조의4 제2항에 따라 자율평가 결과를 보고하지 않은 경우
> 2. 수출입안전관리우수업체가 법 제255조의4 제3항에 따라 변동사항 보고를 하지 않은 경우
> 3. 수출입안전관리우수업체(대표자 및 제259조의5 제1항에 따라 지정된 관리책임자를 포함한다)가 법 또는 「자유무역협정의 이행을 위한 관세법의 특례에 관한 법률」, 「대외무역법」, 「외국환거래법」, 「수출용 원재료에 대한 관세 등 환급에 관한 특례법」 등 수출입과 관련된 법령을 위반한 경우
> 4. 수출입안전관리우수업체가 소속 직원에게 안전관리기준에 관한 교육을 실시하지 않는 등 관세청장이 수출입안전관리우수업체에 제공하는 혜택을 정지할 필요가 있다고 인정하여 고시하는 경우

④ 시정 명령
관세청장은 제3항에 따른 사유에 해당하는 업체에 그 사유의 시정을 명할 수 있다.

제255조의4(수출입안전관리우수업체에 대한 사후관리)

① 수출입안전관리우수업체에 대한 사후관리
관세청장은 수출입안전관리우수업체가 제255조의2 제1항에 따른 안전관리 기준을 충족하는지를 주기적으로 확인하여야 한다.

② 수출입안전관리우수업체의 결과 보고
관세청장은 수출입안전관리우수업체에 제1항에 따른 기준의 충족 여부를 자율적으로 평가하도록 하여 대통령령으로 정하는 바에 따라 그 결과를 보고하게 할 수 있다.

| 관세법 시행령 |

영 제259조의5(수출입안전관리우수업체에 대한 사후관리 등) ① 수출입안전관리우수업체는 법 제255조의4 제2항에 따라 안전관리기준의 충족 여부를 평가·보고하는 관리책임자를 지정해야 한다.
② 수출입안전관리우수업체는 법 제255조의4 제2항에 따라 안전관리기준의 충족 여부를 매년 자율적으로 평가하여 그 결과를 해당 업체가 수출입안전관리우수업체로 공인된 날이 속하는 달의 다음 달 15일까지 관세청장에게 보고해야 한다. 다만, 제259조의3 제2항에 따라 공인의 갱신을 신청한 경우로서 공인의 유효기간이 끝나는 날이 속한 연도에 실시해야 하는 경우의 평가는 생략할 수 있다.

③ 수출입안전관리우수업체의 양도·양수 등 사실 보고
수출입안전관리우수업체가 양도, 양수, 분할 또는 합병하거나 그 밖에 관세청장이 정하여 고시하는 **변동사항이 발생한 경우**에는 그 **변동사항이 발생한 날부터 30일 이내**에 그 사항을 **관세청장에게 보고**하여야 한다. 다만, 그 변동사항이 수출입안전관리우수업체의 유지에 중대한 영향을 미치는 경우로서 관세청장이 정하여 고시하는 사항에 해당하는 경우에는 **지체 없이** 그 사항을 보고하여야 한다.

④ 위임 규정
제1항부터 제3항까지에서 규정한 사항 외에 수출입안전관리우수업체의 확인 및 보고에 필요한 세부 사항은 관세청장이 정하여 고시한다.

제255조의5(수출입안전관리우수업체의 공인 취소)

관세청장은 수출입안전관리우수업체가 다음 각 호의 어느 하나에 해당하는 경우에는 공인을 취소할 수 있다. 다만, 제1호에 해당하는 경우에는 공인을 취소하여야 한다.

1. 거짓이나 그 밖의 부정한 방법으로 공인을 받거나 공인을 갱신받은 경우
2. 수출입안전관리우수업체가 양도, 양수, 분할 또는 합병 등으로 공인 당시의 업체와 동일하지 아니하다고 관세청장이 판단하는 경우
3. 제255조의2 제1항에 따른 안전관리 기준을 충족하지 못하는 경우
4. 제255조의3 제3항에 따른 정지 처분을 공인의 유효기간 동안 5회 이상 받은 경우
5. 제255조의3 제4항에 따른 시정명령을 정당한 사유 없이 이행하지 아니한 경우
6. 그 밖에 수출입 관련 법령을 위반한 경우로서 대통령령으로 정하는 경우

| 관세법 시행령 |

영 제259조의5(수출입안전관리우수업체에 대한 사후관리 등) ③ 법 제255조의5 제6호에서 "대통령령으로 정하는 경우"란 수출입안전관리우수업체(대표자 및 제1항에 따라 지정된 관리책임자를 포함한다)가 다음 각 호의 어느 하나에 해당하는 경우를 말한다. 다만, 법 제279조 또는 제3호·제4호에서 정한 법률의 양벌규정에 따라 처벌받은 경우는 제외한다.
  1. 법 제268조의2, 제269조, 제270조, 제270조의2, 제271조, 제274조 및 제275조의2부터 제275조의4까지의 규정에 따라 벌금형 이상의 형을 선고받거나 통고처분을 받은 경우
  2. 법 제276조에 따라 벌금형의 선고를 받은 경우
  3. 「자유무역협정의 이행을 위한 관세법의 특례에 관한 법률」, 「대외무역법」, 「외국환거래법」, 「수출용 원재료에 대한 관세 등 환급에 관한 특례법」 등 수출입과 관련된 법령을 위반하여 벌금형 이상의 형을 선고받은 경우

4. 「관세사법」 제29조에 따라 벌금형 이상의 형을 선고받거나 통고처분[같은 조 제4항 및 같은 법 제32조(같은 법 제29조 제4항과 관련된 부분으로 한정한다)에 따라 적용되는 이 법 제311조에 따른 통고처분은 제외한다]을 받은 경우

제255조의6(수출입안전관리우수업체의 공인 관련 지원사업)

관세청장은 「중소기업기본법」 제2조에 따른 중소기업 중 수출입물품의 제조·운송·보관 또는 통관 등 무역과 관련된 기업을 대상으로 수출입안전관리우수업체로 공인을 받거나 유지하는 데에 필요한 상담·교육 등의 지원사업을 할 수 있다.

제255조의7(수출입 안전관리 기준 준수도의 측정·평가)

① 수출입 안전관리 기준 준수도의 측정·평가
관세청장은 수출입안전관리우수업체로 공인받기 위한 신청 여부와 관계없이 수출입물품의 제조·운송 또는 통관 등 무역과 관련된 자 중 대통령령으로 정하는 자를 대상으로 제255조의2 제1항에 따른 안전관리 기준을 준수하는 정도를 대통령령으로 정하는 절차에 따라 측정·평가할 수 있다.

> **관세법 시행령**
>
> **영 제259조의6(준수도측정·평가의 절차 및 활용 등)** ① 관세청장은 법 제255조의7 제1항에 따라 연 4회의 범위에서 다음 각 호의 어느 하나에 해당하는 자를 대상으로 안전관리기준의 준수 정도에 대한 측정·평가(이하 이 조에서 "준수도측정·평가"라 한다)를 할 수 있다.
> 1. 운영인
> 2. 법 제19조에 따른 납세의무자
> 3. 법 제172조 제2항에 따른 화물관리인
> 4. 법 제225조 제1항에 따른 선박회사 또는 항공사
> 5. 법 제242조에 따른 수출·수입·반송 등의 신고인(화주를 포함한다)
> 6. 법 제254조 제2항에 따라 등록한 전자상거래업체등
> 7. 보세운송업자등
> 8. 「자유무역지역의 지정 및 운영에 관한 법률」 제2조 제2호에 따른 입주기업체

② 측정·평가 결과의 활용
관세청장은 제1항에 따른 측정·평가 대상자에 대한 지원·관리를 위하여 같은 항에 따라 측정·평가한 결과를 대통령령으로 정하는 바에 따라 활용할 수 있다.

관세법 시행령

영 제259조의6(준수도측정·평가의 절차 및 활용 등) ② 관세청장은 법 제255조의7 제2항에 따라 준수도측정·평가의 결과를 다음 각 호의 사항에 활용할 수 있다.
  1. 간이한 신고 방식의 적용 등 통관 절차의 간소화
  2. 검사 대상 수출입물품의 선별
  3. 그 밖에 업체 및 화물 관리의 효율화를 위하여 <u>기획재정부령으로 정하는 사항</u>

관세법 시행규칙

규칙 제79조의3(준수도 측정·평가 결과 활용) 영 제259조의6 제2항 제3호에서 "기획재정부령으로 정하는 사항"이란 다음 각 호의 사항을 말한다.
  1. 보세구역의 지정 또는 특허
  2. 보세구역의 관리·감독
  3. 법 제222조 제1항에 따른 보세운송업자등의 관리·감독
  4. 「자유무역지역의 지정 및 운영에 관한 법률」에 따른 자유무역지역 입주기업체의 지원·관리
  5. 과태료·과징금의 산정
  6. 행정제재 처분의 감경

③ 준수도측정·평가에 대한 평가 항목, 배점 및 등급 등 세부 사항은 관세청장이 정하여 고시한다.

관세법 시행령

영 제259조의7(수출입안전관리우수업체심의위원회) ① 관세청장은 다음 각 호의 사항을 심의하기 위하여 필요한 경우에는 수출입안전관리우수업체심의위원회(이하 이 조에서 "수출입안전관리우수업체심의위원회"라 한다)를 구성·운영할 수 있다.
  1. 수출입안전관리우수업체의 공인 및 갱신
  2. 수출입안전관리우수업체의 공인 취소
  3. 그 밖에 수출입안전관리우수업체 제도의 운영에 관하여 관세청장이 수출입안전관리우수업체심의위원회에 부치는 사항

② 수출입안전관리우수업체심의위원회는 위원장 1명을 포함하여 20명 이상 30명 이내의 위원으로 구성한다.
③ 수출입안전관리우수업체심의위원회의 위원장은 관세청 차장으로 하고, 위원은 다음 각 호의 사람 중에서 성별을 고려하여 관세청장이 임명하거나 위촉한다.
  1. 관세청 소속 공무원
  2. 관세행정에 관한 학식과 경험이 풍부한 사람

④ 제3항 제2호에 따라 위촉되는 위원의 임기는 2년으로 한다. 다만, 위원의 사임 등으로 새로 위촉된 위원의 임기는 전임위원의 남은 임기로 하고, 제8항에 따라 수출입안전관리우수업체심의위원회가 해산되는 경우에는 그 해산되는 때에 임기가 만료되는 것으로 한다.
⑤ 수출입안전관리우수업체심의위원회의 위원장은 위원회의 회의를 소집하고, 그 의장이 된다.
⑥ 수출입안전관리우수업체심의위원회의 회의는 위원장과 위원장이 매 회의마다 지정하는 10명 이상 15명 이내의 위원으로 구성한다. 이 경우 제3항 제2호에 따라 위촉되는 위원이 5명 이상 포함되어야 한다.
⑦ 수출입안전관리우수업체심의위원회의 회의는 제6항에 따라 구성된 위원 과반수의 출석으로 개의(開議)하고, 출석위원 과반수의 찬성으로 의결한다.
⑧ 관세청장은 수출입안전관리우수업체심의위원회의 구성 목적을 달성하였다고 인정하는 경우에는 수출입안전관리우수업체심의위원회를 해산할 수 있다.
⑨ 제1항부터 제8항까지에서 규정한 사항 외에 수출입안전관리우수업체심의위원회의 운영 등에 필요한 사항은 관세청장이 정한다.

참고 | 통관절차의 특례 비교

특례 구분	담보 규정	세관장 등장	상호주의 요구	WCO 등장
수리전반출 (법 제252조)	●	●	×	×
즉시반출 (법 제253조)	●	●	×	×
전자상거래 특별통관 (법 제254조)	×	×	×	×
탁송품 특별통관 (법 제254조의2)	×	●	×	×
수출입 안전관리 우수업체의 공인 (법 제255조의2~7)	×	×	●	●

참고 | 국가 간 상호주의가 적용되는 제도(규정)

1. 재수출감면(법 제98조)
2. 상호주의에 따른 통관절차의 간소화(법 제240조의5)
3. 국가간 세관정보의 상호교환 등(법 제240조의6)
4. 수출입 안전관리 우수업체의 공인(법 제255조의2)
5. 전자문서의 표준(법 제327조의5)

제3절 우편물

제256조(통관우체국)

① 통관우체국 경유
수출·수입 또는 반송하려는 우편물(서신은 제외한다. 이하 같다)은 통관우체국을 경유하여야 한다.
② 통관우체국 지정
통관우체국은 체신관서 중에서 관세청장이 지정한다.

제256조의2(우편물의 사전전자정보 제출)

① 우편물의 사전전자정보 제출
통관우체국의 장은 수입하려는 우편물의 발송국으로부터 해당 우편물이 발송되기 전에 세관신고정보를 포함하여 대통령령으로 정하는 전자정보(이하 "사전전자정보"라 한다)를 제공받은 경우에는 그 제공받은 정보를 해당 우편물이 발송국에서 출항하는 운송수단에 적재되기 전까지 세관장에게 제출하여야 한다.

> **관세법 시행령**
>
> **영 제259조의8(우편물의 사전전자정보 제출)** ① 법 제256조의2 제1항에서 "대통령령으로 정하는 전자정보"란 다음 각 호의 정보를 말한다.
> 　1. 사전 통관정보: 우편물에 관한 전자적 통관정보로서 다음 각 목의 정보
> 　　가. 우편물번호, 발송인 및 수취인의 성명과 주소, 총수량 및 총중량
> 　　나. 개별 우편물의 품명·수량·중량 및 가격
> 　　다. 그 밖에 수입하려는 우편물에 관한 통관정보로서 관세청장이 정하여 고시하는 정보
> 　2. 사전 발송정보: 개별 우편물이 들어있는 우편 용기에 관한 전자적 발송정보로서 다음 각 목의 정보
> 　　가. 우편물 자루번호 및 우편물번호
> 　　나. 발송·도착 예정 일시, 발송국·도착국 공항 또는 항만의 명칭, 운송수단
> 　　다. 그 밖에 수입하려는 우편물에 관한 발송정보로서 관세청장이 정하여 고시하는 정보
> ② 통관우체국의 장은 법 제256조의2 제1항에 따라 제1항 각 호의 전자정보(이하 "사전전자정보"라 한다)를 정보통신망을 이용하여 세관장에게 제출해야 한다.

② 사전정보 미제출 우편물의 반송
세관장은 관세청장이 우정사업본부장과 협의하여 사전전자정보 제출대상으로 정한 국가에서 발송한 우편물 중 사전전자정보가 제출되지 아니한 우편물에 대해서는 통관우체국의 장으로 하여금 반송하도록 할 수 있다.

관세법 시행령

영 제259조의8(우편물의 사전전자정보 제출) ③ 세관장은 법 제256조의2 제2항에 따라 사전전자정보가 제출되지 않은 우편물을 통관우체국의 장으로 하여금 반송하도록 하기로 결정한 경우에는 그 결정사항을 통관우체국의 장에게 통지해야 한다.
④ 제3항에 따른 통지를 받은 통관우체국의 장은 우편물의 수취인이나 발송인에게 그 결정사항을 통지하고 반송해야 한다.

③ 우편물 목록의 제출

통관우체국의 장은 사전전자정보가 제출된 우편물에 대해서는 제257조 본문에 따른 우편물목록의 제출을 생략하고 세관장에게 검사를 받을 수 있다. 다만, 통관우체국의 장은 세관장이 통관절차의 이행과 효율적인 감시·단속을 위하여 대통령령으로 정하는 사유에 해당하여 우편물목록의 제출을 요구하는 경우에는 이를 제출하여야 한다.

관세법 시행령

영 제259조의8(우편물의 사전전자정보 제출) ⑤ 법 제256조의2 제3항 단서에서 "대통령령으로 정하는 사유"란 다음 각 호의 사유를 말한다.
  1. 세관장이 법 제39조에 따라 관세를 부과·징수하려는 경우
  2. 세관장이 법 제235조 또는 제237조에 따라 우편물의 통관을 보류하거나 유치할 필요가 있는 경우
  3. 법 제256조의2 제1항에 따라 제출된 사전전자정보가 불충분하거나 불분명한 경우
  4. 법 제258조 제2항에 따라 법 제241조 제1항에 따른 수입신고를 해야 하는 경우
  5. 세관장이 관세 관계 법령 위반 혐의가 있는 우편물을 조사하려는 경우

④ 위임 규정

제1항부터 제3항까지에서 규정한 사항 외에 사전전자정보의 제출 절차 및 반송 등에 필요한 세부사항은 대통령령으로 정한다.

제257조(우편물의 검사)

통관우체국의 장이 제256조 제1항의 우편물을 접수하였을 때에는 세관장에게 우편물목록을 제출하고 해당 우편물에 대한 검사를 받아야 한다. 다만, 관세청장이 정하는 우편물은 검사를 생략할 수 있다.

관세법 시행령

영 제260조(우편물의 검사) ① 통관우체국의 장은 법 제257조에 따른 검사를 받는 때에는 소속공무원을 참여시켜야 한다.
② 통관우체국의 장은 제1항에 따른 검사를 위하여 세관공무원이 해당 우편물의 포장을 풀고 검사할 필요가 있다고 인정하는 경우에는 그 우편물의 포장을 풀었다가 다시 포장해야 한다.

제258조(우편물 통관에 대한 결정)

① 우편물 통관에 대한 결정
통관우체국의 장은 세관장이 우편물에 대하여 수출·수입 또는 반송을 할 수 없다고 결정하였을 때에는 그 우편물을 발송하거나 수취인에게 내줄 수 없다.

② 신고대상 우편물
우편물이 「대외무역법」 제11조에 따른 수출입의 승인을 받은 것이거나 그 밖에 대통령령으로 정하는 기준에 해당하는 것일 때에는 해당 우편물의 수취인이나 발송인은 제241조 제1항에 따른 신고를 하여야 한다.

> **관세법 시행령**
>
> **영 제261조(수출입신고대상 우편물)** 법 제258조 제2항에서 "대통령령으로 정하는 기준에 해당하는 것"이란 다음 각 호의 어느 하나에 해당하는 우편물을 말한다.
> 1. 법령에 따라 수출입이 제한되거나 금지되는 물품
> 2. 법 제226조에 따라 세관장의 확인이 필요한 물품
> 3. 판매를 목적으로 반입하는 물품 또는 대가를 지급하였거나 지급하여야 할 물품(통관허용 여부 및 과세대상 여부에 관하여 관세청장이 정한 기준에 해당하는 것으로 한정한다)
> 4. 가공무역을 위하여 우리나라와 외국 간에 무상으로 수출입하는 물품 및 그 물품의 원·부자재
> 4의2. 다음 각 목의 어느 하나에 해당하는 수입물품
>   가. 「건강기능식품에 관한 법률」 제3조 제1호에 따른 건강기능식품
>   나. 「약사법」 제2조 제4호에 따른 의약품
>   다. 그 밖에 가목 및 나목의 물품과 유사한 물품으로서 관세청장이 국민보건을 위하여 수입신고가 필요하다고 인정하여 고시하는 물품
> 5. 그 밖에 수출입신고가 필요하다고 인정되는 물품으로서 관세청장이 정하는 금액을 초과하는 물품

제259조(세관장의 통지)

① 세관장의 통지
세관장은 제258조에 따른 결정을 한 경우에는 그 결정사항을, 관세를 징수하려는 경우에는 그 세액을 통관우체국의 장에게 통지하여야 한다.

② 통관우체국의 장의 통지
제1항의 통지를 받은 통관우체국의 장은 우편물의 수취인이나 발송인에게 그 결정사항을 통지하여야 한다.

> **관세법 시행령**
>
> **영 제262조(세관장 등의 통지)** ① 법 제258조 제2항에 해당하는 우편물에 있어서 법 제259조 제1항의 규정에 의한 통지는 법 제248조의 규정에 의한 신고의 수리 또는 법 제252조의 규정에 의한 승인을 받은 서류를 당해 신고인이 통관우체국에 제출하는 것으로써 이에 갈음한다.
> ② 제1항의 경우에 법 제259조 제2항에 따른 통지는 세관이 발행하는 납부고지서로 갈음한다.

> **참고** 세관장과 통관우체국장의 통지

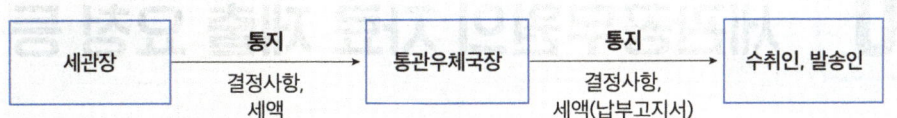

제260조(우편물의 납세절차)

① 우편물의 관세납부방법
  제259조 제2항에 따른 통지를 받은 자는 대통령령으로 정하는 바에 따라 해당 관세를 수입인지 또는 금전으로 납부하여야 한다.
② 관세징수 전 인도 금지
  체신관서는 관세를 징수하여야 하는 우편물은 관세를 징수하기 전에 수취인에게 내줄 수 없다.

> **관세법 시행령**
>
> **영 제263조(우편물에 관한 납세절차)** 법 제260조 제1항의 규정에 의하여 관세를 납부하고자 하는 자는 제262조 제2항의 경우에는 세관장에게, 기타의 경우에는 체신관서에 각각 금전으로 이를 납부하여야 한다.

제261조(우편물의 반송)

우편물에 대한 관세의 납세의무는 해당 우편물이 반송되면 소멸한다.

> **참고** 그 밖에 '우편물'이 언급된 규정
>
> 1. 우편물의 과세물건 확정시기(법 제16조): 통관우체국에 도착한 때
> 2. 우편물의 특별납세의무자(법 제19조): 수취인
> 3. 우편물의 납세의무 확정방식(규칙 제9조): 부과고지
> 4. 보정이자 등 면제: 보정이자 면제(법 제38조의2), 가산세 감면(법 제42조의2), 환급가산금 미지급(법 제48조), 과다환급 관세징수 시 이자 면제(영 제56조)
> 5. 우편물의 세율 적용(법 제81조): 간이세율
> 6. 우편물 통관 시 장치 장소(법 제155조): 보세구역외 장치
> 7. 우편물에 대한 관세의 편익 제공요건(영 제236조): 원산지증명서 제출 생략
> 8. 수출입의제(법 제240조): 체신관서가 수취인에게 내준 우편물(수입의제), 체신관서가 외국으로 발송한 우편물(수출의제)
> 9. 우편물의 신고: 신고생략(법 제241조, 영 제246조)

CHAPTER 10 세관공무원의 자료 제출 요청 등

제1절 세관장 등의 과세자료 요청 등

제262조(운송수단의 출발 중지 등)

관세청장이나 세관장은 이 법 또는 이 법에 따른 명령(대한민국이 체결한 조약 및 일반적으로 승인된 국제법규에 따른 의무를 포함한다)을 집행하기 위하여 필요하다고 인정될 때에는 운송수단의 출발을 중지시키거나 그 진행을 정지시킬 수 있다.

제263조(서류의 제출 또는 보고 등의 명령)

관세청장이나 세관장은 이 법(「수출용원재료에 대한 관세 등 환급에 관한 특례법」을 포함한다. 이하 이 조에서 같다) 또는 이 법에 따른 명령을 집행하기 위하여 필요하다고 인정될 때에는 물품·운송수단 또는 장치 장소에 관한 서류의 제출·보고 또는 그 밖에 필요한 사항을 명하거나, 세관공무원으로 하여금 수출입자·판매자 또는 그 밖의 관계자에 대하여 관계 자료를 조사하게 할 수 있다.

제264조(과세자료의 요청)

관세청장은 국가기관 및 지방자치단체 등 관계 기관 등에 대하여 관세의 부과·징수 및 통관에 관계되는 자료 또는 통계를 요청할 수 있다.

제264조의2(과세자료제출기관의 범위)

제264조에 따른 과세자료를 제출하여야 하는 기관 등(이하 "과세자료제출기관"이라 한다)은 다음 각 호와 같다.

1. 「국가재정법」 제6조에 따른 중앙관서(중앙관서의 업무를 위임받거나 위탁받은 기관을 포함한다. 이하 같다)와 그 하급행정기관 및 보조기관
2. 지방자치단체(지방자치단체의 업무를 위임받거나 위탁받은 기관과 지방자치단체조합을 포함한다. 이하 같다)
3. 공공기관, 정부의 출연·보조를 받는 기관이나 단체, 「지방공기업법」에 따른 지방공사·지방공단 및 지방자치단체의 출연·보조를 받는 기관이나 단체

4. 「민법」 외의 다른 법률에 따라 설립되거나 국가 또는 지방자치단체의 지원을 받는 기관이나 단체로서 그 업무에 관하여 제1호나 제2호에 따른 기관으로부터 감독 또는 감사·검사를 받는 기관이나 단체, 그 밖에 공익 목적으로 설립된 기관이나 단체 중 대통령령으로 정하는 기관이나 단체
5. 「여신전문금융업법」에 따른 신용카드업자와 여신전문금융업협회
6. 「금융실명거래 및 비밀보장에 관한 법률」 제2조 제1호에 따른 금융회사등
7. 「가상자산 이용자 보호 등에 관한 법률」 제2조 제2호의 가상자산사업자

제264조의3(과세자료의 범위)

① 제출대상 과세자료

과세자료제출기관이 제출하여야 하는 과세자료는 다음 각 호의 어느 하나에 해당하는 자료로서 관세의 부과·징수와 통관에 직접적으로 필요한 자료로 한다.

1. 수입하는 물품에 대하여 관세 또는 내국세등을 감면받거나 낮은 세율을 적용받을 수 있도록 허가, 승인, 추천 등을 한 경우 그에 관한 자료
2. 과세자료제출기관이 법률에 따라 신고·제출받거나 작성하여 보유하고 있는 자료(각종 보조금·보험급여·보험금 등의 지급 현황에 관한 자료를 포함한다) 중 제27조, 제38조, 제241조에 따른 신고내용의 확인 또는 제96조에 따른 감면 여부의 확인을 위하여 필요한 자료
3. 제226조에 따라 허가·승인·표시 또는 그 밖의 조건을 증명할 필요가 있는 물품에 대하여 과세자료제출기관이 허가 등을 갖추었음을 확인하여 준 경우 그에 관한 자료
4. 이 법에 따라 체납된 관세 등의 징수를 위하여 필요한 자료
5. 제264조의2 제1호에 따른 중앙관서 중 중앙행정기관 외의 기관이 보유하고 있는 자료로서 관세청장이 관세의 부과·징수와 통관에 필요한 최소한의 범위에서 해당 기관의 장과 미리 협의하여 정하는 자료
6. 거주자의 「여신전문금융업법」에 따른 신용카드 등의 대외지급(물품구매 내역에 한정한다) 및 외국에서의 외국통화 인출 실적

② 과세자료의 구체적인 범위

제1항에 따른 과세자료의 구체적인 범위는 과세자료제출기관별로 대통령령으로 정한다.

관세법 시행령

영 제263조의2(과세자료의 범위 및 제출시기 등) ① 법 제264조의2에 따른 과세자료제출기관(이하 "과세자료제출기관"이라 한다)이 법 제264조의3 및 제264조의4에 따라 제출하여야 하는 과세자료의 범위, 과세자료를 제출받을 기관 및 제출시기는 별표 3과 같다.

참고 관세법 시행령 [별표3] 과세자료의 범위 및 제출시기 등(영 제263조의2 제1항 관련)

구분	과세자료제출기관	과세자료명	받을 기관	제출시기
1	농림축산식품부·산업통상자원부	제92조 제3항에 따른 할당관세 수량의 추천에 관한 자료	관세청	매년 1월 31일, 7월 31일

2	농림축산식품부	제94조에 따른 양허세율 적용의 추천에 관한 자료	관세청	매년 1월 31일, 7월 31일
3	과학기술정보통신부	법 제90조 제1항 제4호에 따라 관세를 감면받는 자의 기업부설 연구소 또는 연구개발 전담부서에 관한 자료	관세청	매년 1월 31일
4	문화체육관광부	법 제91조 제1호에 따른 종교단체의 의식에 사용되는 물품에 대한 관세 면제를 위한 신청에 관한 자료	관세청	매년 1월 31일
5	보건복지부, 지방자치단체	법 제91조 제2호에 따른 자선 또는 구호의 목적으로 기증되는 물품 및 자선시설·구호시설 또는 사회복지시설에 기증되는 물품에 대한 관세 면제를 위한 신청에 관한 자료	관세청	매년 1월 31일
6	외교부	법 제91조 제3호에 따라 국제평화봉사활동 또는 국제친선활동을 위하여 기증하는 물품에 대한 관세 면제를 위한 신청에 관한 자료	관세청	매년 1월 31일
7	환경부	법 제92조 제6호에 따라 환경오염 측정 또는 분석을 위하여 수입하는 기계·기구에 대한 관세 면제를 위한 신청에 관한 자료	관세청	매년 1월 31일
8	환경부	법 제92조 제7호에 따라 상수도 수질 측정 또는 보전·향상을 위하여 수입하는 물품에 대한 관세 면제를 위한 신청에 관한 자료	관세청	매년 1월 31일
9	포뮬러원국제자동차경주대회 조직위원회 등	법 제93조 제2호에 따라 국제경기대회 행사에 사용하기 위하여 수입하는 물품에 대한 관세 면제를 위한 신청에 관한 자료	관세청	매년 1월 31일
10	원자력안전위원회	법 제93조 제3호에 따라 핵사고 또는 방사능 긴급사태 복구지원과 구호를 위하여 기증되는 물품에 대한 관세 면제를 위한 신청에 관한 자료	관세청	매년 1월 31일
11	해양수산부	법 제93조 제5호에 따라 우리나라 선박이 외국의 선박과 협력하여 채집하거나 포획한 수산물에 대한 관세 면제를 위한 추천에 관한 자료	관세청	매년 1월 31일, 7월 31일
12	해양수산부	법 제93조 제6호에 따라 외국인과 합작하여 채집하거나 포획한 수산물에 대한 관세 면제를 위한 추천에 관한 자료	관세청	매년 1월 31일, 7월 31일
13	해양수산부	법 제93조 제10호에 따라 조난으로 인하여 해체된 선박 또는 운송수단의 해체재 및 장비에 대한 관세 면제를 위한 신청에 관한 자료	관세청	매년 1월 31일
14	대한체육회 및 대한장애인체육회	법 제93조 제15호에 따른 운동용구(부분품을 포함한다)에 대한 관세 면제를 위한 신청에 관한 자료	관세청	매년 1월 31일
15	국세청	「법인세법 시행령」 제90조 제1항에 따른 특수관계인 간 거래명세서 자료	관세청	매년 7월 31일
16	국세청	「법인세법」 제60조 제2항에 따른 재무상태표·포괄손익계산서 및 이익잉여금처분계산서(또는 결손금처리계산서) 자료	관세청	매년 7월 31일
17	국세청	「법인세법」 제121조 제5항에 따른 매출·매입처별 계산서합계표 자료	관세청	매년 9월 30일
18	국세청	「부가가치세법」 제8조, 「법인세법」 제111조 및 「소득세법」 제168조에 따른 사업자등록에 관한 자료	관세청	매일
19	국세청	「부가가치세법」 제54조 제1항에 따른 매출·매입처별 세금계산서합계표 자료	관세청	매년 1월 31일, 7월 31일

20	국세청	「국제조세조정에 관한 법률」 제16조 제2항 제3호에 따른 정상가격 산출방법 신고서	관세청	매년 7월 31일
21	국세청	「국제조세조정에 관한 법률」 제16조 제2항 제1호에 따른 국제거래명세서 자료	관세청	매년 7월 31일
22	국세청	「국제조세조정에 관한 법률」 제34조 제3호에 따른 특정외국법인의 유보소득 계산 명세서 자료	관세청	매년 7월 31일
23	국세청	「국제조세조정에 관한 법률 시행령」 제70조 제1항 제5호에 따른 특정외국법인의 유보소득 합산과세 적용범위 판정 명세서 자료	관세청	매년 7월 31일
24	국세청	「국제조세조정에 관한 법률 시행령」 제70조 제1항 제6호에 따른 국외출자 명세서 자료	관세청	매년 7월 31일
25	외교부	「여권법」 제7조 제1항에 따른 여권발급에 관한 자료	인천공항세관	실시간
26	법무부	「출입국관리법」 제3조 및 제6조에 따른 국민의 출국심사 및 입국심사에 관한 자료	인천공항세관	매일
27	국토교통부	「자동차관리법」 제5조에 따른 자동차 등록에 관한 자료	관세청	매일
28	조달청	「국가를 당사자로 하는 계약에 관한 법률」 제11조에 따른 조달계약에 관한 자료	관세청	매일
29	국세청	「국세기본법」 제51조에 따른 법인세 환급금 내역(관세 등의 체납이 있는 자만 해당한다)	관세청	매년 4월 30일
30	국세청	「국세기본법」 제51조에 따른 종합소득세 환급금 내역(관세 등의 체납이 있는 자만 해당한다)	관세청	매년 6월 30일
31	국세청	「국세기본법」 제51조에 따른 부가가치세 환급금 내역(관세 등의 체납이 있는 자만 해당한다)	관세청	매년 2월/5월/8월/11월 25일
32	국세청	「소득세법」 제94조 제1항 제4호 나목에 따른 이용권·회원권 자료(관세 등의 체납이 있는 자만 해당한다)	관세청	매월 5일
33	국세청	가. 「소득세법」 제70조에 따른 종합소득과세표준 신고에 관한 자료 나. 「소득세법」 제71조에 따른 퇴직소득과세표준 신고에 관한 자료 다. 「소득세법」 제127조에 따른 원천징수에 관한 자료(이상, 관세 등의 체납이 있는 자만 해당한다)	관세청	매년 10월 31일
34	지방자치단체	「지방세기본법」 제60조 제1항에 따른 지방세환급금 내역(관세 등의 체납이 있는 자만 해당한다)	관세청	실시간
35	행정안전부	「지방세법」 제20조·제21조에 따른 과세물건(부동산·골프회원권·콘도미니엄회원권·항공기·선박만 해당한다)에 대한 취득세 신고납부 또는 징수에 관한 자료(관세 등의 체납이 있는 자만 해당한다)	관세청	매월 15일
36	행정안전부	「지방세법」 제116조에 따른 과세대상(토지·건축물·주택·항공기·선박만 해당한다)에 대한 재산세 부과·징수에 관한 자료(관세 등의 체납이 있는 자만 해당한다)	관세청	매년 10월 15일

37	국토교통부	「부동산 거래신고 등에 관한 법률」제3조 제1항 및 제3항에 따른 부동산(「건축법 시행령」별표 1 제2호 가목에 따른 아파트에 한정한다)을 취득할 수 있는 권리에 관한 매매계약에 관한 자료(관세 등의 체납이 있는 자만 해당한다)	관세청	매월 5일
38	특허청	가. 「특허법」제87조 제2항에 따른 특허권의 설정등록에 관한 자료 나. 「실용신안법」제21조 제2항에 따른 실용신안권의 설정등록에 관한 자료 다. 「디자인보호법」제39조 제2항에 따른 다자인권의 설정등록에 관한 자료 라. 「상표법」제41조 제2항에 따른 상표권의 설정등록에 관한 자료(이상, 관세 등의 체납이 있는 자만 해당한다)	관세청	매년 4월 30일, 10월 31일
39	법원행정처	「공탁법」제4조에 따른 법원공탁금 자료(관세 등의 체납이 있는 자만 해당한다)	관세청	매년 4월 30일, 10월 31일
40	신용카드업자 및 여신전문 금융업협회	「외국환거래법」제3조 제1항 제14호에 따른 거주자의 「여신전문 금융업법」제2조 제5호 가목에 따른 신용카드 등의 대외지급(물품 구매 내역만 해당한다) 및 외국에서의 외국통화 인출에 관한 자료	관세청	실시간
41	국세청	「소득세법 시행령」제181조의2 제3항에 따른 비거주자 중 외국 기업 본점 등의 공통경비배분계산서 자료	관세청	매년 7월 31일
42	국세청	「소득세법」제164조에 따른 비거주자의 사업소득 및 선박 등의 임대료·사용료·인적용역 등 기타소득의 지급명세서 자료	관세청	매년 7월 31일
43	행정안전부	「지방세법」제55조에 따른 제조자 또는 수입판매업자의 반출신고에 관한 자료	관세청	매일
44	여신전문 금융업협회	「여신전문금융업법」제64조 제6호에 따른 신용카드가맹점에 대한 정보 관리 업무에 관한 자료(관세 등의 체납이 있는 자만 해당한다)	관세청	매일
45	국민건강보험공단	「국민건강보험법」제51조에 따른 장애인 보장구에 대한 보험급여에 관한 자료	관세청	매년 1월 31일, 7월 31일
46	국민건강보험공단	「노인장기요양보험법」제23조에 따른 장기요양급여 제공에 관한 자료	관세청	매년 1월 31일, 7월 31일
47	한국무역보험공사	「무역보험법」제5조의2에 따른 보험금 등 지급에 관한 자료	관세청	매년 1월 31일, 7월 31일
48	국세청	「법인세법」제119조에 따른 주식등변동상황명세서 자료(관세 등의 체납이 있는 자만 해당한다)	관세청	매년 10월 15일
49	한국수출입은행	「외국환거래법」제18조에 따른 해외직접투자 신고 자료	관세청	매월 15일
50	법원행정처	「부동산등기법」제62조에 따른 소유권변경 사실의 통지에 관한 자료(관세 등의 체납이 있는 자만 해당한다)	관세청	매년 1월 31일, 7월 31일
51	법원행정처	「부동산등기법」제72조에 따른 전세권 및 같은 법 제75조에 따른 저당권의 등기에 관한 자료(관세 등의 체납이 있는 자만 해당한다)	관세청	매년 1월 31일, 7월 31일
52	금융회사등	「금융실명거래 및 비밀보장에 관한 법률」제3조에 따른 금융거래에 관한 자료(관세 등의 체납이 있는 자만 해당한다)	관세청	매년 4월 30일, 10월 31일
53	국세청	「소득세법」제70조 제4항에 따른 재무상태표 및 손익계산서	관세청	매년 10월 31일

54	국세청	「국제조세조정에 관한 법률」 제62조에 따른 해외금융계좌 신고 의무 불이행 등에 대한 과태료 처분내역	관세청	매년 3월 31일, 9월 30일
55	국민건강보험공단	「국민건강보험법」 제6조 및 제70조에 따른 직장가입자에 관한 자료 및 통보된 보수 등에 관한 자료(관세 등의 체납이 있는 자만 해당한다)	관세청	매월 5일
56	방위사업청	「방위사업법」 제57조의2에 따른 군수품무역대리업의 등록을 한 업체의 사업자등록번호	관세청	매년 3월 31일
57	방위사업청	「방위사업법」 제57조의4에 따른 중개수수료의 신고 자료	관세청	매년 3월 31일
58	한국무역보험공사	「무역보험법」 제53조 제1항 제1호 및 제53조의3 제1호에 따른 무역보험 종류별 보험계약 체결에 관한 자료	관세청	매년 1월 31일, 7월 31일
59	건강보험심사평가원	「국민건강보험법」 제41조의3 및 제46조에 따른 치료재료에 대한 요양급여대상 여부의 결정과 요양급여비용의 산정자료	관세청	매년 4월 30일, 10월 31일
60	건강보험심사평가원	「국민건강보험법」 제47조에 따른 치료재료에 대한 요양급여비용 청구와 지급 등에 관한 자료	관세청	매년 4월 30일, 10월 31일
61	국세청	「부가가치세법」 제75조 제1호 및 같은 법 시행령 제121조 제1항에 따른 월별 거래 명세(판매대행에 관한 자료를 말한다)로서 법 제19조에 따른 관세 부과·징수 및 법 제222조에 따른 구매대행업자의 등록에 필요한 자료	관세청	매년 2월 15일, 5월 15일, 8월 15일, 11월 15일
62	국세청	「국제조세조정에 관한 법률 시행령」 제12조 제1항에 따른 지급보증용역거래 명세서 자료	관세청	매년 7월 31일
63	국세청	「국제조세조정에 관한 법률 시행령」 제98조 제1항 제1호에 따른 해외현지법인 명세서 및 같은 항 제2호에 따른 해외현지법인 재무상황표 자료	관세청	매년 7월 31일
64	국세청	「법인세법 시행령」 제97조 제5항 제1호에 따른 세무조정계산서 부속서류 중 기획재정부령으로 정하는 자료	관세청	매년 7월 31일
65	국세청	「법인세법」 제120조의2제1항에 따라 같은 법 제93조 제8호에 따른 국내원천 사용료소득을 외국법인에 지급한 자가 제출한 지급명세서 자료	관세청	매년 7월 31일
66	국세청	「법인세법 시행령」 제130조 제3항에 따라 외국법인 본점등의 경비 중 공통경비로 배분한 계산서 자료	관세청	매년 7월 31일
67	국세청	「부가가치세법 시행령」 제90조 제2항에 따른 부가가치세 예정신고서 자료 및 같은 영 제91조 제1항에 따른 부가가치세 확정신고서 자료	관세청	매년 1월 31일, 7월 31일
68	국세청	「부가가치세법 시행령」 제90조 제3항 표 제9호 및 제91조 제2항 표 제12호에 따른 영세율 매출명세서 자료	관세청	매년 1월 31일, 7월 31일
69	공공기관	「조달사업에 관한 법률 시행령」 제9조 제3항 제2호에 따른 물품·공사 및 용역의 계약에 관한 자료 중 「중소기업제품 구매촉진 및 판로지원에 관한 법률」 제6조 제1항에 따라 지정된 중소기업자간 경쟁제품에 관한 계약자료	관세청	매년 1월 31일, 7월 31일
70	가상자산사업자	「특정 금융거래정보의 보고 및 이용 등에 관한 법률」 제2조 제2호 라목에 따른 가상자산거래의 내역에 관한 자료(관세 등의 체납이 있는 자만 해당한다)	관세청	매년 4월 30일, 10월 31일

제264조의4(과세자료의 제출방법)

① 과세자료 제출기한

과세자료제출기관의 장은 분기별로 분기만료일이 속하는 달의 다음 달 말일까지 대통령령으로 정하는 바에 따라 관세청장 또는 세관장에게 과세자료를 제출하여야 한다. 다만, 과세자료의 발생빈도와 활용시기 등을 고려하여 대통령령으로 정하는 바에 따라 그 과세자료의 제출시기를 달리 정할 수 있다.

> **참고** 과세자료의 요청(법 제264조) 및 제출(법 제264조의4)

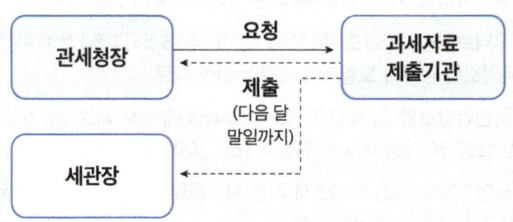

> **참고** '다음 달'이 언급된 규정

1. 영 제1조의3(관세법 해석에 관한 질의회신의 절차와 방법) - 회신문서 사본 송부
   관세청장은 회신한 문서의 사본을 해당 문서의 시행일이 속하는 달의 다음 달 말일까지 기획재정부장관에게 송부하여야 한다.
2. 법 제241조(수출·수입 또는 반송의 신고) - 연속통관 수입신고
   전기·유류 등 대통령령으로 정하는 물품을 그 물품의 특성으로 인하여 전선이나 배관 등 대통령령으로 정하는 시설 또는 장치 등을 이용하여 수출·수입 또는 반송하는 자는 1개월을 단위로 하여 다음 달 10일까지 신고하여야 한다.
3. 법 제254조의2(탁송품의 특별통관) - 탁송품 실제배송지 제출
   탁송품 운송업자는 통관목록에 적힌 물품수신인의 주소지(수입신고를 한 탁송품의 경우에는 수입신고서에 적힌 납세의무자의 주소지)가 아닌 곳에 탁송품을 배송하거나 배송하게 한 경우(「우편법」제31조 단서에 해당하는 경우는 제외한다)에는 배송한 날이 속하는 달의 다음 달 15일까지 실제 배송한 주소지를 세관장에게 제출하여야 한다.
4. 법 제264조의4(과세자료의 제출방법) - 과세자료 제출
   과세자료제출기관의 장은 분기별로 분기만료일이 속하는 달의 다음 달 말일까지 대통령령으로 정하는 바에 따라 관세청장 또는 세관장에게 과세자료를 제출하여야 한다. 다만, 과세자료의 발생빈도와 활용시기 등을 고려하여 대통령령으로 정하는 바에 따라 그 과세자료의 제출시기를 달리 정할 수 있다.

② 과세자료 목록 제출

제1항에 따라 과세자료제출기관의 장이 과세자료를 제출하는 경우에는 그 기관이 접수하거나 작성한 자료의 목록을 함께 제출하여야 한다.

③ 추가·보완 자료 제출요청

제2항에 따라 과세자료의 목록을 제출받은 관세청장 또는 세관장은 이를 확인한 후 제출받은 과세자료에 누락이 있거나 보완이 필요한 경우 그 과세자료를 제출한 기관에 대하여 추가하거나 보완하여 제출할 것을 요청할 수 있다.

> **관세법 시행령**

영 제263조의2(과세자료의 범위 및 제출시기 등) ② 과세자료제출기관의 장은 법 제264조의4 제3항에 따라 관세청장 또는 세관장으로부터 과세자료의 추가 또는 보완을 요구받은 경우에는 정당한 사유가 없으면 그 요구를 받은 날부터 15일 이내에 그 요구에 따라야 한다.

④ 과세자료의 제출서식 등
과세자료의 제출서식 등 제출방법에 관하여 그 밖에 필요한 사항은 기획재정부령으로 정한다.

> **관세법 시행규칙**
>
> **규칙 제79조의4(과세자료의 제출서식 등)** ① 법 제264조의2에 따른 과세자료제출기관이 영 제263조의2 및 별표 3에 따른 과세자료를 제출하는 경우에는 다음 각 호의 서식에 따른다.
> 1. 영 별표 3 제1호에 따른 할당관세 수량의 추천에 관한 자료: 별지 제1호의4서식
> 2. 영 별표 3 제2호에 따른 양허세율 적용의 추천에 관한 자료: 별지 제2호서식
> 3. 영 별표 3 제3호에 따른 관세를 감면받는 자의 기업부설 연구소 또는 연구개발 전담부서에 관한 자료: 별지 제3호서식
> 4. 영 별표 3 제4호에 따른 종교단체의 의식에 사용되는 물품에 대한 관세 면제를 위한 신청에 관한 자료: 별지 제4호서식
> 5. 영 별표 3 제5호에 따른 자선 또는 구호의 목적으로 기증되는 물품 및 자선시설·구호시설 또는 사회복지시설에 기증되는 물품에 대한 관세 면제를 위한 신청에 관한 자료: 별지 제4호서식
> 6. 영 별표 3 제6호에 따른 국제평화봉사활동 또는 국제친선활동을 위하여 기증하는 물품에 대한 관세 면제를 위한 신청에 관한 자료: 별지 제4호서식
> 7. 영 별표 3 제7호에 따른 환경오염 측정 또는 분석을 위하여 수입하는 기계·기구에 대한 관세 면제를 위한 신청에 관한 자료: 별지 제4호서식
> 8. 영 별표 3 제8호에 따른 상수도 수질 측정 또는 보전·향상을 위하여 수입하는 물품에 대한 관세 면제를 위한 신청에 관한 자료: 별지 제4호서식
> 9. 영 별표 3 제9호에 따른 국제경기대회 행사에 사용하기 위하여 수입하는 물품에 대한 관세 면제를 위한 신청에 관한 자료: 별지 제4호서식
> 10. 영 별표 3 제10호에 따른 핵사고 또는 방사능 긴급사태 복구지원과 구호를 위하여 기증되는 물품에 대한 관세 면제를 위한 신청에 관한 자료: 별지 제4호서식
> 11. 영 별표 3 제11호에 따른 우리나라 선박이 외국의 선박과 협력하여 채집하거나 포획한 수산물에 대한 관세 면제를 위한 추천에 관한 자료: 별지 제5호서식
> 12. 영 별표 3 제12호에 따른 외국인과 합작하여 채집하거나 포획한 수산물에 대한 관세 면제를 위한 추천에 관한 자료: 별지 제5호서식
> 13. 영 별표 3 제13호에 따른 조난으로 인하여 해체된 선박 또는 운송수단의 해체재 및 장비에 대한 관세 면제를 위한 신청에 관한 자료: 별지 제4호서식
> 14. 영 별표 3 제14호에 따른 운동용구(부분품을 포함한다)에 대한 관세 면제를 위한 신청에 관한 자료: 별지 제4호서식
> 15. 영 별표 3 제15호에 따른 특수관계인 간 거래명세서 자료: 별지 제6호서식
> 16. 영 별표 3 제16호에 따른 다음 각 목의 자료
>   가. 재무상태표: 별지 제7호서식
>   나. 포괄손익계산서: 별지 제8호서식
>   다. 이익잉여금처분계산서(또는 결손금처리계산서): 별지 제9호서식
> 17. 영 별표 3 제17호에 따른 매출·매입처별 계산서합계표 자료: 별지 제10호서식
> 18. 영 별표 3 제18호에 따른 다음 각 목의 자료
>   가. 법인사업자 공통내역: 별지 제11호서식
>   나. 개인사업자 공통내역: 별지 제12호서식
>   다. 주업종·부업종 내역: 별지 제13호서식
>   라. 공동사업자 내역: 별지 제14호서식
>   마. 휴업·폐업 현황: 별지 제15호서식
>   바. 사업자단위 과세사업자 공통내역: 별지 제16호서식

사. 사업자단위 과세사업자 업종: 별지 제17호서식
　　　아. 사업자단위 과세사업자 휴업·폐업 현황: 별지 제18호서식
19. 영 별표 3 제19호에 따른 매출·매입처별 세금계산서합계표 자료: 별지 제10호서식
20. 영 별표 3 제20호에 따른 다음 각 목의 자료
　　　가. 무형자산에 대한 정상가격 산출방법 신고서: 별지 제19호서식
　　　나. 용역거래에 대한 정상가격 산출방법 신고서: 별지 제20호서식
　　　다. 가목 및 나목 외의 정상가격 산출방법 신고서: 별지 제21호서식
21. 영 별표 3 제21호에 따른 국외특수관계인과의 국제거래명세서 자료(국외특수관계인의 요약손익계산서를 제출한 경우에는 이를 포함한다): 별지 제22호서식
22. 영 별표 3 제22호에 따른 특정외국법인의 유보소득 계산 명세서 자료: 별지 제23호서식
23. 영 별표 3 제23호에 따른 특정외국법인의 유보소득 합산과세 적용범위 판정 명세서 자료: 별지 제24호서식
24. 영 별표 3 제24호에 따른 국외출자 명세서 자료: 별지 제25호서식
25. 영 별표 3 제25호에 따른 여권발급에 관한 자료: 별지 제26호서식
26. 영 별표 3 제26호에 따른 국민의 출국심사 및 입국심사에 관한 자료: 별지 제27호서식
27. 영 별표 3 제27호에 따른 자동차 등록에 관한 자료: 별지 제28호서식
28. 영 별표 3 제28호에 따른 조달계약에 관한 자료: 별지 제29호서식
29. 영 별표 3 제29호에 따른 법인세 환급금 내역: 별지 제30호서식
30. 영 별표 3 제30호에 따른 종합소득세 환급금 내역: 별지 제31호서식
33. 영 별표 3 제33호 따른 종합소득과세표준 신고에 관한 자료, 퇴직소득과세표준 신고에 관한 자료 및 원천징수에 관한 자료: 별지 제34호서식
34. 영 별표 3 제34호에 따른 지방세환급금 내역: 별지 제35호서식
35. 영 별표 3 제35호에 따른 과세물건(부동산·골프회원권·콘도미니엄회원권·항공기·선박만 해당한다)에 대한 취득세 신고납부 또는 징수에 관한 자료: 별지 제36호서식
36. 영 별표 3 제36호에 따른 과세대상(토지·건축물·주택·항공기·선박만 해당한다)에 대한 재산세 부과·징수에 관한 자료: 별지 제37호서식
37. 영 별표 3 제37호에 따른 부동산 거래의 신고에 관한 자료: 별지 제38호서식
38. 영 별표 3 제38호에 따른 특허권·실용신안권·디자인권 및 상표권의 설정등록에 관한 자료: 별지 제39호서식
39. 영 별표 3 제39호에 따른 법원공탁금 자료: 별지 제40호서식
40. 영 별표 3 제40호에 따른 신용카드등의 대외지급(물품구매 내역만 해당한다) 및 외국에서의 외국통화 인출에 관한 자료: 별지 제41호서식
41. 영 별표 3 제41호 및 제66호에 따른 외국기업 본점 등의 공통경비배분계산서 자료: 별지 제44호서식
42. 영 별표 3 제42호에 따른 비거주자의 사업소득 및 기타소득의 지급명세서 자료: 별지 제45호서식
43. 영 별표 3 제43호에 따른 제조자 또는 수입판매업자의 반출신고 자료: 별지 제46호서식
44. 영 별표 3 제44호에 따른 신용카드가맹점 정보 관리 업무에 관한 자료: 별지 제47호서식
45. 영 별표 3 제45호에 따른 장애인 보장구 보험급여에 관한 자료: 별지 제48호서식
46. 영 별표 3 제46호에 따른 장기요양급여 제공에 관한 자료: 별지 제49호서식
47. 영 별표 3 제47호에 따른 보험금 등 지급에 관한 자료: 별지 제50호서식
48. 영 별표 3 제48호에 따른 주식등변동상황명세서에 관한 자료: 별지 제51호서식
49. 영 별표 3 제49호에 따른 해외직접투자 신고에 관한 자료: 별지 제52호서식
50. 영 별표 3 제50호에 따른 부동산 소유권 변경 사실에 관한 자료: 별지 제53호서식
51. 영 별표 3 제51호에 따른 부동산 전세권 및 저당권의 등기에 관한 자료: 별지 제54호서식
52. 영 별표 3 제52호에 따른 금융거래 내역에 관한 자료: 별지 제55호서식
53. 영 별표 3 제53호에 따른 다음 각 목의 자료
　　　가. 재무상태표: 별지 제56호서식(「소득세법 시행규칙」 별지 제40호의6서식으로 갈음할 수 있다)
　　　나. 손익계산서: 별지 제57호서식(「소득세법 시행규칙」 별지 제40호의7서식으로 갈음할 수 있다)
54. 영 별표 3 제54호에 따른 해외금융계좌 신고의무 불이행 등에 대한 과태료 처분내역: 별지 제58호서식
55. 영 별표 3 제55호에 따른 직장가입자에 관한 자료 및 통보된 보수 등에 관한 자료: 별지 제62호서식

56. 영 별표 3 제57호에 따른 「방위사업법」 제57조의4에 따른 중개수수료 신고 자료: 별지 제63호서식
57. 영 별표 3 제58호에 따른 무역보험 종류별 보험계약 체결에 관한 자료: 별지 제64호서식
58. 영 별표 3 제59호에 따른 치료재료에 대한 요양급여대상 여부의 결정과 요양급여비용의 산정자료: 별지 제65호서식
59. 영 별표 3 제60호에 따른 치료재료에 대한 요양급여비용 청구와 지급 등에 관한 자료: 별지 제66호서식
60. 영 별표 3 제61호에 따른 월별 거래명세(판매대행에 관한 자료를 말한다)로서 법 제19조에 따른 관세 부과·징수 및 법 제222조에 따른 구매대행업자의 등록에 필요한 자료: 별지 제67호서식(「부가가치세법 시행규칙」 별지 제48호서식으로 갈음할 수 있다)
61. 영 별표 3 제62호에 따른 지급보증 용역거래 명세서 자료: 별지 제68호서식
62. 영 별표 3 제63호에 따른 다음 각 목의 자료
   가. 해외현지법인 명세서 자료: 별지 제69호서식
   나. 해외현지법인 재무상황표 자료: 별지 제70호서식
63. 영 별표 3 제64호에 따른 세무조정계산서 부속서류 중 「법인세법 시행규칙」 제82조 제1항 제48호에 따른 자본금과 적립금조정명세서(병) 자료: 별지 제71호서식
64. 영 별표 3 제65호에 따른 국내원천 사용료소득을 외국법인에 지급한 자가 제출한 지급명세서 자료: 별지 제72호서식
65. 영 별표 3 제67호에 따른 부가가치세 신고서 자료: 별지 제73호서식
66. 영 별표 3 제68호에 따른 영세율 매출명세서 자료: 별지 제74호서식
67. 영 별표 3 제69호에 따른 공공기관의 조달 계약에 관한 자료: 별지 제75호서식
68. 영 별표 3 제70호에 따른 가상자산거래 내역에 관한 자료: 별지 제76호서식

② 법 제264조의2에 따른 과세자료제출기관은 관세청장 또는 세관장과 협의하여 영 제263조의2 및 별표 3에 규정된 과세자료를 이동식 저장장치 또는 광디스크 등 전자적 기록매체에 수록하여 제출하거나 정보통신망을 이용하여 제출할 수 있다.

제264조의5(과세자료의 수집에 관한 협조)

① 과세자료제출기관의 협조
관세청장 또는 세관장으로부터 제264조의3에 따른 과세자료의 제출을 요청받은 기관 등의 장은 다른 법령에 특별한 제한이 있는 경우 등 정당한 사유가 없으면 이에 협조하여야 한다.

② 과세자료의 수집에 관한 협조
관세청장 또는 세관장은 제264조의3에 따른 자료 외의 자료로서 관세의 부과·징수 및 통관을 위하여 필요한 경우에는 해당 자료를 보유하고 있는 과세자료제출기관의 장에게 그 자료의 수집에 협조하여 줄 것을 요청할 수 있다.

제264조의6(과세자료의 관리 및 활용 등)

① 전산관리 체계 구축 등
관세청장은 이 법에 따른 과세자료의 효율적인 관리와 활용을 위한 전산관리 체계를 구축하는 등 필요한 조치를 마련하여야 한다.

② 과세자료의 관리 및 활용
관세청장은 이 법에 따른 과세자료의 제출·관리 및 활용 상황을 수시로 점검하여야 한다.

제264조의7(과세자료제출기관의 책임 등)

① 과세자료제출기관의 책임
과세자료제출기관의 장은 그 소속 공무원이나 임직원이 이 법에 따른 과세자료의 제출의무를 성실하게 이행하는지를 수시로 점검하여야 한다.

② 감독 기관 통보
관세청장은 과세자료제출기관 또는 그 소속 공무원이나 임직원이 이 법에 따른 과세자료의 제출 의무를 이행하지 아니하는 경우 그 기관을 감독 또는 감사·검사하는 기관의 장에게 그 사실을 통보하여야 한다.

제264조의8(비밀유지의무)

① 공무원의 비밀유지의무
관세청 및 세관 소속 공무원은 제264조, 제264조의2부터 제264조의5까지의 규정에 따라 제출받은 과세자료를 타인에게 제공 또는 누설하거나 목적 외의 용도로 사용하여서는 아니 된다. 다만, 제116조 제1항 단서 및 같은 조 제2항에 따라 제공하는 경우에는 그러하지 아니하다.

② 비밀유지의무 위반 시 과세자료 제공 거부
관세청 및 세관 소속 공무원은 제1항을 위반하는 과세자료의 제공을 요구받으면 이를 거부하여야 한다.

③ 과세자료를 제공받은 자의 비밀유지의무
제1항 단서에 따라 과세자료를 제공받은 자는 이를 타인에게 제공 또는 누설하거나 목적 외의 용도로 사용하여서는 아니 된다.

제264조의9(과세자료 비밀유지의무 위반에 대한 처벌)

① 과세자료 비밀유지의무 위반에 대한 처벌
제264조의8 제1항 또는 제3항을 위반하여 과세자료를 타인에게 제공 또는 누설하거나 목적 외의 용도로 사용한 자는 3년 이하의 징역 또는 1천만원 이하의 벌금에 처한다.

② 징역과 벌금의 병과
제1항에 따른 징역과 벌금은 병과할 수 있다.

제264조의10(불법·불량·유해물품에 대한 정보 등의 제공 요청과 협조)

① 불법·불량·유해물품에 대한 정보 등의 제공 요청
관세청장은 우리나라로 반입되거나 우리나라에서 반출되는 물품의 안전 관리를 위하여 필요한 경우 중앙행정기관의 장에게 해당 기관이 보유한 다음 각 호의 불법·불량·유해물품에 대한 정보 등을 제공하여 줄 것을 요청할 수 있다.

> 1. 이 법 또는 다른 법령에서 정한 구비조건·성분·표시·품질 등을 위반한 물품에 관한 정보
> 2. 제1호의 물품을 제조, 거래, 보관 또는 유통하는 자에 관한 정보

② 중앙행정기관의 장의 협조
제1항에 따른 요청을 받은 중앙행정기관의 장은 특별한 사유가 없는 경우에는 이에 협조하여야 한다.

제264조의11(마약류 관련 정보의 제출 요구)

① 마약류 관련 정보의 제출 요구
관세청장은 법령을 위반하여 우리나라에 반입되거나 우리나라에서 반출되는 마약류를 효과적으로 차단하기 위하여 대통령령으로 정하는 바에 따라 관계 중앙행정기관의 장에게 해당 기관이 보유한 다음 각 호의 정보의 제출을 요구할 수 있다.

1. 마약류 관련 범죄사실 등에 관한 정보
2. 「마약류 관리에 관한 법률」 제11조의2 제1항에 따른 마약류 통합정보
3. 마약류 관련 국제우편물에 관한 정보

관세법 시행령

영 제263조의3(마약류 관련 정보의 제출 요구) 관세청장은 법 제264조의11 제1항에 따라 관계 중앙행정기관의 장에게 다음 각 호의 구분에 따른 정보의 제출을 요구할 수 있다.
1. 과학기술정보통신부장관: 「국제우편규정」 제3조에 따른 국제우편물(법령을 위반하여 우리나라에 반입되거나 우리나라에서 반출되는 마약류를 배달한 우편물만 해당한다) 수취인의 성명·주소, 배송일자·배송경로를 조회한 인터넷 프로토콜(protocol) 주소와 접속기기 및 조회일시
2. 외교부장관: 국외에서 마약류 밀수 또는 유통 범죄로 최근 10년간 체포·구금 또는 수감된 사람으로서 「재외국민보호를 위한 영사조력법」 제11조에 따라 재외공관의 장의 영사조력을 받은 재외국민(해당 범죄로 유죄 판결이 확정된 경우만 해당한다)의 성명·생년월일·여권번호, 범죄사실 및 처벌내용
3. 법무부장관: 국내에서 마약류 밀수 또는 유통 범죄로 처벌받은 외국인으로서 최근 10년간 「출입국관리법」 제46조 제1항 제13호에 따른 강제퇴거 대상자에 해당하게 된 외국인의 성명·생년월일·외국인등록번호 및 처분내역
4. 검찰총장: 다음 각 목의 정보
   가. 마약류 밀수 또는 유통 범죄와 관련하여 최근 10년간 「형의 실효 등에 관한 법률」에 따른 수형인명부에 기재된 국민의 성명·생년월일, 범죄사실 및 처벌내용
   나. 마약류 밀수 또는 유통 범죄와 관련하여 최근 10년간 「형의 실효 등에 관한 법률」에 따른 수형인명부에 기재된 외국인의 성명·생년월일·외국인등록번호, 범죄사실 및 처벌내용

② 중앙행정기관의 장의 대응
제1항에 따른 요구를 받은 중앙행정기관의 장은 특별한 사유가 없는 경우에는 이에 따라야 한다.

③ 준용 규정
제1항 및 제2항에 따라 제출받은 정보의 관리 및 활용에 관한 사항은 제264조의6을 준용한다.

참고 | 법 제264조의6(과세자료의 관리 및 활용 등)

① 관세청장은 이 법에 따른 과세자료의 효율적인 관리와 활용을 위한 전산관리 체계를 구축하는 등 필요한 조치를 마련하여야 한다.
② 관세청장은 이 법에 따른 과세자료의 제출·관리 및 활용 상황을 수시로 점검하여야 한다.

제2절 세관공무원의 물품검사 등

제265조(물품 또는 운송수단 등에 대한 검사 등)

세관공무원은 이 법 또는 이 법에 따른 명령(대한민국이 체결한 조약 및 일반적으로 승인된 국제법규에 따른 의무를 포함한다)을 위반한 행위를 방지하기 위하여 필요하다고 인정될 때에는 물품, 운송수단, 장치 장소 및 관계 장부·서류를 검사 또는 봉쇄하거나 그 밖에 필요한 조치를 할 수 있다.

제265조의2(물품분석)

세관공무원은 다음 각 호의 물품에 대한 품명, 규격, 성분, 용도, 원산지 등을 확인하거나 품목분류를 결정할 필요가 있을 때에는 해당 물품에 대하여 물리적·화학적 분석을 할 수 있다.

1. 제246조 제1항에 따른 검사의 대상인 수출·수입 또는 반송하려는 물품
2. 제265조에 따라 검사하는 물품
3. 「사법경찰관리의 직무를 수행할 자와 그 직무범위에 관한 법률」 제6조 제14호에 따른 범죄와 관련된 물품

제266조(장부 또는 자료의 제출 등)

① 세관공무원의 질문·조사 등
세관공무원은 이 법에 따른 직무를 집행하기 위하여 필요하다고 인정될 때에는 수출입업자·판매업자 또는 그 밖의 관계자에 대하여 질문하거나 문서화·전산화된 장부, 서류 등 관계 자료 또는 물품을 조사하거나, 그 제시 또는 제출을 요구할 수 있다.

② 영업장 자료 비치
상설영업장을 갖추고 외국에서 생산된 물품을 판매하는 자로서 기획재정부령으로 정하는 기준에 해당하는 자는 해당 물품에 관하여 「부가가치세법」 제32조 및 제35조에 따른 세금계산서나 수입 사실 등을 증명하는 자료를 영업장에 갖춰 두어야 한다.

관세법 시행규칙

규칙 제80조(자료를 갖춰 두어야 하는 영업장) 법 제266조 제2항에서 "기획재정부령으로 정하는 기준에 해당하는 자"란 다음 각 호의 어느 하나에 해당하는 상설영업장을 갖추고 외국에서 생산된 물품을 판매하는 자를 말한다.

1. 백화점
2. 최근 1년간 수입물품의 매출액이 5억원 이상인 수입물품만을 취급하거나 수입물품을 할인판매하는 상설영업장
3. 통신판매하는 자로서 최근 1년간 수입물품의 매출액이 10억원 이상인 상설영업장
4. 관세청장이 정하는 물품을 판매하는 자로서 최근 1년간 수입물품의 매출액이 전체 매출액의 30퍼센트를 초과하는 상설영업장
5. 상설영업장의 판매자 또는 그 대리인이 최근 3년 이내에 관세법 또는 「관세사법」 위반으로 처벌받은 사실이 있는 경우 그 상설영업장

③ 영업 보고

관세청장이나 세관장은 이 법 또는 이 법에 따른 명령을 집행하기 위하여 필요하다고 인정될 때에는 제2항에 따른 상설영업장의 판매자나 그 밖의 관계인으로 하여금 대통령령으로 정하는 바에 따라 영업에 관한 보고를 하게 할 수 있다.

|| 관세법 시행령

영 제264조(영업에 관한 보고) 법 제266조 제3항의 규정에 의하여 관세청장 또는 세관장은 상설영업장을 갖추고 외국에서 생산된 물품을 판매하는 자, 그 대리인 기타 관계인에 대하여 판매물품에 관한 다음 각 호의 사항에 관한 보고서의 제출을 명할 수 있다.
1. 판매물품의 품명·규격 및 수량
2. 수입대상국과 생산국 또는 원산지
3. 수입가격 또는 구입가격
4. 수입자 또는 구입처
5. 구입일자, 당해 영업장에의 반입일자
6. 판매일자

④ 유통실태조사

관세청장이나 세관장은 소비자 피해를 예방하기 위하여 필요한 경우 「전자상거래 등에서의 소비자보호에 관한 법률」 제2조 제4호에 따른 통신판매중개(이하 이 조에서 "통신판매중개"라 한다)를 하는 자를 대상으로 통신판매중개를 하는 사이버몰에서 거래되는 물품 중 이 법 제226조, 제230조 및 제235조를 위반하여 수입된 물품의 유통실태조사를 서면으로 실시할 수 있다.

|| 관세법 시행령

영 제264조의2(실태조사 범위 등) ① 관세청장은 법 제266조 제4항에 따라 통신판매중개자(「전자상거래 등에서의 소비자보호에 관한 법률」 제2조 제4호에 따른 통신판매중개를 하는 자를 말한다. 이하 같다)에 대한 서면실태조사(이하 "서면실태조사"라 한다)를 매년 1회 실시할 수 있다.
② 관세청장은 서면실태조사를 하는 경우에 공정거래위원회, 관련 업체 및 단체 등의 의견을 수렴하여 실시계획을 수립하고 이에 따라 실태조사를 해야 한다.
③ 서면실태조사의 항목에는 통신판매중개자가 운영 중인 법 제266조 제4항에 따른 사이버몰(이하 이 항에서 "사이버몰"이라 한다) 관련 정보 중에서 다음 각 호의 사항이 포함되어야 한다.
  1. 사이버몰에서 법 제226조, 제230조 및 제235조를 위반하여 수입된 물품(이하 이 조 및 제264조의3에서 "부정수입물품"이라 한다)을 판매한 통신판매자(「전자상거래 등에서의 소비자보호에 관한 법률」 제2조 제2호에 따른 통신판매를 한 자를 말한다. 이하 제2호에서 같다)가 사이버몰에 등록한 정보에 대한 통신판매중개자의 관리 실태
  2. 통신판매중개자가 사이버몰에서 부정수입물품이 유통되는 것을 방지하기 위하여 통신판매자와 판매물품을 검증할 목적으로 갖추고 있는 인력·기술, 검증체계 및 방법에 관한 사항
  3. 사이버몰에서 부정수입물품 유통 또는 거래내역 발견 시 판매중지, 거래취소 및 환불 등 소비자 보호에 관한 사항
④ 관세청장은 서면실태조사를 효율적으로 하기 위해 정보통신망, 전자우편 등 전자적 매체를 사용할 수 있다.
⑤ 제1항부터 제4항까지에서 규정한 사항 외에 서면실태조사에 관하여 필요한 사항은 관세청장이 정한다.

⑤ 서면실태조사 결과 제공 등

관세청장은 제4항에 따라 실시한 **서면실태조사의 결과**를 **공정거래위원회에 제공**할 수 있고, 공정거래위원회와 소비자 피해 예방을 위하여 필요하다고 합의한 경우에는 대통령령으로 정하는 바에 따라 그 조사 결과를 공개할 수 있다.

> **관세법 시행령**
>
> **영 제264조의3(조사결과 통지 및 공표)** ① 관세청장은 법 제266조 제5항에 따라 조사결과를 공개하기 전에 조사대상자에게 조사결과를 통지하여 소명자료를 제출하거나 의견을 진술할 수 있는 기회를 부여해야 한다.
> ② 관세청장은 공정거래위원회와 함께 서면실태조사의 결과 및 제1항에 따른 조사대상자의 소명자료·의견을 검토한 후에 소비자 피해 예방을 위하여 필요한 경우에는 다음 각 호의 사항을 **관세청과 공정거래위원회의 홈페이지에 게시**하는 방법으로 공표할 수 있다.
> 1. 통신판매중개자의 사이버몰에서 판매된 부정수입물품 내역
> 2. 해당 통신판매중개자가 운영하는 사이버몰의 명칭, 소재지 및 대표자 성명
> 3. 그 밖에 해당 통신판매중개자에 대한 서면실태조사 결과

⑥ 서면실태조사를 위한 자료 제출 요구

관세청장이나 세관장은 제4항에 따른 서면실태조사를 위하여 필요한 경우에는 해당 통신판매중개를 하는 자에게 필요한 자료의 제출을 요구할 수 있다.

⑦ 서면실태조사의 시기 등

제4항에 따른 서면실태조사의 시기, 범위, 방법 및 조사결과의 공표범위 등에 관하여 필요한 사항은 대통령령으로 정한다.

> **참고** 통신판매중개자에 대한 실태조사
>
> 1. 유통실태조사의 개념(법 제266조 제4항)
> 2. 서면실태조사 결과 제공 등(법 제266조 제5항)
> 3. 서면실태조사를 위한 자료 제출 요구(법 제266조 제6항)
> 4. 서면실태조사의 시기(영 제264조의2 제1항)
> 5. 서면실태조사의 범위(영 제264조의2 제3항)
> 6. 서면실태조사의 방법
>   (1) 실시 계획 수립(영 제264조의2 제2항)
>   (2) 전자적 매체 사용(영 제264조의2 제4항)
>   (3) 기타(영 제264조의2 제5항)
> 7. 조사결과 통지 및 공표
>   (1) 소명자료 제출 등(영 제264조의3 제1항)
>   (2) 조사결과의 공표 등(영 제264조의3 제2항)

제266조의2(위치정보의 수집)

① 마약류의 위치 정보 수집
　관세청장이나 세관장은 제241조 제1항 및 제2항을 위반하여 수입하는 마약류의 위치정보를 수집할 수 있다.
② 위치정보의 저장·보호 등을 위한 법률
　제1항에 따라 수집된 위치정보의 저장·보호·이용 및 파기 등에 관한 사항은 「위치정보의 보호 및 이용 등에 관한 법률」을 따른다.
③ 위임 규정
　제1항에 따른 위치정보 수집대상 물품의 구체적인 범위와 방법, 절차 등에 관하여 필요한 사항은 관세청장이 정한다.

제267조(무기등의 휴대 및 사용)

① 무기 등의 휴대
　관세청장이나 세관장은 직무를 집행하기 위하여 필요하다고 인정될 때에는 그 소속 공무원에게 「경찰관 직무집행법」 제10조 및 제10조의2부터 제10조의4까지에 따른 장비, 장구, 분사기 및 무기(이하 이 조에서 "무기등"이라 한다)를 휴대하게 할 수 있다.
② 세관공무원의 무기 등 사용
　세관공무원은 「경찰관 직무집행법」 제10조 및 제10조의2부터 제10조의4까지에 준하여 무기등을 사용할 수 있다.

|| 관세법 시행령 |

영 제265조(무기 등 관리의무) ① 관세청장은 법 제267조에 따른 무기 등(이하 "무기 등"이라 한다)의 안전한 사용, 관리 및 사고예방을 위하여 그 무기 등의 사용, 관리, 보관 및 해당 시설 등에 대한 안전기준을 마련하여야 한다.
② 관세청장이나 세관장은 무기등이 사용된 경우 사용 일시·장소·대상, 현장책임자, 종류 및 수량 등을 기록하여 보관하여야 한다.

|| 참고 | 「경찰관 직무집행법」 제10조 및 제10조의2부터 제10조의4까지 |

1. 제10조(경찰장비의 사용 등): 무기, 경찰장구(警察裝具), 경찰착용기록장치, 최루제(催淚劑)와 그 발사장치, 살수차, 감식기구(鑑識機具), 해안 감시기구, 통신기기, 차량·선박·항공기 등 경찰이 직무를 수행할 때 필요한 장치와 기구
2. 제10조의2(경찰장구의 사용): 경찰관이 휴대하여 범인 검거와 범죄 진압 등의 직무 수행에 사용하는 수갑, 포승(捕繩), 경찰봉, 방패 등
3. 제10조의3(분사기 등의 사용): 분사기, 최루 등의 작용제, 최루탄
4. 제10조의4(무기의 사용): 사람의 생명이나 신체에 위해를 끼칠 수 있도록 제작된 권총·소총·도검 등[간첩·대테러 작전 등 국가안전에 관련되는 작전을 수행할 때에는 개인화기(個人火器) 외에 공용화기(共用火器) 사용 가능]

제267조의2(운송수단에 대한 검문·검색 등의 협조 요청)

① 세관장의 협조요청
세관장은 직무를 집행하기 위하여 필요하다고 인정될 때에는 다음 각 호의 어느 하나에 해당하는 자에게 협조를 요청할 수 있다.

> 1. 육군·해군·공군의 각 부대장
> 2. 국가경찰관서의 장
> 3. 해양경찰관서의 장

② 협조요청을 받은 자의 권한
제1항에 따라 협조 요청을 받은 자는 밀수 관련 혐의가 있는 운송수단에 대하여 추적감시 또는 진행정지명령을 하거나 세관공무원과 협조하여 해당 운송수단에 대하여 검문·검색을 할 수 있으며, 이에 따르지 아니하는 경우 강제로 그 운송수단을 정지시키거나 검문·검색을 할 수 있다.

제268조(명예세관원)

① 명예세관원의 위촉
관세청장은 밀수감시단속 활동의 효율적인 수행을 위하여 필요한 경우에는 수출입 관련 분야의 민간 종사자 등을 명예세관원으로 위촉하여 다음 각 호의 활동을 하게 할 수 있다.

> 1. 공항·항만에서의 밀수 감시
> 2. 정보 제공과 밀수 방지의 홍보

② 명예세관원의 자격요건 등
제1항에 따른 명예세관원의 자격요건, 임무, 그 밖에 필요한 사항은 기획재정부령으로 정한다.

관세법 시행규칙

규칙 제80조의2(명예세관원의 자격요건 등) ① 법 제268조에 따른 명예세관원은 다음 각 호의 어느 하나에 해당하는 사람 중에서 위촉한다.
  1. 수출입물품과 같은 종류의 물품을 생산·유통·보관 및 판매하는 등의 업무에 종사하는 사람 및 관련단체의 임직원
  2. 소비자 관련단체의 임직원
  3. 관세행정 발전에 기여한 공로가 있는 사람
  4. 수출입물품의 유통에 관심이 있고 명예세관원의 임무를 성실히 수행할 수 있는 사람
② 명예세관원의 임무는 다음 각 호와 같다.
  1. 세관의 조사·감시 등 관세행정과 관련한 정보제공
  2. 밀수방지 등을 위한 홍보 활동 지원 및 개선 건의
  3. 세관직원을 보조하여 공항, 항만 또는 유통단계의 감시 등 밀수단속 활동 지원
  4. 세관직원을 보조하여 원산지 표시 위반, 지식재산권 침해 등에 대한 단속 활동 지원
③ 관세청장은 필요한 경우 명예세관원에게 활동경비 등을 지급할 수 있다.
④ 명예세관원의 위촉·해촉, 그 밖에 필요한 사항은 관세청장이 정한다.

CHAPTER 11 벌칙

> **참고** 관세형벌제도의 특수성
>
> 1. 관세형벌
>   「형법」상 형(刑)의 종류에는 사형, 징역, 금고, 자격상실, 자격정지, 벌금, 구류, 과료, 몰수가 있으나, 이 중 관세법에서는 '징역, 벌금, 몰수(추징)'만을 채택하여 적용하고 있다.
> 2. 「형법」 규정의 예외
>   관세범에 대하여도 일반적으로 「형법」의 규정이 적용되지만, 관세법상에 특별히 규정이 있는 경우에는 이에 따른다.
>
> 「형법」 규정의 예외로 규정된 관세법의 규정
>
> 1. 미수범 등의 처벌(법 제271조)
> 2. 징역과 벌금의 병과(법 제275조)
> 3. 형법규정 일부 배제(법 제278조)
> 4. 양벌규정(법 제279조)
> 5. 필요적 몰수·추징(법 제282조)

제268조의2(전자문서 위조·변조죄 등)

① 전자문서 위조·변조 및 행사죄

제327조의4 제1항을 위반하여 국가관세종합정보시스템이나 전자문서중계사업자의 전산처리설비에 기록된 전자문서 등 관련 정보를 위조 또는 변조하거나 위조 또는 변조된 정보를 행사한 자는 1년 이상 10년 이하의 징역 또는 1억원 이하의 벌금에 처한다.

② 무자격 국가관세종합정보망 운영죄 등

다음 각 호의 어느 하나에 해당하는 자는 5년 이하의 징역 또는 5천만원 이하의 벌금에 처한다.

> 1. 제327조의3 제1항을 위반하여 관세청장의 지정을 받지 아니하고 전자문서중계업무를 행한 자
> 2. 제327조의4 제2항을 위반하여 국가관세종합정보시스템 또는 전자문서중계사업자의 전산처리설비에 기록된 전자문서 등 관련 정보를 훼손하거나 그 비밀을 침해한 자
> 3. 제327조의4 제3항을 위반하여 업무상 알게 된 전자문서 등 관련 정보에 관한 비밀을 누설하거나 도용한 한국관세정보원 또는 전자문서중계사업자의 임직원 또는 임직원이었던 사람

> **참고** 법 제268조의2 제2항의 죄
>
> 1. 무자격 국가관세종합정보시스템 운영죄 등(제1호)
> 2. 전자문서 등 훼손·비밀침해죄(제2호)
> 3. 업무상 지득 비밀누설·도용죄(제3호)

제269조(밀수출입죄)

① 금지품 수출입죄

제234조 각 호의 물품을 수출하거나 수입한 자는 **7년 이하의 징역 또는 7천만원 이하의 벌금**에 처한다.

> **참고** **수출입 금지품(법 제234조)**
>
> 1. 헌법질서를 문란하게 하거나 공공의 안녕질서 또는 풍속을 해치는 서적·간행물·도화, 영화·음반·비디오물·조각물 또는 그 밖에 이에 준하는 물품
> 2. 정부의 기밀을 누설하거나 첩보활동에 사용되는 물품
> 3. 화폐·채권이나 그 밖의 유가증권의 위조품·변조품 또는 모조품

② 밀수입죄

다음 각 호의 어느 하나에 해당하는 자는 **5년 이하의 징역 또는 관세액의 10배와 물품원가 중 높은 금액 이하에 상당하는 벌금**에 처한다.

> 1. 제241조 제1항·제2항 또는 제244조 제1항에 따른 **신고를 하지 아니하고 물품을 수입한 자**. 다만, 제253조 제1항에 따른 **반출신고를 한 자는 제외**한다.
> 2. 제241조 제1항·제2항 또는 제244조 제1항에 따른 **신고를 하였으나 해당 수입물품과 다른 물품으로 신고하여 수입한 자**

> **참고** **밀수입죄의 처벌**
>
> 1. 사람에 대한 처벌
>   (1) 징역형·벌금형
>   　　5년 이하의 징역 또는 관세액의 10배와 물품원가 중 높은 금액 이하에 상당하는 벌금
>   (2) 미수범 등 처벌(법 제271조)
>   　　① 그 정황을 알면서 제269조 및 제270조에 따른 행위를 교사하거나 방조한 자는 정범(正犯)에 준하여 처벌한다.
>   　　② 제268조의2, 제269조 및 제270조의 미수범은 본죄에 준하여 처벌한다.
>   　　③ 제268조의2, 제269조 및 제270조의 죄를 저지를 목적으로 그 예비를 한 자는 본죄의 2분의 1을 감경하여 처벌한다.
>   (3) 징역과 벌금의 병과(법 제275조)
>   　　제269조부터 제271조까지 및 제274조의 죄를 저지른 자는 정상(情狀)에 따라 징역과 벌금을 병과할 수 있다.
> 2. 밀수입 물품의 몰수(법 제282조 제2항)
>   제269조 제2항(제271조 제3항에 따라 그 죄를 범할 목적으로 예비를 한 자를 포함한다), 제269조 제3항(제271조 제3항에 따라 그 죄를 범할 목적으로 예비를 한 자를 포함한다) 또는 제274조 제1항 제1호(같은 조 제3항에 따라 그 죄를 범할 목적으로 예비를 한 자를 포함한다)의 경우에는 범인이 소유하거나 점유하는 그 물품을 몰수한다.
> 3. 밀수입 물품에 대한 과세
>
> | 과세물건 확정시기 | 수입신고를 하지 아니하고 수입된 물품: 수입된 때 |
> |---|---|
> | 납세의무자 | 그 소유자 또는 점유자 |
>
> 4. 기타
>   (1) 신고생략 물품(영 제246조 제4항)은 밀수입죄의 대상이 아니다.
>   (2) 수입으로 보지 아니하는 소비 또는 사용(법 제239조)에 해당하는 물품은 밀수입죄의 대상이 아니다.
>   (3) 수입의제(법 제240조) 물품도 밀수입죄의 대상이 아니다.
>   (4) 「남북교류협력에 관한 법률」에 따른 남북 교역 물품도 밀수입죄의 대상이 아니다.

③ 밀수출죄

다음 각 호의 어느 하나에 해당하는 자는 **3년 이하의 징역 또는 물품원가 이하에 상당하는 벌금**에 처한다.

> 1. 제241조 제1항 및 제2항에 따른 신고를 하지 아니하고 물품을 수출하거나 반송한 자
> 2. 제241조 제1항 및 제2항에 따른 신고를 하였으나 해당 수출물품 또는 반송물품과 다른 물품으로 신고하여 수출하거나 반송한 자

제270조(관세포탈죄 등)

① 관세포탈죄

제241조 제1항·제2항 또는 제244조 제1항에 따른 수입신고를 한 자(제19조 제5항 제1호 다목에 따른 구매대행업자를 포함한다) 중 다음 각 호의 어느 하나에 해당하는 자는 **3년 이하의 징역 또는 포탈한 관세액의 5배와 물품원가 중 높은 금액 이하에 상당하는 벌금**에 처한다. 이 경우 **제1호의 물품원가**는 전체 물품 중 **포탈한 세액의 전체 세액에 대한 비율에 해당하는 물품만의 원가**로 한다.

> 1. 세액결정에 영향을 미치기 위하여 과세가격 또는 관세율 등을 거짓으로 신고하거나 신고하지 아니하고 수입한 자(제19조 제5항 제1호 다목에 따른 구매대행업자를 포함한다)
> 2. 세액결정에 영향을 미치기 위하여 거짓으로 서류를 갖추어 제86조 제1항·제3항에 따른 사전심사·재심사 및 제87조 제3항에 따른 재심사를 신청한 자
> 3. 법령에 따라 수입이 제한된 사항을 회피할 목적으로 부분품으로 수입하거나 주요 특성을 갖춘 미완성·불완전한 물품이나 완제품을 부분품으로 분할하여 수입한 자

② 부정수입죄

제241조 제1항·제2항 또는 제244조 제1항에 따른 **수입신고를 한 자** 중 법령에 따라 수입에 필요한 허가·승인·추천·증명 또는 그 밖의 **조건을 갖추지 아니하거나 부정한 방법으로 갖추어 수입한** 자는 **3년 이하의 징역 또는 3천만원 이하의 벌금**에 처한다.

> **참고** **부정수입죄**
>
> 법률에서는 관세포탈죄(법 제270조 제1항)에 제1호 내지 제3호를 모두 넣어 놓았지만, 관세형사 실무상 법 제270조 제1항 제3호는 동조 제2항과 같이 부정수입죄로 본다. 다음과 같이 부분품으로 위장하여 수입하거나 수입에 필요한 조건을 미구비 또는 부정구비한 경우 부정수입죄로 처벌한다.
>
> 1. 법령에 따라 수입이 제한된 사항을 회피할 목적으로 부분품으로 수입하거나 주요 특성을 갖춘 미완성·불완전한 물품이나 완제품을 부분품으로 분할하여 수입한 자(법 제270조 제1항 제3호)
> 2. 수입신고를 한 자 중 법령에 따라 수입에 필요한 허가·승인·추천·증명 또는 그 밖의 조건을 갖추지 아니하거나 부정한 방법으로 갖추어 수입한 자(법 제270조 제2항)

③ 부정수출죄
  제241조 제1항 및 제2항에 따른 수출신고를 한 자 중 법령에 따라 수출에 필요한 허가·승인·추천·증명 또는 그 밖의 조건을 갖추지 아니하거나 부정한 방법으로 갖추어 수출한 자는 1년 이하의 징역 또는 2천만원 이하의 벌금에 처한다.
④ 부정감면죄
  부정한 방법으로 관세를 감면받거나 관세를 감면받은 물품에 대한 관세의 징수를 면탈한 자는 3년 이하의 징역에 처하거나, 감면받거나 면탈한 관세액의 5배 이하에 상당하는 벌금에 처한다.
⑤ 부정환급죄
  부정한 방법으로 관세를 환급받은 자는 3년 이하의 징역 또는 환급받은 세액의 5배 이하에 상당하는 벌금에 처한다. 이 경우 세관장은 부정한 방법으로 환급받은 세액을 즉시 징수한다.

제270조의2(가격조작죄)

제1호에 따른 신청 또는 신고를 할 때 부당하게 재물이나 재산상 이득을 취득하거나 제3자로 하여금 이를 취득하게 할 목적으로 물품의 가격을 조작하여 신청 또는 신고한 자는 2년 이하의 징역 또는 제2호에 따른 금액 이하의 벌금에 처한다.

> 1. 다음 각 목의 어느 하나에 해당하는 신청 또는 신고
>   가. 제38조의2 제1항·제2항에 따른 보정신청
>   나. 제38조의3 제1항에 따른 수정신고
>   다. 제241조 제1항·제2항에 따른 신고
>   라. 제244조 제1항에 따른 신고
> 2. 다음 각 목의 금액 중 가장 높은 금액
>   가. 5천만원
>   나. 물품원가
>   다. 다음 1) 및 2) 간의 차액
>   1) 제1호 각 목의 어느 하나에 해당하는 신청 또는 신고를 한 물품가격
>   2) 과세가격(제241조 제1항·제2항에 따른 수출신고 또는 반송신고의 경우에는 해당 물품을 국제무역선 또는 국제무역기에 인도하는 조건으로 실제로 지급받았거나 지급받아야 할 가격으로서 최종 선적항 또는 선적지까지의 운임·보험료를 포함한 가격을 말한다)

제271조(미수범 등)

① 교사자·방조자의 처벌
  그 정황을 알면서 제269조 및 제270조에 따른 행위를 교사하거나 방조한 자는 정범(正犯)에 준하여 처벌한다.
② 미수범의 처벌
  제268조의2, 제269조 및 제270조의 미수범은 본죄에 준하여 처벌한다.
③ 예비범의 처벌
  제268조의2, 제269조 및 제270조의 죄를 저지를 목적으로 그 예비를 한 자는 본죄의 2분의 1을 감경하여 처벌한다.

제272조(밀수 전용 운반기구의 몰수)

제269조의 죄에 전용(專用)되는 선박·자동차나 그 밖의 운반기구는 그 소유자가 범죄에 사용된다는 정황을 알고 있고, 다음 각 호의 어느 하나에 해당하는 경우에는 몰수한다.

1. 범죄물품을 적재하거나 적재하려고 한 경우
2. 검거를 기피하기 위하여 권한 있는 공무원의 정지명령을 받고도 정지하지 아니하거나 적재된 범죄물품을 해상에서 투기·파괴 또는 훼손한 경우
3. 범죄물품을 해상에서 인수 또는 취득하거나 인수 또는 취득하려고 한 경우
4. 범죄물품을 운반한 경우

제273조(범죄에 사용된 물품의 몰수 등)

① 범죄에 사용된 물품의 몰수
제269조에 사용하기 위하여 특수한 가공을 한 물품은 누구의 소유이든지 몰수하거나 그 효용을 소멸시킨다.

② 다른 물품에 포함된 밀수입물품 등의 몰수
제269조에 해당되는 물품이 다른 물품 중에 포함되어 있는 경우 그 물품이 범인의 소유일 때에는 그 다른 물품도 몰수할 수 있다.

제274조(밀수품의 취득죄 등)

① 밀수품 취득죄 등
다음 각 호의 어느 하나에 해당되는 물품을 취득·양도·운반·보관 또는 알선하거나 감정한 자는 3년 이하의 징역 또는 물품원가 이하에 상당하는 벌금에 처한다.

1. 제269조에 해당되는 물품
2. 제270조 제1항 제3호, 같은 조 제2항 및 제3항에 해당되는 물품

② 미수범의 처벌
제1항에 규정된 죄의 미수범은 본죄에 준하여 처벌한다.

③ 예비범의 처벌
제1항에 규정된 죄를 저지를 목적으로 그 예비를 한 자는 본죄의 2분의 1을 감경하여 처벌한다.

제275조(징역과 벌금의 병과)

제269조부터 제271조까지 및 제274조의 죄를 저지른 자는 정상(情狀)에 따라 징역과 벌금을 병과할 수 있다.

참고 미수범 등 처벌 / 징역과 벌금의 병과

관세형벌	교사자	방조자	예비범	미수범	징역과 벌금의 병과
과세자료 비밀유지 위반죄 (제264조의9)	×	×	×	×	가능
전자문서 위조변조죄 등 (제268조의2)	×	×	본죄의 1/2 감경	본죄	×
밀수출입죄 (제269조)	정범	정범	본죄의 1/2 감경	본죄	가능
관세포탈죄 등 (제270조)	정범	정범	본죄의 1/2 감경	본죄	가능
가격조작죄(제270조의2)	×	×	×	×	가능
미수범 등(제271조)	×	×	×	×	가능
밀수품 취득죄 등 (제274조)	×	×	본죄의 1/2 감경	본죄	가능
강제징수 면탈죄 등 (제275조의2)	×	2년·2천만원	×	×	×
명의대여행위죄 등 (제275조의3)	×	×	×	×	×
보세사의 명의대여죄 등 (제275조의4)	×	×	×	×	×

제275조의2(강제징수면탈죄 등)

① 강제징수면탈죄
납세의무자 또는 납세의무자의 재산을 점유하는 자가 강제징수를 면탈할 목적 또는 면탈하게 할 목적으로 그 재산을 은닉·탈루하거나 거짓 계약을 하였을 때에는 3년 이하의 징역 또는 3천만원 이하의 벌금에 처한다.

② 압수(압류)보관물 손상죄
제303조 제2항에 따른 압수물건의 보관자 또는 「국세징수법」 제48조에 따른 압류물건의 보관자가 그 보관한 물건을 은닉·탈루, 손괴 또는 소비하였을 때에도 3년 이하의 징역 또는 3천만원 이하의 벌금에 처한다.

③ 강제징수면탈죄 등의 방조자 등 처벌
제1항과 제2항의 사정을 알고도 이를 방조하거나 거짓 계약을 승낙한 자는 2년 이하의 징역 또는 2천만원 이하의 벌금에 처한다.

제275조의3(명의대여행위죄 등)

① 명의대여행위죄(타인 명의 사용)
 관세(세관장이 징수하는 내국세등을 포함한다)의 회피 또는 강제집행의 면탈을 목적으로 하거나 재산상 이득을 취할 목적으로 다음 각 호의 행위를 한 자는 2년 이하의 징역 또는 2천만원 이하의 벌금에 처한다.

> 1. 타인의 명의를 사용하여 탁송품 또는 우편물을 수입한 자
> 2. 타인의 명의를 사용하여 제38조에 따른 납세신고를 한 자

② 명의대여행위죄(자신 명의 대여)
 관세(세관장이 징수하는 내국세등을 포함한다)의 회피 또는 강제집행의 면탈을 목적으로 하거나 재산상 이득을 취할 목적으로 타인에게 자신의 명의를 사용하여 제38조에 따른 납세신고를 하도록 허락한 자는 1년 이하의 징역 또는 1천만원 이하의 벌금에 처한다.

제275조의4(보세사의 명의대여죄 등)

다음 각 호의 어느 하나에 해당하는 자는 1년 이하의 징역 또는 1천만원 이하의 벌금에 처한다.

1. 제165조의2 제1항을 위반하여 다른 사람에게 자신의 성명·상호를 사용하여 보세사 업무를 수행하게 하거나 자격증 또는 등록증을 빌려준 자
2. 제165조의2 제2항을 위반하여 다른 사람의 성명·상호를 사용하여 보세사의 업무를 수행하거나 자격증 또는 등록증을 빌린 자
3. 제165조의2 제3항을 위반하여 같은 조 제1항 또는 제2항의 행위를 알선한 자

> **참고** 법 제165조의2(보세사의 명의대여 등의 금지)
> ① 보세사는 다른 사람에게 자신의 성명·상호를 사용하여 보세사 업무를 하게 하거나 그 자격증 또는 등록증을 빌려주어서는 아니 된다.
> ② 누구든지 다른 사람의 성명·상호를 사용하여 보세사의 업무를 수행하거나 자격증 또는 등록증을 빌려서는 아니 된다.
> ③ 누구든지 제1항 또는 제2항의 행위를 알선해서는 아니 된다.

> **참고** 징역
> 징역이란 「형법」 제67조에 따라 '형무소 내에 구치하여 정역에 복무하게 하는' 형벌이다. 징역은 관세법에서 채택한 유일한 신체형으로, 징역은 벌금과 병과될 수 있으며, 부가형인 몰수가 동반되기도 한다.
>
> | 징역형 범위 | 징역형이 적용되는 관세범 |
> | --- | --- |
> | 10년 이하 | 전자문서위조변조죄 |
> | 7년 이하 | 금지품수출입죄 |
> | 5년 이하 | • 전자문서중계업무부정죄
• 밀수입죄 |
> | 3년 이하 | 징역형이 적용되는 기타 관세범 |
> | 2년 이하 | • 체납처분면탈죄 등의 방조 및 거짓계약 승낙
• 가격조작죄
• 명의대여행위죄 등(타인명의 사용) |

1년 이하	• 부정수출죄 • 명의대여행위죄 등(자신명의 대여) • 보세사의 명의대여죄 등

제276조(허위신고죄 등)

① 삭제

② 물품원가 또는 2천만원 중 높은 금액 이하의 벌금

다음 각 호의 어느 하나에 해당하는 자는 **물품원가 또는 2천만원 중 높은 금액 이하의 벌금**에 처한다.

1. 제198조 제1항에 따른 종합보세사업장의 설치·운영에 관한 신고를 하지 아니하고 종합보세기능을 수행한 자
2. 제204조 제2항에 따른 세관장의 중지조치 또는 같은 조 제3항에 따른 세관장의 폐쇄명령을 위반하여 종합보세기능을 수행한 자
3. 제238조에 따른 보세구역 반입명령에 대하여 반입대상 물품의 전부 또는 일부를 반입하지 아니한 자
4. 제241조 제1항·제2항 또는 제244조 제1항에 따른 신고를 할 때 제241조 제1항에 따른 사항을 신고하지 아니하거나 허위신고를 한 자(제275조의3 제1항 각 호에 해당하는 자는 제외한다)
4의2. 제38조의2 제1항 및 제2항, 제38조의3 제1항에 따른 보정신청 또는 수정신고를 할 때 제241조 제1항에 따른 사항을 허위로 신청하거나 신고한 자
5. 제248조 제3항을 위반한 자

참고 물품원가 또는 2천만원 중 높은 금액 이하의 벌금

제198조 제1항	종합보세사업장의 설치·운영에 관한 신고를 하지 아니하고 종합보세기능을 수행한 자
제204조 제2항	세관장의 중지조치 또는 폐쇄 명령을 위반하여 종합보세기능을 수행한 자
제238조	보세구역 반입명령에 대하여 반입대상 물품의 전부 또는 일부를 반입하지 아니한 자
제241조, 제244조	수출·수입·반송신고 또는 입항전 수입신고를 할 때, 해당 물품의 품명·규격·수량 및 가격과 그 밖에 대통령령으로 정하는 사항을 신고하지 아니하거나 허위신고를 한 자
제38조의2, 제38조의3	보정신청 또는 수정신고를 할 때, 해당 물품의 품명·규격·수량 및 가격과 그 밖에 대통령령으로 정하는 사항에 따른 사항을 허위로 신청하거나 신고한 자
제248조 제3항	신고수리 전에 운송수단, 관세통로, 하역통로 또는 관세법에 따른 장치장소로부터 신고된 물품을 반출한 자

③ 2천만원 이하의 벌금

다음 각 호의 어느 하나에 해당되는 자는 **2천만원 이하의 벌금**에 처한다. 다만, **과실로 제2호·제3호 또는 제4호에 해당**하게 된 경우에는 **300만원 이하의 벌금**에 처한다.

1. 부정한 방법으로 적재화물목록을 작성하였거나 제출한 자
2. 제12조 제1항(제277조 제7항 제2호에 해당하는 경우는 제외한다), 제98조 제2항, 제109조 제1항(제277조 제6항 제3호에 해당하는 경우는 제외한다), 제134조 제1항(제146조 제1항에서 준용하는 경우를 포함한다), 제136조 제2항, 제148조 제1항, 제149조, 제222조 제1항(제146조 제1항에서 준용하는 경우를 포함한다) 또는 제225조 제1항 전단을 위반한 자

3. 제83조 제2항, 제88조 제2항, 제97조 제2항 및 제102조 제1항을 위반한 자. 다만, 제277조 제6항 제3호에 해당하는 자는 제외한다.
3의2. 제174조 제1항에 따른 특허보세구역의 설치·운영에 관한 특허를 받지 아니하고 특허보세구역을 운영한 자
4. 제227조에 따른 세관장의 의무 이행 요구를 이행하지 아니한 자
5. 제38조 제4항 후단에 따른 자율심사 결과를 거짓으로 작성하여 제출한 자
6. 제178조 제2항 제1호·제5호 및 제224조 제1항 제1호에 해당하는 자

> **참고** **2천만원 이하의 벌금(과실로 제2호·제3호·제4호에 해당하면 300만원 이하의 벌금)**

1. 부정한 방법으로 적재화물목록을 작성하였거나 제출한 자
2. 다음의 규정을 위반한 자

제12조 제1항	장부 등의 보관(신고필증을 보관하지 아니한 자 제외)
제98조 제2항	재수출감면 물품 용도 외 사용·양도 승인
제109조 제1항	다른 법령 등에 따른 감면물품 용도 외 사용·양도 승인(물품을 직접 수입한 경우 관세를 감면받을 수 있고 수입자와 동일한 용도에 사용하려는 자에게 양도한 자 제외)
제134조 제1항	국제항 아닌 지역에 대한 출입 허가(국제무역선·국제무역기 규정을 준용하는 외국에 운항하는 선박·항공기, 환승전용국내운항기를 포함)
제136조 제2항	출항허가 시 국제항에서 적재한 물품의 목록 제출
제148조 제1항	국경출입차량 관세통로 경유, 통관역·통관장 정차
제149조	국경출입차량의 도착절차
제222조 제1항	보세운송업자 등의 관세청장·세관장 등록(국제무역선·국제무역기 규정을 준용하는 외국에 운항하는 선박·항공기, 환승전용국내운항기를 포함)
제225조 제1항	보세화물 취급 선박회사 등의 세관장 신고

3. 다음의 규정을 위반한 자

제83조 제2항	용도세율 물품	
제88조 제2항	외교관용 물품	용도 외 사용·양도 승인(해당 물품을 직접 수입한 경우 관세를 감면받을 수 있고 수입자와 동일한 용도에 사용하려는 자에게 양도한 자는 제외)
제97조 제2항	재수출면세 물품	
제102조 제1항	관세감면 물품	

3의2. 특허보세구역의 설치·운영에 관한 특허를 받지 아니하고 특허보세구역을 운영한 자
4. 수입 후 특정한 용도로 사용하여야 하는 등의 세관장의 의무 이행 요구를 이행하지 아니한 자
5. 기업 자율심사 결과를 거짓으로 작성하여 제출한 자
6. 다음에 해당하는 자

제178조 제2항 제1호	거짓이나 그 밖의 부정한 방법으로 (특허보세구역의) 특허를 받은 경우
제178조 제2항 제5호	특허보세구역 운영인이 명의를 대여한 경우
제224조 제1항 제1호	거짓이나 그 밖의 부정한 방법으로 (보세운송업자 등의) 등록을 한 경우

④ 1천만원 이하의 벌금

다음 각 호의 어느 하나에 해당하는 자는 **1천만원 이하의 벌금**에 처한다. 다만, **과실로 제2호 또는 제3호에 해당**하게 된 경우에는 **200만원 이하의 벌금**에 처한다.

> 2. 제135조 제1항(제146조 제1항에서 준용하는 경우를 포함한다)에 따른 입항보고를 거짓으로 하거나 제136조 제1항(제146조 제1항에서 준용하는 경우를 포함한다)에 따른 출항허가를 거짓으로 받은 자
> 3. 제135조 제1항(제146조 제1항에서 준용하는 경우를 포함하며, 제277조 제6항 제4호에 해당하는 자는 제외한다), 제136조 제1항(제146조 제1항에서 준용하는 경우를 포함한다), 제137조의2 제1항 각 호 외의 부분 후단(제277조 제6항 제4호에 해당하는 자는 제외한다), 제140조 제1항·제4항·제6항(제146조 제1항에서 준용하는 경우를 포함한다), 제142조 제1항(제146조 제1항에서 준용하는 경우를 포함한다), 제144조(제146조 제1항에서 준용하는 경우를 포함한다), 제150조, 제151조, 제213조 제2항 또는 제223조의2를 위반한 자
> 5. 부정한 방법으로 제248조 제1항 단서에 따른 신고필증을 발급받은 자
> 7. 제265조에 따른 세관장 또는 세관공무원의 조치를 거부 또는 방해한 자

참고 **1천만원 이하의 벌금(과실로 제2호 또는 제3호에 해당하면 200만원 이하의 벌금)**

2. 국제무역선(기)의 입항 보고를 거짓으로 하거나 출항허가를 거짓으로 받은 자(국제무역선·국제무역기 규정을 준용하는 경우 포함)
3. 다음의 규정을 위반한 자

제135조 제1항	국제무역선(기) 입항보고 시 서류제출(국제무역선·국제무역기 규정을 준용하는 경우 포함, 과실로 여객명부 또는 승객예약자료를 제출하지 아니한 자는 제외)
제136조 제1항	국제무역선(기)의 출항허가 서류제출(국제무역선·국제무역기 규정을 준용하는 경우 포함)
제137조의2 제1항 각 호 외의 부분 후단	선박회사·항공사의 승객예약자료 열람허용, 제출(과실로 여객명부 또는 승객예약자료를 제출하지 아니한 자는 제외)
제140조	제1항	입항절차 마친 후 하역·환적(허가받지 않고 입항절차 마치기 전 하역·환적)
	제4항	국제무역선(기) 하역·환적 시 세관장에게 신고, 세관공무원의 확인
	제6항	국제무역선(기)에 내국물품 적재 금지, 국내운항선(기)에 외국물품 적재 금지(이상 제140조, 국제무역선·국제무역기 규정을 준용하는 경우 포함)
제142조 제1항	항외 하역 허가(국제항 바깥에서 하역·환적하는 경우 세관장의 허가)(국제무역선·국제무역기 규정을 준용하는 경우 포함)
제144조	국제무역선(기) - 국내운항선(기) 전환 승인(국제무역선·국제무역기 규정을 준용하는 경우 포함)
제150조	국경출입차량의 출발허가
제151조	국경출입차량 하역·환적 시 세관장에게 신고, 세관공무원의 확인
제213조 제2항	보세운송 신고·승인
제223조의2	보세운송업자등의 명의대여 등의 금지

5. 부정한 방법으로 제248조 제1항 단서에 따른 신고필증을 발급받은 자(부정한 방법으로 전산처리설비를 이용하여 신고필증을 직접 발급받은 신고인)
7. 법 제265조(물품 또는 운송수단 등에 대한 검사 등)에 따른 세관장 또는 세관공무원의 조치를 **거부 또는 방해**한 자

⑤ 500만원 이하의 벌금

제165조 제3항을 위반한 자는 **500만원 이하의 벌금**에 처한다.

참고 **500만원 이하의 벌금**

법 제165조 제3항을 위반한 자(보세사로 근무하려는 자가 해당 보세구역을 관할하는 세관장에게 등록하지 않은 경우)

제277조(과태료)

① 1억원 이하의 과태료

제37조의4 제1항 및 제2항에 따라 과세가격결정자료등의 제출을 요구받은 특수관계에 있는 자로서 제10조에서 정하는 정당한 사유 없이 제37조의4 제4항 각 호의 어느 하나에 해당하는 행위를 한 자에게는 1억원 이하의 과태료를 부과한다. 이 경우 제276조는 적용되지 아니한다.

> **참고** 1억원 이하의 과태료
>
> | 제37조의4 제4항 위반 | 법 제37조의4(특수관계자의 수입물품 과세가격결정자료등 제출)에 따라 과세가격결정자료 등의 제출을 요구받은 특수관계에 있는 자로서 법 10조(천재지변 등으로 인한 기한의 연장)에서 정하는 정당한 사유 없이 법 제37조의4 제4항 각 호의 어느 하나에 해당하는 행위(과세가격결정자료 등을 법정기한까지 제출하지 아니하는 경우, 과세가격결정자료 등을 거짓으로 제출하는 경우)를 한 자 |
> |---|---|

② 2억원 이하의 과태료

제37조의4 제7항을 위반한 자에게는 2억원 이하의 과태료를 부과한다. 이 경우 제276조는 적용되지 아니한다.

> **참고** 2억원 이하의 과태료
>
> | 제37조의4 제7항 위반 | 세관장은 자료제출을 요구받은 자가 제277조 제1항에 따라 과태료를 부과받고도 자료를 제출하지 아니하거나 거짓의 자료를 시정하여 제출하지 아니하는 경우에는 미제출된 자료를 제출하도록 요구하거나 거짓의 자료를 시정하여 제출하도록 요구할 수 있다. 자료제출을 요구받은 자는 그 요구를 받은 날부터 30일 이내에 그 요구에 따른 자료를 제출하여야 한다. |
> |---|---|

③ 5천만원 이하의 과태료

다음 각 호의 어느 하나에 해당하는 자에게는 5천만원 이하의 과태료를 부과한다. 다만, 과실로 제2호에 해당하게 된 경우에는 400만원 이하의 과태료를 부과한다.

> 1. 세관공무원의 질문에 대하여 거짓의 진술을 하거나 그 직무의 집행을 거부 또는 기피한 자
> 2. 제200조 제3항, 제203조 제1항 또는 제262조에 따른 관세청장 또는 세관장의 조치를 위반하거나 검사를 거부·방해 또는 기피한 자
> 3. 제263조를 위반하여 서류의 제출·보고 또는 그 밖에 필요한 사항에 관한 명령을 이행하지 아니하거나 거짓의 보고를 한 자
> 4. 제266조 제1항에 따른 세관공무원의 자료 또는 물품의 제시요구 또는 제출요구를 거부한 자

④ 1천만원 이하의 과태료

다음 각 호의 어느 하나에 해당하는 자에게는 1천만원 이하의 과태료를 부과한다.

> 1. 제139조(제146조 제1항에서 준용하는 경우를 포함한다), 제143조 제1항(제146조 제1항에서 준용하는 경우를 포함한다), 제152조 제1항, 제155조 제1항, 제156조 제1항, 제159조 제2항, 제160조 제1항, 제161조 제1항, 제186조 제1항(제205조에서 준용하는 경우를 포함한다), 제192조(제205조에서 준용하는 경우를 포함한다), 제200조 제1항, 제201조 제1항·제3항, 제219조 제2항 또는 제266조 제2항을 위반한 자

2. 제187조 제1항(제89조 제5항에서 준용하는 경우를 포함한다) 또는 제195조 제1항에 따른 허가를 받지 아니하거나 제202조 제2항에 따른 신고를 하지 아니하고 보세공장·보세건설장·종합보세구역 또는 지정공장 외의 장소에서 작업을 한 자

> **참고** **1천만원 이하의 과태료**
>
> 1. 다음의 규정을 위반한 자
>
> | 제139조 | 국내운항선(기)의 임시 외국 정박 또는 착륙의 보고(국제무역선·국제무역기 규정을 준용하는 경우 포함) |
> |---|---|
> | 제143조 제1항 | 선박용품 및 항공기용품의 하역·환적 허가(국제무역선·국제무역기 규정을 준용하는 경우 포함) |
> | 제152조 제1항 | 국경출입도로차량의 국경출입증명서류 교부 |
> | 제155조 제1항 | 외국물품과 내국운송신고대상 내국물품의 보세구역 장치 |
> | 제156조 제1항 | 보세구역 외 장치허가 |
> | 제159조 제2항 | 해체·절단 등의 작업허가 |
> | 제160조 제1항 | 장치물품의 폐기승인 |
> | 제161조 제1항 | 견본품반출 허가 |
> | 제186조 제1항 | 보세공장 반입물품 사용신고(종합보세구역 규정에서 준용하는 경우를 포함) |
> | 제192조 | 보세건설장 반입물품 사용 전 수입신고(종합보세구역 규정에서 준용하는 경우를 포함) |
> | 제200조 제1항 | 종합보세구역에서의 시설기계류·연료의 수입통관 후 소비·사용 |
> | 제201조 제1항 | 종합보세기능별 물품 구분관리 |
> | 제201조 제3항 | 종합보세구역 반입물품 이동·사용·처분 기록유지 |
> | 제219조 제2항 | 조난물품 운송승인 |
> | 제266조 제2항 | 수입물품 상설매장의 세금계산서·수입사실증명자료 영업장 비치 |
>
> 2. 허가를 받지 아니하거나 신고를 하지 아니하고 보세공장·보세건설장·종합보세구역 또는 지정공장 외의 장소에서 작업을 한 자
>
> | 제187조 제1항 | 보세공장 외 작업허가(지정공장에서 준용하는 경우를 포함) |
> |---|---|
> | 제195조 제1항 | 보세건설장 외 작업허가 |
> | 제202조 제2항 | 종합보세구역 외 작업신고 |

⑤ **500만원 이하의 과태료**

다음 각 호의 어느 하나에 해당하는 자에게는 **500만원 이하의 과태료**를 부과한다.

1. 제240조의2 제1항을 위반하여 유통이력을 신고하지 아니하거나 거짓으로 신고한 자
2. 제240조의2 제2항을 위반하여 장부기록 자료를 보관하지 아니한 자
3. 제243조 제4항을 위반하여 관세청장이 정하는 장소에 반입하지 아니하고 제241조 제1항에 따른 수출의 신고를 한 자
4. 제327조의2 제10항을 위반하여 한국관세정보원 또는 이와 유사한 명칭을 사용한 자

| 참고 | 500만원 이하의 과태료 |

제240조의2	제1항	유통이력을 신고하지 아니하거나 거짓으로 신고한 자
	제2항	유통이력 신고물품의 장부기록 자료를 보관하지 아니한 자
제243조 제4항		밀수출 등 불법행위가 발생할 우려가 높거나 감시단속상 필요하다고 인정하여 관세청장이 정하는 장소에 반입한 후 수출신고를 하여야 하는 물품에 대하여, 해당 장소에 반입하지 아니하고 수출의 신고를 한 자
제327조의2 제10항		한국관세정보원 또는 이와 유사한 명칭을 사용한 자

⑥ **200만원 이하의 과태료**
다음 각 호의 어느 하나에 해당하는 자에게는 200만원 이하의 과태료를 부과한다.

> 1. 특허보세구역의 특허사항을 위반한 운영인
> 2. 제38조 제4항, 제83조 제1항, 제107조 제3항, 제135조 제2항(제146조 제1항에서 준용하는 경우를 포함한다), 제136조 제3항(제146조 제1항에서 준용하는 경우를 포함한다), 제140조 제5항, 제141조 제1호·제3호(제146조 제1항에서 준용하는 경우를 포함한다), 제157조 제1항, 제158조 제2항·제6항, 제172조 제3항, 제194조(제205조에서 준용하는 경우를 포함한다), 제196조의2 제5항, 제198조 제3항, 제199조 제1항, 제202조 제1항, 제214조, 제215조(제219조 제4항 및 제221조 제2항에서 준용하는 경우를 포함한다), 제216조 제2항(제219조 제4항 및 제221조 제2항에서 준용하는 경우를 포함한다), 제221조 제1항, 제222조 제3항, 제225조 제1항 후단 또는 제251조 제1항을 위반한 자
> 3. 제83조 제2항, 제88조 제2항, 제97조 제2항, 제102조 제1항 및 제109조 제1항을 위반한 자 중 해당 물품을 직접 수입한 경우 관세를 감면받을 수 있고 수입자와 동일한 용도에 사용하려는 자에게 양도한 자
> 4. 제135조 제1항 또는 제137조의2 제1항 각 호 외의 부분 후단을 위반한 자 중 과실로 여객명부 또는 승객예약자료를 제출하지 아니한 자
> 5. 제159조 제6항, 제180조 제3항(제205조에서 준용하는 경우를 포함한다), 제196조 제4항, 제216조 제1항(제219조 제4항 및 제221조 제2항에서 준용하는 경우를 포함한다), 제222조 제4항, 제225조 제2항, 제228조 또는 제266조 제3항에 따른 관세청장 또는 세관장의 조치를 위반한 자
> 6. 제321조 제2항 제2호를 위반하여 운송수단에서 물품을 취급한 자
> 7. 보세구역에 물품을 반입하지 아니하고 거짓으로 제157조 제1항에 따른 반입신고를 한 자

| 참고 | 200만원 이하의 과태료 |

1. 특허보세구역의 특허사항을 위반한 운영인
2. 다음의 규정을 위반한 자

제38조 제3항		자율심사결과 제출
제83조 제1항		용도세율 승인
제107조 제3항		분할납부승인 물품의 용도변경 및 양도 승인
제135조 제2항		입항 전 서류제출
제136조 제3항		출항허가 신청 전 서류제출
제140조 제5항		물품을 하역하는 장소·통로·기간의 제한
제141조	제1호	일시양륙 신고
	제3호	환적·복합환적 등 신고

제157조 제1항	물품의 보세구역 반입·반출신고
제158조 제2항	보수작업 승인
제158조 제6항	보수작업 재료 제한(수입될 물품에 대한 외국물품 사용 금지)
제172조 제3항	화물관리에 필요한 비용의 요율 승인(지정장치장 화물관리인)
제194조	보세건설물품의 수리 전 가동 금지(종합보세구역에서 준용하는 경우를 포함)
제196조의2 제5항	시내보세판매장 운영인의 물품 판매현장 인도 금지
제198조 제3항	종합보세기능 변경신고
제199조 제1항	종합보세구역에의 물품의 반입·반출신고
제202조 제1항	종합보세구역 운영인의 설비 유지의무
제214조	보세운송의 신고·승인신청의 명의(화주, 관세사등, 보세운송업자 이외)
제215조	보세운송 보고(조난물품 운송 및 내국운송에서 준용하는 경우를 포함)
제216조 제2항	보세운송 기간 내 종료(조난물품 운송 및 내국운송에서 준용하는 경우를 포함)
제221조 제1항	내국운송의 신고
제222조 제3항	보세운송업자 등의 영업보고 및 서류제출
제225조 제1항 후단	보세화물 취급 선박회사 등의 중요사항 변경신고
제251조 제1항	수출신고수리물품의 기간 내 적재

3. 다음의 규정을 위반한 자 중, 해당 물품을 직접 수입한 경우 관세를 감면받을 수 있고 수입자와 동일한 용도에 사용하려는 자에게 양도한 자

제83조 제2항	용도세율의 적용 용도 외 사용·양도 승인
제88조 제2항	외교관용 물품 등의 면세 용도외 사용·양도 승인
제97조 제2항	재수출면세 용도 외 사용·양도 승인
제102조 제1항	관세감면물품의 사후관리 용도 외 사용·양도 승인
제109조 제1항	다른 법령 등에 따른 관세감면물품의 사후관리 용도 외 사용·양도 확인

4. 과실로 여객명부 또는 승객예약자료를 제출하지 아니한 자

제135조 제1항	국제무역선(기) 입항보고 시 서류제출
제137조의2 제1항 각 호 외의 부분 후단	선박회사·항공사의 승객예약자료 열람허용, 제출

5. 다음의 규정에 따른 관세청장 또는 세관장의 조치를 위반한 자

제159조 제6항	세관장의 해체·절단 작업 명령
제180조 제3항	특허보세구역 운영에 필요한 시설·기계·기구의 설치에 대한 세관장의 명령(종합보세구역에서 준용하는 경우를 포함)
제196조 제4항	세관장의 보세판매장 판매물품의 종류, 수량, 장치장소 등 제한
제216조 제1항	세관장의 보세운송통로 제한(조난물품 운송 및 내국운송에서 준용하는 경우를 포함)
제222조 제4항	관세청장 또는 세관장의 화물운송주선업자에 대한 업무보고 명령
제225조 제2항	세관장의 보세화물 취급 선박회사 등에 대한 업무보고 명령

제228조	세관장의 통관표지 첨부 명령
제266조 제3항	관세청장 또는 세관장의 상설영업장에 대한 영업보고 명령

6. 법 제321조 제2항 제2호(운송수단의 물품취급시간)을 위반하여 운송수단에서 물품을 취급한 자
7. 보세구역에 물품을 반입하지 아니하고 거짓으로 보세구역 반입신고를 한 자

⑦ 100만원 이하의 과태료

다음 각 호의 어느 하나에 해당하는 자에게는 100만원 이하의 과태료를 부과한다.

> 1. 적재물품과 일치하지 아니하는 적재화물목록을 작성하였거나 제출한 자. 다만, 다음 각 목의 어느 하나에 해당하는 자가 투입 및 봉인한 것이어서 적재화물목록을 제출한 자가 해당 적재물품의 내용을 확인하는 것이 불가능한 경우에는 해당 적재화물목록을 제출한 자는 제외한다.
>   가. 제276조 제3항 제1호에 해당하는 자
>   나. 적재물품을 수출한 자
>   다. 다른 선박회사·항공사 및 화물운송주선업자
> 2. 제12조 제1항을 위반하여 신고필증을 보관하지 아니한 자
> 3. 제28조 제2항에 따른 신고를 하지 아니한 자
> 4. 제107조 제4항, 제108조 제2항, 제138조 제2항·제4항, 제141조 제2호, 제157조의2, 제162조, 제179조 제2항, 제182조 제1항(제205조에서 준용하는 경우를 포함한다), 제183조 제2항·제3항, 제184조(제205조에서 준용하는 경우를 포함한다), 제185조 제2항(제205조에서 준용하는 경우를 포함한다), 제245조 제3항 또는 제254조의2 제2항 및 제3항을 위반한 자
> 5. 제160조 제4항(제207조 제2항에서 준용하는 경우를 포함한다)에 따른 세관장의 명령을 이행하지 아니한 자
> 6. 제177조 제2항(제205조에서 준용하는 경우를 포함한다), 제180조 제4항(제205조에서 준용하는 경우를 포함한다) 또는 제249조 각 호 외의 부분 단서에 따른 세관장의 명령이나 보완조치를 이행하지 아니한 자
> 7. 제180조 제1항(제205조에서 준용하는 경우를 포함한다)·제2항(제89조 제5항에서 준용하는 경우를 포함한다), 제193조(제205조에서 준용하는 경우를 포함한다) 또는 제203조 제2항에 따른 세관장의 감독·검사·보고지시 등을 따르지 아니한 자

|| 참고 | **100만원 이하의 과태료**

1. **적재물품과 일치하지 아니하는 적재화물목록을 작성하였거나 제출한 자**. 다만, 다음 각 목의 어느 하나에 해당하는 자가 투입 및 봉인한 것이어서 적재화물목록을 제출한 자가 해당 적재물품의 내용을 확인하는 것이 불가능한 경우에는 해당 적재화물목록을 제출한 자는 제외한다.
   가. 제276조 제3항 제1호에 해당하는 자
   나. 적재물품을 수출한 자
   다. 다른 선박회사·항공사 및 화물운송주선업자
2. 제12조(장부 등의 보관) 제1항을 위반하여 신고필증을 보관하지 아니한 자
3. 제28조 제2항(잠정가격신고)에 따른 확정가격신고를 하지 아니한 자
4. 다음의 규정을 위반한 자

제107조 제4항		분할납부승인 법인의 합병·분할·분할합병·해산 또는 파산선고 시 신고
제108조 제2항		용도세율·감면·분할납부 조건이행 여부 확인에 필요한 서류의 제출
제138조	제2항	재해나 그 밖의 부득이한 사유가 있는 경우	세관공무원·국가경찰공무원에게 신고
	제4항		재해 등 사유 종료 시 세관장에게 경과보고

제141조 제2호	여객·승무원·운전자 아닌 자가 타려는 경우 세관장에게 신고, 세관공무원의 확인
제157조의2	관세청장이 정하는 보세구역에서 수입신고수리일부터 15일 이내 반출
제162조	물품 및 보세구역감시에 관한 세관장의 명령 준수, 세관공무원의 지휘받음
제179조 제2항	특허보세구역 운영인의 해산, 사망 등 보고
제182조 제1항	특허의 효력상실 시 외국물품 다른 보세구역으로 반출(종합보세구역에서 준용하는 경우를 포함)
제183조 제2항	세관장에게 신고하고 보세창고에 내국물품 장치
제183조 제3항	1년 이상(수리물품 6개월 이상) 계속하여 내국물품만 장치하는 경우 세관장 승인
제184조	보세창고에서 장치기간이 지난 내국물품 반출(종합보세구역에서 준용하는 경우를 포함)
제185조 제2항	보세공장에서 내국물품만으로 제조·가공하는 경우 세관장 허가(종합보세구역에서 준용하는 경우를 포함)
제245조 제3항	관세사등이 확인하여 서류제출 생략, 사후제출 된 경우, 신고인에 대한 자료제출 명령
제254조의2 제2항·제3항	탁송품 운송업자가 통관목록을 사실과 다르게 제출하는 것 금지, 통관목록에 적힌 수하인의 주소지가 아닌 곳에 배송했을 때 실제 배송지 주소지를 세관장에게 제출

5. 다음의 규정에 따른 세관장의 **명령을 이행하지 아니한 자**

제160조 제4항	보세구역 장치물품에 대한 반송·폐기 명령
제207조 제2항	유치·예치 물품에 대한 반송·폐기 명령

6. 다음의 규정에 따른 세관장의 **명령이나 보완조치를 이행하지 아니한 자**

제177조 제2항	특허보세구역 장치기간 내 반출명령(종합보세구역에서 준용하는 경우를 포함)
제180조 제4항	특허보세구역 반입물품이 설치목적에 합당하지 않은 경우의 반출명령(종합보세구역에서 준용하는 경우를 포함)
제249조	신고사항의 보완

7. 다음의 규정에 따른 **세관장의 감독·검사·보고지시 등을 따르지 아니한 자**

제180조 제1항	세관장의 특허보세구역 운영인에 대한 감독(종합보세구역에서 준용하는 경우를 포함)
제180조 제2항	세관장의 특허보세구역 운영인에 대한 보고 명령, 세관공무원의 운영상황 검사(지정공장에서 준용하는 경우는 포함)
제193조	보세건설장 반입 물품에 대한 운영인의 사용상황 보고(종합보세구역에서 준용하는 경우를 포함)
제203조 제2항	세관장의 종합보세구역 운영인에 대한 업무실적 보고 명령

⑧ 과태료의 부과·징수

제1항부터 제7항까지의 규정에 따른 과태료는 대통령령으로 정하는 바에 따라 **세관장이 부과·징수** 한다.

|| 관세법 시행령

영 제265조의2(과태료의 부과기준) 법 제277조 제1항부터 제7항까지 및 제277조의2 제5항에 따른 과태료의 부과기준은 별표 5와 같다.

제277조의2(금품 수수 및 공여)

① 징계부가금 부과
세관공무원이 그 직무와 관련하여 금품을 수수(收受)하였을 때에는 「국가공무원법」 제82조에 따른 징계절차에서 그 금품 수수액의 5배 내의 징계부가금 부과 의결을 징계위원회에 요구하여야 한다.

② 징계부가금의 경감 등
징계대상 세관공무원이 제1항에 따른 징계부가금 부과 의결 전후에 금품 수수를 이유로 다른 법률에 따라 형사처벌을 받거나 변상책임 등을 이행한 경우(몰수나 추징을 당한 경우를 포함한다)에는 징계위원회에 감경된 징계부가금 부과 의결 또는 징계부가금 감면을 요구하여야 한다.

③ 준용 규정
제1항 및 제2항에 따른 징계부가금 부과 의결 요구에 관하여는 「국가공무원법」 제78조 제4항을 준용한다. 이 경우 "징계 의결 요구"를 "징계부가금 부과 의결 요구"로 본다.

④ 징계부가금 미납 시 조치
제1항에 따라 징계부가금 부과처분을 받은 자가 납부기간 내에 그 부가금을 납부하지 아니한 때에는 징계권자는 국세강제징수의 예에 따라 징수할 수 있다.

⑤ 과태료 부과·징수
관세청장 또는 세관장은 세관공무원에게 금품을 공여한 자에 대해서는 대통령령으로 정하는 바에 따라 그 금품 상당액의 2배 이상 5배 내의 과태료를 부과·징수한다. 다만, 「형법」 등 다른 법률에 따라 형사처벌을 받은 경우에는 과태료를 부과하지 아니하고, 과태료를 부과한 후 형사처벌을 받은 경우에는 과태료 부과를 취소한다.

> **참고** 금품 공여자에 적용되는 규정
> 1. 정기선정에 의한 조사 외에 조사를 할 수 있다(법 제110조의3).
> 2. 이미 조사받은 자를 다시 조사할 수 있다(법 제111조).

제277조의3(비밀유지 의무 위반에 대한 과태료)

① 비밀유지 의무 위반
관세청장은 제116조 제1항·제6항 또는 제116조의6 제10항을 위반하여 과세정보를 타인에게 제공 또는 누설하거나 그 목적 외의 용도로 사용한 자에게 2천만원 이하의 과태료를 부과·징수한다. 다만, 「형법」 등 다른 법률에 따라 형사처벌을 받은 경우에는 과태료를 부과하지 아니하고, 과태료를 부과한 후 형사처벌을 받은 경우에는 과태료 부과를 취소한다.

② 과태료의 부과 기준
제1항 본문에 따른 과태료의 부과기준은 대통령령으로 정한다.

> **관세법 시행령**
> 영 제265조의3(비밀유지 의무 위반에 대한 과태료의 부과기준) 법 제277조의3에 따른 과태료의 부과기준은 별표 6과 같다.

제278조(「형법」 적용의 일부 배제)

이 법에 따른 벌칙에 위반되는 행위를 한 자에게는 「형법」 제38조 제1항 제2호 중 벌금경합에 관한 제한 가중규정을 적용하지 아니한다.

제279조(양벌 규정)

① 양벌 규정
법인의 대표자나 법인 또는 개인의 대리인, 사용인, 그 밖의 종업원이 그 법인 또는 개인의 업무에 관하여 제11장에서 규정한 벌칙(제277조의 과태료는 제외한다)에 해당하는 위반행위를 하면 그 행위자를 벌하는 외에 그 법인 또는 개인에게도 해당 조문의 벌금형을 과(科)한다. 다만, 법인 또는 개인이 그 위반행위를 방지하기 위하여 해당 업무에 관하여 상당한 주의와 감독을 게을리하지 아니한 경우에는 그러하지 아니하다.

② 개인 처벌 적용대상
제1항에서 개인은 다음 각 호의 어느 하나에 해당하는 사람으로 한정한다.

1. 특허보세구역 또는 종합보세사업장의 운영인
2. 수출(「수출용원재료에 대한 관세 등 환급에 관한 특례법」 제4조에 따른 수출등을 포함한다)·수입 또는 운송을 업으로 하는 사람
3. 관세사
4. 국제항 안에서 물품 및 용역의 공급을 업으로 하는 사람
5. 제327조의3 제3항에 따른 전자문서중계사업자

제280조

삭제

제281조

삭제

제282조(몰수·추징)

① 수출입 금지품의 몰수

제269조 제1항(제271조 제3항에 따라 그 죄를 범할 목적으로 예비를 한 자를 포함한다)의 경우에는 그 물품을 몰수한다.

② 밀수출입 물품 등의 몰수

제269조 제2항(제271조 제3항에 따라 그 죄를 범할 목적으로 예비를 한 자를 포함한다. 이하 이 조에서 같다), 제269조 제3항(제271조 제3항에 따라 그 죄를 범할 목적으로 예비를 한 자를 포함한다. 이하 이 조에서 같다) 또는 제274조 제1항 제1호(같은 조 제3항에 따라 그 죄를 범할 목적으로 예비를 한 자를 포함한다. 이하 이 조에서 같다)의 경우에는 범인이 소유하거나 점유하는 그 물품을 몰수한다. 다만, 제269조 제2항 또는 제3항의 경우로서 다음 각 호의 어느 하나에 해당하는 물품은 몰수하지 아니할 수 있다.

1. 제154조의 보세구역에 제157조에 따라 신고를 한 후 반입한 외국물품
2. 제156조에 따라 세관장의 허가를 받아 보세구역이 아닌 장소에 장치한 외국물품
3. 「폐기물관리법」 제2조 제1호부터 제5호까지의 규정에 따른 폐기물
4. 그 밖에 몰수의 실익이 없는 물품으로서 대통령령으로 정하는 물품

③ 추징

제1항과 제2항에 따라 몰수할 물품의 전부 또는 일부를 몰수할 수 없을 때에는 그 몰수할 수 없는 물품의 범칙 당시의 국내도매가격에 상당한 금액을 범인으로부터 추징한다. 다만, 제274조 제1항 제1호 중 제269조 제2항의 물품을 감정한 자는 제외한다.

관세법 시행령

영 제266조(국내도매가격) 법 제282조 제3항에서 "국내도매가격"이라 함은 도매업자가 수입물품을 무역업자로부터 매수하여 국내도매시장에서 공정한 거래방법에 의하여 공개적으로 판매하는 가격을 말한다.

④ 양벌규정과 몰수·추징

제279조의 개인 및 법인은 제1항부터 제3항까지의 규정을 적용할 때에는 이를 범인으로 본다.

참고 | 몰수와 추징

1. 몰수
   (1) 의의
   몰수란 범죄행위에 공한 물건 및 범죄로 인해 생긴 물건에 대한 사회적 유통을 억제하고, 범죄로 인한 재산적 이익을 회수하기 위하여 그 소유권을 박탈하는 재산형이다.
   (2) 몰수의 법적 성격
   ① 부가형
   몰수는 주형(主刑)이 아닌 부가형(附加刑)으로서 징역·벌금 등 주형(主刑)에 부가하여 과한다. 단, 행위자에게 유죄의 재판을 아니할 때에도 몰수의 요건이 있는 때에는 몰수만을 선고할 수 있다. 형법상 몰수는 임의적 몰수를 원칙으로 하지만, 관세형법상 몰수는 필요적 몰수이므로 몰수 또는 추징을 하지 않는 것은 위법이 된다.

② 수입의제

관세법에 따라 몰수된 물품은 그 몰수로서 관세채권이 소멸하고, 해당 물품은 수입신고가 수리된 것으로 간주된다. 몰수에 갈음하여 추징을 한 경우에도 관세채권이 소멸하고, 해당 물품은 수입신고가 수리된 것으로 간주된다.

(3) 관세법상 몰수의 대상
① 밀수전용 운반기구(법 제272조)
② 관세범죄에 사용된 물품(법 제273조)
③ 수출입금지 물품(법 제282조 제1항)
④ 밀수출입물품(법 제282조 제2항)

2. 추징

(1) 의의

추징(追徵)이란 몰수에 갈음하여 그 가액의 납부를 명하는 사법처분이다. 그러나 몰수의 취지를 관철하기 위한 제도라는 점에서 몰수와 마찬가지로 부가형의 성질을 갖는다. 관세법상 몰수할 물품의 전부 또는 일부를 몰수할 수 없을 때에는 추징을 하게 된다.

(2) 몰수할 수 없을 때

범인이 이를 소비, 은닉, 훼손, 분실하는 등의 경우는 물론 그 소재장소로 말미암은 장애사유로 인하여 몰수할 수 없는 경우도 포함된다.

CHAPTER 12 조사와 처분

제1절 통칙

제283조(관세범)

① 관세범의 정의
이 법에서 "**관세범**"이란 이 법 또는 이 법에 따른 명령을 위반하는 행위로서 이 법에 따라 **형사처벌**되거나 **통고처분**되는 것을 말한다.

② 관세범에 관한 조사·처분 전담권
관세범에 관한 **조사·처분**은 **세관공무원**이 한다.

제284조(공소의 요건)

① 공소의 요건
관세범에 관한 사건에 대하여는 **관세청장이나 세관장의 고발**이 없으면 **검사는 공소를 제기할 수 없다**.

② 관세범의 관세청·세관 인계
다른 기관이 관세범에 관한 사건을 발견하거나 피의자를 체포하였을 때에는 **즉시 관세청이나 세관에 인계**하여야 한다.

> **참고** 소추에 관한 특례
>
> 「특정범죄 가중처벌 등에 관한 법률」에 따라 **가중처벌**되는 관세범의 죄에 대한 공소(公訴)는 고소 또는 고발이 없는 경우에도 제기할 수 있다.
>
> 「특정범죄 가중처벌 등에 관한 법률」 제6조(관세법 위반행위의 가중처벌) ① 관세법 제269조 제1항에 규정된 죄를 범한 사람은 다음 각 호의 구분에 따라 가중처벌한다.
>   1. 수출 또는 수입한 물품의 가액(이하 이 조에서 "물품가액"이라 한다)이 1억원 이상인 경우에는 무기 또는 7년 이상의 징역에 처한다.
>   2. 물품가액이 3천만원 이상 1억원 미만인 경우에는 3년 이상의 유기징역에 처한다.
> ② 관세법 제269조 제2항에 규정된 죄를 범한 사람은 다음 각 호의 구분에 따라 가중처벌한다.
>   1. 수입한 물품의 원가가 5억원 이상인 경우에는 무기 또는 5년 이상의 징역에 처한다.
>   2. 수입한 물품의 원가가 2억원 이상 5억원 미만인 경우에는 3년 이상의 유기징역에 처한다.
> ③ 관세법 제269조 제3항에 규정된 죄를 범한 사람이 수출하거나 반송한 물품의 원가가 5억원 이상인 경우에는 1년 이상의 유기징역에 처한다.

④ 관세법 제270조 제1항 제1호 또는 같은 조 제4항·제5항에 규정된 죄를 범한 사람은 다음 각 호의 구분에 따라 가중처벌한다.
  1. 포탈(逋脫)·면탈(免脫)하거나 감면(減免)·환급받은 세액이 2억원 이상인 경우에는 무기 또는 5년 이상의 징역에 처한다.
  2. 포탈·면탈하거나 감면·환급받은 세액이 5천만원 이상 2억원 미만인 경우에는 3년 이상의 유기징역에 처한다.
⑤ 관세법 제270조 제1항 제2호 또는 같은 조 제2항에 규정된 죄를 범한 사람은 다음 각 호의 구분에 따라 가중처벌한다.
  1. 수입한 물품의 원가가 5억원 이상인 경우에는 3년 이상의 유기징역에 처한다.
  2. 수입한 물품의 원가가 2억원 이상 5억원 미만인 경우에는 1년 이상의 유기징역에 처한다.
⑥ 제1항부터 제5항까지의 경우에는 다음 각 호의 구분에 따른 벌금을 병과한다.
  1. 제1항의 경우: 물품가액의 2배 이상 10배 이하
  2. 제2항의 경우: 수입한 물품 원가의 2배
  3. 제3항의 경우: 수출하거나 반송한 물품의 원가
  4. 제4항의 경우: 포탈·면탈하거나 감면·환급받은 세액의 2배 이상 10배 이하
  5. 제5항의 경우: 수입한 물품의 원가
⑦ 관세법 제271조에 규정된 죄를 범한 사람은 제1항부터 제6항까지의 예에 따른 그 정범(正犯) 또는 본죄(本罪)에 준하여 처벌한다.
⑧ 단체 또는 집단을 구성하거나 상습적으로 관세법 제269조부터 제271조까지 또는 제274조에 규정된 죄를 범한 사람은 무기 또는 10년 이상의 징역에 처한다.

제284조의2(관세범칙조사심의위원회)

① 관세범칙조사심의위원회의 심의사항
범칙사건에 관한 다음 각 호의 사항을 심의하기 위하여 관세청 또는 대통령령으로 정하는 세관에 관세범칙조사심의위원회를 둘 수 있다.

> 1. 제290조 및 「사법경찰관리의 직무를 수행할 자와 그 직무범위에 관한 법률」 제6조 제14호에 해당하는 사건에 대한 조사의 시작 여부에 관한 사항
> 2. 제1호에 따라 조사한 사건의 고발, 송치, 통고처분(제311조 제8항에 따른 통고처분의 면제를 포함한다) 및 종결 등에 관한 사항
> 3. 그 밖에 범칙사건과 관련하여 관세청장 또는 세관장이 관세범칙조사심의위원회의 심의가 필요하다고 인정하는 사항

② 관세범칙조사심의위원회의 구성
관세범칙조사심의위원회는 위원장 1명을 포함하여 20명 이내의 위원으로 성별을 고려하여 구성한다.

③ 위임 규정
제2항에서 규정한 사항 외에 관세범칙조사심의위원회의 관할, 구성 및 운영 등에 필요한 사항은 대통령령으로 정한다.

관세법 시행령

영 제266조의2(관세범칙조사심의위원회의 구성) ① 법 제284조의2 제1항에 따라 인천공항세관·서울세관·부산세관·인천세관·대구세관·광주세관 및 평택세관에 관세범칙조사심의위원회를 둔다.
② 법 제284의2 제1항에 따른 관세범칙조사심의위원회(이하 "관세범칙조사심의위원회"라 한다)는 위원장 1명을 포함한 10명 이상 20명 이하의 위원으로 구성한다.
③ 관세범칙조사심의위원회의 위원장은 관세청의 3급부터 5급까지에 해당하는 공무원 중 관세청장이 지정하는 사람이 되고, 위원은 다음 각 호의 사람 중에서 세관장이 임명 또는 위촉하되, 제2호부터 제6호까지에 해당하는 위원이 2분의 1 이상 포함되어야 한다.
  1. 관세청 소속 공무원
  2. 변호사·관세사
  3. 대학교수
  4. 관세, 무역 및 형사 관련 전문연구기관 연구원
  5. 시민단체(「비영리민간단체 지원법」 제2조에 따른 비영리민간단체를 말한다)에서 추천하는 자
  6. 그 밖에 범칙조사에 관한 학식과 경험이 풍부한 자
④ 제3항 제2호부터 제6호까지에 해당하는 위원의 임기는 2년으로 하되, 한 차례만 연임할 수 있다. 다만, 보궐위원의 임기는 전임위원 임기의 남은 기간으로 한다.

영 제266조의3(관세범칙조사심의위원회 위원의 해임 등) 세관장은 관세범칙조사심의위원회 위원이 다음 각 호의 어느 하나에 해당하는 경우에는 해당 위원을 해임 또는 해촉할 수 있다.
  1. 심신장애로 인하여 직무를 수행할 수 없게 된 경우
  2. 직무와 관련된 비위사실이 있는 경우
  3. 직무태만, 품위손상이나 그 밖의 사유로 인하여 위원으로 적합하지 않다고 인정되는 경우
  4. 위원 스스로 직무를 수행하는 것이 곤란하다고 의사를 밝힌 경우
  5. 제266조의6 각 호의 어느 하나에 해당함에도 불구하고 회피하지 않은 경우

영 제266조의4(관세범칙조사심의위원회 위원장의 직무) ① 관세범칙조사심의위원회의 위원장은 관세범칙조사심의위원회를 대표하고, 관세범칙조사심의위원회의 업무를 총괄한다.
② 관세범칙조사심의위원회의 위원장이 직무를 수행하지 못하는 부득이한 사정이 있는 때에는 위원장이 지명하는 위원이 그 직무를 대행한다.

영 제266조의5(관세범칙조사심의위원회의 운영) ① 관세범칙조사심의위원회의 위원장은 법 제284조의2 제1항 각 호의 사항에 관한 심의가 필요한 경우 회의를 소집하고 그 의장이 된다.
② 관세범칙조사심의위원회의 회의는 위원장을 포함한 재적위원 과반수의 출석으로 개의하고, 출석위원 과반수의 찬성으로 의결한다.
③ 관세범칙조사심의위원회의 사무를 처리하기 위하여 간사 1명을 두고, 간사는 위원장이 관세청 소속 공무원 중에서 지명한다.
④ 관세범칙조사심의위원회의 위원장은 회의를 개최한 때에는 심의내용, 결정사항 등이 포함된 회의록을 작성하여 보관해야 한다.
⑤ 관세범칙조사심의위원회의 위원장은 회의에서 심의·의결한 사항을 관세청장에게 통보해야 한다.
⑥ 관세범칙조사심의위원회의 회의와 회의록은 공개하지 않는다. 다만, 위원장이 필요하다고 인정하는 경우에는 공개할 수 있다.
⑦ 관세범칙조사심의위원회는 의안에 관하여 필요하다고 인정되는 때에는 공무원 등 관계자에게 출석을 요청하여 의견을 들을 수 있고 관련 기관에 필요한 자료를 요청할 수 있다.
⑧ 제1항부터 제7항까지에서 규정한 사항 외에 위원회의 운영에 필요한 사항은 관세청장이 정한다.

영 제266조의6(관세범칙조사심의위원회 위원의 제척·회피) ① 관세범칙조사심의위원회의 위원은 다음 각 호의 어느 하나에 해당하는 경우에는 해당 안건의 심의·의결에서 제척된다.

1. 위원이 안건의 당사자(당사자가 법인·단체 등인 경우에는 그 임직원을 포함한다. 이하 이 항에서 같다)이거나 안건에 관하여 직접적인 이해관계가 있는 경우
2. 위원의 배우자, 4촌 이내의 혈족 및 2촌 이내의 인척의 관계에 있는 사람이 안건의 당사자이거나 안건에 관하여 직접적인 이해관계가 있는 경우
3. 위원이 안건 당사자의 대리인이거나 최근 5년 이내에 대리인이었던 경우
4. 위원이 안건 당사자의 대리인이거나 최근 5년 이내에 대리인이었던 법인·단체 등에 현재 속하고 있거나 속했던 경우
5. 위원이 최근 5년 이내에 안건 당사자의 자문·고문에 응했거나 안건 당사자와 연구·용역 등의 업무 수행에 동업 또는 그 밖의 형태로 직접 해당 안건 당사자의 업무에 관여했던 경우
6. 위원이 최근 5년 이내에 안건 당사자의 자문·고문에 응했거나 안건 당사자와 연구·용역 등의 업무 수행에 동업 또는 그 밖의 형태로 직접 안건 당사자의 업무에 관여했던 법인·단체 등에 현재 속하고 있거나 속했던 경우

② 관세범칙조사심의위원회의 위원은 제1항 각 호의 어느 하나에 해당하는 경우에는 스스로 해당 안건의 심의·의결에서 회피해야 한다.

영 제266조의7(수당) 관세범칙조사심의위원회의 회의에 출석한 공무원이 아닌 위원에 대해 예산의 범위에서 수당을 지급할 수 있다.

제285조(관세범에 관한 서류)

관세범에 관한 서류에는 연월일을 적고 서명날인하여야 한다.

제286조(조사처분에 관한 서류)

① 간인
관세범의 조사와 처분에 관한 서류에는 장마다 간인(間印)하여야 한다.
② 날인
문자를 추가하거나 삭제할 때와 난의 바깥에 기입할 때에는 날인(捺印)하여야 한다.
③ 문자 삭제
문자를 삭제할 때에는 그 문자 자체를 그대로 두고 그 글자수를 적어야 한다.

제287조(조서의 서명)

① 대리서명
관세범에 관한 서류에 서명날인하는 경우 본인이 서명할 수 없을 때에는 다른 사람에게 대리서명하게 하고 도장을 찍어야 한다. 이 경우 도장을 지니지 아니하였을 때에는 손도장을 찍어야 한다.
② 대리서명자의 서명날인 등
다른 사람에게 대리서명하게 한 경우에는 대리서명자가 그 사유를 적고 서명날인하여야 한다.

제288조(서류의 송달)

관세범에 관한 서류는 인편이나 등기우편으로 송달한다.

제289조(서류송달 시의 수령증)

관세범에 관한 서류를 송달하였을 때에는 수령증을 받아야 한다.

제2절   조사

제290조(관세범의 조사)

세관공무원은 관세범이 있다고 인정할 때에는 범인, 범죄사실 및 증거를 조사하여야 한다.

제291조(조사)

세관공무원은 관세범 조사에 필요하다고 인정할 때에는 피의자·증인 또는 참고인을 조사할 수 있다.

제292조(조서 작성)

① 조서 작성
   세관공무원이 피의자·증인 또는 참고인을 조사하였을 때에는 조서를 작성하여야 한다.
② 조서 열람 등
   조서는 세관공무원이 진술자에게 읽어 주거나 열람하게 하여 기재 사실에 서로 다른 점이 있는지 물어보아야 한다.
③ 조서내용의 증감 변경 청구
   진술자가 조서 내용의 증감 변경을 청구한 경우에는 그 진술을 조서에 적어야 한다.
④ 조서의 서명날인
   조서에는 연월일과 장소를 적고 다음 각 호의 사람이 함께 서명날인하여야 한다.

> 1. 조사를 한 사람
> 2. 진술자
> 3. 참여자

제293조(조서의 대용)

① 조서의 대용
   현행범인에 대한 조사로서 긴급히 처리할 필요가 있을 때에는 그 주요 내용을 적은 서면으로 조서를 대신할 수 있다.
② 조서 대용 서면의 서명날인
   제1항에 따른 서면에는 연월일시와 장소를 적고 조사를 한 사람과 피의자가 이에 서명날인하여야 한다.

제294조(출석 요구)

① 출석 요구
세관공무원이 관세범 조사에 필요하다고 인정할 때에는 피의자·증인 또는 참고인의 출석을 요구할 수 있다.

② 출석·동행명령
세관공무원이 관세범 조사에 필요하다고 인정할 때에는 지정한 장소에 피의자·증인 또는 참고인의 출석이나 동행을 명할 수 있다.

③ 출석요구서 발급
피의자·증인 또는 참고인에게 출석 요구를 할 때에는 출석요구서를 발급하여야 한다.

제295조(사법경찰권)

세관공무원은 관세범에 관하여 「사법경찰관리의 직무를 수행할 자와 그 직무범위에 관한 법률」에서 정하는 바에 따라 사법경찰관리의 직무를 수행한다.

> **관세법 시행령**
>
> **영 제267조(피의자의 구속)** 사법경찰관리의 직무를 행하는 세관공무원이 법령에 의하여 피의자를 구속하는 때에는 세관관서·국가경찰관서 또는 교도관서에 유치하여야 한다.

> **참고 사법경찰권**
>
> 사법경찰권이란 「형사소송법」에 따라 검사의 지휘를 받아 범죄수사를 할 수 있는 권한을 말한다. 사법경찰권은 일반사법경찰관리와 특별사법경찰관리에게 주어지는데, 세관공무원은 특별사법경찰관리에 해당한다. 관세법에 따라 관세범(關稅犯)의 조사 업무에 종사하는 세관공무원은 소속 관서 관할 구역에서 발생하는 관세법 위반사범에 대하여 사법경찰관리의 권한을 가진다. 세관공무원은 관세범에 관하여 「사법경찰관리의 직무를 수행할 자와 그 직무범위에 관한 법률」에서 정하는 바에 따라 사법경찰관리의 직무를 수행한다.

제296조(수색·압수영장)

① 수색·압수영장의 발급
이 법에 따라 수색·압수를 할 때에는 관할 지방법원 판사의 영장을 받아야 한다. 다만, 긴급한 경우에는 사후에 영장을 발급받아야 한다.

② 영장 없이 압수할 수 있는 경우
소유자·점유자 또는 보관자가 임의로 제출한 물품이나 남겨 둔 물품은 영장 없이 압수할 수 있다.

제297조(현행범의 체포)

세관공무원이 관세범의 현행범인을 발견하였을 때에는 즉시 체포하여야 한다.

제298조(현행범의 인도)

① 현행범의 체포
  관세범의 현행범인이 그 장소에 있을 때에는 누구든지 체포할 수 있다.
② 현행범의 인도
  제1항에 따라 범인을 체포한 자는 지체 없이 세관공무원에게 범인을 인도하여야 한다.

제299조(압수물품의 국고귀속)

① 압수물품의 유실물 공고
  세관장은 제269조, 제270조 제1항부터 제3항까지 및 제272조부터 제274조까지의 규정에 해당되어 압수된 물품에 대하여 그 압수일부터 6개월 이내에 해당 물품의 소유자 및 범인을 알 수 없는 경우에는 해당 물품을 유실물로 간주하여 유실물 공고를 하여야 한다.
② 압수물품의 국고귀속
  제1항에 따른 공고일부터 1년이 지나도 소유자 및 범인을 알 수 없는 경우에는 해당 물품은 국고에 귀속된다.

> **참고** 관세법상 국고귀속(國庫歸屬)
>
> 관세법상 다음의 세 가지 경우에 해당 물품이 국고에 귀속되며, 그 물품이 수입물품인 경우 '법령에 따라 국고에 귀속된 물품'이 되어 관세법 제240조의 수입의제대상이 된다.

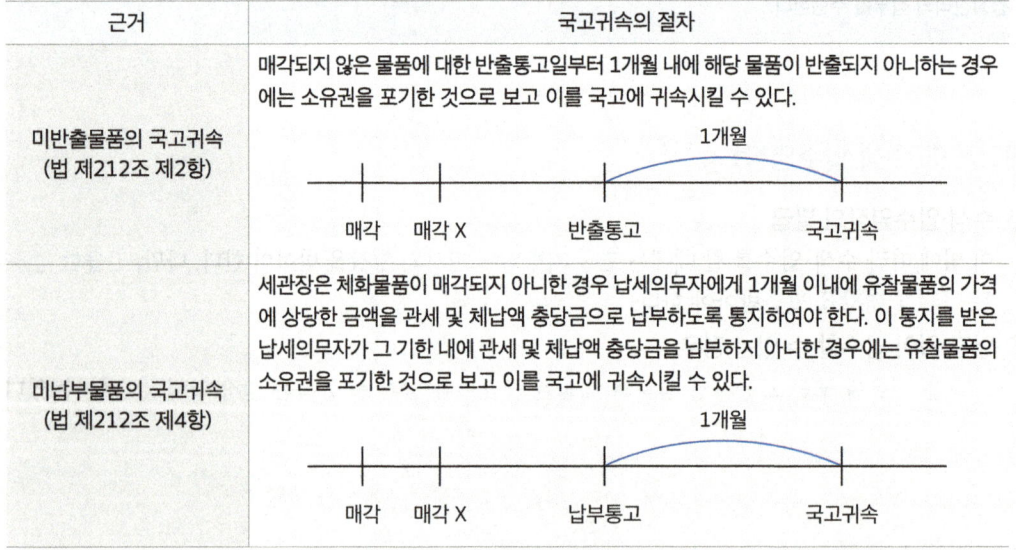

근거	국고귀속의 절차
미반출물품의 국고귀속 (법 제212조 제2항)	매각되지 않은 물품에 대한 반출통고일부터 1개월 내에 해당 물품이 반출되지 아니하는 경우에는 소유권을 포기한 것으로 보고 이를 국고에 귀속시킬 수 있다.
미납부물품의 국고귀속 (법 제212조 제4항)	세관장은 체화물품이 매각되지 아니한 경우 납세의무자에게 1개월 이내에 유찰물품의 가격에 상당한 금액을 관세 및 체납액 충당금으로 납부하도록 통지하여야 한다. 이 통지를 받은 납세의무자가 그 기한 내에 관세 및 체납액 충당금을 납부하지 아니한 경우에는 유찰물품의 소유권을 포기한 것으로 보고 이를 국고에 귀속시킬 수 있다.

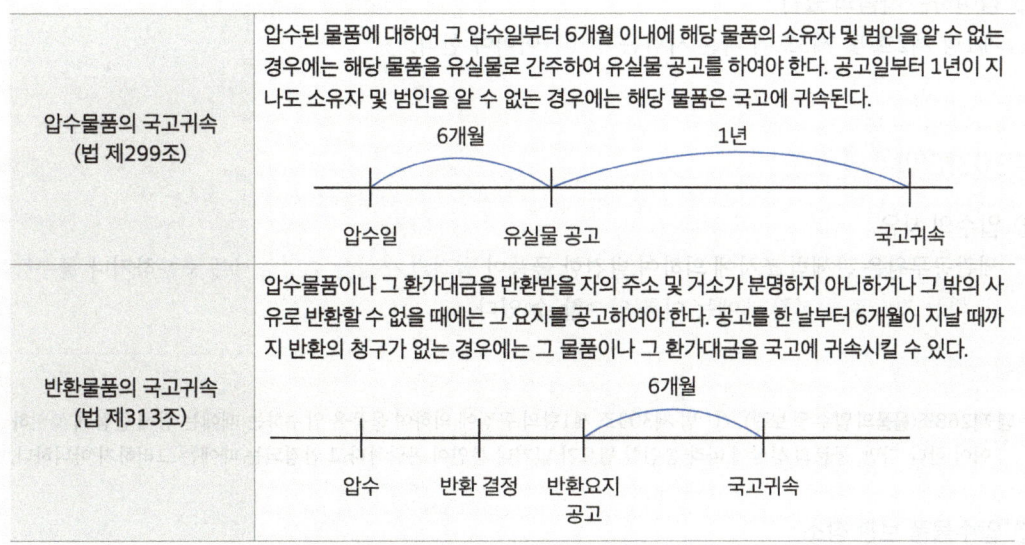

제300조(검증수색)

세관공무원은 관세범 조사에 필요하다고 인정할 때에는 선박·차량·항공기·창고 또는 그 밖의 장소를 검증하거나 수색할 수 있다.

제301조(신변 수색 등)

① 신변 수색
세관공무원은 범죄사실을 증명하기에 충분한 물품을 피의자가 신변(身邊)에 은닉하였다고 인정될 때에는 이를 내보이도록 요구하고, 이에 따르지 아니하는 경우에는 신변을 수색할 수 있다.

② 여성의 신변 수색
여성의 신변을 수색할 때에는 성년의 여성을 참여시켜야 한다.

제302조(참여)

① 수색 시 참여
세관공무원이 수색을 할 때에는 다음 각 호의 어느 하나에 해당하는 사람을 참여시켜야 한다. 다만, 이들이 모두 부재중일 때에는 공무원을 참여시켜야 한다.

> 1. 선박·차량·항공기·창고 또는 그 밖의 장소의 소지인·관리인
> 2. 동거하는 친척이나 고용된 사람
> 3. 이웃에 거주하는 사람

② 참여하는 사람의 요건
제1항 제2호 및 제3호에 따른 사람은 **성년자**이어야 한다.

제303조(압수와 보관)

① 압수의 사유
세관공무원은 관세범 조사에 의하여 발견한 물품이 **범죄의 사실을 증명하기에 충분**하거나 **몰수하여야 하는 것으로 인정될 때**에는 이를 **압수**할 수 있다.

> **관세법 시행령**
>
> **영 제268조(물품의 압수 및 보관)** ① 법 제303조 제1항의 규정에 의하여 물품을 압수하는 때에는 당해 물품에 **봉인**하여야 한다. 다만, 물품의 성상에 따라 봉인할 필요가 없거나 봉인이 곤란하다고 인정되는 때에는 그러하지 아니하다.

② 압수물품 보관 장소
압수물품은 **편의에 따라 소지자나 시·군·읍·면사무소에 보관**시킬 수 있다.

> **관세법 시행령**
>
> **영 제268조(물품의 압수 및 보관)** ② 법 제303조 제2항의 규정에 의하여 압수물품을 보관시키는 때에는 수령증을 받고 그 요지를 압수 당시의 소유자에게 통지하여야 한다.

> **참고** 압수물품 보관 장소
>
> 1. 원칙: 보세구역이 아닌 장소(법 제155조)
> 2. 예외: 편의에 따라 소지자나 시·군·읍·면사무소에 보관(법 제303조)

③ 압수물품의 매각
관세청장이나 세관장은 **압수물품**이 다음 각 호의 어느 하나에 해당하는 경우에는 피의자나 관계인에게 **통고한 후 매각**하여 그 대금을 보관하거나 공탁할 수 있다. 다만, 통고할 여유가 없을 때에는 매각한 후 통고하여야 한다.

> 1. 부패 또는 손상되거나 그 밖에 사용할 수 있는 **기간이 지날 우려**가 있는 경우
> 2. **보관하기가 극히 불편**하다고 인정되는 경우
> 3. 처분이 지연되면 **상품가치가 크게 떨어질 우려**가 있는 경우
> 4. **피의자나 관계인이 매각을 요청**하는 경우

④ 준용 규정
제3항에 따른 통고 및 매각에 관하여는 제160조 제5항 및 제326조를 준용한다.

> **참고** 압수물품의 매각에 적용되는 규정
>
> 1. 법 제160조(장치물품의 폐기) 제5항: 통고를 할 때 화주등의 주소나 거소를 알 수 없거나 그 밖의 사유로 통고할 수 없는 경우에는 공고로써 이를 갈음할 수 있다.
> 2. 법 제326조(몰수품 등의 처분)

제304조(압수물품의 폐기)

① 압수물품의 폐기

관세청장이나 세관장은 압수물품 중 다음 각 호의 어느 하나에 해당하는 것은 피의자나 관계인에게 **통고한 후 폐기**할 수 있다. 다만, 통고할 여유가 없을 때에는 폐기한 후 즉시 통고하여야 한다.

> 1. 사람의 생명이나 재산을 해칠 우려가 있는 것
> 2. 부패하거나 변질된 것
> 3. 유효기간이 지난 것
> 4. 상품가치가 없어진 것

② 준용 규정

제1항에 따른 통고에 관하여는 제160조 제5항을 준용한다.

참고 압수물품

1. 압수물품의 국고귀속(법 제299조)
2. 압수물품의 보관(법 제303조 제2항, 법 제155조)
3. 압수물품의 매각(법 제303조 제3항, 법 제326조)
4. 압수물품의 폐기(법 제304조)
5. 압수물품의 반환(법 제313조)
6. 압수물품의 인계(영 제272조)
7. 압수물품의 은닉·탈루, 손괴, 소비(법 제275조의2)

제305조(압수조서 등의 작성)

① 압수조서의 작성

검증·수색 또는 압수를 하였을 때에는 **조서를 작성**하여야 한다.

관세법 시행령

영 제269조(검증·수색 또는 압수조서의 기재사항) 법 제305조 제1항의 규정에 의한 검증·수색 또는 압수조서에는 다음 각 호의 사항을 기재하여야 한다.
   1. 당해 물품의 품명 및 수량
   2. 포장의 종류·기호·번호 및 개수
   3. 검증·수색 또는 압수의 장소 및 일시
   4. 소유자 또는 소지자의 주소 또는 거소와 성명
   5. 보관장소

② 준용 규정

제1항에 따른 검증·수색 또는 압수조서에 관하여는 제292조 제2항 및 제3항을 준용한다.

참고 압수조서에 적용되는 규정

1. 법 제292조(조서 작성) 제2항: 조서는 세관공무원이 진술자에게 읽어 주거나 열람하게 하여 기재 사실에 서로 다른 점이 있는지 물어보아야 한다.
2. 법 제292조(조서 작성) 제3항: 진술자가 조서내용의 증감 변경을 청구한 경우에는 그 진술을 조서에 적어야 한다.

③ 조서의 대용
현행범인에 대한 수색이나 압수로서 긴급한 경우의 조서작성에 관하여는 제293조를 준용한다.

> **참고** 압수조서에 적용되는 규정
>
> 법 제293조(조서의 대용) ① 현행범인에 대한 조사로서 긴급히 처리할 필요가 있을 때에는 그 주요 내용을 적은 서면으로 조서를 대신할 수 있다.
> ② 제1항에 따른 서면에는 연월일시와 장소를 적고 조사를 한 사람과 피의자가 이에 서명날인하여야 한다.

제306조(야간집행의 제한)

① 야간집행의 제한
해 진 후부터 해 뜨기 전까지는 검증·수색 또는 압수를 할 수 없다. 다만, 현행범인 경우에는 그러하지 아니하다.

② 야간에 검증·수색·압수할 수 있는 경우
이미 시작한 검증·수색 또는 압수는 제1항에도 불구하고 계속할 수 있다.

제307조(조사 중 출입금지)

세관공무원은 피의자·증인 또는 참고인에 대한 조사·검증·수색 또는 압수 중에는 누구를 막론하고 그 장소에의 출입을 금할 수 있다.

제308조(신분 증명)

① 세관공무원의 신분 증명방법
세관공무원은 조사·검증·수색 또는 압수를 할 때에는 제복을 착용하거나 그 신분을 증명할 증표를 지니고 그 처분을 받을 자가 요구하면 이를 보여 주어야 한다.

② 처분받을 자의 처분 거부
제1항에 따른 세관공무원이 제복을 착용하지 아니한 경우로서 그 신분을 증명하는 증표제시 요구를 따르지 아니하는 경우에는 처분을 받을 자는 그 처분을 거부할 수 있다.

제309조(경찰관의 원조)

세관공무원은 조사·검증·수색 또는 압수를 할 때 필요하다고 인정하는 경우에는 경찰공무원의 원조를 요구할 수 있다.

제310조(조사 결과의 보고)

① 조사 결과의 보고
　세관공무원은 조사를 종료하였을 때에는 관세청장이나 세관장에게 서면으로 그 결과를 보고하여야 한다.
② 서류제출
　세관공무원은 제1항에 따른 보고를 할 때에는 관계 서류를 함께 제출하여야 한다.

제3절 처분

제311조(통고처분)

① 통고처분

관세청장이나 세관장은 관세범을 조사한 결과 **범죄의 확증**을 얻었을 때에는 대통령령으로 정하는 바에 따라 그 대상이 되는 자에게 그 이유를 구체적으로 밝히고 다음 각 호에 해당하는 금액이나 물품을 **납부할 것을 통고**할 수 있다.

> 1. 벌금에 상당하는 금액
> 2. 몰수에 해당하는 물품
> 3. 추징금에 해당하는 금액

｜｜ 관세법 시행령

영 제270조(몰수물품의 납부) 몰수에 해당하는 물품으로서 시·군·읍·면사무소에서 보관한 것은 그대로 납부절차를 행할 수 있다.

｜｜ 참고 ｜ 범죄의 확증

범죄의 확증이란 범죄의 구성요건에 해당하는 사실인정의 근거자료가 증명력을 갖게 되는 것을 말한다.

② 예납

관세청장이나 세관장은 제1항에 따른 통고처분을 받는 자가 벌금이나 추징금에 상당한 금액을 예납(豫納)하려는 경우에는 이를 **예납시킬 수 있다**.

｜｜ 관세법 시행령

영 제271조(벌금 또는 추징금의 예납신청 등) ① 법 제311조 제2항의 규정에 의하여 벌금 또는 추징금에 상당한 금액을 예납하고자 하는 자는 다음 각 호의 사항을 기재한 신청서를 관세청장 또는 세관장에게 제출하여야 한다.
  1. 주소 및 성명
  2. 예납금액
  3. 신청사유
② 제1항의 규정에 의하여 예납금을 받은 관세청장 또는 세관장은 그 보관증을 예납자에게 교부하여야 한다.
③ 관세청장 또는 세관장은 제2항의 규정에 의하여 보관한 예납금으로써 예납자가 납부하여야 하는 벌금 또는 추징금에 상당하는 금액에 충당하고 잔금이 있는 때에는 지체 없이 예납자에게 환급하여야 한다.

③ 공소시효 정지

제1항에 따른 통고가 있는 때에는 **공소의 시효는 정지**된다.

｜｜ 참고 ｜ 관세징수권의 소멸시효 중단

통고처분으로 **관세징수권의 소멸시효는 중단**된다(법 제23조 제1항).

④ 벌금에 상당하는 금액의 부과기준
제1항에 따른 벌금에 상당하는 금액의 부과기준은 대통령령으로 정한다.

> **관세법 시행령**
>
> **영 제270조의2(통고처분)** ① 법 제311조 제1항 제1호에 따른 벌금에 상당하는 금액은 해당 벌금 최고액의 100분의 30으로 한다. 다만, 별표 4에 해당하는 범죄로서 해당 물품의 원가가 해당 벌금의 최고액 이하인 경우에는 해당 물품 원가의 100분의 30으로 한다.
> ② 관세청장이나 세관장은 관세범이 조사를 방해하거나 증거물을 은닉·인멸·훼손한 경우 등 관세청장이 정하여 고시하는 사유에 해당하는 경우에는 제1항에 따른 금액의 100분의 50 범위에서 관세청장이 정하여 고시하는 비율에 따라 그 금액을 늘릴 수 있다.
> ③ 관세청장이나 세관장은 관세범이 조사 중 해당 사건의 부족세액을 자진하여 납부한 경우, 심신미약자인 경우 또는 자수한 경우 등 관세청장이 정하여 고시하는 사유에 해당하는 경우에는 제1항에 따른 금액의 100분의 50 범위에서 관세청장이 정하여 고시하는 비율에 따라 그 금액을 줄일 수 있다.
> ④ 관세범이 제2항 및 제3항에 따른 사유에 2가지 이상 해당하는 경우에는 각각의 비율을 합산하되, 합산한 비율이 100분의 50을 초과하는 경우에는 100분의 50으로 한다.
> ⑤ 관세청장이나 세관장은 법 제311조 제1항에 따라 통고처분을 하는 경우 관세범의 조사를 마친 날부터 10일 이내에 그 범칙행위자 및 법 제279조의 양벌 규정이 적용되는 법인 또는 개인별로 통고서를 작성하여 통고해야 한다.

⑤ 신용카드등 납부
제1항에 따라 통고처분을 받은 자는 납부하여야 할 금액을 대통령령으로 정하는 통고처분납부대행기관을 통하여 신용카드, 직불카드 등(이하 이 조에서 "신용카드등"이라 한다)으로 납부할 수 있다.

> **관세법 시행령**
>
> **영 제270조의2(통고처분)** ⑥ 법 제311조 제5항에서 "대통령령으로 정하는 통고처분납부대행기관"이란 정보통신망을 이용하여 신용카드, 직불카드 등(이하 이 조에서 "신용카드등"이라 한다)에 의한 결재를 수행하는 기관으로서 다음 각 호의 어느 하나에 해당하는 기관을 말한다.
>   1. 「민법」 제32조에 따라 설립된 금융결제원
>   2. 시설, 업무수행능력, 자본금 규모 등을 고려하여 관세청장이 지정하는 자

⑥ 신용카드등 납부 시 납부일
제5항에 따라 신용카드등으로 납부하는 경우에는 통고처분납부대행기관의 승인일을 납부일로 본다.

⑦ 신용카드등 납부 시 납부대행수수료 등
제5항 및 제6항에서 정한 사항 외에 통고처분납부대행기관의 지정 및 운영, 납부대행수수료 등 통고처분에 따른 금액을 신용카드등으로 납부하는 경우에 필요한 세부사항은 대통령령으로 정한다.

> **관세법 시행령**
>
> **영 제270조의2(통고처분)** ⑦ 제6항에 따른 통고처분납부대행기관은 납부대행의 대가로 기획재정부령으로 정하는 바에 따라 납부대행수수료를 받을 수 있다.
>
> > **관세법 시행규칙**
> >
> > **규칙 제80조의3(신용카드 등에 의한 통고처분 납부)** 영 제270조의2 제7항에 따른 납부대행수수료는 관세청장이 통고처분납부대행기관의 운영경비 등을 종합적으로 고려하여 승인하되, 해당 납부금액의 1천분의 10을 초과할 수 없다.

⑧ 관세청장은 납부에 사용되는 신용카드등의 종류 등 납부에 필요한 사항을 정할 수 있다.

⑧ 통고처분의 면제절차
관세청장이나 세관장은 통고처분 대상자의 연령과 환경, 법 위반의 동기와 결과, 범칙금 부담능력과 그 밖에 정상을 고려하여 제284조의2에 따른 **관세범칙조사심의위원회**의 심의·의결을 거쳐 제1항에 따른 **통고처분을 면제**할 수 있다. 이 경우 관세청장이나 세관장은 관세범칙조사심의위원회의 심의·의결 결과를 따라야 한다.

⑨ 통고처분 면제의 요건
제8항에 따른 통고처분 면제는 다음 각 호의 요건을 모두 갖춘 관세범을 대상으로 한다.

> 1. 제1항 제1호의 금액이 30만원 이하일 것
> 2. 제1항 제2호의 물품의 가액과 같은 항 제3호의 금액을 합한 금액이 100만원 이하일 것

참고 | 통고처분에 대한 불복제기 가능 여부

통고처분은 이를 받은 자가 그 처분에 대하여 이의가 있는 경우에는 이를 이행하지 아니함으로써 관세청장 또는 세관장의 고발에 의하여 법원의 심판을 받을 수 있으므로 위법한 통고처분에 대하여는 행정심판이나 행정소송에 의하여 다툴 수 없다.

참고 | 통고 이행 등의 법률적 효력

1. 통고의 법률적 효력
   (1) 공소시효 정지(법 제311조 제3항)
   (2) 관세징수권 소멸시효 중단(법 제23조 제1항)
2. 통고 이행의 법률적 효력
   (1) 일사부재리(법 제317조)
   (2) 수입 의제(법 제240조)
3. 통고 불이행의 법률적 효력
   (1) 즉시 고발(법 제316조)
   (2) 불복청구대상 제외(법 제119조 제1항)

제312조(즉시 고발)

관세청장이나 세관장은 범죄의 정상이 **징역형**에 처해질 것으로 인정될 때에는 제311조 제1항에도 불구하고 **즉시 고발**하여야 한다.

제313조(압수물품의 반환)

① 압수물품의 반환
관세청장이나 세관장은 압수물품을 **몰수하지 아니할 때**에는 그 압수물품이나 그 물품의 환가대금(換價代金)을 **반환**하여야 한다.

② 반환 요지 공고
제1항의 물품이나 그 환가대금을 반환받을 자의 주소 및 거소가 분명하지 아니하거나 그 밖의 사유로 반환할 수 없을 때에는 그 **요지를 공고**하여야 한다.

③ 국고 귀속
제2항에 따라 공고를 한 날부터 6개월이 지날 때까지 반환의 청구가 없는 경우에는 그 물품이나 그 환가대금을 국고에 귀속시킬 수 있다.

④ 관세징수 후 압수물품 반환
제1항의 물품에 대하여 관세가 미납된 경우에는 반환받을 자로부터 해당 관세를 징수한 후 그 물품이나 그 환가대금을 반환하여야 한다.

제314조(통고서의 작성)

① 통고서의 작성
통고처분을 할 때에는 통고서를 작성하여야 한다.

② 통고서에 포함될 내용
제1항에 따른 통고서에는 다음 각 호의 사항을 적고 처분을 한 자가 서명날인하여야 한다.

> 1. 처분을 받을 자의 성명, 나이, 성별, 직업 및 주소
> 2. 벌금에 상당한 금액, 몰수에 해당하는 물품 또는 추징금에 상당한 금액
> 3. 범죄사실
> 4. 적용 법조문
> 5. 이행 장소
> 6. 통고처분 연월일

제315조(통고서의 송달)

통고처분의 고지는 통고서를 송달하는 방법으로 하여야 한다.

제316조(통고의 불이행과 고발)

관세범인이 통고서의 송달을 받았을 때에는 그 날부터 15일 이내에 이를 이행하여야 하며, 이 기간 내에 이행하지 아니하였을 때에는 관세청장이나 세관장은 즉시 고발하여야 한다. 다만, 15일이 지난 후 고발이 되기 전에 관세범인이 통고처분을 이행한 경우에는 그러하지 아니하다.

제317조(일사부재리)

관세범인이 통고의 요지를 이행하였을 때에는 동일사건에 대하여 다시 처벌을 받지 아니한다.

제318조(무자력 고발)

관세청장이나 세관장은 다음 각 호의 어느 하나의 경우에는 제311조 제1항에도 불구하고 즉시 고발하여야 한다.

1. 관세범인이 통고를 이행할 수 있는 자금능력이 없다고 인정되는 경우
2. 관세범인의 주소 및 거소가 분명하지 아니하거나 그 밖의 사유로 통고를 하기 곤란하다고 인정되는 경우

관세법 시행령

영 제272조(압수물품의 인계) ① 관세청장 또는 세관장은 법 제312조·법 제316조 및 법 제318조의 규정에 의하여 관세범을 고발하는 경우 압수물품이 있는 때에는 압수물품조서를 첨부하여 인계하여야 한다.
② 관세청장 또는 세관장은 제1항의 규정에 의한 압수물품이 법 제303조 제2항의 규정에 해당하는 것인 때에는 당해 보관자에게 인계의 요지를 통지하여야 한다.

제319조(준용)

관세범에 관하여는 이 법에 특별한 규정이 있는 것을 제외하고는 「형사소송법」을 준용한다.

관세법 시행령

영 제273조(관세범의 조사에 관한 통지) 관세청장 또는 세관장의 조사위촉을 받은 수사기관의 장은 그 조사전말을 관세청장 또는 세관장에게 통지하여야 한다.

CHAPTER 13 보칙

제320조(가산세의 세목)

이 법에 따른 가산세는 관세의 세목으로 한다.

제321조(세관의 업무시간·물품취급시간)

① 세관의 업무시간 등
세관의 업무시간, 보세구역과 운송수단의 물품취급시간은 대통령령으로 정하는 바에 따른다.

> **관세법 시행령**
>
> **영 제274조(업무시간과 물품취급시간)** 법 제321조의 규정에 의한 세관의 업무시간과 보세구역 및 운수수단의 물품취급시간은 다음 각 호의 구분에 의한다.
> 1. 세관의 업무시간 및 운송수단의 물품취급시간: 「국가공무원 복무규정」에 의한 공무원의 근무시간. 다만, 항공기·선박 등이 상시 입·출항하는 등 세관의 업무특성상 필요한 경우에 세관장은 관세청장의 승인을 얻어 부서별로 근무시간을 달리 정할 수 있다.
> 2. 보세구역의 물품취급시간: 24시간. 다만, 감시·단속을 위하여 필요한 경우 세관장은 그 시간을 제한할 수 있다.

② 사전통보
다음 각 호의 어느 하나에 해당하는 자는 대통령령으로 정하는 바에 따라 세관장에게 미리 통보하여야 한다.

> 1. 세관의 업무시간이 아닌 때에 통관절차·보세운송절차 또는 입출항절차를 밟으려는 자
> 2. 운송수단의 물품취급시간이 아닌 때에 물품을 취급하려는 자

> **관세법 시행령**
>
> **영 제275조(임시업무 및 시간외 물품취급)** ① 법 제8조 제3항 제1호부터 제3호까지에 해당하는 날 또는 법 제321조 제2항에 따라 업무시간외에 통관절차·보세운송절차 또는 입출항절차를 밟고자 하는 자는 사무의 종류 및 시간과 사유를 기재한 통보서를 세관장에게 제출해야 한다. 다만, 법 제241조에 따라 신고를 해야 하는 우편물외의 우편물에 대해서는 그렇지 않다.
> ② 법 제321조 제2항에 따라 물품취급시간 외에 물품의 취급을 하려는 자는 다음 각 호의 어느 하나에 해당하는 경우를 제외하고는 통보서를 세관장에게 제출하여야 한다.
> 1. 우편물(법 제241조의 규정에 의하여 신고를 하여야 하는 것은 제외한다)을 취급하는 경우
> 2. 제1항의 규정에 의하여 통보한 시간 내에 당해 물품의 취급을 하는 경우
> 3. 보세공장에서 보세작업을 하는 경우. 다만, 감시·단속에 지장이 있다고 세관장이 인정할 때에는 예외로 한다.
> 4. 보세전시장 또는 보세건설장에서 전시·사용 또는 건설공사를 하는 경우

5. 수출신고수리 시 세관의 검사가 생략되는 수출물품을 취급하는 경우
5의2. 제155조 제1항에 따른 항구나 공항에서 하역작업을 하는 경우
6. 재해 기타 불가피한 사유로 인하여 당해 물품을 취급하는 경우. 이 경우에는 사후에 경위서를 세관장에게 제출하여 그 확인을 받아야 한다.
③ 제1항의 규정에 의한 통보서에는 다음 각 호의 사항을 기재하여야 한다.
1. 당해 물품의 내외국물품의 구분과 품명 및 수량
2. 포장의 종류·번호 및 개수
3. 취급물품의 종류
4. 물품취급의 시간 및 장소
④ 법 제321조 제2항의 규정에 의한 사전통보는 부득이한 경우를 제외하고는 「국가공무원 복무규정」에 의한 공무원의 근무시간 내에 하여야 한다.

> **참고** 사전통보 불이행 시 조치

법 제321조 제2항 제2호(세관의 업무시간이 아닌 때에 통관절차 등을 밟으려고 하거나, 운송수단의 물품취급시간이 아닌 때에 물품을 취급하려는 자는 세관장에게 미리 통보하여야 한다)를 위반하여 운송수단에서 물품을 취급한 자에게는 200만원 이하의 과태료를 부과한다.

③ 수수료 납부

제2항에 따라 사전통보를 한 자는 기획재정부령으로 정하는 바에 따라 수수료를 납부하여야 한다.

> **관세법 시행규칙**

규칙 제81조(업무시간 및 물품취급시간외 통관절차 등에 관한 수수료) ① 법 제321조 제3항의 규정에 의하여 납부하여야 하는 업무시간 외 통관절차·보세운송절차 또는 입출항절차에 관한 수수료(구호용 물품의 경우 당해 수수료를 면제한다)는 기본수수료 4천원(휴일은 1만 2천원)에 다음 각 호의 구분에 의한 금액을 합한 금액으로 한다. 다만, 수출물품의 통관절차 또는 출항절차에 관한 수수료는 수입물품의 통관절차 또는 출항절차에 관한 수수료의 4분의 1에 상당하는 금액으로 한다.
1. 오전 6시부터 오후 6시까지: 1시간당 3천원
2. 오후 6시부터 오후 10시까지: 1시간당 4천8백원
3. 오후 10시부터 그 다음 날 오전 6시까지: 1시간당 7천원
② 제1항의 규정에 의하여 수수료를 계산함에 있어서 관세청장이 정하는 물품의 경우 여러 건의 수출입물품을 1건으로 하여 통관절차·보세운송절차 또는 입출항절차를 신청하는 때에는 이를 1건으로 한다.
③ 법 제321조 제3항의 규정에 의하여 납부하여야 하는 물품취급시간 외의 물품취급에 관한 수수료는 당해 물품을 취급하는 때에 세관공무원이 참여하는 경우에는 기본수수료 2천원(휴일은 6천원)에 다음 각 호의 1에 해당하는 금액을 합한 금액으로 하며, 세관공무원이 참여하지 아니하는 경우에는 기본수수료 2천원(휴일은 6천원)으로 한다. 다만, 수출물품을 취급하는 때에는 그 금액의 4분의 1에 상당하는 금액(보세구역에 야적하는 산물인 광석류의 경우에는 그 금액의 5분의 1에 상당하는 금액)으로 한다.
1. 오전 6시부터 오후 6시까지: 1시간당 1천5백원
2. 오후 6시부터 오후 10시까지: 1시간당 2천4백원
3. 오후 10시부터 그 다음 날 오전 6시까지: 1시간당 3천6백원
④ 제1항 및 제3항의 규정에 의한 수수료금액을 계산함에 있어서 소요시간 중 1시간이 제1항 각 호 상호 간 또는 제3항 각 호 상호 간에 걸쳐 있는 경우의 수수료는 금액이 많은 것으로 한다.
⑤ 세관장은 제1항 및 제3항의 규정에 의한 수수료를 일정기간별로 일괄하여 납부하게 할 수 있다.
⑥ 제1항 및 제3항의 규정에 의한 수수료를 납부하여야 하는 자가 관세청장이 정하는 바에 따라 이를 따로 납부한 때에는 그 사실을 증명하는 증표를 세관장에게 제출하여야 한다.

제322조(통계 및 증명서의 작성 및 교부)

① 통계의 열람 및 교부
관세청장은 다음 각 호의 사항에 관한 통계를 작성하고 그 열람이나 교부를 신청하는 자가 있으면 이를 열람하게 하거나 교부하여야 한다.

> 1. 수출하거나 수입한 화물에 관한 사항
> 2. 입항하거나 출항한 국제무역선 및 국제무역기에 관한 사항
> 2의2. 수입물품에 대한 관세 및 내국세등에 관한 사항
> 3. 그 밖에 외국무역과 관련하여 관세청장이 필요하다고 인정하는 사항

관세법 시행령

영 제276조(통계·증명서의 작성 및 교부의 신청) ① 법 제322조 제1항 및 제3항의 규정에 의하여 통계의 열람 또는 교부를 신청하고자 하는 자는 다음 각 호의 사항을 기재한 신청서를 관세청장에게 제출하여야 한다.
   1. 통계의 종류 및 내용
   2. 열람 또는 교부의 사유

② 통계의 공표
관세청장은 제1항에 따라 통계를 집계하고 대통령령으로 정하는 바에 따라 정기적으로 그 내용을 공표할 수 있다.

관세법 시행령

영 제276조(통계·증명서의 작성 및 교부의 신청) ② 법 제322조 제2항의 규정에 의한 통계의 공표는 연 1회 이상으로 한다.

③ 통계 외 자료의 열람 및 교부
제1항에 따른 통계 외 통관 관련 세부 통계자료를 열람하거나 교부받으려는 자는 사용용도 및 내용을 구체적으로 밝혀 관세청장에게 신청할 수 있다. 이 경우 관세청장은 대통령령으로 정하는 경우를 제외하고는 이를 열람하게 하거나 교부하여야 한다.

관세법 시행령

영 제276조(통계·증명서의 작성 및 교부의 신청) ③ 법 제322조 제3항 후단에서 "대통령령으로 정하는 경우"란 열람 또는 교부의 대상이 되는 자료가 「공공기관의 정보공개에 관한 법률」 제9조 제1항 각 호의 어느 하나에 해당하는 경우를 말한다.

④ 전산처리설비 등을 이용한 통계 교부
관세청장은 제1항에 따른 통계 및 제3항에 따른 통계자료를 전산처리가 가능한 전달매체에 기록하여 교부하거나 전산처리설비를 이용하여 교부할 수 있다. 이 경우 교부할 수 있는 통계의 범위와 그 절차는 관세청장이 정한다.

⑤ 통계의 작성 등 대행기관

관세청장은 제1항에 따른 통계, 제3항에 따른 통계자료 및 제4항에 따른 통계의 작성 및 교부 업무를 대행할 자(이하 이 조에서 "대행기관"이라 한다)를 지정하여 그 업무를 대행하게 할 수 있다. 이 경우 관세청장은 통계작성을 위한 기초자료를 대행기관에 제공하여야 한다.

|| 관세법 시행령

영 제276조의2(통계 작성·교부 대행기관의 지정 등) ① 관세청장은 법 제322조 제5항에 따라 다음 각 호의 요건을 모두 갖춘 자를 통계 등의 작성 및 교부 업무를 대행할 자(이하 이 조에서 "대행기관"이라 한다)로 지정할 수 있다.
   1. 「민법」 제32조에 따라 설립된 법인일 것
   2. 수출입 관련 통계의 작성·교부 업무에 전문성이 있을 것
   3. 대행업무의 수행에 필요하다고 관세청장이 인정하여 고시하는 인력·조직 및 시설을 갖출 것
② 대행기관으로 지정받으려는 자는 관세청장이 정하여 고시하는 지정신청서에 제1항 각 호의 요건을 증명하는 서류를 첨부하여 관세청장에게 제출해야 한다.
③ 관세청장은 제2항에 따라 지정신청서를 제출받은 경우에는 제1항에 따른 지정 요건을 갖추었는지 여부 및 대행기관으로서의 적절성 등을 종합적으로 검토하여 대행기관의 지정 여부를 결정해야 한다.
④ 관세청장은 대행기관이 다음 각 호의 어느 하나에 해당하는 경우에는 그 지정을 해제할 수 있다. 다만, 제1호에 해당하는 경우에는 그 지정을 해제해야 한다.
   1. 거짓이나 그 밖에 부정한 방법으로 지정을 받은 경우
   2. 제1항에 따른 지정 요건을 갖추지 못하게 된 경우
   3. 그 밖에 대행기관으로서의 업무를 수행하는 것이 현저히 부당하게 된 경우
⑤ 관세청장은 대행기관이 제4항 제2호 또는 제3호에 해당하는 경우에는 6개월 이내의 기간을 정하여 위반사항을 시정하도록 할 수 있다.
⑥ 관세청장은 대행기관이 제5항에 따른 시정기간 내에 시정하지 않는 경우에는 제4항에 따라 그 지정을 해제해야 한다.
⑦ 제1항부터 제6항까지에서 규정한 사항 외에 대행기관의 지정 및 지정 해제에 필요한 사항은 관세청장이 정하여 고시한다.

⑥ 수수료 납부

세관사무에 관한 증명서와 제1항에 따른 통계, 제3항에 따른 통계자료 및 제4항에 따른 통계를 교부받으려는 자는 기획재정부령으로 정하는 바에 따라 관세청장에게 수수료를 납부하여야 한다. 다만, 제5항에 따라 대행기관이 업무를 대행하는 경우에는 대행기관이 정하는 수수료를 해당 대행기관에 납부하여야 한다.

|| 관세법 시행령

영 제276조(통계·증명서의 작성 및 교부의 신청) ④ 법 제322조 제6항에 따라 증명서, 통계 또는 통계자료를 교부받으려는 자는 다음 각 호의 사항을 적은 신청서를 관세청장·세관장 또는 법 제322조 제5항에 따라 업무를 대행하는 자에게 제출하여야 한다.
   1. 증명서, 통계 또는 통계자료의 내용이 기록되는 매체의 종류 및 내용
   2. 교부받으려는 사유

|| 관세법 시행규칙

규칙 제82조(증명서 및 통계의 교부수수료) ① 법 제322조 제6항의 규정에 의한 세관사무에 관한 증명서, 통계 및 통관 관련 세부통계자료의 교부수수료는 별표 7과 같다.

⑦ 수수료 결정

대행기관은 제6항 단서에 따라 **수수료를 정할 때**에는 기획재정부령으로 정하는 바에 따라 **관세청장의 승인**을 받아야 한다. 승인을 받은 사항을 변경하려는 경우에도 또한 같다.

> **관세법 시행규칙**
>
> **규칙 제82조(증명서 및 통계의 교부수수료)** ② 법 제322조 제5항에 따른 대행기관(이하 "대행기관"이라 한다)은 법 제322조 제7항에 따라 교부수수료를 정하거나 변경하려는 경우에는 이해관계인의 의견을 수렴할 수 있도록 대행기관의 인터넷 홈페이지에 30일간 정하거나 변경하려는 교부수수료의 내용을 게시하여야 한다. 다만, 긴급하다고 인정되는 경우에는 대행기관의 인터넷 홈페이지에 그 사유를 소명하고 10일간 게시할 수 있다.
> ③ 대행기관은 제2항에 따라 수렴된 의견을 고려하여 제1항에 따른 교부수수료의 범위에서 정한 교부수수료에 대하여 관세청장의 승인을 받아야 한다. 이 경우 대행기관은 원가명세서 등 교부수수료의 승인에 필요한 자료를 관세청장에게 제출하여야 한다.
> ④ 대행기관은 제3항에 따라 승인받은 교부수수료의 금액을 대행기관의 인터넷 홈페이지를 통하여 공개하여야 한다.
> ⑤ 관세청장은 3년마다 원가명세서, 대행기관의 교부수수료 수입·지출 내역 등을 검토하여 교부수수료 수준을 평가하여야 하며, 필요한 경우 적정한 교부수수료 수준을 통보할 수 있다.
> ⑥ 일일자료교부 등 새로운 컴퓨터프로그램이나 전산처리설비를 필요로 하는 방식으로 교부신청을 하는 경우에는 추가되는 비용의 범위에서 제1항 및 제3항에 따른 교부수수료를 인상하여 적용할 수 있다.
> ⑦ 정부 및 지방자치단체에 대하여는 제1항 및 제3항에 따른 교부수수료를 면제한다.
> ⑧ 「공공기관의 운영에 관한 법률」제4조에 따른 공공기관 및 영 제233조에 따라 관세청과 정보통신망을 연결하여 구비조건을 확인하고 있는 기관에 대하여는 관세청장이 정하는 바에 따라 제1항 및 제3항에 따른 교부수수료를 인하하거나 면제할 수 있다.

⑧ 대행기관의 수수료 징수

제6항 단서에 따라 대행기관이 수수료를 징수한 경우 그 수입은 해당 대행기관의 수입으로 한다.

⑨ 수출·수입 또는 반송에 관한 증명서의 유효기간

제6항에 따른 증명서 중 **수출·수입 또는 반송에 관한 증명서**는 해당 물품의 수출·수입 또는 반송 신고의 **수리일부터 5년 내의 것에 관하여 발급**한다.

⑩ 관세무역데이터의 제공

관세청장은 다음 각 호의 어느 하나에 해당하는 자가 관세정책의 평가 및 연구 등에 활용하기 위하여 통계 작성에 사용된 기초자료와 관세청장이 생산·가공·분석한 데이터(이하 "관세무역데이터"라 한다)를 직접 분석하기를 원하는 경우 제116조 제1항 각 호 외의 부분 본문에도 불구하고 관세청 내에 설치된 대통령령으로 정하는 시설 내에서 관세무역데이터를 그 사용목적에 맞는 범위에서 제공할 수 있다. 이 경우 관세무역데이터는 개별 납세자의 과세정보를 직접적 또는 간접적 방법으로 확인할 수 없는 상태로 제공하여야 한다.

1. 국회의원
2. 「국회법」에 따른 국회사무총장·국회도서관장·국회예산정책처장·국회입법조사처장 및 「국회미래연구원법」에 따른 국회미래연구원장
3. 「정부조직법」제2조에 따른 중앙행정기관의 장
4. 「지방자치법」제2조에 따른 지방자치단체의 장
5. 「정부출연연구기관 등의 설립·운영 및 육성에 관한 법률」제2조에 따른 정부출연연구기관의 장 등 대통령령으로 정하는 자

| 관세법 시행령 |

영 제276조의3(관세무역데이터 제공시설 및 제공절차 등) ① 법 제322조 제10항 각 호 외의 부분 전단에서 "대통령령으로 정하는 시설"이란 다음 각 호의 요건을 모든 갖춘 시설로서 관세청장이 정하는 시설(이하 "관세무역데이터센터"라고 한다)을 말한다.
    1. 해당 시설 외부에서 내부통신망에 접근·침입하는 것을 방지하기 위한 정보보호시스템을 갖춘 시설일 것
    2. 관세정책의 평가·연구 등에 활용하기 위하여 통계 작성에 사용된 기초자료와 관세청장이 생산·가공·분석한 데이터(이하 "관세무역데이터"라 한다)를 분석할 수 있는 설비 등을 갖춘 시설일 것
② 법 제322조 제10항 제5호에서 "「정부출연연구기관 등의 설립·운영 및 육성에 관한 법률」 제2조에 따른 정부출연연구기관의 장 등 대통령령으로 정하는 자"란 다음 각 호의 어느 하나에 해당하는 자를 말한다.
    1. 「고등교육법」 제2조에 따른 학교의 장
    2. 「공공기관의 운영에 관한 법률」 제4조에 따른 공공기관의 장
    3. 「정부출연연구기관 등의 설립·운영 및 육성에 관한 법률」 제2조에 따른 정부출연연구기관의 장
    4. 제3호에 준하는 민간 연구기관의 장
    5. 관세정책의 평가 및 연구를 목적으로 관세무역데이터의 적정성 점검 등을 수행하는 기관의 장
③ 법 제322조 제10항 각 호의 어느 하나에 해당하는 자는 같은 항에 따라 관세무역데이터를 직접 분석하기를 원하는 경우에는 다음 각 호의 사항을 포함한 관세무역데이터센터 이용 요청서를 관세청장에게 제출해야 한다.
    1. 관세무역데이터의 이용 목적
    2. 관세무역데이터의 명칭 및 내용
    3. 관세무역데이터센터 이용 기간 및 이용자
④ 제3항에 따른 관세무역데이터센터 이용 요청서를 받은 관세청장은 그 요청서를 받은 날부터 30일 이내에 관세무역데이터센터의 이용 가능 여부 및 이용 기간을 통보해야 한다.
⑤ 관세청장은 다음 각 호의 어느 하나에 해당하는 경우에는 관세무역데이터의 제공을 거부할 수 있다. 이 경우 제4항에 따라 이용 가능 여부를 통보할 때에 거부 사유를 함께 통보해야 한다.
    1. 관세무역데이터센터 이용 요청자가 요청한 자료를 보유하고 있지 않은 경우
    2. 관세무역데이터의 이용 목적이 불분명하거나 이용 목적과 무관한 관세무역데이터의 제공을 요청하는 경우
    3. 「공공기관의 정보공개에 관한 법률」 제9조 각 호에 해당하는 비공개정보의 제공을 요청하는 경우
    4. 이미 공표된 통계를 요청하거나 공표된 통계로 이용 목적을 달성할 수 있는 경우
    5. 관세무역데이터센터 이용 요청 전에 법 제322조 제11항을 위반한 사실이 있는 경우
⑥ 제3항에 따른 관세무역데이터 이용 요청서의 서식 및 그 밖에 관세무역데이터센터 이용에 필요한 사항은 관세청장이 정하여 고시한다.

⑪ 비밀 유지

제1항에 따라 열람·교부된 통계(제2항에 따라 공표된 것은 제외한다), 제3항에 따라 열람·교부된 통계자료, 제4항에 따라 교부된 통계 및 제10항에 따라 제공된 관세무역데이터를 알게 된 자는 그 통계, 통계자료 및 관세무역데이터를 목적 외의 용도로 사용하여서는 아니 된다.

⑫ 제공 절차

세관사무에 관한 증명서, 제1항에 따른 통계, 제3항에 따른 통계자료, 제4항에 따른 통계의 열람 또는 교부 절차, 제5항에 따른 대행기관의 지정 및 지정 해제와 제10항에 따른 관세무역데이터의 제공 절차에 필요한 사항은 대통령령으로 정한다.

제322조의2(연구개발사업의 추진)

① 연구개발사업의 추진

관세청장은 관세행정에 필요한 연구·실험·조사·기술개발(이하 "연구개발사업"이라 한다) 및 전문인력 양성 등 소관 분야의 과학기술진흥을 위한 시책을 마련하여 추진할 수 있다.

② 연구개발사업을 위한 협약

제1항에 따른 연구개발사업은 단계별·분야별 연구개발과제를 선정하여 다음 각 호의 기관 또는 단체 등과 협약을 맺어 실시하게 할 수 있다.

> 1. 국가 또는 지방자치단체가 직접 설치하여 운영하는 연구기관
> 2. 「특정연구기관 육성법」 제2조에 따른 특정연구기관
> 3. 「과학기술분야 정부출연연구기관 등의 설립·운영 및 육성에 관한 법률」에 따라 설립된 과학기술분야 정부출연연구기관
> 4. 「고등교육법」에 따른 대학·산업대학·전문대학 및 기술대학
> 5. 「기업부설연구소등의 연구개발 지원에 관한 법률」 제7조 제1항에 따라 인정받은 기업부설연구소 또는 연구개발전담부서
> 6. 「민법」이나 다른 법률에 따라 설립된 법인으로서 관세행정 관련 연구를 하는 기관
> 7. 그 밖에 대통령령으로 정하는 관세행정 분야의 연구기관 또는 단체

③ 연구개발사업 실시를 위한 자금의 출연·보조

관세청장은 제2항에 따른 기관 또는 단체 등에 연구개발사업을 실시하는 데 필요한 자금의 전부 또는 일부를 출연하거나 보조할 수 있다.

④ 위임 규정

제3항에 따른 출연금 및 보조금의 지급·사용 및 관리 등에 관한 사항은 「국가연구개발혁신법」 제13조를 준용한다. 이 경우 「국가연구개발혁신법」 제13조 중 "연구개발비"는 "출연금 또는 보조금"으로, 같은 조 제1항 중 "정부" 및 같은 조 제2항·제6항·제7항 중 "중앙행정기관의 장"은 각각 "관세청장"으로 본다.

제323조(세관설비의 사용)

물품장치나 통관을 위한 세관설비를 사용하려는 자는 기획재정부령으로 정하는 사용료를 납부하여야 한다.

> **관세법 시행규칙**
>
> **규칙 제83조(세관설비사용료)** ① 법 제323조의 규정에 의하여 납부하여야 하는 세관설비사용료는 기본사용료 1만2천원에 다음 각 호의 구분에 의한 금액을 합한 금액으로 한다.
>   1. 토지: 분기마다 1제곱미터당 780원
>   2. 건물: 분기마다 1제곱미터당 1,560원
>
> ② 세관장은 토지의 상황 기타의 사정에 의하여 필요하다고 인정하는 때에는 관세청장의 승인을 얻어 제1항의 규정에 의한 세관설비사용료를 경감할 수 있다.
>
> ③ 제68조 제3항 내지 제5항의 규정은 제1항의 규정에 의한 세관설비사용료에 관하여 이를 준용한다.

제324조(포상)

① 포상대상

관세청장은 다음 각 호의 어느 하나에 해당하는 사람에게는 대통령령으로 정하는 바에 따라 포상할 수 있다.

> 1. 제269조부터 제271조까지, 제274조, 제275조의2 및 제275조의3에 해당되는 관세범을 세관이나 그 밖의 수사기관에 통보하거나 체포한 자로서 공로가 있는 사람
> 2. 제269조부터 제274조까지의 규정에 해당되는 범죄물품을 압수한 사람으로서 공로가 있는 사람
> 3. 이 법이나 다른 법률에 따라 세관장이 관세 및 내국세 등을 추가 징수하는 데에 공로가 있는 사람
> 4. 관세행정의 개선이나 발전에 특별히 공로가 있는 사람

｜｜ 관세법 시행령

영 제277조(포상방법) ① 법 제324조의 규정에 의한 포상은 관세청장이 정하는 바에 의하여 포상장 또는 포상금을 수여하거나 포상장과 포상금을 함께 수여할 수 있다.
② 관세청장이 제1항의 규정에 의하여 포상금의 수여기준을 정하는 경우 포상금의 수여대상자가 공무원인 때에는 공무원에게 수여하는 포상금총액을 그 공로에 의한 실제 국고수입액의 100분의 25 이내로 하여야 한다. 다만, 1인당 수여액을 100만원 이하로 하는 때에는 그러하지 아니하다.
③ 제1항의 경우에 법 제324조 제1항의 규정에 의한 공로자 중 관세범을 세관, 그 밖의 수사기관에 통보한 자와 법 제324조 제2항에 따라 체납자의 은닉재산을 신고한 자에 대하여는 관세청장이 정하는 바에 의하여 익명으로 포상할 수 있다.

② 포상금 지급

관세청장은 체납자의 은닉재산을 신고한 사람에게 대통령령으로 정하는 바에 따라 10억원의 범위에서 포상금을 지급할 수 있다. 다만, 은닉재산의 신고를 통하여 징수된 금액이 대통령령으로 정하는 금액 미만인 경우 또는 공무원이 그 직무와 관련하여 은닉재산을 신고한 경우에는 포상금을 지급하지 아니한다.

｜｜ 관세법 시행령

영 제277조(포상방법) ④ 법 제324조 제2항에 따라 체납자의 은닉재산을 신고한 자에 대해서는 은닉재산의 신고를 통하여 징수된 금액(이하 이 조에서 "징수금액"이라 한다)에 다음의 지급률을 곱하여 계산한 금액을 포상금으로 지급할 수 있다. 다만, 10억원을 초과하는 부분은 지급하지 아니한다.

징수금액	지급률
2천만원 이상 5억원 이하	100분의 20
5억원 초과 20억원 이하	1억원 + 5억원 초과 금액의 100분의 15
20억원 초과 30억원 이하	3억2천5백만원 + 20억원 초과 금액의 100분의 10
30억원 초과	4억2천5백만원 + 30억원 초과 금액의 100분의 5

⑤ 법 제324조 제2항 단서에서 "대통령령으로 정하는 금액"이란 2천만원을 말한다.

| 참고 | 은닉재산 신고에 대한 포상금 지급 |

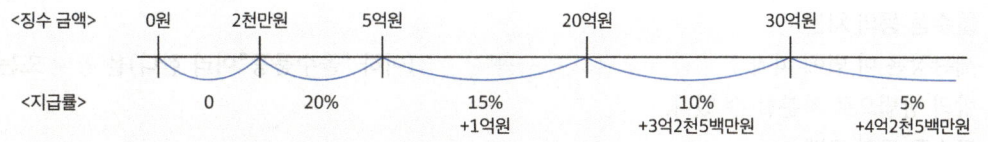

③ 은닉재산의 정의

제2항에서 "은닉재산"이란 체납자가 은닉한 현금·예금·주식이나 그 밖에 재산적 가치가 있는 유형·무형의 재산을 말한다. 다만, 다음 각 호의 어느 하나에 해당하는 재산은 제외한다.

1. 「국세징수법」제25조에 따른 사해행위 취소소송의 대상이 되어 있는 재산
2. 세관공무원이 은닉사실을 알고 조사를 시작하거나 강제징수절차를 진행하기 시작한 재산
3. 그 밖에 체납자의 은닉재산을 신고받을 필요가 없다고 인정되는 재산으로서 대통령령으로 정하는 것

관세법 시행령

영 제277조(포상방법) ⑥ 법 제324조 제3항 제3호에서 "대통령령으로 정하는 것"이란 체납자 본인의 명의로 등기된 국내소재 부동산을 말한다.
⑦ 은닉재산을 신고한 자에 대한 포상금은 재산은닉 체납자의 체납액에 해당하는 금액을 징수한 후 지급한다.

④ 은닉재산의 신고절차

제2항에 따른 은닉재산의 신고는 신고자의 성명과 주소를 적고 서명하거나 날인한 문서로 하여야 한다.

관세법 시행령

영 제278조(공로심사) ① 관세청장 또는 세관장은 법 제324조의 규정에 의한 공로자의 공로사실을 조사하여 포상할 필요가 있다고 인정되는 자에 대하여 포상할 수 있다.
② 관세청장 또는 세관장은 포상을 받을 만한 공로가 있는 자에게 공정하게 포상의 기회를 부여하여야 한다.
③ 제1항에 따른 포상에 필요한 공로의 기준·조사방법과 그 밖에 필요한 사항은 관세청장이 정한다. 다만, 동일한 공로에 대하여 이중으로 포상할 수 없다.

제325조(편의 제공)

이 법에 따라 물품의 운송·장치 또는 그 밖의 취급을 하는 자는 세관공무원의 직무집행에 대하여 편의를 제공하여야 한다.

제326조(몰수품 등의 처분)

① 몰수품 등의 처분
세관장은 이 법에 따라 몰수되거나 국고에 귀속된 물품(이하 "몰수품등"이라 한다)을 공매 또는 그 밖의 방법으로 처분할 수 있다.

② 몰수품 등의 공매
몰수품등의 공매에 관하여는 제210조를 준용한다. 다만, 관세청장이 정하는 물품은 경쟁입찰에 의하지 아니하고 수의계약이나 위탁판매의 방법으로 매각할 수 있다.

> **참고** 몰수품 등의 공매에 적용되는 규정
>
> 법 제210조(매각방법) 일반경쟁입찰·지명경쟁입찰·수의계약·경매 및 위탁판매의 방법

③ 관세청장의 지시
세관장은 관세청장이 정하는 기준에 해당하는 몰수품등을 처분하려면 관세청장의 지시를 받아야 한다.

④ 보관료 및 관리비 지급 (1)
세관장은 몰수품등에 대하여 대통령령으로 정하는 금액의 범위에서 몰수 또는 국고귀속 전에 발생한 보관료 및 관리비를 지급할 수 있다.

> **관세법 시행령**
>
> 영 제283조(몰수품 등에 대한 보관료 등의 지급기준) 법 제326조 제4항에서 "대통령령으로 정하는 금액"이란 통상적인 물품의 보관료 및 관리비를 고려하여 관세청장이 정하여 고시하는 금액을 말한다. 이 경우 해당 물품의 매각대금에서 보관료 및 관리비를 지급하는 경우에는 매각대금에서 매각비용을 공제한 금액을 초과하여 지급할 수 없다.

⑤ 보관료 및 관리비 지급 (2)
세관장은 몰수품등의 매각대금에서 매각에 든 비용과 제4항에 따른 보관료 및 관리비를 직접 지급할 수 있다.

⑥ 몰수농산물의 이관
세관장은 제1항에도 불구하고 몰수품등이 농산물인 경우로서 국내시장의 수급조절과 가격안정을 도모하기 위하여 농림축산식품부장관이 요청할 때에는 대통령령으로 정하는 바에 따라 몰수품등을 농림축산식품부장관에게 이관할 수 있다.

> **관세법 시행령**
>
> 영 제282조의2(몰수농산물의 이관 등) ① 세관장은 법 제326조 제1항의 규정에 의하여 공매 그 밖의 방법으로 처분할 수 있는 몰수품 등이 농산물(이하 "몰수농산물"이라 한다)인 경우에는 관세청장이 정하는 바에 따라 농림축산식품부장관에게 이를 통보하여야 한다.
> ② 제1항의 규정에 의한 통보를 받은 농림축산식품부장관이 법 제326조 제6항의 규정에 의하여 몰수농산물을 이관받고자 하는 경우에는 통보받은 날부터 20일 이내에 관세청장이 정하는 바에 따라 이관요청서를 세관장에게 제출하여야 한다.
> ③ 세관장은 농림축산식품부장관이 제2항의 규정에 의한 기한 내에 이관요청서를 제출하지 아니하는 경우에는 법 제326조 제1항의 규정에 의하여 처분할 수 있다.
> ④ 제2항의 규정에 의한 농림축산식품부장관의 요청에 따라 이관하는 몰수농산물에 대한 보관료 및 관리비는 관세청장이 정하는 바에 따라 농림축산식품부장관이 지급하여야 한다.

⑦ 관리 현황 보고 등

관세청장 또는 세관장은 제2항에 따른 위탁판매 물품에 대한 적정한 관리를 위하여 필요한 경우에는 수탁판매기관에게 물품의 판매 현황, 재고 현황 등 관리 현황을 관세청장 또는 세관장에게 보고하게 하거나 관련 장부 및 서류의 제출을 명할 수 있다. 이 경우 보고의 방법 및 절차 등 필요한 사항은 관세청장이 정한다.

> **관세법 시행령**
>
> **영 제284조(매각 및 폐기의 공고)** ① 제14조에 규정된 경우를 제외하고 법의 규정에 의하여 물품을 일반경쟁입찰에 의하여 매각하고자 하는 때에는 다음 사항을 공고하여야 한다.
> 1. 당해 물품의 품명·규격 및 수량
> 2. 포장의 종류 및 개수
> 3. 매각의 일시 및 장소
> 4. 매각사유
> 5. 기타 필요한 사항
> ② 법의 규정에 의하여 물품을 폐기하고자 하는 때에는 다음 각 호의 사항을 공고하여야 한다.
> 1. 당해 물품의 품명 및 수량
> 2. 포장의 종류·기호·번호 및 개수
> 3. 폐기의 일시 및 장소
> 4. 폐기사유
> 5. 화주의 주소 및 성명
> 6. 기타 필요한 사항
> ③ 제1항 및 제2항의 규정에 의하여 공고하는 때에는 소관세관관서의 게시판에 게시하여야 한다. 다만, 세관장은 필요하다고 인정되는 때에는 다른 장소에 게시하거나 관보 또는 신문에 게재할 수 있다.
>
> **영 제285조(교부잔금의 공탁)** 세관장은 법의 규정에 의하여 물품 또는 증권을 매각하거나 기타 방법으로 처분한 경우에 교부할 잔금을 교부할 수 없는 때에는 공탁할 수 있다.

제326조의2(사업에 관한 허가 등의 제한)

① 세관장의 요구 (1)

세관장은 납세자가 허가·인가·면허 및 등록 등(이하 이 조에서 "허가등"이라 한다)을 받은 사업과 관련된 관세 또는 내국세등을 체납한 경우 해당 사업의 주무관청에 그 납세자에 대하여 허가등의 갱신과 그 허가등의 근거 법률에 따른 신규 허가등을 하지 아니할 것을 요구할 수 있다. 다만, 재난, 질병 또는 사업의 현저한 손실, 그 밖에 대통령령으로 정하는 사유가 있는 경우에는 그러하지 아니하다.

> **관세법 시행령**
>
> **영 제283조의2(사업에 관한 허가 등의 제한의 예외)** ① 법 제326조의2 제1항 단서에서 "대통령령으로 정하는 사유"란 다음 각 호의 어느 하나에 해당하는 경우로서 세관장이 인정하는 사유를 말한다.
> 1. 공시송달의 방법으로 납부고지된 경우
> 2. 법 제10조에 따른 기한의 연장 사유에 해당하는 경우
> 3. 「국세징수법 시행령」 제101조 제1항 제2호 및 제4호에 해당하는 경우
> 4. 법 제19조 제10항에 따라 양도담보재산으로써 발생한 납세의무(이하 이 호에서 "물적납세의무"라 한다)를 부담하는 양도담보권자가 그 물적납세의무와 관련된 관세·내국세등 및 강제징수비를 체납한 경우
> 5. 제1호부터 제4호까지의 규정에 준하는 사유가 있는 경우

② 세관장의 요구 (2)
세관장은 허가등을 받아 사업을 경영하는 자가 해당 사업과 관련된 관세, 내국세등을 **3회 이상 체납하고 그 체납된 금액의 합계액이 500만원 이상인 경우** 해당 주무관청에 **사업의 정지 또는 허가등의 취소를 요구할 수 있다**. 다만, 재난, 질병 또는 사업의 현저한 손실, 그 밖에 대통령령으로 정하는 사유가 있는 경우에는 그러하지 아니하다.

│관세법 시행령│

영 제283조의2(사업에 관한 허가 등의 제한의 예외) ② 법 제326조의2 제2항 단서에서 "대통령령으로 정하는 사유"란 다음 각 호의 어느 하나에 해당하는 경우를 말한다.
　1. 제1항 각 호의 어느 하나에 해당하는 경우로서 세관장이 인정하는 경우
　2. 그 밖에 세관장이 납세자에게 납부가 곤란한 사정이 있다고 인정하는 경우

③ 체납횟수 등
제2항의 관세 또는 내국세등을 체납한 횟수와 체납된 금액의 합계액을 정하는 기준과 방법은 대통령령으로 정한다.

│관세법 시행령│

영 제283조의3(체납한 횟수 및 체납된 금액의 합계액의 계산) ① 법 제326조의2 제3항의 체납한 횟수는 납부고지서 1통을 1회로 보아 계산한다.
② 법 제326조의2 제3항의 체납된 금액의 합계액은 다음 각 호의 금액을 합한 금액으로 한다.
　1. 관세 및 내국세등
　2. 관세 및 내국세등의 가산세
　3. 관세 및 내국세등의 강제징수비

④ 세관장의 요구 철회
세관장은 제1항 또는 제2항의 요구를 한 후 해당 관세 또는 내국세등을 징수한 경우 즉시 그 요구를 철회하여야 한다.

⑤ 주무관청의 이행
해당 주무관청은 제1항 또는 제2항에 따른 세관장의 요구가 있는 경우 정당한 사유가 없으면 요구에 따라야 하며, 그 조치 결과를 즉시 관할 세관장에 알려야 한다.

제327조(국가관세종합정보시스템의 구축 및 운영)

① 국가관세종합정보시스템의 구축·운영
관세청장은 **전자통관의 편의를 증진**하고, **외국세관과의 세관정보 교환을 통하여 수출입의 원활화와 교역안전을 도모**하기 위하여 전산처리설비와 데이터베이스에 관한 국가관세종합정보시스템(이하 "관세정보시스템"이라 한다)을 **구축·운영**할 수 있다.

② 전자신고등
세관장은 관세청장이 정하는 바에 따라 관세정보시스템의 전산처리설비를 이용하여 이 법에 따른 신

고·신청·보고·납부 등과 법령에 따른 허가·승인 또는 그 밖의 조건을 갖출 필요가 있는 물품의 증명 및 확인신청 등(이하 "**전자신고등**"이라 한다)을 하게 할 수 있다.

> **관세법 시행규칙**
>
> **규칙 제77조의6(수출·수입 또는 반송의 신고)** ④ 법 제327조 제2항에 따른 전자신고의 작성에 필요한 구체적인 사항은 관세청장이 정하여 고시한다.

③ 전자송달

세관장은 관세청장이 정하는 바에 따라 관세정보시스템 또는 「정보통신망 이용촉진 및 정보보호 등에 관한 법률」 제2조 제1항 제1호에 따른 정보통신망으로서 이 법에 따른 송달을 위하여 관세정보시스템과 연계된 정보통신망(이하 "연계정보통신망"이라 한다)을 이용하여 전자신고등의 승인·허가·수리 등에 대한 교부·통지·통고 등(이하 "**전자송달**"이라 한다)을 할 수 있다.

④ 전자신고등의 서류제출

전자신고등을 할 때에는 관세청장이 정하는 바에 따라 관계 서류를 관세정보시스템의 전산처리설비를 이용하여 제출하게 하거나, 그 제출을 생략하게 하거나 간소한 방법으로 하게 할 수 있다.

⑤ 전자신고등과 전자송달의 효력 발생시기

제2항에 따라 이행된 전자신고등은 관세청장이 정하는 관세정보시스템의 전산처리설비에 저장된 때에 세관에 접수된 것으로 보고, 전자송달은 송달받을 자가 지정한 전자우편주소나 관세정보시스템의 전자사서함 또는 연계정보통신망의 전자고지함(연계정보통신망의 이용자가 접속하여 본인에게 송달된 고지내용을 확인할 수 있는 곳을 말한다)에 고지내용이 저장된 때에 그 송달을 받아야 할 자에게 도달된 것으로 본다.

⑥ 전자송달 신청주의

전자송달은 대통령령으로 정하는 바에 따라 송달을 받아야 할 자가 신청하는 경우에만 한다.

> **관세법 시행령**
>
> **영 제285조의2(전자송달)** ① 법 제327조 제6항에 따라 전자송달을 받으려는 자는 관세청장이 정하는 바에 따라 전자송달에 필요한 설비를 갖추고 다음 각 호의 사항을 기재한 신청서를 관할 세관장에게 제출해야 한다.
> 1. 성명·주민등록번호 등 인적사항
> 2. 주소·거소 또는 영업소의 소재지
> 3. 전자우편주소, 법 제327조 제1항에 따른 국가관세종합정보시스템의 전자사서함 또는 같은 조 제3항에 따른 연계정보통신망의 전자고지함 등 전자송달을 받을 곳
> 4. 제3항의 규정에 의한 서류 중 전자송달을 받고자 하는 서류의 종류
> 5. 그 밖의 필요한 사항으로서 관세청장이 정하는 것

⑦ 전자송달이 불가능한 경우

제6항에도 불구하고 관세정보시스템 또는 연계정보통신망의 전산처리설비의 장애로 전자송달이 불가능한 경우, 그 밖에 대통령령으로 정하는 사유가 있는 경우에는 교부·인편 또는 우편의 방법으로 송달할 수 있다.

관세법 시행령

영 제285조의2(전자송달) ② 법 제327조 제7항에서 "대통령령으로 정하는 사유"란 다음 각 호의 어느 하나에 해당하는 경우를 말한다.
1. 정전, 프로그램의 오류 그 밖의 부득이한 사유로 인하여 금융기관 또는 체신관서의 전산처리장치의 가동이 정지된 경우
2. 전자송달을 받으려는 자의 법 제327조 제1항에 따른 국가관세종합정보시스템 또는 같은 조 제3항에 따른 연계정보통신망 이용권한이 정지된 경우
3. 그 밖의 전자송달이 불가능한 경우로서 관세청장이 정하는 경우

참고 | 장애의 사유 비교

장애의 사유 (법 제8조 제4항, 영 제1조의4)	전자송달이 불가능한 사유 (법 제327조 제7항, 영 제285조의2 제2항)
국가관세종합정보시스템, 연계정보통신망 또는 전산처리설비가 다음의 장애로 가동이 정지되어 관세법에 따른 기한까지 관세법에 따른 신고, 신청, 승인, 허가, 수리, 교부, 통지, 통고, 납부 등을 할 수 없게 되는 경우에는 그 장애가 복구된 날의 다음 날을 기한으로 한다. ① 정전 ② 프로그램의 오류 ③ 한국은행(그 대리점을 포함한다) 또는 체신관서의 정보처리장치의 비정상적인 가동 ④ 그 밖에 관세청장이 정하는 사유	다음의 경우에는 교부·인편 또는 우편의 방법으로 송달할 수 있다. ① 관세정보시스템 또는 연계정보통신망의 전산처리설비의 장애로 전자송달이 불가능한 경우 ② 정전, 프로그램의 오류 그 밖의 부득이한 사유로 인하여 금융기관 또는 체신관서의 전산처리장치의 가동이 정지된 경우 ③ 전자송달을 받으려는 자의 관세정보시스템 또는 연계정보통신망 이용권한이 정지된 경우 ④ 그 밖의 전자송달이 불가능한 경우로서 관세청장이 정하는 경우

⑧ 위임 규정

제6항에 따라 전자송달할 수 있는 대상의 구체적 범위·송달방법 등에 관하여 필요한 사항은 대통령령으로 정한다.

관세법 시행령

영 제285조의2(전자송달) ③ 법 제327조 제8항에 따라 전자송달할 수 있는 서류는 납부서·납부고지서·환급통지서 및 그 밖에 관세청장이 정하는 서류로 한다.
④ 관세청장은 제3항에 따른 서류 중 납부서·납부고지서·환급통지서 및 관세청장이 따로 정하는 서류를 전자송달하는 경우에는 법 제327조 제1항에 따른 국가관세종합정보시스템의 전자사서함 또는 같은 조 제3항에 따른 연계정보통신망의 전자고지함에 저장하는 방식으로 이를 송달해야 한다.
⑤ 관세청장이 제4항의 규정에 의한 서류 외의 서류를 전자송달하는 경우에는 전자송달을 받고자 하는 자가 지정한 전자우편주소로 이를 송달하여야 한다.

제327조의2(한국관세정보원의 설립)

① 한국관세정보원의 설립
　정부는 관세정보시스템을 안정적으로 운영·관리하고, 관세정보시스템의 지능정보화를 촉진하여 통상환경을 개선함으로써 국민경제의 발전에 이바지하기 위하여 한국관세정보원(이하 "관세정보원"이라 한다)을 설립한다.

② 관세정보원의 성격 (1)
　관세정보원은 법인으로 한다.

③ 관세정보원의 설립등기
　관세정보원은 그 주된 사무소의 소재지에 설립등기를 함으로써 성립한다.

④ 관세정보원의 정관
　관세정보원의 정관에는 다음 각 호의 사항이 포함되어야 하며, 정관을 변경할 때에는 관세청장의 인가를 받아야 한다.

> 1. 명칭
> 2. 목적
> 3. 주된 사무소의 소재지
> 4. 이사회에 관한 사항
> 5. 임직원에 관한 사항
> 6. 조직에 관한 사항
> 7. 업무 및 그 집행에 관한 사항
> 8. 재산과 회계에 관한 사항
> 9. 공고에 관한 사항
> 10. 정관의 변경에 관한 사항
> 11. 내부 규정의 제정·개정·폐지에 관한 사항

⑤ 관세정보원의 사업 범위
　관세정보원은 다음 각 호의 사업을 한다.

> 1. 관세정보시스템의 운영 및 관리
> 2. 관세정보시스템 기술지원센터의 운영
> 3. 관세정보시스템의 지능정보화 촉진을 위한 기획·조사·컨설팅·연구·교육·홍보
> 4. 그 밖에 국가, 지방자치단체 또는 「공공기관의 운영에 관한 법률」에 따른 공공기관 등으로부터 위탁받은 사업

⑥ 관세정보원장의 임명
　관세정보원장은 정관으로 정하는 바에 따라 관세청장이 임명한다.

⑦ 관세정보원의 수익사업
　관세정보원은 관세청장의 승인을 받아 제5항에 따른 사업 외에 설립목적 달성에 필요한 경비를 조달하기 위하여 수익사업을 할 수 있다.

⑧ 정부 보조
　정부는 관세정보원의 시설, 운영 및 사업에 필요한 경비를 예산의 범위에서 출연하거나 보조할 수 있다.

⑨ 관세정보원의 성격 (2)
　관세정보원에 대하여 이 법과 「공공기관의 운영에 관한 법률」에서 규정한 것 외에는 「민법」 중 재단법인에 관한 규정을 준용한다.

⑩ 유사 명칭 사용 금지
　이 법에 따른 관세정보원이 아닌 자는 한국관세정보원 또는 이와 유사한 명칭을 사용하지 못한다.
⑪ 관세청장의 지도·감독
　관세청장은 관세정보원의 업무를 지도·감독한다.
⑫ 관세정보원에 대한 검사 및 자료제출 요구
　관세청장은 필요하면 소속 공무원에게 관세정보원의 업무·회계 및 재산에 관한 사항을 검사하게 하거나 관세정보원에 대하여 필요한 자료의 제출을 요구할 수 있다.
⑬ 관세정보원에 대한 시정 명령
　관세청장은 제12항에 따라 검사를 한 결과 위법하거나 부당한 사항이 있는 경우에는 관세정보원에 그 시정을 명하거나 그 밖에 필요한 조치를 할 수 있다.

제327조의3(전자문서중계사업자의 지정 등)

① 전자문서중계사업자의 지정
　「전기통신사업법」 제2조 제8호에 따른 전기통신사업자로서 전자신고등 및 전자송달을 중계하는 업무(이하 "전자문서중계업무"라 한다)를 수행하려는 자는 대통령령으로 정하는 기준과 절차에 따라 관세청장의 지정을 받아야 한다.

> **관세법 시행령**
>
> **영 제285조의4(전자문서중계사업자의 지정기준)** ① 법 제327조의3 제1항에 따른 전자문서중계사업자의 지정기준은 다음 각 호와 같다.
> 　1. 「상법」상 주식회사로서 납입자본금이 10억원 이상일 것
> 　2. 정부, 「공공기관의 운영에 관한 법률」 제4조에 따른 공공기관 및 비영리법인을 제외한 동일인이 의결권 있는 주식총수의 100분의 15를 초과하여 소유하거나 사실상 지배하지 아니할 것
> 　3. 법 제327조의3 제1항에 따른 전자문서중계사업을 영위하기 위한 설비와 기술인력을 보유할 것
> ② 제1항 제2호에서 동일인이 소유하거나 사실상 지배하는 주식의 범위는 기획재정부령으로 정한다.
>
> > **관세법 시행규칙**
> >
> > **규칙 제84조(동일인이 소유하거나 사실상 지배하는 주식의 범위)** ① 영 제285조의4 제2항에서 "동일인이 소유하거나 사실상 지배하는 주식의 범위"란 주주 1명 또는 그와 다음 각 호의 어느 하나에 해당하는 자가 자기 또는 타인의 명의로 소유하는 주식을 말한다.
> > 　1. 주주 1인의 배우자, 8촌 이내의 혈족 또는 4촌 이내의 인척(이하 "친족"이라 한다)
> > 　2. 주주 1인이 법인인 경우에 당해 법인이 100분의 30 이상을 출자 또는 출연하고 있는 법인과 당해 법인에 100분의 30 이상을 출자 또는 출연하고 있는 법인이나 개인
> > 　3. 주주 1인이 개인인 경우에 당해 개인 또는 그와 그 친족이 100분의 30 이상을 출자 또는 출연하고 있는 법인
> > 　4. 주주 1인 또는 그 친족이 최다수 주식소유자 또는 최다액 출자자로서 경영에 참여하고 있는 법인
> > 　5. 주주 1인과 그 친족이 이사 또는 업무집행사원의 과반수인 법인
> > ② 제1항의 규정은 외국인에게도 이를 준용한다.
>
> ③ 제1항 제3호의 규정에 의한 지정기준의 세부적인 사항은 기획재정부령으로 정한다.

> **관세법 시행규칙**
>
> **규칙 제85조(전자문서중계사업자 지정기준)** ① 영 제285조의4 제3항에 따른 지정기준은 다음과 같다.
> 1. 전자문서중계사업에 필요한 다음 각 목의 설비에 대한 정당한 사용권을 가질 것
>   가. 전자문서중계사업을 안정적으로 수행할 수 있는 충분한 속도 및 용량의 전산설비
>   나. 전자문서를 변환·처리·전송 및 보관할 수 있는 소프트웨어
>   다. 전자문서를 전달하고자 하는 자의 전산처리설비로부터 관세청의 전산처리설비까지 전자문서를 안전하게 전송할 수 있는 통신설비 및 통신망
>   라. 전자문서의 변환·처리·전송·보관, 데이터베이스의 안전한 운영과 보안을 위한 전산설비 및 소프트웨어
> 2. 전자문서중계사업에 필요한 다음 각 목의 기술인력을 보유할 것
>   가. 「국가기술자격법」에 의한 정보처리 또는 통신 분야의 기술사 이상의 자격이 있는 자 1인 이상
>   나. 전자문서중계사업을 위한 표준전자문서의 개발 또는 전자문서중계방식과 관련한 기술 분야의 근무경력이 2년 이상인 자 2인 이상
>   다. 전자문서와 데이터베이스의 보안관리를 위한 전문요원 1인 이상
>   라. 「관세사법」에 의한 관세사 자격이 있는 자 1인 이상
> ② 제1항 제1호 및 제2호 각 목의 세부적인 사항은 관세청장이 정하여 고시한다.

영 제285조의5(전자문서중계사업자의 지정절차) ① 법 제327조의3 제1항에 따른 전자문서중계사업자의 지정을 받고자 하는 자는 관세청장이 정하는 서류를 갖추어 관세청장에게 신청하여야 한다. 지정을 받은 전자문서중계사업자가 지정받은 사항을 변경하고자 할 때에도 또한 같다.
② 관세청장은 법 제327조의3 제1항에 따라 지정을 한 때에는 당해 신청인에게 지정증을 교부하고, 그 사실을 관계 행정기관의 장 및 관세업무 관련기관의 장에게 통지하여야 한다.

② 지정의 결격사유

다음 각 호의 어느 하나에 해당하는 자는 제1항에 따른 지정을 받을 수 없다.

> 1. 제175조 제2호부터 제5호까지의 어느 하나에 해당하는 자
> 2. 제3항에 따라 지정이 취소(제175조 제2호 또는 제3호에 해당하여 지정이 취소된 경우는 제외한다)된 날부터 2년이 지나지 아니한 자
> 3. 제1호 또는 제2호에 해당하는 자를 임원으로 하는 법인

③ 행정 제재

관세청장은 제1항에 따라 지정을 받은 자(이하 "전자문서중계사업자"라 한다)가 다음 각 호의 어느 하나에 해당하는 경우에는 그 지정을 취소하거나 1년 이내의 기간을 정하여 전자문서중계업무의 전부 또는 일부의 정지를 명할 수 있다. 다만, 제1호 및 제2호에 해당하는 경우에는 그 지정을 취소하여야 한다.

> 1. 제2항 각 호의 어느 하나에 해당한 경우. 다만, 제2항 제3호에 해당하는 경우로서 제175조 제2호 또는 제3호에 해당하는 사람을 임원으로 하는 법인이 3개월 이내에 해당 임원을 변경한 경우에는 그러하지 아니하다.
> 2. 거짓이나 그 밖의 부정한 방법으로 제1항에 따른 지정을 받은 경우
> 3. 제1항에 따른 기준을 충족하지 못하게 된 경우
> 4. 제7항에 따른 관세청장의 지도·감독을 위반한 경우
> 5. 제8항에 따른 관세청장의 시정명령을 그 정하여진 기간 이내에 이행하지 아니한 경우
> 6. 제327조의4 제3항을 위반하여 업무상 알게 된 전자문서상의 비밀과 관련 정보에 관한 비밀을 누설하거나 도용한 경우

> **관세법 시행규칙**
>
> **규칙 제85조의2(전자문서중계사업자의 지정취소 및 업무정지 기준)** 법 제327조의3 제3항에 따른 전자문서중계사업자의 지정취소 및 업무정지 처분의 세부기준은 별표 8과 같다.

④ 과징금 부과

관세청장은 제3항에 따른 업무정지가 그 이용자에게 심한 불편을 주거나 그 밖에 공익을 해칠 우려가 있는 경우에는 업무정지처분을 갈음하여 1억원 이하의 과징금을 부과할 수 있다. 이 경우 과징금을 부과하는 위반행위의 종류와 위반 정도 등에 따른 과징금의 금액 등에 관하여 필요한 사항은 대통령령으로 정한다.

> **관세법 시행령**
>
> **영 제285조의6(전자문서중계사업자에 대한 과징금의 부과기준 등)** ① 법 제327조의3 제4항에 따라 부과하는 과징금의 금액은 제1호의 기간에 제2호의 금액을 곱하여 산정한다. 이 경우 산정한 금액이 1억원을 넘을 때에는 1억원으로 한다.
> 1. 기간: 법 제327조의3 제3항에 따라 산정된 업무정지 일수(1개월은 30일을 기준으로 한다)
> 2. 1일당 과징금 금액: 30만원
>
> ② 관세청장은 전자문서중계사업자의 사업규모·위반행위의 정도 및 횟수 등을 참작하여 제1항의 규정에 의한 과징금의 금액의 4분의 1의 범위 안에서 이를 가중 또는 경감할 수 있다. 이 경우 가중하는 때에도 과징금의 총액이 1억원을 초과할 수 없다.
>
> **영 제285조의7(과징금의 납부)** ① 관세청장은 법 제327조의3 제4항에 따라 위반행위를 한 자에게 과징금을 부과하고자 할 때에는 그 위반행위의 종별과 해당 과징금의 금액을 명시하여 이를 납부할 것을 서면 또는 전자문서로 통지하여야 한다.
>
> ② 제1항에 따라 통지를 받은 자는 납부통지일부터 20일 이내에 과징금을 관세청장이 지정하는 수납기관에 납부해야 한다.
>
> ③ 제2항의 규정에 의하여 과징금의 납부를 받은 수납기관은 영수증을 납부자에게 서면으로 교부하거나 전자문서로 송부하여야 한다.
>
> ④ 과징금의 수납기관은 제2항의 규정에 의하여 과징금을 수납한 때에는 그 사실을 관세청장에게 서면 또는 전자문서로 지체 없이 통지하여야 한다.

⑤ 과징금 미납 시 조치

제4항에 따른 과징금을 납부하여야 할 자가 납부기한까지 이를 납부하지 아니한 경우에는 제26조를 준용한다.

> **참고** **과징금을 납부하지 않은 경우 적용되는 규정**
>
> **법 제26조(담보 등이 없는 경우의 관세징수)** 담보 제공이 없거나 징수한 금액이 부족한 관세의 징수에 관하여는 이 법에 규정된 것을 제외하고는 「국세기본법」과 「국세징수법」의 예에 따른다. 세관장은 관세의 강제징수를 할 때에는 재산의 압류, 보관, 운반 및 공매에 드는 비용에 상당하는 강제징수비를 징수할 수 있다.

> **참고** **규칙 제85조의2(전자문서중계사업자의 지정취소 및 업무정지 기준)**
>
> 법 제327조의3제3항에 따른 전자문서중계사업자의 지정취소 및 업무정지 처분의 세부기준은 별표 8과 같다.

⑥ 요금 부과

전자문서중계사업자는 전자문서중계업무를 제공받는 자에게 기획재정부령으로 정하는 바에 따라 수수료 등 필요한 요금을 부과할 수 있다.

> **관세법 시행규칙**
>
> **규칙 제86조(전자문서중계업무의 수수료 등)** 전자문서중계사업자는 법 제327조의3 제6항에 따라 수수료 등 필요한 요금을 부과하기 위하여 요금을 정하거나 변경하고자 하는 경우에는 그 금액과 산출기초를 기재한 서류를 첨부하여 관세청장에게 신고하여야 한다. 이 경우 관세청장은 수수료 등의 금액이 관세청장이 정하는 산출기준에 맞지 아니하거나 그 밖에 적정하지 아니하여 보완이 필요하다고 인정되는 경우에는 그 수리 전에 보완을 요구할 수 있다.

⑦ 전자문서중계사업자의 업무 보고

관세청장은 전자문서중계사업의 안정적인 운영을 위하여 전자문서중계사업자에게 사업실적 등 운영사업과 관련한 주요 내용을 매년 보고하도록 하거나 관련 장부 및 서류를 제출하도록 명할 수 있다. 이 경우 보고의 방법 및 절차 등 필요한 사항은 관세청장이 정한다.

⑧ 관세청장의 시정 명령

관세청장은 전자문서중계사업자의 업무 수행의 방법, 절차 등이 부적절하여 전자문서중계의 안정성을 저해하거나 저해할 우려가 있는 경우 6개월 이내의 기간을 정하여 그 시정을 명할 수 있다.

⑨ 지정취소 및 업무정지 처분의 세부기준

제3항에 따른 지정취소 및 업무정지 처분의 세부기준에 관한 사항은 기획재정부령으로 정한다.

> **참고 과징금의 비교**
>
> | 구분 | ① 특허보세구역 물품반입 등의 정지처분을 갈음하는 과징금
② 보세운송업자 등의 업무정지처분을 갈음하는 과징금 | 전자문서중계사업자의 업무정지처분을 갈음하는 과징금 |
> |---|---|---|
> | 부과 주체 | 세관장 | 관세청장 |
> | 과징금 계산 | 물품반입 등 정지일수(업무정지일수) ×
1일당 연간 매출액의 6천분의 1 | 업무정지일수 × 1일당 30만원 |
> | | 1개월은 30일로 계산 | |
> | 최고 금액 | 매출액의 3% | 1억원 |
> | 가중·경감 | 4분의 1의 범위에서 가중 또는 경감 가능 | |
> | 납부기한 | 납부통지일부터 20일 이내 | |
> | 과징금
미납 시 조치 | 과징금 미납부 시 법 제26조(담보 등이 없는 경우의 관세징수) 준용 | |
> | 서면,
전자문서 | ㉠ 과징금 납부 통지
㉡ 영수증 교부·송부
㉢ 수납사실 통지 | |

제327조의4(전자문서 등 관련 정보에 관한 보안)

① 위조·변조 금지 및 위조·변조 정보 행사 금지
누구든지 관세정보시스템 또는 전자문서중계사업자의 전산처리설비에 기록된 전자문서 등 관련 정보를 위조 또는 변조하거나 위조 또는 변조된 정보를 행사하여서는 아니 된다.

② 전자문서 등 정보훼손·비밀침해 금지
누구든지 관세정보시스템 또는 전자문서중계사업자의 전산처리설비에 기록된 전자문서 등 관련 정보를 훼손하거나 그 비밀을 침해하여서는 아니 된다.

③ 비밀누설·도용 금지
관세정보원 또는 전자문서중계사업자의 임직원이거나, 임직원이었던 자는 업무상 알게 된 전자문서상의 비밀과 관련 정보에 관한 비밀을 누설하거나 도용하여서는 아니 된다.

제327조의5(전자문서의 표준)

관세청장은 제240조의6에 따른 국가 간 세관정보의 원활한 상호 교환을 위하여 세계관세기구 등 국제기구에서 정하는 사항을 고려하여 전자신고등 및 전자송달에 관한 전자문서의 표준을 정할 수 있다.

> **참고** 세계관세기구(World Customs Organization)
>
> 1. 의의
>   관세절차의 단순화·합리화를 목적으로 하는 국제기구이다.
> 2. 규정
>   (1) 법 제240조의6(국가 간 세관정보의 상호 교환 등)
>   ① 관세청장은 물품의 신속한 통관과 이 법을 위반한 물품의 반입을 방지하기 위하여 세계관세기구에서 정하는 수출입 신고항목 및 화물식별번호를 발급하거나 사용하게 할 수 있다.
>   ② 관세청장은 세계관세기구에서 정하는 수출입 신고항목 및 화물식별번호 정보를 다른 국가와 상호 조건에 따라 교환할 수 있다.
>   (2) 영 제259조의2(수출입 안전관리기준 등)
>   ① 법 제255조의2 제1항에 따른 안전관리기준은 다음 각 호와 같다.
>   4. 그 밖에 세계관세기구에서 정한 수출입 안전관리에 관한 표준 등을 반영하여 관세청장이 정하는 기준을 갖출 것
>   (3) 법 제327조의5(전자문서의 표준)
>   관세청장은 제255조의3에 따른 국가 간 세관정보의 원활한 상호 교환을 위하여 세계관세기구 등 국제기구에서 정하는 사항을 고려하여 전자신고등 및 전자송달에 관한 전자문서의 표준을 정할 수 있다.

> **관세법 시행령**
>
> **영 제286조(「국가를 당사자로 하는 계약에 관한 법률」의 적용)** 법의 규정에 의한 물품 또는 증권의 매각에 관하여 이 영에 규정되지 아니한 사항은 「국가를 당사자로 하는 계약에 관한 법률」의 규정에 의한다.
>
> **영 제287조(서식의 제정)** 법 또는 이 영에 따른 신청서 및 그 밖의 서식으로서 기획재정부령으로 정하는 것을 제외하고는 관세청장이 정하여 고시한다.

제328조(청문)

세관장은 다음 각 호의 어느 하나에 해당하는 처분을 하려면 청문을 하여야 한다.

> 1. 제164조 제6항에 따른 자율관리보세구역 지정의 취소
> 2. 제165조 제5항에 따른 보세사 등록의 취소 및 업무정지
> 3. 제167조에 따른 지정보세구역 지정의 취소
> 4. 제172조 제6항에 따른 화물관리인 지정의 취소
> 5. 제178조 제1항 및 제2항에 따른 물품반입등의 정지 및 운영인 특허의 취소
> 6. 제204조 제1항에 따른 종합보세구역 지정의 취소
> 7. 제204조 제2항에 따른 종합보세기능의 수행 중지
> 7의2. 제204조 제3항에 따른 종합보세사업장의 폐쇄
> 8. 제224조 제1항에 따른 보세운송업자등의 등록 취소 및 업무정지
> 9. 제255조의5에 따른 수출입안전관리우수업체 공인의 취소
> 10. 제327조의3 제3항에 따른 전자문서중계사업자 지정의 취소 및 사업·업무의 전부 또는 일부의 정지

제329조(권한 또는 업무의 위임·위탁)

① 기획재정부장관 권한의 위임

이 법에 따른 기획재정부장관의 권한 중 다음 각 호의 권한은 대통령령으로 정하는 바에 따라 관세청장에게 위임할 수 있다.

> 1. 제56조 제2항에 따른 덤핑방지관세 재심사에 필요한 사항의 조사
> 2. 제62조 제2항에 따른 상계관세 재심사에 필요한 사항의 조사

② 관세청장·세관장 권한의 위임

이 법에 따른 관세청장이나 세관장의 권한은 대통령령으로 정하는 바에 그 권한의 일부를 세관장이나 그 밖의 소속 기관의 장에게 위임할 수 있다.

│관세법 시행령│

영 제288조(권한 또는 업무의 위임·위탁) ① 기획재정부장관은 법 제329조 제1항에 따라 다음 각 호의 사항에 관한 조사 권한을 관세청장에게 위임한다.
  1. 제70조 제11항 각 호의 사항
  2. 제84조 제11항 각 호의 사항
② 관세청장은 법 제329조 제2항에 따라 법 제324조에 따른 포상에 관한 권한 중 관세청장이 정하여 고시하는 권한을 세관장에게 위임한다.
③ 관세청장은 법 제329조 제2항에 따라 다음 각 호의 권한을 관세평가분류원장에게 위임한다.
  1. 법 제18조에 따른 과세환율의 결정
  2. 법 제30조에 따라 가산 또는 공제하는 금액의 결정
  3. 법 제33조 제1항 제1호 및 제2호에 따른 금액의 결정
  4. 법 제37조에 따른 과세가격 결정방법의 사전심사
  5. 법 제86조에 따른 품목분류사전심사
  6. 제246조 제6항에 따른 환율의 결정
④ 관세청장은 법 제329조 제2항에 따라 법 제255조의2 제2항 및 제3항에 따른 수출입안전관리우수업체의 심사 및 예비심사에 관한 권한을 세관장 또는 관세평가분류원장에게 위임한다.

③ 우편물 통관에 관한 권한의 위탁

세관장은 대통령령으로 정하는 바에 따라 제257조부터 제259조까지의 규정에 따른 권한을 체신관서의 장에게 위탁할 수 있다.

> **참고** 세관장이 체신관서의 장에게 위탁하는 권한
> 1. 법 제257조(우편물의 검사)
> 2. 법 제258조(우편물통관에 대한 결정)
> 3. 법 제259조(세관장의 통지)

④ 물품의 반출입 신고 접수 등의 권한 위탁

세관장은 대통령령으로 정하는 바에 따라 제157조, 제158조 제2항, 제159조 제2항, 제165조 제3항, 제209조, 제213조 제2항(보세운송신고의 접수만 해당한다)·제3항, 제215조, 제222조 제1항·제3항·제5항 및 제246조 제1항에 따른 업무를 다음 각 호의 자에게 위탁할 수 있다. 다만, 제222조 제1항·제3항·제5항에 따른 업무는 같은 조 제1항 제1호 및 제2호에 관한 사항으로 한정한다.

> 1. 통관질서의 유지와 수출입화물의 효율적인 관리를 위하여 설립된 비영리법인
> 2. 화물관리인
> 3. 운영인
> 4. 제222조에 따라 등록한 보세운송업자

> **관세법 시행령**
>
> **영 제288조(권한 또는 업무의 위임·위탁)** ⑤ 세관장은 법 제329조 제4항에 따라 법 제209조 제1항에 따른 통고(자가용 보세구역에서의 통고를 제외한다) 업무를 보세구역의 운영인 또는 화물관리인에게 위탁한다.
> ⑥ 세관장은 법 제329조 제4항에 따라 법 제215조에 따른 보세운송의 도착보고의 수리에 관한 업무를 보세구역의 운영인 또는 화물관리인에게 위탁한다.
> ⑦ 세관장은 법 제329조 제4항에 따라 법 제165조 제3항에 따른 보세사의 등록과 법 제222조 제1항 제1호 및 제2호에 따른 보세운송업자 및 화물운송주선업자에 대한 다음 각 호의 업무를 「민법」 제32조에 따라 설립된 사단법인 중 관세청장이 지정하여 고시하는 법인의 장에게 위탁한다.
> 1. 법 제222조 제1항에 따른 등록에 관한 업무
> 2. 법 제222조 제3항에 따른 영업에 관한 보고의 수리 및 서류제출의 접수에 관한 업무
> 3. 법 제222조 제5항에 따른 등록 유효기간의 갱신 및 연장에 관한 업무

⑤ 그 밖의 업무의 위탁

이 법에 따른 관세청장 또는 세관장의 업무 중 다음 각 호의 업무는 대통령령으로 정하는 바에 따라 대통령령으로 정하는 단체에 위탁할 수 있다.

> 1. 제165조 제1항에 따른 보세사 시험 업무
>
> **관세법 시행령**
>
> **영 제288조(권한 또는 업무의 위임·위탁)** ⑧ 관세청장은 법 제329조 제5항 제1호에 따라 법 제165조 제1항에 따른 보세사 시험 업무를 「민법」 제32조에 따라 설립된 사단법인 중 관세청장이 지정하여 고시하는 법인의 장에게 위탁한다
> 2. 제173조 제3항 단서에 따른 물품 검사비용 지원 업무 중 신청서 접수, 지원 요건 및 금액에 관한 심사

> **관세법 시행령**
>
> **영 제288조(권한 또는 업무의 위임·위탁)** ⑨ 관세청장 또는 세관장은 법 제329조 제5항 제2호에 따라 법 제173조 제3항 단서에 따른 물품 검사비용 지원업무의 일부(신청서 접수, 지원요건 및 금액에 관한 심사에 한정한다)를 세관 검사비용 지급 업무에 전문성이 있다고 인정되어 관세청장이 지정·고시하는 법인 또는 단체에 위탁할 수 있다.

3. 제235조 제2항에 따른 지식재산권의 신고 업무 중 신고서 접수 및 보완 요구

> **관세법 시행령**
>
> **영 제288조(권한 또는 업무의 위임·위탁)** ⑩ 관세청장은 법 제329조 제5항 제3호에 따라 법 제235조 제2항에 따른 지식재산권 등의 신고에 관한 업무(신고서의 접수 및 보완요구만 해당한다)를 「민법」 제32조에 따라 설립된 사단법인 중 지식재산권 등 보호업무에 전문성이 있다고 인정되어 관세청장이 지정·고시하는 법인에 위탁한다.

4. 제255조의2 제2항에 따른 수출입안전관리우수업체 공인 심사 지원 및 같은 조 제3항에 따른 예비심사 지원

> **관세법 시행령**
>
> **영 제288조(권한 또는 업무의 위임·위탁)** ⑪ 관세청장은 법 제329조 제5항 제4호에 따라 법 제255조의2 제2항에 따른 수출입안전관리우수업체 공인 심사 지원 및 같은 조 제3항에 따른 예비심사 지원 업무를 「민법」 제32조에 따라 설립된 사단법인 중 수출입 안전관리 심사 업무에 전문성이 있다고 인정되어 관세청장이 지정·고시하는 법인에 위탁할 수 있다.

5. 제265조에 따른 물품 또는 운송수단 등에 대한 검사 등에 관한 업무 중 국제항을 출입하는 자가 휴대하는 물품 및 국제항을 출입하는 자가 사용하는 운송수단에 대한 검사

> **관세법 시행령**
>
> **영 제288조(권한 또는 업무의 위임·위탁)** ⑫ 관세청장 또는 세관장은 법 제329조 제5항 제5호에 따라 제155조 제1항에 따른 국제항(보세구역을 포함한다)으로부터 나오는 사람의 휴대품 및 운송수단에 대한 검사 업무를 관세청장이 정하는 기준에 따라 검사 업무에 전문성이 있다고 인정되어 관세청장이 지정·고시하는 법인 또는 단체에 위탁할 수 있다.
> ⑬ 관세청장 또는 세관장이 제9항, 제11항 및 제12항에 따라 업무를 위탁하는 경우에는 위탁받은 법인 또는 단체와 위탁 업무의 내용을 고시해야 한다.
> ⑭ 제5항부터 제12항까지의 규정에 따라 업무의 위탁을 받은 자에 대한 지휘·감독에 관한 사항은 관세청장이 정한다.

참고 사후관리의 위탁(법 제108조)

이 법이나 그 밖의 법률·조약·협정 등에 따라 용도세율을 적용(제83조 제1항 단서에 해당하는 경우는 제외한다)받거나 관세의 감면 또는 분할납부를 승인받은 자는 해당 조건의 이행 여부를 확인(이하 이 조에서 "사후관리"라 한다)하는 데에 필요한 서류를 세관장에게 제출하여야 한다. 관세청장은 사후관리를 위하여 필요할 때에는 대통령령으로 정하는 바에 따라 해당 물품의 사후관리에 관한 사항을 주무부장관에게 위탁할 수 있다.

제330조(벌칙 적용에서 공무원 의제)

다음 각 호에 해당하는 사람은 「형법」 제127조 및 제129조부터 제132조까지의 규정을 적용할 때에는 공무원으로 본다.

1. 제208조 제4항에 따라 대행 업무에 종사하는 사람
2. 제233조의2 제1항에 따른 한국원산지정보원의 업무에 종사하는 사람
3. 삭제
4. 제322조 제5항에 따라 대행 업무(제116조 제5항에 따라 과세정보를 제공하는 경우를 포함한다)에 종사하는 사람
5. 제327조의2 제1항에 따른 관세정보원의 임직원
6. 제327조의3 제3항에 따른 전자문서중계사업자
7. 제329조 제3항부터 제5항까지의 규정에 따라 위탁받은 업무에 종사하는 사람
8. 다음 각 목의 위원회의 위원 중 공무원이 아닌 사람
    가. 제45조 제1항에 따른 관세체납정리위원회
    나. 제85조 제2항에 따른 관세품목분류위원회
    다. 제116조의2 제2항에 따른 관세정보위원회
    라. 제118조의4 제1항에 따른 납세자보호위원회
    마. 삭제
    바. 제165조의5에 따른 보세사징계위원회
    사. 제176조의3 제1항에 따른 보세판매장 특허심사위원회
    아. 제176조의4에 따른 보세판매장 제도운영위원회
    자. 삭제
    차. 제284조의2에 따른 관세범칙조사심의위원회

> **참고** 「형법」을 적용할 때 공무원으로 보는 경우
>
> 1. 「형법」 제127조(공무상 비밀의 누설)
>   공무원 또는 공무원이었던 자가 법령에 의한 직무상 비밀을 누설한 때에는 2년 이하의 징역이나 금고 또는 5년 이하의 자격정지에 처한다.
> 2. 「형법」 제129조(수뢰, 사전수뢰)
>   ① 공무원 또는 중재인이 그 직무에 관하여 뇌물을 수수, 요구 또는 약속한 때에는 5년 이하의 징역 또는 10년 이하의 자격정지에 처한다.
>   ② 공무원 또는 중재인이 될 자가 그 담당할 직무에 관하여 청탁을 받고 뇌물을 수수, 요구 또는 약속한 후 공무원 또는 중재인이 된 때에는 3년 이하의 징역 또는 7년 이하의 자격정지에 처한다.
> 3. 「형법」 제130조(제삼자뇌물제공) 공무원 또는 중재인이 그 직무에 관하여 부정한 청탁을 받고 제3자에게 뇌물을 공여하게 하거나 공여를 요구 또는 약속한 때에는 5년 이하의 징역 또는 10년 이하의 자격정지에 처한다.
> 4. 「형법」 제131조(수뢰후부정처사, 사후수뢰)
>   ① 공무원 또는 중재인이 전2조의 죄를 범하여 부정한 행위를 한 때에는 1년 이상의 유기징역에 처한다.
>   ② 공무원 또는 중재인이 그 직무상 부정한 행위를 한 후 뇌물을 수수, 요구 또는 약속하거나 제삼자에게 이를 공여하게 하거나 공여를 요구 또는 약속한 때에도 전항의 형과 같다.
>   ③ 공무원 또는 중재인이었던 자가 그 재직 중에 청탁을 받고 직무상 부정한 행위를 한 후 뇌물을 수수, 요구 또는 약속한 때에는 5년 이하의 징역 또는 10년 이하의 자격정지에 처한다.
> 5. 「형법」 제132조(알선수뢰)
>   공무원이 그 지위를 이용하여 다른 공무원의 직무에 속한 사항의 알선에 관하여 뇌물을 수수, 요구 또는 약속한 때에는 3년 이하의 징역 또는 7년 이하의 자격정지에 처한다.

관세법 시행령

영 제289조(민감정보 및 고유식별정보의 처리) ① 관세청장, 세관장 또는 세관공무원은 법 및 이 영에 따른 관세의 부과·징수 및 수출입물품의 통관에 관한 사무를 처리하기 위하여 불가피한 경우 「개인정보 보호법 시행령」 제18조 제2호에 따른 범죄경력자료에 해당하는 정보나 같은 영 제19조 제1호·제2호 또는 제4호에 따른 주민등록번호, 여권번호 또는 외국인등록번호가 포함된 자료를 처리할 수 있다.
② 과세자료제출기관의 장은 법 제264조의4 및 제264조의5에 따라 과세자료를 제출하기 위하여 불가피한 경우 「개인정보 보호법 시행령」 제19조 제1호·제2호 또는 제4호에 따른 주민등록번호, 여권번호 또는 외국인등록번호가 포함된 자료를 처리할 수 있다.

영 제290조(규제의 재검토) 기획재정부장관은 보세판매장의 설치·운영에 관한 특허와 관련하여 「독점규제 및 공정거래에 관한 법률」 제31조 제1항에 따른 상호출자제한기업집단에 속한 기업과 특허보세구역 특례 적용 대상 중소기업 및 특허보세구역 특례 적용 대상 중견기업에 적용할 특허 비율을 정한 제192조의2 제1항 및 제2항에 대하여 2013년 10월 31일을 기준으로 하여 3년마다 그 타당성을 검토하여 강화·완화 또는 유지 등의 조치를 하여야 한다.

참고 | 관세법상 위원회

* 위원 수에 위원장이 포함됨

위원회 명칭	설치 목적	설치 위치	위원장	위원 수	민간위원 임기	의결방식
관세체납정리 위원회 (법 제45조)	체납정리에 관한 사항 심의	세관	세관장	5~7명*	2년 (한 번 연임)	과반수 출석, 과반수 찬성
관세품목분류 위원회 (법 제85조)	품목분류 적용기준의 신설·변경, 품목분류의 사전심사 및 재심사, 품목분류의 변경 및 재심사, 그 밖에 품목분류에 관하여 관세청장이 분류위원회에 부치는 사항	관세청	관세청의 3급 공무원 또는 고위공무원단에 속하는 일반직공무원으로서 관세청장이 지정하는 자	30~40명	〃	〃
관세정보위원회 (법 제116조의2)	체납자의 인적사항, 체납액 등에 대한 공개 여부 심의·재심의	관세청	관세청차장	4명 (공무원), 6명 (민간)	〃	〃
납세자보호 위원회 (법 제118조의4)	납세자 권리보호에 관한 사항 심의(분과 위원회: 관세심사위원회)	세관, 관세청	세관납세자보호위원회(공무원 아닌 사람 중 세관장 추천을 받아 관세청장이 위촉하는 사람), 관세청납세자보호위원회 (공무원 아닌 사람 중 기획재정부장관 추천을 받아 관세청장이 위촉하는 사람)	•본부 세관: 160명* 이내 •관세청: 45명* 이내	〃	〃
보세사징계 위원회 (법 제165조의5)	보세사의 징계에 관한 사항 심의	세관	세관장 또는 해당 세관 소속 4급 이상 공무원으로서 세관장이 지명하는 사람	5~10명*	〃	3분의 2 이상 출석, 과반수 찬성
보세판매장 특허심사위원회 (법 제176조의3)	보세판매장 특허신청자의 평가 및 선정, 특허 갱신의 심사, 그 밖에 보세판매장 운영에 관한 중요 사항	관세청	위원 중에서 호선	100명* (성별 고려)	1년 (한 차례 연임)	과반수 출석, 과반수 찬성 / 평가분야별 점수 합산
보세판매장 제도운영위원회 (법 제176조의4)	보세판매장의 특허 수 등 보세판매장제도의 중요 사항을 심의, 시내보세판매장의 신규 특허 수 결정	기획재정부	기획재정부차관 중 기획재정부장관이 지명하는 사람	17~20명*	2년 (한 번 연임)	과반수 출석, 과반수 찬성
무역원활화 위원회 (영 제245조의2)	통관 등 수출입 절차의 원활화 및 이와 관련된 국제협력의 원활화의 촉진에 관한 사항 심의	기획재정부장관 소속	기획재정부차관	20명*	〃	〃
수출입안전관리우수업체 심의위원회 (영 제259조의7)	수출입안전관리우수업체의 공인 및 갱신, 수출입안전관리우수업체의 공인 취소, 그 밖에 관세청장이 위원회에 부치는 사항	관세청	관세청 차장	20~30명*	2년	〃
관세범칙조사 심의위원회 (법 제284조의2)	범칙사건 조사의 시작 여부, 고발, 송치, 통고처분, 종결 등에 관한 사항 심의	관세청, 대통령령으로 정하는 세관	관세청의 3~5급 공무원 중 관세청장이 지정하는 사람	20명*	2년 (한 번 연임)	〃

관세사 2차
올뉴 이명호
관 세 법

관세사 2차
**올뉴 이명호
관 세 법**

PART 03

환급특례법

CHAPTER 01 수출용 원재료에 대한 관세 등 환급에 관한 특례법(약칭 : 관세환급특례법)

제1조(목적)

이 법은 수출용 원재료(原材料)에 대한 관세, 임시수입부가세(臨時輸入附加稅), 개별소비세, 주세(酒稅), 교통·에너지·환경세, 농어촌특별세 및 교육세의 환급을 적정하게 함으로써 능률적인 수출 지원과 균형 있는 산업발전에 이바지하기 위하여 「관세법」, 「임시수입부가세법」, 「개별소비세법」, 「주세법」, 「교통·에너지·환경세법」, 「농어촌특별세법」, 「교육세법」, 「국세기본법」 및 「국세징수법」에 대한 특례를 규정함을 목적으로 한다.

> **시행령**
> 영 제1조(목적) 이 영은 「수출용 원재료에 대한 관세 등 환급에 관한 특례법」에서 위임된 사항과 그 시행에 필요한 사항을 규정함을 목적으로 한다.

> **시행규칙**
> 규칙 제1조(목적) 이 규칙은 「수출용 원재료에 대한 관세 등 환급에 관한 특례법」과 같은 법 시행령에서 위임된 사항 및 그 시행에 필요한 사항을 규정함을 목적으로 한다.

제2조(정의)

이 법에서 사용하는 용어의 뜻은 다음과 같다.

1. 관세등	관세, 임시수입부가세, 개별소비세, 주세, 교통·에너지·환경세, 농어촌특별세 및 교육세를 말한다.
2. 수출등	「관세법」, 「임시수입부가세법」, 「개별소비세법」, 「주세법」, 「교통·에너지·환경세법」, 「농어촌특별세법」 및 「교육세법」(이하 "「관세법」 등"이라 한다)의 규정에도 불구하고 제4조 각 호의 어느 하나에 해당하는 것을 말한다.
3. 수출물품	수출등의 용도에 제공되는 물품을 말한다.
4. 소요량	수출물품을 생산(수출물품을 가공·조립·수리·재생 또는 개조하는 것을 포함한다. 이하 같다)하는 데에 드는 원재료의 양으로서 생산과정에서 정상적으로 발생되는 손모량(損耗量)을 포함한 것을 말한다.
5. 환급	제3조에 따른 수출용원재료를 수입하는 때에 납부하였거나 납부할 관세 등을 「관세법」 등의 규정에도 불구하고 이 법에 따라 수출자나 수출물품의 생산자에게 되돌려 주는 것을 말한다.
6. 정산	제6조 제1항에 따라 제3조에 따른 수출용원재료에 대하여 일정 기간별로 일괄납부(一括納付)할 관세등과 제16조 제3항에 따라 지급이 보류된 환급금을 상계(相計)하는 것을 말한다.

제3조(환급대상 원재료)

① 수출용원재료

관세등을 환급받을 수 있는 원재료(이하 "수출용원재료"라 한다)는 다음 각 호의 어느 하나에 해당하는 것으로 한다.

> 1. 수출물품을 생산한 경우: 다음 각 목의 어느 하나에 해당하는 것으로서 소요량을 객관적으로 계산할 수 있는 것
>   가. 해당 수출물품에 물리적 또는 화학적으로 결합되는 물품
>   나. 해당 수출물품을 생산하는 공정에 투입되어 소모되는 물품. 다만, 수출물품 생산용 기계·기구 등의 작동 및 유지를 위한 물품 등 수출물품의 생산에 간접적으로 투입되어 소모되는 물품은 제외한다.
>   다. 해당 수출물품의 포장용품
> 2. 수입한 상태 그대로 수출한 경우: 해당 수출물품

② 수출용원재료로 보는 원재료

국내에서 생산된 원재료와 수입된 원재료가 동일한 질(質)과 특성을 갖고 있어 상호 대체 사용이 가능하여 수출물품의 생산과정에서 이를 구분하지 아니하고 사용되는 경우에는 수출용원재료가 사용된 것으로 본다.

제4조(환급대상 수출등)

수출용원재료에 대한 관세등을 환급받을 수 있는 수출등은 다음 각 호의 어느 하나에 해당하는 것으로 한다.

1. 「관세법」에 따라 수출신고가 수리(受理)된 수출. 다만, 무상으로 수출하는 것에 대하여는 기획재정부령으로 정하는 수출로 한정한다.

   시행규칙

   규칙 제2조(환급대상 수출등) ① 「수출용 원재료에 대한 관세 등 환급에 관한 특례법」(이하 "법"이라 한다) 제4조 제1호 단서에서 "기획재정부령으로 정하는 수출"이란 다음 각 호의 수출을 말한다.
   1. 외국에서 개최되는 박람회·전시회·견본시장·영화제 등에 출품하기 위하여 무상으로 반출하는 물품의 수출. 다만, 외국에서 외화를 받고 판매된 경우에 한한다.
   2. 해외에서 투자·건설·용역·산업설비수출 기타 이에 준하는 사업에 종사하고 있는 우리나라의 국민(법인을 포함한다)에게 무상으로 송부하기 위하여 반출하는 기계·시설자재 및 근로자용 생활필수품 기타 그 사업과 관련하여 사용하는 물품으로서 주무부장관 또는 주무부장관이 지정한 기관의 장이 확인한 물품의 수출
   3. 수출된 물품이 계약조건과 서로 달라서 반품된 물품에 대체하기 위한 물품의 수출
   4. 해외구매자와의 수출계약을 위하여 무상으로 송부하는 견본용 물품의 수출
   5. 외국으로부터 가공임 또는 수리비를 받고 국내에서 가공 또는 수리를 할 목적으로 수입된 원재료로 가공하거나 수리한 물품의 수출 또는 당해 원재료 중 가공하거나 수리하는데 사용되지 아니한 물품의 반환을 위한 수출
   5의2. 외국에서 위탁가공할 목적으로 반출하는 물품의 수출
   6. 위탁판매를 위하여 무상으로 반출하는 물품의 수출(외국에서 외화를 받고 판매된 경우에 한한다)

2. 우리나라 안에서 외화를 획득하는 판매 또는 공사 중 기획재정부령으로 정하는 것

   시행규칙

   규칙 제2조(환급대상 수출등) ② 법 제4조 제2호에서 "기획재정부령이 정하는 것"이란 외화를 획득하는 판매 또는 공사로서 다음 각 호의 어느 하나에 해당하는 것을 말한다.
   1. 우리나라 안에 주류하는 미합중국군대(이하 "주한미군"이라 한다)에 대한 물품의 판매
   2. 주한미군 또는 「관세법」 제88조 제1항 제1호 및 제3호의 규정에 의한 기관이 시행하는 공사
   3. 「관세법」 제88조와 「대한민국과 아메리카합중국 간의 상호방위조약 제4조에 의한 시설과 구역 및 대한민국에서의 합중국군대의 지위에 관한 협정」에 의하여 수입하는 승용자동차에 대하여 관세등의 면제를 받을 수 있는 자에 대한 국산승용자동차의 판매. 다만, 주무부장관의 면세추천서를 제출하는 경우에 한한다.
   4. 「외국인투자촉진법」 제5조 내지 제8조의 규정에 의하여 외국인 투자 또는 출자의 신고를 한 자에 대한 자본재(우리나라에서 생산된 것에 한한다)의 판매. 다만, 당해 자본재가 수입되는 경우 「조세특례제한법」 제121조의3의 규정에 의하여 관세가 면제되는 경우에 한한다.
   5. 국제금융기구로부터 제공되는 차관자금에 의한 국제경쟁입찰에서 낙찰(낙찰받은 자로부터 도급을 받는 경우를 포함한다)된 물품(우리나라에서 생산된 것에 한한다)의 판매. 다만, 당해 물품이 수입되는 경우 「관세법」에 의하여 관세가 감면되는 경우에 한한다.

3. 「관세법」에 따른 보세구역 중 기획재정부령으로 정하는 구역 또는 「자유무역지역의 지정 및 운영에 관한 법률」에 따른 자유무역지역의 입주기업체에 대한 공급

> **시행규칙**
>
> **규칙 제2조(환급대상 수출등)** ③ 법 제4조 제3호에서 "기획재정부령으로 정하는 구역"이란 다음 각 호의 어느 하나에 해당하는 구역을 말한다.
> 1. 「관세법」 제183조의 규정에 의한 보세창고. 다만, 수출한 물품에 대한 수리·보수 또는 해외조립생산을 위하여 부품등을 반입하는 경우에 한한다.
> 2. 「관세법」 제185조의 규정에 의한 보세공장. 다만, 수출용원재료로 사용될 목적으로 공급되는 경우에 한한다.
> 3. 「관세법」 제196조의 규정에 의한 보세판매장
> 4. 「관세법」 제197조의 규정에 의한 종합보세구역(수출용원재료로 공급하거나 수출한 물품에 대한 수리·보수 또는 해외조립생산을 위하여 부품 등을 반입하는 경우 또는 보세구역에서 판매하기 위하여 반입하는 경우에 한한다)

4. 그 밖에 수출로 인정되어 기획재정부령으로 정하는 것

> **시행규칙**
>
> **규칙 제2조(환급대상 수출등)** ④ 법 제4조 제4호에서 "기획재정부령으로 정하는 것"이란 다음 각 호의 어느 하나에 해당하는 수출을 말한다.
> 1. 우리나라와 외국간을 왕래하는 선박 또는 항공기에 선용품 또는 기용품으로 사용되는 물품의 공급
> 2. 「원양산업 발전법」 제6조 제1항, 제17조 제1항 및 제3항에 따라 해양수산부장관의 허가·승인 또는 지정을 받은 자가 그 원양어선에 무상으로 송부하기 위하여 반출하는 물품으로서 해양수산부장관 또는 해양수산부장관이 지정한 기관의 장이 확인한 물품의 수출

> **시행규칙**
>
> **규칙 제3조(수출등의 사실확인)** 법 제4조 제1호 단서 및 동조 제2호부터 제4호까지의 규정에 따른 수출등에 제공된 물품에 대하여 관세등의 환급을 받으려는 자는 관세청장이 정하는 바에 따라 물품을 공급할 때 또는 환급을 신청할 때 세관장으로부터 수출등의 사실을 확인받아야 한다.

제5조(수출용원재료에 대한 관세등의 징수)

① 관세등의 징수
세관장은 수입하는 수출용원재료에 대하여는 「관세법」 등의 규정에도 불구하고 수입하는 때에 해당 관세등을 징수한다.

③ 내국신용장 등에 의한 거래
수출용원재료가 내국신용장(內國信用狀)이나 그 밖에 기획재정부령으로 정하는 이와 유사한 서류(이하 "내국신용장등"이라 한다)에 의하여 거래되는 것으로서 관세청장이 제6조 제1항에 따른 관세등의 일괄납부 및 제7조에 따른 정산이 가능하다고 인정하는 경우에는 「관세법」 등의 규정에도 불구하고 내국신용장등에 의하여 수출용원재료를 공급하는 것을 수출로, 공급받는 것을 수입으로 볼 수 있다.

> **시행규칙**
> **규칙 제5조(내국신용장등)** 법 제5조 제3항에서 "기획재정부령이 정하는 이와 유사한 서류"란 다음 각 호의 어느 하나에 해당하는 서류를 말한다.
> 1. 외국환은행의 장 또는 「전자무역 촉진에 관한 법률」 제6조 제2항에 따른 전자무역기반사업자가 내국신용장에 준하여 발급하는 구매확인서
> 2. 관세청장이 인정하는 매매계약서 기타 이와 유사한 서류

제6조(관세등의 일괄납부 등)

① 관세등의 일괄납부

세관장은 「관세법」 등의 규정에도 불구하고 수출용원재료를 수입하는 자가 대통령령으로 정하는 바에 따라 신청하는 경우에는 그 원재료에 대한 관세등을 6개월의 범위에서 대통령령으로 정하는 일정기간(이하 "일괄납부기간"이라 한다)별로 일괄납부할 수 있는 자(이하 "관세등의 일괄납부업체"라 한다)로 지정하여 일괄납부하게 할 수 있다. 이 경우 세관장은 관세등의 일괄납부업체로 지정을 받으려는 자가 다음 각 호의 어느 하나에 해당하는 경우에는 대통령령으로 정하는 바에 따라 일괄납부하려는 세액에 상당하는 금액의 담보제공을 요구할 수 있다.

1. 제23조 또는 「관세법」을 위반하여 징역형의 실형을 선고받고 그 집행이 끝나거나(집행이 끝난 것으로 보는 경우를 포함한다) 면제된 후 2년이 지나지 아니한 자
2. 제23조 또는 「관세법」을 위반하여 징역형의 집행유예를 선고받고 그 유예기간 중에 있는 자
3. 제23조 또는 「관세법」 제269조, 제270조, 제270조의2, 제271조, 제274조, 제275조의2 및 제275조의3에 따라 벌금형 또는 통고처분을 받은 자로서 그 벌금형을 선고받거나 통고처분을 이행한 후 2년이 지나지 아니한 자
4. 「관세법」 제241조 또는 제244조에 따른 수입신고일을 기준으로 최근 2년 동안 관세 등 조세를 체납한 사실이 있는 자
5. 수입실적, 수입물품의 관세율 등을 고려하여 대통령령으로 정하는 관세채권의 확보가 곤란한 경우에 해당하는 자

> **시행령**
>
> **영 제2조(관세등의 일괄납부기간)** ① 「수출용 원재료에 대한 관세 등 환급에 관한 특례법」(이하 "법"이라 한다) 제6조 제1항 각 호 외의 부분 전단에 따른 일괄납부기간은 1개월·2개월 또는 3개월로 한다. 다만, 법 제7조에 따른 정산업무를 효율적으로 수행하기 위하여 필요하다고 인정하여 기획재정부령으로 정하는 경우에는 6개월의 범위에서 일괄납부기간을 따로 정할 수 있다.
>
> > **시행규칙**
> >
> > **규칙 제4조(관세등의 일괄납부기간)** 「수출용 원재료에 대한 관세 등 환급에 관한 특례법 시행령」(이하 "영"이라 한다) 제2조 제1항 단서에 따른 관세등의 일괄납부기간은 다음 각 호와 같다.
> > 1. 주로 수출하는 물품 또는 수출물품을 생산하는 자에게 공급하는 물품의 생산기간이 3월이상 소요되는 업체가 수입하는 수출용원재료의 경우에는 수출용원재료의 수입신고 수리일이 속하는 반기
> > 2. 「중소기업기본법」 제2조의 규정에 의한 중소기업자가 수입하는 수출용원재료의 경우에는 최초로 관세등의 일괄납부를 신청한 날이 속하는 달의 1일부터 계산하여 4월. 다만, 당해 중소기업자가 영 제2조 제1항 본문을 적용받고자 하는 경우에는 그러하지 아니하다.
>
> ② 법 제6조 제1항 각 호 외의 부분 전단에 따라 관세등의 일괄납부를 신청하려는 자는 제1항의 규정에 따른 일괄납부기간 중 어느 하나를 선택하여야 한다.
> ③ 제1항의 규정에 따른 일괄납부기간은 관세등의 일괄납부를 신청하는 날이 속하는 달의 1일부터 기산한다.
> ④ 제2항의 규정에 따라 선택한 일괄납부기간은 관세등의 일괄납부를 신청하는 날이 속하는 달의 1일부터 1년이 경과하기 전에는 변경할 수 없다.

> **영 제3조(담보물의 종류 및 담보제공절차)** ① 세관장이 법 제6조 제1항 각 호 외의 부분 후단에 따라 관세등의 일괄납부업체로 지정받으려는 자에게 요구할 수 있는 담보물의 종류는 다음 각 호와 같다.
>   1. 금전
>   2. 국가 또는 지방자치단체가 발행한 채권 및 증권
>   3. 은행지급보증
>   4. 납세보증보험증권
>   5. 「신용보증기금법」 또는 「지역신용보증재단법」의 규정에 의한 신용보증
>   6. 「기술보증기금법」에 따른 기술보증 및 신용보증
>
> ② 법 제6조 제1항 각 호 외의 부분 후단에 따라 수출용원재료에 대한 관세등의 담보를 제공하려는 자는 제공할 담보의 종류·수량·금액 등을 기재한 담보제공서를 세관장에게 제출하여야 한다.
> ③ 제2항의 규정에 의하여 담보를 제공하는 자는 일괄납부하고자 하는 세액에 상당하는 담보를 포괄하여 수입신고전에 제조장을 관할하는 세관장(주된 사무소에서 환급업무를 취급하는 경우에는 그 주된 사무소를 관할하는 세관장을 말하며, 이하 "관할지세관장"이라 한다)에게 제공하여야 한다.
> ④ 제3항의 규정에 불구하고 수입신고할 때마다 관세등에 대한 담보를 제공하고자 하는 자는 수입신고시에 통관지세관장에게 담보를 제공할 수 있다.
> ⑤ 법 제6조 제1항 제5호에서 "대통령령으로 정하는 관세채권의 확보가 곤란한 경우"란 다음 각 호의 어느 하나에 해당하는 경우를 말한다.
>   1. 최근 2년간 계속해서 수입실적이 없는 경우
>   2. 파산, 청산 또는 개인회생 절차가 진행 중인 경우
>   3. 수입실적, 자산, 영업이익 및 수입물품의 관세율 등을 고려할 때 관세채권 확보가 곤란한 경우로서 관세청장이 정하는 요건에 해당하는 경우
> ⑥ 담보의 제공 및 해제에 대한 절차 기타 필요한 사항은 관세청장이 정한다.

② 일괄납부 세액의 한도

세관장은 제1항에 따라 관세등의 일괄납부업체를 지정하려면 일괄납부할 수 있는 세액의 한도를 정하여야 한다.

③ 관세등의 납부기한

제1항에 따른 관세등의 납부기한은 해당 일괄납부기간이 끝나는 날이 속하는 달의 **다음 달 15일까지**로 한다.

④ 일괄납부 세액 한도 조정

관세등의 일괄납부업체로 지정을 받은 자가 일괄납부할 수 있는 세액의 한도를 조정받으려면 세관장에게 그 세액의 한도 조정을 신청하여야 한다. 이 경우 세관장은 추가로 담보제공을 요구할 수 있다.

⑤ 일괄납부업체 지정의 취소

세관장은 관세등의 일괄납부업체로 지정을 받은 자가 제1항 각 호의 어느 하나에 해당하면 그 지정을 취소하여야 한다.

⑥ 담보제공의 요구

세관장은 제5항에 따라 지정 취소를 받은 자가 관세등을 완납하거나 제8조 제1항에 따라 직권정산이 완료된 후 다시 관세등의 일괄납부업체로 지정 신청하는 경우에는 제1항 후단에 따라 담보제공을 요구할 수 있다.

⑦ 일괄납부업체 지정의 기준 등

관세청장은 제1항에 따른 관세등의 일괄납부업체의 지정에 필요한 기준과 절차를 정할 수 있다.

제7조(수출용원재료에 대한 관세등과 환급액의 정산)

① 정산통지

세관장은 대통령령으로 정하는 바에 따라 관세등의 일괄납부업체가 제6조 제1항에 따라 일괄납부하여야 할 관세등과 제16조 제3항에 따라 지급이 보류된 환급금을 정산하고, 대통령령으로 정하는 날까지 관세등의 일괄납부업체에 그 정산 결과를 통지(이하 "정산통지"라 한다)하여야 한다.

> **시행령**
> **영 제6조(정산통지)** ① 세관장은 법 제7조 제1항에 따라 다음 각 호의 사항이 포함된 정산결과를 관세등의 일괄납부업체에 통지하여야 한다.
> 1. 법 제6조 제1항에 따라 일괄납부하여야 할 관세등의 내역
> 2. 법 제16조 제3항에 따라 지급이 보류된 환급금의 내역
> 3. 정산결과 납부하여야 할 관세등의 세액 또는 지급하여야 할 환급액
>
> ② 법 제7조 제1항에서 "대통령령이 정하는 날"이라 함은 제2조 제1항에 따른 일괄납부기간이 종료되는 달의 다음달 1일을 말한다.

② 납세고지

세관장은 제1항에 따른 정산 결과 징수하여야 할 관세등이 있는 경우에는 제1항에 따른 통지기한까지 「관세법」 제39조 제3항에 따라 납세고지(納稅告知)를 하여야 한다.

③ 관세등의 납부기한

제2항에 따른 납세고지를 받은 관세등의 일괄납부업체는 일괄납부기간이 끝나는 날이 속하는 달의 다음 달 15일까지 관세등을 납부하여야 한다.

> **시행령**
> **영 제6조(정산통지)** ③ 법 제7조 제3항에 따라 관세등의 일괄납부업체가 납부한 관세등은 그 관세등에 대한 정산결과를 통지한 세관장의 세입금으로 한다.

④ 환급금의 지급

세관장은 제1항에 따른 정산 결과 지급하여야 할 환급금이 있는 경우에는 제16조 제1항 및 제4항에 따라 해당 금액을 즉시 지급하여야 한다.

⑤ 경정

세관장은 정산통지를 한 후 정산금액에 과부족(過不足)이 있는 것을 알았을 때에는 이를 경정(更正)할 수 있다.

제8조(직권정산)

① 직권정산

세관장은 대통령령으로 정하는 사유가 발생한 경우에는 관세등의 채권 확보를 위하여 제6조 제3항에 따른 납부기한이 도래하지 아니한 관세등과 제16조 제3항에 따라 지급이 보류된 환급금을 즉시 정산[이하 "직권정산"(職權精算)이라 한다]하여야 한다.

> **시행령**
>
> **영 제7조(직권정산)** ① 법 제8조 제1항에서 "대통령령으로 정하는 사유"란 다음 각 호의 어느 하나에 해당하는 사유를 말한다.
> 1. 삭제
> 2. 법 제23조 또는 「관세법」 제268조의2, 제269조, 제270조, 제270조의2, 제271조, 제274조, 제275조의2, 제275조의3 및 제276조의 위반으로 처벌을 받은 경우
> 3. 관세등의 체납이 발생된 경우. 다만, 독촉기간 내에 자진납부하는 경우를 제외한다.
> 4. 파산선고·어음부도 등으로 인하여 관세등의 채권확보가 필요한 경우
> 5. 그 밖에 관세등의 채권확보 등을 위하여 필요하다고 인정하여 기획재정부령으로 따로 정하는 경우
>
> **시행규칙**
>
> **규칙 제7조(직권정산)** 영 제7조 제1항 제5호에서 "기획재정부령이 따로 정하는 경우"란 일괄납부업체가 세관장에게 일괄납부의 적용제외를 요청하는 경우를 말한다.
>
> ② 세관장은 제1항 각 호의 사유가 발생하여 관세등의 채권 확보를 위하여 법 제6조 제3항에 따른 납부기한이 도래하지 아니한 관세등과 법 제16조 제3항에 따라 지급이 보류된 환급금을 즉시 정산(이하 "직권정산"이라 한다)하려는 경우에는 해당 업체에 그 사실을 통지하여야 한다.

② 환급금의 지급

세관장은 직권정산한 결과 지급하여야 할 환급금이 있는 경우에는 즉시 제16조에 따라 환급금을 지급하여야 한다.

③ 납세고지 및 납부기한

세관장은 직권정산한 결과 징수하여야 할 관세등이 있는 경우에는 「관세법」 제39조 제3항에 따라 납세고지를 하여야 한다. 이 경우 납세고지를 받은 자는 그 고지를 받은 날부터 10일 내에 해당 세액을 세관장에게 납부하여야 한다.

④ 담보물의 관세등 충당

세관장은 담보를 제공한 관세등의 일괄납부업체로서 제3항의 납세고지를 받은 자가 해당 관세등을 납부하지 아니한 경우에는 그 담보물을 해당 관세등에 충당하여야 한다.

제9조(관세등의 환급)

① 관세등의 환급

세관장은 물품이 수출등에 제공된 경우에는 대통령령으로 정하는 날부터 소급하여 2년 이내에 수입된 해당 물품의 수출용원재료에 대한 관세등을 환급한다. 다만, 수출등에 제공되는 데에 장기간이 소요되는 물품으로서 대통령령으로 정하는 물품에 대하여 대통령령으로 정하는 불가피한 수출등의 지연사유가 있는 경우에는 소급하여 3년 이내에 수입된 해당 물품의 수출용원재료에 대한 관세등을 환급한다.

> **시행령**
>
> **영 제9조(수출이행기간 기준일)** ① 법 제9조 제1항 본문에서 "대통령령으로 정하는 날"이란 다음 각 호의 어느 하나에 해당하는 날이 속하는 달의 말일을 말한다.
> 1. 법 제4조 제1호에 따른 수출의 경우에는 수출신고를 수리한 날
> 2. 법 제4조 제2호부터 제4호까지의 규정에 따른 수출등의 경우에는 수출·판매·공사 또는 공급을 완료한 날
>
> ② 법 제9조 제1항 본문에 따라 관세등을 환급하는 수출용원재료는 제1항에 따른 수출이행기간 기준일부터 소급하여 2년 이내에 다음 각 호의 어느 하나에 해당하는 수입신고수리·반출승인·즉시반출신고·거래 등이 행하여진 것이어야 한다.
> 1. 「관세법」 제248조에 따른 수입신고수리
> 2. 「관세법」 제252조에 따른 수입신고수리전 반출승인
> 3. 「관세법」 제253조에 따른 수입신고전 즉시반출신고
> 4. 수출용원재료가 법 제5조 제3항에 따른 내국신용장등(이하 "내국신용장등"이라 한다)에 의하여 거래된 경우에는 최후의 거래
>
> **영 제9조의2(수출이행기간 연장 대상 등)** ① 법 제9조 제1항 단서에서 "대통령령으로 정하는 물품"이란 「대외무역법」 제32조 제1항에 따른 플랜트수출에 제공되는 물품을 말한다.
>
> ② 법 제9조 제1항 단서에서 "대통령령으로 정하는 불가피한 수출등의 지연사유가 있는 경우"란 무역 상대국의 전쟁·사변, 천재지변 또는 중대한 정치적·경제적 위기로 인하여 불가피하게 수출등이 지연되었다고 관세청장이 인정하는 경우를 말한다.

② 내국신용장 등에 의한 거래시의 기간

수출용원재료가 내국신용장등에 의하여 거래되고, 그 거래가 직전의 내국신용장등에 의한 거래(직전의 내국신용장등에 의한 거래가 없는 경우에는 수입을 말한다)가 있은 날부터 대통령령으로 정하는 기간에 이루어진 경우에는 해당 수출용원재료가 수입된 날부터 내국신용장등에 의한 최후의 거래가 있은 날까지의 기간은 제1항에 따른 기간에 산입(算入)하지 아니한다. 다만, 수출용원재료가 수입된 상태 그대로 거래된 경우에는 그러하지 아니하다.

> **시행령**
>
> **영 제10조(내국신용장 등에 의한 거래시의 기간)** 법 제9조 제2항 본문에서 "대통령령으로 정하는 기간"이란 1년을 말한다. 다만, 물품의 특성상 또는 거래의 사정상 부득이한 사유로 관세청장이 정하는 바에 따라 6개월의 범위에서 추가하여 관할지 세관장의 연장 승인을 받은 경우에는 그 기간을 말한다.

제10조(환급금의 산출 등)

① 소요량계산서의 작성
환급신청자는 대통령령으로 정하는 바에 따라 수출물품에 대한 원재료의 소요량을 계산한 서류(이하 "소요량계산서"라 한다)를 작성하고 그 소요량계산서에 따라 환급금을 산출(算出)한다.

> **시행령**
> **영 제11조(소요량의 계산등)** ① 법 제10조 제1항의 규정에 따라 소요량계산서를 작성하고자 하는 자(이하 "소요량계산서 작성업체"라 한다)는 다음 각 호의 사항을 관할지세관장에게 신고하고 그 신고된 바에 따라 소요량을 계산하여야 한다.
> 1. 수출물품명
> 2. 소요량 산정방법
> 3. 소요량 산정의 기준이 되는 기간 및 적용기간
> 4. 수출물품의 제조공정 및 공정설명서
> 5. 기타 소요량계산과 관련된 사항으로서 관세청장이 정하는 사항
> ② 소요량계산서 작성업체는 제1항 각 호의 내용을 변경하고자 하는 경우에는 그 내용을 즉시 관할지세관장에게 신고하여야 한다.

② 표준소요량 고시
관세청장은 제1항에도 불구하고 소요량 계산업무의 간소화 등을 위하여 필요하다고 인정하는 경우에는 수출물품별 평균 소요량 등을 기준으로 한 표준 소요량을 정하여 고시하고, 환급신청자로 하여금 이를 선택적으로 적용하게 할 수 있다.

> **시행령**
> **영 제11조(소요량의 계산등)** ③ 법 제14조 제1항의 규정에 의한 환급신청자와 수출물품의 생산자가 다른 경우 환급신청자는 당해 수출물품을 생산한 자가 산정한 소요량에 의하여 소요량계산서를 작성하여야 한다. 다만, 법 제10조 제2항의 규정에 의하여 표준소요량을 적용하는 경우에는 그러하지 아니하다.
> ④ 소요량의 산정 및 관리에 대한 기준과 그 절차에 관하여 필요한 사항은 관세청장이 정한다.

③ 생산 물품이 둘 이상인 경우
수출용원재료를 사용하여 생산되는 물품이 둘 이상인 경우에는 생산되는 물품의 가격을 기준으로 관세청장이 정하는 바에 따라 관세등을 환급한다.

④ 과다·과소 환급이 발생할 우려가 있는 경우
관세청장은 다음 각 호의 어느 하나에 해당하는 경우로서 수출용원재료를 수입할 때에 납부하는 세액보다 관세등을 환급할 때 현저히 과다 또는 과소 환급이 발생할 우려가 있다고 인정되는 경우(제2호에 해당하는 경우 수입된 원재료에 제1호 각 목의 사유가 있으면 그 사유도 함께 고려되어야 한다)에는 기획재정부령으로 정하는 바에 따라 환급받을 수 있는 수입신고필증의 유효기간을 제9조 제1항에서 정한 기간보다 짧게 정하여 환급하게 하거나, 업체별 수출용원재료의 재고 물량과 수출입 비율 등을 기준으로 하여 환급에 사용할 수 있는 수출용원재료의 물량을 정하여 환급하게 할 수 있다.

1. 수출용원재료(수입된 원재료의 경우로 한정한다)에 대하여 다음 각 목의 어느 하나에 해당하는 사유가 있는 경우
   가. 관세율 변동
   나. 수입가격 변동
   다. 둘 이상의 관세율 적용
2. 국내에서 생산된 원재료와 수입된 원재료가 제3조 제2항에 해당하여 수출용원재료가 되는 경우로서 각 원재료가 생산과정에서 수출물품과 국내공급 물품에 구분하지 아니하고 사용되는 경우

> **시행규칙**
>
> **규칙 제9조(관세등 환급방법의 조정)** 관세청장이 법 제10조 제4항에 따라 환급을 받을 수 있는 수입신고필증의 유효기간 및 환급에 사용할 수 있는 수출용원재료의 물량을 따로 정하는 경우 관세율의 변동 정도, 수출물품의 생산공정, 해당 업종의 재고자산 회전기간 및 수출입절차에 소요되는 기간 등을 종합적으로 참작하여 적정한 환급이 이루어지도록 하되, 그 내용이 다음 각 호의 어느 하나에 해당하는 경우에는 미리 기획재정부장관과 협의를 하여야 한다.
> 1. 수출용원재료에 대하여 환급받을 수 있는 수입신고필증의 유효기간을 6개월보다 짧게 정하려는 경우
> 2. 업체별 수출용원재료의 재고물량, 수출비율 또는 수입비율 등을 기준으로 하여 환급에 사용할 수 있는 수출용원재료의 물량을 정하려는 경우

제10조의2(소요량 사전심사의 신청 등)

① 소요량 사전심사의 신청

관세등을 환급받으려는 자는 제14조에 따른 환급신청을 하기 전에 제10조 제1항에 따라 산정한 소요량 및 소요량 계산방법의 적정 여부를 세관장에게 미리 심사(이하 "소요량 사전심사"라 한다)하여 줄 것을 신청할 수 있다.

> **시행령**
> 영 제11조의2(소요량 사전심사의 신청 등) ① 법 제10조의2 제1항에 따른 소요량 사전심사 또는 같은 조 제3항에 따른 재심사를 신청하려는 자는 소요량 사전심사 또는 재심사 사유를 기재한 신청서에 제11조 제1항 각 호의 사항에 관한 자료를 첨부하여 관할지세관장에게 제출하여야 한다.

② 심사 기간

제1항에 따라 소요량 사전심사의 신청을 받은 세관장은 대통령령으로 정하는 기간 내에 산정한 소요량 및 소요량 계산방법의 적정 여부를 심사한 후 그 결과를 신청인에게 통지하여야 한다. 다만, 제출자료의 미비 등으로 심사가 곤란한 경우에는 그 사실을 통지하고 소요량 사전심사를 거절하거나 제출자료를 보정하게 할 수 있다.

> **시행령**
> 영 제11조의2(소요량 사전심사의 신청 등) ② 법 제10조의2 제2항 본문에서 "대통령령으로 정하는 기간"이란 제1항에 따른 신청을 받은 날부터 30일(제4항 단서에 따라 현지 확인을 실시하는 경우에는 50일)을 말한다. 이 경우 제3항에 따른 보정에 소요되는 기간은 제외한다.
> ③ 관할지세관장은 법 제10조의2 제2항 단서에 따라 20일 이내의 기간을 정하여 제1항에 따라 제출받은 신청서 및 관련 자료를 보정하게 할 수 있다.
> ④ 관할지세관장은 제1항에 따라 제출받은 신청서 및 관련 자료를 검토하여 심사하는 것을 원칙으로 한다. 다만, 신청서 및 관련 자료의 검토를 위하여 제조공정 등을 확인할 필요가 있는 경우에는 신청인의 동의를 받아 현지 확인을 병행하여 실시할 수 있다.
> ⑤ 관할지세관장은 다음 각 호의 어느 하나에 해당하는 경우에는 심사를 거절할 수 있다.
>   1. 제3항에 따라 보정을 요청한 신청서 및 관련 자료를 기한 내에 제출하지 아니한 경우
>   2. 신청 내용과 동일한 사안에 대한 범칙사건의 조사, 관세조사 또는 이의신청·심사청구·심판청구·소송제기 등의 불복절차가 진행 중인 경우

③ 재심사 신청

제2항 본문에 따라 소요량 사전심사 결과를 통지받은 자는 통지 결과에 이의가 있는 경우 그 결과를 통지받은 날부터 30일 내에 세관장에게 재심사를 신청할 수 있다. 이 경우 재심사의 기간 및 결과의 통지에 관하여는 제2항을 준용한다.

④ 심사 결과에 따른 환급

세관장은 관세등을 환급받으려는 자가 제2항 또는 제3항에 따라 통지된 소요량 사전심사 결과를 적용하여 제14조에 따른 환급신청을 한 경우에는 그 통지된 내용에 따라 소요량을 계산하여 환급하여야 한다.

⑤ 사전심사 결과의 유효기간

제2항 또는 제3항에 따라 통지받은 소요량 사전심사 결과의 유효기간은 통지를 받은 날부터 1년으로 한다. 다만, 소요량 사전심사의 근거가 되는 사실관계 또는 상황의 변경이 있는 등 대통령령으로 정하는 사유가 있는 경우에는 그 사유가 있는 날부터 해당 소요량 사전심사 결과는 그 효력을 잃는다.

> **시행령**
>
> **영 제11조의2(소요량 사전심사의 신청 등)** ⑥ 법 제10조의2 제5항 단서에서 "소요량 사전심사의 근거가 되는 사실관계 또는 상황의 변경이 있는 등 대통령령으로 정하는 사유가 있는 경우"란 다음 각 호의 어느 하나에 해당하는 경우를 말한다.
> 1. 사실관계 또는 생산공정의 변경 등으로 인하여 소요량 계산 근거가 달라진 경우
> 2. 허위자료 제출 등 신청인에게 책임 있는 사유로 인하여 심사결과가 잘못 통지된 경우
> 3. 신청 내용과 동일한 사안에 대한 이의신청·심사청구·심판청구 또는 소송제기 등을 받은 권한 있는 기관의 최종결정 또는 법원의 판결이 심사결과와 다르게 된 경우
> 4. 신청인의 요청에 따라 심사결과와 다른 방법으로 소요량을 계산하는 것이 타당하다고 관할지세관장이 인정하는 경우

⑥ 위임 규정

제1항부터 제5항까지에서 규정한 사항 외에 소요량 사전심사의 절차 및 방법, 그 밖에 소요량 사전심사에 필요한 사항은 대통령령으로 정한다.

제11조(평균세액증명)

① 평균세액증명

세관장은 수출용원재료에 대한 관세등의 환급업무를 간소화하기 위하여 필요하다고 인정하는 경우에는 대통령령으로 정하는 바에 따라 수출용원재료를 수입(내국신용장등에 의한 매입을 포함한다. 이하 이 조 및 제12조에서 같다)하는 자의 신청에 의하여 그가 매월 수입한 수출용원재료의 품목별 물량과 단위당 평균세액을 증명하는 서류(이하 "평균세액증명서"라 한다)를 발행할 수 있다. 이 경우 해당 수출용원재료에 대하여는 수입한 날이 속하는 달의 1일에 수입된 것으로 보아 이 법을 적용한다.

> **시행령**
>
> **영 제12조(평균세액증명)** ① 법 제11조 제1항의 규정에 의하여 평균세액증명서를 발급받고자 하는 자는 관할지세관장으로부터 평균세액증명 대상 물품의 지정을 받아야 한다. 이 경우 수출용원재료의 관세·통계통합품목분류표의 품목번호(이하 "품목번호"라 한다) 또는 소요량이 달라지는 등 평균세액의 결정이 곤란하다고 인정하여 관세청장이 정하는 물품에 대하여는 평균세액증명서의 발급대상으로 지정을 받을 수 없다.
> ② 제1항의 규정에 의하여 지정받은 물품에 대하여 평균세액증명서를 발급받고자 하는 자는 다음 각 호의 사항을 기재한 신청서에 관세청장이 정하는 증빙서류를 첨부하여 수출용원재료를 수입한 날 또는 내국신용장등에 의하여 매입한 날이 속하는 달의 다음달 1일 이후에 관할지세관장에게 제출하여야 한다.
>   1. 지정받은 물품별 수입량 및 관세 등의 세액
>   2. 지정받은 물품별 내국신용장등에 의한 매입량 및 관세 등의 세액
>   3. 기타 평균세액 증명과 관련된 사항으로서 관세청장이 정하는 사항

> **시행규칙**
>
> **규칙 제10조(평균세액증명서의 변경발급)** 세관장은 평균세액증명서를 발급한 후에 영 제12조 제2항 각 호 사항의 전부 또는 일부가 변경된 때에는 다음 각 호의 규정에 의하여 이를 처리한다.
>   1. 평균세액증명서를 환급등에 사용하지 아니하였거나 일부만 사용한 경우에는 평균세액증명서를 회수하고 다시 발급한다.
>   2. 평균세액증명서가 관세등의 환급에 전부 사용된 경우에는 다음 달의 평균세액증명서를 발급할 때에 그 사실을 참작하여 발급한다. 다만, 다음달의 평균세액증명서(다음달의 평균세액증명서가 관세등의 환급에 전부 사용되었거나 없는 경우에는 그 다음달의 평균세액증명서를 말한다)가 발급된 경우에는 이를 회수하고 다시 발급한다.
>   3. 제1호 및 제2호 외에 평균세액증명서의 변경발급에 관하여는 관세청장이 정하는 바에 의한다.

③ 세관장은 평균세액증명서를 발급한 후에 제2항 각 호에 규정된 사항의 전부 또는 일부가 변경된 때에는 기획재정부령이 정하는 바에 따라 평균세액증명서를 발급하여야 한다.
④ 평균세액증명서는 품목번호를 기준으로 매월 수입하거나 내국신용장등에 의하여 매입한 수출용원재료 전량에 대하여 일괄신청하여야 한다. 다만, 기획재정부령이 정하는 경우에는 그러하지 아니하다.

> **시행규칙**
>
> **규칙 제11조(평균세액증명서 일괄발급신청의 예외)** ① 영 제12조 제4항 단서에서 "기획재정부령이 정하는 경우"란 다음 각 호의 1에 해당하는 경우를 말한다.
>   1. 평균세액증명서의 발급을 신청할 때에 신청대상에서 누락된 수출용원재료에 대하여 신청하는 것으로서 관세청장이 정하는 경우

2. 평균세액증명서의 발급을 받고자 하는 자의 신청에 의하여 사업장 또는 사업분야별로 구분하여 발급신청할 수 있도록 관세청장으로부터 인정받아 그 사업장 또는 사업분야별로 일괄신청하는 경우

② 제1항 제1호의 규정에 의하여 평균세액증명서의 발급을 추가로 신청하는 경우에는 이미 발급받은 평균세액증명서를 첨부하여 신청하여야 한다.

③ 제2항에 따라 신청받은 평균세액증명서의 추가발급은 다음 각 호에 따라 처리한다.
1. 제출된 평균세액증명서가 관세등의 환급이나 법 제12조 제1항에 따른 기초원재료납세증명서(이하 "기초원재료납세증명서"라 한다) 또는 같은 항에 따른 수입세액분할증명서(이하 "수입세액분할증명서"라 한다) 발급에 사용되지 아니하였거나 일부만 사용된 경우에는 사용되지 아니한 수출용원재료의 물량 및 세액과 추가발급신청된 수출용원재료의 물량 및 세액을 합산하여 평균세액을 산정하되, 평균세액증명서는 1부만 발급한다.
2. 제출된 평균세액증명서가 관세등의 환급이나 기초원재료납세증명서 또는 수입세액분할증명서 발급에 전부 사용된 경우에는 다음달의 평균세액증명서(다음달의 평균세액증명서가 관세등의 환급이나 기초원재료납세증명서 또는 수입세액분할증명서 발급에 전부 사용되었거나 평균세액증명서의 발급대상이 되는 수출용원재료가 없는 경우에는 그후 최초의 평균세액증명서를 말한다)의 물량 및 세액과 추가발급신청된 수출용원재료의 물량 및 세액을 합산하여 평균세액을 산정하되, 평균세액증명서는 평균세액증명 대상물품을 수입한 날이 속하는 월별로 발급한다.
3. 제1호 및 제2호외에 평균세액증명서의 추가발급에 관하여는 관세청장이 정하는 바에 의한다.

⑤ 제1항의 규정에 의하여 지정을 받은 물품에 대하여는 계속하여 평균세액증명서의 발급을 신청하여야 한다.
⑥ **평균세액증명서의 발급을 받아야 할 수출용원재료에 대한 수입신고필증 또는 기초원재료납세증명서 등**은 관세등의 환급신청 또는 다음 국내 거래단계에 따른 기초원재료납세증명서등의 발급신청자료로 사용하지 못한다.
⑦ 세관장은 평균세액증명서에 의하여 환급 또는 기초원재료납세증명서등을 발급하는 것이 수출용원재료에 대한 관세등의 세액과 현저한 차이가 있다고 인정하는 경우에는 평균세액증명서 발급대상물품의 지정을 취소하여야 한다.

② 자율 발급

제1항에도 불구하고 세관장은 다음 각 호의 어느 하나에 해당하는 자 중 관세청장이 정하는 기준에 해당되는 자로 하여금 대통령령으로 정하는 바에 따라 평균세액증명서를 발급하게 할 수 있다.

1. 수출용원재료를 수입한 자
2. 관세사(제1호에 해당하는 자로부터 위임받은 자로 한정한다)

③ 평균세액증명과 관세환급의 관계

제1항이나 제2항 제2호에 따라 세관장 또는 관세사로부터 평균세액증명서를 발급받은 자나 제2항 제1호에 따라 평균세액증명서를 발급한 자가 평균세액증명서에 기재된 수출용원재료와 「관세법」 제50조 제1항의 관세율표상 10단위 품목분류가 동일한 물품으로서 **수출등에 제공할 목적 외의 목적으로 수입한 물품에 대하여는 평균세액증명서에 기재된 수출용원재료에 대한 관세등의 환급이 끝난 경우에만 관세등을 환급할 수 있다.** 이 경우 물품별 환급액은 그 물품이 수입된 달의 평균세액증명서에 기재된 수출용원재료의 평균세액(수입된 달의 평균세액증명서에 기재된 수출용원재료가 없는 경우에는 해당 물품이 수입된 달부터 소급하여 최초로 그 물품과 품명이 같은 수출용원재료가 수입된 달의 평균세액증명서에 기재된 수출용원재료의 평균세액을 말한다)을 초과할 수 없다.

제12조(기초원재료납세증명 등)

① 기초원재료납세증명 및 수입세액분할증명

세관장은 수출용원재료가 내국신용장등에 의하여 거래된 경우(제5조 제3항을 적용받는 경우는 제외한다) 관세등의 **환급업무를 효율적으로 수행**하기 위하여 대통령령으로 정하는 바에 따라 **제조·가공 후 거래된 수출용원재료에 대한 납부세액을 증명하는 서류**(이하 "기초원재료납세증명서"라 한다)를 발급하거나 **수입된 상태 그대로 거래된 수출용원재료에 대한 납부세액을 증명하는 서류**(이하 "수입세액분할증명서"라 한다)를 발급할 수 있다.

> **시행령**
>
> **영 제13조(기초원재료납세증명 및 수입세액분할증명)** ① 법 제12조 제1항에 따라 기초원재료납세증명서 또는 수입세액분할증명서(이하 "기초원재료납세증명서등"이라 한다)를 발급받고자 하는 자는 다음 각 호의 사항을 기재한 증명서발급신청서를 관할지세관장에게 제출하여야 한다.
>   1. 양도자 및 양수자
>   2. 양도일자
>   3. 품명 및 규격
>   4. 양도한 물량 및 세액
>   5. 그 밖에 기초원재료납세증명서등의 발급에 필요한 사항으로서 관세청장이 정하는 사항
> ② 세관장은 법 제17조에 따라 관세등의 환급이 제한되는 물품에 대하여는 환급이 제한된 세액을 공제하고 기초원재료납세증명서등을 발급하여야 한다.
> ③ 하나의 내국신용장등에 의하여 거래되는 물품이 2회 이상 분할공급되는 경우의 기초원재료납세증명서등은 최초의 물품이 거래된 날에 당해 수출용원재료가 전부 거래된 것으로 보아 기초원재료납세증명서등을 발급하여야 한다. 다만, 내국신용장등에 의하여 수출용원재료를 공급하는 자가 원하지 아니하는 경우에는 그러하지 아니하다.
> ④ 관세청장은 기초원재료납세증명서등의 발급업무를 효율적으로 수행하기 위하여 필요하다고 인정하는 경우에는 이를 발급하는 세관장을 따로 지정할 수 있다.

② 자율 발급

제1항에도 불구하고 세관장은 다음 각 호의 어느 하나에 해당하는 자 중 관세청장이 정하는 기준에 해당되는 자로 하여금 대통령령으로 정하는 바에 따라 기초원재료납세증명서 또는 수입세액분할증명서를 발급하게 할 수 있다.

> 1. 내국신용장등에 의하여 물품을 공급한 자
> 2. 관세사(제1호에 해당하는 자로부터 위임받은 자로 한정한다)

③ 준용 규정

제1항이나 제2항에 따라 기초원재료납세증명서 또는 수입세액분할증명서를 발급할 때 증명하는 세액은 제10조에 따른 환급금 산출방법에 따르며, 증명세액의 정확 여부의 심사에 대하여는 제14조 제2항 및 제3항을 준용한다.

제13조(정액환급률표)

① 정액환급률표

관세청장은 단일(單一) 수출용원재료에 의하여 둘 이상의 제품이 동시에 생산되는 등 생산공정(生産工程)이 특수한 수출물품과 중소기업 수출물품에 대한 관세등의 환급 절차를 간소화하기 위하여 필요하다고 인정하는 경우에는 대통령령으로 정하는 바에 따라 수출용원재료에 대한 관세등의 평균 환급액 또는 평균 납부세액 등을 기초로 수출물품별로 정액환급률표(定額還給率表)를 정하여 고시할 수 있다.

> **시행령**
>
> **영 제14조(정액환급의 기준)** ① 법 제13조 제1항의 규정에 의한 정액환급률표는 수출물품의 품목번호를 기준으로 정하되, 필요한 경우에는 수출물품의 품명 또는 규격별로 정할 수 있다.
> ② 제1항에 따른 정액환급률표를 정할 때에는 적정한 환급을 위하여 관세율 및 환율의 변동등을 고려하여 일정률을 가감할 수 있다.
> ③ 수출물품 또는 내국신용장등에 의하여 거래된 물품이 법 제13조 제1항에 따른 정액환급률표에 기재된 경우에는 수출 등에 제공된 날 또는 내국신용장등에 의하여 거래된 날에 시행되는 정액환급률표에 정하여진 바에 따라 환급하거나 기초원재료납세증명서를 발급한다. 다만, 관세청장이 정하는 바에 따라 정액환급률표를 적용하지 아니하기로 승인(이하 "비적용승인"이라 한다)을 받은 경우에는 그러하지 아니하다.
> ④ 제15조의 규정에 의한 정액환급률표가 적용되는 물품에 대하여는 제16조의 규정에 의한 정액환급률표를 적용하지 아니한다.
> ⑤ 제3항 단서에 따라 비적용승인을 받은 자의 모든 수출물품(내국신용장등에 의하여 거래된 물품을 포함한다)에 대하여는 정액환급률표를 적용하지 아니한다.
> ⑥ 제3항 단서에 따라 비적용승인을 받은 자가 관세청장이 정하는 바에 따라 정액환급률표의 적용을 신청하거나 정액환급률표의 적용승인을 받은 자가 다시 비적용승인을 신청하는 경우에는 비적용승인 또는 적용승인을 받은 날부터 2년 이내에는 이를 신청할 수 없다. 다만, 다음 각 호의 어느 하나에 해당하는 때에는 관세청장이 정하는 바에 따라 2년 이내에도 신청할 수 있다.
>   1. 생산공정의 변경 등으로 인하여 소요량계산서의 작성이 곤란하게 된 때
>   2. 정액환급률표에 의한 환급액이 법 제10조의 규정에 의하여 산출된 환급액의 70퍼센트에 미달하게 된 때
>   3. 비적용승인을 받은 날부터 적용승인을 신청하는 날까지 관세등을 환급받은 실적이 없을 때
> ⑦ 제3항 단서 또는 제6항에 따라 비적용승인을 받은 경우에는 그 승인을 받은 날 이후 수출등에 제공되거나 내국신용장등에 의하여 거래된 물품에 대하여 정액환급률표를 적용하지 아니하고, 제6항에 따라 적용승인을 받은 경우에는 그 승인을 받은 날 이후 수출등에 제공되거나 내국신용장등에 의하여 거래된 물품에 대하여 정액환급률표를 적용한다. 다만, 관세등을 환급받은 실적(법 제3조 제1항 제2호에 따른 수출용원재료에 대한 관세등의 환급은 제외한다)이 없는 자로서 최초로 비적용승인을 받은 경우에는 그 승인을 받은 날 전에 수출등에 제공되거나 내국신용장등에 의해 거래된 물품에 대해서도 정액환급률표를 적용하지 않을 수 있다.
> ⑧ 관세청장은 다음 각 호의 어느 하나에 해당하는 경우에는 기획재정부장관과 미리 협의하여야 한다.
>   1. 법 제13조 제1항에 따라 정액환급률표를 정하여 고시하는 경우
>   2. 법 제13조 제4항에 따라 정액환급률표의 전부 또는 일부를 조정하여 고시하는 경우
>
> **영 제15조(특수공정물품의 정액환급)** ① 관세청장은 법 제13조 제1항의 규정에 의하여 생산공정이 특수한 수출물품의 정액환급률표(이하 "특수공정물품 정액환급률표"라 한다)를 정할 때에는 최근 6월 이상 기간동안의 수입 또는 내국신용장등에 의하여 매입한 원재료에 대한 관세등의 평균환급액 또는 평균납부세액을 기초로 하여야 한다.
> ② 관세청장은 특수공정물품 정액환급률표를 정하거나 고시된 특수공정물품 정액환급률표의 조정을 위하여 필요한 경우에는 당해 물품의 생산자에게 관련자료의 제출을 요청할 수 있다.
> ③ 특수공정물품 정액환급률표의 적용을 받는 자는 수출물품별로 수출용원재료에 대한 관세등의 납부세액, 제조공정의 변동 등에 관한 사항을 관세청장에게 신고하여야 한다. 이 경우 관세청장은 신고된 자료를 기초로 특수공정물품 정액환급률표를 조정하여 고시할 수 있다.

> **시행령**
>
> **영 제16조(간이정액환급)** ① 관세청장은 법 제13조 제1항의 규정에 의하여 중소기업의 수출물품에 적용하는 정액환급률표(이하 "간이정액환급률표"라 한다)를 정할 때에는 최근 6월 이상 기간동안의 수출물품의 품목번호별 평균환급액 또는 평균납부세액등을 기초로 하여 적정한 환급액을 정하여야 한다. 다만, 최근 6월 이상의 기간동안 수출물품의 품목번호별 환급실적(간이정액환급실적을 제외한다)이 없거나 미미하여 당해 물품의 품목번호별 평균환급액 또는 평균납부세액 등을 기초로 간이정액환급률표의 환급액을 정하는 것이 불합리한 것으로 판단되는 경우에는 직전의 간이정액환급률표의 환급액을 기초로 하여 적정한 환급액을 정할 수 있다.
> ② 제1항의 규정에 의한 간이정액환급률표는 기획재정부령이 정하는 자가 생산하는 수출물품에만 적용한다. 이 경우 수출자와 수출물품의 생산자가 다른 경우에는 수출물품의 생산자가 직접 관세등의 환급을 신청하는 경우에 한한다.
>
> **시행규칙**
>
> **규칙 제12조(간이정액환급률표의 적용대상)** 영 제16조 제2항 전단에서 "기획재정부령이 정하는 자"란 「중소기업기본법」 제2조에 따른 중소기업자로서 다음 각 호의 요건을 모두 갖춘 자를 말한다.
> 1. 환급신청일이 속하는 연도의 직전 2년간 매년도 환급실적(기초원재료납세증명서상의 발급 금액을 포함하며, 법 제3조 제1항 제2호의 수출물품을 대상으로 하여 받은 환급실적은 제외한다. 이하 이 조에서 같다)이 8억원 이하일 것
> 2. 환급신청일이 속하는 연도의 1월 1일부터 환급신청일까지의 환급실적(해당 환급신청일에 기초원재료납세증명서의 발급을 신청한 금액과 환급을 신청한 금액을 포함하며, 법 제3조 제1항 제2호의 수출품목을 대상으로 환급을 신청한 금액은 제외한다)이 8억원 이하일 것

② 정액환급률표에 따른 관세등 환급

제1항에 따라 정액환급률표에 정하여진 금액은 해당 물품을 생산하는 데 드는 수출용원재료를 수입한 때에 납부하는 관세등으로 보아 환급한다.

③ 정액환급률표의 고시요청

제1항에 따라 정액환급률표를 적용받을 수 있는 자는 대통령령으로 정하는 바에 따라 관세청장에게 정액환급률표를 정하여 고시할 것을 요청할 수 있다.

> **시행령**
>
> **영 제17조(정액환급률표의 고시요청)** ① 법 제13조 제3항의 규정에 의하여 정액환급률표의 고시를 요청하고자 하는 자는 다음 각 호의 서류를 첨부한 신청서를 관세청장에게 제출하여야 한다.
> 1. 고시요청사유서
> 2. 수출물품의 품목번호별 소요원재료의 내역
> 3. 원재료별 최근 1년동안의 관세납부내역
> 4. 기타 정액환급률표의 고시요청의 필요성을 입증하는 서류등 관세청장이 정하는 서류
> ② 관세청장은 제1항의 규정에 의한 정액환급률표의 고시를 요청받은 경우에는 제출된 서류 및 환급실적 등을 기초로 이를 고시하여야 한다. 다만, 당해 물품의 거래의 특수성등으로 현저히 과다·과소환급의 우려가 있어 정액환급 대상물품으로 부적합하다고 인정되는 경우에는 이를 고시하지 아니할 수 있다.

④ 정액환급률표의 적용 중지 등

관세청장은 수출구조, 원재료 수입구조, 관세율 및 환율의 변동 등으로 정액환급률표에 고시된 환급액이 많거나 적어 정액환급률표를 적용하는 것이 부적당하다고 인정하는 경우에는 그 적용을 중지하거나 정액환급률표의 전부 또는 일부를 조정하여 고시할 수 있다.

제14조(환급신청)

① 환급의 신청

관세등을 환급받으려는 자는 대통령령으로 정하는 바에 따라 물품이 **수출등에 제공된 날부터 5년 이내에 관세청장이 지정한 세관에 환급신청**을 하여야 한다. 다만, 수출등에 제공된 수출용원재료에 대한 관세등의 세액에 대하여 다음 각 호의 어느 하나에 해당하는 사유가 있은 때에는 **그 사유가 있은 날부터 5년 이내에 환급신청**을 할 수 있다.

1. 「관세법」 제38조의2에 따른 보정(補正)
2. 「관세법」 제38조의3에 따른 수정 또는 경정
3. 제21조에 따른 환급금액이나 과다환급금액의 징수 또는 자진신고·납부

> **시행령**
>
> **영 제18조(환급의 신청)** ① 법 제14조 제1항에 따른 관세등의 환급신청은 다음 각 호의 어느 하나에 해당하는 자가 하여야 한다.
> 1. 법 제4조 제1호의 수출인 경우에는 수출자(수출위탁의 경우에는 수출위탁자를 말한다) 또는 수출물품의 생산자중에서 수출신고필증에 환급신청인으로 기재된 자
> 2. 법 제4조 제2호 내지 제4호의 경우에는 수출등에 제공한 사실을 확인하기 위하여 관세청장이 정하는 서류에 당해 물품을 수출·판매 또는 공급등을 하거나 공사를 한 자로 기재된 자
> 3. 제1호 또는 제2호에 해당하는 법인이 합병한 경우 합병 후 존속하는 법인 또는 합병으로 설립된 법인
> 4. 제1호 또는 제2호에 해당하는 자로부터 상속을 받은 경우 그 상속인[「민법」 제1000조, 제1001조, 제1003조 및 제1004조에 따른 상속인을 말하며, 「상속세 및 증여세법」 제2조 제5호에 따른 수유자(受遺者)를 포함한다] 또는 「민법」 제1053조에 따른 상속재산관리인
>
> ② 법 제14조 제1항의 규정에 의하여 관세등의 환급을 받고자 하는 자는 관세청장이 정하는 관세등의 환급신청서에 다음 각 호의 서류를 첨부하여 관할지세관장에게 제출하여야 한다. 다만, 정액환급률표가 적용되는 수출물품에 대하여는 제2호 및 제3호의 서류를 첨부하지 아니한다.
> 1. 제1항 각 호의 규정에 의하여 수출등에 제공한 사실을 확인할 수 있는 서류
> 2. 소요량계산서
> 3. 소요원재료의 납부세액을 확인할 수 있는 서류
> 4. 기타 환급금의 확인과 관련하여 관세청장이 정하는 서류
>
> ③ 관세등의 환급신청은 **수출물품의 생산에 소요된 원재료에 대하여 일괄신청**하여야 한다. 다만, 일괄신청하는 것이 불합리하다고 인정하여 관세청장이 따로 정한 경우에는 그러하지 아니하다.
>
> ④ 법 제14조 제1항의 규정에 의한 관세등의 환급신청은 다음 각 호의 1에 해당하는 경우에 할 수 있다.
> 1. 법 제4조 제1호의 규정에 의한 수출의 경우에는 수출물품이 선적 또는 기적된 경우
> 2. 법 제4조 제2호 내지 제4호의 규정에 의한 수출의 경우에는 수출물품의 수출·판매·공사 또는 공급 등을 완료한 경우
>
> ⑤ 법 제14조 제1항에 따른 관세등의 환급을 받고자 할 때에는 법 제4조 제1호의 경우는 수출신고수리일, 법 제4조 제2호부터 제4호까지의 규정에 따른 수출·판매·공사 또는 공급 등을 한 경우는 당해 수출·판매·공사 또는 공급 등을 완료한 날부터 5년 이내에 신청하여야 한다.
>
> ⑥ 환급신청인은 환급신청전에 관세청장이 정하여 고시하는 바에 따라 계좌를 개설하고 관할지세관장에게 그 계좌번호를 통보하여야 한다.
>
> ⑦ 세관장은 제2항 및 제4항의 규정에 불구하고 간이정액환급률표가 적용되는 수출물품에 대하여는 관세청장이 정하는 바에 따라 수출신고시 수출신고서에 환급신청 사항을 간략히 기재함으로써 환급신청에 갈음할 수 있도록 할 수 있다.
>
> **영 제19조(환급신청세관의 지정)** 관세청장은 관세등의 환급업무를 효율적으로 수행하기 위하여 필요하다고 인정하는 경우에는 환급신청인의 신청 또는 직권에 의하여 관세등의 환급을 신청할 세관을 지정하거나 그 지정을 변경할 수 있다.

② 환급금 심사

세관장은 제1항에 따른 환급신청을 받았을 때에는 **환급신청서의 기재 사항과 이 법에 따른 확인 사항 등을 심사**하여 환급금을 결정하되, **환급금의 정확 여부**에 대하여는 대통령령으로 정하는 바에 따라 **환급 후에 심사할 수 있다.**

> **시행령**
>
> **영 제20조(환급금의 사후심사)** ① 세관장은 법 제14조 제2항에 따라 환급금의 정확 여부를 심사할 필요가 있는 경우에는 환급신청서 및 그 첨부서류 또는 법 제20조 제3항에 따라 제출받은 서류나 실지조사에 의하여 정확 여부를 심사한다.
> ② 제1항에 따른 심사는 환급신청일부터 5년 이내에 완료하여야 한다. 다만, 관세청장이 조사기간을 따로 정하는 경우에는 그러하지 아니하다.
> ③ 제1항에 따른 심사의 절차·방법과 그 밖에 필요한 사항은 관세청장이 정한다.
>
> **영 제29조(환급금 결정 및 지급사항 보고)** ① 세관장은 법 제14조 제2항의 규정에 의한 환급금결정사항과 환급금지급사항을 매월 관세청장에게 보고하여야 하며 관세청장은 이를 종합하여 기획재정부장관에게 제출하여야 한다.
> ② 세관장은 환급금결정액계산서와 그 증빙서류를 「감사원법」 제25조의 규정이 정하는 바에 따라 감사원에 제출하여야 한다.
>
> **영 제34조(고유식별정보의 처리)** 세관장은 법 제14조에 따른 환급신청에 대한 심사·결정 및 법 제16조에 따른 환급금의 지급 사무를 수행하기 위하여 불가피한 경우 「개인정보 보호법 시행령」 제19조 제1호 또는 제4호에 따른 주민등록번호 또는 외국인등록번호가 포함된 자료를 처리할 수 있다.

③ 환급 전 심사

세관장은 제2항에도 불구하고 과다 환급의 우려가 있는 경우로서 환급한 후에 심사하는 것이 부적당하다고 인정되어 **기획재정부령으로 정하는 경우**에는 환급하기 전에 이를 심사하여야 한다.

> **시행규칙**
>
> **규칙 제13조(환급 전 심사)** ① 법 제14조 제3항에서 "기획재정부령으로 정하는 경우"란 다음 각 호의 어느 하나에 해당하는 경우를 말한다.
> 1. 법 제23조의 규정을 위반하여 **처벌을 받은 자**가 관세등의 환급을 신청하거나 기초원재료납세증명서 또는 수입세액분할증명서의 발급을 신청하는 경우
> 2. 수출용원재료 소요량산출의 특수성등으로 인하여 **과다 또는 부정환급의 우려**가 있다고 인정하여 관세청장이 따로 정한 품목의 관세등의 환급을 신청하거나 기초원재료납세증명서 또는 수입세액분할증명서의 발급을 신청하는 경우
> 3. 영 제11조 제1항 및 제2항의 규정에 의한 **신고를 하지 아니하고** 관세등의 환급을 신청하거나 기초원재료납세증명서 또는 수입세액분할증명서의 발급을 신청한 것이 확인되는 경우
> 4. 그 밖에 **세관장**이 환급 후나 기초원재료납세증명서 또는 수입세액분할증명서의 발급 후에 심사하는 것이 적합하지 아니하다고 인정하는 경우
> ② 제1항 제1호 및 제3호의 **적용기간은 2년의 범위내에서 관세청장이 정한다.**

제15조(전산처리설비의 이용)

① 전산처리설비의 이용
　세관장은 관세청장이 정하는 바에 따라 전산처리설비를 이용하여 이 법에 따른 신고, 납부, 신청 등(이하 "전자신고등"이라 한다)을 하게 하거나 통지, 납세고지, 교부, 발급, 지정, 승인 등(이하 "전자송달"이라 한다)을 할 수 있다.

② 전자신고등의 특례
　제1항에 따라 전자신고등을 할 때에는 관세청장이 정하는 바에 따라 관계 서류를 전산처리설비를 이용하여 제출하게 할 수 있으며, 그 제출을 생략하거나 간단한 방법으로 하게 할 수 있다.

③ 효력 발생 시기
　제1항에 따라 한 전자신고등은 관세청장이 정하는 전산처리설비에 입력된 때에 세관에 접수된 것으로 보며, 전자송달은 송달받을 자가 미리 지정한 컴퓨터에 입력된 때나 송달받을 자의 신청에 의하여 관세청장이 정하는 전산처리설비에 입력된 때에 그 송달을 받아야 할 자에게 도달된 것으로 본다.

④ 준용 규정
　제1항에 따른 전자송달에 관하여는 「관세법」 제327조 제6항부터 제8항까지의 규정을 준용한다.

제16조(환급금의 지급)

① 환급금의 지급

이 법에 따른 관세등의 환급금은 「국가재정법」 제17조에도 불구하고 「한국은행법」에 따른 한국은행(이하 "한국은행"이라 한다)이 환급금의 지급을 결정한 세관장의 소관 세입금계정에서 지급한다. 이 경우 지급 절차는 대통령령으로 정한다.

> **시행령**
>
> **영 제21조(환급금의 이체 및 지급)** ① 법 제16조 제1항의 규정에 의한 환급금은 제18조 제6항의 규정에 의하여 환급신청인이 통보한 계좌에 입금하는 방법으로 지급한다.
> ② 제1항의 규정에 의하여 환급금을 지급하고자 하는 세관장은 당해 환급금을 환급신청인의 계좌에 입금할 것을 한국은행에 요구하여야 한다.
> ③ 제2항의 규정에 의하여 환급금의 지급요구를 받은 한국은행은 지급을 요구한 세관장의 당해 연도 소관 세입금계정에서 즉시 당해 환급금을 이체하여 환급신청인의 계좌에 입금시키고 이체 및 입금내역을 당해 세관장에게 통지하여야 한다.
> ④ 환급금은 제3항의 규정에 의하여 신청인의 계좌에 입금된 때에 지급된 것으로 본다.
>
> **영 제22조(세관장 소관세입금계정간의 조정)** ① 세관장은 소관세입금계정의 세입금이 환급금을 지급하기에 부족하거나 부족이 생길 우려가 있는 때에는 관세청장에게 필요한 금액의 이체를 받을 수 있도록 조치할 것을 요청할 수 있다.
> ② 제1항의 규정에 의한 요청을 받은 관세청장은 소관세입금계정에 세입금의 여유가 있는 세관장(이하 이 조에서 "이체하는 세관장"이라 한다)으로 하여금 필요한 금액을 세입금의 이체를 요청한 세관장(이하 이 조에서 "이체받는 세관장"이라 한다)에게 이체할 것을 한국은행에 요구하도록 이체하는 세관장에게 지시하고 그 사실을 이체받는 세관장에게 통보하여야 한다.
> ③ 제2항의 규정에 의한 지시를 받은 세관장은 소관세입금계정으로부터 당해 금액을 이체받는 세관장의 소관세입금계정으로 이체할 것을 한국은행에 요구하여야 한다.
> ④ 한국은행은 제3항의 규정에 의한 요구를 받은 때에는 지체 없이 세입금을 이체하고 이체받는 세관장과 이체하는 세관장에게 각각 통지하여야 한다.
>
> **영 제23조(미지급자금의 정리)** ① 한국은행은 제21조 제2항의 규정에 의하여 지급을 요구받은 환급금중 신청인의 계좌에 입금시키지 못한 환급금이 있을 경우에는 그 사실을 즉시 당해 세관장에게 통지하여야 한다.
> ② 제1항의 규정에 의하여 통지를 받은 세관장은 즉시 환급신청인의 계좌등을 조사하여 환급금이 지급될 수 있도록 조치하여야 하며 환급금결정일부터 1년이 경과될 때까지 지급되지 아니한 환급금은 그 기간이 종료된 날이 속하는 회계연도의 세입에 편입되도록 조치하여야 한다.
> ③ 제2항의 규정에 의하여 세관장의 세입금계정에 편입된 환급금을 환급신청인이 수령하고자 할 때에는 다음 각 호의 사항을 기재한 신청서를 관할지세관장에게 제출하여야 한다. 이 경우 세관장은 이를 조사·확인하여 그 지급에 필요한 조치를 하여야 한다.
>   1. 환급받고자 하는 관세등의 금액
>   2. 환급금결정일부터 1년 이내에 환급금을 지급받지 못한 사유

② 세입금계정 간의 조정 요청

관세청장은 제1항에 따른 세관장의 소관 세입금계정에 부족이 있는 경우에는 대통령령으로 정하는 바에 따라 세관장 소관 세입금계정 간의 조정을 한국은행에 요청할 수 있다.

③ 환급금의 지급 보류

제1항에도 불구하고 세관장은 관세등의 일괄납부업체가 환급신청하여 결정된 환급금은 그 환급금 결정일이 속하는 일괄납부기간별로 제7조 제1항에 따라 정산하는 날까지 지급을 보류한다.

> **시행령**
> **영 제24조(환급금의 지급보류 및 체납충당사실통지)** 세관장은 법 제16조 제3항 및 제4항의 규정에 의하여 환급금지급을 보류하거나 환급금을 체납한 관세등과 가산금·가산세 및 체납처분비에 충당한 때에는 그 사실을 당해 환급신청인에게 통지하여야 한다. 다만, 환급신청인의 요청에 의하여 충당한 경우에는 그 통지를 하지 아니할 수 있다.

④ 환급금의 충당

세관장은 환급신청자가 세관에 납부하여야 할 다음 각 호의 금액이 있는 경우에는 결정한 환급금을 다음 각 호의 순서에 따른 금액에 우선 충당할 수 있으며, 충당하고 남은 금액은 그 신청자에게 지급하여야 한다.

1. 체납된 관세등(부가가치세를 포함한다)과 가산금, 가산세 및 체납처분비
2. 다음 각 목의 금액
   가. 「관세법」 제28조 제4항에 따라 잠정가격을 기초로 신고납부한 세액과 확정된 가격에 따른 세액의 차액으로서 징수하여야 하는 금액
   나. 제21조 제1항 및 제2항에 따라 징수하여야 하는 금액

⑤ 충당 신청

세관장은 결정한 환급금을 제4항 제2호의 금액에 충당할 때에는 환급신청자의 충당 신청을 받아 충당한다. 이 경우 충당된 세액의 충당 신청을 한 날에 해당 세액을 납부한 것으로 본다.

⑥ 충당 방법 등

관세청장은 제4항 및 제5항에 따른 관세등의 충당에 필요한 방법과 절차를 정할 수 있다.

제17조(환급의 제한)

① 환급의 제한
　수출물품의 생산에 국산 원재료의 사용을 촉진하기 위하여 필요하다고 인정되는 경우에는 제9조에도 불구하고 대통령령으로 정하는 바에 따라 환급을 제한할 수 있다.

> **시행령**
>
> **영 제25조(환급의 제한)** ① 관계행정기관의 장 또는 이해관계인은 다음 각 호의 자료를 기획재정부장관에게 제출하여 법 제17조 제1항의 규정에 의한 환급의 제한을 요청할 수 있다.
> 1. 당해 물품의 품명·규격 및 용도
> 2. 환급을 제한하고자 하는 비율 및 그 이유
> 3. 당해 연도와 전년도의 당해 물품에 대한 국내수요·생산실적 및 생산능력
> 4. 최근 1년간의 월별 수입가격·수입량 및 총수입금액
> 5. 최근 1년간의 월별 주요국내제조업체별 공장도가격 및 출고실적
> 6. 향후 1년간의 당해 물품에 대한 국내생산전망 및 수요전망
>
> ② 제1항의 규정에 의하여 환급의 제한을 요청받은 기획재정부장관은 관세등의 환급의 제한에 관하여 필요한 사항을 조사하기 위하여 필요하다고 인정하는 경우에는 관계기관·수출자·수입자 기타 이해관계인 등에 대하여 관계자료의 제출 기타 필요한 협조를 요청할 수 있다.

② 환급을 제한하는 물품 등
　제1항에 따라 환급을 제한하는 물품과 그 제한 비율은 기획재정부령으로 정한다.

> **시행규칙**
>
> **규칙 제14조(환급등의 제한)** 법 제17조 제2항의 규정에 의하여 관세등의 환급을 제한하는 물품과 그 제한비율은 별표와 같다. 다만, 「관세법」 제185조의 규정에 의한 보세공장과 「자유무역지역의 지정 및 운영에 관한 법률」 제2조 제1호에 따른 자유무역지역안의 입주기업체에서 생산하여 수입된 수출용원재료를 제외한다.

○ [별표] 환급을 제한하는 물품과 제한비율

물품명	제한비율	비고
1. 「관세법」 제51조를 적용받는 물품	(「관세법」 제51조에 따른 해당 물품의 세액 - 「관세법」 제51조를 적용하지 아니할 경우 해당 물품의 세액) ÷ 「관세법」 제51조에 따른 해당 물품의 세액	
2. 「관세법」 제57조를 적용받는 물품	(「관세법」 제57조에 따른 해당 물품의 세액 - 「관세법」 제57조를 적용하지 아니할 경우 해당 물품의 세액) ÷ 「관세법」 제57조에 따른 해당 물품의 세액	
3. 「관세법」 제63조를 적용받는 물품	(「관세법」 제63조에 따른 해당 물품의 세액 - 「관세법」 제63조를 적용하지 아니할 경우 해당 물품의 세액) ÷ 「관세법」 제63조에 따른 해당 물품의 세액	

제18조(용도 외 사용 시 관세등의 징수)

① 용도 외 사용 시 관세등의 징수

세관장은 제4조 제2호의 용도에 제공되어 관세등을 환급받은 물품이 그 용도에 제공된 날부터 3년의 범위에서 관세청장이 정하는 기간에 관세등을 환급받은 용도 외에 사용된 경우에는 그 용도 외에 사용한 자로부터 환급받은 관세등을 즉시 징수한다. 다만, 재해 등 부득이한 사유로 멸실(滅失)되었거나 미리 세관장의 승인을 받아 없애버린 경우에는 그러하지 아니하다.

> **시행령**
>
> **영 제26조(용도외 사용등에 대한 승인신청)** 법 제18조 제1항의 규정에 의하여 관세등의 환급을 받은 물품에 대한 용도외 사용 또는 멸각승인을 얻고자 하는 자는 다음 각 호의 사항을 기재한 신청서를 당해 물품의 소재지를 관할하는 세관장에게 제출하여야 한다.
> 1. 당해 물품의 품명·규격 및 물량
> 2. 용도외 사용 또는 멸각승인신청의 사유
> 3. 당해 물품의 공급자
> 4. 기타 신청인의 인적사항등 관세청장이 정하는 사항

② 외국물품 의제

제4조 제3호의 용도에 제공되어 관세등을 환급받은 물품은 「관세법」 등을 적용할 때 외국물품으로 본다.

> **참고** 법 제4조 제3호
>
> 3. 「관세법」에 따른 보세구역 중 기획재정부령으로 정하는 구역 또는 「자유무역지역의 지정 및 운영에 관한 법률」에 따른 자유무역지역의 입주기업체에 대한 공급
>
> > **시행규칙**
> >
> > **규칙 제2조(환급대상 수출등)** ③ 법 제4조 제3호에서 "기획재정부령으로 정하는 구역"이란 다음 각 호의 어느 하나에 해당하는 구역을 말한다.
> > 1. 「관세법」 제183조의 규정에 의한 보세창고. 다만, 수출한 물품에 대한 수리·보수 또는 해외조립생산을 위하여 부품등을 반입하는 경우에 한한다.
> > 2. 「관세법」 제185조의 규정에 의한 보세공장. 다만, 수출용원재료로 사용될 목적으로 공급되는 경우에 한한다.
> > 3. 「관세법」 제196조의 규정에 의한 보세판매장
> > 4. 「관세법」 제197조의 규정에 의한 종합보세구역(수출용원재료로 공급하거나 수출한 물품에 대한 수리·보수 또는 해외조립생산을 위하여 부품 등을 반입하는 경우 또는 보세구역에서 판매하기 위하여 반입하는 경우에 한한다)

제19조(환급을 갈음하는 관세등의 세율 인하)

① 환급을 갈음하는 관세등의 세율 인하
수출등에 제공되는 물품의 생산에 주로 사용하기 위하여 수입되는 물품에 대하여는 그 수출등에 제공되는 비율을 고려하여 관세등의 세율을 인하할 수 있다.

> **시행령**
>
> **영 제27조(환급에 갈음하는 관세등의 세율인하)** ① 관계행정기관의 장 또는 이해관계인은 당해 물품에 대한 다음 각 호의 자료를 기획재정부장관에게 제출하여 법 제19조 제1항의 규정에 의한 관세등의 세율인하를 요청할 수 있다.
>   1. 당해 물품의 품명·규격 및 용도
>   2. 국내주요생산업체의 최근 1년간의 수출용·내수용별 생산량 및 생산능력
>   3. 최근 1년간의 수출용·내수용별 월별 수입량 및 수입금액
>   4. 최근 1년간의 국내주요수요업체의 사용실적
>   5. 향후 1년간의 국내생산전망 및 수요전망
>
> ② 기획재정부장관은 환급에 갈음하는 관세등의 세율인하에 관하여 필요한 사항을 조사하기 위하여 필요하다고 인정하는 경우에는 관계기관·수출자·수입자 기타 이해관계인 등에 대하여 관계자료의 제출 기타 필요한 협조를 요청할 수 있다.
> ③ 관계행정기관의 장은 법 제19조의 규정에 의하여 관세등의 세율이 인하된 물품(이하 "관세등의 세율인하물품"이라 한다)에 대하여 관계법령이 정하는 바에 의하여 관세등의 세율인하의 기초가 된 수출 및 내수비율에 따라 수출용·내수용별 수입허가비율 또는 승인비율을 정할 수 있다.
> ④ 관계행정기관의 장은 관세등의 세율인하물품에 대하여 제3항의 규정에 의한 수출용·내수용별 수입허가비율 또는 승인비율 기타 관세등의 세율인하의 기초가 된 중요사항을 변경하고자 할 때에는 미리 기획재정부장관과 협의하여야 한다.
> ⑤ 관세청장과 관세등의 세율인하물품에 대한 수입을 허가 또는 승인한 기관의 장은 관세등의 세율인하물품에 관한 수출용·내수용별 수입실적과 수입허가실적 또는 승인실적을 분기별로 기획재정부장관과 관계행정기관의 장에게 각각 통보하여야 한다.
> ⑥ 관세등의 세율이 인하되기 전에 수입한 수출용원재료를 법 제19조의 규정에 의하여 관세등의 세율이 인하된 후 수출등에 제공하고 관세등의 환급을 받고자 하는 자는 수출용으로 수입된 당해 물품의 물량과 관세 등의 세액을 기획재정부령이 정하는 바에 따라 관세등의 세율이 인하된 날부터 30일이내에 관할지세관장에게 신고하여 확인을 받아야 한다.
>
> **시행규칙**
>
> **규칙 제15조(수출용원재료의 재고신고)** ① 영 제27조 제6항의 규정에 의하여 수출용원재료의 물량과 관세등의 세액을 신고하고자 하는 자는 다음 각 호의 사항을 기재한 신청서에 당해 물품의 수입신고필증을 첨부하여 수출용으로 수입된 당해 물품 또는 이를 생산한 물품의 소재지를 관할하는 세관장에게 제출하여야 한다. 다만, 법 제12조에 따라 기초원재료납세증명서 또는 수입세액분할증명서의 발급을 받은 경우에는 신고를 하지 아니할 수 있다.
>   1. 당해물품의 품명·물량 및 관세등의 세액
>   2. 당해물품의 수입신고번호 및 수입신고수리일자
>   3. 기타 신고인의 인적사항등 관세청장이 정하는 사항
>
> ② 제1항의 규정에 의한 신고는 법 제19조 제2항의 규정에 의하여 관세등의 세율이 인하된 날에 신고인이 보유하고 있는 신고대상물품전량을 일괄하여 신고하여야 한다. 다만, 관세청장이 부득이한 사유가 있다고 인정하는 경우에는 그러하지 아니하다.
> ③ 제1항의 규정에 의한 신고를 받은 세관장은 관세청장이 정하는 바에 따라 이를 확인하여야 하며, 신고된 물품은 관세청장이 정하는 경우를 제외하고는 세관장이 확인할 때까지 다른 장소로 옮기거나 이를 사용할 수 없다.

② 세율 인하 물품 등
제1항에 따라 관세등의 세율을 인하하는 물품과 세율은 대통령령으로 정한다.

> **시행령**
> **영 제27조(환급에 갈음하는 관세등의 세율인하)** ⑦ 법 제19조 제2항의 규정에 의한 관세등의 세율을 인하하는 물품과 세율은 따로 대통령령으로 정한다.

③ 세율 인하와 일괄납부 및 환급의 관계
제1항에 따라 관세등의 세율이 인하된 물품에 대하여는 이 법에 따른 관세등의 일괄납부 및 환급을 하지 아니한다.

제20조(서류의 보관 및 제출 등)

① 서류의 보관 기간

이 법에 따른 관세등의 환급에 관한 서류로서 대통령령으로 정하는 서류는 **환급등의 신청일부터 5년의 범위**에서 대통령령으로 정하는 기간 동안 보관하여야 한다.

> **시행령**
>
> **영 제28조(서류의 보관과 제출등)** ① 법 제20조 제1항에 따라 보관해야 할 서류와 그 기간은 다음 각 호와 같다.
> 1. 수출물품별 원재료의 소요량계산근거서류 및 계산내역에 대한 서류는 환급신청일부터 5년. 다만, 「중소기업기본법」 제2조 제1항에 따른 중소기업자가 보관해야 하는 원재료출납대장 및 수출물품출납대장의 보관기간은 3년으로 한다.
> 2. 내국신용장등 수출용원재료의 거래관계서류는 당해 물품의 기초원재료납세증명서등의 발급일부터 3년
> 3. 수출신고필증등 법 제4조에서 정한 수출사실을 증명할 수 있는 서류는 환급신청일부터 3년
> 4. 수입신고필증등 원재료의 납부세액을 증명할 수 있는 서류는 환급신청등에 사용한 날부터 3년
> 5. 기타 관세청장이 정하는 서류는 환급신청등에 사용한 날부터 3년

② 서류의 보관 방법

제1항에 따른 서류는 관세청장이 정하는 바에 따라 마이크로필름, 광디스크, 그 밖의 자료보존 매체에 의하여도 보관할 수 있다.

③ 서류의 제출

관세청장이나 세관장은 제14조에 따른 환급금의 정확 여부를 심사하는 데 필요하다고 인정하는 경우에는 환급받은 자, 수출용원재료 수입자, 내국신용장등에 의한 수출용원재료의 공급자, 그 밖에 이와 관련된 자에게 제1항에 따른 서류나 그 밖의 관계 자료의 제출을 요구할 수 있다.

> **시행령**
>
> **영 제28조(서류의 보관과 제출등)** ② 관세청장 및 세관장은 법 제20조 제3항의 규정에 따라 관계서류 또는 자료의 제출을 요구할 때에는 문서로 이를 하여야 한다.

제21조(과다환급금의 징수 등)

① 과다환급금의 징수

세관장은 제16조에 따라 지급한 환급금이 다음 각 호의 어느 하나에 해당하는 경우에는 그 환급금액 또는 과다환급금액을 「관세법」 제47조 제1항에 따라 관세등을 환급받은 자(기초원재료납세증명서 또는 수입세액분할증명서를 발급받은 자를 포함한다. 이하 이 조에서 같다)로부터 징수한다.

> 1. 이 법에 따라 환급받아야 할 금액보다 과다하게 환급받은 경우
> 2. 제12조에 따른 기초원재료납세증명서 또는 수입세액분할증명서에 관세등의 세액을 과다하게 증명받은 경우로서 그 기초원재료납세증명서 또는 수입세액분할증명서가 환급 등에 이미 사용되어 수정·재발급이 불가능한 경우
> 3. 선적(船積)이나 기적(機積)을 하지 아니하고 관세등을 환급받은 경우. 다만, 해당 금액을 징수하기 전에 선적되거나 기적된 경우에는 그러하지 아니하다.
> 4. 제13조 제1항에 따른 정액환급률표를 적용할 수 없는 물품에 대하여 정액환급률표에 따라 환급받은 경우

② 가산금액

제1항에 따라 환급금액 또는 과다환급금액을 징수할 때에는 환급한 날의 다음 날부터 징수결정을 하는 날까지의 기간에 대하여 대통령령으로 정하는 이율에 따라 계산한 금액을 환급금액 또는 과다환급금액에 가산하여야 한다. 다만, 「관세법」 제28조에 따라 잠정가격을 기초로 신고납부한 세액과 확정된 가격에 따른 세액의 차액으로 인하여 환급금액 또는 과다환급금액을 징수하는 경우에는 가산하지 아니한다.

> **시행령**
>
> **영 제30조(가산금액)** ① 법 제21조 제2항 본문 및 법 제22조 제2항에 따라 다음 각 호의 어느 하나에 해당하는 금액에 가산할 금액의 이율은 1일 10만분의 39로 한다.
> 1. 법 제21조 제1항에 따라 세관장이 징수하는 환급금액 또는 과다환급금액(이하 "과다환급금등"이라 한다)
> 2. 법 제22조 제1항에 따라 세관장이 지급하는 과소환급금

③ 과다환급금 징수의 통지

제1항과 제2항에 따라 환급금액 또는 과다환급금액 및 이에 가산하여야 할 금액을 징수하려는 경우에는 미리 관세등을 환급받은 자에게 그 내용을 서면으로 통지하여야 한다. 이 경우 「관세법」 제118조를 준용한다.

④ 과다환급금 등에 대한 자진신고

관세등을 환급받은 자 또는 제7조 제1항에 따른 정산통지를 받은 자는 제1항 각 호의 어느 하나에 해당하는 사실을 알았을 때 또는 정산통지를 받은 후 납부하여야 할 관세등이 부족하게 정산된 사실을 알았을 때에는 대통령령으로 정하는 바에 따라 세관장에게 그 사실을 자진신고하고 그 환급금액 또는 과다환급금액이나 관세등을 납부할 수 있다.

> **시행령**
>
> **영 제31조(과다환급금등에 대한 자진신고)** ① 법 제21조 제4항에 따라 과다환급금등 또는 부족하게 정산된 금액을 자진신고하려는 자는 다음 각 호의 사항을 기재한 신고서를 환급을 했거나 정산통지를 한 세관장에게 제출하여야 한다.
> 1. 환급, 과다환급 또는 부족정산과 관련된 환급신청등의 내역
> 2. 환급, 과다환급 또는 부족정산된 세액의 계산내역
> 3. 환급, 과다환급 또는 부족정산한 사유
> 4. 그 밖에 신고인의 인적사항 등 관세청장이 정하는 사항
>
> ② 제1항에 따른 자진신고의 기간은 다음 각 호의 구분에 따른 날부터 「관세법」 제21조 제1항에 따른 기간이 지나기 전까지로 한다.
> 1. 법 제7조 제1항에 따른 정산이 부족하게 정산된 경우: 해당 정산 결과를 통지받은 날
> 2. 법 제21조 제1항 제1호, 제3호 또는 제4호에 해당하는 경우: 해당 환급금을 지급받은 날
> 3. 법 제21조 제1항 제2호에 해당하는 경우: 해당 기초원재료납세증명서등을 발급받은 날
>
> ③ 제1항에 따라 자진신고한 관세등은 신고한 날부터 15일 이내에 해당 세액을 납부하여야 한다.

⑤ 자진신고시 가산금액

제4항에 따라 환급금액 또는 과다환급금액이나 관세등을 납부할 때에는 대통령령으로 정하는 기간 및 이율 등에 따라 계산하는 금액을 환급금액 또는 과다환급금액이나 관세등에 가산하여 납부하여야 한다. 다만, 「관세법」 제28조에 따라 잠정가격을 기초로 신고납부한 세액과 확정된 가격에 따른 세액의 차액으로 인하여 환급금액 또는 과다환급금액이나 관세등을 납부하는 경우에는 가산하지 아니한다.

> **시행령**
>
> **영 제30조(가산금액)** ② 법 제21조 제5항에 따라 과다환급금등을 자진신고하고 해당 관세등을 납부하는 경우 과다환급금등에 가산할 금액의 이율은 환급받은 날(「자유무역협정의 이행을 위한 관세법의 특례에 관한 법률」 제9조에 따라 사후에 협정관세를 적용함으로써 발생하는 과다환급금등을 자진신고하고 해당 관세등을 납부하는 경우에는 같은 조 제5항 후단에 따라 세관장이 협정관세의 적용 등을 통지한 날을 말한다. 이하 이 항에서 같다)의 다음 날부터 자진신고를 하는 날까지의 기간에 대하여 징수할 금액의 1일 10만분의 10으로 한다. 다만, 환급받은 날부터 3개월 이내에 과다환급금등을 자진신고하는 경우 가산할 금액의 이율은 「은행법」에 따른 인가를 받아 설립된 은행으로서 서울특별시에 본점을 둔 은행의 1년 만기 정기예금 이자율의 평균을 고려하여 기획재정부령으로 정하는 이자율로 한다.
>
>> **시행규칙**
>>
>> **규칙 제16조(가산할 금액의 이율)** 영 제30조 제2항 단서에서 "기획재정부령으로 정하는 이자율"이란 연 1천분의 12를 말한다.
>
> ③ 제2항에도 불구하고 다음 각 호의 어느 하나에 해당하여 과다환급금등을 자진신고하는 경우에는 제2항 본문에 따른 기간에 대하여 과다환급금등에 가산할 금액의 이율은 1일 10만분의 39로 한다.
> 1. 법 제21조 제3항에 따라 과다환급금등에 대한 징수 내용을 서면으로 통지한 경우
> 2. 「관세법」 제114조 제1항 본문에 따라 조사의 통지를 한 경우
> 3. 「관세법」 제114조 제1항 단서에 따라 조사의 통지를 하지 않고 조사를 시작한 경우

⑥ 가산금액

제1항 제1호에 따라 환급받아야 할 금액보다 과다하게 환급받은 경우에 해당하여 제2항 또는 제5항에 따라 과다환급금액에 가산한 금액(이하 이 조에서 "가산금액"이라 한다)을 납부한 자는 그 가산금액 중 다음 각 호의 어느 하나에 해당하는 금액에 대하여 제14조 제1항 단서에서 정하는 기간 이내에 지급을 신청할 수 있다. 이 경우 다음 각 호의 가산금액의 지급신청 및 지급은 제14조 및 제16조 제1항·제2항·제4항을 준용한다.

1. 제14조 제1항 제3호에 해당하는 사유로 환급신청을 하는 경우 그 환급분에 해당하는 가산금액
2. 제14조 제1항 제3호에 해당하는 사유로 환급을 이미 받은 경우 그 환급분에 해당하는 가산금액

⑦ 가산금액을 지급하지 않는 경우

제6항에 따른 지급신청이 거짓이나 그 밖의 부정한 방법으로 과다하게 환급을 받은 사유로 인하여 납부한 가산금액과 관련된 경우에는 세관장은 그 가산금액을 지급하지 아니할 수 있다.

제22조(과소환급금의 환급)

① 과소환급금의 환급

　세관장은 제16조에 따라 지급한 환급금이 이 법에 따라 환급하여야 할 금액보다 과소(過少)하게 환급된 사실을 알았을 때에는 지체 없이 해당 과소환급금을 지급하여야 한다.

> **시행령**
> **영 제32조(가산금지급대상인 과소환급)** 법 제22조 제1항에서 과소하게 환급한 경우는 환급신청인이 신청한 환급금을 세관장의 귀책사유로 인하여 신청한 금액보다 적게 지급한 경우로 한다.
> **영 제33조(서식)** 이 영에 의한 신청서·통지서·지시서 및 기타 서식은 관세청장이 정한다.

② 가산금액

　제1항에 따라 과소환급금을 지급할 때에는 환급한 날의 다음 날부터 과소환급금의 지급을 결정하는 날까지의 기간에 대하여 제21조 제2항에 따라 대통령령으로 정한 이율로 계산한 금액을 과소환급금에 가산하여야 한다.

제23조(벌칙)

① 부정환급에 대한 처벌
　거짓이나 그 밖의 부정한 방법으로 관세등을 환급받은 자는 **3년 이하의 징역 또는 환급받은 세액의 5배 이하에 상응하는 벌금**에 처한다.

② 부정발급 등에 대한 처벌
　다음 각 호의 어느 하나에 해당하는 자는 **3년 이하의 징역 또는 2천만원 이하의 벌금**에 처한다.

> 1. 제10조 제1항에 따른 소요량계산서를 거짓으로 작성한 자
> 2. 거짓이나 그 밖의 부정한 방법으로 제12조 제1항 또는 제2항에 따라 세관장 또는 관세사로부터 기초원재료납세증명서 또는 수입세액분할증명서를 발급받은 자
> 3. 제12조 제2항에 따라 기초원재료납세증명서 또는 수입세액분할증명서를 발급하는 자로서 기초원재료납세증명서 또는 수입세액분할증명서를 거짓으로 발급한 자

③ 서류 보관 규정을 위반한 경우의 처벌
　정당한 사유 없이 제20조 제1항을 위반한 자는 **2천만원 이하의 벌금**에 처한다.

④ 서류 제출 요구에 불응한 경우의 처벌
　정당한 사유 없이 제20조 제3항에 따라 관세청장이나 세관장이 요청한 서류나 그 밖의 관계 자료를 제출하지 아니한 자는 **1천만원 이하의 벌금**에 처한다.

⑤ 관세 등의 즉시 징수
　세관장은 제1항이나 제2항에 해당하는 자에 대하여는 그가 환급받은 관세등을 즉시 징수한다.

제23조의2(미수범 등)

① 교사자·방조자의 처벌
   그 정황을 알면서 제23조 제1항 또는 제2항에 따른 행위를 교사하거나 방조한 자는 정범(正犯)에 준하여 처벌한다.
② 미수범의 처벌
   제23조 제1항의 미수범은 본죄에 준하여 처벌한다.
③ 예비범의 처벌
   제23조 제1항의 죄를 저지를 목적으로 예비를 한 자에게는 본죄에 정한 형의 2분의 1을 감경하여 처벌한다.

제23조의3(징역과 벌금의 병과)

제23조 제1항 또는 제2항의 죄를 저지른 자에게는 정상(情狀)에 따라 징역과 벌금을 병과할 수 있다.

제23조의4(「형법」 적용의 일부 배제)

이 법에 따른 벌칙에 해당하는 행위를 한 자에게는 「형법」 제38조 제1항 제2호 중 벌금경합에 관한 제한가중규정을 적용하지 아니한다.

제23조의5(양벌규정)

법인의 대표자나 법인 또는 개인의 대리인, 사용인, 그 밖의 종업원이 그 법인 또는 개인의 업무에 관하여 제23조의 위반행위를 하면 그 행위자를 벌하는 외에 그 법인 또는 개인에게도 해당 조문의 벌금형을 과(科)한다. 다만, 법인 또는 개인이 그 위반행위를 방지하기 위하여 해당 업무에 관하여 상당한 주의와 감독을 게을리하지 아니한 경우에는 그러하지 아니하다.

제24조(조사와 처분)

제23조 제1항부터 제4항까지의 규정에 해당하는 자에 대하여는 「관세법」 제283조부터 제319조까지의 규정을 적용한다.

관세사 2차
올뉴 이명호
관　세　법

관세사 2차
**올뉴 이명호
관　세　법**

APPENDIX

부록

관세사 2차 관세법 기출문제 (2001~2024)

관세사 2차 관세법 기출문제(2001~2024)

✍ 30점(2문항), 20점(2문항)

연도	기출 문제
2024년	【문제 1】관세법령상 보세판매장에 관한 내용이다. 다음 물음에 답하시오. (30점) 물음 1) (1) 특허 갱신 신청 시 첨부하는 기획재정부령으로 정하는 서류 4가지와 (2) 특허 심사 시 관세청장이 정하는 평가기준에 고려할 평가요소 6가지만 쓰시오. (10점) 물음 2) 특허심사위원회 (1) 회의의 위원 구성 방법, (2) 회의에 참여할 수 없는 사람 6가지를 쓰고, (3) 회의 개의와 의결 기준에 대하여 쓰시오. (10점) 물음 3) 보세판매장 특허수수료를 보세판매장 매장별 매출액을 기준으로 산정 시, 각 해당 연도 매출액과 그에 상응하는 특허수수료율을 각각 쓰시오. (10점) 【문제 2】다음 물음에 답하시오. (20점) 물음 1) 관세법상 관세의 분할납부에 관하여 5년을 넘지 아니하는 기간을 정하여 관세의 분할납부를 승인할 수 있는 물품 5가지만 쓰시오. (단, 관세법 시행규칙은 고려하지 않음) (10점) 물음 2) 수출용 원재료에 대한 관세 등 환급에 관한 특례법상 (1) 과다 환급의 우려가 있는 경우로서 환급한 후에 심사하는 것이 부적당하다고 인정되어 환급 전 심사하는 경우 4가지를 쓰고, (2) 환급금 사후심사에 의한 환급금 결정사항 및 지급사항 보고에 대하여 설명하시오. (10점) 【문제 3】관세법령상 덤핑방지관세에 관한 내용이다. 다음 물음에 답하시오. (30점) 물음 1) (1) 덤핑방지관세를 부과하기 전의 잠정조치 요건, (2) 잠정조치의 적용시기 및 기간에 대해 각각 설명하고, (3) 잠정조치 시 제공되는 담보 3가지만 쓰시오. (10점) 물음 2) 덤핑방지관세의 부과여부를 결정하기 위한 조사가 개시된 물품의 수출자가 기획재정부 장관에게 약속을 제의하는 경우, 그 약속에 포함되어야 하는 사항 5가지만 쓰시오. (10점) 물음 3) 덤핑방지관세 및 약속의 재심사에 관하여 (1) 이해관계인이나 해당 산업을 관장하는 주무부장관의 재심사 요청 및 요청시기, (2) 재심사여부 결정 및 결정사항 통지, (3) 무역위원회 조사 및 조사종결에 대하여 각각 설명하시오. (10점) 【문제 4】다음 물음에 답하시오. (20점) 물음 1) 관세법령상 (1) 은닉재산의 정의, (2) 체납자의 재산이 은닉재산에서 제외되는 경우 3가지를 쓰고, (3) 포상금의 수여대상자가 공무원인 경우 수여 기준, (4) 체납자의 은닉재산을 신고한 자에 대해 포상금을 지급하는 경우, 은닉재산의 신고를 통하여 징수된 금액과 그에 상응하는 지급률을 각각 쓰시오. (10점) 물음 2) 관세법 제279조(양벌규정)에서 '개인'에 해당하는 사람 5가지만 쓰시오. (10점)

연도	기출 문제
2023년	**【문제 1】** 관세법상 납세자의 권리 및 불복절차에 관한 내용이다. 다음 물음에 답하시오. (30점) 물음 1) 관세법에 따른 처분에 불복하는 자가 심사청구를 제기하는 경우, (1) 심사청구기간, (2) 심사청구절차, (3) 심사청구서의 보정, (4) 심사청구가 집행에 미치는 효력에 대해 각각 설명하시오. (단, 관세법에 규정된 것에 한함) (20점) 물음 2) 관세법상 세관 납세자보호위원회의 심의사항 5가지를 쓰시오. (10점) **【문제 2】** 관세법령상 관세의 감면에 관한 내용이다. 다음 물음에 답하시오. (20점) 물음 1) 관세법 제93조(특정물품의 면세 등) 제12호(우리나라 수출물품의 품질, 규격, 안전도 등이 수입국의 권한 있는 기관이 정하는 조건에 적합한 것임을 표시하는 수출물품에 붙이는 증표로서 기획재정부령으로 정하는 물품)에 따라 관세법 시행규칙 제43조(관세가 면제되는 특정물품)에서 규정하고 있는 관세가 면제되는 증표를 5가지만 쓰시오. (10점) 물음 2) 관세법 제91조(종교용품, 자선용품, 장애인용품 등의 면세)에 따라 관세가 면제되는 물품 5가지를 쓰시오. (단, 관세법 시행규칙은 고려하지 않음) (10점) **【문제 3】** 관세법령상 세관공무원의 관세범 조사와 관련한 물품 압수 및 관세범칙조사심의위원회에 관한 내용이다. 다음 물음에 답하시오. (30점) 물음 1) (1) 물품을 압수할 수 있는 경우와 (2) 압수 물품의 보관에 대해 쓰고, (3) 압수물품을 매각하는 경우 그 절차와 사유에 대해 쓰시오. (10점) 물음 2) (1) 압수 물품의 반환과 (2) 소유자를 알 수 없는 압수 물품의 국고귀속에 대해 각각 설명하시오. (10점) 물음 3) (1) 관세범칙조사심의위원회 위원의 제척 사유를 5가지만 쓰고, (2) 위원의 해임 또는 해촉 사유를 5가지 쓰시오. (10점) **【문제 4】** 다음 물음에 답하시오. (20점) 물음 1) 관세법령상 운송수단의 물품 취급시간이 아닌 때에 물품을 취급하려는 자는 세관장에게 통보서를 제출해야 하는데, 통보서 제출을 생략할 수 있는 경우를 5가지만 쓰시오. (10점) 물음 2) 수출용 원재료에 대한 관세 등 환급에 관한 특례법령상 (1) 세관장이 관세등의 일괄납부업체로 지정받으려는 자에게 요구할 수 있는 담보물의 종류를 4가지만 쓰고, (2) 그 담보제공절차를 설명하시오. (10점)

연도	기출 문제
2022년	**【문제 1】** 관세 환급에 관한 내용이다. 다음 물음에 답하시오. (30점) 물음 1) 관세법상 계약 내용이 달라 외국으로부터 수입된 물품을 다시 수출한 수입자가 관세를 환급받기 위한 요건을 쓰시오. (10점) 물음 2) 관세법령상 수입신고가 수리된 물품이 수입신고 수리 후에도 지정보세구역에 계속 장치되어 있는 중에 재해로 물품이 변질되어 그 가치가 떨어졌을 때, 수입자가 납부한 관세의 (1) 환급액과 (2) 환급기준을 각각 쓰시오. (20점) **【문제 2】** 관세법상 보세건설장에 관한 내용이다. 다음 물음에 답하시오. (20점) 물음 1) (1) 보세건설장에 반입한 외국물품의 수입신고, (2) 보세건설물품의 가동 제한, (3) 앞의 (1), (2)를 위반했을 때 부과하는 행정질서벌에 대한 내용을 각각 쓰시오. (10점) 물음 2) (1) 보세건설장에 반입한 물품의 과세물건 확정시기와 적용 법령에 대해 쓰고, (2) 보세건설장에서 건설된 시설로서 관세법 제248조에 따라 수입신고가 수리되기 전에 가동된 경우 관세의 부과·징수에 대하여 쓰시오. (10점) **【문제 3】** 관세법령상 조사와 처분에 관한 내용이다. 다음 물음에 답하시오. (30점) 물음 1) (1) 관세범의 정의와 관세범에 관한 조사·처분 주체를 쓰고, (2) 피의자를 조사하였을 때 작성하는 조서에 서명날인이 되어야 할 사람 모두와, (3) 세관공무원이 수색을 할 때 참여시켜야 하는 사람(단, 참여시켜야 하는 사람이 모두 부재인 경우는 고려하지 않음) 모두를 각각 쓰시오. (10점) 물음 2) (1) 검증·수색 또는 압수조서 기재사항 5가지와, (2) 통고처분을 할 때 통고서에 적어야 할 사항 5가지만 각각 쓰시오. (10점) 물음 3) 관세범칙조사심의위원회의 (1) 위원으로 세관장이 임명 또는 위촉할 수 있는 사람 모두와 (2) 심의사항 3가지를 각각 쓰시오. (10점) **【문제 4】** 다음 물음에 답하시오. (20점) 물음 1) (1) 관세법상 부당하게 재물이나 재산상 이득을 취득하거나 제3자로 하여금 이를 취득하게 할 목적으로 물품의 가격을 조작하여 신청 또는 신고한 경우 가격조작죄의 대상이 되는 신청 또는 신고 4가지와, (2) 관세법상 밀수출입죄에 전용(專用)되는 선박·자동차나 그 밖의 운반기구가 범죄에 사용된다는 정황을 소유자가 알고 있을 때, 그 밀수 전용 운반기구를 몰수하는 경우 4가지를 각각 쓰시오. (10점) 물음 2) 수출용 원재료에 대한 관세 등 환급에 관한 특례법령상 (1) 관세법 제47조 제1항에 따라 관세등을 환급받은 자(기초원재료납세증명서 또는 수입세액 분할증명서를 발급받은 자를 포함)로부터 환급금액 또는 과다환급금액(과다환급금등)을 징수해야 하는 경우 4가지와, (2) 과다환급금등 또는 부족정산 금액을 자진신고하려는 자가 제출하여야 할 신고서 기재사항 4가지를 각각 쓰시오. (10점)

✎ 50점(1문항), 10점(5문항)

연도	기출 문제
2021년	【문제 1】 관세법령상 통관 등에 관한 내용이다. 다음 물음에 답하시오. (50점) 물음 1) 통관의 정의를 간략히 쓰고, 통관요건 3가지를 설명하시오. (10점) 물음 2) 원산지 확인 등과 관련하여 (1) 원산지 확인기준 2가지와 (2) 통관제한 사유 4가지를 쓰고, (3) 환적물품 등에 대한 유치 사유와 (4) 세관장의 후속 조치 5가지를 쓰시오. (15점) 물음 3) 관세법에서 규정하고 있는 통관의 제한에 의거하여 (1) 수출입의 금지 물품 3가지, (2) 지식재산권 보호대상 6가지, (3) 통관의 보류 사유 6가지를 각각 쓰시오. (15점) 물음 4) 관세청장이나 세관장의 (1) 보세구역 반입명령 사유와 (2) 반입명령 대상 물품 2가지를 쓰고, (3) 관계 당사자(반입의무자, 관세청장 또는 세관장)의 후속 조치 4가지를 쓰시오. (10점) 【문제 2】 수출용 원재료에 대한 관세 등 환급에 관한 특례법 제23조의 벌칙 5가지를 쓰시오. (10점) 【문제 3】 관세법상(제98조 제1항) 재수출기간별 감면율 적용기준 5가지를 쓰시오. (10점) 【문제 4】 관세법령상(영 제185조 제1항) 보세사의 직무 5가지만 쓰시오. (10점) 【문제 5】 관세법상(제111조 제2항) 세관공무원이 해당 사안에 대하여 이미 조사 받은 자를 다시 조사할 수 있는 경우 5가지를 쓰시오. (10점) 【문제 6】 관세법상(제23조 제1항) 관세징수권의 소멸시효 중단 사유 5가지만 쓰시오. (10점)
2020년	【문제 1】 현행 관세법령은 관세채권 확보를 위하여 가산세제도, 담보제공제도, 기타 채권 확보를 위한 장치를 두고 있다. 이와 관련하여 다음 물음에 답하시오. (50점) 물음 1) 가산세 부과사유 10가지, 관세법 제42조 가산세(율) 3가지, 가산세 감면사유 5가지를 각각 쓰시오. (20점) 물음 2) 담보제공 사유와 담보의 종류 5가지를 각각 쓰시오. (10점) 물음 3) 기타 채권 확보를 위한 제도적 장치 5가지를 설명하시오. (20점) 【문제 2】 관세환급특례법령상 관세등의 일괄납부기간(단서 조항 포함)과, 직권 정산 사유 4가지를 쓰시오. (10점) 【문제 3】 관세법령상 감면에 관한 다음 물음에 답하시오. (10점) 물음 1) 여행자 휴대품 및 이사물품 등의 수입물품에 관세를 면제하는 3가지 사유를 쓰시오. (3점) 물음 2) 관세법 제96조에 따른 별송품과 이사물품 중 별도로 수입하는 물품에 대한 관세 면제신청 방법(단서 조항 포함)을 쓰시오. (4점) 물음 3) 기획재정부령으로 정한 여행자 휴대품 등에 대한 자진신고의 경우 2가지를 쓰시오. (3점) 【문제 4】 관세법상 관세범의 조사에 관한 다음 물음에 답하시오. (10점) 물음 1) 관세청장이나 세관장이 압수물품을 피의자나 관계인에게 통고한 후 매각 및 폐기할 수 있는 경우를 각각 4가지 쓰시오. (8점) 물음 2) 압수물품을 유실물로 공고하는 경우와, 이를 국고에 귀속시키는 경우를 각각 쓰시오. (2점) 【문제 5】 관세법령상 보세판매장에 관한 다음 물음에 답하시오. (10점) 물음 1) 관세법 제196조 제1항에 의거하여 보세판매장에서 판매할 수 없는 물품 3가지를 쓰시오. (3점)

물음 2) 보세판매장의 특허절차에서 보세판매장의 설치·운영에 관한 특허를 부여할 필요가 있는 경우에 공고해야 할 6가지 사항과, 공고주체를 쓰시오. (7점)

【문제 6】관세법령상 통관절차 등의 국제협력에 관한 다음 물음에 답하시오. (10점)

물음 1) 무역원활화 기본계획의 수립·시행에 포함되어야 하는 사항 7가지를 쓰시오. (7점)
물음 2) 무역원활화위원회의 심의사항 3가지를 쓰시오. (3점)

2019년

1. 관세법령상 종합보세구역의 판매물품에 대한 관세 등의 환급과 관련하여 다음 사항을 설명하시오. (50점)
   (1) 종합보세구역의 의의, 지정, 설치·운영 (20점)
   (2) 종합보세구역의 판매물품에 대한 관세환급의 의의와 외국인 관광객의 범위 (5점)
   (3) 종합보세구역에서의 물품판매 (5점)
   (4) 외국인 관광객에 대한 관세환급 (5점)
   (5) 판매인에 대한 관세 등의 환급 (10점)
   (6) 환급창구운영사업자 (5점)
2. 관세법령상 세율적용의 우선순위와 조정관세의 부과사유에 있어, ① 세율적용의 우선순위, ② 조정관세의 의의, ③ 조정관세의 부과대상, ④ 조정관세의 적용세율에 대하여 각각 설명하시오. (10점)
3. 관세법령상 재수입면세 대상물품의 판단기준을 해외임가공물품 등의 감면 대상물품과 비교하여 설명하시오. (10점)
4. 관세법령상 수입신고수리전 반출제도를 수입신고전 물품 반출제도와 비교하여 설명하시오. (10점)
5. 관세법령상 원산지허위표시물품 등의 통관제한과 관련하여, ① 원산지 확인기준, ② 원산지허위물품의 통관제한, ③ 환적물품에 대한 유치를 각각 설명하시오. (10점)
6. 관세환급특례법령상 수출용원재료에 대하여, ① 환급대상 원재료의 인정요건, ② 환급대상 수출등의 이행요건, ③ 환급신청의 인정요건에 대하여 각각 기술하시오. (10점)

2018년

1. 수입상 A는 수입신고를 할 때에 세관장에게 관세의 납부에 관한 신고를 했다. A의 세액 확정과 관련하여 관세법령에서 규정하고 있는 다음 사항을 기술하시오. (50점)
   (1) 세액심사와 자율심사 (10점)
   (2) 세액의 정정, 보정, 수정신고, 경정(행위주체, 사유, 기한, 관세를 납부하는 경우 납부기한) (20점)
   (3) ① 수입신고수리전 세액심사를 하는 대상물품과 ② 수정신고를 한 경우 부족한 관세액을 징수할 때 부과하는 가산세 산정방법 (10점)
   (4) 세액 확정 관련 다음 행위를 한 경우 관세법에서 규정하고 있는 벌칙 (10점)
       ① 관세의 회피 목적으로 타인에게 자신의 명의를 사용하여 납세신고를 할 것을 허락한 경우
       ② 부당하게 재물이나 재산상 이득을 취득하기 위해 보정신청과 수정신고를 한 경우
       ③ 보정신청 또는 수정신고를 할 때 관세법 제241조 제1항에 따른 사항(물품의 품명·규격·수량 및 가격과 그 밖에 대통령령으로 정하는 사항)을 허위로 신청하거나 신고한 경우
       ④ 자율심사 결과를 거짓으로 작성하여 제출한 경우
2. 관세환급특례법상 수출용원재료에 대한 관세 등을 환급받을 수 있는 수출 등의 요건으로 기획재정부령으로 정하는 '무상으로 수출하는 것'과 '우리나라 안에서 외화를 획득하는 판매 또는 공사'를 각각 기술하시오. (10점)

	3. 관세법령상 통관과 관련된 우편물의 검사, 우편물 통관에 대한 결정, 수출입 신고대상 우편물, 우편물 납세절차를 각각 설명하시오. (10점) 4. 관세법상 통관 후 유통이력 신고와 유통이력 조사에 대하여 설명하시오. (10점) 5. 관세법령상 외국무역선과 외국무역기의 입·출항절차를 설명하고, 외국무역선의 입항보고서의 기재사항, 선용품목록의 기재사항, 적하목록의 기재사항을 각각 기술하시오. (10점) 6. 관세법상 관세청장이나 세관장에게 등록해야 하는 보세운송업자등의 대상과 등록 유효기간, 보세운송업자등의 등록요건을 각각 기술하시오. (10점)
2017년	1. 관세법에서 규정하고 있는 납세자의 권리 및 불복절차에 의거하여, ① 납세자의 권리, ② 심사와 심판, ③ 과세전적부심사에 관하여 논하시오. (50점) 2. 관세법령상 보세구역 물품의 반입·반출 및 보수작업에 관하여 각각 설명하시오. (10점) 3. 관세법령상 보세공장 및 보세공장원재료(범위, 제한, 소요량계산서 제출)에 관하여 각각 설명하시오. (10점) 4. 관세법상 지식재산권 보호제도(보호대상, 지식재산권 신고, 통관보류 및 유치요청, 세관장 조치)에 관하여 설명하시오. (10점) 5. 관세법령상 규정된 개항의 지정요건 및 관세통로에 관하여 각각 설명하시오. (10점) 6. 관세환급특례법상의 평균세액증명 및 기초원재료납세증명(수입세액분할증명서 포함)에 관하여 각각 설명하시오. (10점)
2016년	1. 특허보세구역제도 운영에 있어 보세판매장과 보세창고의 차이점을 ① 운영인의 결격사유, ② 특허절차, ③ 특허의 취소사유, ④ 특허수수료의 부과, ⑤ 특허기간, ⑥ 과징금의 부과를 중심으로 설명하고, 특허보세구역의 성격과 보세판매장 제도의 운영 목적을 고려하여 보세판매장제도의 문제점을 논하시오. (50점) 2. 수입상 A가 관세율이 0인 물품을 수입함에 있어 부당하게 재산상 이득을 취하기 위해 관세사 B의 권유에 따라 실제 거래한 가격보다 높은 가격으로 수입통관을 하였다. 이 경우 A와 B가 관세법에 따라 처벌받을 수 있는 범죄의 구성요건과, 각각 어떤 처벌을 받을 수 있는지 설명하시오. (10점) 3. 수출용 원재료에 대한 관세 등 환급에 관한 특례법에 따라 환급받는 것과 관세법 제106조의 계약내용과 다른 물품에 대해 관세법에 따라 환급받는 것과의 차이점을 ① 환급대상 조세, ② 환급청구권의 행사기간과 환급청구권자, ③ 환급액의 계산방법 및 그 증빙서류를 중심으로 설명하시오. (10점) 4. 보세창고에 반입한 외국물품을 장치기간 경과(체화)로 매각하게 되었을 때 세관장이 적용할 수 있는 매각방법과, 매각이 진행되는 도중 물품의 화주가 해당 물품의 매각을 피하기 위해 조치할 수 있는 방안에 대해 설명하시오. (10점) 5. 과세전적부심사청구에 대한 결정내용 및 그 결정과 관련하여 청구인과 과세전 통지세관이 취할 수 있는 조치를 설명하고, 관세행정심판청구에 대한 결정내용 및 그 결정과 관련하여 청구인과 처분청이 취할 수 있는 조치에 대하여 설명하시오. (10점) 6. 덤핑방지관세 부과 시 정상가격과 덤핑가격의 비교원칙 및 비교방법과, 정상가격과 덤핑가격을 비교할 때 가격에 영향을 미치는 요소(물리적 특성, 판매수량, 판매조건, 환율변동)가 존재하는 경우의 가격조정방법에 대하여 설명하시오. (10점)
2015년	1. 관세법상 과세요건을 간략히 설명한 후, 납세의무자(의의, 원칙적 납세의무자, 특별 납세의무자, 경합, 납세의무 확장 및 취지)에 대하여 논하시오. (50점) 2. 관세법상 원산지증명서와 관련하여, 정의 및 확인, 확인요청 및 조사, 원산지 사전확인에 대하여 설명하시오. (10점)

	3. 관세법상 월별납부의 의의, 효과, 신청 및 승인, 담보제공, 승인취소 및 갱신에 대하여 설명하시오. (10점) 4. 관세법상 수출입 안전관리 우수 공인업체의 의의와 안전관리 기준, 공인절차와 혜택부여에 대하여 설명하시오. (10점) 5. 관세법상 여행자휴대품의 감면과 관련하여, 여행자휴대품 관세면제의 의의, 여행자휴대품의 인정범위, 면제대상물품의 인정범위와 면제한도에 대하여 설명하시오 (10점) 6. 수출용 원재료에 대한 관세 등 환급에 관한 특례법상 일괄납부제도(의의, 관세환급액의 정산, 직권정산, 일괄납부의 제한)에 대하여 설명하시오. (10점)
2014년	1. 세관장이 관세법에 의해 부과하는 가산세, 가산금, 과징금의 ① 부과대상, ② 부과절차, ③ 부과금액의 결정, ④ 미납시 조치사항의 차이점과, 이러한 것의 부과 사유와 관세법 제6조의 신의성실원칙과의 관계에 대하여 논하시오. (50점) 2. 중소기업자 A가 자신이 수입한 원재료와 국내에서 구매한 원재료를 혼용하여 중간재를 가공한 다음 수출물품 생산자인 B에게 수출용원재료로 공급하였다. A가 공급한 수출용원재료에 대해 납부세액을 증명하는 서류의 발급절차와 해당 납부세액을 계산하는 방법을 설명하시오. (10점) 3. 간이세율이 적용될 수 있음에도 '납세의무자가 원하여' 간이세율을 적용하지 않는 경우와 관세법에 규정된 '합의에 따른 세율적용'의 경우를 설명하고, 양자가 어떤 차이가 있는지 비교하시오. (10점) 4. 관세법상 원산지규정의 입법목적을 설명하고, 원산지허위표시 물품 등의 통관제한 규정 및 환적제한 규정의 내용과 이때 해당 물품의 원산지 판단기준은 각각 어떤 법을 적용해야 하는지 설명하시오. (10점) 5. 관세 분할납부제도의 입법취지와 분할납부 대상, 분할납부의 요건에 대하여 설명하시오. (10점) 6. 관세법상 비밀유지의무와 고액·상습체납자의 명단 공개제도의 내용 및 그 상호관계에 대하여 설명하시오. (10점)
2013년	1. 관세법령상 관세감면의 사후관리제도를 운영하는 의의와 사후관리시 담보제공을 요구하게 되는 경우를 기술하고, 사후관리의 적용대상이 되는 물품과 사후관리물품 중 사후관리의 면제 대상이 되는 물품, 사후관리기간의 기준, 관세감면 승인을 받은 자의 의무사항에 대하여 논하시오. (50점) 2. 관세법령상 차량을 통한 국경출입절차로서 관세통로, 도착절차, 출발절차, 물품의 하역, 차량 전환에 대하여 각각 설명하시오. (10점) 3. 관세법령상 원산지 확인에 있어서 직접운송원칙과 예외가 되는 단서 조항을 설명하시오. (10점) 4. 수출용원재료에 대한 관세 등 환급에 관한 특례법령상 개별환급신청의 의의 및 신청기간, 환급신청인, 환급관련 제출서류, 환급 신청방법 및 신청시기에 대하여 각각 설명하시오. (10점) 5. 관세법령상 지식재산권의 보호대상이 되는 권리와 보호방법, 보호대상에 해당하는 물품의 범위를 각각 설명하시오. (10점) 6. 보세구역장치 물품을 세관장이 직권 폐기할 수 있는 경우와 이들 폐기물품에 대한 관세부담 및 과세물건의 확정시기에 대하여 설명하시오. (10점)

2012년	1. 관세법상 관세불복청구제도(이의신청, 심사청구, 심판청구)에 대하여 논하시오. (50점) 2. 관세법상 세관장은 지식재산권 침해 물품을 통관보류하거나 유치할 수 있다. 지식재산권 침해물품의 통관허용 및 유치해제의 경우를 쓰고, 그 제한에 대해 설명하시오. (10점) 3. 관세법상 유통이력 신고 대상자, 신고 대상물품, 신고 및 기록유지 의무에 대하여 설명하시오. (10점) 4. 관세, 가산금 또는 체납처분비를 납부하여야 하는 의무가 소멸되는 경우를 설명하고, 관세의 제척기간 중 관세를 부과할 수 있는 날부터 5년이 지나면 부과할 수 없는 경우에 대하여 설명하시오. (10점) 5. 관세법상 해외임가공물품 등의 감면와 관련하여 관세를 경감할 수 있는 물품을 설명하고 이들 물품에 대하여 관세경감이 제한되는 경우를 설명하시오. (10점) 6. 「수출용원재료에 대한 관세등 환급에 관한 특례법」상 관세 등을 환급을 받을 수 있는 수출용원재료에 대하여 설명하시오. (10점)
2011년	1. 관세율 적용의 우선순위를 설명하고, WTO협정 및 FTA 체결로 인한 국제협력관세, 협정관세의 적용 확대에 따른 기본관세율을 반영한 실행관세율 구조의 변화와 그 변화의 의미에 대하여 설명하시오. (50점) 2. 과세전적부심사제도와 관세행정심판제도의 공통점과 차이점을 쓰시오. (10점) 3. 손상물품에 대한 감면을 설명하시오. (10점) 4. 관세법 적용원칙을 설명하시오. (10점) 5. 수입한 상태 그대로 수출(원상태수출)한 경우 관세법상의 환급과 환급특례법상의 환급의 가능성에 대하여 설명하시오. (10점) 6. 관세법상 과다환급금의 중에 있어서 가산금과 환급특례법상 과다환급 징수의 가산금을 비교하여 설명하시오. (10점)
2010년	1. 관세법상 관세감면제도(의의, 신청, 종류, 용도외 사용등)와 관세환급제도에 대하여 설명하시오. (50점) 2. 관세법상 기한과 기간의 계산(기산일 만료일)과 기간과 기한의 적용과 예외적인 적용에 대하여 설명하시오. (10점) 3. 관세법상 할당관세(개요, 부과방법, 부과절차)에 대하여 설명하시오. (10점) 4. 관세법상 지정장치장에 대하여 설명하시오. (10점) 5. 관세법상 입항전 수입신고제도에 대하여 설명하시오. (10점) 6. 환급특례법상 기초원재료납세증명서와 분할증명서를 비교하여 설명하시오. (10점)
2009년	1. 통관절차상의 특례인 수입신고수리전 반출, 수입신고전 반출, 전자상거래물품에 대한 특별통관, 상호주의에 의한 간이통관에 대해 설명하시오. (50점) 3. 수입하는 자가 콩나물 대두를 납부세액을 탈루할 목적으로 의도적으로 낮은 세율로 신고하였다. 이때 적용되는 관세법상 벌칙명과 이유 및 처벌내용에 대해 설명하시오. (10점) 4. 환급특례법상 일괄납부 및 사후정산제도에 대해 설명하시오. (10점) 5. 납세담보제도에 대해 설명하시오. (10점) 6. 관세감면물품의 용도외 사용에 대해 설명하시오. (10점)

연도	기출 문제
2008년	1. 관세법상 세관장이 징수하는 가산세의 종류(내국세 제외), 부과방법, 경감율과 부과의 예외 등에 관하여 설명하고, 관세법 제277조(과태료)와 비교하여 가산세 제도의 문제점에 대하여 논하시오. (50점) 2. 수입물품의 화주가 불분명할 때 관세의 납세의무자 결정은 어떻게 할 것인지 실질과세원칙의 적용이란 입장에서 설명하시오. (10점) 3. 납세신고 이전에 납세신고 사항에 대하여 미리 과세관청의 유권해석을 받는 심사제도는 어떤 것이 있으며, 그 법적효과는 무엇인지 설명하시오. (10점) 4. A상사 대표 L씨는 자신의 회사가 취급하는 물품과는 엉뚱한 물품에 대하여 부족세액을 징수한 다는 경정통지서를 받고 당황하여 ○○세관의 세관 보관용 수입신고필증 원본을 확인하였으며 이를 통해 자신의 명의가 도용된 것을 알았다. 이 경우 세관장이 경정통지서(납세고지 포함)를 교부한 근거와 관세제도를 설명하고 L씨가 조치하거나 대응할 수 있는 내용을 쓰시오. (10점) 5. 관세법 제235조는 지식재산권 보호에 관한 규정이다. 지식재산권의 종류와 관세법상 보호 대상, 보호 절차에 관하여 설명하시오. (10점) 6. 간이정액환급 제도에 대해 설명하시오. (10점)

✍ 50점(1문항), 10점(5문항) (관세평가 문제 제외)

연도	기출 문제
2007년	2. 정상통관절차로 수입하는 물품 중 일반수입물품, 원료과세물품, 수입신고 전 물품반출신고에 의하여 반출된 물품으로 구분하여 각각의 과세물건의 확정시기와 그 확정시기의 취지에 대하여 설명하시오. (10점) 3. 환급특례법상 수출용 원재료의 수출이행기간을 두는 의의와 동기간의 연장과 축소에 대하여 설명하시오. (10점) 4. 관세조사시 납세자의 권리에 대하여 설명하시오. (10점) 5. 용도세율에 대하여 설명하시오. (10점) 6. 해외임가공물품등의 감면에 대하여 설명하시오. (10점)
2006년	2. 관세부과의 제척기간과 관세징수권의 소멸시효를 비교 설명하시오. (10점) 3. 관세법상 관세의 납부기한 등에서 규정하는 일괄납부(월별납부) 제도와 [환급특례법]에서 규정하는 일괄납부제도를 비교 설명하시오. (10점) 4. 관세법상 탄력관세제도의 의미와 그 종류에 대하여 열거하고, 상계관세제도에 대하여 상세히 설명하시오. (10점) 5. 관세법상 세관장의 처분에 불복하여 청구할 수 있는 행정구제제도(행정소송 제외)의 의의, 재결기관, 제출기관, 청구기간, 결정기간에 대해 설명하시오. (10점) 6. 환급특례법상 관세등의 환급제한에 대하여 설명하시오. (10점)
2005년	1. 관세법상 관세징수권 및 환급청구권의 소멸시효와 시효의 중단 등에 관하여 논하고, 시효제도에 관하여 국가재정법(구:예산회계법) 등 일반법의 적용여부를 설명하시오. (50점) 2. 관세감면에 관한 각종 법적 근거를 설명하시오. (10점) 3. 납세의무의 확장에 관하여 설명하시오. (10점) 4. 수출, 수입 및 반송의 신고에 관하여 설명하시오. (10점) 5. 환급특례법상 과다환급금 징수와 관세법상 과다환급금 징수의 차이점을 설명하시오. (10점) 6. 평균세액증명제도에 대하여 설명하시오. (10점)

2004년	1. 위법 부당한 관세부과등과 같은 세관장의 처분에 대하여 납세 의무자가 권리구제를 받을 수 있는 방법, 내용, 절차에 대해 논술하시오. (50점) 2. 소급과세금지 원칙의 개념과 적용기준에 대해 설명하시오. (10점) 3. 관세환급의 개념과 유형에 대해 설명하시오. (10점) 4. 신고납세제도와 부과납세제도의 차이점에 대해 설명하시오. (10점) 5. 재수입 면세제도의 정책적 목적과 재수입 면세대상에 대해 설명하시오. (10점) 6. 담보물의 관세 충당 방법과 절차에 대해 설명하시오. (10점)
2003년	2. 품목분류 사전심사제도에 대해서 설명하시오. (10점) 3. 가산금과 가산세를 비교설명하고 가산세가 관세법상 적용되는 예를 쓰시오. (10점) 4. 과세전 적부심사제도의 의의와 절차에 대해 설명하시오. (10점) 5. 환급특례법상 수출용원재료의 범위에 대해 설명하시오. (10점) 6. 기초원재료납세증명제도의 의의와 경제적 효과에 대해 설명하시오. (10점)
2002년	2. 보세공장에서 수입되는 물품의 과세방법별로 ① 과세물건 확정시기 ② 과세표준 ③ 세율을 설명하시오. (10점) 3. 환급특례법에서 관세 등의 납세증명서류, 수출이행기간을 설명하시오. (10점) 4. 우편물 통관에 대해 설명하시오. (10점) 5. 원산지 확인제도를 설명하시오. (10점) 6. 환급특례법상의 환급금 사전·사후심사에 대해 설명하시오. (10점)
2001년	1. 현행 관세법상 종합보세구역제도에 관하여 논하시오. (50점) 2. 관세법상 탄력관세의 종류에 대하여 열거하고, 긴급관세제도에 대하여 설명하시오. (10점) 3. 관세징수권의 소멸시효에 대하여 설명하시오. (10점) 4. 관세법상 수출지원제도에 대하여 설명하시오. (10점) 5. 관세법상 양벌규정과 그 적용에 대하여 설명하시오. (10점) 6. 수출용원재료에 대한 관세등 환급에 관한 특례법에서 규정하고 있는 중소기업의 지원내용을 설명하시오. (10점)

관세사 2차
올뉴 이명호
관 세 법